जाटों का नवीन इतिहास

1685 – 1763

भाग—2

ब्रजेन्द्र बहादुर

महाराजा सूरजमल

लेखक

उपेन्द्रनाथ शर्मा

ओरिजिनल्स

दिल्ली-110052

अ. मा. पु. सं. 978-81-8454-088-8 (H.B.)
अ. मा. पु. सं. 978-81-8454-081-9 (P.B.)

प्रकाशकः
ओरिजिनल्स
(ऐन ईम्परिन्ट ऑफ लो प्राइज़ पब्लिकेशनस)
ए-6, नीमड़ी कमर्शियल सेंटर,
अशोक विहार फेज-4,
दिल्ली - 110052
दूरभाष : 27302453
ई-मेलः info@Lppindia.com
यूआरएलः www.Lppindia.com

मुद्रकः डी. के. फाईन आर्ट प्रैस प्रा. लि.
दिल्ली- 110052

भारत में प्रकाशित

निदेशक की ओर से

ले० जनरल के.के सिंह सूरजमल स्मारक शिक्षा-संस्था के आजीवन सदस्य हैं। आप उक्त संस्था के अध्यक्ष श्री रामनिवास जी मिर्धा के पुराने मित्र हैं। जातीय इतिहास में रुचि रखने के कारण उनको श्री मिर्धा के मार्गदर्शन में स्थापित संस्था के महाराजा सूरजमल अनुसंधान एवं प्रकाशन केन्द्र की विविध गतिविधियों में संतोष की अनुभूति होती है। वे समय-समय पर मिर्धा जी को पत्र द्वारा जाट इतिहास के अनेक अछूते विषयों पर कार्य कराने का अनुरोध करते रहते हैं।

स्व० उपेन्द्रनाथ शर्मा से जनरल साहब का परिचय था। वे लेखक के परिश्रम और जाट-इतिहास में उनकी गहरी पैठ के कायल थे। लेखक की मृत्यु के बाद उनकी पत्नी श्रीमती विमला शर्मा ने जनरल साहब से अपने पति की लेखन सामग्री को प्रकाशित करवाने में सहायता की याचना की। जनरल साहब ने श्री मिर्धा जी से शर्मा जी की कृतियों को प्रकाशित करवाने का अनुरोध किया।

इसी संदर्भ में शर्मा जी की लिखित पांडुलिपियाँ और पुस्तकें उपलब्ध करने के लिए मुझे भरतपुर भेजा गया। संस्था लेखक की पत्नी श्रीमती विमला शर्मा का आभार प्रकट करती है जिन्होंने अत्यंत विश्वास के साथ शर्मा जी की समस्त सामग्री संस्था को प्रदान करके प्रकाशन के लिए अनुबन्ध कर दिया। आशा है श्रीमती विमला शर्मा को अपने स्वर्गीय पति की कृतियों के सुरुचि पूर्ण प्रकाशन से अति हर्ष की प्रतीति होगी।

उस समय मैं भरतपुर किले की गहरी खाई के चारों ओर बसे हुए भरतपुर नगर के भूगोल से परिचित नहीं था। संस्था के तत्कालीन सचिव श्री एस.पी. सिंह ने मुझे वाहन की दूरदर्शिता पूर्ण सुविधा उपलब्ध कराके वहां होने वाली अनेक परेशानियों से बचा दिया था और अब संस्था के उपाध्यक्ष के रूप में श्री एस.पी. सिंह और संस्था सचिव श्री अजीत सिंह चौधरी ने मुझे पुनः भरतपुर भेजकर जाट इतिहास की अन्य सामग्री को चिन्हित करने में सहयोग दिया है। आभार प्रदर्शन की प्रक्रिया में डॉ. एस.एस. राणा की स्रोत-सामग्री एकत्रित करने की सतत प्रेरणा मेरे साथ रही है। वित्त-समिति के अध्यक्ष डॉ. रामकुमार काद्यान द्वारा उस सामग्री के लिए धन निर्धारित करने के तत्कालीन योगदान को भी कैसे भुलाया जा सकता है?

ओरिजनल्स के प्रकाशक श्री प्रदीप मित्तल के प्रयासों से यह आकर्षक प्रकाशन संभव हो सका है। आशा है नवीन जाट-इतिहास भाग - 2 पाठकों और शोधार्थियों के लिए उपादेय सिद्ध होगा।

2009

डॉ. वीरसिंह
निदेशक
महाराजा सूरजमल अनुसंधान एवं प्रकाशन केन्द्र
सूरजमल स्मारक शिक्षा-संस्था

समर्पण

परम पूज्य पिताजी

स्वर्गीय पं० जगदीश प्रसाद·

पूज्य माताजी

श्रीमती चमेली देवी

उनकी सुपुत्री विद्या तथा उमा

को

अनुक्रम

प्राक्कथन

भारतवर्ष में मुगल साम्राज्य की स्थापना के बाद और विशेषतया १७ वीं शती में पिछले महान् मुगल सम्राटों की निरन्तर बढ़ती हुई धर्मान्ध कट्टरतापूर्ण नीतियों की प्रतिक्रिया के फलस्वरूप विभिन्न हिन्दू जातियों, संगठनों या शक्ति-केन्द्रों में जब नवचेतना उत्पन्न हुई, तथा तब यों मुगल आधिपत्य का सक्रिय विरोध करने को कटिबद्ध हो उसका सामना करने वालों में ब्रजभूमि के जाटों का इतिहास विशेष रूपेण अध्यनीय और महत्वपूर्ण है। सुदुर दक्षिण से मुगल साम्राज्य के हृदय-केन्द्र आगरा और दिल्ली को जाने वाले सारे मार्ग इसी ब्रजभूमि में ही होकर आगे बढ़ते थे। अतः इस ब्रजभूमि में मुगल साम्राज्य विरोधी जाट सत्ता का उद्भव और विकास १८ वीं शती के उत्तर भारतीय इतिहास की एक अति महत्वपूर्ण और निर्णायक परिणति थी, जिसका ब्यौरेवार गहराई तक व्यापक अध्ययन सर्वथा अत्यावश्यक हैं। परन्तु भारतीय इतिहासकारों ने प्रायः इधर विशेष ध्यान नहीं दिया है। कोई साठ वर्ष पहिले स्वर्गीय डा० कालिकारंजन कानूनगो ने 'हिस्ट्री आफ दी जाट्स' लिखी थी। इधर इन पिछले साठ वर्षों में जाटों के इतिहास सम्बन्धी बहुत सी नई आधार-सामग्री प्रकाश में आई है, जो समकालीन और प्रमाणिक होने के कारण अति महत्वपूर्ण हैं। उसका आंशिक उपयोग करते हुए पिछले कुछ वर्षों में दो-एक ग्रन्थ, डा० राम पांडे 'भरतपुर अप टु १८२६' तथा डा० मनोहर सिंह राणावत कृत 'भरतपुर महाराज जवाहर सिंह जाट,' आदि प्रकाशित हुए हैं, परन्तु उनका उद्देश्य या विषय सीमित होने के कारण ब्रजभूमि निवासी जाटों के समूचे इतिहास के ब्यौरेवार व्यापक और परिपूर्ण विवेचन या अध्ययन के लिये वे पर्याप्त नहीं हो सके हैं।

यह वस्तुतः प्रसन्नता की बात है कि इधर पिछले २० वर्षों से इस ब्रज-भूमि का ही एक सुपुत्र, श्री उपेन्द्रनाथ शर्मा, जाटों के इस प्रादेशिक इतिहास का गहन अध्ययन ही नहीं कर रहा हैं, परन्तु जाटों के प्रामाणिक इतिहास को सविस्तार लिख कर अनेकों खण्डों में क्रमशः उसे प्रकाशित करवाने में जुट गया है। कुछ वर्ष पहिले अपनी इसी महती योजना के अन्तर्गत उसने सर्व प्रथम, 'जाटों का नवीन इतिहास' शीर्षक अपना वृहत ग्रन्थ प्रकाशित कराया था। उसमें शाहजहां के शासन काल में स्थापित हुए जाटों के प्रभावकारी संगठन से लेकर, औरंगजेब के शासनकाल में होने वाले सारे विभिन्न जाट-मुगल संघर्षों तथा अंत में जाट इतिहास में युग-निर्माता चूड़ामन जाट का प्रामाणिक विस्तृत इतिहास प्रस्तुत किया था।

अब श्री उपेन्द्रनाथ शर्मा ने अपने उसी सुनियोजित क्रम में अपना यह दूसरा बृहत् ग्रन्थ "ब्रजेन्द्र बहादुर राजा सूरजमल जाट (१७०७-१७६३ ई०)" लिख डाला है। इस ग्रंथ में श्री उपेन्द्रनाथ शर्मा ने भरतपुर जाट राज्य के वास्तविक संस्थापक राव (ठाकुर) बदन सिंह और उसके सुविख्यात प्रतापी उत्तराधिकारी पुत्र जाट राजा सूरजमल के क्रमबद्ध सुव्यवस्थित ऐतिहासिक विवरण सविस्तार और सप्रमाण प्रस्तुत किये हैं। अपने पिता राव बदन सिंह के जीवनकाल में सन् १७३४ ई० में कुंवर पद पाने के बाद से ही सूरजमल एक प्रभावशाली प्रमुख सबल सेनानायक तथा राजनेता के रूप में बड़ी प्रखरता के साथ क्षेत्रीय इतिहास में उभरने लगा था। यों सन् १७५४ ई० तक का इतिहास वस्तुत: ठाकुर बदन सिंह तथा युवराज सूरजमल के संयुक्त इतिहास के रूप में ही लिखा जा सका है। इसी प्रकार सूरजमल के शासन-काल के इतिहास में उसके प्रतापी उत्तराधिकारी जवाहरसिंह जाट के कार्य-कलापों का इतिहास सम्मिलित हो जाना अवश्यम्भावी था।

नवम्बर २८ १७२८ ई० को मालवा में हुए अमझरा के निर्णायक युद्ध में मराठों की पूर्ण विजय हो जाने के बाद के पैंतीस वर्षों जाटों के इतिवृत्त में ही नहीं पतनोन्मुख मुगल साम्राज्य के साथ ही आक्रमक मराठों के इतिहास में भी अति महत्वपूर्ण थे, जिनमें मुगल, मराठा और जाटों के साथ ही पास-पड़ौस के अफगान सेनानायकों और राजस्थान के राजपूत शासकों की भूमिका बहुत निर्णयात्मक रही थी। अतएव श्री उपेन्द्रनाथ शर्मा को अपने इस बृहत् इतिहास ग्रन्थ में उन सब ही संबंधित अनेकानेक ऐतिहासिक शक्तियों की कार्यवाहियों का विवेचन करना पड़ा है, जिससे उसने उस समूचे क्षेत्र का एक सर्वांगीण यथासंभव पूर्ण इतिहास लिख डाला है।

अपने पूर्ववर्ती ग्रन्थ "जाटों का नवीन इतिहास" की ही तरह श्री उपेन्द्रनाथ शर्मा ने अपने इस नये ग्रन्थ में भी यथासाध्य सारी सुलभ आधार-सामग्री का पूरा-पूरा प्रयोग किया है। फारसी, मराठी, हिन्दी, राजस्थानी, आदि के साथ ही कुछ यूरोपीय भाषाओं में लिखे ग्रन्थों के अंग्रेजी अनुवादों में प्राप्त जानकारी तथा विवरणों को भी लेखक ने देखा भाला है। यों इन पिछले पचास-साठ वर्षों में प्रकाश में आई उस सारी अछूती नई सामग्री का भी लेखक ने भरसक उपयोग किया है, विशेषरुपेण जाटों के इतिहास के संदर्भ में, जिसकी पहिले अन्य किसी ने छान-बीन नहीं की थी। यह बात विशेष उल्लेखनीय है कि लेखक ने ब्रजभाषा आदि क्षेत्रीय भाषा-बोली में लिखे उन सब ही हस्तलिखित पोथियों आदि को भी देखा-भाला तथा उनका उपयोग किया है, जिनमें इस क्षेत्र में बसे तथा सक्रिय हुए उन सब ही विशिष्ट घरानों और वंशों की वंशावलियां या विवरण मिलते हैं, जिनके बारे में अन्यत्र कोई उल्लेख नहीं पाये जाते हैं। इस प्रकार यह ग्रन्थ भी उस क्षेत्र के जाट वंशों घरानों आदि का एक सर्वसंग्रह बन गया है। यत्र-तत्र निजी संग्रहों में सुलभ अब तक अज्ञात

कई एक फारसी अभिलेखों, कुछ फरमानों आदि का भी लेखक ने संभवतः प्रथम बार उपयोग किया है, जिनमें दिये गये आदेशों की पुष्टि अन्य समकालीन अखबारात तथा किन्ही प्रमाणित इतिहास ग्रन्थों से नहीं होती है। नवम्बर २८, १७०१ ई० को बालकिसन को मनसब और उपाधि दिये जाने संबंधी औरंगजेब कालीन फरमान ऐसा ही एक अभिलेख है, जिसकी प्रमाणिकता की सयत्न जांच आवश्यक प्रतीत होती है।

श्री उपेन्द्रनाथ शर्मा ने इस बात का पूरा ध्यान रखा है कि जाटों के संदर्भ में लिखते समय यथासम्भव अतिश्योक्ति से बचे, तथापि यदि यत्र-तत्र ऐसी किसी प्रकार की अतिरंजना का कोई पुट देख पड़ता है, तो वह क्षम्य ही होनी चाहिये।

इस ग्रन्थ की उल्लेखनीय विशेषता यह है कि लेखक ने सीधी-साधी भाषा में अपनी बात कही है और अपने कथनों तथा स्थापनाओं के समर्थन में प्रासंगिक आधार-ग्रन्थों तथा अन्य विश्वसनीय आधार-सामग्री के समुचित यथेष्ट संदर्भ देकर उनकी प्रामाणिक सुस्पष्ट की है। कई पाद टिप्पणियों में आवश्यकतानुसार यत्र-तत्र विवादास्पद बातों का सविस्तार विवेचन भी किया गया है। पुनः अपने इस ग्रन्थ में समकालीन इतिहास की विभिन्न शक्तियों से संबंधित परस्पर गुथी हुई अनेक राजनैतिक सामाजिक, आदि धाराओं का विवेचन अपने इस ग्रन्थ में लेखक ने इस प्रकार किया है कि उनमें परम्परा-सूत्र टूटते नहीं हैं।

ग्रन्थ के अंत में लेखक ने उसके द्वारा प्रयुक्त सारी आधार सामग्री के संकेतों और संदर्भों की पूरी तालिका दे दी है, जो इस विषय विशेष पर भविष्य में शोध करने वालों के लिये बहुत ही उपयोगी होगी।

यों यह ग्रन्थ पठनीय, अध्ययनीय और संग्रहणीय बन गया है, जिसके लिये लेखक बधाई का पात्र है। अतः इसी परम्परा में श्री उपेन्द्रनाथ शर्मा द्वारा लिखे जाने वाले अगले खण्ड की प्रतीक्षा रहेगी।

रघुबीर निवास,
सीतामऊ (मालवा)
४५८-६६०

रघुबीर सिंह
(महाराज कुमार डा० रघुबीर सिंह)
एम० ए०, डी० लिट्०
निदेशक, श्री नटनागर शोध संस्थान

आमुख

जिज्ञासा थी जन्मभूमि भरतपुर का इतिहास, साहित्य, समाज व संस्कृति का अध्ययन करने की। पूज्य स्व० नानाजी (पं० नारायण लाल), जिन्होंने पथैना युद्ध (१८८६ ई०) अपनी आँखों से देखा था तथा प्रपिता पं० रघुनाथ प्रसाद 'कौशलेश' (नाटककार तथा कहानीकार) ने भरतपुर राज्य के शासकों तथा जन प्रतिनिधियों के यशस्वी शौर्य्य व पराक्रम, दिग्विजय तथा पतन की अनेकों माथायें, उपाख्यान सुना कर जिज्ञासा को बढ़ा दिया था। निष्कर्षतः काथेड़ व ब्रज जनपद का तथ्यात्मक राजनैतिक व सांस्कृतिक इतिहास लिखा ही नहीं गया। जो कुछ भी मिला, अपर्याप्त व भूलों भरा था।

जिज्ञासावश ही १९५८ ई० में मैंने काथेड़ जनपद का राजनैतिक सामाजिक व सांस्कृतिक इतिहास का अध्ययन शुरू किया और लिखने का मानस बनाया। अत्यधिक दुरुह, वास्तव में दुःसाध्य संकल्प सर्वज्ञ की प्रेरणा व आत्म विश्वास से ही सम्भव हो सका।

प्रारम्भ में दो वर्ष (१९६२–६३) तक 'देशबन्धु' साप्ताहिक में धारावाहिक ऐतिहासिक झलक प्रस्तुत की और 'राजस्थान का मध्यकालीन इतिहास' (१९६६) में 'जाट मुगल संघर्ष' परिशिष्ट स्नातकोत्तर छात्रों के अध्ययन के लिए प्रकाशित कराया। फिर एक दशाब्दी बाद 'जाटों का नवीन इतिहास' (१९७७) प्रकाशित हो सका। इस शोध ग्रन्थ में १७२१ ई० तक का ऐतिहासिक, सामाजिक, आर्थिक व सांस्कृतिक दर्शन शामिल था। इस सन्दर्भ ग्रन्थ से इतिहासकारों ने आशातीत लाभ उठाया। अब द्वितीय चरण में "राव बदन सिंह 'महेन्द्र' तथा ब्रजेन्द्र बहादुर महाराजा सूरजमल" (१७६३ ई०) प्रस्तुत करने का अवसर मिल सका।

ठाकुर रूप सिंह के परलोकवास (जुलाई, १७२० ई०) के बाद 'जमींदारी के स्वामित्व' ने किसान एकता के कल्पतरु को झकझोर डाला। तब ठाकुर (राव) बदन सिंह को स्वकीय अस्तित्व की रक्षा तथा सामाजिक हितों व परम्पराओं की स्थिरता के लिए शीत संघर्ष करना पड़ा। अस्तु, पूर्णतः भिन्न राजनैतिक वातावरण में मीर बख्शी खानदौरान की अनुभवी सलाह से सवाई जय सिंह कछवाहा को बदनसिंह के पक्ष में काथेड़ जनपद की जमींदारी का स्वामित्व स्वीकार करना पड़ा। इससे विधि सम्मत किसान राज्य के संस्थापन का मार्ग खुल गया। राव बदन सिंह ने अपनी कुशलता तथा चतुरता से ही एक स्वाधीन किसान राज्य भरतपुर की

स्थापना की। महाराजा सूरजमल विलक्षण प्रतिभा का धनी अवश्य था, परन्तु यह सभी कुछ चमत्कार था जन-जन का समर्थन, समाज में सर्वत्र मान्य बहु प्रतिभा के धनी-मानी विद्वानों का ! इस प्रकार स्वाधीन किसान राज्य के एकीकरण व उन्नयन में सह-भागीदार थी काठेड़ जनपद की, ब्रज की सम्पूर्ण जनता ! कुशल राजनयिक व कूटनयिक राव हेमराज कटारा, राव रूपराम कटारा, राजा मोहन सिंह सूर्यद्विज, गज सिंह चौहान आदि-आदि, जिनकी पड़ोसी शक्तियों के साथ निकटता थी, ने निःसन्देह बुद्धि कौशल का परिचय दिया। इस प्रकार कृषक प्रधान संगठन एक राजनैतिक इकाई के रूप में एक शताब्दी तक भारतीय इतिहास के रंगमंच पर प्रकाशमान हो सका। हिन्दुस्तान की राजनीति में कृषक प्रधान समाज की एकता को नकारना असम्भव था। इसी से मुगलों, अफगानों, राजपूत व मराठों आदि इकाईयों को संघर्षरत रहकर भी समझौते करने पड़े। यदि वास्तव में मराठा किसान शासक की नीति को समझ पाते और उनमें महत्वाकांक्षा के साथ सहयोग की भावना होती, तब भारत का मानचित्र कुछ भिन्न ही होता।

आलोच्य काल का इतिवृत अनेक जटिल गुत्थियों से भरपूर है और मौलिक अभिलेखों के अभाव में अनेक विन्दुओं को सुलझाना काफी कठिन है। पुनश्चः प्रस्तुत शोध में अद्यतः उपलब्ध अभिलेखों के आधार पर कुछ नये तथ्यों को उजागर किया गया है। स्वार्थपरक राजनीति का समाज व्यवस्था पर प्रभाव, सांस्कृतिक विकास, अर्थ व्यवस्था की स्थिरता को प्रथम बार पाठकों के समक्ष प्रस्तुत करने का प्रयास किया है। महाराजा सूरजमल के जन्म स्थान व जन्म काल के बारे में कुछ लेखकों में काफी भ्रांतियां रही हैं। इनका निराकरण द्वितीय अध्याय में किया गया है।

किसान शासकों ने जन समर्थन पाकर इतिहास अवश्य बनाया, परन्तु सम्भवतः अपने शासन काल की महत्वपूर्ण घटनाओं, दिनचर्या, राजनैतिक संधियों या इकरारों को लिखवाने का, रेकॉर्ड को व्यवस्थित रूप से सुरक्षित रखने की ओर उदासीनता बरती। अभी भी राजवंश के सदस्य आधारहीन उपाख्यानों, गल्पों अथवा ब्रिटिश लेखकों की कल्पना में विश्वासी हैं और उनकी अनेकों जानकारियां भी सदिग्ध हैं। सम्भवतः पूर्ववर्ती शासकों ने दीवानी, निजामी, वकालत तथा गृह व्यवस्था सम्बन्धी 'दफ्तरों' को सुरक्षित रखने की ओर अनिवार्यतः ध्यान दिया होगा ?

फादर वेण्डल का कथन है कि महाराव नाहर सिंह अनेक दफ्तरों के उपयोगी दस्तावेजों व कागजातों को अपने साथ ले गया था। इसी प्रकार 'बहार गुलजार–ए–शुजाई' का लेखक हरिचरन लिखता है कि १७६९ ई० में डीग व कुम्हेर में सैनिक उपद्रव व भयंकर अग्निकाण्ड हुआ था। काम्पते मोडव का भी कथन है कि मई, १७७६ ई० में मिर्जा नजफ खां ने डीग पर और कुछ वर्ष बाद कुम्हेर पर अधिकार कर लिया था, तब वहां सब कुछ बारूदखानों के साथ स्वाहा हो गया था।

दफ्तरों को लूटा गया। सम्भवतः प्रबन्ध की दृष्टि से मिर्जा नजफ खां दफ्तरों के शेष कागजातों को अपने साथ ले गया? अस्तु, लेखक को बाहरी अभिलेखों पर निर्भर रहना पड़ा है।

कविवर सूदन माथुर चतुर्वेदी ने सर्वाधिक विश्वसनीय, तथ्यपरक तथा उपयोगी काव्य ग्रन्थ 'सुजान चरित' लिखा, परन्तु यह ग्रन्थ १७५३ ई० के अन्त में अनायास ही अधूरा रह जाता है। इस ग्रन्थ से सिनसिनवार वंश की परम्परा, समकालिक समाज व्यवस्था, आर्थिक सम्पन्नता, सैन्य विज्ञान तकनिकी का ज्ञान होता है।

फादर फ्रांकोज वेण्डल ने १७६८ ई० तक का विवरण लिखा है। परन्तु लोक चर्चा के आधार पर अनेकों सारहीन, कल्पित व भ्रमात्मक विवरण सन्देह के प्रतीक हैं। अतः इसके अध्ययन में सावधानी की आवश्यकता है। इसी क्रम में जॉन गोट-लिइव कोहन की पुस्तक 'भरतपुर राजवंश की तवारीख' एकाकी है और आलोच्य-काल के लिए अधिक उपयोगी नहीं है।

कप्तान रॉबर्ट मारीसन के आग्रह पर पं० बलदेव सिंह सूर्यद्विज ने 'तवारीख भरतपुर' नामक ग्रन्थ लिखा था, परन्तु आलोच्च काल के लिए लेखक ने सूदन का उपयोग किया है। ज्वाला सहाय मुंसिफ ने 'वाक्या राजपूताना' तथा 'हिस्ट्री ऑफ भरतपुर' में पं० बलदेव सिंह का शाब्दिक उपयोग किया है।

ब्रिटिश शासन काल में प्रथम बार कर्नल जेम्स टॉड ने राजपूतों का, ग्रांट डफ ने मराठों का और कनिंघम ने सिखों का इतिहास लिखकर इन राजनैतिक शक्तियों को भारतीय इतिहास में उभारा। परन्तु दिल्ली के पड़ोसी जाटों पर किसी ने भी दृष्टि नहीं डाली। १९२५ ई० में स्व० डॉ० कालिका रंजन कानूनगो ने 'हिस्ट्री ऑफ जाट्स' लिख कर जाट जन सत्ता की प्रभावशाली भूमिका को प्रकाशमान किया। जिसके लिए डा० कानूनगो का अखिल भारतवर्षीय जाट क्षत्रिय महासभा ने पुष्कर सम्मेलन में सम्मान किया था। किन्तु फिर आगे प्रगति नहीं हो सकी। इसमें आंचलिक रीति-परम्पराओं की उपेक्षा अवश्य खलती है। स्व० डॉ० यदुनाथ सरकार ने 'मुगल साम्राज्य का पतन' में संकेतात्मक ध्वनि में सूरजमल के महान व्यक्तित्व को उजागर किया है।

इधर देशी रजवाड़ों के एकीकरण के बाद राजस्थान के भिन्न भिन्न रजवाड़ों व ठिकानेदारों के अभिलेख भण्डार प्रकाश में आये हैं। इस अमूल्य व प्रचुर सामग्री, अध्ययन की सहज सुगमता के परिणामतः सामन्ती संकीर्णता, पूर्वाग्रहों से विमुक्त वैज्ञानिक अनुभूतियां, नवीन चिन्तन व विकसित जनवादी विचारधाराओं के साथ शोध कार्यों में बढ़ती रुचि ने काफी प्रगति की है। राजस्थानी व मराठी अभिलेखों, जयपुर व जोधपुर रेकॉर्ड ने नवीन तथ्यों व घटनाओं को उजागर किया है। इस

प्रकार प्रस्तुत शोध में मूल फारसी के सन्दर्भ ग्रन्थों, अद्यतः प्रकाशित और अप्रकाशित राजस्थानी काटेड़ी अभिलेखों का प्रथम बार प्रयोग किया गया है। अनेकों घटनाओं की तिथि क्रम व इतिवृत में बदलाव आया है। १७२६ ई० में ठाकुर खेमकरन की घटना मात्र उदाहरण ही है।

काटेड़ी, राजस्थानी तथा मराठी अभिलेखों की तारीख निर्धारण में सावधानी की आवश्यकता है। काटेड़ी पुरालेखों में सर्वत्र चैत्रादि विक्रमी सम्वत्, राजस्थानी पुरालेखों में फसली (भाद्रपद कृष्णा १) तथा मराठी लेखों में अमावस्यांत चैत्रादि सम्बत् तिथियों का प्रयोग मिलता है। अस्तु ग्रेगोरियन सन् व तारीख निर्धारण में स्वामी कन्नू पिल्लई की 'इण्डियन अफिमेरीज' (खण्ड ६) का प्रयोग करते समय सितम्बर १४, १७५२ ई० से पूर्व १० दिवस जोड़कर नवीत पद्धति का प्रयोग किया गया है।

शाह वलीउल्लाह के लेखों से स्पष्ट है कि मुस्लिम दार्शनिक विदेशी शक्तियों की सहायता से जाटों व मराठों, भारत मूल के मुस्लिमों की शक्ति को कुचल कर हिन्दुस्थान में इस्लामी राज्य की जड़ों को पुनः जमाने का स्वप्न देख रहा था, जबकि कृषक समाज का लोकप्रिय राजनेता महाराजा सूरजमल अकबर महान की भांति राजनीति राजधर्म को धर्म व सम्प्रदायों के हस्तक्षेप से विमुक्त मानकर सर्व-सम्प्रदायों, सभी जातियों, उदीयमान भिन्न-भिन्न राजनैतिक इकाईयों के सहयोग से केन्द्रीय सत्ता को लोकतांत्रिक सिद्धान्त के आधार पर सुदृढ़ करके भारतीय शासन को पुनर्जीवित करना चाहता था। इस प्रकार उस पतनोन्मुख साम्राज्यवादी व सामन्ती अथवा मनसबदारी युग में उसका जीवन व चरित्र नवीन दर्शन का द्योतक है।

महाराजा सूरजमल के परिवार का समकालीन दुर्लभ चित्र मुझको श्रीयुत भारत भूषण भार्गव, बी० ए० के निजी संग्रह से विशेष अनुकम्पा के रूप में प्राप्त हुआ है। सम्भवतः चित्रकार श्री राम महाराव नवल सिंह का धात्री भाई था। चित्र का परिचय चित्रकार ने उपरी भाग में दिया है।

सामग्री के चयन, संकलन व व्यवस्थापन में मेरी अर्द्धांगिनी आयुष्मती विमला शर्मा ने, प्रिय पुत्र श्री हितेन्द्र भारद्वाज की अस्वस्थता में भी, तन्मयता से सहयोग प्रदान किया। पारिवारिक व सामाजिक सभी उत्तरदायित्वों को वहन करके मुझको सामान्य चिन्ताओं, मानसिक तनावों से मुक्त रखा। अस्तु, वह साधुवाद की पात्रा है।

श्री जितेन्द्र कुमार जैन, निदेशक तथा श्री ब्रजलाल विश्नोई, सहायक निदेशक ने 'राजस्थान राज्य अभिलेखागार, बीकानेर में संकलित जयपुर रेकॉर्ड व अभिलेखों का अध्ययन करने की सुविधायें देकर सहयोग प्रदान किया। अतः उनका

तथा उन सभी विद्वान, लेखकों का आभारी हूं, जिनके ग्रन्थों व संकलनों से इस शोध में सहायता मिली है। श्री मनजीत सिंह दुग्गल (वर्तमान अधिशासी अभियन्ता, सिंचाई) की उत्सुकता तथा सद्भाव के लिए धन्यवाद देना अपना कर्तव्य समझता हूं।

श्रीयुत कुंवर नटवर सिंह, उर्वरक राज्य मंत्री भारत सरकार, श्री ईश्वर चन्द श्रीवास्तव, आई० ए० एस०, श्री गिर्राज प्रसाद तिवारी (उपाध्यक्ष, राज० विधान सभा) तथा अपने बहनोई डॉ० गोपाल लाल शर्मा के प्रोत्साहन, आर्थिक सहयोग, सद्भावना तथा विशिष्ट अनुकम्पा के लिए मैं उनका कृतज्ञ हूं।

श्री नटनागर शोध संस्थान, सीतामऊ में उपलब्ध मूल्यवान प्रचुर सामग्री का अध्ययन (मई, १६७८ ई०) करते समय भारत के महान इतिहासवेत्ता महाराजकुमार डॉ० रघुबीर सिंह, एम० ए०, डी० लिट् ने अति प्रेरणादायक सुझाव दिये। अनेक जटिलताओं को सुलझाया। अमूल्य समय देकर आत्मीयता के साथ इस शोध के प्रारूप को जांचा। साथ ही प्राक्कथन लिखने की महती कृपा की। मैं आपकी उदारता, महानता व अनुकम्पा का अत्यधिक ऋणी हूं।

लेखक श्री उमराव सिंह मंगल का भी आभारी है, जिन्होंने यह ग्रन्थ प्रकाशित करके प्रबुद्ध पाठकों के समक्ष प्रस्तुत करने में सहयोग प्रदान किया है।

कोतवाली के समीप
भरतपुर, (राजस्थान)

उपेन्द्र नाथ शर्मा

अध्याय १

राव बदन सिंह "महेन्द्र"

१६८५–१७५६ ई०

काठेड़, मेवात, जगर या जगरौती, सिदगिरि, चाहरवाटी, ब्रज, अन्तर्वेद (दोआब) तथा दक्षिणी हरियाणा के बहुलांश क्षेत्र में आबाद सिनसिनवार, सोगरिया, कुन्तल (खूंटेल), चाहर, हगा, नौंहवार आदि प्रधान जाट डूंग तथा अन्यान्य जाट पाल[1], जाट कबीले साभिमान विजय मन्दिर गढ़ (वर्तमान बयाना) और त्रिभुवन गिरि (तबनगढ़) के चन्द्रवंशी यदुकुलीन साम्राज्य के संस्थापक भदाण-पति परम भट्टारक महाराजाधिराज विजयपाल के वंशधरों को अपना पूर्व-पुरुष तथा भदानक (भदाणक या भदान)[2] प्रान्त को अपनी मातृभूमि मानते हैं। बारहवीं शताब्दी से भारतीय इतिहास में यह भूखण्ड बयाना के नाम से प्रसिद्ध है। यह

---

१ – जाट डूंग तथा जाट पालों के क्रमिक विकास तथा विस्तार, क्षेत्रीय विभाजन सामाजिक एवं सांस्कृतिक परम्परा, रीति–रिवाज, प्रारम्भिक राजनैतिक क्रिया-कलाप प्रभृति के विशेष अध्ययन के लिए द्रष्टव्य– लेखक कृत "जाटों का नवीन इतिहास," मंगल प्रकाशन, जयपुर, १९७७ ई०।

२ – विजय मन्दिर गढ़ तथा त्रिभुवन गिरि के राजनैतिक आर्थिक, सामाजिक तथा सांस्कृतिक इतिहास के लिए द्रष्टव्य-लेखक कृत 'युग-युगीन बयाना'।
—मध्यकालीन प्राकृत तथा अपभ्रंश व्याकरणों जिन भण्डारों के प्राचीनतम साहित्यिक सन्दर्भों तथा प्रशस्तियों और शिलालेखों से ज्ञात होता है कि शौरसैन जनपद से इतर यमुना नदी का पश्चिमी भूभाग भादानक (भदाणक) या भदाण भुक्ति या मण्डल के नाम से सु–प्रसिद्ध था और श्री पथ (श्री पथायांपुरि) इस जनपद का प्राचीनतम शासन केन्द्र था [इ० ए० भाग ४, पृ० १४; आर्के० सर्वे०, खण्ड ६, पृ० ४२, ५०, ५२, खण्ड २०, पृ० २१; इम्पी० गजे०, खण्ड ७, पृ० १३७; वीर विनोद, पृ० १५३३।]

प्रदेश विन्ध्य तथा अरावली पर्वतों का संगम स्थल है और अनेक बरसाती नदी-नालों, सघन जंगलों से सर्वाधिक सुरक्षित, अति उपजाऊ, धन-धान्य व खनिज सम्पदा से सम्पन्न व समृद्ध है। यहाँ अनेकों शतियों तक भारतीय सभ्यता संस्कृति, शिक्षा तथा लोक-साहित्य का नियमित विकास होता रहा और व्यापार तथा उद्योग-धन्धों को पूर्ण प्रश्रय मिला। सल्तनत काल में यदुवंशी राजपूत, ठाकुर कुटुम्ब कबीलों ने अन्यान्य युद्धरत जातियों के साथ मिलकर निरन्तर राजनैतिक सामाजिक अस्तित्व, आर्थिक विकास, समृद्धि-सम्पन्नता, संस्कृति की रक्षा

—३७२ ई० की पुण्डरीक यज्ञ प्रशस्ति [का०इ०इ०, खण्ड ३, पृ० २५३, आर्कॉ०, सर्वे०, खण्ड ६, पृ० ५०, ५४–५५, इ०ए०, खण्ड १४, पृ० ८] तथा यौधेय गण शिलालेख [का०इ०इ०, भाग ३, पृ० २५२] के बाद हमको आठवीं शताब्दी में आचार्य जिनसेन की रचना 'हरिवंश पुराण' [७८३ ई०] से इस क्षेत्र की एक स्वतन्त्र तथा विकासशील राजनैतिक इकाई का पता चलता है। [प्रो० इ० हि० का०, १९६१ ई०; रा० हि० रि० ज०, खंड ४, सं० २, पृ० ३१–३२]।

—महाकवि राजशेखर ने 'भादाणक' मण्डल या भुक्ति का मरूभू (मारवाड़) तथा टक्क प्रदेशों के साथ उल्लेख किया है। अनेक शताब्दियों तक भदानपति या भदान-जन अपनी वीरता, साहस, पराक्रम के लिए भारतीय इतिहास में विख्यात थे और प्राय: अपभ्रंश भाषा का प्रयोग करते थे [काव्य मीमांसा, पृ० ५१]।

—स्कंद पुराण (कुमारिक खण्ड, ३९) से ज्ञात होता है कि भदाणक प्रदेश में एक लक्ष ग्राम शामिल थे। इसी प्रकार "विजयपाल रासौ" के अनुसार इस देश की सुरक्षा-व्यवस्था के लिए एक लक्ष चमू सेवारत थी (कवि रत्न माला)।

— बिजोलिया पार्श्वनाथ प्रशस्ति (११७० ई०) में "भादान भादानपते" शब्दों का प्रयोग किया गया है। [ए०इ०, लेख २६, पृ० १०२] सम्भवतः भादानक प्रान्त शाकम्भरी के चाह्वान राज्य का पड़ोसी राज्य था। इसी प्रकार जिनपाल के "खर्तरगच्छ पट्टावली" में भी भादानक प्रदेश का उल्लेख मिलता है।

—सिद्धसेन सूरि कृत "सकल तीर्थ स्तोत्र" से पता चलता है कि कान्यकुब्ज (कन्नौज) तथा हर्षपुर (शेखावाटी) के मध्य भू-भाग में "भादानक देश" आबाद था और इसमें कम्मं (कामां) तथा सिरोह नामक दो अति प्रसिद्ध जैन तीर्थ शामिल थे। [पत्तन भण्डार की हस्तलिखित विवरण पत्रिका, पृ० १५६, स्तोत्र, २२]।

—जिन प्रभा सूरि कृत "विविध तीर्थकल्प" से ज्ञात होता है कि दिल्ली-देवगीर के मध्य मार्ग पर "सिरोह" पड़ता था और यह अलापुर के उत्तर

राष्ट्रीय स्वाधीनता तथा एकता के लिये सतत् संघर्ष किया था। क्षेत्रीय राजपूत जातियों ने तुर्क (तुरुष्क) सुल्तानों की अधीनता में खुदकाश्त भूमि पर जमींदारी के मालिकाना हक तथा अधिकार उपार्जित करने के बाद भी केन्द्रीय तथा प्रान्तीय सरकारों की अव्यवस्था, राजनैतिक अस्थिरता, राज्य-क्रान्ति, सिपहसालारों के विद्रोहों का भरपूर लाभ उठाकर समय-समय पर शाही भू-राजस्व (मालगुजारी) तथा अन्य करों (अवाब) का अपहरण करके तुर्क विद्रोहियों के साथ मिलकर व्यापक लूटमार तथा अराजकता में भाग लिया था। केन्द्रीय तथा प्रान्तीय सरकारों की अर्थ-व्यवस्था को खोखला करने तथा साम्प्रदायिक वर्ग-संघर्ष को उभारने में योग दिया था। सभी राजपूत कुटुम्ब-कबीलों में वंश या कुलानुगत, जातिगत (कौमी) भाईचारा, सामाजिक व सांस्कृतिक एकता, स्वाभिमानी आत्मीयता थी और प्रत्येक कुल, वंश, कुटुम्ब कबीला स्वतन्त्र इकाई के रूप में संगठित होकर भी आपातकाल में आपस में एक दूसरी इकाई से सम्बद्ध व संगठित था। इस क्षेत्र में आबाद अन्य गुर्जर, मीणा तथा भारतीय मुसलमान, मेवातियों के साथ मिलकर भी दीर्घ-संघर्ष, सतत् प्रयासों के बाद भी सल्तनत की राजनीति में पर्याप्त सम्मान, प्रतिष्ठा, आत्म-सम्मान या आत्म गौरव प्राप्त करने में विफल रहे, फिर भी

में कहीं आबाद था। [सिंघी जैन ग्रन्थमाला संग्रह, पृ० ९५–९६] देवगीर (देवगिरि) वर्तमान करौली के दक्षिण में अभी तक बसा है। "विजयपाल रासो" के अनुसार राव नल्लसिंह का सिरोहिया गोत्र या निकास था। [कवि रत्न माला, पृ० २३] सिरोहिया गोत्र 'सिरोह' ग्राम का सूचक है। अतः यह स्थान त्रिभुवन गिरि तथा देवगिरि के आसपास सोहरे वाला डाडा या श्योर्या गांव हो सकता है ?

—तेजपाल कृत "सम्भवनाथ चरित" की प्रशस्ति [जैन प्रशस्ति संग्रह, भाग २ प्रशस्ति सं० २८] से आभास मिलता है कि इस अपभ्रंश या अरहट्ट ग्रन्थ की रचना भदानक देश सीरी पट्टा (श्रीपथ) में की गई थी। इस समय दाऊदशाह का शासन था। अतः यह स्पष्ट है कि हिन्दू मध्यकाल से ही भादानक प्रान्त का राजनैतिक अस्तित्व विद्यमान था।

—१२६० ई० में फारसी इतिहासकार मिनहाज सिराज इस भूखंड को "भासीयाना" और बयाना को "भियाना या भयाना" लिखता है। [तबकाते नासिरी, पृ० १४५, २४०, २५०, २६६, २७४, २७८, २९७, ३१३] इस प्रकार तुर्कों के अधिकार के बाद भासीयाना या भदानक प्रदेश का नाम भारतीय मानचित्र से ओझल हो गया था और भियाना–भयाना ही बयाना कहलाने लगा था।

परम्परागत स्वभाव में पर्याप्त दृढ़ता, स्वाधीनता व अधिकार रक्षा की भावना निरन्तर परिपक्व होती गई।

१ – मुगल साम्राज्य में जाट डूंगों का विस्तार

अठारहवीं शताब्दी में जाटों के वैधानिक संगठन, जाट राज्य, जाट प्रशासन तथा जाट संस्कृति की स्थापना के समय आधुनिक पूर्वी राजस्थान (काठेड़ तथा मेवात), पश्चिमी उत्तर प्रदेश (दोआब-यमुना का वार-पार इलाका) और दक्षिणी हरियाणा (मेवाती भूखण्ड) प्रान्त आगरा (अकबराबाद) तथा दिल्ली सूबों (प्रान्तों) में शामिल था।[1] इस विशाल भूखण्ड पर जाट डूंग तथा पाल सरदारों ने अन्यान्य गोत्री राजपूत, गूजर, बड़गूजर, ब्राह्मण, मुसलमान, मेवातियों के साथ मिलकर जमींदारी अधिकार प्राप्त कर लिये थे। अन्य जाति, धर्म या सम्प्रदाय के जमींदारों की भांति प्राचीन रीति-रिवाज, लोक-परम्परा तथा दस्तूरों के अनुकूल जाट जमींदारों ने भी अपनी जमींदारी, रैयत की सुरक्षा-व्यवस्था के लिए कतिपय घोड़ा तथा पैदल सिपाहियों की नियुक्तियां कर ली थीं। प्रायः ये सिपाही जमींदारों के खिदमती काश्तकार या किसान अथवा उसी डूंग, पाल, वंश या कुल के ही सदस्य होते थे। इस प्रकार यह "जमींदाराना फौज" आवश्यकता पड़ने पर क्षेत्रीय फौजदार, आमिल, सूबेदार (राज्यपाल) तथा साम्राज्य की सेवा में उपस्थित होती थी। रैय्यत की सुरक्षा, अपने प्रभुत्व की गरिमा को प्रदर्शित करने के लिए ही जाट जमींदारों ने अपने देहातों में वैधानिक रूप से अनेक सुरक्षित कच्ची गढ़ियों का भी निर्माण करा लिया था। इस प्रकार अनेक प्रमुख देहात (मौजा) जमींदारों की गढ़ियों से सुरक्षित थे।

—प्रथम निकटवर्ती मुस्लिम इतिहासकार जियाउद्दीन बरनी (१३५७ ई०) ने "भियाना" तथा "बयाना" दोनों शब्दों का प्रयोग किया है। (तवारीख–इ–फीरोज शाही) इससे "बयाना" नामकरण की भ्रांत धारणा स्पष्ट हो जाती है।

१ – शेख अबुल फजल अल्लामी के अनुसार अकबर शासनकाल (१५५६–१६०५ ई०) में अधिकांश जाट प्रधान भूखंड आगरा, कोइल, सहार तीन–सरकार (जिलों) में विभाजित था। आगरा जिले की ३३ महालों (परगनों) में से केवल (१) आगरा, (२) खानुआ, (३) बयाना, (४) हिण्डौन, (५) कठूमर, (६) चोमुंहा, (७) सौंखर सौंखरी आदि, कोइल (आधुनिक अलीगढ़) जिले की २१ मुहालों में से केवल (१) नौंह (नौंहझील), सहार जिले के सात परगनों में से (१) बंघोली, (२) सहार, (३) कामां, (४) कस्बा खौह (खौह मुजाहिद), (५) नौनेरा तथा (६) होडल परगनों में जाट जमींदार तथा काश्तकारों का अधिकांश भूमि पर अधिकार था। [आइने, खंड ३, पृ० १९३-९४,२०२–३, २०६]।

मेहनतकश जाट जमींदारों, मजदूर-किसानों, कुटुम्ब-कबीलों ने सुदीर्घ प्रयास, निश्चल-संयम, उद्यमशीलता तथा परिश्रम से अन्यान्य परगनों में प्रवेश कर लिया था और घोर परिश्रम करके अधिक उत्पादन के साथ ही वहां के सामाजिक, पारिवारिक रहन-सहन के स्तर को ऊंचा उठाने की ओर ध्यान दिया। आलसी, समय पर शाही लगान तथा अन्य कर भुगतान करने में असमर्थ, अविवेकी निर्बल राजपूतों से अधिकांश देहातों की काश्तकारी का मालिकाना हक या जमींदारियां क्रय कर उन्होंने अपने आर्थिक, सामाजिक, सांस्कृतिक प्रभाव क्षेत्र का विस्तार कर लिया था।[1] अठारहवीं शताब्दी के प्रथम चतुर्थांश तक जाट डूंग तथा पालों का नियमित विकास तथा विस्तार चलता रहा।

अठारहवीं शताब्दी के प्रमुख दार्शनिक तथा तत्वज्ञानी शाह वलीउल्लाह के अनुसार, "जाट प्रारम्भ में काश्तकार तथा किसान थे और शाहजहां के शासनकाल में इनको घोड़े की सवारी करने तथा बन्दूक रखने की आज्ञा नहीं थी। गढ़ी बनाने का भी इन पर प्रतिबन्ध था। परन्तु परवर्ती शासकों की उपेक्षा, मत-भिन्नता तथा अमीर (मन्त्रियों), उमरावों के दुराग्रही संघर्ष का लाभ उठाकर जाट शक्ति-सम्पन्न विद्रोही (क्रान्तिकारी) शक्ति के रूप में उभरने लगे।"[2] कविवर सोमनाथ[3] का कथन है कि जाटों की सामाजिक सम्पन्नता, आर्थिक विकास तथा वैभव का आधार "खुरपा तथा जाली" थी। अधुना यह जाति उपजाऊ भूमि क्रय करने, खुदकाश्त करने में सश्रम प्रयत्नशील रहती है। इसी काल में डूंग तथा पाल सरदारों ने जमींदारी अधिकारों के अलावा अनेक परगनों में फौजदारी, मुकद्दम तथा चौधरी के भी अधिकार प्राप्त कर लिये थे। ठाकुर (राव) चूड़ामन ने मुगल सत्ता के लिए उत्तराधिकारियों के संघर्ष तथा प्रयास, केन्द्रीय मन्त्रियों के आपसी दलगत संघर्षों और राज्यपालों (सूबेदारों) का अकर्मण्यता का लाभ उठाकर अर्द्ध स्वाधीन जाट-सत्ता की नींव डाली और समस्त डूंग तथा पालों को एक राजनैतिक इकाई के रूप में संगठित कर लिया था। अब जाट परिवारों का प्रभुत्व, अधिकार क्षेत्र तथा राजनैतिक प्रभाव हिन्दुस्तान की राजधानी – दिल्ली से चर्मण्यवती (चम्बल) के वार–पार गोहद तक तथा पूर्व में मध्य दोआब के समस्त परगनों में व्यापक रूप से जम चुका था और मराठा, ढुढ़ारी तथा हाड़ौती (दक्षिणी राजस्थान) लेखों में जाट

---

१ – लाहौरी, भाग १, पृ० ४५२; मनूची, खण्ड २, पृ० ४३१-२, ४५१; मोरलैण्ड, पृ० १२४–५,; बनारसी प्रसाद, पृ० ६०–६१, २४४, २७१, २६१–४; सियासी मक्तूबात, पत्र सं० २, पृ० ४८, ५०–५१।

२ – सियासी मक्तूबात, पत्र सं० २, पृ० ५०–५१।

३ – माधव जयति (पाण्डु०), पृ० ६ अ।

बाहुल्य वाले इस विशाल भू-भाग को "जटवार या जटवाड़ा"[1] कहा जाता था।

गण : डूंग व पाल संगठन

जाट राष्ट्र के निर्माण से पूर्व जाटों की विभिन्न सामाजिक इकाईयां, सामाजिक आर्थिक विकास या राजनैतिक प्रगति के बारे में जानना आवश्यक है। राव चूड़ामन के जाट डूंग तथा पाल पंचायतों का नेतृत्व प्राप्त करने से पूर्व कुशल नेता के अभाव में निःसंदेह जाट इकाईयों में नियमित नैतिक एकता संगठन में राजनैतिक उत्तरदायित्व ग्रहण करने की क्षमता, विचार स्थायित्व की भावना का अभाव था। वे मुगल अमीर, मनसबदार, जागीरदार तथा मुस्लिम-परस्त प्राधिकारियों के आर्थिक शोषण व दमन, धार्मिक अत्याचार के शिकार थे। डा० यदुनाथ सरकार के शब्दों में, "अठारहवीं शताब्दी के मध्य तक जाट राष्ट्र की संगठित राजनैतिक इकाई नहीं थी। अब तक अन्य देहाती जमींदार या सरदारों (ठाकुर, फौजदार तथा चौधरी)[2] में कोई भी जाट राजा का पद प्राप्त नहीं कर सका था। केवल एक लुटेरा (क्रांतिकारी) सरदार साहसी प्रधान मुखिया अवश्य था, जिसने अपनी उदात्त प्रतिभा, चारित्रिक गुणों से जाट समाज के विभिन्न डूंगों व पालों के साहसी, क्रांतिकारी युवकों व लड़ाकू सरदारों को अपने झण्डे के नीचे लाकर खड़ा कर दिया था, परन्तु यह कौमी संगठन केवल साहस प्रदर्शित करके शाही अमीरों (मंत्रियों) तथा शाही परगनों की लूट में हिस्सेदार था"[3] तत्कालीन अखबारातों से स्पष्ट ज्ञात होता है कि शाही लुटेरा जाट जमींदार तथा उनके सरदारों को आश्रय देने में भ्रष्ट, धन-लोलुप तथा लालची मुगल अमीर, सूबेदार, मनसबदार, प्रान्तीय दीवान, आमिल, फौजदार आदि अधिकारियों का हार्दिक सहयोग तथा समर्थन प्राप्त था। यदाकदा एक स्वार्थी अधिकारी अन्य को नीचा दिखलाने, एक दूसरे की कार्यक्षमता तथा कार्यकुशलता को बदनाम करने के लिए जाट धारों को हथियार भी उपलब्ध कराने में नही चूकता था। भ्रष्ट-कर्मचारी भी सरकार (जिला) तथा परगना, खालसा व जागीर परगनों की लूट में

---

१ – पे० द०; जि० २०, लेख. १२४,१४४, जि० २७, लेख ७१; शिंदेशाही, जि० १, लेख १०१; चन्द्र चूड़, जि० १, लेख, १६४, वंश भास्कर, पृ० २८८६, २६१६; अर्जदास्त।

२ – डॉ० मथुरा लाल शर्मा ने सर यदुनाथ सरकार कृत 'फॉल ऑफ दि मुगल एम्पायर' का हिन्दी अनुवाद प्रस्तुत किया है। इसमें जाट सरदारों को "पटेल" लिखा है, जो ठीक नहीं है। पूर्व राजस्थान में जाटों को ठाकुर, फौजदार तथा चौधरी कहा जाता है, जबकि गूजर मीणा सरगनों को 'पटेल' कहा जाता है। ये सभी मुगल काल के वैधानिक पद थे और प्रशासनिक, सामाजिक कर्तव्यों के बोधक हैं।

३ – सरकार (मुगल), खंड २, पृ० २८७।

सह–साझीदार थे। इस प्रकार मुगल सम्राट् तथा केन्द्रीय मंत्रियों की अकर्मण्यता, स्वार्थपरक उदारता तथा उपेक्षा, व्यक्तिगत दलगत स्वार्थपरता तथा दलगत संघर्ष को आड में अन्यान्य जाट डूंग तथा पाल संगठन "लूट तथा हिस्सेदारी" के नियमन के साथ ही राजनैतिक प्रगति की ओर अग्रसर होने लगा था। थून गढ़ी के पतन (१७२२ ई०) के बाद ठाकुर मोहकमसिंह के पक्षपातियों को अपने वतन देहात, जमींदारी तथा खुदकाश्त पट्टियों में लौटना पड़ा और परिस्थितियों से बाध्य होकर अपनी तलवार तथा बन्दूकों को हल तथा कुदाल में बदलना पड़ा था। फिर भी जाट जमींदार, मजदूर किसानों ने काश्तकारी तथा औद्योगिक विकास को महत्व देकर अपनी जमींदारी पट्टियों को बढ़ाने में सफलता प्राप्त कर ली थी।

अठारहवीं शताब्दी के अति महत्वपूर्ण ऐतिहासिक काव्य ग्रन्थ 'सुजान चरित' में हमको अन्यान्य जाट डूंग तथा पाल गोत्र, सहयोगी योद्धा तथा प्रशासनिक जातियों, वर्ण तथा वर्गों की सामाजिक व्यवस्था, अर्थ-सम्पन्नता, धर्म तथा संस्कृति का विस्तृत विवरण मिलता है। डूंग कबीलों के अलावा 'तवारीख भरतपुर'[1] में थेवटिया, नाहरवार, सौहरोत, पोनिया, डागुर, भैनवार, बझेरा, सिकरवार, देशवार, माहोरी, भगोहर, इदौलिया, ठेनुआ, गधीया आदि पाल संगठनों का उल्लेख किया गया है। प्रायः इन सभी डूंग व पाल संगठनों की स्वावलम्बी इकाइयां और सुदृढ़ गढ़ियां थीं। 'लूट तथा हिस्सेदारी' के आधार पर संगठित जाट समाज में वास्तव में सहयोगी सामाजिक एकता, राजनैतिक विचारों का अभाव था। प्रत्येक जाट प्रधान ग्राम तथा उसका जमींदार, क्षेत्रीय जमींदार, फौजदार तथा चौधरी थोक या पट्टी का मुखिया अन्य डूंग–पाल सरदार अन्य 'कौमी मजलिस' के सरदार को अपने से वरिष्ठ, श्रेष्ठ या प्रभावशाली नहीं मानता था। उनमें 'मूंठ से मूंठ' बड़ी न होने की स्वाभाविक समाजगत परम्परा विद्यमान थी। फिर भी क्षेत्रीय डूंग व पाल 'कौमी पंचायत' की कड़ी में जकड़े हुए थे और पंचायती व्यवस्था, समाजगत आचार संहिता का पालन करने के लिये वचनबद्ध थे। इस प्रकार इनकी पंचायती या व्यवस्थापक इकाईयां इतनी अधिक थीं कि उनको 'शिष्ट समाज' का गण-राज्य नहीं कहा जा सकता है। बहुसंख्यक या अगणित क्षेत्रीय इकाईयों में विभाजित होने से इनको 'सामन्ती राज्य' की परिभाषा में भी नहीं आंका जा सकता है, क्योंकि जाट बाहुल्य देहात या आबादी क्षेत्र छोटे–छोटे विकसित स्वतन्त्र 'जनतन्त्र' थे। इन जनतन्त्रों के मुखिया अपने कबीलों या समूहों के साथ केवल साहस प्रदर्शित करके 'लूट के आकर्षण' से आपस में समय पर अवश्य मिल जाते थे। इससे ये कौमी संगठन राजनैतिक या सामाजिक प्रभुत्व का कारण न होकर मात्र समान हिस्सेदारी या साझेदारी[2]

---

१ – बलदेवसिंह, (पाण्डु०), पृ० ३३।
२ – सरकार (मुगल) खंड २, पृ० २८८।

तक सीमित थे। राव चूड़ामन ने राजनैतिक प्रभुत्व प्राप्त करने के बाद इन गण संघों को एकता–सूत्र में आबद्ध कर लिया था।

२ – राव बदन सिंह के पूर्वज

ब्रजराज[1] भरतपुर राज्य के सिनसिनवार जाट शासक परिवार का प्रमुख प्रभावशाली, अति साहसी, कर्तव्यनिष्ठ तथा उद्यमी व्यक्ति था, जिसने इतस्ततः बिखरी सिनसिनवार डूंग पंचायत (मजलिस) का नेतृत्व प्राप्त कर लिया था। वह प्रारम्भ में मौजा सिनसिनी सहित अन्य समीपस्थ ग्यारह देहातों की नियमित जमींदारी तथा भू–स्वामित्व (मालिकाना हक-हकूक) अधिकार उपार्जित करने में सफल रहा। सैय्यद गुलाम अली के अनुसार इन देहातों की वार्षिक जमा आठ सहस्र रुपया[2] वार्षिक थी। ठाकुर ब्रजराज के क्रमशः (१) भाव सिंह, (२) अतिराम, (३) चूड़ामन, (४) बुध सिंह, (५) गज सिंह, (६) कुशल सिंह नामक छः पुत्र थे।[3] ब्रज़राज ने अपने ज्येष्ठ पुत्र भाव सिंह की कमान में दो सौ युवकों की एक जमींदाराना फौज या धार तैयार करके अऊ मुहाल (परगना) के धर्मान्ध, अत्याचारी तथा भ्रष्ट मुगल आमिल (तहसीलदार) पर आक्रमण करके उसे अऊ छोड़कर भागने के लिए बाध्य कर दिया था। इससे धर्मनिष्ठ डूंग सरदार ब्रजराज को ख्याति आसपास में फैल गई थी। उसने पैतृक गढ़ी सिनसिनी की मरम्मत कराई और कुछ ही दशकों में स्वभुजबल तथा वैधानिक, नैतिक युक्ति से ठाकुर राजाराम द्वारा उपार्जित चालीस गांवों की जमींदारी[4] को अपने अधिकार क्षेत्र में शामिल कर लिया। सतत् प्रयास

---

१ – (अ) ब्रजराज तिनके और तो ब्रजराज के परताप।
जिनि साहि के दल गहि कें, निज साहिवी करथाप ॥—सूदन पृ० ५॥

(ब) जदुकुल में परगट भए, श्री ब्रजराज उदार।
खल खण्डन मण्डन मही, त्रिभुवन के करतार ॥—
—सोमनाथ, रामचरित रत्नाकर, ३३।

(स) खानचन्द के भयौ कुंवर ब्रजराज महीपति।
ताके सुत छः भए, पुण्य जागौ प्रताप अति ॥ – पथैना रासौ, पृ० १ 'अ'।

२ – इमाद (फा०), पृ० ५५।

३ – भावसिंघ अतिराम और चूड़ामनि ठाकुर।
बुधसिंघ गजसिंघ कुशलसिंघ भयो दिवाकर ॥
जाहर जिहान हिंदवान में कहि चतुरा आनद छयौ
यह वंश अंश वसुदेव सुत भावसिंघ भूपति भयो ॥—पथैना रासौ, पृ० २।

४ – ग्रोवायर, खंड ३, पृ० २५।
दीक्षित (पृ० १८) का मत है कि सिनसिनी के अन्तर्गत तीस गांवों की जमींदारी शामिल थी।

से क्रान्तिकारी सिनसिनवार डूंग-मजलिस ने एक नव्य-सुव्यवस्थित रूप धारण कर लिया और उसका नेतृत्व ब्रजराज के पुत्रों ने संभाल लिया। ज्येष्ठ पुत्र भावसिंह का विवाह सोगर ग्रामवासी अचला की पुत्री राधा के साथ हुआ था। अचला सोगरिया डूंग का एक प्रभावशाली तथा सम्पन्न जमींदार था और उसने लुहिया ग्राम के निवासी रुस्तम के साथ मिलकर शाही मार्गों की लूटमार में भाग लिया था। राधा ने (१) रूप सिंह तथा (२) बदन सिंह नामक दो पुत्रों[1] को जन्म दिया।

३ – किशोरावस्था और शिक्षा १६८५ – १७०४ ई०

किसी भी सम या निकट समकालीन अथवा अन्य इतिहासकार ने मुगल राजधानी दिल्ली (शाहजहानाबाद) तथा प्रधान मुगल नगर आगरा (अकबराबाद) के मध्य भू-भाग में विशुद्ध जनवादी जाट राज्य-भरतपुर के संस्थापक सम्पन्न तथा समृद्ध, प्रगतिशील जाट डूंग व पालों के संगठनकर्ता बदन सिंह के जन्म, आयु या

---

१ – बलदेव सिंह (पाण्डु०) पृ० २०, वाक्या राज०, भाग २, पृ० ४३, सूदन, पृ० ५, ६७, जाट जगत, पृ० १४, दीक्षित, पृ० १८३

(अ) भाऊ सिंघ तिहिवंश में, प्रगट्यो सिनसिनवार।
पग जाके परसत रहें, अनगन भूमि भतार ॥४॥
ता भाऊ के प्रगट हुब, बदनसिंघ बड़ भाल।
ब्रजमण्डल को राज सब दीनों जाहि गुपाल ॥ ६ ॥
—सोमनाथ, शशिनाथ विनोद, पा० लि०, १७५६ ई०।

(ब) उपजे तिनके वंश में भाऊ सिंघ छितिपाल।
धर्म धुरन्धर धर्म सो, दाता परम दयाल ॥३४॥
ताको सुत अनन्द निधि, लसे वलो बदनेस।
जाकी सुभ सोभा निरखि, लाजे अति अमरेस ॥३५॥
—सोमनाथ, रामचरित रत्नाकर।

(स) पुनि भयौ भूपति भावसिंघ, भुजान बल भरपूर।
रविवंश में ज्यों करनु, त्यों ससिवंश को वह सूर ॥
ता भावसिंघ भुवाल कें, बदनेस नाम नरेश।
नहीं ता समान धनेसहू, नखतेस और दिनेश ॥— सूदन, पृ० ५१।

(द) भाव सिंघ के द्वै भये, रूपसिंघ बदनेश।
ब्रज मंडन मही, ज्योंसुरपुर मध्य सुरेश ॥— पथैना रासो, पृ० ३१।

(इ) जग जगमग्यो जदुवंश में सु भावसिंघ सुभ नाम।
जिन नंद जायो बदन सौ नृप धर्म को निज धाम ॥
—सोभ, नवलरस चन्द्रोदय ॥

प्रारम्भिक जीवन की घटना, शिक्षा, किशोर व युवावस्था के कार्यकलापों का ब्योरा नहीं लिखा है। बाल्यकाल तथा किशोरावस्था में देहातीजन, बिरादरी के लोग ठाकुर बदनसिंह को दुलार के साथ क्षेत्रीय भाषा में प्रायः बदना[1] कहते थे। हरसुखराय तथा जॉन कोहन का मत है कि देहान्त (जून ७, १७५६ ई०) से अनेक वर्ष पूर्व उसकी (बदनसिंह) नेत्र-ज्योति धुंधली और स्मृति क्षीण हो गई थी।[2] कुसुम सरोवर (गोवर्द्धन) में अद्यतः प्राप्त एक भित्ति चित्र से ज्ञात होता है कि वृद्धावस्था में उसकी मूंछ तथा केश श्वेत हो गए थे। अतः इन आधारों से यह सहज अनुमान उचित ही होगा कि बदनसिंह का जन्म १६८५ ई० के आसपास हुआ होगा।[3] इस प्रकार अपने पिता (दाऊजी) भावसिंह की मृत्यु (१७०२ ई०) के समय बदनसिंह की आयु सत्रह वर्ष के आसपास रही होगी। तत्कालीन सामाजिक व्यवस्था से यह भी अनुमान लगाया जा सकता है कि बाल्यकाल में मौजा सिनसिनी में ही उसका पालन-पोषण हुआ था और वहीं तत्कालीन सामाजिक लोक-परम्परा, रीति व्यवहार के अनुसार ही किसी पण्डित की पाठशाला में हिन्दी (लोकभाषा काठेड़ी, ब्रज या मेवाती) भाषा, सामान्य गणित तथा धार्मिक शिक्षा ग्रहण की थी। यत्र तत्र अद्यतः सुरक्षित अनेक स्फुट कवित्तों से आभास होता है कि उसकी हिन्दी भाषा, साहित्य तथा काव्य में अभीष्ट अभिरुचि थी। किशोरावस्था में गजल, रसिया, जिकरी, भजन, गीत, होरी सुनने, कंठाग्र करने या गायन-वादन का स्वाभाविक मोह था और युवाकाल में उसने अनेक अखाड़ों में काव्य पाठ किया था। उसकी काव्यगत भाषा अति परमार्जित, सरल तथा कलात्मक थी। इन कवित्तों में कविता-कामिनी के अंग पर अलंकार भार रूप न होकर स्वाभाविक शोभावर्द्धक दिखलाई पड़ते हैं। ब्रज भाषा का माधुर्य रीति-

---

१ – रुस्तम अली (फा०), पृ० ४६५, ५२८, इ० डा०, खण्ड ८, पृ० ५३।

२ – इ० डा० (हरसुख राय कृत मजमाउल अखबार) खण्ड ८, पृ० ३६२, जॉन कोहन, पृ० २०, अ, सरकार (मुगल) खण्ड २, पृ० २६२।

३ – फादर वेण्डल, मजमाउल अखबार, जॉन कोहन, कुसुम सरोवर तथा अन्य भित्ति-चित्रों से ठाकुर बदनसिंह की आयु तथा वृद्धावस्था का सहज अनुमान लगाया जा सकता है। अनुमानतः उसका प्राणान्त ७० वर्ष की आयु या इसके आसपास हुआ होगा। प्रायः यह देखा भी जाता कि वीर, साहसी, भद्र तथा कुशल राज-नयिकों का देहान्त ७० वर्ष की उम्र तक हो जाता था। आसफजहां निजाम-उल्मुल्क का ६७ सौर वर्ष [इर्विन, भाग १, पृ० २७०] में, खान दौरान का ६८ सौर वर्ष की उम्र [रुस्तम अली, पृ० ५६६, सहावत-ये-फर्रुखसियर, पृ० १०१] में देहान्त हो गया था। फलतः घटना चक्र से यह अनुमान उचित ही होगा कि बदनसिंह का जन्म १६८५ ई० के आसपास हुआ होगा। फिर उत्तराधिकारी राजा सूरजमल का जन्म १७०७-८ ई० में हुआ था। इससे पूर्व बदनसिंह के चार पुत्र हो चुके थे। सन्तानोत्पत्ति युवावस्था में ही सम्भव है।

कालीन कवियों से किसी भी प्रकार कम नहीं है।[1] काव्य में नामोल्लेख की एक निश्चित परम्परा के अनुसार बदनसिंह स्वयं अपनी रचनाओं में 'बदन या बदन कवि' लिखता था।

१६८९-९० ई० में मुगल-कछवाहा साम्राज्यवादी सेनाओं ने सिनसिनी पर आक्रमण कर दिया था। सम्भवतः इस आक्रमण के समय भावसिंह ने बदनसिंह को सपरिवार अपनी ससुराल ग्राम सोगर की गढ़ी में भेज दिया था। लेकिन मई, १६९१ ई० में सोगर गढ़ी पर साम्राज्यवादियों के आक्रमण के कारण इस परिवार को बलात् बयाना की सुरक्षित पहाड़ियों में जाकर शरण लेनी पड़ी थी। सुस्थिर शान्ति के बाद १६९५ ई० में यह परिवार पुनः सिनसिनी वापिस लौट आया। १७०२ ई० में मुगलों ने सिनसिनी पर पुनः आक्रमण किया। फलतः बदनसिंह को पुनः अपनी जन्म भूमि छोड़कर कुछ समय के लिए अन्यत्र जाना पड़ा था। सम्भवतः इस बार उसने अपने चाचा ठाकुर अतिराम के यहां ग्राम हलैना में शरण ली थी। बाद में यह परिवार अन्य योद्धा परिवारों सहित कज्जकाना जाट धारों के संरक्षण में बयाना की पहाड़ियों में चला गया और आगामी पांच वर्ष बयाना के दक्षिण पूर्व में ८ कि० मी० पहाड़ी की उपत्यका में निर्मित बदनगढ़ी में व्यतीत किये।[2]

बदनसिंह के जन्मजात सौम्य स्वभाव, निश्छलता, साधारण रहन सहन, किशोरावस्था के संकटों का अनुभव, शान्ति प्रयासों के साथ राजनैतिक घटनाओं पर अंकुश रखने, कपट नीति की अपेक्षा सहयोगी वातावरण बनाने तथा मित्रों के साथ

---

१ – मिश्र बन्धु विनोद, कवि परिचय, संख्या ९४२; स्वर्ण जयन्ती ग्रन्थ, कवि कुसुमांजलि खण्ड २, पृ० २०-२१।

—बदनसिंह के ज्येष्ठ भ्राता रूपसिंह में मातृ भाषा काठेड़ी ब्रज के अलावा फारसी तथा संस्कृत भाषा का व्यवहारिक ज्ञान तथा योग्यता थी।

२ – विस्तृत अध्ययन के लिए द्रष्टव्य, जाटों का नवीन इतिहास, अ० ६, पृ० १२८-१४३, १४७-१५२, अ० ७, पृ० १८४-६, लेखक कृत 'बदनसिंह द फाउण्डर ऑफ द भरतपुर स्टेट, रा० हि० रि० ज० वर्ष २, अङ्क २, अप्रेल-जून, १९६७ ई०, पृ० २७-३२।

—ठाकुर गंगासिंह का अनुमान है कि बदनसिंह का जन्म बदनगढ़ी में हुआ था और इसका नाम बदनगढ़ी कहलाने लगा था। यह घटना १६८०-८२ की मानी गई है (यदुवंश, पृ० ४७)। लेखक ने किसी प्रमाण का उल्लेख नहीं किया है। अतः यह स्वीकार करना अभीष्ट होगा कि ठाकुर पद उपार्जित करने के बाद ही गढ़ी बाजना – बयाना मार्ग पर स्थित गढ़ी का नाम (बदनगढ़ी) रखा गया था। बदनसिंह ने लक्ष्मण डूंगरी (जयपुर) पर भी बदनगढ़ी का निर्माण कराया था। ये गढ़ियां क्षत-विक्षत स्थिति में अभी तक मौजूद हैं।

स्थाई नम्र भाव प्रगट करने की क्षमता आदि सद्गुणों के साक्ष्य में इतिहासकार प्रायः एक मत[1] हैं। सुपुष्ट शरीर, भारी भरकम दमकता चेहरा, निशंक वीरता, स्वीय कृपाजनों के प्रति कृतज्ञ भाव प्रकृतजन्य वरदान थे। युवाकाल में नाना संकट, विपत्तियों को सहन करने के कारण साहस, आत्म विश्वास निश्चल धैर्य, राजनैतिक तथा अर्थ संतुलन की क्षमता पर्याप्त रूप में विकसित हो चुकी थी। अपने चाचा राव चूड़ामन की भांति बदनसिंह का विश्वास दीर्घकालिक अनिश्चित कज्जकाना संघर्ष, नियमित लूटमार तथा साम्राज्य के सम्पन्न मन्त्री, उमरावों के साथ अलाभकारी टकराव में नहीं था। पुनःश्च समय की मांग, आवश्यकता तथा परिस्थितियों के अनुरूप परिवार, बिरादरी, समाज तथा आत्म रक्षा के लिये शारीरिक पुष्टता, सैनिक प्रशिक्षण, कूटनयिक दावपेचों की शिक्षा अनिवार्य थी और उसने सामाजिक परम्परा व व्यवस्था के अन्तर्गत ही अपने शरीर को अखाड़े में पुष्ट किया था। कज्जकाना युद्ध का नियमित प्रशिक्षण प्राप्त कर लिया था। अपने विशिष्ट गुणों के कारण ही राव चूड़ामन के प्राणान्त (१७२१ ई०) के बाद जाट जमींदार, अन्यान्य सर्वहारा मजदूर किसानों का नेतृत्व प्राप्त करके अठारहवीं शताब्दी के तृतीय दशक में सिनसिनवार डूंग की निर्वाचित सरदारी ग्रहण कर ली थी और अपने महान परिश्रम, त्याग, चातुर्य्य तथा निश्चल कूटनयिक प्रयासों से आधुनिक पूर्वी राजस्थान, पश्चिमी उत्तर प्रदेश तथा दक्षिणी हरियाणा प्रान्त के जमींदारों, सर्वहारा वर्ग, मजदूर किसानों, बहुलांश जाट समुदाय को एक राजनैतिक इकाई में संगठित करने में सफलता प्राप्त कर ली थी। एक सम्पन्न सबल जाट राज्य की स्थापना करके जाट-राष्ट्र तथा कृषक समाज को मुगलों के दमन, कोप से बचाकर हिन्दू संस्कृति तथा मानवता की हार्दिक सेवा की थी।

४ – व्यक्तित्व का विकास १७०७ – १९ ई०

ठाकुर भावसिंह की वीर गति (१७०२ ई०) के बाद उसके सुयोग्य पुत्रों, (१) रूपसिंह तथा (२) बदनसिंह ने अपने चाचा राव चूड़ामन के संरक्षण में पैतृक जमींदारी मौजा सिनसिनी तथा डीग का प्रबन्ध संभाल कर पर्याप्त अनुभव प्राप्त कर लिया था। तत्कालीन सामाजिक परम्पराओं के अनुसार लगभग दस बारह वर्ष की आयु में ही बदनसिंह का विवाह हो चुका था। उसने युवाकाल में कॉमर[2] के

---

१ – द्रष्टव्य – लेखक कृत 'जाट मुगल संघर्ष', राजस्थान का मध्यकालीन इतिहास, पृ० २३३–५; कानूनगो, पृ० ६० तथा सरकार (मुगल), भाग २, पृ० २९।

२ – मथुरा के उत्तर-पश्चिम में ५३ कि०मी०, कोसी के द०पू० में १० कि०मी० तथा नन्दगांव के उत्तर में ११ कि०मी०।

—आधुनिक काल में कॉमर तहसील छाता, जिला मथुरा (उ०प्र०) में एक

प्रभावशाली, अति साधन सम्पन्न जमींदार चौधरी अखैराम भैनवार की सुपुत्री देवंकी के साथ विवाह किया। पुनः उसने चौधरी अखैराम की द्वितीय पुत्री सहोदरा, कठूमर के चौधरी पतराम की पुत्री सहजो, आगरा के चौधरी रामा की पुत्री जसोदा, चौधरी हिरदैराम रीजवार की पुत्री सतइया, फिर उसकी बहिन मायाकौर और सम्भवतः १७१४ ई० में सहार[1] के चौधरी किरपाराम भदैरन की पुत्री भज्जो को अपने महलों में रख लिया था।[2] इस प्रकार प्रारंभ में बदनसिंह ने सैनिक प्रयासों की अपेक्षा 'सामन्तवादी' दाम्पत्य सूत्र बन्धन नीति को अपना कर स्व-शक्ति तथा पारिवारिक

कस्बा है। जाट शासनकाल में यह कस्बा अति सम्पन्न व समृद्ध था और व्यापारिक मण्डी का केन्द्र था। यहां पर अभी तक एक विशाल पक्का बाग है, जहां भैनवार पाल के वंशजों की छतरियां बनी हैं। दुर्वाशा नामक जलाशय है, जहां राजा सूरजमल ने श्री मदन मोहन जी मन्दिर का निर्माण कराया। (गजे० आगरा व अवध खण्ड ८, पृ० २६७–८)।

१ – मथुरा के पूर्व में ३४ कि० मी०, डीग के उत्तर-पश्चिम में २२ कि० मी० तथा बरसाना के पूर्व में ११ कि०मी०।

—अकबर शासनकाल में सहार सूबा अकबराबाद का एक जिला (सरकार) था। इसमें परगना पहाड़ी, बंधोली, सहार, कामां, कस्बा खोह मुजाहिद, नौनेरा तथा होडल शामिल था। इस जिले में ७, ६३, ४७४ बीघा भूमि शामिल थी। इसका भू–राजस्व १,४७,९३९ रुपया वार्षिक था और २,७२६ रुपया की पुण्यर्थ जागीर शामिल थी। सहार के जमींदारों के पास २६५ सवार तथा १००० पैदल रहते थे और यहां एक पुख्ता गढ़ी थी। (आइने०, खण्ड २ पृ० २०६)।

—औरंगजेब शासनकाल में परगना सहार (१)टप्पा हवेली, (२)टप्पा हाथीया, (३) टप्पा जटात, (४) टप्पा तरोली, (५) टप्पा जसावत, (६) टप्पा कछाया, (७) टप्पा महता (८) टप्पा खैराल और (९) टप्पा शेरगढ़ में विभाजित था। इस परगने में २०९ गांव शामिल थे। जमा २,३४,०१४ रुपया वार्षिक[था]। अठसता, परगना सहार १६८९, १६९०, १६९२ ई०)।

—कस्बा सहार गोवर्द्धन–छाता राजपथ से जुड़ा हुआ है। इस कस्बे में जाट ब्राह्मणों की जमींदारियां हैं। जाट शासनकाल में सहार एक अति अर्थ सम्पन्न जिला था। राव बदनसिंह ने यहां पर अपना निवास स्थान बनवाया। विशाल पुख्ता महल के खण्डहर अभी तक मौजूद हैं। एक पक्का विशाल जलाशय भी है।

२ – पोथी जागा खेड़िया।

प्रभाव का धीरे-धीरे विस्तार किया और डूंग-पाल जाट संगठन को मजबूत बनाने में भी सफलता प्राप्त कर ली थी।

अभी तक हमको अखबारातों तथा वाक्या-पत्रों (१७१५-१६ ई०) में रूपसिंह तथा बदनसिंह का अति सूक्ष्म विवरण मिल सका है। स्पष्टतः काठेड़ प्रदेश में राव चूड़ामन की शक्ति तथा जाट एकता का मूलाधार बन्धु-बान्धव, परिवारजन तथा कौमी मजलिस के प्रमुख जाट जमींदार कबीले थे। ठाकुर रूपसिंह ने डीग (परगना अऊ) में, विजैराम तुलाराम तथा रणजीत अवारिया ने ग्राम डहरा (परगना हेलक) में, ठाकुर अतिराम ने ग्राम हलैना-पथैना (परगना भुसावर)[1] में, ठाकुर गजसिंह तथा बुधसिंह ने ग्राम गारु (परगना सोंखर-सोंखरी)[2] में भव्य व शालीन महल, विशाल बाग तथा कच्ची गढ़ियों का निर्माण करा लिया था और ये सभी बन्धु-बान्धव जाट बाहुल्य क्षेत्र काठेड के प्रबन्ध में सह-साझीदार थे। फर्रुखसियर शासनकाल में ये लोग इजारा पर प्राप्त परगनों के गावों तथा राहदारी सीमाओं के आस-पास निर्बल शाही मनसबदारों, जागीरदारों की मनसब तथा वेतन जागीरों में खुलकर हस्तक्षेप करने लगे थे और इन जागीरों का प्रबन्ध स्वयं इजारे पर प्राप्त करने में प्रयत्नशील थे। वाक्या-पत्रों से स्पष्ट पता चलता है कि सिनसिनवार जाट जमींदार अधिकांश ग्रामों के क्षेत्रीय जाट-राजपूत जमींदारों के प्रबन्ध में शामिल गावों के प्रतिभू (जामिन) थे। इस प्रकार रैय्यतबारी ग्रामों में भी इन जाट जमींदारों का पूर्ण हस्तक्षेप था।

जटवाड़ा (जाट मुल्क) में चूड़ामन के नियमित लड़ाकू सैनिकों के अलावा जमींदारों की अति बलशाली अस्थाई जमातें (धारें) थीं और प्रारम्भ में शाही मनसबदार व जमींदार आवश्यकता पड़ने पर अपनी मनसब जागीरों से राजस्व वसूल करने में इनकी सेवायें प्राप्त करते थे। क्रमश जोर तलब जमींदारों ने इन मनसब जागीरों पर अपना प्रभाव जमा लिया था और प्रतिभू बनकर दखल करना शुरू कर दिया था।[3] अखबारातों से ज्ञात होता है कि अक्टूबर, १७१५ ई० में मोजा सहार के

---

१ – फर्रुखसियर शासनकाल में परगना भुसावर के जाट प्रधान ३४ गांव हलैना-पथैना जागीर में शामिल थे तथा सात गांवों पर जाट व गूजरों का अधिकार था। इनके अलावा लगभग बीस गांवों पर ठाकुर अतिराम का प्रभाव था और वह इन गांवों से भू-राजस्व तथा अन्य अधिशुल्क वसूल करता था। (अठसता, परगना भुसावर, १७१६ ई०।

२ – फर्रुखसियर शासनकाल में परगना सोंखर-सोंखरी के इक्कीस गांव गढ़ी गारु में शामिल थे। बारह गांवों में बेसवार जाट डूंग की आबादी थी। (अठसता, परगना सोंखर-सोंखरी)।

३ – बाल मुकुन्दनामा, पत्र सं० २६, पृ० १०२।

प्रभावशाली जाट जमींदार विजैसिंह ने जब सिनसिनवार जाट सरदारों की सलाह स्वीकार नहीं की, तब ठाकुर रूपसिंह ने उस पर अचानक आक्रमण कर दिया और सपरिवार बन्दी बना लिया। फिर रूपसिंह ने टप्पा सहार के रैय्यती मौजों के पटेलों को मुस्लिम जागीरदारों व मनसबदारों के गुमास्तों (कारिन्दाओं) के लिए निर्धारित जमा, कर या अधिशुल्क (अवबा), नजराना भुगतान न करने तथा दाना-घास एकत्रित करने में रोड़ा अटकाने की प्रभावी सलाह दी थी।[1] इस प्रकार समकालीन वाक्या-पत्रों से ज्ञात होता है कि ठाकुर रूपसिंह ने राव चूड़ामन की सह-साझेदारी में परगना सहार के अनेक गांव व टप्पों का इजारापट्टा प्राप्त कर लिया था। साथ ही अनेक रैय्यती जमींदारों का प्रतिभू था। १७१५ ई० में राव चूड़ामन ने ग्राम बावोली, जिला अलवर में मजबूत गढ़ी का निर्माण करा कर थाना स्थापित कर लिया था और आंचलिक व्यवस्था शांति-सुरक्षा के लिए अपने सगे-सम्बन्धियों को तैनात कर दिया था।[2] नवाब वजीर कुतुबउलमुल्क तथा उसके दीवान राजा रतन चन्द की ब्रज मण्डल के सभी जाट जमींदारों पर विशिष्ट अनुकम्पा थी और उत्तर भारत में ब्रज तथा हरियाणा में आबाद जाट जन शक्ति उनके राजनैतिक उत्कर्ष, जीवन-मरण संघर्ष में सशक्त सहायक के रूप में राजनैतिक क्षितिज पर उभरने लगी थी। राज्यारोहण के कुछ वर्ष बाद से ही सम्राट् फर्रुखसियर ने सैय्यद बन्धुओं के तानाशाही पंजों से मुक्त होने के लिए जिस एक षड़यन्त्रकारी व सबल विपक्षी घटक का गठन करने का प्रयास किया। वह सदैव अपनी इस कुटिल नीति में विफल रहा। सितम्बर १८, १६१५ ई० को सम्राट् फर्रुखसियर ने नायब मीर बख्शी खानदौरान के गोपनीय परामर्श पर जाट जन शक्ति को कुचल कर नवाब वजीर कुतुबउलमुल्क की सैनिक शक्ति को अपरोक्ष रूप से कमजोर बनाने के लिए जाटों के वंशानुगत शत्रु महाराजा जयसिंह कछवाहा को शीघ्र ही मालवा प्रान्त से दिल्ली आने के लिए फरमान[3] भेजा था। सम्राट् ने जयसिंह कछवाहा की सेवाओं को पुरस्कृत करने के लिए ही दिसम्बर १, १७१५ ई० को वृन्दाबन में १,०१,८५० रुपयों की जागीर और ३ दिसम्बर को परगना खोहरी में मुहम्मद खां की ४,६२,७४० रुपयों की जागीर उसके नाम कर दी थी।[4] इसी समय उसने जयसिंह को निर्देश दिया कि मथुरा जिले में जाट मेवातियों के साथ मिलकर उपद्रव कर रहे हैं। अतः इन उत्पातियों को दबाने के लिए दीवान रामचन्द को पूर्ण साज-सज्जा के साथ

---

१ – ज० अल०, २६ अक्टूबर तथा १२ नवम्बर, १७१५ ई०।

२ – खतूत अह०, सं० ३४१/३३१, अक्टूबर ११, १७१५ ई०।

३ – फरमान, सितम्बर १८, १७१५; वकील रिपोर्ट (राज०), सं० २८२/२५१, सितम्बर ८, १७१५, मिर्जा मुह०, पृ० ६५ ब०।

४ – कपड़ द्वारा, सं० ५८/१२८, ६०/१३६।

परगना खोहरी में नियुक्त करके रवाना किया जावे।[1] मार्च, १७१६ ई० में जयसिंह मालवा से आमेर पहुँच गया था। आगामी छः महीनों में उभय पक्षों — नवाब वजीर कुतुबउलमुल्क तथा नायब मीर बख्शी खानदौरान के माध्यम से सम्राट् ने सवाई जयसिंह को अपनी-अपनी अनुकम्पा से लाभान्वित करके अपने पक्ष में शामिल करने का प्रयास किया, किन्तु शाही दरबार में पदासीन वकील जगराम की सलाह को स्वीकार करके जयसिंह ने सम्राट् का पक्ष स्वीकार करना हितकर समझा।[2] मई के अन्त में जयसिंह कछवाहा सैनिकों के साथ आमेर से दिल्ली पहुँचा और २८ मई को नायब मीर बख्शी खान दौरान के माध्यम से शाही दरबार में जाकर उपस्थित हो गया। ६ जून को उसकी सेवाओं को पुरस्कृत करने के लिए सम्राट ने उसके मनसब में एक हजार जात। एक हजार सवार की वृद्धि की और राजाधिराज का खिताब, एक हाथी, एक घोड़ा, छः थानों की खिलअत (सरोपाव) एक सरपेच, एक कटारी मुरसाकारी व कवरी प्रदान की। इसी समय उसको स-शस्त्र अंग रक्षकों के साथ दीवाने-आम में उपस्थित होने की आज्ञा प्रदान कर दी गई थी।[3]

थन गढी पर प्रथम आक्रमण १७१६–१८ ई०

सम्राट फर्रुखसियर की 'जाटों के दमन की हार्दिक अभिलाषा' को देख कर अपने पूर्वजों के कलंक को मिटाने, ब्रज मण्डल में स्थाई जागीर प्राप्त करने, मुगल साम्राज्य में अपने राजनैतिक अस्तित्व तथा हित सम्बर्द्धन की महत्वाकांक्षा से काठेड़ प्रदेश के स्वाधीनता प्रिय जाटों की कौमी एकता को कुचलने के लिए जयसिंह ने अपनी सैनिक सेवाएं प्रस्तुत कीं। सितम्बर, २०, १७१६ ई० को मथुरा (इस्लामाबाद) की फौजदारी खानदौरान से कुंवर सिव सिंह के नाम और फरीदाबाद से आगरा तक की राहदारी के अधिकार राव चूड़ामन से जयसिंह के नाम स्थानान्तरित[4] कर दिये गए थे। सुव्यवस्थित युद्ध-संचालन तथा जाट दमन की फौजी व्यवस्था के लिए इसी समय २६ सितम्बर (१० शव्वाल) को श्यामसिंह खंगारोत तथा खानदौरान के स्थान

---

१ – वकील रिपोर्ट (राज०) सं० २७६/१४६, जून ११, १७१५, सलावत खां का पत्र।

२ – उपरोक्त, सं० २७६/२४६, २८२/२५१ (जून ११, १७१५), राजा रतन चन्द का पत्र तथा वजीर का हस्ब-उल-हुक्म, मार्च २२, १७१६, फरमान (कपड़ द्वारा), सं० १४/४०, ७७/१०६, मार्च २२, १७१६ (२६ रबीउलअव्वल)।

३ – महाराणा संग्रामसिंह के नाम जयसिंह का ड्राफ्ट खरीता, जून ७, १७१६; ख० अह०, ३४४/३३४, १४ जून; शिवदास, पृ० १६; अखबा०, जुलाई २, १७१६ (रजब १३, हि० ११२८)।

४ – हस्ब-उल-हुक्म, सं० ७५/२५७, परवाना, सं० ७६/२७० (कपड़ द्वारा)।

पर कुंवर शिवसिंह के लिए परगना हिण्डौन, बयाना की फौजदारी, ३ अक्टूबर को परगना हिण्डौन में आकिलउद्दीन खां की ३३२५ रुपया (१,३३,००० दाम) की जागीर तथा कठूमर, खोह मुजाहिद, सौंखर सौंखरी आदि परगनों की राजस्व व प्रशासनिक व्यवस्था महाराजा जयसिंह के लिए सौंप दी गई थी। इसके साथ ही ५ अक्टूबर (१९ शव्वाल) को आगरा प्रान्त में राव चूड़ामन, ठाकुर रूपसिंह, अनन्तराम आदि जाट जमींदारों तथा नरुका जागीरदारों के द्वारा जबरन अधिकृत गांव भी जयसिंह के नाम स्थानान्तरित कर दिये गये। ३१ अक्टूबर को परगना कठूमर में ६०,००० रुपया (२४ लाख दाम) की वेतन जागीर दी गई। १३ नवम्बर को परगना टोडाभीम की फौजदारी भी जयसिंह को प्रदान करने की अधि–सूचना प्रसारित कर दी गई।[1] काठेड़ जनपद की व्यवस्था के बारे में एक फरमान में जयसिंह को निदेशित किया गया —

"........आशा व्यक्त की जाती है कि आप विद्रोह को कुचल कर, विप्लवियों की गढ़ियों को बरबाद करके शाही राजस्व की वसूली करेंगे। आपके फौजदारी प्रबन्ध के परगनों में लुहार तोप, बन्दूक व अन्य हथियार बनाना बन्द कर देंगे। प्रत्येक महाल में एक–एक थाना स्थापित कर दिया जावेगा और शराब पर पूर्ण प्रतिबन्ध लगा दिया जावेगा। निर्धन व कमजोर रैय्यत को नहीं सताया जावेगा और न उनको बन्दी बनाने का ही प्रयास किया जावेगा। विद्रोहियों के कब्जे से प्राप्त लूट का माल व सामान शाही खजाने में जमा करा दिया जावेगा। चोरी करने वाले तथा डकैती डालने वालों से सख्ती से निपटा जावे। उनसे चोरी–डकैती का माल बरामद कर लिया जावे अथवा उपद्रवग्रस्त गांवों के चौधरी, कानूनगो व जमींदारों से क्षति–पूर्ति कर ली जावे।"[2] फलतः अक्तूबर में कछवाहा नरेश ने परगना भुसावर, कठूमर, हिन्डौन, सौंखर-सौंखरी, पहाड़ी आदि में अपने थाने स्थापित करके तथा विश्वासी फौजदार, आमिल, कोतवाल आदि अधिकारी तैनात करके प्रबन्ध संभाल लिया था।

काठेड़ जनपद की सीमान्त व्यवस्था

अनुमानतः चालीस सहस्र बन्दूकची सवार व इनसे भी अधिक पैदल सैनिकों की विशाल सेना व तोपखाना के साथ जयसिंह ने दशहरा (२५ सितम्बर, ९ शव्वाल)

---

१ – फरमान (कपड़ द्वारा), सं० ७८/६४ (१० शव्वाल), सं०७९/८९ (१७ शव्वाल) सं० ६४/७९ सितम्बर २६, १७१६ (१० शव्वाल), हस्ब-उल-हुक्म (कपड़ द्वारा), ५ अक्तूबर (१९ शव्वाल), परवाना (कपड़ द्वारा), सं०८५/१७५ (२९जिकाद); अठसता, परगना कठूमर।

२ – फरमान (कपड़ द्वारा), ६४/७९, सितम्बर २६, १७१६।

के शुभ दिन जाट जन शक्ति के विरुद्ध कूंच करने की परम्परागत औपचारिता पूर्ण की। अक्तूबर के प्रारम्भ में जाट अभियान का संचालन करने के निर्देशों के साथ ही विधिवत विदाई के बाद उसने पलवल में पड़ाव डाल कर महाराजा अजीतसिंह के लिए सूचना दी। "बादशाह के आदेशों से मैं जाटों के विरुद्ध मथुरा की ओर कूंच कर रहा हूं। मैंने खींवसी भण्डारी से अनेक मामलों पर विशद विचार-विमर्श किया है और वह आपको इस बारे में अवगत करावेगा।"[1]

साम्राज्यवादी सेनापति तथा शाही फौजों को थून गढ़ी से दूर सीमावर्ती इलाकों में ही फंसाने, उनकी रसद व्यवस्था तथा रक्षा पंक्तियों को अव्यवस्थित करने की रणनीति अपना कर राव चूड़ामन ने अपने अति साहसी व उत्साही पुत्रों – मोहकम सिंह, जुलकरन आदि, अपने भतीजों रूपसिंह, बदनसिंह तथा अन्यान्य बन्धु-बान्धवों की कमान में दक्ष व प्रशिक्षित जाट टुकड़ियों को अपनी सीमाओं पर तैनात कर दिया था। जुलकरन ने देसवार पालों से मिलकर परगना सौंखर-सौंखरी में, ठाकुर अतिराम तथा उसके पुत्र शार्दूल ने परगना भुसावर में, बदनसिंह ने परगना सहार में, रूपसिंह ने परगना डीग में, हठीसिंह कुन्तल ने सौंख-अड़ींग में अपने लड़ाकू सैनिक छितराकर मोर्चा लगा लिये थे। काठेड़, मेवात तथा ब्रजमण्डल की स्वाधीनता प्रिय जनता सम्प्रदाय, जाति व वर्गगत भेदभावों को भुलाकर अपने लोकप्रिय नेता की कमान में अपनी अर्थ-सम्पन्नता, अपनी जनवादी परम्परा के लिए एकजुट होकर साम्राज्यवादी सेनाओं का सामना करने के लिए पूर्णतः सजग व सक्रिय हो गई थी। बदनसिंह ने मेवात के समीपवर्ती अनेक शाही मनसबदारों के व खालसा गांवों में आतंक फैलाकर क्षेत्रीय ब्राह्मण, गुर्जर-मीणा, गौरया व कछावा राजपूतों, जाट तथा मेवाती जमींदारों के सहयोग से कामां सीमा से आगे सहार की ओर कूंच कर दिया था।[2]

महाराजा जयसिंह ने होडल-पलवल शाह-राह की सुरक्षा-व्यवस्था पूर्ण करने के बाद पलवल छावनी से कूंच करके १८ अक्तूबर (३ जिलकाद) को ग्राम संकरसी और २० अक्तूबर को ग्राम महराना (टप्पा जटात, परगना सहार) में और राव जैतसिह व दीवान ताराचन्द ने ग्राम धुसावली (परगना पहाड़ी) में पड़ाव डाला। फिर २४ अक्तूबर को जयसिंह कामां पहुँच गया।[3] परगना खोहरी (मेवात)

---

१ – खरीता, कार्तिक वदि ··· सं० १७७३ (१ अक्तूबर– १४ अक्तूबर, १७१६ ई०), इसी प्रकार महाराणा संग्राम सिंह के नाम खरीता में सूचना दी गई थी। (खरीता, अक्तूबर १३, १७१६ ई०, कार्तिक वदि १४, सं० १७७३)।

२ – थून अभियान के विस्तृत अध्ययन के लिये द्रष्टव्य – लेखक कृत 'जाटों का नवीन इतिहास' पृ० २४८-२७३।

३ – अखबारात (ज० रि०); अठसता, परगना पहाड़ी, १७१६ ई०।

में राव चूड़ामन का अति विश्वासपात्र साथी फौजदार वाजीद खां खानजादा तैनात था, किन्तु शाही भक्ति भावना के प्रलोभन में फंसकर वह जयसिंह से मिल गया।[१] पांच सौ मेवाती बन्दूकची सवार व पैदलों के साथ वाजीद खां ने अपनी वतन जागीर भुसावली से टप्पा जटात (सहार) की ओर कूंच किया और २५ अक्तूबर को उसने जाटों पर अचानक आक्रमण कर दिया। उसका लक्ष्य बदनसिंह को कामां दुर्ग की ओर खदेड़ कर घेराबन्दी करने का था। किन्तु राजा जैतसिंह (कामां) ने बदनसिंह को कामां में घेरने की अपेक्षा थून पर आक्रमण करने पर बल दिया। बदनसिंह ने डीग की ओर हटकर फौजदार वाजीद खाँ को युद्ध के लिए ललकारा और वह पांच दिन तक खानजादा की छावनी का घेरा डालकर पड़ा रहा। अपनी रसद व छावनी को जाटों के आक्रमण व लूट से बचाने के प्रयास में वाजीद खां स्वयं एक झड़प में घायल हो गया। ३० अक्तूबर को जयसिंह कछवाहा ने अपनी छावनी से एक सहस्त्र राजपूत सवार व पांच सहस्त्र पैदलों की कुमुक भेजकर वाजीद खां को इस बरबादी से बचा लिया। इसमे बदनसिंह को बाध्य होकर पीछे डीग की ओर हटना पड़ा। एक नवम्बर को खानजादा अपने साज सामान तथा सैनिकों के साथ शाही छावनी में पहुँच गया, जहां ७ नवम्बर को जयसिंह ने सरोपाव प्रदान करके उसके साहस की सराहना की।[२] इसी बीच में कतिपय कछवाहा सैनिकों ने थून की ओर कूंच करने का प्रयास किया। ३१ अक्तूबर को केहरी सिंह जाट ने उनके प्रयासों को विफल कर दिया।[३]

राधाकुण्ड में अपनी छावनी डालकर जयसिंह ने नवम्बर, १७१६ ई० में सुनियोजित सैनिक परम्परा व युद्ध–नीति के आधार पर थून गढ़ी का तीन ओर से घेरा डालने के लिए अपनी टुकड़ियों को एक साथ आगे कूंच करने के लिए तैनात किया। थून गढ़ी की बाहरी सुरक्षा व्यवस्था के लिए अधिकांश जाट प्रधान गांव कच्ची गढ़ियों से सुरक्षित थे और इनके आसपास सघन जंगल फैले हुए थे। एक नवम्बर को शाही दरबार से प्रसारित एक फरमान में कहा गया कि आपके पास आगरा के नायब राज्यपाल नुसरतयार खां को भेजा जा रहा है। आप थून गढ़ी का रेखांकित मानचित्र, थून घेरा की सैनिक व्यवस्था व युद्ध संचालन के लिए तैनात सेनानायकों के स्थानों की स्थिति चिह्नित करके दरबार में सम्राट के समक्ष प्रस्तुत करने के लिए भेजें।[४] जयसिंह ने एक सैनिक टुकड़ी ग्राम पाँउना (परगना सहार) की गढ़ी को

---

१ – शिवदास, पृ० २०।

२ – अखबारात, १४, २७, ३० अक्तूबर, १, ७ नवम्बर, १७१६ ई०।

३ – अठसता परगना पहाड़ी, १७१६ ई०।

४ – हस्ब-उल-हुक्म, सं० ५०/१६६, १ नवम्बर (१७ जिलकाद), अखबारात (कपड़ द्वारा), सं० ८०/८७।

बरवाद करने के लिए रवाना की। दीवान रामचन्द ने ग्राम बहरोड पर धावा बोल दिया। यहां जाटों ने जमकर संघर्ष किया ग्रौर रामचन्द को हताश होकर पीछे हटना पड़ा। लेखराज ग्रामिल ने कोतल दलों के साथ ग्राम बहरावल की ग्रोर कूंच किया, जहां १५ नवम्बर को बदनसिंह ने ग्रदम्य साहस व उत्साह से उसका सामना किया। लेखराज को भारी सैनिक क्षति उठाकर पीछे हटना पड़ा। इसी प्रकार मौजा सहजादपुर में एक सहस्र जाट सवारों ने दीपसिंह को खदेड़ दिया।[1] १६ नवम्बर को दो सहस्त्र बन्दूकची सवारों के साथ रूपसिंह ने शत्रु के कोतल दलों पर सीधा ग्राक्रमण किया। भयंकर मुठभेड़ में दोनों ग्रोर के सैकड़ों सैनिक खेत रहे। रूपसिंह का स कुटुम्बी भ्राता ग्रनीराम (ग्रनन्तराम ?) एक साहसिक मुठभेड़ में काम ग्राया ग्रौर रूपसिंह स्वयं घायल हो गया, किन्तु वह सकुशल पीछे हटने में सफल रहा। मोहकम सिंह ने बहज गढी पर साम्राज्यवादियो का जमकर मुकाबिला किया। भयंकर मुठभेड़ के बाद उसको पीछे हटना पड़ा। २० नवम्बर को जयसिंह ने स्वयं योद्धा राजपूत सरदारों व राजपूत नरेशों के साथ थून की ग्रोर प्रस्थान किया ग्रौर २७ नवम्बर (१३ जिल्हिज) को थून गढ़ी का घेरा प्रारम्भ किया। यह देखकर चूड़ामन ने ग्रपने पुत्रों, भतीजों तथा योद्धा जमींदारों को पीछे हटाकर थून की सुरक्षा की ग्रोर ध्यान दिया।[2]

परगना भुसावर में संघर्ष

जयसिंह ने परगना भुसावर की भू-राजस्व व्यवस्था के लिए साह प्रतापसिंह तथा केसरी सिंह कासलीवाल को ग्रामिल, राव बखतसिंह कल्याणोत को फौजदार, कायम खां को कोतवाल चबूत्रा कस्बा भुसावर ग्रौर साह बखतराम को वाक्या नवीस नियुक्त कर दिया था। दिसम्बर १७१६ ई० के प्रथम सप्ताह में कछवाहा नरेश ने बयाना-हिण्डौन मार्ग को खुला रखने के लिए कल्याणोत व राजावत राजपूतों को भुसावर के दुर्ग पर ग्राक्रमण करने का निर्देश दिया। इस दुर्ग तथा जाट प्रधान गांवों की रक्षा का भार ठाकुर ग्रतिराम, सालवाहन (ग्रनीराम का पुत्र), नन्दराम (महाराम का पुत्र) राजाराम, ग्रजैराम जाट जमींदारों, गूजर व पठान जागीरदारों पर था। इन सरदारों ने राजपूत सवारों का जमकर मुकाबला किया,

---

१ – ग्रखबारात, १, १५ नवम्बर, १७१६ ई०।

२– ग्रखबारात, १६ नवम्बर (५ जिल्हज), दिसम्बर १, १७१६ई०, शिववास, पृ०२०, ग्रठसता परगना पहाड़ी, १७१६।

—३० नवम्बर को राजा इन्द्र सिंह ने ग्रपने खरीता में चूड़ामन के पुत्र के भागने तथा शाही छावनी में चौबे की हरामखोरी व झगड़े का ब्योरा भेजा था।

लेकिन भारी दबाव के कारण पीछे हटना पड़ा। शीघ्र ही १३ दिसम्बर को मोहकम सिंह तथा रूपसिंह ने जाट छापामारों के साथ भुसावर पहुँचकर राजपूतों पर प्रत्याक्रमण किया और रैय्यती लुटेरा धारों ने कल्याणोत व राजावतों के गांवों में प्रवेश करके भारी लूटमार व बरवादी की। अविलम्ब ही जयसिंह ने छापामार जाट धारों को भगाने के लिए नवीन सैनिक टुकड़ियां रवाना कर दीं, किन्तु इनको सफलता नहीं मिल सकी।[1] सर्वत्र यह अफवाह फैलने लगी कि जोर तलब जाट रैय्यत कस्बा कठूमर पर आक्रमण करने वाली है। इससे १६ दिसम्बर को कस्बा कठूमर की सुरक्षा के लिए थाना तैनात कर दिया गया और वहां दो गाड़ी पातशाही रहकला व गोला बारूद भेजा गया। २० दिसम्बर को आमिल कठूमर ने जाट धारों की टोह लेने के लिये थून की ओर जासूस रवाना किये।[2] १८ दिसम्बर को महाराजा जयसिंह ने करौली के जादौं राजा अनदपाल के नाम रुक्का खास भेजकर लिखा—"आजकल सरकारी फौज बयाना की ओर तैनात है। आप स्वयं अपनी जमीयत, सवार व वरकंदाजों के साथ कछवाहों व राजावतों की सहायता के लिए बयाना की ओर प्रस्थान करें। फौज व सरंजाम का कुल खर्च सरकार वहन करेगी।"[3] फलतः कुंवर पाल जादौं ने स-सैन्य कूंच करके भुसावर दुर्ग का घेरा डाल दिया। भारी जमाव व दबाव पड़ने पर सुरक्षा समझौता के बाद अतिराम का किलेदार किले को खाली करके चला गया। २१ दिसम्बर को जयसिंह ने अपनी इस विजय का समाचार दिल्ली भेजा। वस्तुतः शाही सैनिकों की कार्यवाही को अंकुशित करने के लिए ठाकुर अतिराम ने ग्राम झरसोली में नया मोर्चा लगा लिया था। तब राव हठीसिंह कल्याणोत ने आगे कूंच किया और उसने जाट टुकड़ियों को ग्राम सहजादपुर (निकट ग्राम सलेमपुर) खाली करने के लिए बाध्य कर दिया। क्रोधित होकर चूड़ामन के छापामार सैनिकों ने राजपूतों को भुसावर में घेर लिया। कंवरपाल जादौं की मुक्ति के लिए जयसिंह ने दीपसिंह की कमान में नवीन कुमुक भेजी। जाट रैय्यत ने भुसावर तथा सौंखर-सौंखरी के राजपूत अधिकृत अनेक गांवों में भारी लूटमार, आगजनी करके बरवादी की। अन्त में दीपसिंह की नवीन कुमुक आ जाने पर छापामार जाट टुकड़ियां भुसावर से थून की ओर हट गईं।[4] किन्तु कछवाहा झरसोली को खाली करवाने में विफल रहे।

---

१ – अखबारात, १६, २०, ३० दिसम्बर, १७१६ (५, ६, ९ मुहर्रम)।

२ – अठसता, परगना कठूमर, १८१६।

३ – ड्राफ्ट खरीता व परवाना, सं० १३८ (१/१३९), पौष शुदि ५, सं १७७३।

४ – अखबारात, १६, २०, २३ दिसम्बर (५, ६, ९ मुहर्रम); वाक्या पत्र, मुहर्रम ७, हि० ११२९।

थून गढ़ी का घेरा

२२ दिसम्बर को जयसिंह ने दिल्ली से एक हजार मन बारूद तथा एक हजार मन गोला व सीसा भेजने का आग्रह पत्र भेजा। नायब सूबेदार नुसरतयार खां लम्बी मार करने वाली शाही तोप, गोला बारूद लेकर थून छावनी में आ गया। ५ जनवरी को महाराजा के लिए थून का नियमित घेरा डालने तथा शत्रु को जीवित या मृत शाही दरबार में प्रस्तुत करने का आदेश दिया गया। यह भी लिखा गया कि नुसरतयार खां डीग गढ़ी का घेरा डालकर आपकी मदद करेगा।[1] २० जनवरी को दीवान रामचन्द ने गढ़ी जहाज की ओर कूंच करके आक्रमण कर दिया। यह अफवाह फैल गई थी कि गढ़ी भदीरा तथा गारू की रैय्यती धारें थाना कठूमर पर आक्रमण करने वाली हैं। इससे आमिल ने उधर खुफिया नवीस रवाना कर दिये थे। राव चूड़ामन थून गढ़ी से बाहर निकल कर अन्य गढ़ियों का प्रबन्ध निर्भीकता व निडरता से कर रहा था। इससे २४ जनवरी को जयसिंह के लिए सुझाव दिया गया कि चूड़ामन को गिरफ्तार करके स्वयं दरबार में समर्पण कराने या मारने से विजय मिल सकती है अथवा उसको आत्मसमर्पण के लिए बाध्य करने और दरबार में हाथ बांध कर उपस्थित करने से जाटों का दमन सम्भव हो सकेगा। इससे चूड़ामन के साथ आपसी समझौता की नीति अपना कर शाही चाकरी में उपस्थित होने का सफल दबाव डाला जावे। लेकिन जयसिंह ने समझौतावादी नीति को कायरता समझा। उसने जाटों को रणक्षेत्र में परास्त करके अपने पैरों के सामने झुकाने का दृढ़ विश्वास प्रगट किया। सम्राट ने इस आत्मविश्वास व दृढ़ता की सराहना की और जयसिंह के लिए विशिष्ट वासन्ती खिलअत भेजकर सम्मानित किया।[2]

१६ फरवरी को सूर्यास्त के बाद जयसिंह तथा महाराजा भीमसिंह हाड़ा गढ़ी सौंख गूजर (सौंखिया) में थाना स्थापित करके लौट रहे थे। तब जाट सैनिकों ने घात लगाकर उन पर हमला कर दिया, जिसमें अनेकों राजपूत खेत रहे या घायल हो गये। अनेकों ऊंट खच्चर व घोड़ा काम आये या जाटों के हाथ लगे। फलतः २६ फरवरी को जयसिंह को निर्देश मिले कि श्यामसिंह खंगारोत, दीपसिंह, ताराचन्द और दीवान रामचन्द आदि सभी आपस में मिलकर शत्रु की जड़ों व शाखाओं को बरबाद करने का अथक प्रयास करें। किन्तु जाट काफी सजग व सक्रिय थे और शाही सेनाओं का

---

१ – अखबारात, २२ दिसम्बर; फरमान (कपड़ द्वारा), सं० ८७/१०३; शिवदास पृ० २०।

२ – अठसता, परगना कठूमर, १७१६ ई०; फरमान (कपड़ द्वारा), सं० ३१/१३८ (२२ मुहर्रम), १७४ स/४७, १७५ स/४७ आर, १५/१८७ (११ सफर), १७४, १७६, १७६; खाफी खां, खण्ड २, पृ० १४६।

घेराव होने पर भी १२ मार्च को कठूमर से मवेशियों को घेरकर अपने गांवों में ले गये ।[1]

फर्रुखसियर ने १७ मार्च के फरमान में जयसिंह की विफलता को भांप लिया था । वास्तव में काठेड़ प्रदेश की जनता स्वाधीनता संग्राम में एकता, आत्म-विश्वास तथा कठोर परिश्रम के साथ संघर्षरत थी और जयसिंह अपने राजनैतिक अस्तित्व, आर्थिक लाभ, सामाजिक उत्कर्ष के लिए प्रयत्नशील था । २४ मार्च को छः हाथी थून छावनी में पहुँच गये थे । अब जयसिंह ने थून घेरा के प्रयास काफी कठोर कर दिये थे । अप्रेल १२, १७१७ को जयसिंह ने महाराजा अजीतसिंह राठौड़ को लिखा, "जाट मुल्क का बन्दोबस्त ठीक हो गया है और जाट गढ़ी का घेरा भलीभांति चल रहा है । शीघ्र ही विजय मिलने की आशा है ।" इसी समय जयसिंह के लिए अतिरिक्त सैनिक भरती के लिए पाँच लाख रुपया भेजा गया और उसे विप्लवियों को जीवित या मृत लाने के लिए कहा गया । दीवान ताराचन्द ने थून गढ़ी की खाई को आवश्यकता पड़ने पर भरने वाले बांध 'सलमती कूँचा' की ओर प्रस्थान किया । वाजीद खां खानजादो हरावल में तैनात किया गया । जब जाटों ने दीवान ताराचन्द को बांध से हटाने का प्रयास किया, तब वाजीद खां ने वहां पहुँचकर जाट छापामारों को पीछे धकेल दिया । कस्बा नगर में श्यामसिंह ने जाटों पर आक्रमण किया । मौजा शाही गढ़ी, गढ़ी सुल्तानपुर (भुसावर), सीसवाड़ा, मुढ़ेरा, खटीला तथा ताजोली गढ़ियों पर जाटों ने जमकर लोहा लिया ।[2]

मई-जून के वाक्या-पत्रों से स्पष्ट है कि राजा जयसिंह ने अहर्निश गस्त देने, गढ़ियों पर निगरानी रखने के लिए अति साहसी सैनिक टुकड़ियां तैनात कर दी थी और स्वयं सुप्रसिद्ध सरदारों व सैनिक दलों के साथ हाथी पर सवार होकर निगरानी करने के लिए घूमने लगा था । गढ़ी थून अनेक छोटी-छोटी गढ़ियों तथा सघन जंगलों के चक्र से सुरक्षित थी । जयसिंह ने शाही चौकी व मोर्चों को आपस में सम्बद्ध करने के लिए स्थान-स्थान पर अनेक सावात, सलावत तथा खन्दकों के निर्माण के लिए असंख्य मिस्त्री, कारीगर व बेलदार लगा दिये थे और वहां तक पानी पहुँचाने के लिये तीन हजार ऊंट तथा दो हजार गाड़ियों के अलावा असंख्य खच्चर भैंसा तथा बैल भारी पखालों के साथ तैयार रखे और भिश्ती पखाल भर कर

---

१ – वाक्या–पत्र (कपड़ द्वारा), खरीता (कपड़ द्वारा) सं० ५२१/१०७, फरमान ३७/५३, २६ फरवरी (१४ रबी अव्वल), अठसता, परगना कठूमर, १७१६-१७ ई० ।

२ – फरमान (कपड़ द्वारा) सं० ५२/२१२, ४ रबीदोयम, अतिरिक्त वाक्यापत्र सं० २/१४३, रसीद प्राप्ति (कपड़ द्वारा) सं० ७०/६५०, ड्राफ्ट खरीता व परवाना, सं० १६ (१/१९६, वैसाख सुदि २, सं० १७७४, फरमान (कपड़ द्वारा), सं० ८२/१६५, ८६/१६४, अखबारात २०,२५,२७, अप्रैल, १७१७ ई०।

निर्दिष्ट स्थान पर कुछ ही समय में पहुँच जाते थे। इस प्रकार जयसिंह ने थून के समीप तक जंगलों को साफ करा कर चौड़ी व गहरी प्रच्छन्न सुरक्षित सुरंगे, मोर्चा तथा टीले तैयार कर लिए थे।[1] मई में यह अफवाह फैली कि मेवाती भी इस संघर्ष में जाटों के साथ आकर मिलने वाले हैं। २ मई को निःसन्देह खोहरी में जाट व मेवातियों ने मिलकर भारी उपद्रव किये और अनेक स्थानों पर राजपूतों से भारी झड़पें हुईं। इसी प्रकार मथुरा के दक्षिण-पश्चिम में सुनेल गढ़ी पर भी जाट राजपूतों में अति भीषण मुठभेड़ हुई, जिसमें शाही सैनिकों को भारी क्षति उठानी पड़ी। यह स्थिति देखकर दिल्ली से नुसरतयार खां तथा सैय्यद मुजफ्फर खां खानजहां बहादुर को नवीन शाही सेना व साज सामान के साथ थून की ओर रवाना होने का आदेश दिया गया।[2]

मई में साधारण किन्तु तेज तूफान के साथ वर्षा (ज्येष्ठ डोगरा) आई, फिर अनावृष्टि के कारण काठेंड़ में भारी सूखा पड़ गया। जयसिंह को मालवा तथा अपने देश ढुंढार से खाद्यान की व्यवस्था करनी पड़ी। १४ जुलाई को फर्रुखसियर ने जाटों के प्रच्छन्न अन्न भण्डारों (जखीरों) को खोजकर प्राप्त करने का निर्देश दिया। भीषण सूखा व दुर्भिक्ष के प्राकृतिक प्रकोप से जयसिंह लाभ उठाना चाहता था, किन्तु यह दिवा-स्वप्न नीति थी। जाट जमींदारों को अथक प्रयास करने पड़े और २ जुलाई को ग्राम दुलैहरा (मेवात) में शाही सैनिकों के साथ जाट व मेवातियों को एक भीषण मुठभेड़ हुई। ९ जुलाई को चूड़ामन स्वयं मोहकम सिंह, अतिराम, रूपसिंह, बदनसिंह आदि के साथ गारु गढ़ी में पहुँच गया और वहां एक विशाल पंचायत में लूटमार व संघर्ष को तीव्र करने का प्रचार किया।[3]

अगस्त १३, १७१६ ई० के अखबारातों में हमको थून आक्रमण का अति रोचक वर्णन मिलता है। राजाधिराज मौजा भूतेड़ा छावनी में था। कल (१२ अगस्त) राजा ने नुसरत यार खां के पास थून छावनी में समाचार भेजा कि उसको बाईं ओर से कूंच करना है। राजा स्वयं थून के समीप अपने सैनिकों सहित ग्राम कणकुटी में पहुँच गया और उसने राजा गजसिंह नरवर, महाराव भीमसिंह हाड़ा, दीवान तारा चन्द, बुधसिंह कुम्भाणी को सूचित किया कि वे सभी नुसरत यार खां की सहायता के लिए पहुँचें। जब वे कणकुटी ग्राम के समीप पहुँचे तब दो सहस्त्र

---

१ – शिवदास, पृ० २०, वाक्या पत्र, २४ जून, ८ जुलाई १७१७ (२०, २९ रज्जब, हि० ११२९)।

२ – अखबारात, वाक्या रिपोर्ट, जून ३, १७१७ ई०, अठसता, परगना पहाड़ी, शिवदास पृ० २०, फरमान (कपड़ द्वारा) सं० ८५/१९६।

३ – फरमान (कपड़ द्वारा) सं० ९४/१९३ (५ साबान), अठसता परगना पहाड़ी (जुलाई २, १७७०), परगना कठूमर।

छापामार जाटों ने उनपर आक्रमण कर दिया। इस दिन राजा गजसिंह व महाराव भीमसिंह हरावल में, दीवान ताराचन्द, बुधसिंह कुम्भाणी चन्दोल में और शाही सेना के चुनिंदा लड़ाकू सवार दाई-बाई पंक्ति में तैनात थे। तीव्र झड़पों के बाद छापामार जाट सामने से तिरोहित हो गये। फिर नई कुमुक के साथ दो सहस्र जाटों ने नुसरत यार खां पर हमला कर दिया। उन्होंने जयसिंह के चन्दोल पर आक्रमण किया। चार घड़ी तक भीषण युद्ध चलता रहा। अन्त में जाट टुकड़ियां मैदान से हट गईं। शाही सैनिकों ने उनका पीछा किया और समीपस्थ तीन चार गांवों का घेरा डाला। नुसरत यार खां ने कणकुटी छावनी की सुरक्षा के लिए अपने आदमी तैनात कर दिये। जाट छापामारों ने ग्राम मऊ में तैनात शाही सैनिकों पर पुनः अचानक हमला कर दिया। सूर्योदय से एक घड़ी पूर्व तक आपस में सशस्त्र संघर्ष चलता रहा। इन मुठभेड़ों में उभय पक्ष के असख्य सैनिक काम में आये या घायल हो गये।[1]

खान जहां बहादुर का आगमन तथा समझौता के प्रयास

जून में दिल्ली से प्रस्थान करने के बाद सितम्बर में खानजहां बहादुर ने कामां के निकट अपना पड़ाव डाला। इससे ७ सितम्बर के दिन जाटों में भारी हलचल मच गई थी और उनको अति भागदौड़ करनी पड़ी। चूड़ामन ने मेवाती, शाहजहांपुर तथा अन्य स्थानों की ओर से भागकर आने वाले असंख्य भारतवंशी अफगानों को तीन रुपया दैनिक मजदूरी पर भरती कर लिया और उनको शाही परगनों में लूटमार करने, शाही राज-मार्गों में विप्लव भड़काने का काम सौंपा। इन लोगों ने नवाब वजीर कुतुबुउलमुल्क तथा नायब मीर बख्शी खानदौरान की जागीरों में भारी लूटमार व उपद्रव किये।[2] जयसिंह इन जागीरी गांवों में प्रवेश करने में असमर्थ था। इससे उसकी बदनामी होने लगी। १० सितम्बर को नवाब खान दौरान के स्थान पर कुंवर सिवसिंह को मथुरा (इस्लामाबाद) का फौजदार नियुक्त किया गया और इसी दिन फरीदाबाद से आगरा तक की राहदारी बसूली के अधिकार चूड़ामन की बजाय कुंवर सिवसिंह को प्रदान किये गये। अतिरिक्त व्यय की पूर्ति के लिए सम्राट ने जयसिंह को ढ़ाई लाख रुपया (एक करोड़ दाम) जमा का परगना मालपुरा 'बिरादरी जागीर' के रूप में प्रदान कर दिया। १४ सितम्बर को पंचोली जगजीवन दास ने लिखा, "जाटों के साथ भीषण संघर्ष तथा महाराजा की विजय के बारे में महाराव भीमसिंह तथा नुसरत यार खां की अर्जदास्त सम्राट तथा नवाब वजीर को मिली। सम्राट को भी आपकी अर्जदास्त से समाचार मिल चुके हैं। शुभ समाचार को सुन-

---

१ – अखबारात, सं० ६२६ (रमजान ६, हि० ११२९।

२ – अठसता, परगना कठूमर, १७१७-१८ पृ० ४०, फरमान (कपड़ द्वारा) सं०८५/१६६, कैंमवर, पृ० १७०।

कर सम्राट ने आपको एक जोड़ी कुण्डल प्रदान करने का आदेश दिया है और नुसरत यार खां, महाराव भीमसिंह और गुलाम नवी को खिलअत तथा घोड़ों से सम्मानित किया गया है।" १६ अक्तूबर को सम्राट ने अति प्रसन्न मुद्रा में जगराम को दीवाने-खास में फरमान प्रदान किया। इसी समय पर खानदौरान ने महाराजा को शाही खजाने से अतिरिक्त रकम दिलवाने का आश्वासन दिया। महाराजा को यह भी अधिकार प्रदान कर दिया गया कि शाही छावनी में आपके आदेशों की अवहेलना करने वाले सरदारों व सैनिकों को सेवा से पदच्युत कर दिया जावे।[1] इस प्रकार शाही दरबार से जयसिंह को पर्याप्त प्रोत्साहन मिल रहा था। किन्तु जाट भी लग्न के पक्के थे और उन्होंने चूड़ामन, रूपसिंह आदि के संयुक्त प्रयास से प्रोत्साहित होकर परगना मथुरा तथा आसपास भारी लूटमार शुरू कर दी थी। स्वयं रूपसिंह ने परगना सहार में अपने जागीरी मौजों व कस्बों पर पुनः अपना दखल जमा लिया था। इसी प्रकार कुन्तल जाटों ने गढ़ी सौंख पर पुनः अधिकार कर लिया था। परगना तिजारा में मेवाती लूटमार व शाही मार्गों में उपद्रव करने में मस्त थे। इससे नवम्बर ३, १७१७ ई० को तिजारा के मेवाती विद्रोहियों का दमन करने के लिए कुंवर सिवसिंह को तैनात किया गया। ६ नवम्बर को परगना कठूमर में जाट कछवाहों में भारी संघर्ष हुआ। जाटों ने सौंख गूजर गढ़ी पर और मथुरा में सुनेल गढ़ी पर अधिकार जमा लिया।[2] १२ नवम्बर को शाही दरबार से फौजदार कुंवर सिवसिंह के नाम मथुरा (इस्लामाबाद) में २, ३४, ८७, ५८७ (रु० ५८७ १६०) दाम की स्थाई जागीर कर दी गई।[3] सभी प्रयासों के बाद भी जयसिंह अधिक सफल नहीं हो सका। सम्राट को भी भारी धक्का लगा। सरकार के शब्दों में, "खान जहां बहादुर ने थून छावनी में आपसी तालमेल की अपेक्षा चूड़ामन के साथ मिलकर गुप्त षडयन्त्र की नीति अपनाई। इससे जयसिंह को सफलता को आघात पहुँचा।"[4] निःसन्देह अब नवाब वजीर कुतुबउलमुल्क महाराजा जयसिंह की विफलता के लिए प्रयत्नशील था और चूड़ामन शस्त्र संघर्ष के साथ कूटनयिक वार्ता भी करने लगा था। मीर बख्शी खानदौरान ने भी वजीर के रुख को देखकर समझौता-वार्ता की नीति अपनाई।

---

१ – परवाना व हस्ब-उल-हुक्म (कपड़ द्वारा), सं० ७६/२७०, ४ शव्वाल, परवाना, सितम्बर २३, १७१७ ई०, अर्जदाश्त, सं० ४४२/१६३, ४४३/१६५, ४४४/१६७, फरमान (कपड़ द्वारा), सं० ८०/११३।

२ – महमत अली का पत्र, ६ अक्तूबर, अब्दुल्ला खां का पत्र, ५, २७ अक्तूबर, परवाना (कपड़ द्वारा), ८४/८६, (२६ जिकाद), अठसता परगना कठूमर।

३ – परवाना, ८६/६३।

४ – हिस्ट्री ऑफ जयपुर (पाण्डुलिपि)।

दिसम्बर के अन्त में चूड़ामन ने युद्ध का नया मोर्चा खोलने के लिए गढ़ी गारू को काफी मजबूत कर लिया था। जनवरी ३, १७१८ ई० को ताराचन्द स्वयं स-सैन्य गारू की गढ़ी पर पहुँच गया था। उसने अपने जासूसों को तैनात करके गढ़ी में जाटों की तैनात जमीयत के बारे में भेद लेने का विफल प्रयास किया। १५ जनवरी को चूड़ामन स्वयं अपने भतीजों के साथ ताराचन्द का मुकाबला करने के लिए गारू की गढ़ी में पहुँचा। किन्तु कछवाहा सरदार की उस पर आक्रमण करने की हिम्मत नहीं हो सकी।[1]

नवाब वजीर कुतुबउल्मुल्क का हस्तक्षेप तथा संघष का अन्त

जनवरी, १७१८ ई० में महाराजा जयसिंह ने अपनी अर्जदास्त में लिखा कि जाटों को दरबार से सहयोग मिल रहा है और वे अब आत्म-समर्पण करने को तैयार नहीं हैं। जगराम ने आगरा के दीवान तथा पेशकार से मिलकर रुपया ८०००/- में जाट जमींदारी के गांव महाराजा के नाम लिखवा[2] लिए थे। साथ ही जयसिंह ने ठाकुर गजसिंह नरुका (जावली) की मदद से कुछ जाट जमींदारों को लुभावने आश्वासन देकर भी अपनी ओर मिला लिया था। उसने २३ जनवरी को हिम्मता जाट को एक घोड़ा, दो कब्जा, दो तलवार, दो सिरोपाव तथा १ फरवरी को फर्रासखाना से गजी की पाल और ३१ जनवरी को उदीया जाट को स-साज एक हाथी पुरस्कार में प्रदान करके शाही दरबार में यह प्रचार करने का अवसर खोज निकाला था कि वह निकट भविष्य में चूड़ामन की गढ़ी को शीघ्र ही बरवाद कर देगा। इसी समय उसने गजसिह नरुका को भी एक कब्जा प्रदान किया।[3] २१ फरबरी, १७१८ ई० को शाही दरबार से महाराजा को लिखा गया कि चूड़ामन ने अपना वायदा अभी पूरा नहीं किया है। उसको या तो पकड़ लिया जावे या मार दिया जावे।[4] वास्तब में जाट जमींदारों ने उसके सभी प्रयास विफल कर दिये थे।

संघर्ष की दीर्घता व जयसिंह की हटवादिता को देखकर चूड़ामन ने कुतुब-उल्मुल्क के पास अपना वकील तथा आग्रह-पत्र भेजकर 'पेशकश भुगतान करके समर्पण करने की इच्छा व्यक्त की। उसने वजीर कुतुबउल्मुल्क को पचास लाख रुपया तथा शाही खजाने में से तीस लाख रुपया पेशकश जमा कराने का भी आश्वासन दिया। सम्राट फर्रुखसियर ने इन प्रस्तावों में (१) थून, डीग तथा अन्य कई जाट प्रधान गढ़ियों की किलेबन्दी तोड़ने और भविष्य में पुनः इनकी मरम्मत न कराने

---

१ – अठसता, परगना कठूमर।

२ – ड्राफ्ट खरीता व परवाना, सं० ११२ (१/२००), फरवरी ११, १७१८।

३ – दस्तूर कौमवार, जि० ७, पृ० ६१५, ३१५, जि० ११, पृ० ८७।

४ – फरमान (कपड़ द्वारा), सं० २६/१५३।

और (२) चूड़ामन व उसके पुत्र भाई–भतीजों द्वारा वतन जागीर के बाहर अन्यत्र शाही चाकरी करने की दो शत जोड़ दी थीं।[1] अब महाराजा जयसिंह को लिखा गया, "यदि चूड़ामन तय की गई शर्तों की पालना नहीं करेगा तो उसे मार डाला जावेगा। यह आपकी दया पर निर्भर रहेगा कि चूड़ामन को मौत की सजा दी जावे या नहीं।" अन्य फरमान में लिखा गया कि "चूड़ामन को काठेड़ से दूर काबुल भेज दिया जावेगा। थून व डीग की गढ़ियों की व्यवस्था सैय्यद खानजहां को सौंपनी होगी। जाटों की अन्य सभी गढ़ियां धूल–धूसरित कर दी जावेंगी और जब तक हमीद खां तथा सैय्यद नुसरत यार खां वहां नहीं आवें, तब तक राजपूत सैनिकों को नहीं हटाया जावे।" इसी समय नवाब वजीर ने खानजहां बहादुर के पास हस्ब-उल-हुक्म भेजकर लिखा, "चूड़ामन जाट ने बादशाह से अपने अपराधों के लिए क्षमा करके संरक्षण प्रदान करने का निवेदन किया है। उसकी प्रार्थना को स्वीकार करके दया का पंजा व कौलनामा प्रदान कर दिया गया है। आप चूड़ामन, उसके पुत्रों, भाइयों व भतीजों को संरक्षण का आश्वासन देकर उनके साथ संधि व कौल करार करें। अपने संरक्षण में सुरक्षित थून की गढ़ी से लाकर दरबार में प्रस्तुत करें। इस बात का विशेष ध्यान रखा जावे कि किसी भी स्थान पर उनके या उनके साज-सामान के साथ किसी भी प्रकार की रुकावट या खींचतान नहीं की जावे। विश्वास है कि आप शाही निर्देशानुसार समुचित कार्यवाही करेंगे।" अन्य फरमान में जयसिंह को लिखा गया, 'स्पष्टतः चूड़ामन जाट को बरबाद करने तथा दमन करने से सम्राट आपकी बहादुरी व प्रयत्नों से भलीभांति विज्ञ हैं। सम्राट की दिली अभिलाषानुसार तथा प्रभु की कृपा से शापित जाटों का पर्याप्त दमन हो चुका है और उनको पर्याप्त सजा मिल चुकी है। आपने अपनी वीरता से कानूनी व्यवस्था, नियमों तथा फौजी प्रावधानों का भलीभांति पालन किया है तथा अन्य सरदारों ने भी अपनी सूझबूझ व वीरता का परिचय दिया है। एकमात्र आप तुल्य योद्धा ही इतना सत्कार्य कर सकता है। अब उस शापित ने पश्चाताप का टीका लगाकर हमारा संरक्षण प्राप्त कर लिया है। अपने विगत अपराधों के लिए क्षमा-याचना और अपने जीवन व सम्पत्ति (जान-ओ-माल) की रक्षा के लिए शाही संरक्षण प्रदान करने की विनती की है। अतः उसको कौल व पंजा भेजा जा चुका है। इससे आपसे अब आशा की जाती है कि आप उसको सन्तुष्ट करके दरबार में लाने में सहायता करेंगे। यद्यपि उसके अपराध एक प्रकार से अक्षम्य हैं। फिर भी सम्राट ने दया करके संरक्षण देना स्वीकार कर लिया है और कौल व पंजा भेजकर सम्मान की रक्षा का वचन दिया है। अतः अब हस्तक्षेप न करके सहयोग प्रदान करें।"[2]

---

१ – शिवदास, पृ० २३, फरमान, मार्च १७१८ ई०।

२ – शिवदास, पृ० २५ (फरमान व हस्ब–उल हुक्म की प्रतिलिपि), फरमान (कपड़ द्वारा) सं० ७८/१८३।

सम्राट ने फरमान में जयसिंह को निर्देश दिए, "चूड़ामन अपने परिवार सहित दरबार की चाकरी में आ रहा है। सैय्यद नुसरत यार खां तथा खानजहां बहादुर को आदेश दिये गये हैं कि वे चूड़ामन को उसके परिवार के साथ आपकी छावनी में लाकर उपस्थित करें। तब आप उसको सान्त्वना देकर साम्राज्य की ओर से खिलअत प्रदान करें।" एक हस्ब-उल-हुक्म में लिखा गया, "अब चूड़ामन के परिवार (महिलाओं व बालकों) ने गढ़ी में शरण ली है। उनको नहीं सताया जावे।"[1] तब जयसिंह ने अनिच्छा से आदेशों की अनुपालना की। १२ मार्च को सैय्यद खानजहां बहादुर तथा सैय्यद नुसरत यार खां के संरक्षण में चूड़ामन, उसके पुत्र तथा भतीजे आदि जयसिंह की छावनी में आकर उपस्थित हुये। चूड़ामन ने महाराजा जयसिंह व खानजहां बहादुर को क्रमशः दो ईराकी तथा अरबी घोड़ा मय साज नजर किये। जयसिंह ने उसको तीन थानों की खिलअत, सात साज व सामान के एक घोड़ा प्रदान किया। अखबारातों के अनुसार इसी समय जयसिंह ने ठाकुर अतिराम को तीन थानों की खिलअत, एक मोतियों का तोरा, दो स्वर्ण हार तथा एक घोड़ा और रूपसिंह को कुछ अन्य सामान प्रदान किया।[2] फिर चूड़ामन खानजहां बहादुर को अपने साथ गढ़ी के अन्दर ले गया, जहां उसने अपने भण्डार, सम्पत्ति व सामान का निरीक्षण कराया और सभी कुछ उसकी निगरानी में सौंप दिया। सैय्यदों ने गढ़ी की सुरक्षा के लिए अपना थाना स्थापित किया।[3]

अप्रेल १०, १७१८ ई० (१० जमादि अव्वल) को खानजहां बहादुर के संरक्षण में चूड़ामन अपने भतीजों– रूपसिंह, बदनसिंह, भ्राता तुलाराम, राजाराम आदि के साथ दिल्ली पहुँचा और नवाब वजीर कुतुबउलमुल्क की हवेली के समीप अपना पड़ाव डाल कर प्रथम बार उससे भेंट-वार्ता की। जयसिंह भी इसी समय दिल्ली पहुँच गया था और उसने सम्राट के सामने 'कौल व पंजा' का अति विरोध किया। जयसिंह को सन्तुष्ट करने के लिये १२ अप्रेल को वृन्दाबन, बिशनपुरा, परगना हवेली मथुरा इनाम में प्रदान कर दिये गये। १६ अप्रेल को उसने नारायणदास खत्री को मथुरा रवाना कर दिया।[4] १६ अप्रेल को नवाब वजीर के सुरक्षात्मक प्रबन्ध में

---

१ – फरमान (कपड़ द्वारा) सं० ६६/१६२, २०/१४०, ६४/१८२, १८५, हस्ब उल्-हुक्म, सं० २०/१४० (१० मार्च)।

२ – शिवदास, पृ० २६, फरमान (कपड़ द्वारा), सं० १६२, वस्तूर कौमबार, जि० ७ पृ० ३४५, अखबारात, सं० ६५२, ६५६।

३ – शिवदास पृ० २६।

४ – अतीकउल्लाह के नाम परवाना, सं० ६१/२७६ (कपड़ द्वारा), वस्तूर कौम-वार, जि० ३, पृ० ५६३।

चूड़मन अपने भतीजों आदि के साथ शाही दरबार में जाकर उपस्थित हुआ और बजीर ने उनको अपने समीप बैठने का स्थान दिया। चूड़ामन ने सम्राट को एक सहस्र असर्फी, मोहकमसिंह व रूपसिंह ने पांच-पांच सो असर्फियां नजर कीं। सम्राट ने सभी को खिलअत प्रदान की तथा अन्य सुविधाएं देना स्वीकार कर लिया। जयसिंह के कड़े रुख के बाद भी फर्रुखसियर वजीर की फौलादी कूटनीति के सामने असहाय था। फिर भी उसने जाट सरदारों के प्रति भारी रुक्षता दिखलाई और पुनः दर्शन देने से मना कर दिया।[1] २१ अप्रेल को जयसिंह दिल्ली से थून की ओर वापिस लौट आया और उसने राजा गजसिंह नरवर को एक तोरा व एक घोड़ा प्रदान किया।[2] अब चूड़ामन बराह सैय्यदों का सशक्त समर्थक तथा कृतज्ञ मित्र बन गया था।

थून व काठेड़ जनपद के समर्पण की मांग

२१ मई को जयसिंह ने थून गढ़ी की घेराबन्दी के लिए तैनात अपनी समस्त सेनाओं को हटा लिया और २९ मई को काठेड़ जनपद से दिल्ली लौट गया। जाटों ने वास्तव में अपनी गढ़ियों का समर्पण नहीं किया था। इससे ३१ मई को जयसिंह को पुनः आदेश दिया गया कि थून व झरसौली गढ़ियों पर अपना अधिकार करने का प्रयास करे। कछवाहा नरेश इन जाट गढ़ियों का व्यवहारिक समर्पण चाहता था। इस स्थिति को टालने के लिए ७ जून को वजीर कुतुबउलमुल्क ने दरबार में निवेदन किया कि चूड़ामन ने शाही कोषागार में पचास लाख रुपया नकद व जिंस में जमा करा दिया है।[3] ३ जुलाई को जयसिंह ने फर्रुखसियर के समक्ष पांच मोहरों के साथ थून व झरसौली गढ़ियों की चाबियां प्रस्तुत करके एकान्त में सम्राट को नवाब वजीर कुतुबउलमुल्क के व्यावहारिक चंगुल से त्रास पाने की सलाह दी और इस कार्य हेतु सैय्यद बन्धुओं विरोधी अमीरों को दूरस्थ प्रान्तों से राजधानी में बुलाने का परामर्श दिया। इसके बाद चूड़ामन तथा राजा रतन चन्द को ही अशान्ति की जड़' मानकर सम्राट ने वजीर से इन दोनों को सरकार-ए-वाला को सौंपने का आदेश दिया। फलतः राजधानी में सम्राट तथा नवाब वजीर कुतुबउलमुल्क के बीच में जीवन-मरण व राजनैतिक अस्तित्व का गलियारा झगड़ा छिड़ गया, जिसमें मात्र एक जयसिंह नें सम्राट का साथ दिया।

सम्राट् फर्रुखसियर सैय्यदों की अपेक्षा जटवाड़ा प्रदेश व गढ़ियों पर अपने पक्षधर जयसिंह कछवाहा का व्यावहारिक अधिकार व प्रबन्ध चाहता था। इससे

---

१ – **शिवदास** पृ० २६, **कासिम** पृ० ८६।

२ – **दस्तूर कौ०**, जि० १, पृ० ८५।

३ – **फरमान (कपड़ द्वारा)**, सं० १=/१८५, रजब २, हि० ११३० (३१ मई, १७१८), **शिवदास** पृ० ३०।

प्रारम्भ में उसने जयसिंह के परामर्श पर १४ सितम्बर को सर बुलन्द खां के लिए आगरा प्रान्त का राज्यपाल पद प्रदान किया और जटवाड़ा में तैनात सैय्यदों के थानों को हटाकर थून आदि प्रमुख गढ़ियों पर दखल करने का आदेश दिया। इसी समय शाही दरबार से चूड़ामन के लिए भी निर्देश दिए गए—'चूंकि थून की गढ़ी पातशाही अमल में आ चुकी है और वहां से सैय्यदों के थानों की रद्दबदल की जा रही है। गढ़ी तथा प्रदेश में प्रबन्ध व देखभाल के लिए सर बुलन्द खां अब अपने विश्वास पात्र सैनिक तैनात करेगा। आप इसकी सूचना अपने पुत्रों, भाई–भतीजों तथा अन्य जमींदारों को भेज दें।''[1]

सम्राट के इन निर्णयों से काठेड़ तथा नरुखण्ड में जाट व नरुका राजपूत पुनः सक्रिय हो गये और उन्होंने पर्दे की ओट शिकार करने वाली जयसिंह की नीति का जमकर विरोध किया। मूड़हरा (मुढ़ेरा) ग्राम में आयोजित कौमी पंचायत के बारे में १५ नवम्बर को हरकारा ने सूचना भेजी, "......इस प्रकार ये सभी (चूड़ामन के भाई–भतीजे तथा अन्य कौमी जमींदार) मोजा मूड़हडा में एकत्रित हुए और उन्होंने सभी पहलुओं पर विचार किया। जुलकरन व मोहकमसिंह ने कहा, "यदि आप अपने बतन व कौम की स्वाधीनता के लिए संघर्ष जारी रखना चाहते हैं, तब फिर बना–बनाया गढ़ क्यों छोड़ा जाए? ये (विरोधी अमीर) नवीन गावों की गढ़ियों को भी बन्द करना चाहते हैं, ताकि हम लोग इधर–उधर पृथक–पृथक हो सकें। इससे प्रभावित होकर जाटों ने थून व अन्य गढ़ियों को पातशाही अमल में सौंपने की अपेक्षा थून की गढ़ी में रहकर संघर्ष करने का संकल्प किया।" जातीय पंचायत के सर्व–सम्मत निर्णय के बाद दीवान ताराचन्द ने १७ नवम्बर के पत्र में साह विजैराम को लिखा, "थून से अब सैय्यदों का थाना उठ गया है और उसके स्थान पर जाटों ने प्रबन्ध संभाल लिया है। चूड़ामन के बहू–बेटा गढ़ी में पहुँच चुके हैं।.........गढ़ी में जाट भारी पड़ जाता है और फिर भारी तैयारी करनी पड़ती है। इससे उनको बाहर ही रोकने का यत्न करना चाहिये।" इसी समय मेवातियों ने प्रतापसिंह पर हमला कर दिया, जिसमें वह काम आया। निःसन्देह जयसिंह इस बार भी अपनी कूटनीति व कपट चालों में पूर्णतः विफल रहा। सर बुलन्द खां भी जाटों की कौमी एकता से व्यथित हो गया और आर्थिक संकट का बहाना बनाकर २३ नवम्बर को राज्यपाल पद को त्याग कर दिल्ली लौट गया।[2]

६ जनवरी को चार-पांच सौ जाट सवारों ने अलवर की तलहटी के गावों में पहुँचकर सवाई जयसिंह के इलाके में भारी लूटमार व उपद्रव किये और तीसरे दिन

---

१ – शिवदास, पृ० ३०, ख० अ०, सं० ३४८/३४७।

२ – ख० अह०, सं० ३४८/३४७, ३४६/३४८, ३५०/३४६, अख०, खाफी खां, भाग २, पृ० ७६०।

इन गावों की मवेशियों को घेरकर मौजा मुढ़ेरा पथरेड़े आदि के बीहड़ों में लौट आये। इसी समय तुलाराम व मोहकम सिह आदि की मुहर शाही दरबार के प्रतिष्ठित अमीरों के हस्ताक्षर तथा मथुरा शहर के व्यापारियों ने शहर काजी से मुहर लगवा-कर दरबार में एक महजरनामा (प्रार्थना-पत्र) प्रस्तुत करके निवेदन किया कि दिल्ली व अन्य ओर के शाही मार्ग अब आवागमन के लिए पूर्णतः खुल चुके हैं, लेकिन मेवात का रास्ता अभी तक महाराजा की फौजदारी में शामिल होने से बन्द है। इसको पुनः चालू कराया जाए। जयसिंह के आमिलों व फौजदारों को भी उपद्रवों के कारण व्यवस्था करने में काफी दिक्कतें आने लगी थीं। २९ जनवरी को कुंवर जोरावर सिंह ने किसनराम चक्रवर्ती को लिखा—"सेनायें जाटों को हटाने के लिए मौजा हस्तेड़ा की ओर कूंच कर चुकी हैं। शीघ्र ही अधिक द्रव्य की व्यवस्था की जावे।" ५ फरवरी को दीवान ताराचन्द ने साह विजैराम को लिखा, "पथैना से उदैराय और रिणी (रेणी) से बदैराय का पत्र आया है। बदैराय ने पांच सौ बरकंदाज तैनात करने के लिए लिखा है। रेणी में किसनसिंह नरुका का थाना है और पथैना में सात सौ बरकंदाज मौजूद हैं। श्यामसिंह राजावत को दो सौ बरकंदाजों के साथ रवाना कर दिया जावे।"[1] अब मीर बख्शी सैय्यद हुसैन अली दिल्ली के समीप तक आ चुका था। इससे सम्राट तथा जयसिंह ने नवाब बजीर व चूड़ामन के साथ सद्भावी समझौता करने का प्रयास किया। १२ फरवरी को हेमराज बख्शी हरकिशन जाट के पास सिरोपाव लेकर पहुँचा और १५ फरवरी को सवाई जयसिंह ने चूड़ामन के पास तीन थानों का सिरोपाव तथा दूसरे दिन सिलहखाना (शस्त्रागार) से एक तलवार, एक तेगा सिरोही भेजकर अपना स्नेह प्रगट करने का विफल प्रयास किया।[2] किन्तु सैय्यद हुसैन अली के दिल्ली आगमन के बाद फरवरी २३, १७१९ के दिन महाराजा जयसिंह को औपचारिक विदाई के बिना ही दिल्ली से अपने वतन की ओर कूंच करना पड़ा।[3]

आगरा विद्रोह में जयसिंह की विफलता

सम्राट् फर्रुखसियर को सिंहासन च्युत (फरवरी २८, १७१९ ई०) करने से जयसिंह को भारी आघात पहुँचा और उसने मित्रसेन नागर से गुप्त मुलाकात करने के बाद अपने जीवन व राजनैतिक अस्तित्व की रक्षा के लिए सैय्यद बन्धुओं के विरुद्ध देशव्यापी सशस्त्र विद्रोह की एक व्यापक योजना का सूत्रपात किया। मई १८, १७१९ ई० को मित्रसेन नागर ने आगरा दुर्ग में निकोसियर को मुगल सम्राट्

१.—ख० अ०, सं० ३५१/३५० (९ जनवरी), ३५२/३६५, ३५४/३३७ (५ फरवरी)।

२—इ० कौ०, जि० ७, पृ० ६१२, ३४७।

३—शिवदास, पृ० २३, सियार, पृ० १२८, टॉड, भाग १, पृ० ३२३ (पा०टि० १)।

घोषित करके संघर्ष की तैय्यारियां शुरू कर दी थीं। जून के मध्य में जयसिंह स्वयं ससैन्य टोड़ा पहुंच गया था। उसने २८ जून को गर्जसिंह नरुका (जाबली) को बेरहड़ू और जुलाई के द्वितीय सप्ताह में निकोसियर की मदद तथा आगरा के समाचारों की जानकारी के लिए सहीराम की कमान में एक अश्वारोही दल जटवाड़ा की ओर रवाना कर दिया था। अब उसने आगरा तथा मथुरा के समाचारों के लिए तथा आगरा परगने के सीमान्त में उपद्रव कराने के लिए ठाकुर खेमकरन सोगरिया की पीठ थपथपाई। उसको चूड़ामन का प्रतिद्वन्दी सरदार बनाने का विफल प्रयास किया। १६ जुलाई को जयसिंह ने खेमकरन सोगरिया के भ्राता किरपाराम को तोपखाना से एक बन्दूक आहनी (लोहा) व एक बन्दूक जरब (धातु) और मखमली पीढ़ी, दूसरे दिन उसको व उसके भ्राता भीखा राम व भतीजे सावंतसिंह को तीन-तीन थानों का सीख का सिरोपाव और इसी दिन गर्जसिंह नरुका को उनके ही साथ एक बन्दूक आहनी प्रदान करके प्रोत्साहित किया।[1]

आगरा विद्रोह को दबाने की प्रारम्भिक कार्यवाहियों के बाद अमीर-उल-उमरा हुसैन अली खां स्वयं ८ जुलाई को सिकन्दरा (आगरा) आ धमका और उसने सूचना मिलते ही ठाकुर खेमकरन की सरगर्मी व सहीराम की सेनाओं को आगरा दुर्ग से दूर मार्ग में ही रोकने के लिए बख्शी सैय्यद दिलावर अली खां तथा मीर मुसरिफ जफर खां तुर्रेबाज की कमान में सैनिक टुकड़ियां फतहपुर की ओर रवाना कीं। साथ ही उसने ठाकुर खेमकरन सोगरिया के नाम एक हस्ब-उल्-हुक्म भेजकर अपने क्षेत्र में शान्ति-व्यवस्था के लिए जयसिंह की कछवाहा टुकड़ी को मार्ग में ही रोकने का दबाव डाला।[2] जुलाई के तृतीय सप्ताह में (१८ जुलाई) सैय्यदों तथा कछवाहों में आपस में तीन दिन तक झड़पें हुईं। अन्त में सहीराम ने शाही सेना नायकों के समक्ष समर्पण कर दिया और वह अपने कछवाहा सवारों के साथ खेमकरन सोगरिया के संरक्षण में पीछे हटकर अघापुर की गढ़ी में लौट आया। १२ जुलाई की अर्जदास्त में उसने इस संघर्ष का व्यौरा भेजकर जयसिंह को आश्वासन दिया कि आपके इधर आने पर हम आपकी सेवा में उपस्थित हो जावेंगे। इसी प्रकार जाटों तथा राजसिंह नरुका ने मिलकर बाजीद खां को मेवात में पराजित कर दिया।[3] १२ अगस्त को मीर बख्शी तथा चूड़ामन के प्रयास से आगरा दुर्ग के हजारी तथा बक्सरियों ने आत्म-समर्पण कर दिया और इसके साथ ही आगरा का विद्रोह भी समाप्त हो गया। इससे जयसिंह का भयभीत होना स्वाभाविक था।

---

१ – द० कौ०, जि० ११, पृ० ८७; जि० ७, पृ० ३२८, ४८६, ५३१; जि० ११, पृ० ८७।

२ – कासिम, पृ० ८८ ब; बाल मु०, पत्र सं० २४, पृ० ६०।

३ – अर्जदास्त, सं० ४४८/१९९, ४४९/१९८।

आगरा दुर्ग के पतन के बाद २४ अगस्त को जयसिंह ने खेमकरन सोगरिया के भाई किरपाराम व भतीजे सावंतसिंह को अपनी टोड़ा छावनी से बिदा कर दिया। फिर २८ अगस्त को उसने अयामल खत्री के हाथों ठाकुर रूपसिंह के लिए एक चीरा मुकेसी तरहपटी, एक जामा दुदामी चिकदोजी, फेंटा गुजराती, मोमजामा तथा दो गज नरमा भेजकर आपसी सहयोग की कामना व्यक्त की।[1] सम्भवतः जयसिंह जाट सरदारों के माध्यम से सैय्यद बन्धुओं से आमेर की ओर प्रस्थान न करने का अनुरोध करना चाहता था। शाही छावनी में महाराजा अजीत सिंह राठौड़ उसका पक्ष ले रहा था, किन्तु १७/१८ सितम्बर को फतहपुर-सीकरी के समीप बिछ्यापुर नामक ग्राम में सम्राट् रफीउद्दौला की अचानक मृत्यु और सम्राट् मुहम्मद शाह के राज्यारोहण (सितम्बर २८, १७१९ ई०) के कारण सैय्यद बन्धुओं को समय विशेष के लिए सवाई जयसिंह विरोधी अभियान स्थगित करना पड़ा। अब वास्तव में सैय्यद बन्धु अपनी सैनिक शक्ति तथा राजनैतिक घटनाओं को नियन्त्रित करने की पराकाष्ठा पर पहुँच चुके थे। फिर भी उन्होंने जयसिंह को सन्तुष्ट करने का प्रयास किया। १९ अक्तूबर को खेमकरन का भ्राता जयसिंह के हजूर में पहुँचा और उसने जयसिंह को राजनैतिक घटनाओं से अवगत कराया।[2] फलतः नवम्बर में सैय्यद दिलावर अली खां ने खेमकरन सोगरिया को उसकी फतहगढ़ी (फतहाबाद ?) में घेर लिया और उसने समर्पण करके क्षमा मांग ली। १५ नवम्बर को जयसिंह ने भी कालाडेरा में महाराजा अजीत सिंह से भेंट की और प्रस्तावित शर्तें स्वीकार करके संघर्ष को टाल दिया।[3] इस समय राव चूड़ामन सैय्यद बन्धुओं का निकटतम हितैषी तथा कृपापात्र सरदार था। इससे जयसिंह ने ठाकुर रूपसिंह के माध्यम से चूड़ामन के प्रति मित्रता की भावना प्रगट की। २७ फरवरी, १७२० ई० को रूपसिंह ने अपना सेवक मीर महमद हुसैन जयसिंह के पास अपना सन्देश लेकर आमेर भेजा और जयसिंह ने सन्तुष्ट होकर अयामल खत्री के हाथों रूपसिंह के लिए पांच परिधानों, चीरा, फेंटा, रजाई, जामा तथा मसरू, का सिरोपाव भेजा। जुलाई, १७२० के अन्तिम सप्ताह में अनायास ही साधारण बीमारी के बाद ठाकुर रूपसिंह की निःसन्तान मृत्यु हो गई। इस समाचार से जयसिंह को भारी धक्का लगा। ४ अगस्त को उसने सूरपुरा (जोधपुर) से उसके लघुभ्राता बदनसिंह के पास और ८ अगस्त को अयामल खत्री के माध्यम से ठाकुर तुलाराम के पास मातमी का सिरोपाव चीरा, मसरू, फेंटा भेजकर अपनी

---

१ – द० कौ०, जि० ७, पृ० ३२९, ५३१, ५०२।

२ – उपरोक्त, पृ० ४८६।

३ – बाल मु०, लेख ५, पृ० ३५; कासिम, पृ० ६३ अ०; इर्विन. भाग २, पृ० ४।

सम्वेदना प्रगट की ।[1] ठाकुर रूपसिंह की मृत्यु ने निःसन्देह सिनसिनवार जाट डूंग में आन्तरिक गृह कलह का मार्ग खोल दिया था ।

५—जमींदारी के लिए संघर्ष १७२१-२२ ई०

सैय्यद हुसैन अली की हत्या (अक्तूबर ८, १७२०) के शीघ्र बाद ही सम्राट् मुहम्मद शाह ने सआदत खां को आगरा प्रान्त का राज्यपाल पद प्रदान (अक्तूबर १५, १७२०) करके सम्मानित किया ।[2] हसनपुर युद्ध (१३—१४ नवम्बर) मे नवाब वजीर कुतुबउलमुल्क की पराजय के बाद सम्राट मुहम्मद शाह सीधा दिल्ली पहुँचा। समस्त अमीर ससैन्य उसके साथ ही दिल्ली चले गए थे । ठाकुर खेमकरन सोगरिया स्वयं अपने सभी सैनिकों के साथ दिल्ली पहुँच गया था । लगभग नौ माह (नवम्बर-सितम्बर २२, १७२१) तक वहां रुक कर उसने उच्च मनसब व जागीर, राव चूड़ामन की अपेक्षा समस्त जाटों को सरदारी प्राप्त करने का विफल प्रयास किया। हसनपुर युद्ध के बाद अपने भाग्य निर्माण की आशा में सवाई जयसिंह मुगल सम्राट के दरबार में जाकर अब अवश्य उपस्थित (२५ नवम्बर) हो गया था, किन्तु उतर भारत में इस समय राव चूड़ामन, महाराजा अजीतसिंह राठौड़ तथा महाराजा छत्रसाल बुन्देला—तीन महान हिन्दू शक्तियां थीं । इन तीनों ने ही 'रुक कर देखने' की नीति अपनाई । साम्राज्य का निकटतम पंच हजारी मनसबदार होने पर भी राव चूड़ामन स्वयं हसनपुर युद्ध के बाद विशाल लूट की सम्पत्ति के साथ अपने देश में लौट आया था और उसने दिसम्बर के अन्त में शाही दरबार से अपने मनसब तथा अन्य प्रदत्त अधिकारों के नवीनीकरण आदेश प्राप्त करने के लिए अपने वकील पण्डित चिन्तामणि को दिल्ली भेजा । जाट वकील के साथ ठाकुर तुलाराम भी दिल्ली गया। सम्राट मुहम्मद शाह ने सत्मार्गान्वेषी सवाई जयसिंह, गिरधर बहादुर नागर आदि हिन्दू सरदारों तथा जनता की मांग पर हिन्दुओं पर आरोपित 'जजिया' कर को स्थगित करा दिया था । इससे राजधानी में सवाई जयसिंह का पर्याप्त प्रभाव व सम्मान बढ़ गया था । जयसिंह ने दिल्ली में ठाकुर तुलाराम का अति सम्मान व

१—द० कौ०, जि० ७, पृ० ५०४, ५०२, ४३३, ३८५ ।

—ठाकुर रूपसिंह ने नन्दगांव में नन्दराय जी मन्दिर का निर्माण कराया था। (ग्राउज, पृ० १८०) डीग में महल व बदनसिंह के पूरब पुराना महल के किनारे रूपसागर, ड्योढ़ी, पंचायत घर, रूपेश्वर महादेव का मन्दिर बनवाया था। इनके समीप ही एक विशाल बाग भी लगवाया, जहां आजकल जवाहर प्रदर्शनी लगती है । इसी बाग में उसकी तथा उसकी धर्म पत्नी की विशाल छतरी बनी है । (दीक्षित, पृ० १८३) ।

२—कॅमवर, जि० २, पृ० ३२५ ब०, कासिम ।

सत्कार किया और जनवरी १६, १७२१ (माघ वदि ४, सं० १७७७) को डोल मिजमानी के रूप में दो सौ रुपया उसके डेरे पर भेजे। १८ जनवरी को जाट वकील ने सवाई जयसिंह तथा तुलाराम की आपसी भेंट-वार्ता का प्रबन्ध किया और १६ जनवरी (माघ वदि ७) को तुलाराम ने जयसिंह पुरा छावनी में पहुँचकर उससे भेंट की। जयसिंह ने जाट प्रतिनिधि को तीन थानों का सिरोपाव, किरकिराखाना से एक धुगधुगी तिलाई मूरसाकारी और २२ जनवरी को पूर्ण साज सहित एक घोड़ा प्रदान करके सम्मानित किया।[1] इसी समय ठाकुर तुलाराम ने जाट वकील के माध्यम से नव-विजेता सम्राट मुहम्मदशाह के प्रति अपनी निष्ठा व भक्ति प्रगट की। उसने नव-नियुक्त राज्यपाल से भी औपचारिक भेंट वार्ता की। किन्तु २७ जनवरी को नवाब वजीर मुहम्मद अमीन खां की मृत्यु के कारण शाही दरबार षड़यन्त्रकारी अमीरों की चालबाजियों का प्रमुख अखाड़ा बन गया। इसमे जाट वकील व प्रतिनिधि को स्वभावतः राजधानी में ही रुकना पड़ा और इस बीच में जटवाड़ा के अन्य जाट जमींदार भी दिल्ली पहुंच गये।

१२ फरवरी को सवाई जयसिंह के लिए 'सरामद राजाये हिन्दोस्तान राज राजेन्द्र राजाधिराज' के विरुद से सम्मानित किया गया, तब १६ फरवरी को जाट वकील व जाट प्रतिनिधि तुलाराम ने जगराम, दूदाराम, देबसिंह, राजाराम, मनरुप, मंगू आदि जाट जमींदारों के साथ जयसिह के लिए इस सम्मान पर अपनी बधाइयाँ प्रस्तुत कीं। इन सभी को सिरोपाव प्रदान किए गए और १७ फरवरी को वकील चिन्तामणि को एक घोड़ा व लगाम देकर पुरस्कृत किया गया।[2] इस प्रकार जटवाड़ा के अन्यान्य जाट जमींदारों के दिल्ली पहुँचने के बाद सम्राट मुहम्मदशाह ने फरवरी १६, १७२१ ई० के दिन सआदत खां को बुरहान-उलमुल्क बहादुर जंग का खिताब देकर राज्यपाल पद का कार्यभार संभालने के लिए बिदा किया और वह मार्च में दिल्ली से आगरा आ गया।

सिनसिनवार जाट डूंग की वंशानुगत व सामाजिक परम्पराओं के अनुसार बदनसिंह अपने ज्येष्ठ भ्राता रूपसिंह की जमींदारी का व्यवहारिक स्वामी व प्रबन्धक था, किन्तु प्रचलित दस्तूरों के अन्तर्गत शाही दरबार से जमींदारी की मान्यता प्राप्त करना आवश्यक था। अतः प्रारम्भ में बदनसिंह ने मार्च के द्वितीय सप्ताह में अपने पुत्र सूरजमल को उसके मामा भजू (सुपुत्र रामकिशन) के साथ दिल्ली भेजा। तब २० मार्च को सवाई जयसिंह ने तीन थानों का सिरोपाव भेजकर सम्मानित किया

---

१ – द० कौ०, जि० ७, पृ० ३८७, ३४७, ३८५।

२ – उपरोक्त, जि० २४, पृ० १२, [डॉ० टिक्कीवाल (पृ० ५१) की तिथि भ्रमात्मक है।], जि० ७, पृ० ३५४, ३५७, ३६४, ३६५, ५००, ४६०, ४६१, ३२५।

श्रौर मुलाकात के समय उसको एक जड़ाऊ कलंकी प्रदान की। १८ अप्रेल को सवाई जयसिंह तथा सूरजमल में आपसी मुलाकात हुई, तब जयसिंह ने उसको विदाई में एक घोड़ा, एक लगाम तथा बांग श्रौर २६ अप्रेल को सिरोपाव भेंट किया। इसके बाद समस्त जाट जमींदार बदलती राजनैतिक स्थितियों का अध्ययन करने के लिए राजधानी में पड़ाव डाले पड़े रहे। ६ मई को जयसिंह ने सूरजमल, तुलाराम, भजूराम (सुपुत्र गोकुल), जाट वकील को विधिवत विदाई का सिरोपाव दिया। विदाई में तुलाराम को इस समय मोती की लड़ दी गई।[1] सम्भवतः सवाई जयसिंह ने इस समय सूरजमल तथा अन्य जाट जमींदारों को बदनसिंह के उत्तराधिकार को स्वीकार कराने का आश्वासन देकर बिदा किया था। इन प्रयासों तथा प्रयत्नों के बाद, बदलती राजनैतिक हवा का रुख देखकर बदनसिंह ने राव चूड़ामन के सामने 'न्यायोचित जमींदारी के मालिकाना हक-हकूक तथा बंटवारा' की सुस्पष्ट माँग[2] प्रस्तुत की। इस समय राव चूड़ामन ने मुगल सत्ता के विरुद्ध बुन्देला तथा राठौड़ों को सैनिक सहायता भेजकर अपने राजनैतिक अस्तित्व के लिए संघर्ष शुरू कर दिया था। कुंवर अभयसिंह राठौड़ ने मोहकमसिंह की सहायता से मेवात में भारी लूटमार व बरबादी की। इससे राव चूड़ामन ने प्रारम्भ में बदनसिंह की इस माँग को संदेहास्पद स्थिति में टाल दिया, किन्तु बाद में मोहकम सिंह की हठवादिता, अदूरदर्शिता के कारण समय निकलते ही यह मांग उग्र होने लगी श्रौर स्वभावतः गृह-कलह बढ़ने लगा।

बदनसिंह का भाग्य नक्षत्र कठिनाइयों के बीच ही चमकने वाला था। अस्थिर तन्द्रिल विजयों की अपेक्षा सह-अस्तित्व की भावना से सम्राट व केन्द्रीय मन्त्रियों के साथ मधुरता व सहयोगी मित्रता आवश्यक थी। मुगल सरकार से निरन्तर संघर्षरत रहने की अपेक्षा बदनसिंह बदलती राजनैतिक परिस्थितियों में जातीय पंचायत के आर्थिक, राजनैतिक व सामाजिक स्थायित्व या जमींदारी अधिकारों के हित में, लोक शक्ति की दृढ़ता के लिए समझौता करने का पक्षपाती था। व्यक्तिवादी व्यवस्था की अपेक्षा जनतांत्रिक सिद्धान्तों पर आधारित सामाजिक व्यवस्था को अति हितकारी समझता था। उसके पक्षधर ठाकुर तुलाराम अवारिया (डहरा), रणजीत अवारिया, अड़ींग का फौजदार फौंदाराम, अनोपसिंह, फतहसिंह (आजऊ), गारु का ठाकुर घराना, ठाकुर अतिराम व उसका पुत्र सादूंल, गोपाल सिंह (नगला दादू), हैलक सेऊ के गुर्जर पटेल, खूंटेल, मीणा, पुरोहित कालूराम (बरसाना), श्री लालजी

---

१ – द० कौ०, पृ० ५३६, ३८५, ४८५।

२ – मा० उल उमरा, पृ० ४४०, टॉड, खण्ड २, पृ० २११, इर्विन, भाग २, पृ० १२१।
—खाफी खां, (जि० २, पृ० ६४४) का मत है कि आपसी झगड़े का कारण वतन जागीर थी।

(बरसाना), हेमराज कटारा, ठाकुर अनोपसिंह साबोरा, काँमर तथा सहार के जमींदार (चौधरी) तथा परिवार के निकटतम सम्बन्धी व जमातदार थे। प्रायः यह युवा वर्ग या मिश्रित युवा शक्ति थी और पुरानी रूढ़िवादी परम्पराओं, एकाधिकार, निरन्तर संघर्ष की नीति में क्रान्तिकारी परिवर्तन के पक्ष में थी। इधर बदनसिंह का परिवार तथा उसकी महत्वाकांक्षायें नित्यशः बढ़ रही थीं और वतन जागीर सिनसिनी व डीग की आय अपर्याप्त थी।

कुंवर अभयसिंह राठौड की लूट व बरबादी को देखकर सम्राट मुहम्मद शाह ने सआदत खां को महाराजा अजीत सिंह राठौड़ के विरुद्ध सैनिक कमान संभालने के लिए दिल्ली बुलाया, तब बदनसिंह ने जाट वकील पण्डित चिन्तामणि को पुनः दिल्ली दरबार में भेजा। १५ सितम्बर को उसने सवाई जयसिंह से भेंट की और उसने सआदत खां से मिलकर बदनसिंह की नीति संगत मांग को दरबार में प्रस्तुत करने का दबाव डाला। यशोपार्जन के इच्छुक सआदत खां को शाही दरबार में षडयन्त्रकारी अमीरों, मुख्यतः मीर बख्शी खानदौरान व जयसिंह की कूटिलता का शिकार बनना पड़ा और उसका अजमेर प्रस्थान स्थगित हो गया। इस बीच में सितम्बर २६, १७२१ ई० को मोहकम सिंह व सार्दूल ने सआदत खां के नायब नीलकण्ठ नागर को एक आक्रमण में पराजित कर दिया और इस मुठभेड़ में नागर की मृत्यु[1] हो गई। इस प्रकार निरन्तर मिलती सफलताओं से मोहकम सिंह घमण्ड से फूल उठा। ठीक इसी समय गारू के चौरासिया क्षेत्र की जमींदारी के मालिकाना अधिकार के प्रश्न को लेकर जुलकरन, मोहकम सिंह तथा अन्य भाइयों में आपस में झगड़ा व मारपीट होने लगी। राव चूड़ामन गृह-कलह को नहीं रोक सका। इससे उसने पुत्रों के कलह से पीड़ित होकर सितम्बर, १७२१ ई० म आत्मग्लानि के साथ हीरा की कनी खाकर आत्म-हत्या कर ली।[2] १० अक्तूबर को सवाई जयसिंह ने जयसिंह पुरा छावनी से ज्येष्ठ पुत्र व उत्तराधिकारी जुलकरन के पास मातमी का सिरोपाव, चीरा, फेंटा, समरू व दो गज नरमा भेजा,[3] किन्तु जोर-तलब मोहकम सिंह ने डूंग पंचायत की नेक-सलाह न नैतिकता की अवहेलना करके सैनिक बल से शीघ्र ही अर्द्ध स्वाधीन काठेड़ जनपद का प्रबन्ध संभाल लिया। इसने काठेड़ जनपद में एक नवीन संघर्ष का बीजारोपण किया।

सआदत खां का संरक्षण तथा जमींदारी के अधिकार

नीलकण्ठ नागर की हत्या तथा राव चूड़ामन की मृत्यु का समाचार मिलते ही ठाकुर खेमकरन सोगरिया शीघ्र ही दिल्ली से फतहगढ़ी लौट आया। साथ ही

---

१ – शिवदास, पृ० १३६, १४३।
२ – उपरोक्त, पृ० १३६, देखिये, जाटों का नवीन इतिहास, पृ० ३०६–७।
३ – ब० कौ०, जि० ७, पृ० ३५५।

अक्तूबर २, १७२१ ई० के दिन शाही दरबार से नवाब सआदत खाँ को एक फरमान, खासा खिलअत और सरपेच मुरसाबारी प्रदान करके मोहकम सिंह के दमन के लिए दिल्ली से बिदाई दी गई। अपने इरादों तथा शूरवीरता में विख्यात राज्यपाल सआदत खाँ अक्तूबर के अन्त में आगरा लौट आया और उसने अपने नायब नीलकंठ नागर की मृत्यु का बदला लेने तथा जोर तलब मोहकम सिंह को बेदखल करने का फौजी उपक्रम बनाया। 'सुजान चरित'[1] से ज्ञात होता है कि ठाकुर रूपसिंह व सआदत खाँ में अच्छी मित्रता थी। राज्यपाल काठेड़ प्रदेश के जाट जमींदारों के नैतिक समर्थन का आकांक्षी था। प्रारम्भ में उसने मोहकम सिंह के विरुद्ध फौजी कार्यवाही करने का उपक्रम बनाया और सैनिक भरती भी किए, किन्तु शाही दरबार में अमीर-उल-उमरा खानदौरान तथा कमरुद्दीन खाँ के नेतृत्व में राज्यपाल के विरुद्ध खुला षड़यन्त्र रचा जा रहा था। सम्राट् स्वयं राजधानी के निकट नित्यशः बढ़ती अराजकता व लूटमार से काफी खिन्न था। फिर भी अमीरों की कपट-चालों में फंसकर वह राज्यपाल को आर्थिक सहायता नहीं दे सका। बदनसिंह कौमी मजलिस तथा सगे-सम्बन्धियों की राय से 'जमींदारी के मालिकाना हक' की मांग को नियमित कराने की भावना से एक अनुपेक्षित मित्र की भांति राज्यपाल सआदत खाँ के पास आगरा पहुँचा। पारदर्शी राज्यपाल ने साधन-हीन जाट को अपने संरक्षण में रखकर स्वार्थ पिपासा को शान्त करने के लिए जाटों के सहयोग व सद्भावना से मोहकम सिंह के विरुद्ध हथियारों की अपेक्षा कूटनयिक कपट योजना बनाई और उसने जाट कुंवर को ठाकुर रूपसिंह का उत्तराधिकारी स्वीकार करके 'जमींदारी' के अधिकार सौंपते हुए एक हाथी तथा सम्मानीय खिलअत (पोशाक)[2] प्रदान करके काठेड़ के परगनों पर व्यावहारिक अधिकार कराने का वचन दिया। यह स्थिति देखकर सर्वत्र यह चर्चा होने लगी कि जाटों के दमन के लिए सआदत खां के स्थान पर किसी अन्य अमीर की नियुक्ति की जा रही है। भारी ऋण भार से त्रस्त होकर भी सआदत खां ने केन्द्रीय सरकार की गतिविधियों का भारी विरोध किया, किन्तु केन्द्र में अन्य कोई साहसी व साधन सम्पन्न सरदार इस दीर्घ-संघर्षात्मक कमान को संभालने के लिए तैयार नहीं था। इससे सम्राट् मुहम्मदशाह ने भारी कष्ट के साथ दक्षिणी सूबों के नाजिम नवाब निजामुल्मुल्क तथा अवध के राज्यपाल राजा गिरधर बहादुर के पास फरमान भेजकर लिखा—

"दिवंगत चूड़ामन के पुत्र मोहकम सिंह, जुलकरन व अन्यों ने एक बड़ी फौज तैयार कर ली है और वे सभी शाही-राहों, गांवों व कस्बों में लूटमार करने व उपद्रव मचाने में व्यस्त हैं। उन्होंने नीलकण्ठ नागर को दस सहस्र सवारों की उपस्थिति में

---

१ - सूदन, पृ० ६७।

२ - शिवदास पृ० १३२, १४०, खाफी खां, जि० २, पृ० ९४४।

भी मार डाला और उसके सभी साज-सामान पर अपना कब्जा कर लिया। खालसा सरीफा (शाही जेब-खर्च) के महालों, मनसबदारों व जागीरदारों के गांवों से भू-राजस्व, कर तथा अधिशुल्क संग्रह करना शुरू कर दिया है और शाही-राहों पर यात्रियों तथा व्यापारियों के माल को लूट रहे हैं।………आशा की जाती है कि आप इन विप्लवियों का दमन करके शान्ति-सुव्यवस्था व प्रशासनिक प्रबन्ध पुनः स्थापित करेंगे।" औरंगाबाद से नवाब निजामुलमुल्क ने शाही अनुज्ञा-पत्र के उत्तर में आशा प्रगट की 'चूड़ामन जाट के पुत्रों का उपद्रव घास की चिनगारी मात्र है। प्रभु की कृपा तथा आपके यशस्वी प्रताप से सभी बिगड़ती स्थितियों पर काबू पाना सम्भव हो सकेगा।'"[१]

राजधानी में भी जाटों के दमन की प्रक्रिया काफी तेज थी। सवाई जयसिंह ने खानदौरान से पूर्ण-समर्थन मिलने के आश्वासन के बाद जनवरी १७२२ ई० के प्रारम्भ में अपने माथे पर लगे कलंक के टीके को साफ करने के लिए जाटों के विरुद्ध कमान सभांलने की स्वीकृति प्रदान कर दी थी। दरबार में राज्यपाल सआदत खाँ के प्रस्ताव पर विचार कर लिया गया था और बदनसिंह के लिए रूपसिंह के प्रबन्ध में शामिल शाही गांवों की जमींदारी का प्रबन्ध प्रदान करने की प्रबल सम्भावना थी, तब मोहकम सिंह ने अपना वकील वृन्दाबन दिल्ली भेजा और उसने जनवरी ५, १७२२ ई० को जयसिंह से भेंट[२] की। लेकिन अब नवाब निजामुलमुल्क बुन्देलखण्ड में आ चुका था। १६ जनवरी को वह आगरा और २८ जनबरी को बारापूला पहुँचा। इससे मोहकम सिंह का वकील अपने प्रयासों में सफल नहीं हो सका। २० फरबरी को सम्राट ने एक भव्य दरबार में नवाब निजामुलमुल्क को वजीर के रिक्त पद पर नियुक्त किया। इससे मुगल साम्राज्य की नीति मे भारी फेर बदल होने की सम्भावना बढ़ चुकी थी।

मार्च १, १७२२ ई० को सवाई जयसिंह ने जाट सरदार फतहसिंह के पुत्र के पास चांदसिंह के हाथों सिरोपाव भेजकर काठेड़ के जमींदारों को अपने पक्ष में मिलाने का प्रयास किया। अब सम्राट ने बदन सिंह को काठेड़ जनपद के पैतृक गावों का तथा अन्य शाही गावों का जमींदार स्वीकार कर लिया था। बुधबार, मार्च १७, १७२२ ई० (चैत्र सुदि प्रतिपदा, सं० १७७६/३० जमादि-उल-अव्वल, हि० ११३४) के शुभ दिन बदनसिंह ने डीग में विधिवत जमींदारी का बन्दोबस्त संभाल लिया।[३] इस प्रकार बदनसिंह ने राज्यपाल सआदत खां के संरक्षण में 'जमींदारी'

---

१ – शिवदास, पृ० १४३; (प्रति फरमान), पृ० १४६ (अर्जदास्त)।

२ – द० कौ०, जि० ७, पृ० ४६२।

३ – ग० ईस्टर्न राज०, पृ० ३०; वीर विनोद, पृ० १६४३।

का बन्दोबस्त अवश्य प्राप्त कर लिया था, लेकिन उसकी सैनिक भागदौड़ नवयुवक बदनसिंह को अधिक समय तक न्यास में नहीं रख सकी। स्पष्टतः मोहकम सिंह इस वैधानिक अधिकार को स्वीकार नहीं कर सका। खुले गृह संघर्ष की आशंका से भयभीत होकर उसने अपने अविवेकी अदूरदर्शी सलाहकारों की राय से अपने प्रतिस्पर्धी भ्राता बदन सिंह को सैनिक दस्तों की मदद से घेर लिया और अपनी गिरफ्त में लेकर खोह के प्राचीन मुगलिया कारागार में अति कठोर नियन्त्रण व कड़ी निगरानी में रखा।[1] किसी भी व्यक्ति या परिवार के सदस्यों को भी उससे नहीं मिलने दिया गया। कारागार की कठिनतम यातना तथा कष्टों के बीच में मात्र एक ईश-विनय तथा सच्ची आराधना ही बदन सिंह का सहारा थी।

कुटुम्बी-जन के साथ मोहकम सिंह की इस अन्यायिक कार्यवाही तथा तानाशाही से जातीय संगठन में बदनसिंह का पक्ष अधिक सबल हो गया था। मुगल अमीरों, मनसबदारों, जागीरदारों तथा सवाई जयसिंह के गुमास्तों ने बदनसिंह के पक्ष में जाट जमींदारों की भावनाओं को उभारकर कौमी एकता को विभाजित करने का सफल प्रयास किया। इससे जाट कबीलों के दो घटक स्वतः आमने-सामने आकर आपस में बाद-विवाद करने लगे।

बदनसिंह की रिहाई और चौधरी रतीराम का सहयोग

अब जाट जमींदारों ने आपस में मिलकर इस समस्या पर विचार किया और बाईस जमींदारों की पंचायत ने मोहकम सिंह पर बदनसिंह को कारागार से मुक्त करने का सामूहिक तथा व्यक्तिगत दबाव डाला, फिर भी उसने उनकी प्रार्थना व सुझाव को ठुकराकर कड़ा रुख अपनाया। फलतः मोहकम सिंह के विरुद्ध जन-आक्रोश भड़क उठा और इसने असहयोग जन आन्दोलन का रूप धारण कर लिया। मोहकम सिंह का आध्यात्मिक गुरु महन्त माखनदास वैरागी था। डूंग व पाल जमींदारों तथा रैय्यत ने बदनसिंह को कारागार से मुक्त करवाने के लिए उस पर भारी दबाव डाला। जन-आन्दोलन, जन-आक्रोश की उमड़ती लहर को देखकर महन्त माखनदास ने मोहकम सिंह को बदनसिंह के लिए मुक्त करने की प्रभावी सलाह देकर जाट एकता की रक्षा का प्रयास किया। कहा जाता है कि इसी समय मोहकम सिंह ने किसी प्रीतिभोज में शामिल होने के लिए अपनी बिरादरी को निमन्त्रण दिया, किन्तु बिरादरी ने उसको सामूहिक बहिष्कार की कड़ी चेतावनी देकर बदनसिंह को मुक्त करने का दबाव डाला। फलतः मोहकम सिंह ने अपने गुरु से कहा, "मुझमें आपकी आज्ञा का उलंघन करने की क्षमता नहीं। प्रतीत होता है कि अब आप वास्तव में काठेड़ प्रान्त की जमींदारी का भार बदनसिंह को सौंपना चाहते हैं।"[2] इस प्रकार संयुक्त प्रयास

---

१ – सोभ, पृ० ६ अ; बलदेव सिंह, पृ० १६; वाक्या राज०; जि० २, पृ० ४७।
२ – जॉन कोहन, पृ० १५ अ–१६ अ।

के बाद ही बदनसिंह को कारागार से मुक्ति मिल सकी और अब वह वास्तव में जन-जन का नेता बन गया था।

बदनसिंह ने शीघ्र ही सपरिवार डीग काठेड़ जनपद से बाहर भुसावर के दक्षिण-पूर्व में दस किमी० पहाड़ व जंगलों के चक्र में आबाद जहाज ग्राम में अपना पड़ाव डाला। यहां पर तरगवां ग्राम के प्रभावशाली जाट जमींदार रतीराम नाहरबार से उनका सम्पर्क बढ़ गया था। रतीराम सवाई जयसिंह का इजारेदार सरदार था। उसने बदनसिंह का अति नम्र, उदार तथा सद्भावी वातावरण में स्वागत-सत्कार किया और सहयोग प्राप्त करने की सलाह दी। कुछ ही दिनों में दोनों जाट सरदारों में अभिन्न मित्रता हो गई। रतीराम ने अपनी सुयोग्य विदुषी पुत्री हंसिया की सगाई चतुर तथा भावी जाट राज्य निर्माता कुंवर सूरजमल के साथ करके 'दाम्पत्य सूत्र बन्धन' सिद्धान्त की पवित्रता को साकार बनाने का प्रयास किया। इस समय सूरजमल की आयु लगभग चौदह वर्ष थी। इस पारिवारिक आत्मीयता ने बदनसिंह तथा जाट समाज के राजनैतिक उत्कर्ष, आर्थिक विकास व प्रगति तथा भाग्य नक्षत्रों को प्रदीप्त करने में अति सहायता की और रतीराम ने जयसिंह के दरबार में बदनसिंह की ईमानदारी व सचाई का पक्ष प्रस्तुत करके एक सद्भावी वातावरण बनाया। बदनसिंह ने अपनी प्रार्थना में सवाई जयसिंह से एक बार पुनः थून गढ़ी पर आक्रमण करने, जातीय पंचायत के अवैधानिक प्रतिनिधि को काठेड़ जनपद की जमींदारी से बेदखल करने का विनम्र आग्रह किया। उसने इस कार्य में यथासम्भव, यथासाध्य सामयिक नैतिक सहायता प्रदान करने का भी आश्वासन दिया।[1]

बुन्देलखण्ड के नरेशों ने महाराजा जयसिंह के आग्रह पर संघर्ष को समाप्त कर दिया था और अनेकों शासक नवाब निजामुल्मुल्क के साथ सैनिक टुकड़ियों सहित दिल्ली पहुँच गए थे। नवाब निजामुल्मुल्क की वजीर पद पर विधिवत नियुक्ति के

---

१ – द्रष्टव्य, जाटों का नवीन इतिहास, पृ० ३१०–१; जाट मुगल संघर्ष, पृ० २३३, बदन सिंह–दी फाउन्डर ऑफ भरतपुर स्टेट, रा० हि० रि० ज०, वर्ष ४, अंक २, अप्रैल–जून, १९६९, पृ० ३०–३१, कागजात बल्लभगढ़ जागीर (लेखक संग्रह)। —एक दिन अवसर मिलने पर बदनसिंह ने महाराजा से कहा, 'सभी बड़े-बड़े राजा आपके आज्ञा पालक हैं। मोहकम सिंह का खजाना शाही–राहों की लूट से संचित है। वह अभिमान के साथ अपनी गढ़ी–थून में रहता है। अपनी स्वतन्त्र सत्ता के लिए उसने सैनिकों की भरती कर ली है। अब विद्रोही को कुचलने का समय आ गया है। यदि आप अपनी सेना को थून गढ़ी को बरबाद करने तथा मोहकम सिंह को मारने की आज्ञा दे दें, तो आपका ब्रजमण्डल पर आसानी से शासन हो सकता है।" (जॉन कोहन, पृ० १६ व १७ अ)।

बाद मार्च, १७२२ ई० में महाराजा अजीतसिंह राठौड़ ने सम्राट से क्षमा याचना मांग ली थी और वह ससैन्य अजमेर से जोधपुर लौट गया था।[1] इससे केन्द्रीय सरकार राजपूतों के संघर्ष से मुक्त हो चुकी थी। अब एक मात्र जाट विद्रोही शेष था। सवाई जयसिंह स्वयं केन्द्रीय दरबार में यश, सम्मान व प्रतिष्ठा अर्जित करने के लिए लालायित था। वह शाही दरबार में भारतीय हिन्दू शक्तियों का यथार्थ प्रतिनिधि व प्रवक्ता बनने का प्रयास कर रहा था। अतः उसने बदनसिंह के 'नैतिक समर्थन' का प्रस्ताव सहर्ष स्वीकार कर लिया था। सम्राट मुहम्मद शाह ने वजीर तथा मीरबख्शी खानदौरान के परामर्श पर अप्रेल १६, १७२२ ई० के दिन सवाई जयसिंह कछवाहा को मोहकम सिंह विरोधी अभियान के लिए नियुक्त[2] किया, लेकिन जब तक उसको आगरा प्रान्त का राज्यपाल पद तथा मथुरा, वस्तुतः ब्रजमण्डल, की फौजदारी का फरमान नहीं मिल सका, तब तक उसने दिल्ली से प्रस्थान करना अनुचित समझा।

६—द्वितीय थून अभियान में बदन सिंह की कर्तव्य परायणता, १७२२ ई०

जाटों के विरुद्ध दूसरी वार अभियान की कमान संभालने के लिए सम्राट तथा केन्द्रीय सरकार के मन्त्रियों ने सवाई जयसिंह के लिए मई १२, १७२२ को परगना भानगढ़ (जिला अलवर) व अमरसर में अनेक अच्छी जमा की सम्पन्न जागीरें, परगना खोहरी में दिवंगत राव चूड़ामन के प्रबन्ध में शामिल एक करोड़ दाम (२,५०,००० रुपया) जमा की जागीरें, २६ मई को सआदत खां की जागीर में शामिल परगना हिण्डौन तथा टोड़ा भीम की फौजदारी स्थानान्तरित कर दी थी।[3] ५ जून को जयसिंह ने जयसिंह पुरा (दिल्ली) से ठाकुर खेमकरन सोगरिया तथा उसके पुत्र पेमसिंह को, २४ जून को बदनसिंह व ठाकुर तुलाराम, दोनों सिनसिनवार जाट सरदारों, के लिए जमींदारी का सिरोपाव, २६ जून को बदनसिंह के लिए तेरह नगों के साथ एक घोड़ा भेजकर सम्मानित किया।[4]

सैय्यद गुलाम हुसैन[5] का मत है कि सवाई जयसिंह ने बदनसिंह के लिए राव चूड़ामन की वतन जागीर तथा जमींदारी का बन्दोबस्त सौंपने के लिए शाही दरबार

---

१ – शिवदास, पृ० १४७–८; खाफी खां, भाग २, पृ० ६३८; सियार, भाग १, पृ० २३१; ड्राफ्ट खरीता व परवाना (बुन्देलखण्ड के शासकों के नाम)।

२ – फरमान (कपड़ द्वारा), सं० १५७; इर्विन, भाग २, पृ० १२०–१।

३ – फरमान (कपड़ द्वारा), सं० ६३|१३१; परवाना (कपड़ द्वारा), सं० १४०/२६६, १५७/६०।

४ – द० कौ०, जि० ७, पृ० ३३६, ४१६, ४३३, ३८७।

५ – सियार, भाग १, पृ० २१६।

से अनुज्ञा–पत्र प्रदान करने का आश्वासन भी प्राप्त कर लिया था। अन्त में निश्चित निर्णय के बाद २९ अगस्त को उसे शाही लश्कर तथा जंगी–जिंसी तोपखाना के साथ जाटों के विरुद्ध कूंच करने का निर्देश दिया गया। इसी समय सआदत खां स्वयं दिल्ली पहुंच गया था। अतः एक सितम्बर (२१ जिलकाद) को जयसिंह के लिए चौदह लाख वार्षिक जमा के प्रान्त आगरा का राज्यपाल पद, जिला मथुरा की फौजदारी तथा काठेड़ जनपद निजी जागीर में प्रदान किया गया। उसको इनाम में एक लाख रुपया (चालीस लाख दाम) नकद दिया गया तथा फौजी व्यय के लिए शाही खजाने से दो लाख रुपया भुगतान का आग्रह स्वीकार किया गया।[1] ४ सितम्बर को जयसिंह ने राजा अयामल खत्री को आगरा प्रान्त में अपना नायब नियुक्त[2] करके अग्रगामी सैनिक दस्तों के साथ रवाना किया। ८ सितम्बर के दिन महाराजा को दिल्ली से अन्तिम रूप से कूंच करने की विदाई दी गई। इस बार सैय्यद मुजफ्फर खां को आगरा का नायब राज्यपाल तथा सहायक सेनापति का भार सौंपा गया। इस प्रकार सवाई जयसिंह ने पैंसठ सहस्र सुदृढ़ सेना, शाही जंगी-जिन्सी तोपखाना तथा रणयोद्धा विशारदों के साथ दूसरी बार थून की ओर प्रस्थान किया।

बदनसिंह जयसिंह की भेंट तथा थून का घेरा

मोहकम सिंह ने अपने सहोदर भ्राताओं, सहयोगियों, नातेदारों की सहायता से बीहड़ों से सुरक्षित थून तथा आसपास की कुछ गढ़ियों को सैनिकों व हथियारों से सुरक्षित कर लिया था। लेकिन इस बार सवाई जयसिंह ने राज्यपाल की हैसियत से पूर्णतः भिन्न परिस्थितियों तथा अनुकूल राजनैतिक वातावरण में भारी उत्साह व उमंग के साथ काठेड़ की ओर प्रस्थान किया था। केवल साम्राज्यवादी सेनापति तथा मुगल फौजों ने ही मोहकमसिंह के विरुद्ध कूंच नहीं किया था, बल्कि 'एक तानाशाह जाट के विरुद्ध नम्र व सद्भावी जातीय संगठन तथा भाई के विरुद्ध भाई' था। 'जाट कूं जाट मारे या मारे करतार' कहावत के अनुसार निःसन्देह अधिनायकवाद, एकाधिकार, पारिवारिक अन्याय स्वार्थपरता के विरुद्ध एक सुदृढ़ कौमी संगठन बन चुका था और यह जन-जागृति, शीत संघर्ष का अन्तिम परिणाम था, जिसने समाज में साहस व कर्मठता को बल दिया था। बदनसिंह की कर्तव्यनिष्ठा से सवाई जयसिंह के लिए जाट डूंग-पाल जमींदार संघ, अन्यान्य क्षेत्रीय जातियों, सर्वहारा मजदूर–किसानों की हार्दिक सहानुभूति, नैतिक समर्थन मिल चुका था। परिणामतः बिना किसी गतिरोध-प्रतिरोध, अड़चन के साम्राज्यवादी सेनायें काठेड़ जनपद में प्रवेश करके थून के समीप

---

१ – फरमान (कपड़ा द्वारा) सं० १६०, २७/३६ अ; इमाद, पृ० ७; कॅमबर, जि० २, पृ० ३७८ अ–ब; खाफी खां, भाग २, पृ० ९४४; इ० डा०, खण्ड ८, पृ० १७३, ३६१।

२ – ब० कौ०, जि० ३, पृ० ४८६।

तक पहुँच गईं और उन्होंने क्षेत्रीय जनता की सहायता से सितम्बर, १७२२ ई० में थून की बाहरी गढ़ियों का घेरा[1] डाल दिया था।

सितम्बर १४, १७२२ ई० (भाद्रपद सुदि ५, सं० १७७६) को बदनसिंह की ओर से दो वकीलों, रूपराम कटारा व पण्डित चिन्तामणि, ने जयसिंह की छावनी में पहुँच कर आपसी शर्तों पर बातचीत की। फिर २८ सितम्बर को ठाकुर तुलाराम जयसिंह के हजूर में पहुँचा। सबाई जयसिंह ने नवोदित जाट सरदार बदनसिंह को काठेड़ जनपद का वास्तविक जमींदार तथा शाही-प्रबन्धक स्वीकार करते हुए उसकी मित्रता व सहयोग से लाभ उठाने का आश्वासन देकर तुलाराम को रस्मी सिरोपाव तथा पांच घोड़ा मय साज प्रदान किये। इस प्रकार जयसिंह रतीराम नाहरवार, ठाकुर तुलाराम तथा जाट वकीलों की मध्यस्थता से अपनी नीति में पूर्णतः सफल रहा। एक अक्तूबर को उसने स्वयं शाही फौज, शाही सेनानायकों तथा तोपखाना पंक्ति के साथ थून गढ़ी की ओर प्रस्थान किया, तब उसने डीग गढ़ी के समीप पड़ाव डालकर बदनसिंह के लिए फीलखाना से महोलत व अन्य साज-सामान से सुसज्जित मिठवा नामक एक हाथी भेजा। फिर ३ अक्तूबर को बदनसिंह स्वयं डीग गढ़ी से चलकर उसके डेरों पर पहुंचा। इस प्रकार दस्तूर कौमवार[2] में हमको प्रथम बार जयसिंह कछवाहा तथा बदनसिंह की भेंट वार्ता का निम्न विवरण मिलता है—

"अक्तूबर ३, १७२२ ई० (आसोज वदि १०, सं० १७७६) के दिन बदनसिंह डीग की गढ़ी से छावनी में आया, तब उसको तीन थानों का जरी का सिरोपाव प्रदान किया गया। उसके हजूर में आने पर एक खंजर मुरसाकारी, एक धुगधुगी तिला मुरसाकारी बख्शीश की गई। फिर ४ अक्तूबर (एकादशी) को बदनसिंह ड्योढ़ी खास पर आया, जहां नायब अयामल खत्री, ठाकुर दीपसिंह, ठाकुर मोहनसिंह नाथावत, ठाकुर बुधसिंह ने आगे बढ़कर अगवानी की और ससम्मान उसको अपने साथ अन्दर दीवान खाना में लेकर आये। पीछे महाराजा ने अन्दर से दीवानखाने में प्रवेश किया। तब बदनसिंह ने उसकी कदम पोशी[3] की व एक घोड़ा मय साज तिलाई, एक घोड़ा तुमरा नजर किया और उस तुच्छ भेंट को स्वीकार करने का आग्रह किया।

---

१ – कॅमवर, पृ० ३७६ अ।

२ – द० कौ०, जि० ७, पृ० ४६०, ४११, ३८८, ४३३, ४३६।

३ – कवि सोभनाथ लिखता है कि, "बदन सिंह ने जयसिंह के पैरों में पड़कर अपने आपको कछवाहों का चाकर (सेवक) उद्घोषित किया।" (पृ० ३ अ); वास्तव में बदन सिंह ने भारतीय परम्परा तथा शाही दरबारी सिद्धान्त के अनुरूप नतमस्तक होकर प्रणाम किया था और शिष्टतापूर्वक अपने आपको 'कछवाहों का सेवक' कहकर नम्रता व उदारता के भाव प्रगट किये थे।

महाराजा ने कहा कि आपको ही बख्शीश किया। इस पर बदनसिंह ने निवेदन किया कि यदि श्री जी (आप) मुझे रजामन्द करना, खुशकिस्मत देखना चाहते हैं तो इस तुच्छ नजर को स्वीकार करके अनुग्रहीत करें। तब महाराजा ने नजर को स्वीकार करके खातिरदारी रखने की आज्ञा दी। फिर उसको अपने ही समीप बिठला कर सम्मानित किया।" संभवतः इस समय दोनों में अति गोपनीय समझौता की शर्तों पर बातचीत हुई होंगी; किन्तु समझौता व शर्तों का अनुबन्ध अभी तक अप्रकाश्य है। ५ अक्तूबर को ठाकुर तुलाराम, असालत जाट, गुमानीराम, घासीराम, चूड़ामणि व रतनसिंह पांच जमींदारों के साथ हुजूर में आया। जयसिंह ने पांचों जमींदारों को एक-एक घोड़ा मय पांच नग साज व सरोपाव प्रदान किया और ८ अक्तूबर (आसोज वदि १४) को शस्त्रागार से एक तलवार व कड़ी सहित एक ढ़ाल गिरदा प्रदान की।[1]

१८ अक्तूबर को दशहरा का सांस्कृतिक पर्व मनाने के बाद भारतीय परंपरागत जयसिंह ने थून गढ़ी के नियमित्त घेरा का संचालन किया। २२ अक्तूबर को सूरजमल भी सात जमींदारों व प्रतिष्ठित व्यक्तियों, अणंदराम, कीरमाराम (मामा सूरजमल, कांमर), महीरावन, फौजदार देवकरण, के साथ जयसिंह के डेरों पर पहुँचा। इनके साथ में जाट वकील चिन्तामणि भी मौजूद था। जयसिंह ने बदनसिंह को शाही अधिकार सौंपने तथा कौमी मजलिस की सरदारी प्रदान करने के आश्वासनों पर नियमित रूप से अपने संरक्षण में रखने का सफल प्रयास किया और इसी दिन रुपया ५३५३/- मूल्य का मोती के नाका की जोड़ी प्रदान की। सूरजमल को सिरोपाव सहित एक जड़ाऊ सरपेच व प्रत्येक जमींदार को सिरोपाव देकर सम्मानित किया।[2]

सवाई जयसिंह ने फौजी नियमों का पालन करते हुए सुचारु रूप से थून की ओर प्रस्थान किया। शाही सेनाओं ने इससे पूर्व ही बाहरी गढ़ियों का मुस्तैदी के साथ पड़ाव डाल दिया था, किन्तु उनको अधिकार करने में सफलता नहीं मिल सकी। जयसिंह ने बाहरी गढ़ियों को पूर्णतः बन्द करके तीन सप्ताहों में ०.१० किमी० तक बीहड़ जंगलों को साफ कराकर खुले मार्ग बनवाने का प्रयास किया। लड़ाकू छापामार जाटों ने शाही बेलदारों तथा तोपखाना पंक्ति पर अनेक बार हमले भी किए। लेकिन वे अपने प्रयासों में विफल रहे। बाहरी गढ़ियों पर अधिकार किये वगैर शाही सेना नायक थून पर व्यवस्थित आक्रमण नहीं कर सकते थे। तब बदनसिंह ने मोहकमसिंह के सहयोगी जमींदार तथा नियमित सेना के जमादारों को धन-धरती

---

१ – इ० कौ०, जि० ७, पृ० ३१७, ३४०, ३४३, ३४६, ४९७, ४३६।

२ – उपरोक्त, पृ० ५३६, ३०६, ३२६, ४६३, ४५०, ४६०, ६१५, ३६४, ४३६।

तथा अपनी सेवा में रखने का आश्वासन देकर निष्क्रिय[1] कर दिया। इस प्रकार रक्त प्लावन या फौजी संघर्ष की अपेक्षा जाटों के नैतिक समर्थन से शाही सेनानायकों ने डेढ़ माह के बाद अक्तूबर के तृतीय सप्ताह में दो-तीन बाहरी गढ़ियों पर अधिकार कर लिया।[2] २५ अक्तूबर को सवाई जयसिंह ने शीघ्र ही थून गढ़ी के समर्पण की आशा व्यक्त की। इसी समय दिल्ली से गढ़ विध्वंसक एक विशाल तोप, एक हजार रहकला, तीन सौ बान, पांच सौ मन सीसा तथा बारूद भेजने की मांग की गई।[3] २६ अक्तूबर को जुलकरन का वकील टेकचन्द जयसिंह के हुजूर में पहुँचा और इसी दिन अमरा ब्राह्मण जाटों की ओर से एक हाथी नजर करने पहुँचा। ३० अक्तूबर को अणीराम और ४ नवम्बर को जाट वकील चिन्तामणि ने कछवाहा छावनी में पहुँचकर बातचीत की।[4] इसी समय शाही दरबार से जयसिंह के लिए अवैधानिक शत्रु को जीवित ही गिरफ्तार करने तथा थून पर अधिकार करने में बदनसिंह की सेवाओं का भरपूर उपयोग करने का निर्देश दिया गया। सम्राट ने जयसिंह को घातक आक्रमण की युद्ध-प्रक्रिया अपनाने के लिए प्रदर्शक के माध्यम से जाटों की युद्ध-प्रणाली का पता लगाने का भी निर्देश दिया। साथ ही यह भी लिखा गया कि यदि शत्रु शाही क्षमा की प्रार्थना करे तो सम्राट स्वयं खान मुजफ्फर खां व अन्य अमीरों के साथ वहां पहुँच सकता है।[5]

मोहकमसिंह ने भारी विरोध के बाद भी अपनी निर्भीकता, निडरता से साहसपूर्वक जमकर सामना किया। उसने वास्तव में राठौड़ों की सहायता प्राप्त करने के लिए अपना दूत जोधपुर दरबार में भेज दिया था। तीन लाख रुपया भुगतान तथा फौजी खर्च की शर्त पर महाराजा अजीत सिंह राठौड़ ने जाटों की सहायता के लिए विजयराम भण्डारी की कमान में सेना रवाना कर दी थी। ६ नवम्बर को बदनसिंह का दीवान किरपाराम गूजर शाही डेरों पर पहुँचा। ७ नवम्बर को दीपावली का महान सांस्कृतिक पर्व था। बदनसिंह ने अपने प्रयासों से देशवार पाल पंचायत के जमींदारों को भी तोड़ लिया था। फलतः ८ नवम्बर को जगता (साबोरा) जगरूप, मंसाराम व सूरतराम (भदीरा), सुन्दर (कैलूरी), दुरगभांण

---

१ – जॉन कोहन, पृ० १७ अ।

२ – इस विजय का समाचार शाही दरबार में २१ अक्तूबर को पहुंचा था। खरीता; वाक्या पत्र, २५ अक्तूबर; खाफी खां, भाग २, पृ० १३७; मा० उमरा, (हि०), भाग १, पृ० १२७; जाटों का नवीन इतिहास, पृ० ३१५-१६।

३ – वाक्या पत्र; इर्विन, भाग २, पृ० १२३।

४ – द० कौ०, जि० ७, पृ० ३५६, ३०६, ४५१।

५ – खरीता (कपड़ द्वारा), सं० १७६ स/११७; कॅमबर, पृ० २५४।

(ऐचेरा), पतराम तथा पीताम्बर, बालखू, बीलका आदि ने जयसिंह की अधीनता स्वीकार कर ली। १० नवम्बर को सूरजमल के लिए विदाई का सिरोपाव और बदनसिंह के माध्मम से अणीराम के पास एक घोड़ा भेजा गया। १४ नवम्बर को तुलाराम का भ्राता राजाराम भी जयसिंह के दरबार में पहुँच गया था।[1] इस प्रकार प्रायः अधिकांश पाल जमींदारों ने जयसिंह की अधीनता स्वीकार कर ली थी और मोहकम सिंह अलग-थलग पड़ गया था।

निर्जन गढ़ी पर अधिकार, १७/१८ नवम्बर, १७२२ ई०

दीर्घ संघर्ष या सैनिक बल प्रयोग की अपेक्षा शाही सेनापति को विश्वास घात, कूट तथा कपट व्यवहार से इस बार विजय मिल सकी। द्रुत निर्णय के लिए ही बदनसिंह ने थून गढ़ी के कमजोर स्थानों का भेद दे दिया था। इससे शाही सेनापति १५ नवम्बर को व्यवस्थित रूप से पूर्ण घेरा डालने में सफल रहा और उसने गढ़ी के मजबूत द्वारों पर अधिकार कर लिया। निजी जमादारों के विश्वासघात की सूचना मिलते ही मोहकम सिंह ने गढ़ी में बिस्फोटक बारूदी सुरंगें लगवा दी थीं और १७-१८ नवम्बर की रात्रि में उसने असहाय होकर बारूदी सुरंगों में आग लगवा दी। स्वयं संचित कोष तथा परिवार के सकुशल गढ़ी से निकलकर मार्ग में आ रही राठौड़ी सेना की सुरक्षा में सांभर पहुँच गया।

यह बदनसिंह के महान त्याग, कर्तव्य परायणता, धर्मनिष्ठा तथा वचन-बद्धता की घड़ी थी। बदनसिंह के परिश्रम तथा सत्परामर्श से जयसिंह कछवाहा पुनः महान विनाश तथा भीषण संकट से बच गया। हरकारों से पलायन का समाचार मिलते ही नवम्बर १८, १७२२ ई० को प्रातःकाल विजयोन्मत कछवाहा नरेश अपनी सेनाओं के साथ सवार होकर विजय-नाद के साथ मैदान में आगे बढ़ा। उसी समय बदनसिंह ने जयसिंह तथा उसकी फौजों को शीघ्र ही पीछे हटने का आग्रह करके भयंकर नर-संहार से बचा लिया। कुछ ही घड़ियों में बारूदी सुरंगों से पर-कोटा उड़ गया। सवाई जयसिंह ने बदनसिंह की सामयिक सहायता, चातुर्य तथा लग्न शीलता की भूरि-भूरि प्रशंसा की और जीवन-रक्षा के लिए कृतज्ञता प्रगट की। इससे बदनसिंह ने कछवाहा नरेश का असीम प्रेम आत्म-विश्वास प्राप्त कर लिया था। इस प्रकार शाही सेनापति ने बदनसिंह की सत्प्रेरणा से साधारण प्रतिरोध से वीरान गढ़ी में प्रवेश करके अपने पूर्वजों के कलंक को मिटाया।[2]

---

१ - अर्जदास्त, सं० ४५३/२५१; व० कौ०, जि० ७, पृ० ४४६, ३५४, ३६३, ४१६, ४७१-२, ५३६।

२ - खाफी खां, भाग २, पृ० ६४४; द्रष्टव्य - जाट मुगल संघर्ष, पृ० २३४; जाटों का नवीन इतिहास, पृ० ३१६-८।

१९ नवम्बर को जयसिंह ने विजयोत्सव के बाद बादशाही सेवक नवाब आरब्र अली खां इज्जत अली खां, नवाब इरादत मंद खां तथा उसके बख्शी आबिद खां आदि अनेकों अमीर-उमरावों को उनके पद व सम्मान के अनुरूप सिरोपाव, तोरा, घोड़ा आदि-आदि वस्तुयें देकर थून से विदा किया और २० नवम्बर को बादशाही अमीर नवाब आजम खाँ को पंच परिधान व सिरोपाव देकर थून विजय का समाचार उसकी कुञ्जियों के साथ दिल्ली भेजा। इसी समय वकील जगराम ने विजित गढ़ियों की सात चाबियां विजय-पत्र के साथ सम्राट की सेवा में प्रस्तुत कीं और पांच सौ मोहर नजर कीं। उसको एक खिलअत प्रदान की गई और शत्रु का पीछा करके उसकी जड़ों को उखाड़ने का आदेश दिया।[1] २० नवम्बर को जाट वकील चिन्तामणि के साथ जाट जमींदार अनोपसिंह, असालत जाट, चूड़ामणि (मगोरा), हरीसिंह, हरलाल, चौधरी छत्रमणि का पुत्र, चौधरी बालकराम ने जयसिंह के हुजूर में प्रस्तुत होकर अपनी बधाइयाँ प्रस्तुत कीं और उन्होंने पैमाली भुगतान का आश्वासन दिया। इसी दिन रामचेरा (राम की चाहर) भी उसकी छावनी में पहुँच गया।[2] इस प्रकार काठेड़ जनपद पर सम्राट का व्यावहारिक अधिकार हो गया था।

७-जाट राज्य की वैधानिक स्थापना, दिसम्बर २, १७२२ ई०

(अ) ऐतिहासिक पंचायत सम्मेलन

मुगल सम्राट मुहम्मदशाह तथा अमीर-उमराव यद्यपि राजधानी के समीप एक स्वाधीन जाट राष्ट्र की इकाई को नैतिक रूप में स्वीकार नहीं कर सकते थे, फिर भी कुछ अमीर-उमराव, मनसबदार व जागीरदार जाटों को अपनी शक्ति के प्रसार व प्रभुत्व के लिए उपयोगी साधन मानकर ऐन-केन प्रकारेण प्रश्रय देने के पक्षपाती थे। मोहकमसिंह केन्द्रीय सरकार से वैधानिक अधिकार व जमींदारी का नवीनीकरण कराने में विफल रहा। फलतः काठेड़ जनपद में अर्द्ध-विकसित या अर्द्ध स्वाधीन जाट राज्य के विकास तथा विस्तार का अन्त हो गया। काठेड़ जनपद की रैय्यत, मजदूर किसान, जाट पंचायत अपनी सुरक्षा, सामाजिक एकता, आर्थिक विकास, स्वाधीनता, धर्म तथा संस्कृति की रक्षा के प्रति पूर्णतः सजग व जागरुक थी। नेत्रों में मातृभूमि की चमक, वाणी में देश प्रेम के गीत और दिल-दिमाग में संगठित जाट राज्य की भावना उभर रही थी। वे आशावादी थे। जाट जमींदारों के संयुक्त गुरिल्ला युद्धों, मानव कल्याण, समाज व संस्कृति की रक्षा के लिए किये

---

१ – ब० कौ०, जि० १८, पृ० ५६३, ७०९, ७५०, ७५९; खरीता (कपड़ द्वारा) स० १८५/१०२; कॅमबर पृ० ३७९ ब।

२ – ब० कौ०, जि० ७, पृ० ३११-२, ३४९, ६१३-४, ४५३; जि० १, पृ० ६०९, ६२७।

गये क्रान्तिकारी आन्दोलनों ने शान्तिपूर्ण नवीन स्थाई क्रान्ति तथा ब्रज मण्डल में सांस्कृतिक तथा धार्मिक विकास का निश्चित मार्ग खोल दिया था, जिसका प्रारम्भिक रूप प्रगट होने लगा था और स्वतन्त्र जाट राज्य के स्थापना की निहित भावना को साकार रूप मिला।

थून गढ़ी को धूल-धूसरित करने के बाद सवाई जयसिंह ने डीग के समीप अचलपुरा, किसनपुरा नामक ग्रामों के बीच प्रांगण में लगे भव्य व शालीन कछवाहा शिविर में सिनसिनवार पंचायत के पंच भाइयों के समक्ष बदनसिंह की सद्भावना, स्नेह, आत्मीयता तथा राजभक्ति को पुरस्कृत किया और काठेड़ जनपद की कौमी पचायत, डूंग पाल जमींदारों की तात्कालिक सन्तुष्टि तथा अपने पूर्व वचनों की पालना में शुक्रवार, दिसम्बर २, १७२२ (मार्गशीर्ष वदि एकादशी, सं० १७७६/२४ सफर, हि० ११३५) के दिन शुभ मुहूर्त में एक अति सूक्ष्म दरबार में बदनसिंह के सिर पर सरदारी की पाग बांधी। राजाओं की भांति तिलक किया और पंच परिधानों के साथ पचरंगी निशान सौंपकर ठाकुर [1] पद से सम्मानित किया। इसी समय

---

१ – कॅमवर पृ० २४६; सियार, भाग १, पृ० २१६; मा० उमरा, जि० १; पृ०१२७–८; बलदेव सिंह, पृ० १६; ग्राउज, पृ०२३; इर्विन, भाग २, पृ०११३, २१३; कानूनगो, पृ० ५६; सतीश, पृ० १७८।

—सल्तनत तथा मुगल शासन काल में देशी रजवाड़ों की वतन जागीर का बन्दोबस्त, शान्ति सुरक्षा, ग्राम तथा समाज के विकास, समृद्धि, उत्पादन, सांस्कृतिक प्रगति आदि के लिए 'ठाकुर' एक जिम्मेवार पद था। ठाकुर पूर्णतः राजा का खिदमती चाकर (सेवक) होता था और उसकी कृपा पर्यन्त प्रशासनिक अधिकारी मात्र था। प्रायः यह पद पैतृक था। ठाकुर का केन्द्रीय सरकार, केन्द्रीय सत्ता तथा राजनीति से किसी भी प्रकार का सीधा सम्बन्ध नहीं होता था और न 'माल–ओ–सायर–ओ–जकात' (भू-राजस्व कर व अधि-शुल्क) की 'हासिल वसूली' के प्रति उत्तरदायी होता था। राजपूत राज्यों के प्रत्येक राजकीय परवाना व पट्टों में ठाकुर का नाम शामिल किया जाता था। इस प्रकार ठाकुर शासन-व्यवस्था में संयुक्त उत्तरदायी अधिकारी था। (कोटा राज्य का इतिहास, खण्ड प्रथम, पृ० १३७, १८७) मुगल शासन काल में राजपूत जागीरदार या सामन्त 'ठाकुर या राव' कहलाते थे और राजा तथा सरकार के प्रति उत्तरदायी रहकर भी अपनी वतन जागीर की आन्तरिक व्यवस्था के लिए स्वतन्त्र प्रबन्धक थे। वे अपनी स्थिति के अनुरूप नाना विशेषाधिकारों व सम्मानों का उपभोग करते थे। राज्य की गृह व विदेश नीति को भी प्रभावित करते थे। अधिकांश ठाकुर किसी खांप, कुल या वंश के नेता थे

उसको सदर-ए-कोतवाली के अधिकार[1] सौंपे गये। विदाई के समय तीन वस्त्रों का रस्मी सिरोपाव तथा अन्य पंच बिरादरी-भाइयों को भी तीन थानों का सिरोपाव प्रदान किया गया। एक माह के बाद जनवरी ६, १७२३ को जयसिंह ने बदनसिंह के माध्यम से किशोरसिंह के लिए सिरोपाव भेजा।[2] मीर मुरतिजा हुसैन बिलग्रामी के अनुसार इस समय बदनसिंह ने उससे मांग की—"सैय्यद हुसैनअली ने राव चूड़ामन को 'राजा' की उपाधि प्रदान करने का वचन दिया था। इस वचन-पालना का उचित अवसर आ गया है।" जयसिंह ने बदनसिंह के लिए अन्य डूंग व पाल जमींदारों को संतुष्ट करने के लिए यह वचन दिया कि मैं आपको बादशाह से 'राजा' का विरुद प्रदान कराने का भरसक प्रयत्न करूंगा।[3] इस प्रकार जयसिंह ने बदनसिंह को सन्तुष्ट रखने का प्रयास किया। बाद में कछवाहा राज्य के कुलीन सामन्तों की भांति बदनसिंह को जयपुर नगर के समीप लक्ष्मण डूंगरी की उपत्यका में भूमि आवंटित की गई। यहां पर बदनसिंह ने निजी निवास के लिए एक विशाल हवेली, अति रमणीय पक्का बाग, सैनिक आवास बनवाये और अपने नाम पर बदनपुरा बस्ती बसाई।[4] कछवाहा राजधानी में बदनपुरा जाट शासक तथा वकील (प्रतिनिधि) का निवास तथा जाटों की सैनिक छावनी थी, जहां बदनसिंह तथा उसका परिवार जाकर ठहरता था।

(ब) काठेड़ जनपद का स्थायी प्रबन्ध

समकालीन इतिहासकार रुस्तम अली खाँ के शब्दों में—"इस प्रकार सर्व प्रथम सवाई जयसिंह की अनुकम्पा, स्नेह तथा संरक्षण प्राप्त करने के लिए बदनसिंह

❀ होते थे, इससे जब-तब विद्रोह करके स्वतन्त्र राज्य या जागीर बनाने का भी प्रयास करते थे। परन्तु जाट शासन में 'ठाकुर' की स्थिति राजपूत रजवाड़ों से पूर्णतः भिन्न थी। जाट ठाकुर वास्तव में अपने क्षेत्र का स्वाधीन स्वामी था। उसको कछवाहा नरेश बेदखल करने में स्वतन्त्र नहीं था। सम्राट ही सीधा इस ओर कदम उठा सकता था। इसी प्रकार जाट शासक द्वारा नियुक्त ठाकुर राज्य के आन्तरिक, विदेश नीति या फौजी मामलों में हस्तक्षेप नहीं कर सकता था और न अपनी जागीर में किसी जमींदार या रैय्यत को बेदखल कर सकता था।

१ – जॉन कोहन, पृ० १८ ब।

२ – द० को०, जि० ७, पृ० ४३६-७, ४४६ (सरदारी का विवरण); जॉन कोहन, पृ० १५ ब।

३ – हकीकत, पृ० ३८१; इर्विन, भाग २, पृ० २१३।

४ – स्याह बकाया कागजात; बेण्डल; मथुरालाल (जयपुर), पृ० १६६।

ने नम्रता का मार्ग अपनाया। अपने पूर्वजों के कठोर स्वभाव से इतर उसमें शिष्टाचार, सहृदयता, आत्मीयता, समर्पण की भावना तथा व्यवहारिक सह–अस्तित्व की सामाजिक क्षमता थी। बदनसिंह की क्रमिक उन्नति तथा जाटों की सामाजिक प्रगति से संरक्षक की कीर्ति बढ़ेगी, इसी पारदर्शिता से अनुग्रही जयसिंह ने उसको एक साधारण स्तर से इतना ऊंचा सम्मान दिया था।"[1] बीसवीं शताब्दी के इतिहासकारों के अनुसार "इस प्रकार बदनसिंह कछवाहों का नम्र खिदमती जागीरदार बन गया था।"[2] इन आधुनिक इतिहासकारों के कथन में तत्कालीन साम्राज्यवादी दरबारी इतिहासकारों की विचारधारा, राजनैतिक घटनाचक्र, सामयिक घटनाओं के विश्लेषण की अपेक्षा विपरीत दिशा बोध की भावना प्रधान है। यद्यपि बदनसिंह की प्रारम्भिक तथागत कठिनाइयां इस कथन के अनुरूप मानी जा सकती हैं। फिर भी यह सत्य है कि समय की गति, युग की माँग को चतुराई से भांपकर बदनसिंह ने शाही परगनों का औचित्यपूर्ण वार्षिक खिराज (कर) देना स्वीकार करके जाट एकता को राजनैतिक फौजी संकटों तथा उलझनों से बचा लिया था[3] और उसकी पारदर्शिता से ही आगे के दो दशकों (कल्पों) में जाट राज्य सर्वांगीण उन्नति के शिखर पर आरूढ़ होने लगा था। इस घटना के बाद जाटों की पड़ौसी राज्यों से कटुता समाप्त हो गई थी और जाट–कछवाहा सम-स्तर पर अच्छे पड़ौसियों की तरह रहने लगे थे। भारतीय रीति व नैतिक परम्परागत बदनसिंह जयसिंह की अनुकम्पा का ऋणी अवश्य था, किन्तु कछवाहा नरेश आगरा प्रान्त का राज्यपाल तथा जिला मथुरा का फौजदार था। ये पद व अधिकार मुगल सम्राट की अनुकम्पा तथा केन्द्रीय दरबार के दलगत राजनैतिक घटना चक्र तक सीमित थे। अतः बदनसिंह को 'कछवाहा सामन्त या खिदमती जागीरदार' कहना एक भ्रान्ति है। स्वयं दरबार में जयसिंह ने सदैव कछवाहा ठाकुर या सामन्त से भिन्न एक शाही जागीरदार व मनसबदार की भांति उसका स्वागत-सत्कार व सम्मान किया था।

राजधानी के निकट स्थाई शान्ति तथा सुव्यवस्था के लिए यह अनिवार्य था कि मुगल सम्राट मुहम्मदशाह जाट सरदार बदनसिंह को सम्पूर्ण काठेड़ जनपद तथा उनके पूर्वकालिक अधिकार क्षेत्र के वैधानिक तथा नैतिक अधिकार सौंपकर उसको जाटों के प्रमुख सरदार के रूप में मान्यता प्रदान करे। इस ओर शनैः शनैः कदम उठाये गये। जनवरी २१, १७२३ ई० को मुगल दरबार से सवाई जयसिंह के नाम परगना खोहरी (सरकार मथुरा) में रुपया ६४, ६५०/– (२८, २५, ६६७ दाम) की

---

१ – तारीख–ए–हिन्दी, पृ० ४६५; माधव जयति, पृ० ३ अ।

२ – कानूनगो, पृ० ६०; सरकार (मुगल), भाग २, पृ० २६१; सतीश, पृ० १७८।

३ – इम्पी०, गजे०, खण्ड ८, पृ० ७५; ओड़ायर, खण्ड ३, पृ० २६; कै० हि०, भाग ४, पृ० ३४८; लीडिंग चीफ्स, ४/८६।

जागीर तथा २,५०,००० रुपया (एक करोड़ दाम) का अनुदान[1] दिया गया। सैय्यद गुलाम अली खां का मत है कि राव चूड़ामन की वतन जागीर व प्रबन्ध में दस शाही परगना शामिल थे, जिनकी वार्षिक जमा पच्चीस लाख रुपया वार्षिक थी।[2] ग्राम ड़हरा के बागों में लगे शिलालेखों से ज्ञात होता है कि जाट सरदारों ने स्पष्टतः मुगल सम्राट मुहम्मदशाह का शासन स्वीकार कर लिया था और वार्षिक खिराज भुगतान की शर्त पर अधीनता स्वीकार कर ली थी। सम्राट ने इन जमींदारों को फौजदारी के अधिकार भी प्रदान कर दिए थे। अठसतों से ज्ञात होता है कि सिनसिनवार जाट बाहुल्य जनपद के अलावा १७२३ ई० में बदन सिंह के प्रबन्ध व जमींदारी में परगना भुसावर में १५६, परगना सौंखर-सौंखरी में २१, परगना कठूमर में ५६ ग्राम शामिल हो चुके थे।[3] मई २२, १७२३ को मुगल दरबार से प्रसारित खरीता से पता चलता है कि समाट ने राव चूड़ामन की जमींदारी के कुछ परगने प्रदान करके बदन सिंह को उत्तराधिकारी जाट जमींदार स्वीकार कर लिया था।[4] इस प्रकार सवाई जयसिंह ने कछवाहा राज्य की पूर्वी सीमा पर एक सबल जाट क्रान्तिकारियों का सक्षम बल तथा विश्वास प्राप्त कर लिया था और मुगल अमीरों की आन्तरिक कटुता व कमजोरी के कारण ही अपरोक्ष रूप में काठेड़ जनपद आगरा प्रान्त में एक पृथक् राजनैतिक इकाई बन गया था। प्रारम्भ में इस क्षेत्र को आमेर राज्य की जागीर का अंग बनाने की सम्भावना बढ़ गई थी, किन्तु बाद के दशकों में जयसिंह की कल्पना साकार नहीं हो सकी।

८—एकता तथा दृढता के प्रयास : भावी उपलब्धियां

समकालीन ऐतिहासिक विवरणों के अध्ययन से पता चलता है कि वैधानिक पद व अधिकार ग्रहण करने के बाद बदनसिंह ने (१) आन्तरिक तथा (२) बाहरी कठिनाईयों पर शान्ति, निश्चल संयम, नम्रता तथा दृढ़ता से विजय प्राप्त की थी। निर्वाचित ढ़ंग सरदारी काटों का उत्तरदायित्व, विविध समस्याओं का ताज था। जाट शक्ति दो घटकों में विभाजित होने पर भी प्रतिपक्ष अधिक सबल व सशक्त था। प्रतिगामी जमींदार, जाट जमातदार यथा उनके प्रभाव से रैय्यत ने समर्पण करके बदन सिंह के समक्ष आज्ञाकारिता की भावना प्रदर्शित नहीं की थी। इधर ठाकुर मोहकम सिंह, जुलकरन आदि भगोड़ा जाट सरदार महाराजा अजीत सिंह राठौड़ के संरक्षण में अपनी वतन जागीर व जमींदारी पुनः उपलब्ध करने के लिए प्रयत्न-

---

१ – परवाना (कपड़ द्वारा), सं० १६५/११०, १६४/२६२।

२ – इमाद, पृ० ५५।

३ – अठसता, १७२३-२४ ई०।

४ – खरीता, मई २२, १७२३ (ज्येष्ठ सुदि ६, सं० १७७६); रुस्तम अली, पृ०४६५।

शील थे। क्षेत्रीय सहयोगी जाट जमींदारों पर उनका प्रभाव परिलक्षित था। बदन सिंह ने कुछ वर्ष तक कछवाहा नरेश तथा आगरा में उसके नायब को हार्दिक सहयोग देकर अपनी सैनिक शक्ति, आर्थिक सम्पन्नता तथा जातीय एकता के लिए सफल प्रयास किया। इन सत्कार्य में ठाकुर तुलाराम, रणजीत अवारिया (ड़हरा) ने उसको पूर्ण सहयोग प्रदान किया।

बदनसिंह ने सर्व प्रथम अऊ के पश्चिमोत्तर छः किमी० पर डीग की साधारण गढ़ी के समीप अपना स्थाई निवास तथा प्रशासनिक केन्द्र बनाने का विवेकपूर्ण निश्चय किया और प्रारम्भ में यहां पर एक विशाल व पक्का बदन सिंह महल, रमणीक बाग की एक परियोजना क्रियान्वित की गई। राजनैतिक शक्ति की दृढ़ता तथा प्रसार, प्रशासकीय प्रभुत्व तथा जाट जनशक्ति को संगठित करने के लिए '(१) दाम्पत्य सूत्र बन्धन तथा (२) भाई-चारा' की नीति को अपनाया। उसने पूर्व निश्चित बचनों की पालना में अपने ज्येष्ठ पुत्र सूरजमल का विवाह जाट जमींदार रतीराम की पुत्री हंसिया के साथ सम्पन्न किया। यह 'दाम्पत्य सूत्र बन्धन' दो प्रभावी जमींदारों का न केवल पारिवारिक वरन् राजनैतिक तथा सैनिक गठबन्धन था। इस अवसर पर ठाकुर बदनसिंह ने चौधरी[1] रतीराम से हंसते-हंसते कहा, "चौधरी साहब ! यहां हम आपके ठिकाने का बन्दोबस्त समुचित तथा प्रशंसनीय देख रहे हैं और यहां आपकी सरदारी तथा ठकुराई परिलक्षित हो रही है। लेकिन अब आपका हमारे राज्य से नाता हो चुका है। आपने अपने इस राज्य की रक्षा के लिए क्या सोचा है?" आन्तरिक भाव व विचारों की गम्भीरता को समझकर रतीराम ने विनम्र शब्दों में कहा, "ठाकुर साहब ! मैं स्वयं, मेरा परिवार तथा नाहरवार कुटुम्ब-कबीला आपकी आज्ञाकारिता में अपना जीवन न्यौछावर करने के लिए सर्वदा तत्पर रहेगा।" उसने उसी समय अपने सुयोग्य पुत्रों (१) बलराम (२) दानीराम (३) चैनसुख (४) फतहसिंह और (५) छतरसिंह को बदनसिंह की सेवा में प्रस्तुत कर दिया और इसके बाद ये सभी अपने साहसी सवारों के साथ डीग पहुंच गए।[2]

---

१ – सिनसिनवार जाट शासकों की परम्परा के अनुसार राजवंश जिन घरानों की पुत्रियों से विवाह कर लेता था, उस घराने के व्यक्ति 'चौधरी' पद से सम्मानित किये जाते थे और ये चौधरी घराने अपने कुटुम्बीजनों के साथ राज सेवा करते थे। उच्च पदासीन रहने के कारण इन घरानों को राजकीय हवेलियां, खानपान (कांसा खर्च, विभिन्न विभागों से व्यवस्थायें तथा जागीर में कुछ गांव व उपजाऊ भूमि दी जाती थी। इस प्रकार ये 'चौधरी घराने' मुगल सम्राटों द्वारा मान्यता प्राप्त चौधरी पद या जातीय चौधरियों से भिन्न होते थे।

२ – कागजात बरसानिया खानदान।

इस सूत्र बन्धन से ठाकुर बदन सिंह ने भुसावर तथा बयाना के शाही परगनों में अपना राजनैतिक प्रभाव बढ़ाने में सफलता प्राप्त कर ली थी। भुसावर के उत्तरी-पश्चिमी सीमान्त पर पथैना तथा इसके आसपास गड़ासिया पाल की आबादी थी। पाल सरदार बिजैराम गड़ासिया ने मोहकम सिंह के पराभव के बाद लोकाचार के लिए विरोधात्मक नीति त्याग दी थी। बदन सिंह ने शीघ्र ही उसकी पुत्री कल्याण-कौर की शादी सूरजमल के साथ करके गड़ासिया पाल की शक्ति वरण कर ली। छतरपुर (परगना गारु) के फौजदार चतरसिंह ने समझौता कर लिया था और देसवार पाल ने भी समर्पण कर दिया था। इससे गारु (तहसील नदबई) में पूर्ण प्रभाव जम गया था।

नन्दगांव-बरसाना के समीपवर्ती इलाकों में गौरया राजपूतों की घनी आबादी थी। सामाजिक दृष्टि से गौरया राजपूत कछवाहों से निम्न श्रेणी में माने जाते थे और कछवाहा-गौरया राजपूतों में आपस में शादी सम्बन्ध भी नहीं होते थे। बदन सिंह ने गौरया राजपूतों की पुत्री का विवाह[1] सूरजमल के साथ करके इस खांप को अपने साथ में मिला लिया था। बदन सिंह ने स्वयं अनेक परिवारों की कन्या वरण कीं, वहां अपने बीस पुत्र तथा पौत्रों का विवाह सम्पन्न जमींदारों के यहां करके 'दाम्पत्य सूत्र बन्धन' नीति से डूंग-पाल समाज को एकता के रूप में उभारा।

कुम्हेर के उत्तर-पूर्व में १३ किमी० तथा गोवर्धन के दक्षिण में ११ किमी० सोंख के फौजदार हथीसिंह कुन्तल (खूंटेल), अड़ींग के जाट सरदार फौदाराम कुन्तल ने बदन सिंह को अपना सरदार मान लिया था। फौदाराम ने बदन सिंह के संरक्षण व साझेदारी में मथुरा मण्डल के अनेक गांव इजारे पर प्राप्त कर लिये थे। साथ ही बदन सिंह ने बरसाना के ब्राह्मण परिवारों का भावात्मक आशीर्वाद ग्रहण कर लिया था। कालूराम वशिष्ठ (बरसानिया या लवानिया खानदान) के पुत्र (१) मोहनराम (२) नैनसुख, (३) हरसुख, (४) मयाराम, (५) गिरधारी और (६) ठाकुरसी की कमान में रिसाला शक्ति संगठित कर ली थी और सूरजमल ने इनको फौजदार व बख्शी पद तथा सरदार-राज का सम्मान प्रदान किया था। इसी प्रकार बरसाना के तीर्थ पुरोहित हेमराज कटारा तथा उसके भाई रूपराम कटारा को तीर्थ पुरोहित तथा अपना वकील नियुक्त किया।[2] डीग तथा नगर तहसीलों में आबाद गुर्जर परिवारों को 'धाऊ' का सम्मान दिया गया। इस भांति बदन सिंह सम्पूर्ण काठेड़ तथा ब्रज मण्डल का व्यवहारिक प्रभावी स्वामी बन गया था।

---

१ – इमाद, पृ० ५६; वेण्डल, पृ० ५१; कानूनगो पृ० ६०।

२ – कागजात बरसानिया खानदान; द्रष्टव्य, 'जाट राज्य के दो स्तम्भ'–मोहनराम बरसानिया तथा रूपराम कटारा, रा० हि० का० प्रो०, खण्ड ८, १९७५, पृ० ४७–५२।

जमींदार सिपाहियों की नियमित टोली के अलावा बदन सिंह ने मोहकम सिंह के सभी सैनिकों को अपनी सेवा में नियुक्त करके निजी सैनिक शक्ति को भी बढ़ाया। राज्य की सैनिक कमान उसके सुयोग्य पुत्रों, सूरजमल प्रतापसिंह, वीरनारायण, अखैसिंह, उम्मेदसिंह, दलेलसिंह, सोभाराम (सभाराम) आदि ने संभाल ली थी। थून अभियान के बाद सम्राट के आदेश से सवाई जयसिंह को महाराजा अजीतसिंह राठौड़ के विरुद्ध छिड़े सैनिक अभियान में भाग लेने के लिए अजमेर जाना पड़ा। तब सूरजमल, ठाकुर तुलाराम तथा हेमराज कटारा भी ससैन्य उसके साथ हाजिर रकाब[1] थे। महाराजा अजीत सिंह के साथ समझौता सम्पन्न कराकर सवाई जयसिंह मथुरा लौट आया। यहां उसने लगभग एक वर्ष (१७२४-२५ ई०) रुककर आगरा प्रान्त तथा जिला मथुरा में राजस्व व प्रशासनिक व्यवस्था सुदृढ़ की। धार्मिक तथा सांस्कृतिक नगरी मथुरा से तीन किमी० दूर मथुरा–वृन्दावन राजमार्ग पर जयसिंह–पुरा नामक ज्योतिष वेधशाला,[2] वृन्दावन में कचहरी तथा भव्य मन्दिरों का निर्माण कार्य सम्पन्न कराया। शाही दरबार के आन्तरिक कुचक्रों तथा कोकीजी के हस्तक्षेप से व्यथित होकर दिसम्बर ७, १७२३ ई० को नवाब निजामुलमुल्क वजीर पद त्याग कर सपरिवार दिल्ली से दक्षिण चला गया था। निजामुलमुल्क के प्रस्थान के सात माह बाद शाही दरबार में मुगल दल के नेता मुहम्मद, अमीन खां के पुत्र कमरुद्दीन खां की वजीर पद (जुलाई २२, १७२४ ई०) पर नियुक्ति की गई। उसने चौबीस वर्ष तक वजीर पद का उपभोग किया। नवीन वजीर शराबी तथा आलसी था। सम्राट स्वयं कोकीजी के प्रभाव में फंस चुका था। इससे शाही प्रशासन में भ्रष्टाचार, दलगत–राजनीति को अति बल मिला और हिन्दू शक्तियों के साथ ताल मेल बिठलाने का प्रयास किया गया। फलतः आगरा प्रान्त की प्रशासनिक व्यवस्था में केन्द्रीय सरकार तथा अमीरों का हस्तक्षेप अपनी मनसब जागीरों से नियमित जमा वसूल करने तक ही सीमित रहा। जून ८, १७२४ ई० को मुगल दरबार से परगना खोहरी में चूड़ामन की जागीर में शामिल ५१,२६० रुपया (२०,५०,४१२ दाम) के गांव लालसिंह के नाम स्थानान्तरित कर दिये गये थे।[3] किन्तु परगना खोहरी में स्थाई शान्ति नहीं रह सकी। फलतः आगामी वर्ष ही जून २६, १७२५ ई० (अषाढ़ बदि ५, सं० १७८२) को सम्राट ने ठाकुर बदन सिंह के लिए अनेक जाट प्रभावित गांवों व कस्बों का बन्दोबस्त स्थाई रूप से सौंप दिया। इस समय सवाई जयसिंह स्वयं मथुरा में मौजूद था। शाही आदेश मिलने पर उसने ठाकुर बदन सिंह के साथ पेशकश भुगतान करने का एक आर्थिक समझौता किया। बदन सिंह ने इस समय

---

१ – द० कौ०, जि० ७, पृ० ५३७, ४५४, ४६५, ४६२।

२ – द० कौ०, जि० १६, पृ० २११।

३ – परवाना (कपड़ द्वारा), सं० २११/६१।

राज्यपाल के पक्ष में एक अनुबन्ध (कबूलियत) में लिखा, "चूड़ामन की जमींदारी की धरती व गांव (खानदानी जायदाद व गांव) जो महाराजा की अनुकम्पा से मुझको प्राप्त हुए हैं, उसके एवज में हजूर की सेवा में उपस्थित रहूंगा और प्रति वर्ष तिरासी सहस्त्र रुपया पेशकश के रूप में भुगतान करता रहूंगा।"[1] इस प्रकार बदन सिंह पेशकश नियमित जमा कराकर सावधानी के साथ चाकरी[2] करता रहा और कुछ ही वर्षों में बदन सिंह 'पेशकशी जमीदार' बन गया। इस पेशकश के एवज में बदन सिंह राज्यपाल की 'सैनिक सेवा' करने के लिए बाध्य था, किन्तु यह अनुबन्ध बदन सिंह की स्वाधीन जाट जन-सत्ता के सिद्धान्त के अनुरूप नहीं था।

पेशकशी या इस्मी जमींदार बदन सिंह के इस अनुबन्ध का जटवाड़ा के खिराजी व रैय्यती जमींदारों तथा शाही मनसबदारों पर सीधा प्रभाव पड़ा। बदन सिंह ने स्वभावतः अन्य डूंग के साधारण जमींदार तथा रैय्यती जमींदारों, पटेलों व मुकद्दमों से 'माल-ओ-जकात-ओ-सायर' की बसूली में हस्तक्षेप करना शुरू कर दिया था। सवाई जयसिंह ने प्रथम बार पांच वर्ष (१७२२–२७ ई०) तक आगरा प्रान्त के राज्यपाल पद का उपभोग किया था, किन्तु नायब अति आलसी व अयोग्य था। इससे स्थिर शान्ति स्थापित नहीं रह सकी।

सीमित वैधानिक अधिकार व सीमित आर्थिक साधनों के बाद भी बदन सिंह ने नवीन भव्य नगर, नवीन विशाल मैदानी दुर्ग तथा आकर्षक महलों व तालाबों का निर्माण कार्य प्रारम्भ करके सहस्रों मजदूरों तथा शिल्पियों का पालन-पोषण किया। सितम्बर १२, १७२५ ई० को सीकर में जयसिंह से भेंट की और फिर लौटकर डीग को जाट राज्य की राजधानी का रूप देने के लिए पक्का दुर्ग तथा नगर की विशाल योजना प्रारम्भ की। जॉन कोहन के अनुसार 'थून से कूंच करके जयसिंह डीग वापिस लौटा और उसने अपने हाथों से डीग दुर्ग की बुनियाद में पहली ईंट रखी और पुख्ता दुर्ग बनवाने का आदेश दिया। बदन सिंह ने फिर इस दुर्ग का निर्माण कराया।'[3] किन्तु अद्यतः हमको किसी फारसी इतिहास या जयपुर रिकार्ड में इस प्रकार का कोई

---

१ – कबूलियत (कपड़ द्वारा), सं० २३३/१४०६।

२ – सोभनाथ, पृ० ३ अ (पेशकश की रकम या सैनिक चाकरी आमेर नरेश के पद की अपेक्षा राज्यपाल पद के लिए देय थी।)

३ – जॉन कोहन, पृ० १४ ब;
पं० गोकुल चन्द्र दीक्षित लिखते हैं कि "महाराजा सूरजमल ने जयपुर महाराजा जयसिंह के अश्वमेध यज्ञ से लौटकर पहिले पहाड़ताल के निकट किला बनवाना चाहा। पीछे से डीग नगर के भीतर ही दुर्ग की नींव डाली।" (पृ० १८४) यह विवरण पूर्णतः तथ्य संगत नहीं है। पहाड़ताल इस योग्य स्थान नहीं था, जहां बदनसिंह विशाल दुर्ग तथा नगर का निर्माण कराता।

सन्दर्भ नहीं मिल सका हैं, जिसके ग्राधार पर जॉन कोहन के कथन को स्वीकारा जा सके। लोकवार्ता से ज्ञात होता है कि महन्त माखनदास (पीतमदास ?) ने डीग दुर्ग की नींव रखी थी। यह कहा जाता है कि जब महन्त जी ग्यारह फावड़े लगा चुके, तब ठाकुर बदन सिंह ने रोक दिया था। इस पर उसने कहा, 'ठीक है, तेरी ग्यारह टोपी राज करेंगी।" इस प्रकार डीग को जाट राज्य की प्रथम राजधानी बनाया गया।

निःसन्देह ठाकुर बदन सिंह ने जमींदाराना सिपाही तथा ग्रपने निजी सैनिकों के बल पर ग्रपनी शक्ति को बढ़ा लिया था। ग्रब उसने तालुकेदारी या इजारेदारी की ग्रोर ध्यान दिया। शीघ्र ही रैय्यती व खिराजी जमींदारों को ग्रपनी ग्रस्थाई सेवा में भरती कर लिया था। उसने ग्रागरा–दिल्ली प्रान्त के ग्रन्यान्य पाल सरदारों, मेवातियों से लूट में साझेदारी निश्चित करके ग्रागरा–दिल्ली तथा मेवात मार्गों पर लूटमार को प्रोत्साहित किया। जाट मेवाती लुटेरा धारें निर्बाध गति से शाही मार्गों पर इतस्ततः घूमने लगीं ग्रौर विशाल व भव्य इमारत मस्जिद तथा बागों को उजाड़ने लगीं। केवल कुछ ताबों के पैसे, संगमरमर या पत्थर के टुकड़े तथा लोहे की सलाखों के लिए उनको तोड़ने-फोड़ने लगीं। वे विशाल फाटक, भारी भरकम पत्थरों की कड़ाऊ, शहतीर ग्रादि निकाल कर उन महलों में ले जाने लगे थे, जिनको बदन सिंह बनवा रहा था। साथ ही ये लोग दो-दो, तीन-तीन सौ की धारों में लाठी, तलवार, भाला, बन्दूकों से सुसज्जित होकर कुल्हाड़ी तथा मसालों के साथ बिगुल बजाकर सम्पन्न व्यक्तियों को लूटने के लिए निकल पड़ते थे। वे पहिले ग्रपनी धारों में सम्पन्न जमींदार तथा घरों को ग्रापस में बांट लेते थे ग्रौर यह ज्ञात कर लेते थे कि उनका किस स्थान पर प्रतिरोध नहीं होगा। इस प्रकार इन धारों में जाट-गुर्जर, मीणा, मेवाती, राजपूत ग्रादि सभी जातियां शामिल थीं ग्रौर लूटमार करती थीं।[1] वास्तव में कुछ ही महीनों में इन क्रान्तिकारी लुटेरों ने भारी ग्रराजकता पैदा कर दी थी। लूटमार इतनी व्यापक थी कि नवम्बर ९, १७२५ ई० को महाराजा के लिए लिखा गया कि विद्रोहियों के दमन के लिए फौज भेजी जा रही है, फिर भी ग्रापको ग्रति सतर्क व सावधान रहना चाहिए। २४ दिसम्बर को कुमार्गियों को मौत के घाट उतारने के भी ग्रधिकार सौंप दिये गये।[2] वास्तव में कुछ ही महीनों में इन क्रान्तिकारी लुटेरों ने प्रान्तव्यापी ग्रराजकता पैदा कर दी थी।

सवाई जयसिंह ने ठाकुर कीरत सिंह खंगारोत (डिग्गी–मालपुरा) को हिण्डौन, टोडा भीम तथा भुसावर के ग्रनेक गांव सैनिक जागीर में प्रदान कर दिये थे।

---

१ – सरकार (मुगल), सं० २, पृ० २६०; मा० उमरा, खण्ड १, पृ० १२८।

२ – खरीता (कपड़ द्वारा) सं० २३६/५१; परवाना (कपड़ द्वारा), सं० २४५स/ ११८।

वह[1] अति आलसी, नम्र व दयालु व्यक्ति था। इससे क्षेत्रीय राजपूतों ने गुर्जर-मीणों के साथ मिलकर भारी उपद्रव किये और 'वाजिब माल' का भुगतान भी नहीं किया। अक्तूबर, १७२५ ई० में भुसावर के कल्याणोत जागीरदारों ने भी काफी विरोध किया। ठाकुर बदन सिंह ने कल्याणोत जागीरदारों के जागीरी गांव शाही दरबार से अपने नाम करा लिए थे। कल्याणोत राजपूतों की यह स्थिति देखकर दिसम्बर २, १७२५ को राय स्योदास को लिखा गया, "बदनसिंह के गुमास्ता ने लिखा है कि उन्होंने दिल्ली में रकम जमा कराई है, किन्तु हठीसिंह, सबलसिंह, छीत्रसिंह, फौजसिंह, बदनसिंह आदि कल्याणोत जागीरदारों ने उनके पैसों का अभी तक भुगतान नहीं किया है। अतः इनके पैसा वसूल करा देना।"[2] इन विप्लवों का प्रभाव बयाना पर भी पड़ा। फलतः फरबरी २२, १७२६ ई० को परगना बयाना की फौजदारी भी जयसिंह के लिए प्रदान कर दी गई।[3] अब बदनसिंह ने अपने पुत्र प्रतापसिंह के लिए वैर का इलाका जागीर में सौंपा और उसने ससैन्य प्रस्थान किया। सोमनाथ साहित्य के अध्ययन से ज्ञात होता है कि प्रताप सिंह ने भुसावर, टोड़ाभीम के विद्रोही जागीरदार व जमींदारों की गढ़ियों पर अति तीव्र व साहसी आक्रमण किये। उनकी गढ़ियों को बरबाद करके जमींदार, जागीरदारों को आज्ञाकारी बनाने में सफलता प्राप्त करके १७२६ ई० में वैर दुर्ग तथा कस्बा की नींव डाली।[4] इसी प्रकार सूरजमल ने मई, १७२६ ई० में खेमकरन सोगरिया को फतहगढ़ी से पराजित करके भगा दिया। उसने इसी वर्ष कुम्हेर दुर्ग की नींव डाली। जयसिंह ने टप्पा सीगार (परगना पहाड़ी) में पांच ग्राम बदनसिंह के प्रबन्ध में प्रदान कर दिए थे। फिर जनवरी ५, १७२७ ई० को ठाकुर बदनसिंह तथा सम्पतसिंह ने मिलकर रुपया ४४,३३३/– पेशकश भुगतान की शर्त पर कई गांव प्राप्त किये। सांवल सवाई सिंह नाथावत तथा जोरावर सिंह ने इस कबूलियत की जमानत दी।[5] १७ जुलाई को बदनसिंह ने टोड़ा ठेक (नारनौल) में सवाई जयसिंह से भेंट की, फिर नवम्बर, १७२७ ई० में जयसिंह ने स्वयं लश्कर के साथ तीन माह तक पावटा (टोड़ा भीम) में पड़ाव डाला, जहां बदनसिंह ने २५ नवम्बर को उससे भेंट[6] करके आगरा परगना के अनेक गांव इजारे पर प्राप्त करने में सफलता प्राप्त की।

---

१ – जय अख०; फरमान. सं० ३०।

२ – ड्राफ्ट परवाना, सं० २/१६८।

३ – खरीता (कपड़ द्वारा) सं० २४८/२६१।

४ – रस पीयूष निधि (पा० लि०)।

५ – कबूलियत (कपड़ द्वारा) सं० २८६/११७१।

६ – द० को०, जि० ७, पृ० ४३८।

सवाई जयसिंह को निःसन्देह बदनसिंह की योग्यता, प्रबन्ध–कुशलता पर अधिक विश्वास था। उसमें परगना हवेली आगरा के रैय्यती जमींदारों या मुकदमों, अराजक तत्वों को दबाने तथा उनसे जमा वसूल करने की क्षमता थी। फलतः भिकारीदास नाटाणी की जमानत पर दिसम्बर १६, १७२७ ई० को परगना आगरा के अनेक रैय्यती गांव १,५१,६०१ रुपया इजारा भुगतान की शर्त पर प्रदान किये गये। इसी प्रकार अप्रेल ६, १७२८ को भिकारीदास व लूणकरण ने ठाकुर बदनसिंह की ओर से ७५,२०० रुपया भुगतान की जमानत दी। जनवरी १६, १७२६ ई० को भिकारीदास व लूणकरण की जमानत पर इन पट्टों को पुनः बहाल कर दिया गया।[1] अप्रेल १३, १७२६ ई० को बदनसिंह के वकील हेमराज कटारा ने जयसिंह को लिखित आश्वासन दिया कि फरीदाबाद, पलवल तथा तालुका मेवात की राहदारी के एवज में बदनसिंह एक लाख रुपया भुगतान करता रहेगा।[2] इस प्रकार राहदारी का अधिकार[3] जाटों की अनैतिक लूट को वैधानिक रूप में स्वीकार करने की नीति थी। अब अवैधानिक अपराध स्पष्टतः वैधानिक अनुबन्ध था। इससे बदनसिंह का प्रभाव मेवात तथा दिल्ली की ओर बढ़ने लगा। फिर भी बदनसिंह के सन्तोष के लिए यह अपर्याप्त इजारा समझौता था।

मालवा में सवाई जयसिंह की तीसरी नियुक्ति काल में बदनसिंह ने राजनैतिक अस्थिरता से पर्याप्त लाभ उठाया और अपने मुल्क (देश) के बाहर ब्रजमण्डल मुख्यतः गोवर्द्धन, बरसाना, मथुरा, वृन्दाबन में अनेक धार्मिक अनुष्ठान, धार्मिक व सांस्कृतिक राष्ट्रीय पर्वों में शामिल होकर, विशाल भव्य भवन, धर्मशाला तथा नवीन मन्दिरों का निर्माण कराकर हिन्दू संस्कृति तथा धर्म की रक्षा के नाम पर जनता पर अपना प्रभाव जमा लिया था। इसी समय अनेक जन हितकारी बांध तथा नहरों का निर्माण कार्य प्रारम्भ किया गया। सार्वजनिक राजकीय बांध जमींदाराना बन्धों से पृथक् थे। वास्तव में उसने मुगलों के अन्याय, धार्मिक पक्षपात के विरुद्ध हिन्दू–धर्म व भारतीय समाज व संस्कृति की रक्षा का संकल्प धारण कर लिया था। उसके शासन में शान्ति व सुव्यवस्था परिलक्षित होने लगी थी। लोकहित की भावनायें प्रधान थीं। इससे उसके न्याय संगत शासन प्रबन्ध तथा समुचित बन्दोबस्त के प्रति जनता में मोह[4] पैदा हो गया था।

कुम्हेर तथा वैर के पुख्ता दुर्गों के अलावा इसी कल्प (दशक) में जाट राज्य

---

१ – कपड़ द्वारा, सं० २८२/१४४५, ४४७/११४६, ३३६/१०७२।

२ – अनुबन्ध (कपड़ द्वारा), सं० ४४७/११४६, ४६७/१४२६।

३ – सियार, जि० १, पृ० २५६।

४ – कानूनगो, पृ० ६२।

की उत्तरी सीमा पर मेवात में गोपालगढ़,[१] पश्चिमी सीमा पर अखैंसिंह ने अखैगढ़, सादूंल ने पथैना, बलराम ने बल्लभगढ़, हथीसिंह कुन्तल ने सौंख, फौंदाराम ने अड़ींग की पुख्ता गढ़ियों का निर्माण करा लिया था। इन गढ़ियों की सुरक्षा-व्यवस्था बदनसिंह के पुत्रों, बन्धु-बान्धवों तथा निकटतम सहयोगी व रिश्तेदारों के हाथों में थी। इन नवीन नगरों तथा गढ़ियों में दूरस्थ नागरिकों, सेठ-साहूकार तथा व्यापारियों ने बसकर आर्थिक विकास, औद्योगिक संस्थानों का विस्तार किया और कुछ ही समय में ये स्थान प्रमुख व्यापारिक मण्डियां बन गई थीं।

नागरिकों की दीर्घकालिक सुरक्षा तथा जाट-मुल्क की रक्षा के लिए गोला-बारूद, छोटी तोपें, हथियार एकत्रित करने का सफल प्रयास किया गया और डीग, कुम्हेर, वैर, बल्लभगढ़ में रहकला, हथनाल, गजनाल, सुतरनाल जुजर्वा आदि तोप तथा बन्दूकें बनाने के कारखाने चालू किये गये। यह सभी कुछ देखकर बदनसिंह के विरोध में मुस्लिम जागीरदारों, वाक्या-नवीसों ने शाही दरबार में अनेकों शिकायतें भेजकर भारी शोर मचाया, किन्तु बदनसिंह ने शान्ति-संयम तथा निष्ठा से इन शिकायतों को निष्फल कर दिया।

९-मेवाती परगनों में बदनसिंह की उपलब्धियां

जिला मथुरा में शामिल खोह (मुजाहिद), पहाड़ी तथा खोहरी पहाड़ तथा जंगलों से भरपूर रूपारेल व साबी नदी के बहाव से अति सम्पन्न व समृद्ध उपजाऊ परगने थे। यहां पर दुधारू जानवरों का बाहुल्य था। परगना खोह में १०२ गांव शामिल थे, जिनमें से सत्ताइस गांवों में जाट गूंजरों की जमींदारियां और पन्द्रह गांवों पर कल्याणोत राजपूतों का अधिकार था। परगना खोहरी की जमा नौ लाख, पहाड़ी की जमा साढ़े सात लाख रुपया वार्षिक थी। केवल परगना पहाड़ी में खानजादों के पास ८८,००० रुपया वार्षिक की मनसब जागीरें थीं। ये मनसबदार शाही चाकरी में तैनात थे। इन परगनों में अधिकांश खानजादों की मनसब जागीरें व जमींदारियां थीं और खानजादे अपने आपको सुलतान[२] मानते थे। इनके अलावा अराजक मेवाती डाकुओं व लुटेरों की अनेक छोटी-छोटी जागीरों तथा जमींदारों की

---

१ - डीग के उत्तर-पश्चिम में ३९ किमी०।

—बदनसिंह ने मेवाती चौधरियों, खानजादों व मेहरों को नियन्त्रित करने के लिए दौराला नामक गांव के समीप गोपालगढ़ गढ़ी का निर्माण कराया था। इस समय जाट शासकों ने इसको परगना के प्रधान केन्द्र के रूप में विकसित किया। (गजे० ई० राज०, पृ० २०) टप्पा दौराला में छत्तीस गांव शामिल थे। (अठसता, परगना पहाड़ी, सं० १७७३)।

२ - सूदन, पृ० ७; तारीख-ए-खान जादों, पृ० २६१।

गढ़ियों का जाल बिछा था। खानजादों, मेवाती, गुर्जर तथा अन्य क्रान्तिकारियों पर स्थाई नियन्त्रण रखने के लिए सम्राट शाहजहां ने १६५० ई० में मिर्जा राजा जयसिंह कछवाहा को नियुक्त किया था। अन्त में उसने अतिरिक्त सैनिकों के व्यय के लिए डीग के उत्तर, उत्तर-पश्चिम में आबाद चार लाख छहत्तर हजार रुपया से अधिक जमा के मेवाती परगना कामां पहाड़ी तथा खोहरी भी मिर्जा राजा जयसिंह के सुपुर्द कर दिये थे। १६५१ ई० मे जयसिंह के पुत्र कीरत सिंह ने कामां को निजी जागीर बनाया और मेवाती विद्रोहियों को कुचलने के लिए राजपूतों को लाकर यहां बसाया। बाद में कामां कछवाहा शासन की स्थाई जागीर बन गई थी।[1] प्रायः मेवात के फौजदारों के स्थानान्तरण पर मेवाती शाही भू-राजस्व कर रोक कर लूटमार करने, शाही परगनों में डकैती डालने के परम्परागत अभ्यस्त थे। इससे अनेक शताब्दियों से इन पर कड़ी निगाह रखी जाती थी।

फर्रुखसियर शासनकाल से ही परगनों को हस्तगत करने के लिए ठाकुर चूड़ामन तथा जयसिंह कछवाहा में होड़ लग चुकी थी। अगस्त, १७१४ में सवाई जयसिंह ने अपने पुत्र कुंवर चिम्नाजी के नाम परगना खोहरी जागीर में प्राप्त कर ली थी, किन्तु मई १७१५ में चूड़ामन ने परगना खोह मुजाहिद के साथ ही परगना खोहरी पर भी अधिकार जमा लिया था। वकील पंचोली जगजीवन दास ने जून ११, १७१५ (ज्येष्ठ सुदि ११ १७७२) को महाराजा के लिए खोहरी पर सैनिक बल से अधिकार करने की सलाह दी थी। साथ ही उसने खोहरी का पट्टा उपलब्ध कराने के लिए ढ़ाई लाख रुपया का जमानती इकरारनामा भेजने का आग्रह किया था।[2] लेकिन सैय्यद बन्धुओं के हस्तक्षेप के कारण वह पट्टा प्राप्त नहीं कर सका। राव चूड़ामन की मृत्यु के बाद सम्राट मुहम्मद शाह ने एक करोड़ दाम (२,५०,००० रुपया) का परगना खोहरी सवाई जयसिंह कछवाहा को सौंप दिया था। अगस्त, १७२५ में सवाई जयसिंह की इच्छा के विरुद्ध परगना खोहरी में फौजदार वाजीद खां तथा सुरत खां की जागीरों में शामिल गांव व कस्बा खालसा करके सैय्यद नज्मुद्दीन अली खां की मनसब जागीर में प्रदान कर दिए गये थे। तब जयसिंह ने २२ अगस्त के दिन राय श्योदास के लिए निर्देश दिये कि यदि सैय्यद नज्मुद्दीन अली खां के आदमी घुसावली पहुँच कर फौजदार वाजीद खां के पुत्रों के साथ किसी भी प्रकार का झगड़ा करें, तब आप नरुका, कल्याणवत आदि जागीरदारों को उसकी सहायता करने के लिए पाबन्द करें। साथ ही वकील राव जगराम को लिखा कि वाजीद खां दिल्ली पहुँच रहा है। उसको सम्राट तथा मीर बख्शी खानदौरान से मिलवाकर

---

१ – द्रष्टव्य, जाट मुगल संघर्ष, पृ० १८३; जाटों का नवीन इतिहास, पृ० ८०-८१।

२ – वकील रिपोर्ट, सं० २५१, २७६, ३१० (राजस्थानी)।

उसकी जागीरी गांवों की रदोबदल करवाने का प्रयास करना।[1] इस स्थिति में नवम्बर, १७२५ में परगना खोह, खोहरी, पहाड़ी, कठूमर तथा भुसावर में भारी लूटमार व उपद्रव भड़क उठे। जाट मेवातियों ने मिल कर भारी लूटमार की और सैय्यद नज्मुद्दीन अली खां के आमिलों व गुमास्तों को मार कर भगा दिया।

समकालीन लेखकों[2] के अनुसार बदनसिंह ने राज्य विस्तार के लिए सर्वप्रथम अपनी दृष्टि मेवात की ओर डाली। अन्त में शाही दरबार से जयसिंह पर दबाव डाला गया और उसने बदनसिंह के लिए लिखा।[3] बदनसिंह ने अपने पुत्र सुल्तानसिंह की कमान में जाट सैनिक रवाना कर दिए। जाट सैनिकों ने शीघ्र ही मेवातियों पर आक्रमण करके उनकी गढ़ियों को घेर लिया। अनेक मुठभेड़ों के बाद मेवाती चौध-रियों ने भू-राजस्व भुगतान करना स्वीकार कर लिया।[4] खोहरी आक्रमण में सुल्तान सिंह बुरी तरह घायल हो गया और डीग लौटने पर उसकी मृत्यु हो गई।[5] १७२६ में परगना पहाड़ी में पांच गांव तथा टप्पा सीगार के छब्बीस गांव बदनसिंह के लिए इजारे पर प्रदान कर दिये गये।

जोरावर सिंह स्योब्रह्म-पोत के नाम कस्बा खोहरी तथा कतिपय अन्य गांवों की इजारेदारी थी, किन्तु मेवातियों के विरोध के कारण उसने इजारा भुगतान में ढ़ील की। तब अप्रैल १८, १७२८ को इन्द्रराज व अनोप सिंह ने उसकी जमानत दी। किन्तु आगामी फसली सम्बत (सितम्बर, १७२८-२६) में परगना खोहरी के कुछ गांव बदनसिंह को सौंपने पड़े। सितम्बर १४, १७२८ के दिन बदनसिंह की ओर से दो लाख रुपया पेशकश भुगतान की जमानत ली गई।[6] फरवरी १, १७२६ को बदन सिंह ने जयसिंह से जयपुर में भेंट की। इसके बाद शाही दरबार से बदनसिंह के नाम पाईबाकी के पन्द्रह गांव जागीर में प्रदान कर दिए गए।[7] इस प्रकार बदनसिंह ने

---

१ – ड्राफ्ट खरीता व परवाना, सं० २/१६६, २/१६७।

२ – सूदन, पृ० ७; खानजादो, पृ० २६१।

३ – आशोब खण्ड २, पृ० ३१६; दीक्षित, पृ०८; जय०अ०, फरमान व परवाना ३०।

४ – ता० खानजादो, पृ० २६१।

५ – बदनसिंह ने सुल्तान सिंह के लिए डीग के द०प० में ५-६ किमी० ग्राम खोहरी कांसा जागीर में प्रदान कर दिया था। सूदन के अनुसार उसने सुल्तानों में प्रतिष्ठा प्राप्त कर ली थी। (पृ० ६) डीग दुर्ग में महलों के समीप सुल्तानसिंह की एक अति आकर्षक छतरी विद्यमान है। यहाँ सरोपाव तथा जामा की पूजा अभी तक होती है।

६ – इकरारनामा (कपड़ द्वारा), सं० ३३६/१०७२, ३४२/११५०, ४१४/१४६४।

७ – अठसता, परगना पहाड़ी।

मेवाती इलाके पर धीरे-धीरे अधिकार किया। अब मुगल दरबार ने मेवात के अनेक गांव दो लाख चालीस हजार रुपया वार्षिक इजारे पर बदनसिंह को सौंप दिए थे।[1] इस दशक के अन्त तक जाटों के अधिकार में अठारह लाख रुपया वार्षिक जमा[2] का इलाका आ चुका था।

१७३१ ई० में मेवात में भारी उत्पात मचा और मेवातियों ने संघर्ष की तैयारियाँ कर ली थीं। फलतः जयसिंह को स्वयं मथुरा में आकर पड़ाव डालना पड़ा था। उसने बदनसिंह को 'राव' का विरुद प्रदान करने के बाद अप्रेल के प्रारम्भ में दीवान नारायणदास खत्री के साथ सूरजमल तथा अन्य जाट सरदारों की कमान में फौज तैनात करके रवाना की। ७ अप्रेल को पावटा में भी बरकंदाजों की भरती की गई। जाट सैनिकों ने मेवातियों को गुलपाड़ा की गढ़ी में घेर लिया। बदनसिंह के स्वजातीय भ्राता गोपाल सिंह ने सूरजमल की कमान में मेवातियों पर प्रबल प्रहार किये और आत्म-विश्वास तथा सूझबूझ से मेवातियों को पराजित किया। सूरजमल की नेतृत्व योग्यता तथा जाटों के युद्ध नैपुण्य के आगे मेवातियों ने समर्पण कर दिया और गुलपाड़ा की गढ़ी पर जाटों का अधिकार हो गया। ३० अप्रेल को सवाई जयसिंह ने मथुरा छावनी में बदनसिंह के प्रयासों की भारी प्रशंसा की और दीवान नारायण दास, सूरजमल आदि को सिरोपाव से सम्मानित किया।[3] नवम्बर २४, १७३१ के परवाना से ज्ञात होता है कि टप्पा हाथीया (परगना सहार) में मेवातियों ने पुनः उपद्रव कर दिया था। फलतः सूरजमल को कूंच करना पड़ा। अन्त में मीरजा दावर जंग को सूरजमल के सामने समर्पण करना पड़ा। नादिरशाह के आक्रमण के बाद देश में भारी अराजकता फैल गई थी। मेवातियों ने भारी उत्पात मचाया और परगना खोहरी के आमिल को मारकर भगा दिया। उन्होंने कस्बा खोहरी में भी भारी आगजनी व बरबादी की। सवाई जयसिंह नादिरशाह के भावी आक्रमण की सम्भावना से कुछ नहीं कर सका। वह अपनी राजधानी की सुरक्षा में व्यस्त था। तब उसने बदनसिंह को मेवातियों को दबाने के लिए लिखा। सूरजमल ने शीघ्र ही खोहरी की ओर प्रस्थान किया और अनेक मुठभेड़ों के बाद कस्बा खोहरी तथा परगना में सरकार का अमल करने में सफलता प्राप्त कर ली। ९ अप्रेल को जयसिंह ने उसके लिए सिरोपाव भेजकर प्रसन्नता प्रगट की।[4] इस प्रकार अनेक वर्षों के बाद बदनसिंह ने अपनी नीति निपुणता धैर्य व योग्यता से मेवात पर विजय[5] प्राप्त कर ली थी।

---

१ – अशोब, खण्ड २, पृ० ३१६; दीक्षित, पृ० ८।
२ – इमाद, पृ० ५५; कानूनगो, पृ० ६१।
३ – द० कौ०, जि० ७, पृ० ५३९, जि० २, पृ० ६०१।
४ – ड्राफ्ट खरीता व परवाना, सं० १७३; द० कौ०, जि०७, पृ०४४४ (९ अप्रेल)।
५ – सरकार (मुगल), भाग २, पृ० २९२ तथा पा० टि० २।

मेवात के साथ ही बदनसिंह ने दक्षिण में भी धीरे–धीरे अपना कदम बढ़ाया। खेमकरन सोगरिया के इलाके को अपने अधिकार में लेने के बाद उसने आगरा के अनेक परगनों पर अपनी दृष्टि डाली। १७३५ ई० तक उसने हवेली आगरा के ६१ गांव ८०, १९४ रुपया में तथा कांगारोल आदि का जाट प्रधान सम्पूर्ण इलाका १,७९,४५१ रुपया वार्षिक इजारे पर उपलब्ध कर लिया था।[१] इससे उसको चाहर पाल की अपार शक्ति मिल गई थी। इस प्रकार नादिरशाह के आक्रमण से पूर्व ही बदनसिंह का राज्य व शासन अस्सी लाख रुपया वार्षिक जमा के इलाकों तक फैल चुका था। उसने जो गांव व परगना अपने पुत्रों के नाम जागीर या कांसा (पालन-पोषण) खर्च में प्रदान कर दिये थे, वे इस जमा में शामिल नहीं थे।[२] अपनी कुशलता सूझबूझ व निपुणता से ही बदनसिंह ने इस कल्प (दशक) तक राव चूड़ामन से कहीं अधिक जाट राज्य का विस्तार करने में सफलता प्राप्त कर ली थी।

फादर वेण्डल लिखता है, "अपार सम्पत्ति, सैनिक बल अर्जित करने के बाद भी बदनसिंह सम्राट के आमन्त्रण पर अपने आपको एक साधारण जमींदार कह कर शाही दरबार में उपस्थित नहीं होता था। वह केवल आमेर नरेश के प्रति अपनी भक्ति प्रगट किया करता था और प्रतिवर्ष दशहरा दरबार में उपस्थित हुआ करता था। वृद्धावस्था में अशक्त होने के कारण उसने उपस्थित होना कम कर दिया था।"[३] सम्राट्, वजीर कमरुद्दीन तथा मीर बख्शी खानदौरान की मित्रता के कारण जयसिंह राजस्थान, मालवा तथा बुन्देलखण्ड के हिन्दू शासकों के हितों का सर्व मान्य प्रतिनिधि तथा शाही दरबार में उनका राजनैतिक प्रवक्ता था। निःसन्देह इस काल में भारत में उसके समकक्ष कोई भी प्रतिभाशाली हिन्दू सरदार नहीं था प्रायः सभी हिन्दू शासक उसकी सलाह तथा निजी हितों की रक्षा के लिए शाही दरबार में उस पर निर्भर रहने लगे थे। स्वभावतः ठाकुर बदनसिंह भी अपने प्रभाव, यश, प्रतिष्ठा, सैनिक शक्ति के संगठन तथा राज्य विस्तार की भावना को मूर्त रूप देने के लिए जयसिंह से शत्रुता मोल नहीं ले सकता था। केवल राजनैतिक हित सम्वर्द्धन तथा नैतिक समर्थन के लिए ही वह निमन्त्रण मिलने पर दशहरा दरबार में स्वयं उपस्थित होता था या अपने प्रतिनिधि अथवा वकील को भेजा करता था।[४] महाराजा ईश्वरी सिंह तथा माधोसिंह राजनैतिक सम्बन्धों को स्थाई रखने के लिए प्रति वर्ष दशहरा का औपचारिक सिरोपाव भेजकर सन्तोष कर लेते थे। अतः दस्तूर कौमवार तथा वाक्या

---

१ – अठसता, परगना अकबराबाद।

२ – नामहे मुजफ्फरी (अली० प्रति०), पृ० २१९,

३ – वेण्डल; सरकार, खण्ड २, पृ० २८८; मथुरालाल (जयपुर), पृ० १४४, १५४।

४ – द० कौ० के अनुसार १७२२, १७३१, १७३३, १७३५ में बदनसिंह, १७३८, १७३९, १७४२ में प्रतापसिंह दशहरा दरबार में उपस्थित था। जि० ७, पृ० ४३४, ४३८, ४४०, ४४२, ४४४, ४२१)।

पत्रों से स्पष्ट है कि १७३५ के बाद राव बदनसिंह स्वयं दरबार में जाकर उपस्थित नहीं हो सका। अब वह जाट राज्य का संरक्षक तथा राजनीति का अधिष्ठाता मात्र था। उसने शनैः शनैः राज्य संचालन व दिग्विजय की समस्त जिम्मेदारियां अपने पुत्र सूरजमल को सौंप दी थीं। नादिरशाह का आक्रमण (१७३६) जाट राज्य तथा शासन विस्तार के लिये एक ईश्वरीय वरदान था। अग्रतर इतिहास निःसन्देह सूरजमल कालिक इतिहास माना जा सकता है।

१० – जाट कछवाहा सम्बन्ध १७३०–१७४३ ई०

सैनिक संगठन या युद्धों में भाग लेने की अपेक्षा बदनसिंह स्वयं 'कौमी सभा या कौमी दरबार' में बैठकर जमींदारों की सलाह से आन्तरिक गृह, राजस्व प्रबन्ध, राज्य प्रशासन तथा निर्माण परियोजनाओं में अधिक व्यस्त रहता था। सवाई जयसिंह तथा बदनसिंह में जीवन पर्यन्त अति मधुर तथा निकटतम सम्बन्ध रहे। उसने आवश्यकता के अनुरूप समय–समय पर कछवाहा नरेश की सहायतार्थ जाट टुकड़ियां भेजकर अपनी मित्रता को अति प्रगाढ़ कर लिया था। अक्तूबर २६,१७२६ को सवाई जयसिंह के लिए मालवा प्रान्त का राज्यपाल पद दूसरी बार प्रदान किया गया, तब सूरजमल की कमान में जाट सवारों ने भी मालवा अभियान में भाग लेकर अपनी वीरता का परिचय दिया। इसका विवरण अगले अध्याय में दिया गया है।

सम्राट मालवा में 'मराठों को सन्तुष्ट रखने' की सवाई जयसिंह की नीति के प्रतिकूल था। इससे वजीर कमरुद्दीन खां, सआदत खां, जफर खां आदि तूरानी घटक के प्रयास से सितम्बर, १७३० में सवाई जयसिंह के स्थान पर मुहम्मद खां बगस के लिए मालवा का राज्यपाल पद प्रदान किया गया और कुछ समय बाद सवाई जयसिंह की दूसरी बार आगरा प्रान्त के नाजिम पद पर नियुक्ति कर दी गई। इस बार वह पुनः सात वर्ष (१७३१–१७३७ ई०) तक आगरा प्रान्त का प्रबन्धक और फिर नायब रहा। जाट संगठन, जातीय एकता की दृढ़ता के लिए बदनसिंह के लिए उसके साथ राजनैतिक सम्बन्ध सुस्थिर रखने पड़े। फरवरी,१७३१ में सवाई जयसिंह स्वयं मथुरा आ गया और लगभग एक वर्ष तक मथुरा में ही रहा। यहां उसने अनेकों धार्मिक व सांस्कृतिक कार्यक्रमों, धर्म सम्मेलनों का आयोजन किया तथा ब्रज के सांस्कृतिक विकास में रुचि ली। ३० मार्च को उसने बदनसिंह के लिए 'राव' के विरुद से सम्मानित किया। १७ अक्तूबर (कार्तिक वदि ३, सं० १७८८) को बदनसिंह ने उससे भेंट की। १२ नवम्बर को जयसिंह ने ख्यालखाना से कागज का गंजफा, २७ दिसम्बर को सिरोपाव और मार्च ४, १७३२ (फाल्गुन सुदि नवमी, सं० १७८८) को बसन्ती छापदार पंच परिधान (जामा, चीरा, ईजार, नीमा व फेंटा तथा इजारबन्द ताफ्ता) प्रदान करके ब्रज में होली का महान सांस्कृतिक पर्व मनाया।[1] फिर

---

१ – ब० कौ०, जि० ७, पृ० ४४१।

उसने अप्रैल के प्रारम्भ में मथुरा से जयपुर की ओर प्रस्थान किया, तब थून में पड़ाव डालकर ६ अप्रैल को बदनसिंह से डीग में भेंट की। दस्तूर कोमवार[१] में इस भेंट का निम्न विवरण मिलता है :—

"अप्रैल १५, १७३२ (वैसाख वदि ६, सं० १७८९) के दिन सर्व प्रथम महारानी जोधी (राठौड़ी) डीग पधारी, तब राव बदनसिंह, ठाकुर रूपसिंह तथा ठाकुर फूंदाराम की पत्नियों ने छः खवासियों के साथ उसकी अगवानी की। सरकार की ओर से राठौड़ी रानी ने राव बदनसिंह की दोनों ठकुरानियों को पांच वस्त्रों का एक-एक वेस (साड़ी जरी, मसरू, घाघरा, कुरता जरी तथा कंचुको), रूपसिंह की विधवा पत्नी को साल, थिरमा व साड़ी और फूंदाराम की पत्नी व पुत्री को साड़ी जरी, कुरता जरी व मसरू तथा खवासिनों को एक-एक थिरमा प्रदान किया।

"१६ अप्रैल (वैसाख वदि ७) को सूर्योदय के चार घड़ी बाद महाराजा थून से घोड़े पर सवार होकर बदनसिंह की गढ़ी डीग की ओर रवाना हुए। बदनसिंह ने डीग डेरों पर महाराजा के चरण-स्पर्श किए और हाथी, घोड़ा, तोरा, गांव तथा नौ सहस्र रुपया भेंट करते हुए निवेदन किया, 'महाराजा सलामत, सभी वस्तुयें आपकी नजर हैं। मुझे केवल दस बीघा धरती व चढ़ने के लिए एक घोड़ी काफी है।' तब महाराजा ने प्रस्तुत नजर को देखकर कहा कि सभी आपकी ही नजर हैं। उसने अपने हाथों से उठाकर एक मोहर स्वीकार कर ली। फिर उसने तोरा में से एक चीरा उठाकर अपने हाथों से बदनसिंह के माथे पर बांधा और शेष नजर उसको लौटा दी। महाराजा एक घड़ी वहाँ विराजे और फिर सवार होकर थून के डेरों पर लौट आए।" इसके बाद बदनसिंह उसको अपनी सीमाओं तक विदा करने गया। १४ मई (ज्येष्ठ वदि ६) को सवाई जयसिंह ने लालसोट छावनी से बदनसिंह को विदा करते समय एक तलवार, एक तैगा मय मूंठ, जड़ाऊ तेहनाल व मोहनाल प्रदान की।"

मालवा में मुहम्मद खां बंगस मराठों की शक्ति को रोकने में विफल रहा। इससे खानदौरान के निश्चित तर्कों व नियमित प्रयासों के बाद अक्तूबर १७, १७३२ को सवाई जयसिंह के लिए तीसरी बार मालवा का राज्यपाल तथा मन्दसौर का फौजदार नियुक्त किया गया। २० अक्तूबर को जयपुर से प्रस्थान करके जयसिंह दिसम्बर में उज्जैन पहुँच गया। इस बार उसका प्रयास मराठों से समझौता करके अपने राज्य को उनकी लूट तथा बरबादी से बचाने तक सीमित रहा। इस समय सूरजमल पुनः उसके साथ मौजूद था। मालवा में कुछ माह रुककर वह जयपुर वापिस लौट आया। तब दशहरा दरबार में बदनसिंह जाकर शामिल हुआ और अक्तूबर २२, १७३३ (कार्तिक वदि १, सं० १७९०) को बदनसिंह के लिए चांदी का खासा सिरोपाव

---

२ – द० को०, जि० ७, पृ० ४४८, ५०३, ४२८, ४४२।

तथा दयाराम को सीख का सिरोपाव प्रदान करके विदा किया गया।[1] दस्तूर कौमवार के विवरण से ज्ञात होता है कि सवाई जयसिंह ने तीसरी वार मालवा की ओर कूंच करने से पूर्व ही सूरजमल को 'कुंवर' पद की मान्यता स्वीकार कर ली थी[2] और अगले वर्ष अश्वमेघ यज्ञ (अगस्त, १७३४) में बदनसिंह का 'ब्रजराज' के रूप में सम्मान किया गया था।

अगस्त, १७३५ ई० के मध्य में बाजीराव पेशवा की माता राधाबाई तथा उसकी पत्नी ने ब्रज की यात्रा की, तब बदनसिंह ने उसका भारी आदर सत्कार किया। राधा बाई की इस तीर्थ यात्रा का जाटों को सुखद लाभ मिला और बदनसिंह ने परगना मथुरा का प्रमुख मौजा चोमुंहा, परगना हवेली आगरा के इकसठ गांव ५,३८,३५५ रुपया तीन वार्षिक किश्तों में भुगतान की शर्त पर और रुणकता तथा कांगारोल की राहदारी २००१ रुपया वार्षिक इजारे पर प्राप्त करने में सफलता प्राप्त कर ली थी।[3] इससे समस्त चाहरवाटी तथा आगरा का पश्चिमी जाट प्रधान इलाका जाट राज्य का अंग बन गया। फिर ४ अक्तूबर, नवम्बर १५, १७३५ को जयसिंह तथा बदनसिंह में आपसी मुलाकात हुई और दोनों राज नेताओं ने मराठों की प्रमुख समस्या पर विचार किया।

अगस्त १३, १७३७ ई० को सम्राट ने आगरा का राज्यपाल पद आसफजहाँ निजामुल्मुल्क के पुत्र गाजीउद्दीन खां को प्रदान कर दिया था। तब बदनसिंह ने वकील-ए-मुतलक निजामुल्मुल्क के साथ अपने पुत्र प्रतापसिंह को भूपाल भेजा। इस समय कुंवर ईश्वरी सिंह भी उसके साथ था। भूपाल युद्ध के बाद कुंवर ईश्वरी सिंह तथा राजा अयामल खत्री आगरा होकर डीग पधारे और मार्च ६, १७३८ को इन्होंने राव बदनसिंह से डीग में मुलाकात की।[4] निजामुल्मुल्क की पराजय के बाद अगस्त, १७३८ में सवाई जयसिंह को आगरा का नायब पद प्रदान किया गया। इससे जाटों ने भारी लाभ उठाया।

नादिरशाह की वापसी के बाद केन्द्रीय सरकार के पदाधिकारियों के पदों में भारी परिवर्तन किया गया। इसी समय बाजीराव पेशवा का पूना में (अप्रेल २८,

---

१ – द०कौ०, जि० ७, पृ० ४४८, ५०४, ४४२।

२ – ज्वाला सहाय (हिस्ट्री ऑफ भरतपुर, पृ० ६३) तथा दीक्षित (पृ० ४०) का कथन है कि जयसिंह ने बदनसिंह को 'ब्रजराज' तथा सूरजमल को 'कुंवर' पद से अश्वमेध यज्ञ के अवसर पर सम्मानित किया था। डा० कानूनगो (पृ० ६३) ने ज्वालासहाय के कथन को ही स्वीकारा है। द० कौ० (पृ० ५४१) में जून ३, १७३३ ई० के वाक्या में सूरजमल को 'जमींदार' लिखा है।

३ – अठसता, परगना अकबराबाद तथा मथुरा।

४ – द०कौ०, जि० २४, पृ० ४२।

१७४०) देहान्त हो गया और उसके नवयुवक पुत्र बाजीराव ने पेशवा पद की पोशाक (२५ जून) धारण की। सम्राट ने इस राजनैतिक परिवर्तन से लाभ उठाने का विफल प्रयास किया और आसफजहाँ निजामुलमुल्क का भतीजा अजीमुल्ला खां मालवा में असफल रहा। इसी बीच में २७ जुलाई को मीरबख्शी आसफजहाँ अपने पुत्र गाजीउद्दीन खां को केन्द्र में अपना नायब नियुक्त करके दिल्ली से दक्षिण की ओर रवाना हो गया।[1] नवयुवक बालाजी राव पेशवा ने मालवा पर यथापूर्व मराठा अधिकार बनाये रखने के उद्देश्य से नवम्बर २३, १७४० को पूना से प्रस्थान किया। जनवरी ५, १७४१ को सिंधिया व होलकर ने धार के दुर्ग पर आक्रमण करके अधिकार कर लिया। इससे उत्तरी मालवा में भारी भगदड़ मच गई। इन समाचारों से सम्राट काफी भयभीत हो उठा और उसने दिल्ली को मराठों की लूट से बचाने के लिए मराठों को चम्बल नदी के पार ही रोकने के लिए सवाई जयसिंह तथा अन्य मुगल सरदारों के पास अति आवश्यक निर्देश भेजे।[2] आदेशों की पालना में सवाई जयसिंह जनवरी में जयपुर से आगरा आया। सीमान्त प्रदेश में कुंवर सूरजमल, ठाकुर विजयराम, छीत्रसिंह (भानजा तुलाराम), जैतसिंह (पुत्र फौंदाराम) ने जनवरी १३, १७४१ को उसका स्वागत किया और ये सभी सवारों के साथ रकाब में शामिल हो गए। फिर जयसिंह स्वयं डीग पहुंचा और १५ फरवरी (फाल्गुन सुदि १, सं०१७९७) को राव बदनसिंह के महलों पर पहुँच कर भेंट वार्ता की। इस बार सवाई जयसिंह की कमान में पन्द्रह सहस्र सैनिक थे। बदनसिंह ने उसका भव्य स्वागत किया और उसको नौ मोहर, एक जड़ाऊ कलंगी, एक जड़ाऊ सरपेच, दो हाथी, पांच घोड़ा तथा ५६ थान वस्त्र, कुंवर सूरजमल ने पाँच तथा रणजीत ने दो मोहर नजर कीं।[3] सम्भवतः इस बार राजनेताओं ने मराठों के साथ चल रहे संघर्ष तथा शान्ति-वार्ता की रूपरेखाओं पर विशद चर्चा की थी। निःसन्देह यह दो राजनेताओं की अन्तिम मुलाकात थी। फिर जयसिंह डीग से आगरा पहुँचा, जहां २६ फरवरी को आगरा के काजी ने उससे भेंट की।

सवाई जयसिंह ने मराठों से संघर्ष को टालकर सम्राट तथा पेशवा के बीच में शान्ति–समझौता कराने का सफल प्रयास किया। आदेशानुसार नवाब आजम खां (२३ मार्च), मुहम्मद सईद खां, नवाब समसामुद्दौला आदि भी ससैन्य आगरा पहुँच गए थे। १५ मई को सवाई जयसिंह ने आगरा से फतहाबाद (धौलपुर) की ओर कूंच

---

१ – हिंगणे, जि० १, लेख १५, १७–१९, २१, २३, २४; पे० द०, जि० २१, लेख २; राजवाडे, खण्ड ६, लेख १४५,१५२; इ० डा० (रुस्तमअली), खण्ड ८, पृ० ५०।

२ – राजवाडे, खण्ड ६, लेख १४५–४९; पे० द०, खण्ड १३, लेख ४।

३ – इ०को०, जि० ७, पृ० ५४६, ४४४।

करके अपना डेरा डाला। २२ मई को बालाजी राव पेशवा ने राजघाट पर चम्बल नदी पार की और पवित्र तीर्थ मचकुण्ड में अपना पड़ाव डाला। २३ मई (ज्येष्ठ सुदि ६) को जयसिंह तथा पेशवा में फतहाबाद में एक आम्र-वृक्ष के नीचे प्रथम मुलाकात हुई और २८ मई तक आपस में प्रस्तावों पर विचार चलता रहा। फिर पेशवा लौट गया।[1] इस अवसर पर जाट शासक पूर्णतः सतर्क व सावधान रहा। उसने सवाई जयसिंह की छावनी की सुरक्षा व्यवस्था के लिए अपने सैनिक तैनात कर दिए थे। जयसिंह ३१ मई तक फतहाबाद छावनी में ही रुका। अचानक ही उसको बख्तसिंह राठौड़ के विरुद्ध अजमेर की ओर प्रस्थान करना पड़ा। ६ जून को बहादुर सिंह ने उससे भेंट की।[2] ४ जुलाई को सम्राट ने पेशवा को मालवा में नायब तथा ७ सितम्बर को सम्पूर्ण मालवा का फौजदार नियुक्त कर दिया।[3] सवाई जयसिंह की मृत्यु (सितम्बर २१, १७४३ ई०) से नवोदित जाट राज्य के राजनेता को भारी धक्का लगा। अब जाट शासक को मुगल दरबार से अपने सीधे राजनैतिक सम्बन्ध बनाने का प्रयास करना पड़ा।

११–राजत्व पद की अभिलाषा

राव बदनसिंह ने शस्त्रों की अपेक्षा चातुर्य, विवेक, असीम धैर्य तथा नम्रता की नीति व सिद्धान्तों का अनुसरण करके अपने मुल्क (देश) राज्य तथा शासन का विस्तार किया। उसने जाट डूंग व पालों के लुटेरा, उत्पाती जमींदारों व गांवों के मुकदमों को अपना निर्देश मानने के लिए बाध्य कर दिया था और उनके बीच में बैठकर सम्मान प्रतिष्ठा तथा वैभव प्राप्त कर लिया था। प्रारम्भ में उसने जाट डूंग व पाल सरदारों की एक 'सभा या कौमी परिषद' का गठन किया और उनकी सलाह से शासन करने लगा। बाद में उसने दरवारी शिष्टता, सभ्यता, राजकार्य में निपुण अनेक मुस्लिम अधिकारियों, चतुर पण्डितों तथा कायस्थों को राज-सेवा में रखकर प्रभावी सभ्य दरबार तथा शाही अमीरों की परम्परा पर सभा की स्थापना की। इन अधिकारियों ने जाट जमींदारों को शाही दरबारी परम्परा, शिष्टता तथा सभ्यता, बातचीत करने की शिक्षा-दीक्षा दी। हमको ज्ञात है कि राजा प्रतापसिंह ने मुस्लिम सभ्यता, कुलीन शिष्टता ग्रहण कर ली थी। प्रतापसिंह का सर्वत्र अधिक

---

१ – व०कौ०, जि० १८, पृ० ८४३; जि० १०, पृ० १०२३–११२३ (मुलाकात), जि० १८, पृ० ४३७, ८२१, ६१७, ८४३।

२ – व० कौ०, जि० ७, पृ० ४३१।

३ – एति० फा० सा०, सं० २१, २४; पे० द०, जि० १५, लेख ८६, ८८, ८९, ६७–८; सरदेसाई, खण्ड २, पृ० २६३; राजवाडे, जि० ६, लेख १५१; पुरन्दरे, जि० १, लेख १४६।

मान–सम्मान होने लगा था। उसके पुत्र बहादुर सिंह ने अरबी तथा फारसी भी सीख ली थी। बदनसिंह को अपने देश में राजा के अनुरूप आदर[1] मिलने लगा था और राजकीय परवानों में 'राज श्री राजा बदनसिंह'[2] लिखा जाता था। निकटतम परगनों के जमींदार, शाही फौजदार, मनसबदार तथा जागीरदार भी उससे भयभीत रहते थे। १७२६ ई० के बाद सिनसिनवार–सोगरिया डूंग तथा सिनसिनवार–खूंटेल परगनों से संयुक्त काथेड़ क्षेत्र 'जटवाड़ा या जाट राज्य' कहलाने लगा था।

कहा जाता है कि प्रारम्भ में बदनसिंह की हार्दिक अभिलाषा राजत्व पद प्राप्त करने की थी। यह भावना उभरने भी लगी थी। सम्भवतः वह सवाई जयसिंह के अनुग्रह से उऋण होना चाहता था। कानूनगो के शब्दों में "वह (बदनसिंह) शाही सिंहासन के सामने नतमस्तक होने के लिए तैयार था और वह इसको सहज प्राप्त कर सकता था। लेकिन जयपुर नरेश निजी स्वार्थ के लिए जाटों को अपने अधीन रखना चाहता था। सम्भवतः इसी ईर्ष्या के कारण वह सफल नहीं हो सका।"[3]

राज्यपाल सरबुलन्द खां गुजरात प्रान्त में मराठा प्रवेश को रोकने में विफल रहा और बाध्य होकर उसको फरवरी, १७२७ ई० में पेशवा के लिए गुजरात प्रान्त में सरदेशमुखी संग्रह का अधिकार सौंप कर शान्ति समझौता करना पड़ा। मीर बख्शी खानदौरान ने सरबुलन्द खां के मनमाने अत्याचार, राजस्व प्रशासन में हस्तक्षेप तथा मराठों को सन्तुष्ट करने की नीति के विरुद्ध सम्राट के कान भरना शुरू कर दिया था। फलतः १७३० ई० में खान के त्यागपत्र को स्वीकार करके जोधपुर के महाराजा अभयसिंह राठौड़ की गुजरात के राज्यपाल पद पर नियुक्ति की गई। सम्राट सर बुलन्द खां से इतना अधिक रुष्ट था कि उसने उस पर शाही दरबार में भी उपस्थित होने पर प्रतिबन्ध लगा दिया था। त्याग–पत्र स्वीकार करने और अभयसिंह राठौड़ की नियुक्ति का समाचार सुनकर सरबुलन्द खां ने विद्रोह कर दिया। २७ अक्तूबर को अभयसिंह राठौड़ ससैन्य गुजरात पहुँच गया और उसने विद्रोही राज्यपाल को परास्त करके अहमदाबाद पर अपना अधिकार कर लिया।[4] अपदस्थ राज्यपाल

---

१ – सरकार, खण्ड २, पृ० २८९ :

२ – परवाना, महन्त रामकिशन के नाम।

३ – कानूनगो, पृ० ६२।

४ – मी० अहमदी, खण्ड २, पृ० ११८; जोध० ख्यात, खण्ड २, पृ० २१३–४; राज रूपक, पृ० ५०–५१; सूरज प्रकाश, पृ० ५६; वीर विनोद, पृ० ८४४; टॉड, खण्ड २, पृ० ११; इर्विन, भाग २, पृ०२०५–१२; सरकार, खण्ड १, पृ०१५३; मार्यंब, पृ० १६८–९; अशोब, पृ० ३७१।

सरबुलन्द खां ने अपनी सेना के साथ उदयपुर-अजमेर मार्ग से आगरा की ओर द्रुतगति से प्रस्थान किया। किन्तु बकाया वेतन न मिलने पर मार्ग में उसके सैनिकों ने विद्रोह कर दिया और उसको छावनी का साज-सामान, आभूषण आदि बोहरों के यहां रहन गिरवी) रखना पड़ा। इस प्रकार कठिनाईयों को पार करके वह जाट राज्य की सीमाओं के समीप आया। आगरा का मार्ग जाट राज्य में होकर था और उसको पार करने के लिए ठाकुर बदनसिंह की अनुमति आवश्यक थी। सरबुलन्द खां के समीप आने पर बदनसिंह ने खिजर खां तथा नूर अली खां नामक अपने दो हाकिमों (अधिकारियों) को उसकी छावनी में अपना सन्देश लेकर भेजा, "जब तक बादशाह की उस पर अनुकम्पा न हो जावे और वह जाट सीमाओं में अपना शिविर डालकर रुकना चाहे, तो उसे एक लाख रुपया का नजराना भुगतान करना पड़ेगा।" एक सप्ताह के बाद ये दोनों वकील नवाब सरबुलन्द खां के सामने प्रस्तुत हुए। इस समय नवाब के पैरों में पीड़ा हो रही थी और वह शिविर में पैर फैलाए बैठा था। जाट जमींदार के इस सन्देश को सुनकर वह हँसने लगा और उसने वकीलों से आश्चर्य के साथ कहा, "मुझे इस आतिथ्य सत्कार पर आश्चर्य है। लेकिन मैं अभी उस स्थिति तक नहीं पहुँचा हूं, जैसा कि बराबर वालों से मांग की जाती है। फिर भी, मैं जिस स्थिति में, जहां भी हूं, बड़े मजे में हूँ और मुझे किसी भी तरह की कठिनाई नहीं है। जब कभी मुझे जाटों के सहयोग की आवश्यकता होगी मैं सूचना भेज दूंगा।" यह कहकर उसने एक घोड़ा तथा अमूल्य जवाहरातों से जड़ित एक तलवार बदनसिंह के लिए उपहार में भेजी और इसी समय बदनसिंह के नाम एक पत्र भी लिखा। इस पत्र में उसने बदनसिंह को 'ठाकुर' पद से सम्बोधित किया था। इसके उत्तर में बदनसिंह ने पांच सहस्र रुपयों की भेंट के साथ एक अन्य पत्र भेजा। उसने लिखा, "उसको 'ठाकुर' की अपेक्षा पत्रव्यवहार में 'राजा' के विरुद से सम्बोधित किया जावे। सैय्यद हुसैन अली खां जब आगरा से दक्षिण की ओर बढ़ रहा था, तब उसने राव चूड़ामन को यह विरुद प्रदान करने का वचन दिया था, किन्तु सैय्यद की हत्या के कारण यह वचन अभी तक पूरा नहीं हो सका। फिर भी महाराजा जयसिंह ने थून गढ़ी पर अधिकार करते समय मुझको यह वचन दिया था कि आपको सम्राट से 'राजा' का विरुद प्रदान कराने का भरसक प्रयत्न करूंगा। यही नहीं, मुझे महाराजा अजीतसिंह तथा उसका पुत्र महाराजा अभयसिंह राठौड़ 'राजा', विरुद से उद्बोधित करते हैं।" नवाब ने उत्तर में लिखा, "मुझको विरुद प्रदान करने का कोई भी अधिकार नहीं है। केवल बादशाह ही विरुद प्रदान कर सकता है। फिर भी यदि मैं बादशाह का अनुग्रह पुनः प्राप्त करने में सफल रहा, तब मैं निःसन्देह आपकी इस भावना तथा मांग के लिए उनके समक्ष निवेदन करूंगा।" इसके बाद उसने भेंट की धनराशि बदनसिंह को लौटा दी और वह जटवाड़ा की सीमाओं को पार करके आगरा चला गया। जहां उसने एक वर्ष रुक कर सम्राट का अनुग्रह वरण करने का

सफल प्रयास किया और उसे इलाहाबाद के राज्यपाल पद की सनद प्रदान की गई।[1]

मुरतिजा हुसैन बिलग्रामी तथा मुहम्मद उमर के इस विवरण से स्पष्ट आभास मिलता है कि बदनसिंह अपने चाचा चूड़ामन के लिए प्रदत्त आश्वासन को पूरा करवाना चाहता था, किन्तु सवाई जयसिंह के निजी विस्तारवादी स्वार्थ नीति के कारण वह आठ वर्ष (१७२३–३० ई०) तक 'राजा' का विरुद प्राप्त नहीं कर सका। फिर भी अगले दशक में धीरे-धीरे वह स्वयं स्वाधीन सत्ता का उपभोग करने में सफल रहा। १७२८–२६ ई० में बदनसिंह का परगना मथुरा में पर्याप्त प्रभाव बढ़ चुका था। ब्रजमण्डल के समस्त जमींदार, ग्रामों के जाट-गूजर, मुकदम तथा रैय्यत अपना नेता मानने लगी थी। १७२६ ई० के अठसतों से स्पष्ट है कि परगना मथुरा के गांवों में जोर-तलब जाट-मुकदमों को नियन्त्रित करने के लिए सवाई जयसिंह तथा मीर बख्शी खानदौरान के आमिलों को बदनसिंह का नियमित सहारा लेना पड़ता था। निःसन्देह इस समय से जाट शासक वर्ग यदुवंश उत्तराधिकार का स्पष्ट रूप से उपयोग करके 'ब्रजराज' विरुद का उपभोग करने लगा था। यद्यपि विगत परम्पराओं के आधार पर जाटों के लिए 'ब्रजराज' का विरुद पवित्रता का प्रतीक नहीं स्वीकार किया गया, फिर भी ब्रज या मथुरा मण्डल पर अधिकार हो जाने के बाद प्रामाणिकता का मूल आधार[2] था। मुगल सम्राट मुहम्मदशाह, वजीर कमरुद्दीन, मीर बख्शी खानदौरान तथा सवाई जयसिंह जाटों की स्वाधीनता की भावना को प्रोत्साहित नहीं करना चाहते थे, फिर भी राठौड़ शासकों ने जाटों को स्वाधीन मानकर एक सहयोगी राज्य का आदर्श प्रस्तुत किया था। जयसिंह ने बदनसिंह का अपने दरबार में एक शाही मनसबदार की भांति सदैव आदर-सत्कार किया था। अन्त में वह भी जाट-जागृति, उनकी महत्वाकांक्षा, फौजी सहयोग की उपेक्षा नहीं कर सका। फरवरी–मार्च, १७३१ ई० में सवाई जयसिंह मथुरा पहुँचा। मथुरा मण्डल में अस्थाई शान्ति व समृद्धि के लिए वजीर कमरुद्दीन खां ने अपनी जागीर महाबन के ग्राम कोइला तथा अलीपुर बदनसिंह को जागीर में प्रदान कर दिये थे और मार्च ३०, १७३१ ई० (चैत्र वदि ८, सं० १७८७) के दिन मथुरा में सवाई जयसिंह ने बदनसिंह के लिए 'राव' का विरुद प्रदान करके सिरोपाव दिया।[3] प्रारम्भ में सवाई जयसिंह अपने सामन्तों का कोपभाजन बनने की आशंका से ही बदनसिंह को स्पष्टतः 'ब्रजराज' नहीं मान सका। लेकिन जून १३, १७३४ ई० को जब कुंवर ईश्वरी सिंह को

---

१ – हकीकत–उल्–अकालीम, पृ० ३८१, ६४१; खिजिर, खण्ड १, पृ० २२; इर्विन, खण्ड २, पृ० २१३।

२ – कानूनगो, पृ० ६२; सरकार (मुगल), खण्ड २, पृ० २८६।

३ – द० कौ०, जि० ७, पृ० ४४०।

'युवराज' (कुँवर) पद प्रदान किया गया, तब बदनसिंह तुलाराम के साथ जयपुर पहुँचा। उस समय बदनसिंह को स्पष्ट शब्दों में 'ब्रजराज' उद्घोषित करके उसको ब्रजमण्डल का सरदार स्वीकार कर लिया गया था और १६ जून को विदाई में एक जड़ाऊ कलंगी (रुपया ४७४०.५० पैसा) प्रदान की[1] गई।

कुँवर माधोसिंह तथा मल्हार राव होल्कर के नियमित आक्रमणों से परेशान होकर महाराजा ईश्वरीसिंह ने अपने सेनापति राजा अयामल खत्री को राव बदनसिंह के पास डीग भेजा। बदनसिंह स्वयं अपने वकील हेमराज कटारा तथा वकील बहादुर सिंह के साथ जयपुर पहुँचा और उसने कछवाहों की मुलाजमत की। सिरोपाव के साथ सात मोहर भेंट की। नवम्बर ३, १७४५ (कार्तिक सुदि १०, सं० १८०२) के दिन महाराजा ईश्वरी सिंह ने उसको 'ताजीम' दी और जरी का निशान (ध्वज) तथा पंच परिधान– जामा, फैंटा, इजार, अलाय बूंटादार, तुर्रा व इजाबरन्द प्रदान किये। राजा अयामल खत्री के हस्ताक्षरों से 'ताजीमी सरदार' की फर्द प्रसारित की गई। फिर मई २६, १७४७ ई० को जाट वकील हेमराज के पत्र की पालना में खत खास में बदन सिह के लिए 'राव बहादुर' का खिताब लिखा जाने लगा और जुलाई ६, १७४८ ई० के दिन सूरजमल को 'युवराज' स्वीकार कर लिया गया।[2]

फादर वेण्डल के अनुसार सवाई जयसिंह ने बदनसिंह को सामन्ती चिह्न टीका, नक्कारा व निशान प्रदान करके 'ब्रजराज' विरुद से सम्मानित किया था, किन्तु यह सम्मान जाट शासक के व्यक्तित्व का भावात्मक प्रतीक मात्र था। फिर भी एक नरेश के सम्मान सूचक चिह्न प्राप्त करके भी वह जन-उद्घोषित 'राजा' का विरुद[3] ग्रहण नहीं करना चाहता था और सम्राट के समक्ष जीवन-पर्यन्त अपने आपको 'ठाकुर' मानने में ही बड़प्पन समझता रहा। नादिरशाह के आक्रमण का तात्कालिक लाभ जाटों को मिला। ईरानी तथा तूरानी सरदारों की आपसी दल-बन्दी, सत्ता तथा अधिकार की लड़ाई के कारण किसी भी मुगल अमीर में जाटों की बढ़ती जन–शक्ति पर चोट करने का साहस नहीं था। फिर भी मराठी प्रलेखों में हमको बदनसिंह के नाम के साथ 'ठाकुर' उपाधि का प्रयोग दृष्टिगोचर होता है। सम्भवतः बदनसिंह ने स्वयं 'राव' विरुद का प्रयोग नहीं किया था। बदनसिंह के द्वितीय पुत्र प्रतापसिंह को 'राजा' का पद प्रदान किया जा चुका था और ज्येष्ठ पुत्र सूरजमल को कुँवर बहादुर, पौत्र जवाहर सिंह तथा रतनसिंह के लिए उसके ही जीवन काल में मनसब प्रदान किए गए थे। इसका विवरण यथास्थान आगामी

---

१ – द० कौ०, जि० ७, पृ० ३६०, ४४३; जि० २४, पृ० ४७।

२ – उपरोक्त, पृ० ४४६, ४५६, ४६७, ४४७, ५५२।

३ – सरकार (मुगल), खण्ड २, पृ० २८६।

अध्यायों में दिया गया है। अतः यह निश्चित रूप से कहा जा सकता है कि जाट शासक अति सम्पन्न हो गए थे। १७५२ ई० में सफदर जंग के अनुमोदन पर सम्राट ने बदनसिंह को महेन्द्र' की उपाधि[1] प्रदान कर दी थी। इस प्रकार तीस बर्षों में बदनसिंह ने 'ब्रजराज' तथा 'महेन्द्र' का विरुद उपार्जित कर लिया था और आन्तरिक राजकीय पत्रों में 'राजा' शब्द का प्रयोग किया जाता था।

१२ –मुगल सरकार के साथ सम्बन्ध

सैय्यद बन्धुओं के पराभव के बाद सम्राट मुहम्मदशाह के दरबार में ईरानी तथा तूरानी वर्गों में शासन तथा सत्ता का संघर्ष काफी प्रबल था। मीर बख्शी खानदौरान की कमान में भारतीय मूल के मुस्लिम मनसबदारों, मुस्लिम जागीरदारों तथा भारतीय हिन्दू शक्तियों, जाट राजपूत आदि का अधिक जमाव था और उसने अपने राजनैतिक उत्कर्ष, शक्ति तथा अधिकार के संघर्ष में भारतीय शक्तियों का पक्ष पोषण करके सैय्यद बन्धुओं की उदार नीति का अनुसरण किया था। शाही दरबार में वह वास्तव में हिन्दू शक्तियों का मुख्य सचेतक तथा प्रवक्ता था। सवाई जयसिंह उसका एक मात्र अनुग्रही भारतीय सरदार था और जीवन पर्यन्त दोनों में उच्चतम राजनयिक सम्बन्ध यथावत स्थिर रहे। खानदौरान के प्रस्ताव पर ही सम्राट ने सआदत खां के स्थान पर सवाई जयसिंह को आगरा प्रान्त का राज्यपाल पद प्रदान करके अपनी शक्ति व प्रभाव को बढ़ाया। इसका प्रत्यक्ष प्रभाव जाट राज्य की स्थापना तथा स्वतन्त्र इकाई के रूप में विकसित होने पर पड़ा। ठाकुर बदनसिंह ने खानदौरान की मनसब जागीरों में सहयोगी हस्तक्षेप करके समय-समय पर इन जागीरों को इजारे पर प्राप्त कर लिया था।

विरोधी तथा अवसरवादियों ने अपने निजी स्वार्थ में विरोधी पक्ष के राजनेता वजीर कमरुद्दीन खां के पास ठाकुर बदनसिंह के विरुद्ध लूट तथा उत्पातों की अतिरंजित शिकायतें कीं। किन्तु वजीर काफी आरामतलब तथा खानदौरान की अपेक्षा अधिक निर्बल था और वह जाटों से विरोध मोल लेकर शान्ति से नहीं बैठ सकता था। उसने भी अपने पक्ष की प्रबलता के लिए सदैव जाटों का ही पक्ष-पोषण किया। मार्च १७३० में सम्राट ने परगना महावन वजीर की जागीर में प्रदान कर दिया था। इससे वजीर तथा कछवाहा आमिलों में यमुनापारी महावन परगने के गांवों की जमा पर झगड़ा होने लगा। जाटों ने बदनसिंह का संरक्षण प्राप्त करके भारी उपद्रव किये। इससे वजीर कमरुद्दीन खां ने कुछ जाट प्रधान गांव बदनसिंह के लिए इजारे पर उठा दिए।[2] फलतः बदनसिंह के वजीर के साथ निकट सम्बन्ध बन

१ – सूदन, पृ० ५. ४४; ता० अ०, पृ० ४३ ब, ४५ ब; ईश्वर विलास, पृ० ५०; पद्य-मुक्तावली; वेण्डल; सरकार, भाग २, पृ० २९३ पा० टि०।

२ – अठसता, परगना मथुरा, १७२९–३१।

गये। इस प्रकार बदनसिंह ने समय-समय पर वजीर को भारी नजरें भेज कर शिकायतों को प्रभावहीन करवाने में अनुकम्पा वरण कर ली थी।[1] फलतः जाट प्रभावी इलाकों में अन्य मुस्लिम मनसबदारों का रैय्यत से व्यक्तिशः सम्पर्क टूट गया था और वे इन जागीरों से दाना-घास, सैनिकों की भरती का भी प्रबन्ध करने में असमर्थ थे। जमींदार तथा रैय्यत बदनसिंह को ही अपना स्वामी समझने लगी थी। बदनसिंह के गुमास्ता ही इन परगनों में राजस्व वसूली करने लगे थे। समय निकलते ही ये मौजा तथा परगने जाट राज्य में समाहित हो गये।

मालवा में 'मराठों को सन्तुष्ट रखने' की जिस नीति की जयसिंह ने अभिशंषा की थी। वह नीति वजीर तथा मीर बख्शी में आपसी प्रतिद्वन्द्वता का मूल कारण बन गई थी। सितम्बर, १७३२ मे वजीर कमरुद्दीन खां स्वयं आगरा आया, तब स्वभावतः बदनसिंह ने उससे भेंट की। वजीर ने परगना महावन के दो गांव कोइला (कोला) व अलीपुर बदनसिंह के प्रबन्ध में सौंप दिए। पुनः अप्रैल, १७३३ में वजीर ने मराठों को उत्तरी मालवा से बाहर खदेड़ने के लिये दिल्ली से नरवर तक कूंच किया, तब आगरा में जमीयत भरती की गई। आगरा प्रवासकाल में वजीर ने 'पेशकश' भुगतान की शर्त पर परगना कोइल (अलीगढ़) में अनेक गांव बदनसिंह को जागीर में प्रदान किए।[2] इससे यमुनापारी जाट इलाके पर बदनसिंह का प्रभाव व प्रभुत्व बढ़ गया और मुरसान के जाट कबीलों ने बदनसिंह को अपना स्वामी स्वीकार करके एक संगठन तैयार कर लिया।

बाजीराव पेशवा की राजस्थान यात्रा (१७३६) के समय यह प्रस्तावित किया गया था कि पेशवा स्वयं सम्राट से व्यक्तिशः भेंट करके मालवा सम्बन्धी प्रस्तावों पर विचार करे, किन्तु खानदौरान विरोधी पक्ष ने मराठों को नर्मदा तट के पार ही रोकने के लिए शस्त्र प्रयोग की सलाह दी। फलतः बाजीराव पेशवा ने विचाराधीन प्रस्तावों, प्रति-प्रस्तावों की दृढ़ता के लिए अगले वर्ष (१७३७ ई०) राजधानी दिल्ली में मराठा घुड़सवारों का अद्भुत प्रदर्शन करने का दृढ़ निश्चय कर लिया था और पेशवा को चम्बल नदी के पार रोकने के लिए दिल्ली में सैनिक गतिविधियां तेज कर दी गई थीं। वजीर कमरुद्दीन तथा मीर बख्शी खानदौरान की कमान में दो सेनायें आगरा भेजने का प्रबन्ध किया गया। अवध के नवाब सआदत खां, सवाई जयसिंह, महाराजा अभयसिंह राठौड़ आदि के पास ससैन्य आगरा पहुँचने का फरमान भेजा गया। सवाई जयसिंह ने आगरा दुर्ग की मजबूती के लिए मार्च, १७३७ के

---

१ – अशोब, जि० २, पृ० २६३; ता० अ०, पृ० १०६ ब; इमाद, पृ० ६३; कानूनगो, पृ० ६१-२।

२ – अठसता, मथुरा तथा अकबराबाद।

प्रारम्भ में राजा अयामल खत्री की कमान में अनेक सरदार रवाना कर दिये थे। हस्ब-उल-हुक्म की पालना में ठाकुर बदनसिंह ने भी राजा अयामल खत्री की सहायता के लिए अपने पुत्रों, सूरजमल व अखैसिंह के साथ ठाकुर तुलाराम, प्रताप सिंह चौहान, श्यामसिंह खूंटेल, फौंदाराम, बहादुरसिंह, हेमराज कटारा, विजैराम, (डहरा), महाबल सोगरिया, रामबल आदि की कमान में सैनिक रवाना कर दिये थे और इन्होंने आगरा दुर्ग की सुरक्षा, व्यवस्था भली भांति संभाल ली थी।[1] सवाई जयसिंह स्वयं पन्द्रह सहस्र सवार व सत्तर हाथियों के साथ अनिच्छा से शाही आदेश की पालना में जयपुर से रवाना होकर नीमराना में रुक गया और महाराजा अभय-सिंह राठोड़ दस-पन्द्रह सहस्र सेना व तोपखाना सहित रवाना होकर मोजाबाद या बसवा तक ही आ सका।[2]

मराठा वकीलों के माध्यम से सवाई जयसिंह बाजीराव पेशवा के निकट सम्पर्क में था और उसने मराठों से अपने देश में लूटमार न करने की प्रार्थना की थी। यह समय राव बदनसिंह की कठिन परीक्षा का था। विषम परिस्थितियों में वह शाही सेनापतियों या मराठों, दोनों में से किसी एक का खुलकर विरोध या साथ नहीं दे सकता था। फिर भी इस समय उसकी हार्दिक शुभकामनायें व सहानुभूति पेशवा के साथ थी। पेशवा का दिल्ली मार्ग जटवाड़ा की सीमाओं में होकर जाता था। अतः मराठा टुकड़ियां जाट राज्य में निश्चित ही बरबादी करतीं। इससे जाट शासक ने मराठा वकीलों के लिए पेशबा को जटवाड़ा से सुरक्षित निकल कर जाने का आश्वा-सन देकर भारतीयत्व की भावना को स्पष्ट कर दिया था। दूसरी ओर प्रतिपक्षी दल के नेता वजीर कमरुद्दीन खां ने कामां की पहाड़ियों के निकट अपने सैनिक तैनात करके शिविर डाल दिया था। खानदौरान व मुहम्मद खां बंगस ससैन्य दिल्ली से आगरा की ओर बढ़ रहे थे। बदनसिंह ने मुगल अमीरों को सन्तुष्ट रखने के लिए अपने राज्य में रसद व्यवस्था करके मुगलिया सैनिकों की बरबादी से अपने राज्य को सुरक्षित रखने का सफल प्रयास किया।

फरवरी, १७३७ में बाजीराव पेशवा पचास सहस्र सेना के साथ आगरा के दक्षिण में ११२ किमी० तक आ धमका। मराठों के कोतल दलों ने आगरा से १६ किमी० दूर एतिमादपुर तथा मोतीबाग में भारी बरबादी की। २३ मार्च को नवाब

१—व०को०, जि० ७, पृ० ५४५, ३१०, ३९१, ५८९, ६०९, ४५८, ४६६, ४७३, ४८९, ४९९।

—२६ अप्रेल के दिन जयसिंह ने सभी सरदारों को सिरोपाव देकर सम्मानित किया था।

२—पे० द०, जि० ३०, लेख ११६; रुस्तम अली, पृ० ५२८; किन्चे, पृ० १३०-१।

सम्रादक खां ने मल्हार राव होल्कर, पिलाजी जादव तथा विठोजी बुले को जलेसर (आगरा के उत्तर-पूर्व में ४२ किमी०) के समीप करारी मात देकर पीछे खदेड़ दिया। इस बार मराठों को भारी क्षति उठानी पड़ी। नवाब सम्रादत खाँ का अतिशयोक्ति भरा गर्वीला विजय सम्वाद २५ मार्च को दिल्ली में पहुँचा। इससे प्रसन्न होकर सम्राट के आदेश से मराठा वकील धोंडो गोविन्द (पन्त) को दरबार से निकाल दिया गया।[1] शाही सेनाओं के घेराव के बाद भी बाजीराव अपने निश्चित लक्ष्य पर दृढ़ रहा। वह कुशल कूटनयिक, सफल राजनयिक वीर पुरुष था। निःसन्देह प्रारम्भ में उसका विचार चम्बल नदी पार करके जटवाड़ा मुल्क में होकर दिल्ली पहुँचने का था, किन्तु उसने अब अपना मार्ग बदल दिया। थोड़ा नीचे हट कर उसने जटवाड़ा तथा मेवात मार्ग से दिल्ली की ओर तूफानी गति से कूच किया और ९ अप्रेल को खिजराबाद के समीप कालिका पहाड़ो पर अपना शिविर डाला। इस दिन रामनवमी का सांस्कृतिक पर्व था। मराठा सवारों के उत्पात को देखकर भीड़ में भारी भगदड़ मच गई। १० अप्रेल को मीर हसन खां कोका की कमान में शामिल मुगलों से एक झड़प तथा लूटमार, बरबादी करके पेशवा रेवाड़ी, कोटपुतली, मनोहरपुर, लालसोठ मार्ग से वापस लौट गया।[2]

तारीख-इ-हिन्दी के अनुसार "एक दिन मीर बख्शी खान दौरान ने सम्रादत खां को अपने शिविर में भोजन पर आमन्त्रित किया। भोजन के बीच में उसको पता लगा कि बाजीराव पेशवा फतहपुर (सीकरी) मार्ग से ठाकुर बदनसिंह (बदना) की गढ़ी डीग को दाईं ओर छोड़कर दिल्लो की ओर बढ़ रहा है। बदनसिंह ने उसको दिल्ली तक सकुशल पहुँचाने का उत्तरदायित्व स्वयं स्वीकार कर लिया है। शाही सेनापतियों ने तुरन्त ही मथुरा से छावनी उठाने का निश्चय किया और बिना किसी प्रकार की शर्म के साथ दांतों तले उंगली दबा कर दिल्ली की ओर चल दिया।" बाजीराव पेशवा के इस अद्भुत प्रदर्शन ने मुगल अमीरों के अहंकार पर भारी चोट की और उत्तर भारत की जनता पर मराठा शक्ति का आतंक छा गया। मेवात तथा हरियाणा में मेवाती तथा जाटों ने शाही परगनों में भारी लूटमार की और शाही अमीरों की सेनायें भी उनकी लूट से नहीं बच सकीं। 'जब खानदौरान तथा मुहम्मद खां बंगस ने मथुरा से दिल्ली की ओर प्रस्थान किया, तब होड़ल तथा पलवल के

---

१ – बृहमेन्द्र चरित, लेख २७; पे० द०, जि० ३०, लेख ११८, ३६६, जि० १५, लेख २२, २७, २८, ३७, ४७; शाकिर, पृ० ३२–८; रुस्तम, पृ० ५२८; सियार, २/४५७; हाबिक, पृ०३८४; कासिम, पृ०३८७; अशोब, पृ०११४–५।

२ – ब्रह्मेन्द्र चरित, लेख २७; पे०द०, जि० १५, लेख ३७–४७; अशोब, पृ०११८–१२३; इर्विन भाग २, पृ० २८८–९४; सरदेसाई, पृ० १९८-२००।

बीच में मित्रोल (होड़ल के उत्तर में १४ किमी० तथा पलवल् के दक्षिण में १३ किमी०) गांव के जाट गुर्जरों ने मिलकर उसके पृष्ठ भाग में जा रहे सैनिक साज-सामान को लूट लिया। यह देखकर मुख्य सेना के सैनिकों ने पीछे लौटकर इस ग्राम को घेर लिया और उसको बरबाद कर दिया।[1] इस उत्पात से मुगल फौजों के मार्ग में अचानक ही बाधा पड़ गई थी और वह पेशवा के दिल्ली से वापिस लौटने से पूर्व घटना स्थल पर नहीं पहुँच सकीं। इस प्रकार बदनसिंह ने अपने आश्वासन को पूर्ण करके मराठों के लिए अपरोक्ष सहायता प्रदान की।

१३–भूपाल युद्ध में प्रतापसिंह का पराक्रम, जनवरी १७३८ ई०

बाजीराव पेशवा के इस अद्भुत कौशल से सम्राट मुहम्मद शाह को भारी निराशा हुई और उसने नवाब सम्रादत खां के प्रस्तावों को ठुकराकर मालवा से मराठों को निकालने की पूर्व शर्त पर दक्षिण से निजामुलमुल्क को दरबार में आमन्त्रित किया। जुलाई १२, १७३७ (१५ रबी–उल–अव्वल, हि० ११५०) को वह दिल्ली पहुँच गया, जहां १३ जुलाई को सम्राट ने उसको 'वकील–इ–मुतलक' की खिलअत (पोशाक), आसफजहाँ का श्रेष्ठतम विरुद प्रदान किया। शाही दरबार में एक बार पुनः तूरानी दल का प्रभाव बढ़ गया। १३ अगस्त को सवाई जयसिंह के स्थान पर निजामुलमुल्क के ज्येष्ठ पुत्र गाजीउद्दीन को आगरा व मालवा प्रान्त का राज्यपाल पद प्रदान किया गया और आसफजहां को मराठों के लिए मालवा से बाहर निकालने का आदेश दिया। इसी समय अनेक प्रमुख अमीरों भारतीय नरेशों व जमीदारों के नाम इस अभियान में शामिल होने के लिए फरमान, हस्ब-उल-हुक्म व परवाना भेजे गए। निजामुलमुल्क ने तीस सहस्र चुनिन्दा फौज के साथ अक्तूबर, १७३७ में दिल्ली से आगरा की ओर प्रस्थान किया और आगरा प्रान्त की व्यवस्था के लिए अपने पुत्र की ओर से अपने निकटतम रिश्तेदार (मुहीउद्दीन कुली खां) को नायब नियुक्त किया।[2] ठाकुर बदनसिंह ने निजामुलमुल्क के परवाना का समुचित सम्मान किया और उसने अपने द्वितीय पुत्र प्रताप सिंह (वैर) की कमान में बन्दूकची सवारों की एक सुदृढ़ काठेड़ी सेना आसफजहां के साथ रवाना की।[3] सवाई जयसिंह

---

१ – रुस्तम अली, पृ० ५४३, इर्विन, भाग २, पृ० २८८।

२ – अशोब, पृ० १२५ अ; सियार, जि० १, पृ० २६६-७; कासिम, पृ० ३५६; पे० द०, जि० १५, लेख २३, २६, २६, ३३, ५३, जि० १०, लेख २७; माधवराव, पृ० १३३–३७, खुशहाल, पृ० १०८२, दिघे पृ० १४५।

३ – द० कौ०, जि० २४, पृ० ३६; सूदन, पृ० ५, २३४; सोमनाथ (रस पीयूष निधि, माधव विनोद)

राजवाडे (खण्ड ६, ११७) के अनुसार 'बदनसिंह का पुत्र शामिल' था। म० उमरा के अंग्रेजी अनुवाद के अनुसार 'उसने (मोहकम)*

ने भी अपने पुत्र कुंवर ईश्वरी सिंह को राजा अयामल खत्री के संरक्षण में मराठा विरोधी अभियान में शामिल होने के लिए भेजा।

आसफजहां ने ग्वालियर की अपेक्षा आगरा से काल्पी, बुन्देलखण्ड मार्ग से सिरोज होकर भूपाल की ओर प्रस्थान किया। मार्ग में बुन्देला नरेश भी ससैन्य उसके साथ शामिल हो गए। इस प्रकार भूपाल पहुँचने तक उसकी कमान में पचास सहस्र सैनिक तथा विशाल तोपखाना एकत्रित हो चुका था।[1] दिसम्बर के द्वितीय सप्ताह में मराठों के कोतल दलों ने निजाम की छावनी के समीप पहुँचकर उत्पात शुरू कर दिया। फलतः तोपखाना के बचाव के लिए निजाम को भूपाल के दुर्ग की ओर कूंच करना पड़ा। दिसम्बर १३, १७३७ (पौष वदि ७, सं० १७९४) को कुंवर प्रतापसिंह ईश्वरीसिंह के डेरों पर मिलने[2] गया और उसे मराठा दलों को मुख्य सैनिक छावनी से दूर रखने के लिए अन्य बुन्देला सैनिकों के साथ तैनात किया गया। इस प्रकार आसफजहां मराठों के कोतल दलों से लड़ता-झगड़ता सेना तथा तोपखाना के साथ २३ दिसम्बर को सिरोज से प्राचीर युक्त नगर भूपाल पहुँच गया। २४ दिसम्बर को प्रातः काल बाजीराव पेशवा स्वयं मुगल सेना से दस किमी० दूर आ धमका और उसने मल्हार राव, राणोजी सिंधिया, पिलाजी जादव को अग्र पंक्ति में तैनात करके भूपाल दुर्ग का घेरा डालने के लिए रवाना किया। इधर कुंवर प्रताप सिंह, ईश्वरी सिंह तथा महमद खां के पुत्र ने तोप युद्ध शुरू किया। दिन भर भयंकर युद्ध चलता रहा। इस दिन के संघर्ष में जाट सवारों ने मराठों का खुलकर सामना किया। जाट सवार अति निर्भीक, आन के पक्के, चतुर चुनिन्दा सवार थे और रणक्षेत्र में प्राणों की बाजी लगाने के लिए सदैव प्रस्तुत रहते थे। सूदन के अनुसार 'भूपाल युद्ध में प्रताप सिंह हरावल (अग्र पंक्ति) का नेतृत्व कर रहा था और उसने बाजीराव पेशवा पर विजय प्राप्त की।[3] सोमनाथ साहित्य के अनुसार, "घोड़े पर सवार प्रतापसिंह उत्साह

---

* अपने रिश्तेदार (आरस वाले) को सेना के साथ रवाना किया।' (पृ० ४४१); ना० प्र० सभा के हिन्दी अनुवाद में "उसने (बदनसिंह) अपने एक आपस वाले को सेना सहित भेजा।" (खण्ड १, पृ० १२८); डॉ० भटनागर लिखता है कि बदनसिंह ने अपने पुत्र सूरजमल के साथ एक जाट दस्ता भेजा (पृ० १६५), जबकि अन्यत्र लिखता है कि बदनसिंह ने अपने पुत्र प्रतापसिंह के साथ एक टुकड़ी भेजी (पृ० २४१)।

१ – सियार, भाग १, पृ० २६७।

२ – द० कौ०, जि० २४, पृ० ३७।

३ – (१) संग निजामुल्मुल्क गढ़ भूपाल मंझार।
जीत्यौ बाजीराव सौं, सिंह प्रताप कुंवार ॥ —सूदन, पृ० ५१।

(२) प्रतापा कहौ कौन तौ मैं बताऊं?
लर्यौ दुग्ग भूपाल में जो अगाऊं।। —सूदन, पृ० २३४।

के साथ बाजीराव पेशवा के सामने पहुँच गया और उसने धनुष से बाण बरसा-बरसा कर मराठों के जिरह-बख्तर तोड़ डाले। उसने कज्जकाना दलों का उत्साह व घमण्ड चूर करके धूल में मिला दिया। मराठों के गोल (मध्य भाग) को तीक्ष्ण तलवार की धार, बर्छा तथा बाणों से विचलित करके पीठ मोड़ने के लिए बाध्य कर दिया। उसने दक्षिणियों में यश, प्रतिष्ठा अर्जित की और उसकी कमान मे तैनात जाट सवार निजाम तथा अन्य अमीरों को बचाकर ले आये।''[1] समसामुद्दौला का मत है कि 'भूपाल युद्ध में जाट सैनिकों ने अच्छी वीरता का परिचय दिया।'[2] इस युद्ध में मराठों के तीन सौ सवार तथा राजपूतों के पांच सौ सैनिक बुरी तरह घायल हो गए।[3] अन्त में निजाम ने अपनी राजपूत-जाट टुकड़ियों को रणक्षेत्र से वापिस बुला लिया। २५ दिसम्बर (पौष शुदि ५) के दिन कुंवर ईश्वरी सिंह ने युद्ध में दिखलाई वीरता के लिए प्रताप सिंह को जड़ाऊ सरपेच व सिरोपाव प्रदान करके सम्मानित किया।[4] २६ दिसम्बर (५ रमजान) को आसफजहां ने अपने विशाल तोपखाने की सुरक्षा के लिए भूपाल दुर्ग में प्रवेश किया।

बाजीराव ने दुर्ग को घेरकर रसद व्यवस्था पूर्णतः भंग कर दी थी। एक सप्ताह से कम समय में ही दुर्ग में रसद, खाद्यान्न, चारा तथा जल की कठिन समस्या बन गई थी। फलतः निजाम को बाहर निकलना पड़ा और चार-पांच मील (७-८

---

१ - (अ) छायो उग्ग ध्याइ बाजैराव सन्मुख ह्वै कैं,
जाकी बांह छाह बसैं सहर सितारा है।
खेत भुवपाल के प्रचण्ड प्रतापसिंह,
इतने उमण्डित सिन्धु रहकारा है॥
'सोमनाथ' कहै भारी भीम घमसान भयो,
अमर विमान कम्पे बज्जत नगारा है।
जोरि सर धनुष सौं तोरि बखतर,
जोर गरब गनीम का गरद करि डारा है॥
—रा०च० र०, छन्द ४३।

(ब) उद्यत बाजियराव बली, भूपाल के खेत अचानक आयौ।
तच्छन श्री परताप कुंवर गइयन्द सवार सम्मुख धायौ॥
तिच्छ वरच्छिनि बांनि खग्गनि, मारि गनीम को गोल भगायौ।
दक्षिण से निज नाम कगाय, बचाइ के मीर निजामहिं लायौ॥
—रा० च० र०, छन्द ४७।

२ - म० उमरा (हि०), भाग १, पृ० १२८।

३ - राजवाडे, खण्ड ६, लेख ११७; पे० द०, जि० १५, लेख ५, जि० ३०, लेख २०७।

४ - द०को०, जि० २४, पृ० ३८।

किमी०) प्रति घण्टा की गति से विशाल तोपखाने के संरक्षण में भारी साज-सामान के साथ दिल्ली की ओर चल दिया। जाट–राजपूत तथा बुन्देला सैनिकों ने रक्षा पंक्ति का काम किया।[1] अन्य कहीं से नई मदद न मिलने की सम्भावना से निजाम को बाध्य होकर समझौता वार्ता शुरू करनी पड़ी। मराठों ने उसको बुरी तरह घेर रखा था। उसने राजा अयामल खत्री, सैय्यद लश्कर खां आदि अन्य सरदारों को पेशवा के शिविर में वार्ता करने भेजा और अन्त में जनवरी १६, १७३८ (२६ रमजान) को सिरोज से १०३ किमी० उत्तर में दुराहासराय नामक स्थान पर उसको अति अपमान जनक समझौता पत्र पर हस्ताक्षर करने पड़े।[2] यह बाजीराव पेशवा की महान विजय थी और अब चम्बल पर्यन्त मालवा प्रान्त मराठों के हाथों में स्थाई रूप से चला गया था। भूपाल से प्रस्थान करके निजाम ससैन्य मार्च में आगरा आ गया, जहां जाट तथा राजपूतों को उसने विदाई दी। ६ मार्च को ईश्वरी सिंह ने डीग में ठाकुर बदनसिंह से मुलाकात की और फिर कछवाहा ससैन्य जयपुर लौट गये। निजाम ने कुंवर प्रताप सिंह की सेवाओं को पुरस्कृत किया और उसको 'राजा' का विरुद देकर शाही मनसबदार बनाया गया। निःसन्देह दुराहासराय का समझौता 'मराठों को सन्तुष्ट रखने' की नीति का ही परिणाम था। अब जयसिंह को आगरा का नायब पद पुनः प्रदान किया गया और ३० अगस्त को उसने श्योदास खत्री को आगरा में अपना नायब नियुक्त[3] करके भेजा।

---

१ – पे०द०, जि० २२, लेख ३६६, इर्विन, भाग २, पृ० ३०४–५।

२ – ब्रह्मेन्द्र चरित, लेख ३५-३६, ११६; पे०द०, जि० १५, लेख ६६, ८७, बिचे, पृ० १४८–६; मालवा, पृ० २६१–२, सतीश, पृ० २३५।

—डॉ० युसुफ हुसैन का कथन है, "घोर संघर्ष के समय राजपूत तथा बुन्देलों का विश्वास नहीं किया जा सकता था, क्योंकि वे शत्रु पक्ष को निजाम की योजना व उद्देश्य की गुप्त सूचनायें भेज रहे थे। खानदौरान निजाम का विरोधी था और उसने राजपूतों के साथ मिलकर निजाम को सहयोग न करने की मंत्रणा कर ली थी। (निजामुल्मुल्क आसफजहाँ फर्स्ट, पृ० १२३, २१४); ब्रह्मेन्द्र चरित (लेख, ३३) तथा अन्य प्रलेखों में मराठों को राजपूतों से सहयोग मिलने का कोई उल्लेख नहीं मिलता है। रुस्तम अली निजाम की अदूरदर्शिता तथा भूपाल दुर्ग में शरण लेने की गलत नीति को ही पराजय का कारण मानता है। (ता० हिन्दी, पृ० ५४६–५०); अन्य सन्दर्भों में भी इस प्रकार का कोई उल्लेख नहीं मिलता है।

३ – द० को०, जि० ३, पृ० ७०२ :

१४–नादिर शाह का आक्रमण और साम्राज्य का विघटन, १७३९ ई०

'तुर्कमान' डाकू के नाम से विख्यात नादिर ने १७३६ में ईरान साम्राज्य का राजमुकुट धारण किया और कंधार, बलख, बुखारा पर ईरान का ध्वज फहराने लगा।[१] कंधार के पतन (१२ मार्च, १७३८) के बाद ११ जून को काबुल, १७ सितम्बर को जलालाबाद पर अधिकार करने के बाद जनवरी, १७३९ में लाहौर पर विजय पताका फहराई और अब उसने दिल्ली की ओर प्रस्थान किया। दिल्ली दरबार वशंगत व दलगत संघर्ष, ईरानी–तूरानी सरदारों के व्यक्तिगत षडयन्त्रों का अखाड़ा था। जब नादिरशाह ने लाहौर से दिल्ली की ओर कूंच किया, तब खान–दौरान के परामर्श पर सम्राट ने पेशवा, राजस्थान के राजपूत नरेशों, राज्पालों, नवाबों तथा जमींदारों के नाम शीघ्र ही राजधानी में आकर उपस्थित होने के लिए फरमान व आदेश–पत्र भेजे, किन्तु किसी ने भी इन फरमानों की ओर ध्यान नहीं दिया।[२] मुगल दरबार में सवाई जयसिंह का वकील राव कृपाराम कुछ सैनिकों के साथ मौजूद था। वह कुछ जाट सैनिकों के साथ खानदौरान के बन्दौल की रक्षा के लिए तैनात किया गया। मीर बख्शी खानदौरान के घायल हो जाने तथा सआदत खां के बन्दी बनाए जाने पर बृहस्पतिवार फरवरी २५, १७३९ ई० को करनाल युद्ध में सम्राट मुहम्मद शाह ने अपनी पराजय स्वीकार कर ली थी।[३] अब नादिरशाह ने दिल्ली आने का निर्णय किया और ९ मार्च को सआदत खां के लिए सम्राट की ओर से वकील–इ–मुतलक और नादिर शाह ने अपनी ओर से तहमास्प खां जालेर को पूर्ण शक्ति सम्पन्न महादूत नियुक्त करके चार सहस्र सवारों के साथ दिल्ली दुर्ग पर अधिकार कर वहां नादिरशाह के स्वागत की तैयारियां करने के लिए रवाना किया। इनके साथ में निसार मुहम्मद खां शेरजंग (भतीजा सआदत खां) तथा कमरुद्दीन खां का भतीजा अजीमुल्ला खां भी दिल्ली आ गया था। राजधानी में शाही प्रतिनिधि लुत्फुल्ला खां ने शाही फरमान की पालना में दुर्ग तथा कार्यालयों की कुंजियां तहमादस्प खां को सौंप दी थीं।[४]

---

१ – लोकहार्ट, पृ० १०५–१११।

२ – राजवाड़े, जि० ६, लेख, १३०, सियार, जि० १, पृ० ४८२, इर्विन, जि० २, पृ० ३३१६ विषे, पृ० १५१–५२।

३ – जेम्स फ्रेजर, दि हिस्ट्री आफ नादिरशाह, पृ० १५३; लोकहार्ट, पृ० १३७–९; सियार, जि० १, पृ० ४८३; इर्विन, जि० २, पृ० ३४५–७, ३५४; अवध, पृ० ६८–७१।

४ – अशोब, पृ० २९३, चहार, पृ०८९, ता० मुजफ्फरी, ३३७–८, शाकिर, पृ०४४, इर्विन, भाग २, पृ० ३५५–६।

२५ फरवरी को ही करनाल युद्ध के सभी समाचार दिल्ली तथा आसपास फैल गए थे और राजधानी में भारी अराजकता, भयंकर भय व आतंक छा गया था। दिल्ली तथा समीपस्थ परगनों के सम्भ्रान्त नागरिक, पूंजीपति, सर्राफ, सेठ-साहूकारों ने चल–सम्पत्ति के साथ भागकर मथुरा, आगरा तथा जाट प्रशासित परगनों में शरण ली, जहां बदनसिंह ने इन परिवारों को सुरक्षा प्रदान की। मराठा प्रलेखों के अनुसार मार्च के प्रथम सप्ताहे में जनता तथा राज्य की रक्षार्थ सूरजमल स्वयं स-सैन्य दिल्ली के पड़ौस में पहुँच चुका था। मराठा वकील बाबू राव मल्हार जब करनाल की रणक्षेत्र से ७ मार्च को दिल्ली के लिए रवाना हुआ, तब वह १० मार्च को सूरजमल छावनी मार्ग से सकुशल जयपुर पहुँचा। ९ मार्च को सआदत खां दिल्ली के निकट आ गया था। उसने अपने पक्ष की सबलता के लिए भारतीय शक्तियों से सम्पर्क स्थापित करने का शीघ्र ही प्रयास किया। दिल्ली के निकट मात्र जाट जन शक्ति पर्याप्त प्रबल व सम्पन्न थी। बदनसिंह तथा सआदत खां में काफी मित्रता थी। अतः इसी पुरातन मित्रता के आधार पर उसने जाटों का सहयोग तथा समर्थन प्राप्त करने का प्रयास किया। तब वह दिल्ली से पलवल आया, जहां दूसरे दिन सूरजमल ने वहां पहुँच कर उससे भेंट की।[1] ११ मार्च को नादिर शाह ने मुहम्मद शाह के साथ करनाल से दिल्ली की ओर कूंच कर दिया था और १९ मार्च को उसने भव्य स्वागत सत्कार के साथ राजधानी में प्रवेश किया। दिल्ली में ५७ दिन रुककर उसने भयंकर लूट–मार तथा बरबादी की। बीस सहस्त्र निर्दोष व्यक्ति मारे गए। अन्त में एक करोड़ रुपया नकद, हीरा–जवाहरात, तख्ते–ताऊस तथा कोहनूर हीरा, सिन्धु–पार के पश्चिमोत्तर प्रान्तों का हस्तान्तरण–पत्र प्राप्त करके १५ मई (७ सफर) को दिल्ली से वापिस लौट गया।[2]

नादिर के दिल्ली प्रवास काल में यह सम्भावना सर्वत्र व्याप्त हो चुकी थी कि उसका विचार दिल्ली से शेख मुईउद्दीन चिश्ती की दरगाह – अजमेर तक की तीर्थ-यात्रा करने का है। प्रायः सभी हिन्दू शासक अपने राज्य, परिवार तथा नागरिकों की सुरक्षा–व्यवस्था की तैय्यारी करने लगे। महाराजा उदयपुर ने अपने परिवार को सुदूर अज्ञात पहाड़ी स्थान की ओर तथा सवाई जयसिंह ने अपना परिवार उदयपुर रवाना कर दिया था। वह स्वयं जयपुर की रक्षा तथा आवश्यकता पड़ने पर भागने की तैयारी में था। पेशवा नादिरशाह को नर्मदा नदी के तट पर रोकने की योजना बना रहा था।[3] दिल्ली के पड़ौस में जाट शासक प्रथम बिन्दु था।

---

१ - राजवाड़े, खण्ड ६, लेख १३१ (मार्च १७, १७३९ ई०)।

२ – लोकहार्ट पृ० १५१–३; पे०द०, जि० २२, लेख ३१९; जि० १५, लेख ८३; दे० क्रॉनी, इर्विन भाग २, पृ० ३७०–५।

३ – राजवाड़े, खण्ड ६, लेख १३३; ब्रह्मेन्द्र चरित ४२; इर्विन, भाग २, पृ ३७४।

कतिपय मुगलों की आखों में ठाकुर बदनसिंह अभी तक एक सामान्य विद्रोही सरदार था और वह सर्वाधिक सजा का पात्र था। इस प्रकार नादिरशाह हिन्दुस्तान में कुछ समय और रुकने का विचार करता या अजमेर की तीर्थ-यात्रा करता तो बदनसिंह को ईरान के बादशाह की शक्ति का सामना करना पड़ता। परन्तु उसका ध्यान पड़ोसी पश्चिमोत्तर प्रान्तों तक ही सीमित था, इससे जाट मुल्क, जाट जन-शक्ति बरबादी से बच गई।[1]

नादिरशाह के लौटने के बाद देश में भारी अराजकता फैली और मथुरा जिले में जाट विद्रोह ने जोर पकड़ लिया। रुस्तम अली के अनुसार, "महाबन के जाटों ने विद्रोह कर दिया था। जाट क्रान्तिकारियों ने परगना फिरोजाबाद के हाकिम काजिम को पकड़कर मार डाला और उसकी सभी सम्पत्ति तथा शाही कोष को भी लूट लिया। जाट सरदार ने अपने आपको बख्तर शाह घोषित करके पांच सहस्र की भीड़-भाड़ एकत्रित कर ली थी। उन्होंने चारों ओर भारी उत्पात किया तथा लूटमार की। इस स्थिति में जून २८, १७३९ ई० को छः सहस्र सवारों की एक सेना के साथ कमरुद्दीन खां के भतीजे अजीमउद्दौला खां (अजीमुल्लाह) तथा निसार मुहम्मद खां शेरजंग को महाबन के जाट क्रान्तिकारियों के दमन के लिए तैनात करके दिल्ली से रवाना किया गया।[2] उन्होंने कठिनपरिश्रम के बाद उनका पीछा किया। क्रान्तिकारी यमुना व चम्बल नदी पार करके भदावर प्रान्त में निकल गए। इस समय चम्बल नदी पूर्ण वेग पर थी। इससे मुगल सवारों को बाध्य होकर महाबन के क्रान्तिकारियों के विरुद्ध फौजी कार्यवाही स्थगित करनी पड़ी।"[3]

कहा जाता है कि इस विद्रोह में भिण्ड के जमींदार राजसिंह भदौरिया का हाथ था और वह चम्बल पार भदावर के सम्पूर्ण इलाके पर अपना अधिकार करना चाहता था। उसने अटेर पर भी चढ़ाई कर दी थी। सम्राट ने सवाई जयसिंह से भदावर के जमींदार के विरुद्ध सेनायें भेजने का अनुरोध किया। फलतः जयसिंह ने ४ जून को नारायण दास खत्री के साथ कुंवर सूरजमल की कमान में जाट सेनायें भदावर की ओर रवाना कीं। जाट कछवाहा सैनिक चम्बल नदी के पार भदावर प्रदेश में पहुँच गए। राजसिंह को पीछे हटकर समर्पण करना पड़ा। जाट कछवाहों ने अपने संयुक्त प्रयास के बाद हिम्मतसिंह भदौरिया को अटेर की गद्दी पर आरूढ़ किया।[4] सूरजमल ने भदावर में अच्छी वीरता का परिचय दिया। इससे नारायण दास

---

१ – वेण्डल; कानूनगो, पृ० ६२।

२ – डे० कॉमि०, पृष्ठ ६।

३ – तारीख-इ-हिन्दी (इ० डा०, खण्ड ८, पृ० ४१)।

४ – हिंगणे दफ्तर, भाग १, लेख २१।

खत्री ने २९ जुलाई (श्रावण वदि १०) को एक जोड़ी जड़ाऊ सोने के कड़े प्रदान करके जाटों की वीरता व साहस को सम्मानित किया।[1]

उदासीन सम्राट मुहम्मद शाह को तूरानी पक्ष की अपेक्षा ईरानी सरदारों का अधिक भरोसा था। उसने सफदरजंग को अवध से दिल्ली बुलवाया और मार्च २१, १७४४ ई. को मीर आतिश (शाही तोपखानाध्यक्ष) का पद प्रदान किया।[2] सफदरजंग ने ईरानी दल का नेतृत्व सभांलकर वजीर कमरुद्दीन खां की शक्ति व कार्यकलापों पर अंकुश लगाने का प्रयास किया। वास्तव में दिल्ली के आसपास अमीर व उमरावों ने राजनैतिक शक्ति तथा भूमि का आपस में बटवारा कर लिया था और वे शाही परगनों पर अपना अधिकार करने के लिए आपस में झगड़ने लगे थे।[3] राव बदन सिंह भी पीछे नहीं रहा। उसने यमुना–पार आगरा प्रान्त के परगनों–मथुरा, मुरसान, नौंहझील, गेवात, होड़ल, पलवल आदि पर अधिकार करने में सफलता प्राप्त कर ली थी। १७४५ ई० में वजीर कमरुद्दीन खां के आग्रह पर जाटों ने अली मुहम्मद खां रुहेला विरोधी अभियान में भी भाग लिया।[4] इस प्रकार सम्राट मुहम्मदशाह की मृत्यु के बाद जाटों की शक्ति काफी प्रबल हो गई थी और सूरजमल ने शाही वजीरों के साथ मिलकर जाट जन शक्ति को अजेय बना दिया था।

१५ – बदनसिंह के अन्तिम वर्ष तथा उसका गोलोकवास, जून ७, १७५६ ई०

नादिरशाह के आक्रमण से पूर्व ही बदनसिंह ने राज्य विस्तार (दिग्विजय), सैन्य संगठन तथा संचालन, राजनैतिक संधि वार्ता का अधिकार अपने ज्येष्ठ पुत्र कुंवर सूरजमल को सौंप दिया था। वह स्वयं 'कौमो पंचायत' के साथ बैठकर आन्तरिक राज–प्रबन्ध, शासन व्यवस्था के बारे में निर्देश मात्र देता था। १७५४ ई० के प्रारम्भ में मीर बख्शी इमादुलमुल्क के आग्रह पर रघुनाथ राव ने जाट राज्य पर आक्रमण किया, तब बदन सिंह ने अपने प्रपौत्र जवाहर सिंह के साथ राजधानी-डीग की मात्र सुरक्षा-व्यवस्था की थी।[5] बीस वर्ष राज्य संचालन

---

१ – व० कौ०, जि० ७, पृ० ५४६।

२ – इमाद, पृ० ३४; अब्दुलकरीम, पृ० ८७; बे० कॉनो; अवध, पृ० १०७,११०।

३ – सरकार (मुगल), भाग १, पृ० ५।

४ – आशोब, पृ० ४२४; अब्दुलकरीम, पृ० ८३ ब, ८८ ब; सियार, जि० ३, पृ० ८५; आनन्दराम, पृ० २५७–२६४; अवध, पृ० १११–६; सरकार (मु०) जि० २, पृ० २६३।

५ – सूदन, पृ० २३९–२४३।

करने के बाद बदन सिंह की नेत्र-ज्योति धूमिल होने लगी थी और वह दिन-प्रतिदिन क्षीण होती गई। कहा जाता है कि शारीरिक दुर्बलता तथा इन्द्रियों की शिथिलता के कारण वह नित्यप्रति एक पाई भर पारा का प्रयोग करता था। उसके बारे में यह भी कहा जाता है कि उसका परिवार इतना बड़ा था कि जब कोई पुत्र या नाती (प्रपौत्र) उससे मिलने आता, उसको अपना, अपनी मां तथा जागीर का नाम बत–लाना पड़ता था। तब उसको याद आता था।[१] इस प्रकार वह ढलती उम्र में निष्प्रभ हो गया था और प्राय: राजधानी डीग की अपेक्षा सहार में ही रहने लगा था। युवराज सूरजमल को बाद में समस्त व्यावहारिक अधिकार सौंपकर वह जाट राज्य का छायामात्रेण स्वामी पद का उपभोग करता था। वास्तव में गृह-प्रशासन उसकी मुहर पर चलता रहा और विश्वस्त अनुचर दीवान (प्रधान मंत्री) जीवाराम बंचारी उसकी शक्तियों का प्रयोग[२] करने लगा था। अन्तिम वर्षों में बदन सिंह का अपने पौत्र जवाहर सिंह के प्रति अधिक मोह था और उसे अधिक लाड़ प्यार करता था।[३] उसने उसको परगना डीग की जमा जागीर में लगा दी थी और उस नगर की सुरक्षा का भार भी उसे सौंप दिया था, किन्तु वह पंचायत-प्रबन्ध तथा प्रशासन में हस्तक्षेप नहीं कर सकता था। उसने स्वयं ग्राम कसावली (परगना डीग) को निजी जागीर में रखा। इस जागीर की आय से वह गरीब, अपाहिज तथा भिखारियों को दान करता था। स्वयं प्रशासन की देखभाल की अपेक्षा अपना अधि-कांश समय ईश-विनय में निकालता था।[४]

जून ७, १७५६ ई० (सोमवार, ज्येष्ठ सुदि ६, वि. सं. १८१३/६ रमजान, हि० ११६९) को बदन सिंह ने एक प्रमुदित, पुष्पित, पल्लवित जाट राज्य की वाटिका को छोड़कर सहार के महलों में देह त्यागा।[५] समसामुद्दौला के अनुसार "वह जीवन पर्यन्त साम्राज्य का निष्ठावान सरदार रहा और सदैव लग्न

---

१ – वेण्डल; इ० डा० (हरसुखराय), खंड ८ पृ० ३६; सरकार (मु०) भाग २, पृ० २९२; जॉन कोहन, पृ० १९ अ।

२ – जॉन कोहन, पृ० २० अ।

३ – वेण्डल।

४ – जान कोहन, पृ० २० अ।

५ – वे. कोनी, पृ० ७३; जॉन कोहन, पृ० २० अ; ग्राउज, पृ० २३।

– बलदेव सिंह (पृ० २४, २८) ने ज्येष्ठ सुदि ११, सं. १८१२ लिखा है। लेखक ने फसली सम्वत् का प्रयोग किया होगा? वाक्या राज० (जि० २, पृ० २९), दीक्षित (पृ० ३८, १७६) तथा अन्य लेखकों ने बलदेव सिंह का अनुसरण किया है।

व तत्परता से सेवा करने का प्रयास करता रहा।"[१] यद्यपि सूरजमल तथा प्रतापसिंह दोनों भ्राताओं में राजनैतिक तथा प्रबन्ध नीति सम्बन्धी मतभेद थे और प्रताप सिंह के गरल पान[२] (नवम्बर, १७४५ ई०) और सूरज-जवाहर (पिता-पुत्र) में आपसी मतभेद की कष्टदायक घटनाओं से उसके हृदय में गहन संताप था और वह उदविग्न रहता था। फिर भी हमको जाट इतिहास के मौलिक सन्दर्भों, लोक-वार्ताओं तथा घटनाओं के विश्लेषण से संताप की जानकारी नहीं मिलती है। अतः अब्दुलकरीम[३] का कथन अधिक भ्रामक है। वास्तव में वृद्ध पुरुष का गोलोकवास सुख, वैभव तथा ऐश्वर्य के बीच में हुआ था।

१३–बदनसिंह का परिवार

(अ) रनिवास

फादर वेण्डल फ्रांकोज के आधार पर यदुनाथ सरकार का मत है कि राव बदन सिंह ने अपने विवाह ऐसे घरानों में किये जो उसके पूर्वजों के समकक्ष माने जाते थे। इसके अलावा उसने विभिन्न जाति की कितनी ही महिलायें अपने हरम में रखीं। जिससे पता चलता है कि उसके पास बहुत धन था। भागवत पुराण के अनुसार उसके प्राचीन पूर्वज गोपाल, जो मथुरा में राज्य करता था, एक सौ युवतियों से घिरा रहता था। बदनसिंह ने इसमें और तरक्की की। उसके अन्तःपुर (रनिवास) में एक सौ पचास स्त्रियां थीं। कुछ राजी होकर आई थीं और कुछ बलपूर्वक लाई गई थीं।'[४] 'मजमा-उल-अखबार' का लेखक हरसुखराय के अनुसार बदन सिंह के हरम में सैकड़ों रखेल थीं।[५] जॉन कोहन लिखता है बदन सिंह के हरम में एक से एक बढ़कर अति लावण्यशील, सौन्दर्यमयी लगभग चार सौ रानियां थी।[६] खेड़ा जगाओं की पोथी में प्राप्त सूची के अनुसार बदन सिंह के अन्तःपुर में पच्चीस पत्नियां थीं।[७]

---

१ – म० उल उमरा, भाग १, पृ० १२८।
२ – अब्दुल करीम, पृ० १३३; कानूनगो, पृ० ६४।
३ – बयाने वाकई, पृ० १३३।
४ – सरकार (मु०) भाग २, पृ० २६१–२; वेण्डल।
५ – इ० डा०, खंड ८, पृ० ३६२।
६ – जॉन कोहन, पृ० १६ अ।
७ – (१) देवकी, कॉमर के चौधरी अखैराम (गोत्र भैनवार) की पुत्री, (२) देवकी की बहिन सहोदरा, (३) कठूमर के चौधरी पतराम (रीजवार) की पुत्री सहजो, (४) आगरा के चौधरी रामा की पुत्री जसोदा (५) चौधरी हिरदैराम की पुत्री संतइया तथा (६) मयाकौर, (७) चौधरी खेमकरन (पचेरे रावत) की पुत्री महाकौर (८) भगवती (९) गुढ़ावली के चौधरी सिंठाव *

ठाकुर गंगासिंह जागाओं की सूचना को अधिक सही मानते हैं। [१]

राजपूतों की सामन्ती परम्परा से इतर जाट ठाकुर, फौजदार या चौधरियों के यहां प्रायः सभी पत्नियों को समान सम्मान मिलता है। उनमें ऊंच-नीच (आला-अदना) का व्यवहार नहीं होता। इस प्रकार बदन सिंह के रनिवास में रहने वाली पत्नियों में छोटी-बड़ी, वंश, गोत्र या जाति के आधार पर किसी भी पत्नी को पटरानी या ज्येष्ठा का सम्मान प्राप्त नहीं था। 'सुजान चरित' के लेखक [२] ने बदन सिंह के पुत्रों का वर्गीकरण किया है। इस वर्गीकरण तथा अन्य आंचलिक इतिवृत्तों [३] के सन्दर्भ से ज्ञात होता है कि उसके अन्तःपुर में बाईस ठकुरानियां थीं।

सम्भवतः फादर वेण्डल, जॉन कोहन तथा हरसुखराय ने भ्रांतिवश ड्योढ़ियों पर तैनात लालियों (लाड़लो) [४] या परिचारिकाओं को भी बदन सिंह की पत्नियां समझ लिया था। जनानी ड्योढ़ियों पर सभी वर्ग की महिलाओं का एक अन्य समूह भी रहता था और वे परिचारिकाओं का कार्य निष्पदित करती थीं। इनको जाट राज्य में लाली (लाड़ली) से सम्बोधित किया जाता था। इनकी सेवा या चाकरी केवल ड्योढ़ियों तक सीमित थी। पर्दा व्यवस्था की कठोरता के कारण वे राजा के सामने भी उपस्थित नहीं हो सकती थीं। अस्तु इन लेखकों ने गल्पों के आधार पर रनिवास में विभिन्न वर्गों की कार्यरत महिलाओं को भी बदनसिंह की पत्नी मानकर 'राजपूती सामन्ती परम्परा के सिद्धान्त' पर उसके ऐश्वर्य व वैभव का दिग्दर्शन कराने की कुचेष्टा की है।

---

* (देसवार) की पुत्री तुरसा तथा (१०) मीठो, (११) चौधरी रामसिंह (सुरौठिया) की पुत्री सरुपी, (१२) हरकी, (१३) मानो (१४) महाकौर (१५) मानो, (१६) सहार के चौधरी कृपाराम (मवैरन) की पुत्री भज्जो, (१७) नौनेरा के राजपूतों की पुत्री सदाकौर, (१८) हलैना के चौधरी बल्ला (सोह-रोत) की पुत्री अनुसिया, (१९) किसनो, (२०) रामो, (२१) बीरा (२२) लच्छो (२३) गोढ़ा, (२४) गढ़नेर के चौधरी भूपा (मगोहर) की पुत्री प्रनभा और (२५) किसनो।

१ – यदुवंश, पृ० ११०।

२ – सूदन, पृ० ५–६।

३ – बलदेव सिंह, पृ० २०। वाक्या राज, जि० २, पृ० ४३।

४ – राजपूत नरेशों तथा रावों के अन्तःपुर में, जागीरदारों के रावलों में रानियों की सेवा चाकरी में नियुक्त सेविकायें चेरी, लौंड़ी, दासी, बांदी आदि कहलाती थीं। इनमें से अनेकों का राजा, राव या जागीरदारों के साथ गुप्त शारीरिक सम्बन्ध था। किन्तु जाट राज्य की परम्परायें भिन्न थीं। रनिवास की सेविकायें रानी की सेवा मात्र करती थीं और उनको यथेष्ठ सम्मान व आदर प्राप्त था।

(ब) बदन सिंह की सन्तानें

फ्रेंच लेखकों के विवरण के आधार पर यदुनाथ सरकार लिखते हैं–"बदन सिंह ने अपने पुत्रों में से तीस को अपने राज्य के विभिन्न गांवों में जागीरदार बना दिया था और लगभग इतने ही और थे, परन्तु उनके विषय में कोई विशेष जानकारी नहीं है।" सूदन हरसुखराय तथा जॉन कोहन के अनुसार बदन सिंह के बीस पुत्र थे।[१] अन्यों ने छब्बीस पुत्रों की नामावली अंकित[२] की है। इनमें केवल अठारह जीवन्त पुत्र थे और उन्होंने सोलह कोठरियां स्थापित की थीं। ये खानदान 'कोठरी बन्द' ठाकुर कहलाते थे।

सूरजमल बदन सिंह का ज्येष्ठ पुत्र था और प्रताप सिंह सहोदर कनिष्ठ[३] भ्राता था। इसी प्रकार जोधसिंह व देवी सिंह, मेदसिंह (उम्मेद सिंह) व भवानी सिंह, लालसिंह व उदैसिंह भी सहोदर भ्राता थे। अन्य अपनी माताओं के इकलौते पुत्र थे।[४] चौबे राधारमण का मत है कि इनमें दो धर्मपुत्र[५] थे। राव बदन सिंह ने ज्येष्ठ पुत्र सूरजमल को राजकाज में निपुण समझकर अपने पास रखा[६] और बाद में युवराज पद प्रदान कर दिया था। पांच लाख जमा की जागीर[७] वैर देकर मुख्य जाट राज्य की दक्षिणी–पश्चिमी सीमा पर राजा प्रताप सिंह को 'सह राज्य' का अधिपति नियुक्त किया। अखैसिंह अति बली दुष्टों पर प्रहार करने वाला, महावीर तथा तेजस्वी युवक[८] था। उसको बदन सिंह ने अपने चाचा गजसिंह व बुधसिंह की जागीर ग्राम गारु, जिस पर चूड़ामन के पुत्रों ने झगड़ा किया था, तथा इसके दक्षिण–पश्चिम में २-५० कि. मी. अखैगढ़ प्रदान किया। अखैसिंह ने यहां कच्ची गढ़ी, महल, पक्का बाग तथा कुआं का निर्माण

---

१ – सरकार (मु०), खंड २, पृ० २९२; इ० डा, खंड ८, पृ० ३६२; जॉन कोहन, पृ० १९ अ।
– "लसैं बीस बेटा, बडौ सूरराजा।"
"बिना बीस बेटा नहीं जाट कोई।" — सूदन, पृ० २३५।

२ – टॉड, २/२९९; गजे. ई. राज०; ओडायर, ४/२६; बलदेव सिंह, पृ० २०; वाक्या राज०, २/४३; चौबे, पृ० ७–८; दीक्षित, पृ० ३६।
– नामावली के लिए दृष्टव्य–'जाटों का नवीन इतिहास', पृ० ३४३।

३ – सोमनाथ (माधव विनोद; राम चरित रत्नाकर); सूदन, जंग १, दोहा १४।

४ – सूदन, पृ०५–६।

५ – चौबे, पृ० ८।

६ – सोमनाथ (सुजान विलास); सूदन, पृ० २३६।

७ – इमाद, पृ० ५५।

८ – सूदन, पृ० ६।

कराया। शेष पुत्रों ने दो से चार गांवों की जागीर प्राप्त कर 'कोठरियां' स्थापित [1] की। इन पुत्रों ने अपनी जागीरों में निवास स्थान, बाग तथा कुआं बनवाकर ग्राम्य विकास में अति रुचि ली थी।

सुजान चरित के सन्दर्भों से ज्ञात होता है कि प्रायः ये कुंवर दरबार में उपस्थित रहते थे और डीग में सपरिवार निवास करते थे। उनकी जागीरों का प्रबन्ध इनके कारिन्दा या कामदार करते थे। इनकी निजी कमान में जागीरों की आय के अनुपात में कुछ सवार व सिपाही भी रहते थे। सूरजमल की कमान में शामिल रहकर युद्धों में भाग लेते थे। परन्तु इनको रणनीति निर्धारण या राज्य की ओर से किसी के साथ समझौता करने का अधिकार नहीं था। दस्तूर कौमवार में हमको अखैसिंह, उम्मेद सिंह, दलेल सिंह, वीर नारायण तथा सोभाराम का विवरण मिलता है और इनको समय-समय पर पुरस्कृत किया गया था।

(स) प्रतिभाशाली राजा प्रताप सिंह तथा उसका परिवार

प्रताप सिंह सूरजमल का सहोदर कनिष्ठ [2] भ्राता था। और उसकी माता का नाम देवकी था। आचार्य सोमनाथ के शब्दों में "उसका वर्ण कुन्दन, चौड़ा मस्तिष्क, बांकी भौंहें, मुखमण्डल पर दीप्त आभा, नेत्रों में चमक, सुडौल तथा सुपुष्ट शरीर था। उसके स्वभाव में सरलता, सरसता, विनोद, विनम्रता, स्पष्टवादिता तथा स्वतंत्र प्रतिभा थी। वह अपने मित्र व आश्रितों के प्रति विचारवान, कृपालु, सरस, सरल, दानी, उदारमना, सुहृद, सहयोगी, गरीब व दुखियों का पालक था। व्यवहार में सादगी, शिष्टता व विचारों में गम्भीरता थी। सुसंस्कृत प्रकृति, ललित व स्थापत्य कलाओं के प्रति अनुराग था। वह अपने मित्र, विद्वान प्रतिभावान भूपति (जमींदार) या जागीरदारों के साथ रहने में, उनके साथ बैठकर अपने आपको गौरवान्वित अनुभव करता था।" [4] उसके आकर्षित व्यक्तित्व व उन्नत स्वाभिमान की गाथायें अधुना स्मरण की जाती हैं। "वह (सूरजमल) अपने लघु-

---

१ – अन्य कोठरी बन्द ठाकुरों की जागीर का निम्न विवरण मिलता है—
(१) रामवल (खटका), (२) गुमान सिंह-मानसिह (गादौली) (३) सुल्तान सिंह (खोहरी, डीग), (४) जोधसिंह (बाजौली), (५) सोभाराम (हसनपुर) (६) देवी सिंह (अस्तावन), (७) रामकिसन (महलौनी), (८) खुस्याल सिंह (आजौली), (९) लाल सिंह (सुहांस), (१०) बलराम (अजनौली) (११) वीर नारायण (बांसी)

२ – इमाद, पृ० ५५; सोमनाथ (रस पीयूष निधि; माधव विनोद); सूदन, पृ० ५; कानूनगो, पृ० ६३।

३ – जॉन कोहन, पृ० २० अ; पोथी आगा; जाट जगत, पृ० १८।

४ – रस पीयूष निधि; माधव विनोद; राम चरित रत्नाकर।

भ्राता प्रताप सिंह को अधिक प्यार करता था। प्रताप सिंह भी अपने ज्येष्ठ भ्राता की बड़ी इज्जत करता था और उसको अपने बड़ों (बुजुर्ग) की तरह मानता था। वह लियाकत वाला, इन्सानों को पहचानने वाला तथा मुसलमानों का अभिन्न साथी व मित्र था। उसकी दीगर पोशाक, पगड़ी की बन्दिश तथा खानपान देहली के बड़े-बड़े अमीरों की तरह था। उसका पुत्र बहादुर सिंह अपने पिता से भी एक कदम आगे बढ़ गया था। उसने कुरान का अध्ययन किया था और सुराजामी तक अरबी पढ़ा था।" [1] कानूनगो के अनुसार "बदन सिंह ने अनेकों कुलीन सम्भ्रान्त, सुयोग्य तथा विद्वान मुस्लिम हाकिमों की नियुक्ति करके अपने दरबार को गौरव प्रदान किया था। उसने जाट जमींदारों (भू-स्वामी या साहिब इ-जमीं), जागीरदारों आदि को मुगल अमीरों के अनुरुप शिष्टता, सभ्य समाज में रहने, बैठने-उठने की दीक्षा देकर सभासद जीवन का आदर्श प्रतिष्ठापित किया था। दरबारी सभ्यता, कुलीनता, शिष्टता के प्रति बढ़ते अनुराग की गरिमा उसके प्रिय पुत्र प्रताप सिंह की शिक्षा-दीक्षा में परिलक्षित होती थी।" [2]

परगना भुसावर, टोड़ा भीम तथा बयाना के जाट बाहुल्य गांवों पर सवाई जयसिंह अनिश्चित काल तक अधिकार नहीं रख सकता था और इन गांवों का प्रबन्ध यथापूर्व जाटों के सुपुर्द करना अति आवश्यक था। अप्रेल ३०, १७२५ ई० (ज्येष्ठ वदि ४, सं. १७८१) को प्रताप सिंह ने मथुरा छावनी में जयसिंह से भेंट की और उसने प्रारम्भ में परगना भुसावर के जाट-गुर्जर बाहुल्य ग्रामों का पट्टा प्रताप सिंह के नाम करके सिरोपाव प्रदान किया। [3] इस प्रकार परगना बयाना के पूर्वी भूखंड, भुसावर, टोडा भीम के विप्लवी जमींदार तथा पट्टीदार, गुर्जर, मीणा, धाकड़ (आगरा क्षेत्रीय राजपूत विशेष), अन्य राजपूत तथा पाल जाटों का दमन करके १७२५ ई० के अन्त में बदन सिंह ने परगना भुसावर, बयाना तथा कस्बा उच्चैन के मध्य भाग में वैर [4] नामक नवीन परगना गठित किया और प्रताप सिंह को पांच

---

१ – मीर गुलाम अली कृत इमादउस्सआदत, पृ० ५५।

२ – कानूनगो, पृ० ६३।

३ – द० कौ०, जि० ७, पृ० ४२१।

४ – २७°-० 'अक्षांस-७७°-१४ 'दे०; भरतपुर के दक्षिण-पश्चिम में ४८ कि.मी., डीग के दक्षिण पश्चिम में ५८ कि.मी., बयाना के उत्तर-पश्चिम में १७ कि.मी. तथा भुसावर के पूर्व में १३ कि०मी०।

– समकालीन दरबारी लेखक आचार्य सोमनाथ तथा सूदन (पृ० २२४, २४२, २४६, २४७) के अनुसार इसका नाम वैरि गढ़ था, जिसे आजकल वैर कहते हैं। मुस्लिम या मुगलकालीन इतिहासों में इस स्थान के नाम का विवरण नहीं मिलता है। १६६४ ई० के अठसता से ज्ञात होता है कि ग्राम वैर पर ❀

लाख रुपया वार्षिक जमा व मुल्क जागीर में प्रदान करके वैर का प्रबन्ध उसको सौंप दिया था। [1] अनुमानतः इस जागीर में दो सौ असली व दाखिली गांव शामिल थे। वैर के पश्चिम में बल्लभगढ़ की जागीर एक पृथक परगना के रूप में गठित की गई थी, जबकि दक्षिणी भूखंड, जो अधिकांश पहाड़ी इलाका है, में आबाद ग्राम जहाज, हातोड़ी उमरेड़ तथा तुहारी की प्रमुख चार जागीरें वैर में शामिल कर ली गई थीं। वैर का अधिकांश भूखंड अति उपजाऊ, समृद्ध तथा सम्पन्न है और यहां के पहाड़ों से इमारती पत्थर निकाला जाता है। प्रायः प्रत्येक गांव बांधों से सुरक्षित तथा सिंचित है और यहां पर बेर, नारंगी, आम तथा नीबू उत्पादन के असंख्य बाग आज भी हैं। यहां गुर्जर, मीणा, पाल जाट, धाकड़ (माली राजपूत), गद्दी (गदही) राजपूत व

❋ गना भुसावर में शामिल था और इसमें पांच दाखिली नगला (एमरेजपुर, पीर मुहम्मदपुर, सहवाजपुर, सहजादपुर, सलेमपुर, हुसैनपुर) शामिल थे। मीर गुलाम अली (पृ०–५५), चतुराराई (पृ० २ अ, ४ अ) और दीक्षित (पृ० १८६) इसका नाम बैरि या वरि लिखते हैं। ओडायर (भाग ३, पृ० २३) के अनुसार इस भूभाग में वैर (जंगली या झाड़ी बैर) तथा नींबू का उत्पादन होता था और वैर उत्पादन के लिए हिन्दुस्तान के अन्य भागों में प्रसिद्ध था। सम्भवतः बेर उत्पादन के कारण इस स्थान का नाम बैर, वरि, वैरिगढ़ पड़ा था। अठसतों में इसको बैर लिखा है और वहां जाटों की जमींदारी थी।

– वर्तमान वैरगढ़ के पूर्वी प्रवेश द्वार के सामने दक्षिणी भाग में कुछ ही दूरी पर अति प्राचीन एक ऊंचा टीला है। इस टीले पर शहर की आबादी है। इस टीले पर प्राचीनतम बस्ती के भूमिगत अवशेष, पक्की पुख्ता दीवारें यत्र तत्र दिखलाई देती हैं। टीले के सर्वेक्षण से स्पष्ट होता है कि यह एक अति प्राचीन कस्बा था।

– सुप्रसिद्ध उपन्यासकार स्व० डा० रांगेय राघव ने मार्च, १९६० में वैर में एक लिंग, मोहनजोदड़ों शैली के पत्थर का एक ढक्कन व कुछ पाषाण के टुकड़े, कुषाणकालीन लकड़ी की प्रतिमा, पार्श्वनाथ की प्रतिमा, गुलाम वंश कालीन एक शिलालेख (१२९० ई०) तथा तुगलक शैली की एक प्राचीन मस्जिद का पता लगाया था। (रिपोर्ट संग्रहालय, भरतपुर)

– वैर के कस्बा-टीले पर १९७१ में दसवीं शताब्दी आसपास निर्मित अति आकर्षक लाल पत्थर की चक्रेश्वरी देवी की एक जिन प्रतिमा तथा जैन मंदिर के कुछ पाषाण अवशेष मिले हैं। अतः इन पुरातत्व अवशेषों से स्पष्ट है कि वैर हिन्दू-तथा मुस्लिम काल के अति सम्पन्न व सांस्कृतिक कस्बा था।

१ – इमाद, पृ० ५५; वेण्डल; कानूनगो, पृ० ६४; ओडायर, जि. ३, पृ० ३२।

मुसलमान, बागड़ी तथा अन्य ब्राह्मणों की जमींदारियां थीं।[1]

प्रताप सिंह में स्थापत्य कला के प्रति विशेष सुरूचि थी और उसने अपने निरीक्षण में वैर गढ़ का निर्माण कराकर नवीन नगर बसाया। १७२६ ई० में एक प्राचीन टीले को घेरकर एक सुदृढ़ पुख्ता गढ़ की नींव डाली गई। इसके चारों ओर सुरक्षात्मक पक्की जलप्लावित खाई, गढ़ी में निवास गृह, कचहरी, बारूद-खाना, शस्त्रागार तथा सैनिक निवास, जल व्यवस्था के लिए कुएं बनवाये। गढ़ी के नीचे खाई के पार पूर्वी मुख्य द्वार के सामने नवीन नगर की स्थापना की गई। दुर्ग में प्रवेश के लिए पूर्व तथा पश्चिम से दो विशाल द्वार हैं, जिनके सामने ढालू मार्ग हैं। प्राचीन वैर नामक गांव में नयावांस (१ कि मी.) को शामिल करके लग-भग दो कि मी. की परिधि में कच्चा परकोटा बनवाया गया था। इस परकोटा के चारों ओर गहरी खाई थी, किन्तु अब यह खाई पूर्णतः भर चुकी है। मुख्य दुर्ग की नहर तथा खाई को भरने के लिए सीता नामक बांध से सीता नहर बनाई गई। नगर में प्रवेश के लिए उत्तर में भरतपुर तथा कुम्हेर, पूर्व में बयाना, दक्षिण में सीता, पश्चिम में भुसावर नामक पांच[2] पक्के द्वार तथा दो खिड़कियां अभी तक मौजूद हैं। इन प्रवेश द्वारों पर विशाल भारी फाटक थे, जिन पर भारी लोहे की चद्दरें तथा लोहे की मोटी कीलें लगी थीं। इन द्वारों की सुरक्षा के लिए बाहरी भाग में मरठुला भी थे। मुख्य बाजार की सड़कें सकरी व सीधी हैं। चौक में कोत-वाली व अन्य विभागों के लिए विशाल मकान बने हैं।

इस नगर का मुख्य आकर्षण दुर्ग के उत्तरी पार्श्व में निर्मित विशाल, भव्य तथा चित्ताकर्षक फूलबाड़ी है। इस बाग में श्वेत महल, लाल महल अति दर्श-नीय हैं। श्वेत महल के सामने एक तालाब, चारों ओर फव्वारा पंक्तियों का निर्माण अति आकर्षक है। इन फव्वारों को पश्चिमी पार्श्व में बनी छत के ऊपर के एक जलागार से चलाया जाता था। ये निर्माण जाट तथा मुगल शैली का उत्कृष्ट नमूना है और डीग के जल-महलों के निर्माण की प्रारम्भिक पृष्ठ-भूमि कहा जा सकता है। फूलबाड़ी की बाहरी सीमा से सटा दक्षिणत्य तथा जाटों की मिश्रित शैली श्री सीताराम जी के मंदिर में प्रताप सिंह की कलाप्रियता तथा कला पोषण का परिचायक है। इसी बाग में बहादुर सिंह ने आगरा विजय के बाद सम्राट जहांगीर का अति आकर्षक श्वेत संगमरमर का हिंडोला (झूला)[3] लाकर लगवाया था।

---

१ – ओडायर, खंड ३, पृ० २३, ३२।

२ – सूदन, पृ० २४७।

३ – १८६१ में मेजर बावरी ने इस हिंडोला को फूलबाड़ी (वैर) से हटाकर गोपाल भवन, डीग के सामने लगवा दिया था, जहां अभी तक मौजूद है। (दीक्षित, पृ० १८६)

वैर नगर को कलात्मक परिवेश में सुशोभित करने का पूर्ण श्रेय प्रताप सिंह को है। इसी से कला प्रेमी जनता के मानस में आपके प्रति अद्यतः श्रद्धा है। आपने अपनी राजधानी के शरीर तथा आत्मा को अति रमणीय बनाने में अपना अपार खजाना न्यौछावर कर दिया था। दिल्ली, मथुरा तथा आगरा प्रान्त के अगणित उस्ताओं (अभियंता तथा रेखाकार), कारीगर, शिल्पकार तथा कलावन्तों ने उसका संरक्षण प्राप्त किया। सोमनाथ साहित्य से आभास मिलता है कि १७३७ ई० से पूर्व तक यह गढ़ तथा नगर पूर्णतः विकसित हो चुका था और भुसावर, टोड़ा भीम, बयाना तथा अन्य दूर-दराओं से सम्भ्रान्त परिवार, सेठ-साहूकार, सर्राफ, व्यापारी, अनेक वेदान्ती, पुराण, ज्योतिषविज्ञ, शास्त्रों के अध्येता, भाषाविज्ञ, काव्यकार, नीतिकार, कर्मकाण्डी पंडित, युद्ध-प्रवीण वीर आकर बस गये थे। रस पीयूष निधि में इस नगर की शोभा का वर्णन करते हुये आचार्य सोमनाथ ने लिखा है-"वैर की शोभा निराली है। चतुर्दिक वृक्ष गुल्म, अनेकों बाग, सरोवर विद्यमान हैं। चतुर्-वर्ण के शूरवीर यहां निवास करते हैं। विलन्द महल तथा गढ़ सौन्दर्य सुषमा के प्रतीक है।" [1]

प्रताप सिंह अति वीर, साहसी गुण सम्पन्न योद्धा था। उसमें असाधारण शारीरिक क्षमता, अदम्य साहस, निःशंक उत्साह, सर्तकता, अथक सामर्थ्य व सहन-शीलता आदि गुण [2] विद्यमान थे। उसने अपने शत्रु तथा विप्लवी जमींदारों (भू-पतियों) पर दृढ़ संकल्पित होकर आक्रमण किये और अनेक कच्ची गढ़ियों का विध्वंस करके विप्लवी जमींदारों, जागीरदारों को निज प्रभुत्व स्वीकार करने के लिए बाध्य कर दिया था। [3] अनेक विप्लवी जमींदारों को बेदखल करके अन्य जातियों के जमींदारों को आबाद किया और उनको जमींदारी अधिकार सौंपे। वह स्वयं कुशल अश्वारोही था और साथियों के साथ आखेट करता था। वैर गढ़ की सुरक्षा व्यवस्था के लिए कुशल तोपची, पैदल व बन्दूकची सवार तैनात थे। इसके अलावा केन्द्रीय सेवा के लिए लगभग तीन सहस्र नियमित व अनुशासित सेना तैनात रहती थी। आवश्यकता पड़ने पर पैदल व सवार सेना में वृद्धि की जाती थी। इस सेना में गब्बर सधे हाथी, गर्वीले ताजी, काबुल-कन्धार के अरबी-तुर्की व देशी घोड़े, ऊंटों का रिशाला, रथ, पालकी-नालकी तथा सामान ढोने के लिए बैलगाड़ियां (भारकस) शामिल थे। फौजी टुकड़ियों के साथ निरायुद्ध बेलदार तथा मजदूर चलते थे। तोपखाना पंक्ति में पृथक् तोपची थे, जिनमें मुस्लिम भी शामिल थे। इस प्रकार सेना के अग्र भाग में हाथी पर भगवा ध्वज चलता था। उसके पीछे धौंसा व नगाड़े बजते

---

१ – सोमनाथ, रस पीयूष निधि, छप्पय २३।

२ – उपरोक्त; राम चरित मानस।

३ – माधव विनोद, छप्पय १३।

थे। सैनिक टुकड़ियों के साथ अनेक निसान तथा पताकाएं फहराती थीं। अश्वारोही तथा पदाति जिरह बख्तर पहनते थे और सिर पर साफा बांधते थे। सैन्य दल अन्न (गल्ला) वस्त्र, अस्त्र-शस्त्रों से पूर्णतः सुसज्जित तथा युद्ध के लिए सदैव तैयार रहता था।[1]

वह अपनी सेना को अपने पुत्र बहादुर सिंह के निरीक्षण में कठिन श्रम में व्यस्त रखता था और ये सेनाएं अपना अधिकांश समय रणक्षेत्रों में व्यतीत करती थीं। प्रताप सिंह ने अपने देश के बाहर भी कई युद्धों में भाग लिया था। सवाई जयसिंह ने जब परगना रामपुरा का प्रस्ताव लेकर उदयपुर की ओर प्रस्थान किया, तब प्रताप सिंह, सार्दूल (पथैना) तथा तेजसिंह सोगरिया (पुत्र ठाकुर खेमकरन) ने जाट टुकड़ियों का नेतृत्व किया था। सितम्बर ६, १७२८ (भादौं सुदि ४, सं. १७८५) को सवाई जयसिंह ने ब्यावर मुकाम पर फैंटा आगरा जरी, जामा कुरता जरी तथा निसान मुकेशी प्रदान किया और अनेक गांवों का पट्टा उसके तथा सार्दूल के नाम कर दिया था, जबकि तेजसिंह सोगरिया को सिरोपाव देकर विदा किया। फिर १७३१ में जयसिंह ने जब बदनसिंह को 'राव' की वरूद प्रदान किया, तब भुसावर के राजपूत विद्रोहियों को दबाने के लिए मथुरा छावनी से अप्रेल १२, १७३१ को प्रताप सिंह के लिए औपचारिक विदाई का सिरोपाव देकर बिदा किया गया। इन विद्रोहियों को दबाकर जब अक्तूबर ८, १७३१ (आसोज सुदि ९, सं. १७८८) को प्रताप सिंह उसके हजूर में पहुँचा, तब उसको अनेक गांव प्रदान करके सम्मानित किया।[2] प्रताप सिंह ने भूपाल युद्ध (अनुच्छेद-१३) में जाट बन्दूकची सवारों का नेतृत्व संभाल कर अपनी वीरता का परिचय दिया था। इस समय प्रताप सिंह युवराज ईश्वरी सिंह के काफी निकट सम्पर्क में आ गया था। अतः अक्तूबर, १७३८ तथा १७३९ में वह स्वयं दशहरा दरबार में मुजरा करने के लिए जयपुर पहुँचा।[3] फतहाबाद सम्मेलन के बाद सवाई जयसिंह ने बख्त सिंह राठौड़ के विरूद्ध आगरा से अजमेर की ओर प्रस्थान किया, तब बदनसिंह ने अपने दोनों पुत्रों सूरजमल व प्रताप सिंह को उसके साथ में रवाना किया। गगवांना युद्ध में प्रताप सिंह ने भी जाट टुकड़ियों का नेतृत्व किया। सितम्बर २१, १७४१ को ससैन्य उसको विदा किया गया। फिर अक्तूबर, १७४२ में प्रताप सिंह दशहरा का मुजरा करने जयपुर पहुँचा। महाराजा सवाई ईश्वरी सिंह के राज्यारोहण के बाद राव बदनसिंह ने नवम्बर, १७४३ में प्रताप सिंह तथा हेमराज कटारा को राजतिलक का साज लेकर जयपुर

---

१ – रस पीयूष निधि।

२ – द० कौ०, जि० ७, पृ० ४२१, ५३२, ३९२।

३ – द० कौ०, जि० ७, पृ० ४२२।

भेजा।[1] इस प्रकार प्रताप सिंह भी सूरजमल के साथ ही निश्चय: अपनी वीरता, कुशलता से अग्रसर होने लगा था।

वैर सेना का प्रधान चमूपति (सेनापति) विप्र हरबल था, जिसकी कमान में इस सेना ने सूरजमल के साथ अनेक युद्धों में भाग लिया था। इसके अलावा निर्मोही रामानुज सम्प्रदाय के महन्त राघवदास ने सन्यासियों की एक जमात एकत्रित कर ली थी। उसके पट-शिष्य केशोदास की कमान में एक शती सवारों का नागा लश्कर था और इनका गुरुद्वारा श्री रघुनाथ जी लश्करी के नाम से प्रसिद्ध था। प्रारम्भ में ये सवार आसपास के शाही इलाकों में लूटमार करते थे और राज सेवा भी करते थे। राजा प्रताप सिंह ने केशोदास को बारह गांव की 'खिदमत जागीर' प्रदान की थी और वैर नगर की सुरक्षा का भार सौंप दिया था।[2] वैर में जाट राज्य के लिए अस्त्र-शस्त्र, तोप, गोला बारुद बनाने के कारखाने थे और यहां से जजैल, जंबूरे, रहकला, बन्दूक आदि जाट राजधानी में भेजी जाती थीं।[3] वैर नगर तथा दुर्ग की रक्षा के लिए प्रताप सिंह ने सैकड़ों छोटी-बड़ी तोपें, जंबूरे, जजैल आदि का संग्रह किया, किन्तु यह तोपखाना आवश्यकता पड़ने पर ही शस्त्रागार से निकाल कर दुर्ग प्राचीरों तथा परकोटा पर लगाया जाता था।[4]

प्रताप सिंह ने मुगल व राजपूत परम्परा पर 'सभा' की स्थापना की थी, जिसमें राजपूत-जाट मिश्रित सभ्यता परिलक्षित होती थी। साथ ही मुगलिया शिष्टाचार, मुगलिया पोशाक तथा मुगल संस्कृति का प्रभाव था। वह स्वयं मसनद पर आसीन होता था। ऊपर मोरपंखी का पंखा झलकता था और चंवर ढुलकता था। खवासों के हाथों में सुगन्धित इत्रदान रहते थे और महफिल (सभा मंडप) में सर्वत्र सुगन्धि महकती थी। सभाजनों को पान-सुपारी भेंट की जाती थी। गढ़ के प्रवेश द्वार पर अम्बारी से सज्जित हाथी तथा अमूल्य रत्नों से सुसज्जित अश्व सलामी देते थे। इस समाज-सभा (महफिल) में प्रभावी जमींदार, जागीरदार, नीतिज्ञ, ज्योतिषज्ञ, पुराणों के ज्ञाता, अरबी-फारसी के विद्वान राजकीय पोशाक में उपस्थित रहते थे। द्वार पर छड़ीबरदार तैनात थे। सभी सभाजनों का क्रम तथा स्थान नियत था। विजयादशमी का महान सांस्कृतिक पर्व भारी उल्लास व उमंग से मनाया जाता था। उस दिन दरबार (समाज सभा) होता था। सभासद नजर भेंट करते थे। महलों में मंगलाचार, बंधाये व गीत गाये जाते थे। समस्त नगर में सजावट होती थी। घोड़ों पर हीरा-पन्ना, जवाहरात के वेश कीमती साज प्रदर्शित

---

१ – द० कौ०, जि० ७, पृ० ४२२।

२ – फाइल मुकदमा मंदिर लश्करी, वैर।

३ – मोडव; दीक्षित, पृ० १८४।

४ – सूदन, पृ० २४७।

होते थे। नगाड़े तुरई व नफीरी बजती थी और नट–नटनियां नृत्य करती थीं। गायन व वादन अति सरस व हृदयग्राही होता था। [1]

वह अप्रतिभ विद्यानुरागी, काव्य कला मर्मज्ञ, काव्य रसिक तथा गुणी व्यक्ति था। उसका पुराण, ज्योतिष, (नुजूम), चिकित्सा विज्ञान, प्राचीन भारतीय साहित्य, नाटक, नाटिकायें, काव्य तथा भाषा विज्ञान में सुरूचि थी। वह विद्वानों का समुचित आदर–सत्कार व सम्मान करता था। साहित्यकार तथा कलाकारों का उदारमना संरक्षक था। उसने संस्कृत, फारसी ब्रजभाषा के विद्वानों को अतुल–दान देकर सम्मानित किया और एक शिष्ट व गुणी समाज को प्रोत्साहित किया था। प्रताप सिंह की कीर्ति को सुनकर ही आचार्य सोमनाथ नवाब आजम खां [2] का आश्रय

---

१ – सोमनाथ, रस पीयूष निधि।

२ – भाषाविदों ने कवि श्रीधर उर्फ मुरलीधर, कविवर नेवाज, आचार्य सोमनाथ तथा टीकाराम के आश्रयदाता नवाब आजम खां के जीवन वृत को 'मासिर-उल-उमरा' में खोजने का निष्फल प्रयास किया है। (आचार्य रामचन्द शुक्ल, 'हिन्दी साहित्य का इतिहास' पृ० २६३; शिव सिंह सरोज, पृ० ३३३–५; बाबू ब्रज रत्न दास, 'हिन्दी नाट्य साहित्य, पृ० ६०; गोपीनाथ तिवारी, 'भारतेन्दु कालीन नाटक साहित्य,' पृ० २०; राजेन्द्र शर्मा, सम्पा., "सकुन्तला नाटक," मंगल प्रकाशन, (१९७०)। इसी सन्दर्भ में सोमनाथ ग्रंथावली के सम्पादक सुधाकर पाण्डेय ने वजीर इमादुलमुल्क को आजम खां माना है। (पृ० ७५)।

– सकुन्तला नाटक की प्रशस्ति से सुज्ञात है कि मुसलेह खां नवीन विरुदधारी फिदाई खां, का पुत्र था। 'जंगनामा (तज्करा)' में श्रीधर उर्फ मुरलीधर ने अपने आश्रयदाता 'मुसलेह खां या आजम खां' की वीरता की अति प्रशंसा की है। सोमनाथ ने इसी नवाब आजम खां के लिए 'नवाबोल्लास' नामक ग्रंथ की रचना की थी।

– फर्रुखसियर ने आजम खां की नियुक्ति सरकार थट्टा में की थी। अप्रेल, १७२० में जब वह थट्टा से दिल्ली की ओर लौटा, तब उसने जोधपुर में पड़ाव डाला। महाराजा अजीत सिंह तथा जयसिंह ने उसका स्वागत सत्कार किया था। हसनपुर युद्ध के बाद २५ नवम्बर, १७२० ई० को उसने खिज्राबाद में जयसिंह की अगवानी की थी और १७२२ में जयसिंह के साथ द्वितीय थून अभियान में भाग लिया था। (द० कौ० जि० १८, पृ० ५६३)। १७२३ में उसको पुनः थट्टा का सूबेदार नियुक्त किया गया। १७२६ में उसको सादाबाद परगना में जागीर प्रदान कर दी गई थी। उसने फतहाबाद छावनी में बालाजी राव पेशवा से मुलाकात की और गगवांना युद्ध में भाग लिया था। (द० कौ० जि० १८) इस प्रकार मुसलेह खां ही नवाब आजम खां था।

त्यागकर १७३० ई० के आसपास वैर दरबार में स्थाई रूप से आये। दरबारी संस्कृति तथा जीवन पद्धति में व्यक्ति के स्वतः गरिमा स्थापन में शास्त्र-ज्ञान सहायक था। इसी से भारतीय नरेशों के दरबारों में विद्वानों का अधिक महत्व था। प्रताप सिंह ने आचार्य सोमनाथ को संरक्षण प्रदान किया और वैर में निवास हेतु हवेली प्रदान की थी। आचार्य सोमनाथ ब्रजभाषा के प्रणेता, संस्कृत भाषा व साहित्य, ज्योतिष तथा वैद्यक के प्रकांड ज्ञाता थे। वह प्रताप की सभा के शिरोमणि सभासद थे। प्रताप सिंह के आग्रह पर उन्होंने रीति ग्रन्थ 'रस पीयूष निधि' (प्रारम्भ, मई २३, १७३७ ई०/ज्येष्ठ वदि १०, सं. १७९४, 'राम कलाधर' (अध्यात्म रामायण का काव्यात्मक अनुवाद), 'राम चरित रत्नाकर' (बाल्मीकि रामायण के किष्किंधा तथा सुन्दरकांड का काव्यात्मक अनुवाद), 'व्रजेन्द्र विनोद' (भागवत उत्तरार्द्ध), 'रास पंचाध्यायी' (प्रारम्भ, नवम्बर २०, १७४३ ई०/अगहन सुदि ५, सं. १८००) आदि उत्कृष्ट ग्रन्थों का सृजन किया था। इसके अतिरिक्त आपने कुछ ग्रन्थ 'स्वांत: सुखाय:, कुछ लोक हिताय:' तथा कई ग्रन्थ सूरजमल के लिए भी लिखे थे।[1] महाराव बुद्ध सिंह हाड़ा (बूंदी) के दरबार में आचार्य श्री कृष्ण भट्ट कलानिधि ने प्रताप का यश सुना था और उसने आचार्य सोमनाथ के सहकर्मी के रूप में प्रताप सिंह के दरबार में अनेक वर्ष आश्रय प्राप्त किया। प्रताप सिंह के आग्रह पर उसने बाल्मीकि रामायण के बाल, युद्ध तथा उत्तरकांडों का काव्यात्मक अनुवाद किया और १७४३ में 'दुर्गा महात्म्य' की रचना की थी। सुयोग्य, कुलीन मुस्लिम विद्वानों को भी राज्याश्रय मिला और उन्होंने प्रशासन में उच्च पद प्राप्त कर लिये थे। जाट राज्य तथा जागीर के आन्तरिक प्रबन्धों में नागरी लिपि व ब्रजभाषा का प्रयोग होता था, लेकिन साम्राज्य की शासकीय भाषा फारसी थी। इससे फारसी का भी सम्यक् महत्व बना रहा। इन हिन्दू-मुस्लिम विद्वानों ने वैर में पाठशालायें, मदरसे, मखतब व महाजनी स्कूल चलाकर शिक्षा, संस्कृति तथा ललित कलाओं के प्रचार-प्रसार में योग दिया और वैर एक साहित्यिक केन्द्र बन गया था। प्रताप सिंह को चित्रकला से भी विशेष अनुराग था। इस काल में चित्रकारों ने रागरागनियों पर चित्र तैयार किये।[2] इनमें राजपूत, मुगल व जाट शैली का अद्भुत मिश्रण था।

---

१ – सुजान विलास; संग्राम वर्णन; द्रष्टव्य–सोमनाथ ग्रन्थावली' प्रका०, ना.प्र. सभा

२ – राज-मोदी परिवार काव्य तथा ललित कला प्रेमी था। इस घराने के पास अभी तक कई हस्तलिखित ग्रन्थ सुरक्षित है। लगभग डेढ़ सौ चित्रों का संग्रह इस परिवार के पास था। बाद में इन चित्रों को डा० रांगेय राघव ने बम्बई भेज दिया था।

प्रपाप सिंह अपनी जागीर का स्वयं बन्दोबस्त देखता था। उसने अपनी वतन-जागीर की समृद्धि के लिए काश्तकारी, बागों को प्रोत्साहित किया। अनेक बांध तथा नहरों का निर्माण कराया। ये बांध बाढ़ को नियंत्रित करने तथा सिंचन के लिए अति उपयोगी थे।[1]

सिनसिनवार जाट शासक ब्रजमण्डल के निवासी थे और हिन्दू धर्म व वैष्णव संस्कृति के रक्षक थे। ब्रज में सर्वदेव की पूजा, अर्चना तथा प्रतिष्ठापन था और उन पौराणिक कथाओं का श्रवण (चर्चा) कीर्तन, स्मरण होता था, जिनका हिन्दू धर्म तथा समाज पर विशेष प्रभाव रहा है। राजा तथा जमींदार के मत, प्रभुत्व का लोक-जीवन व समाज पर प्रभाव पड़ता था। उसने गढ़ में ब्रज-दूल्ह, फूलबाड़ी में लाल महल के सामने श्री मोहन जी का मंदिर बनवाया। इन मंदिरों के प्रबन्ध तथा भोग-राग के लिए चौदह सौ रुपया वार्षिक जमा की ५७२ बीघा भूमि पुण्य-जागीर में प्रदान कर दी थी। प्रताप सिंह स्वयं श्री रघुनाथ जी का परम भक्त था। उसने फूलबाड़ी में ही श्री मोहन जी के मन्दिर के पृष्ठ भाग में मन्दिर श्री रघुनाथ जी लश्करी बनवाया और इसकी व्यवस्था के लिए २५१२ रुपया वार्षिक जमा की २०१६ बीघा भूमि पुण्य तथा खिदमत जागीर के रूप प्रदान की थी।[2]

तैङगलै (अर्काट, तामिलनाडु) के सुप्रसिद्ध आचार्य षढ़मर्षण गोत्री श्री निवासाचार्य, जो रामानुजाचार्य परम्परा तथा सम्प्रदाय से संसर्गित थे, को उसने धर्माचार्य का उच्च सम्मान प्रदान करके धर्म गुरू पद प्रदान किया था। परम्परा के अनुसार श्री निवासाचार्य श्री मुष्णम् (दक्षिण अर्काट) से सवाई जयसिंह के आमंत्रण पर जयपुर पधारे थे। आप अति विद्वान तथा कर्मकाण्डी थे और आपने जयपुर में वाजपेय व अश्वमेघ यज्ञों में भाग लिया था। लोक-वार्ता के अनुसार वे एक बार ठाकुर शार्दूल के अनुग्रह पर उनके साथ घोड़े पर सवार होकर वैर पधारे, जहां प्रताप सिंह ने आपका हार्दिक स्वागत-सत्कार किया और गुरू-दीक्षा ग्रहण कर ली थी। उसने उनको एक हाथी, एक घोड़ा तथा प्रचुर द्रव्य दिया। बाद में वे प्रताप सिंह के आग्रह पर वैर में आकर बस गये, जहां फूलबाड़ी के समीप ही अति विशाल, भव्य व आकर्षक मलाई पत्थर का विशाल दालान संयुक्त दाक्षिणात्य-जाट मिश्रित शैली का श्री सीताराम जी मंदिर व तीन मंजिल निवास स्थान बनवाया। कहा जाता है कि सवाई जयसिंह ने आपको रुपया ६००१।- वार्षिक जमा का ग्राम बरंली • ख्ति त जागीर में देकर सम्मानित किया था, जबकि प्रताप सिंह ने अन्यान्य मौजों में ४२६८ रुपया वार्षिक जमा की ४२५७ बीघा ६ बिस्वा भूमि मंदिर

१ – इरीगेशन रिकार्ड।

२ – रजिस्टर, सूची व जागीर देवस्थान विभाग।

के भोग राग के लिए और हाथी के पालन के लिए जटवलाई नामक एक मौजा प्रदान किया था। यह गांव "हाथी का गांव या जागीर" कहलाती थी। इसके अलावा जागीर-कोष से नकद रुपया भी दिया जाता था। [1] श्री निवासाचार्य ने काफी उम्र पाई थी। बयाना, भुसावर परगनों पर अधिकार करने के बाद १७७७ ई. (११६१ हि०) में मीर बख्शी मिर्जा नजफ खां ने महन्त श्री निवासाचार्य के नाम मौजा वरौली, परगना भुसावर पुन्यार्थ जागीर यथावत प्रदान करने की सनद प्रदान की थी। फिर सितम्बर २६,१७८५ ई०(आसोज वुदि ११, सं० १८४२) को महादजी सिन्धिया ने भी नवीन सनद प्रदान कर दी थी। [2] इसी काल में राम सनेही सम्प्रदाय के महंत ने भी प्रताप सिंह का आश्रय प्राप्त किया और श्री जानराय जी का दो मंजिल का एक विशाल मन्दिर बनवाया। इस मन्दिर के लिए भी पुण्यर्थ जागीर दी गई थी। प्रताप सिंह में धार्मिक सहिष्णुता की भावना पर्याप्त थी। इसी से प्रजा में जातीयता, धर्म, सम्प्रदाय के नाम पर भेदभाव नहीं था। मुसलमानों को भी मस्जिद, दरगाह बनाने के लिए भूमियां तथा अन्य सुविधायें दी गईं थी। वास्तव में हिन्दू-मुसलमान दोनों में प्रेम तथा समता थी और दोनों की सह-संस्कृति चलती थी।

समकालीन सन्दर्भों से स्पष्ट है कि प्रतापसिंह तथा सूरजमल दोनों भ्राताओं में अटूट प्रेम था, किन्तु कविवर उदैराम[3] के काव्यात्मक सन्दर्भ तथा लोक वार्ताओं से ज्ञात होता है कि माता देवकी की मृत्यु (जुलाई, १७४२) के बाद दोनों भ्राताओं को प्रभावित करने वाला पारिवारिक सम्पर्क सूत्र टूट गया था और राव बदनसिंह की वृद्धावस्था में उभय भ्राताओं में बन्दोबस्त तथा अन्य राजनैतिक मामलों को लेकर आपस में खींचतान हुई थी। सम्भवत: आपसी मतभेद व कटुता को उग्र करने में दरबारी सभासदों तथा अधिकारियों का व्यक्तिगत स्वार्थपरक हाथ था। वैर जागीर एक स्वतन्त्र सह-राज्य के रूप से विकसित हो रही थी और निःसन्देह वैर सांस्कृतिक तथा शैक्षणिक गतिविधियों का प्रमुख केन्द्र बनता जा रहा था। अब सूरजमल का पुत्र जवाहरसिंह युवा हो चुका था और अक्तूबर, १७४५ में वह

---

१ – रजिस्टर, सूची व जागीर देवस्थान विभाग।
—श्री निवासाचार्य वंश से सम्बन्धित कागजात, सनदें आचार्य श्री कृष्णमूर्ति, एम० एस० सी, एल० एल० बी० से प्राप्त हुई हैं। उनके पास अभी तक तेलगु भाषा के प्राचीन ग्रन्थ सुरक्षित हैं। डा० रांगेय राघव आपके ही कनिष्ठ भ्राता थे।

२ – सनद; इन सनदों के शीर्ष पर फारसी मुहर है। सनद फारसी, हिन्दी तथा मराठी मोड़ी लिपि में लिखी गई हैं।

३ – गिरवर विलास (पा० लि०)।

महाराजा सवाई ईश्वरीसिंह के दशहरा दरबार में मुजरा करने गया था। ७ अक्तूबर (आश्विन सुदि १३, सं० १८०२) को ईश्वरीसिंह ने उसको सिरोपाव तथा १० अक्तूबर को बिदा करते समय एक जोड़ी जड़ाऊ पोंहची प्रदान की थी।[१] इसके बाद राव बदनसिंह को 'ताजीम' से सम्मानित करने के लिए सवाई ईश्वरीसिंह ने जयपुर आमंत्रित किया, तब अक्तूबर के अन्त में वह हेमराज कटारा तथा बहादुर सिंह वकील के साथ जयपुर पहुँचा।[२] इसी बीच में अपने पिता की अनुपस्थिति में सूरजमल ने प्रतापसिंह को कुम्हेर दुर्ग के महलों में नजरबन्द कर लिया। फादर वेण्डल लिखता है कि उभय भ्राताओं में बातचीत करते समय भारी तनाब पैदा हो गया था। प्रतापसिंह ने अपने भाई के सामने ही जहर खाकर असार संसार त्याग दिया था।[३]

समकालीन इतिवृतों में दोनों भाईयों के बीच मनमुटाव के कारणों तथा प्रतापसिंह की मृत्यु–समय का विवरण उपलब्ध नहीं है, परन्तु लोक-वार्ताओं, ऐतिहासिक विवरणों तथा साहित्यिक सन्दर्भों से पता चलता है कि गृह संघर्ष की गम्भीरता, राजनैतिक घटनाओं पर अपना प्रभाव देखकर ही प्रतापसिंह ने अपने पिता बदनसिंह के प्रस्थान करते ही नवम्बर २, १७४५ ई० (कर्तिक सुदि १० सं० १८०२) को सहृदयता से कुम्हेर के महलों में भगवद्प्रसाद के रूप में गरलपान करके इस असार संसार को त्याग दिया था।[४]

नवम्बर १२, १७४५ (मार्गशीर्ष बदि :२, सं. १८०२) को महाराजा सवाई ईश्वरीसिंह ने लूणकरण नाटाणी के साथ बहादुरसिंह के लिए मातमी का सिरोपाव भेजकर राजा प्रतापसिंह की मृत्यु पर अपनी हार्दिक सम्वेदना प्रगट की थी।[५]

राजा प्रतापसिंह के आकर्षक व्यक्तित्व, सुसंस्कृत स्वभाव तथा उन्नत स्वाभिमान की गाथाएं उसकी मृत्यु के बाद सभी जाट राज्य में घर कर गई थीं। इस कला, साहित्य तथा सांस्कृतिक प्रेमो की मृत्यु के बाद अन्यान्य विश्रुत कवियों ने उसकी मृत्यु गाथा अवश्य गाई होगी। ये ग्रन्थ अभी तक खोजनीय हैं।

२ – राजा बहादुर सिंह

राजा प्रतापसिंह के बहादुरसिंह नामक एक मात्र पुत्र-रत्न था। आचार्य सोमनाथ के शब्दों में "वह अति सुन्दर, मेधावी, सकल गुणों का खान था। वैर में

---

१ – व० कौ०, जि० ७, पृ० ३७६।

२ – उपरोक्त, पृ० ४४६, ४६७, ४५६।

३ – वेण्डल।

४ – गिरवर विलास, "भाई कुंवर प्रताप कूं स्वर्ग बयो पठाय, ।"; वेण्डल;

५ – व० कौ०, जि० ७, पृ० ४२६, ४८१।

रहकर जागीर की व्यवस्था करता था। उसकी तलवार के तेज से शत्रु घबड़ाते थे। चेहरे पर कभी उदासी परिलक्षित नहीं होती थी। वह मित्रों की अभिलाषा पूर्ण करने वाला व दानवीर था। विकट जंगलों में शिकार खेलता था और उसके नगाड़े की गर्जन सुनकर शत्रुओं के दिल दहल जाते थे। दीर्घ गढ़ व गढ़ियां डगमगाती थीं। उसने अनेक युद्धों में भाग लेकर विजय प्राप्त की थीं। भारतीय परम्परा के अनुसार उसने समय समय पर अनेक शरणागतों की सुरक्षा की थी। योद्धा होकर भी वह अनुरक्त व्यक्ति था और अपनी पत्नी को बहुत प्यार करता था।"[1] सूदन ने उसको "राजनीति का ओक (आश्रयस्थल), रणक्षेत्र में भारी उमंग के साथ भाग लेने वाला सावधान, निशंक, अति प्रतापी तथा रण बांकरा व्यक्ति" लिखा है।[2] मीर गुलाम अली के अनुसार "वह अरबी तथा फारसी का शुद्ध व स्पष्ट उच्चारण करता था। मुगल दरबारियों की भांति ठाठबाट से रहता था। खानपान व पोशाक धारण करने में वह अपने पिता से भी बढ़कर था।"[3] वेण्डल का मत है कि "बहादुरसिंह सदृश शिष्टता, व्यवहारिकता अन्य जाटों में नहीं मिलता थी। उसके विचारों में सादगी तथा भावनाओं में उदारता थी। जाट जाति के अधिकांश व्यक्तियों में इन गुणों का अभाव" था।[4] निःसन्देह बहादुरसिंह अति शिष्ट, व्यवहार कुशल, गुणी व सज्जन था। वह भाषा-विज्ञ तथा युद्ध कला प्रवीण था। उसने आचार्य सोमनाथ तथा सुयोग्य मौलवियों से उच्च शिक्षा ग्रहण की थी। उसे कुरान सुराजामी तक कंठाग्र[5] थी। वह शिष्टजनों तथा विद्वानों का समादर करता था। हिन्दू-मुस्लिन गुणियों को बिना भेदभाव के दान देकर प्रोत्साहित करता था। आचार्य सोमनाथ ने उसके आग्रह पर 'मालती माधव' नाटक की रचना की। कवि चतुराराई का कथन है कि "वह समय को देखकर उसके अनुसार ही राजनैतिक गतिविधियों पर आचरण करने में विश्वास रखता था। कठिन काल में संघर्ष या युद्ध को टालकर समझौता नीति का पोषक भी था।"[6]

बहादुरसिंह ने अपने पिता के जीवनकाल में ही जागीर प्रबन्ध का कार्यभार तथा सैनिक कमान संभाल ली थी। उसकी कमान में तीन सहस्त्र सेना तथा सभी प्रकार की दुर्ग रक्षक तोपें[7] थीं। उसका खजाना धन से परिपूर्ण था और

---

१ – माधव विनोद।
२ – सूदन, पृ० ५, २३४।
३ – इमाद, पृ० ५५।
४ – वेण्डल, पृ० ६३।
५ – इमाद, पृ० ५५।
६ – पथैना रासो, पृ० ८ अ।
७ – सूदन, पृ० २४७।

उसमें कभी कमी नहीं आई थी। दस्तूर कौमवार से ज्ञात होता है कि मई, १७४१ में जब सवाई जयसिंह फतहाबाद शिविर में बाजीराव पेशवा के साथ समझौता-वार्ता करने में व्यस्त था, तब बहादुरसिंह अपने सवारों के साथ उसकी छावनी में उपस्थित था और वार्ता के बाद जयसिंह ने गगबांवा की ओर कूंच किया, तब जून ६, १७४१ को उसने बहादुरसिंह को सिरोपाव प्रदान करके अपनी छावनी से बिदा किया।[1]

राजा प्रतापसिंह के परलोकवास (नवम्बर, १७४५) के बाद उसको जागीर वैर का उत्तराधिकार तथा राजा का विरुद यथापूर्व मिला। उसने अपने चाचा राजा सूरजमल की निष्ठा तथा आस्थापूर्वक सेवा की और वह अनेक युद्धों में ससैन्य उपस्थित रहा। १७४९ की वर्षा-ऋतु के बाद कुंवर बहादुर सूरजमल को वजीर तथा मीर बख्शी की कुचालों के विरुद्ध देश की रक्षा का प्रबन्ध करना पड़ा, तब बहादुरसिंह तथा हेमराज कटारा को महाराजा ईश्वरीसिंह के दशहरा दरबार में मुजरा करने के लिए जयपुर भेजा गया। अक्तूबर २०, १७४९ (आश्विन सुदि १०) को उनके लिए सिरोपाव प्रदान करके बिदा किया गया। इसी प्रकार १७५३ में सवाई माधोसिंह दिल्ली से डीग आया, तब उसने डीग में बहादुरसिंह को नवम्बर, २१, १७५३ को खासगी जरी का सिरोपाव प्रदान किया।[2] उसने आगरा दुर्ग पर आक्रमण में भाग लिया और विजय-स्मृति के रूप में जहांगीर कालीन संगमरमर का हिंडोला प्राप्त कर लिया था। सूरजमल जब बलूची सरदारों से युद्धरत था, तब वह चौधरी बलराम नाहरवार के साथ दशहरा का मुजरा करने जयपुर पहुँचा। माधोसिंह ने मोदीखाना से मिजमानी का सामान भेजा तथा अक्तूबर २८, १७६३ (कार्तिक वदि ६, सं० १८२०) को दोनों के लिए जड़ाऊ सरपेच तथा खासगी सिरोपाव प्रदान करके विदा किया।[3] दिल्ली अभियान (दिसम्बर, १७६३) में वह राजा सूरजमल के साथ उपस्थित था। सूरजमल ने उसकी निपुणता, योग्यता तथा पारदर्शिता को आंक कर अनेक बार पुरस्कृत किया था।[4] जवाहरसिंह तथा अन्य उत्तराधिकारियों के साथ उसके सम्बन्धों का विवरण आगे यथास्थान दिया जावेगा।

बहादुरसिंह के पुहुपसिंह नामक योग्य, शिष्ट तथा गुणवान् पुत्र था। १७८२ में देवेश्वर चतुर्वेदी ने इसके नाम पर "पुहुप प्रकाश" नामक एक लघु ग्रन्थ की रचना[5] की थी।

---

१ – द० कौ०, जि० ७, पृ० ४३१।

२ – उपरोक्त।

३ – उपरोक्त, पृ० ४८२, ४८०।

४ – वेण्डल; पृ० १०३।

५ – कवि कुसुमांजलि, पृ० ५०।

अध्याय २

सूरजमल का प्रारम्भिक जीवन

१ – बाल्यकाल, किशोरावस्था तथा शिक्षा १७०७ – १७२३ ई०

जाट राज्य संस्थापक सूरजमल का निश्चित जन्म स्थान या जन्म तिथि बाल्यकाल व किशोरावस्था में उसके अद्भुत चमत्कारों की गाथायें किसी इतिवृत, साहित्यिक सन्दर्भों या लोकवार्ताओं में नहीं मिलती हैं। फिर भी समकालीन प्रलेखों तथा काव्य साहित्य में उसके सूजा या सूज्या,[1] सुजान, सुजानसिंह, सूरजमल या सूरजमल्ल आदि बहुनामों का उल्लेख मिलता है।[2] इतर परवर्ती इतिहासकारों ने

---

१ – सोभनाथ, पृ० ६अ, १२ब; कागजात हलैना-पथैना जागीर (लेखक संग्रह)।

२ – 'सुजान चरित', में सुजान, सुजानसिंह तथा सूरजमल तीन नामों का उल्लेख किया गया है। (पृ० ५, ६, ८ तथा अन्य) आचार्य शिवराम ने 'सुजान, महाराज सूरजमल तथा सूरजमल्ल' और आचार्य सोमनाथ ने अपने काव्य ग्रन्थों में 'सूरजमल्ल, सिंह सूरजकुमार, सिंह सूरज सुजान' लिखा है। (नवधा भक्ति राग रस सार, माधव विनोद), कविवर अखैराम के पद्यांशों में 'सूरजमल के नाम को रच्यौ सुजान विलास' वाक्य मिलता है। (द्रष्टव्य-लेखक कृत, कविवर अखैराम और उनकी काव्य साधना, समिति वाणी, वर्ष १, अंक ३-४, पृ० ७५-८२); सूर्यमल मिश्रण ने भावावेश में उसको 'रविमल्ल' लिखा है। (वंश भास्कर भाग ४, पृ० ३५१८)।

— समकालीन फारसी, मराठी, राजस्थानी, अंग्रेजी तथा फ्रेंच प्रलेखों में सभी स्थानों पर 'सूरजमल' के नाम का प्रयोग किया गया है।

— सितम्बर ४, १७५८ ई० (भादों सुदि २, सं० १८१५) को महन्त लालदास के नाम प्रसारित आज्ञा-पत्रक, कबूलियत चुंगी में 'सुजान सिंह' के नाम की मुहर अंकित है और इसके प्रारम्भ में 'श्री महाराज विराजमान ब्रजेन्द्र महाराज सुजान सिंह जी बहादुर' वाक्य का प्रयोग किया गया है (प्रतिलिपि लेखक संग्रह)।

किसी आधारभूत लेखों का उल्लेख न करके जन्म काल की काल्पनिक गणना की है।[1] मात्र एक तज्किरा-इ-इमादुलमुल्क[2] के विवरण से आभास मिलता है कि अप्रेल, १७५७ ई० में सूरजमल अपने जीवन के पचास वर्ष पूर्ण कर चुका था। इस आधार पर सूरजमल का जन्म वि० सं० १७६४ (१७०७-८ ई०) मानने में कठिनाई नहीं हो सकती है। उसका जन्म रानी देवकी की कोख[3] से ननिहाल में हुआ था और वह उसका ज्येष्ठ[4] पुत्र था। रानी देवकी कॉमर के चौधरी अखैराम की सुयोग्य पुत्री थी।[5] बीसवीं शताब्दी के प्रमुख इतिहासकारों ने फादर वेण्डल के आधार पर सूरजमल के पितृपक्ष को विवादास्पद बना दिया है। वेण्डल के अनुसार सूरजमल न तो बदनसिंह का पुत्र था और न उसकी धमनियों में इस कुल या वंश

---

१ – पं० बलदेवसिंह ने लिखा है कि बदनसिंह रियासत पाकर तामीर किलेजात, मकानात कुम्हेर व डीग व वैर के मसरूफ हुये और कुँवर सूरजमल, कि जो व उम्र दस वर्ष के थे, निगाहदास्त फौज व मुल्कगीरी में रहते थे। (पृ० २०); वाक्या राजपूताना के लेखक (भाग २, पृ० ४६) ने भी इसी आधार को स्वीकार किया है। पं० बलदेव सिंह का कथन सत्यानुरूप नहीं है।
— पं० गोकुल चन्द दीक्षित के अनुसार, "बदनसिंह के देहान्त (वि० १८१२/१७५५ ई० के समय सूरजमल की अवस्था बाईस वर्ष थी।" (पृ० ३८) इस उल्लेख के अनुसार सूरजमल का जन्मकाल सं० १७९२/१७३३ ई० होता है। लेखक ने पाद टिप्पणी में जन्म सं० १७६५ लिखा है। वह आगे लिखता है कि 'थून विजय के बाद इनके पिता सवाई जयसिंह के साथ जयपुर चले गये थे। लौटते समय बयाना के समीप इनके पुत्र रत्न पैदा हुआ और उनका नाम सुजान रखा गया।' अतः लेखक का जन्मकाल निर्धारण विक्रमी या शक दोनों हो पंचांगों के आधार पर भ्रमात्मक है।

२ – तज्किरा-इ-इमाद, पृ० २४४ (डा० गंडासिंह द्वारा अहमदशाह दुर्रानी (पृ० १८२) में अनुदित)।

३ – जॉन कोहन, पृ० २० अ; फो० पो० प्रो० सं० १८, जुलाई ७, १८२६ ई०; सं० ४६, जुलाई २६, १८२६; सं० १७३, फरवरी १७, १८५४ ई०; पोथी जागा; जाट जगत, पृ० १८।

४ – सूदन, पृ० ५; सोमनाथ साहित्य।

५ – जॉन कोहन, पृ० २० अ; पोथी जागा।
—ग्राउज (पृ० २३) के अनुसार देवकी के पिता का नाम अखैराम तथा भाई का नाम महाराम था। द० कौ० (जि० ७, पृ० ४६०) के अनुसार महाराम ने अक्टूबर २२, १७२२ ई० (आसोज सुदि १४, सं० १७७९) को सूरजमल के साथ जयसिंह से भेंट की थी।

का रक्त था। वह किसी अन्य की विवाहिता पत्नी का औरस पुत्र था। लेखक आगे लिखता है "कहा जाता है कि एक दिन यह युवती एक शिशु (सूरजमल) को अपनी गोद में लेकर बदनसिंह की हवेली पर अपनी बहिन से मिलने आई थी। बदनसिंह की उस पर निगाह पड़ी और उसके रूप-लावण्य व सौन्दर्य पर मुग्ध होकर उसने उसको अपने घर में रख लिया। वह शीघ्र ही अपने गुणों के कारण उसकी प्रधान प्रेमिका बन गई। अपनी माता के प्रभाव से इतर स्वयं सूरजमल का अद्‌भुत प्रतिभा, सैन्य संगठन की क्षमता ने यह प्रमाणित कर दिया कि वह नव विकासोन्मुख जाट राज्य के लिए उपयुक्त व्यक्तित्व है। इससे बदनसिंह ने अपनी औरस सन्तानों को सत्ताच्युत करके बिरादरी (कौमी मजलिस) की अनुमति से सूरजमल को गोद ले लिया और उसको उत्तराधिकार प्रदान किया।"[१]

यदुनाथ सरकार ने सिनसिनवार जाटों की सामाजिक परम्परा तथा काठेड़ क्षेत्र की लोक-प्रचलित ऐतिहासिक वार्ताओं पर ध्यान दिये बगैर एक विदेशी पादरी के कथन को स्वीकार किया है।[२] डा० कुंजबिहारीलाल गुप्ता ने अनचाहे प्रतिकूल परिस्थितियों में सूरजमल को बदनसिंह का दत्तक पुत्र [३] माना है, जबकि रामपांडे ने सूरजमल के लिए बदनसिंह का भतीजा होने की तर्कहीन सम्भावना व्यक्त की है। इसी प्रकार एक काल्पनिक लोकगीत के अलंकारिक अध्ययन की उपेक्षा करके उसने सूरजमल को कायस्थ पुत्र होने की कल्पना पर बल दिया है।[४] डा० कानूनगो स्पष्ट शब्दों में स्वीकार करते हैं कि 'सूरजमल बदनसिंह का पुत्र था और फादर वेण्डल का विवरण मात्र अफवाहों पर आधारित है'।[५] फिर भी अपने इस विवादास्पद प्रश्न पर अधिक प्रकाश नहीं डाला है। हमको अन्य किसी फारसी भाषा के ग्रन्थों, अखबारातों, मराठी व राजस्थानी प्रलेखों, ब्रिटिश शासनकालीन

---

१ – वेण्डल; सरकार (मुगल) भाग २, पृ० २६२।
२ – उपरोक्त।
३ – इवोल्यूसन ऑफ एडमिनिस्ट्रेशन ऑफ द फॉर्मर भरतपुर स्टेट, (१७२२–१९४७ ई०), पृ० ३५; लेखक ने अपने कथन में फो० पो० प्रो०, सं० १८, जुलाई ७, १८२६ के पत्र का उल्लेख किया है, किन्तु इस पत्र में 'दत्तक' पुत्र का उल्लेख नहीं है। आगे इसी लेखक ने 'स्वर्ण जयन्ती ग्रन्थ या कवि कुसुमांजलि' (पृ० २१) का सम्पादन करते समय सूदन के 'भूपाल पालक भूमिपति बदनेश नन्द सुजान है' चरण के आधार पर सूरजमल को 'दत्तक या पालित' पुत्र मानने की चेष्टा की है। यह आधारहीन तथ्य है।
४ – भरतपुर अप टू १८२६, पृ० ४६।
५ – कानूनगो, पृ० ३१५, परिशिष्ट, बी।

इतिहासों या रिपोर्टों में इस प्रकार का उल्लेख या सूत्र नहीं मिलता है कि सूरजमल बदनसिंह का दत्तक, पालित या धर्मपुत्र था। मीर गुलाम अली लिखता है कि जब बदनसिंह ने वफात (स्वर्गवास) पाई, उसका ज्येष्ठ पुत्र (पिसरे बुजरगस) सूरजमल स्वयं घर का स्वामी बना।[१] 'मजमा-उल अखबार' का लेखक हरिसुखराय, समसामुद्दौला तथा जॉन कोहन भी सूरजमल को बदनसिंह का पुत्र मानते हैं और दस्तूर कौमवार में भी सूरजमल को बदनसिंह का पुत्र लिखा है।[२] सुजान चरित[३] के लेखक ने सूरजमल को 'पितृभक्त' और बदनसिंह के अन्य पुत्रों की नामावली में उसको 'सिरताज' लिखा है। सूदन को सूरजमल का चारण[४] कहना मात्र दुराग्रह है। 'सुजान चरित' में जाटों की सामाजिक, आर्थिक, सैनिक व्यवस्था, सांस्कृतिक परम्परा तथा ऐतिहासिक तथ्यों का निरुपण अतिरंजित नहीं माना जा सकता है। सूदन एक स्वाभिमानी, निर्भीक तथा स्पष्ट वक्ता था और उसने कटु सत्य[५] को भी स्पष्ट शब्दों में व्यक्त किया है। वास्तव में वह अपने ग्रन्थ को अधूरा छोड़कर दरबारी साहित्यकारों के मतभेदों से रूष्ट होकर सूरजमल के सानिध्य को त्यागकर गंगा तट की ओर चला गया था और वहां उसने भगवद् भक्ति व सूरजमल की वीरता से प्रभावित अनेक स्फुट कवित्त लिखे। उसके ऐतिहासिक वर्णन 'देहली क्रॉनीकल', 'तारीख-इ-अहमद-शाही, अन्य फारसी इतिहासों तथा अभी तक प्राप्त लेखों से पूर्णतः मेल खाते हैं। यदि सूदन को सूरजमल का चारण या प्रशस्ति वाचक कहा जा सकता है, तब अन्य समकालीन काव्यकार आचार्य शिवराम, आचार्य सोमनाथ, अखैराम, उदैराम आदि विद्वानों तथा जयपुर राज्य के आश्रित लेखक आचार्य श्री कृष्ण 'कलानिधि', सोभनाथ की स्वीकारोक्ति तथा विवरणों को क्या माना जावेगा ?[६] इन सभी भारतीय लेखकों ने सूरजमल को बदनसिंह का पुत्र स्वीकार किया है।

---

१ – इमाद, पृ० ५५।

२ – इ० डा०, भाग ८, पृ० ३६०; मा० उमरा, भाग १, पृ० १२८।

३ – सूदन, पृ० ६।

४ – राम पांडे, पृ० ४५।

५ – सूदन ने व्यंगोक्ति में सूरजमल के नाम से बदनसिंह की ओर इंगित किया है—
"क्यों चूड़ामनि के मिले, पहिले जाइ आगार,
त्यों काहूं के जाइवों सो क्यों करें अवार"। पृ० २४०।

६ – द्रष्टव्य—नवधा भक्ति राग रस सार; माधव विनोद; रस पीयूष निधि; सिंहासन बत्तीसी; गिरवर विलास (सुजान सम्वत्); पद्य मुक्तावली; माधव जयति। —लेखक कृत जाट राजा सूरजमल का पितृपक्ष, रा० हि० का० प्रो०, खंड ५, १९७२।

पदच्युत तथा प्रतिद्वन्दी मोहकमसिंह 'दत्तक, पालित या धर्मपुत्र' सूरजमल के असामाजिक गठबन्धन के विरुद्ध राजपूतों तथा केन्द्रीय अमीरों में प्रचार कर सकता था या समाज में विद्वेष की भावना फैला सकता था। किन्तु अद्यतः इस प्रकार की विपरीत सामग्री उपलब्ध नहीं हो सकी है। इस प्रकार आचार्यों के विवरण, सिनसिनवार ढूंग की सामाजिक, सांस्कृतिक, धार्मिक मान्यताओं व परम्पराओं के आधार पर सूरजमल को बदनसिंह का औरस पुत्र स्वीकार करने में कठिनाई नहीं हो सकती।

मीर गुलाम अली के शब्दों में 'सूरजमल केवल जमींदाराना पोशाक धारण करता था और अपनी देशी (ब्रज) भाषा बोलता था'।[1] स्पष्टतः उसने अपनी जन्मभूमि कॉमरमें रहकर लोक-व्यवहारिक अति साधारण शिक्षा ग्रहण की थी। भाषा या साहित्य अध्ययन की अपेक्षा सैनिक तथा धार्मिक वृतियों में, जमींदारी के प्रबन्ध में उसकी अधिक अभिरुचि थी। फिर भी हिन्दू-मुस्लिम विद्वानों, प्रशासनिक अधिकारियों तथा कुशल राजनयिकों के नियमित सम्पर्क में रहकर उसने सांसारिक अनुभवों से उच्च प्रशासनिक व राजनैतिक ज्ञान प्राप्त कर लिया था। समकालीन लेखकों ने उसको 'चौदह विद्या निधान तथा धर्म कर्म प्रवीण, पर उर पीर विदारक, अभीत'[2] माना है। सैयद गुलाम अली ने सूरजमल को दीवानी व फौजदारी, मुल्कगीरी (दिग्विजय) तथा कूटनीति में अठारहवीं शताब्दी का महानतम व्यक्ति[3] लिखा है। सूरजमल पर अपनी माता देवकी के धार्मिक विचारों की छाप थी। उसमें पितृ भक्ति तथा श्री हरदेव भक्ति अति प्रबल[4] थी और वह श्री गोवरधन की पूजा करना अपना परम कर्तव्य मानता था। सिनसिनवारों में यह परम्परा, अटूट आस्था व श्रृद्धा-भक्ति अद्यतः विद्यमान है।

'तवारीख भरतपुर' तथा अन्य परवर्ती इतिहासकारों के अनुसार दस वर्ष (१७१७-१८ई०) की आयु में ही सूरजमल ने निगाहदास्त फौज व मुल्कगीरी (दिग्विजय) में भाग लेना शुरू कर दिया था।[5] दस्तूर कौमवार से हमको ज्ञात होता है कि अपने पिता के प्रतिनिधि के रूप में मार्च २०, १७२१ (चैत्र वदि ८, सं० १७७७) को सूरजमल अपने मामा भज्जू के साथ प्रथमबार केन्द्रीय मंत्रियों तथा अमीर-उमरावों से वार्ता करने के लिए दिल्ली गया था, वहां उसने काठेड जनपद के जाट

---

१ – इमाद, पृ० ५५।

२ – शिवराम, अखैराम, सूदन।

३ – सियार, भाग ४, पृ० २८; इमाद, पृ० ५५।

४ – सूदन, पृ० ५।

५ – बलदेवसिंह, पृ० २०; वा० राज०, भाग २, पृ० ४६।

वकील चिंतामणि तथा अन्य प्रमुख बिरादरी के जमींदारों के साथ मिलकर सवाई जयसिंह से भेट की थी और सवाई जयसिंह ने जाटों में शिरोमणि डूंग के वंशानुगत भू-स्वामी (जमींदार) के पुत्र सूरजमल का अपने दरबार में परम्परागत समुचित आदर सत्कार किया था। उसको प्रथम भेट में एक जडाऊ कलंगी, एक घोड़ा, एक लगाम व वाग के साथ सिरोपाव प्रदान करके बदनसिंह को मान्यता प्रदान कर दी थी। दिल्ली प्रवास काल में स्वभावतः सूरजमल ने अपने वकील के माध्यम से अपने पिता की न्यायोचित मांगों पर शाही दरबार के अन्य अमीरों व अधिकारियों से भेट-वार्ता अवश्य की होगी ? ये तथ्य अभी खोजव्य हैं। फिर अक्तूबर २२, १७२२ को काठेड़, कॉमर, सहार तथा मेवात के प्रमुख जमींदारों, दीवान गदाल गूजर तथा फौजदार देवकरण सहित जयसिंह की छावनी में पहुँच कर उसको जमींदारों की ओर से हरसम्भव सहयोग देने का आश्वासन दिया। इस प्रकार दो-तीन वर्ष के संघर्षात्मक अनुभव के बाद तेरह-चौदह वर्ष की आयु में ही काथेड़, मेवात तथा परगना सहार के अन्यान्य जमींदारों को सवाई जयसिंह की सेवा में ले जाकर उपस्थित करने में सूरजमल ने अति गौरवशालो भूमिका का निर्वाह किया।

सूरजमल के जन्मजात व विकासशील उच्च सैनिक गुण, प्रशासनिक पटुता, कुशल राजनयिक तथा कूटनीतिज्ञ होने के बारे में समकालीन फारसी, हिन्दो तथा फ्रैंच लेखक एक मत [1] हैं। सुपुष्ट शरीर, शारीरिक बल, राजनयिक क्षमता, निःशंक वीरता, नम्रता, मानवता, सरसता, उदारता तथा ब्रज संस्कृति की रक्षा व विकास की अद्भुत प्रतिभा आदि गुण ईश्वरीय उपहार थे। उसने किशोरावस्था में थून के प्रबल आक्रमण, जाट डूँग व पालों की लूट तथा साझेदारी परम्परा, जमींदारी के दीवानी व फौजदारी प्रबन्धों का भली भांति अध्ययन किया था। मुगल अमीरों में राज्य-हित या जन-हित की अपेक्षा व्यक्तिशः या दलीय हित सम्वर्द्धन के लिए होने वाले संघर्षों, आपसी दलगत या कौमी खांपों की कटुता, दरबारी दलबन्दी, व्याप्त भ्रष्टाचार व आचरणों को भली प्रकार परखा था और असीम धैर्य, साहस, आत्म-विश्वास व आत्म बल के साथ उसने अपने बिचारों को पुष्ट कर लिया था। सैन्य संगठन की क्षमता, नियमित सैनिकों को अनुशासित रखने या आज्ञापालित करने की बुद्धिमत्ता, विकसित युद्ध-कला को अपनाने, विशाल दुर्गों में रहकर शत्रु को पराजत करने की युद्ध-शैलो तथा शिक्षण ने उसको उत्तम योद्धा, कुशल सेनापति तथा सर्व मान्य नेता बना दिया था। प्रारम्भ में युवकों या जमींदारों की कज्जकाना धारों में शामिल होकर और बाद में राजपूतों के साथ मिलकर पर्याप्त अनुभव प्राप्त कर लिया था। इस प्रकार निःसन्देह अठारहवीं शताब्दी के मध्यकाल में विधि ने

---

१ – इमाद, पृ० ५५; सियार, जि० ४, पृ० २८; वेण्डल।

सूरजमल को भारतीय इतिहास में जातीय संगटन, ब्रजमण्डल में राज्य निर्माण, सर्व-धर्म, साहित्य व संस्कृति के विकास के लिए नियुक्त किया था।

२–जातीय तथा सैनिक संगठन का प्रसार

नवाब सम्रादत खाँ की अनुशंसा (तजबीज) पर प्रारम्भ में बदनसिंह को उसके ज्येष्ठ भ्राता ठाकुर रुपसिंह का उत्तराधिकारी तथा पूर्वोत्तर काथेड़ जनपद का वंशानुगत जमींदार (साहिब-ए-जमीं या भोमिया) स्वीकार (मार्च १७, १७२२) कर लिया गया था। फिर सवाई जयसिंह के साथ सम्पन्न कौल-करार के आधार पर बदनसिंह ने दिसम्बर २, १७२२ को ठाकुर पद तथा सिनसिनवार डूंग बाहुल्य पूर्वोत्तर काथेड़ जनपद की सरदारी प्राप्त कर ली थी और मई २२, १७२३ को मुगल सरकार ने इस समझौते के लिए वैधानिक रूप में स्वीकार कर लिया था। 'दाम्पत्य सूत्र बन्धन' तथा 'भाई चारा' के सिद्धान्त ने उसको प्रभावी सैनिक संगठन की शक्ति प्रदान कर दी थी। सूरजमल ने हंसिया, कल्याणकौर, गंगा, खेतकौर (किसनकौर) आदि के साथ शादी करने के बाद अपने नातेदारों के साथ मिलकर सुदृढ़ जमींदाराना सैनिक दस्तों का गठन किया। शनैः शनैः मोहकमसिंह के स्थाई जमादार तथा स्थाई या अस्थाई सैनिक दल, प्रभावित जमींदार भी अपने सवारों सहित बदनसिंह की नियमित सेवा में आकर शामिल हो गये थे।

थून अभियान के शीघ्र बाद ही जून, १७२३ में सवाई जयसिंह को सम्राट के आदेशों की अनुपालना में महाराजा अजीतसिंह राठौड़ के विरुद्ध जटवाड़ा से अजमेर की ओर ससैन्य प्रस्थान करना पड़ा, तब ठाकुर तुलाराम, खंजर का पुत्र मैदा, बलराम का पुत्र भज्जूराम आदि जमींदारों तथा जाट वकील हेमराज कटारा के साथ ससैन्य सूरजमल को भी अजमेर की ओर रवाना किया गया। मुगल-राठौड़ संघर्ष में हेमराज कटारा की कमान में नियुक्त जाट सवारों ने प्रथमवार अपनी कुशलता का परिचय दिया। अन्त में सवाई जयसिंह के सद्-प्रयत्नों से महाराजा अजीतसिंह ने मुगल सरदारों के साथ समझौता करना स्वीकार कर लिया। फलतः जनवरी २१, १७२४ को सवाई जयसिंह ने बुधबाडा (सूबा अजमेर) नामक स्थान पर सूरजमल को सीख का, ठाकुर तुलाराम को थिरमां तथा अन्य को सिरोपाव प्रदान करके विदा किया।[1] इसके बाद जब जयसिंह स्वयं मथुरा लौटा, तब जून १६, १७२४ को सूरजमल अन्य दो पटेलों के साथ उसके हजूर में पहुँचा। उसने एक मोहर तथा पटेलों ने एक-एक रुपया नजर किया।[2]

---

१ – द० कौ०, जि० ७, पृ० ४५४, ४६५ ४६२, ५२७; मारवाड़ अभियान के लिए द्रष्टव्य–इर्विन भाग २, पृ० ११२–११४; रेऊ, भाग १, पृ० ३२४; भटनागर, पृ० १६६–८।

२ – स्याहा हजूर, सं० १७८०।

डीग के दक्षिण में ठाकुर तुलाराम, विजयराम तथा रणजीत अवारिया सिनसिनवारों का अधिकार था और ये तीनों बन्धु-बान्धव फर्रुखसियर शासन काल से ही क्षेत्रीय जमींदारी के प्रबन्ध के साथ ताल्लुकेदारी तथा फौजदारी में साझीदार थे। क्षेत्रीय भाषा में तुलाराम डहरा का 'राजा' कहलाता था।[1] तुलाराम अति दूरदर्शी तथा बात का धनी सरदार था और प्रारम्भ से ही उसने बदनसिंह के पक्ष को पुष्ट करने में हर सम्भव सहायता प्रदान की थी। निःसन्देह बदनसिंह मध्यस्थता, सहायता तथा अथक प्रयासों के लिए अवारिया भाई-बन्धुओं का ऋणी था। बदनसिंह, तुलाराम व रणजीत अवारिया सरदारों ने भाई-चारा तथा साझेदारी के आधार पर जिला आगरा के अनेक जाट प्रधान गांव इजारे पर प्राप्त कर लिये थे और इस इजारा के एवज में बन्दूकची सवारों के साथ राज्यपाल की सेवा के लिए प्रस्तुत थे।

जून २६, १७२५ ई० को शाही आदेशानुसार सवाई जयसिंह ने जाट मुल्क के दीवानी अधिकार भी बदनसिंह को सौंप दिये थे। २४ अक्तूबर को विजयराम अवारिया ने जैसिंहपुरा दिल्ली में जयसिंह से भेंट की और उसको परगना डहरा का वंशानुगत बिरादरी सरदार स्वीकार कर लिया गया। पुनः बदनसिंह ने सौंख के हथीसिंह कुन्तल तथा अड़ींग के फौंदाराम कुन्तल के साथ भाई-चारा सम्बन्ध प्रगाढ़ करने का सफल प्रयास किया और उसके प्रयास से फौंदाराम सूरजमल के साथ दिल्ली पहुँचा। इस समय जयसिंह ने सम्भवतः सूरजमल के लिए पृथक् वतन जागीर में कुम्हेर का इलाका (परगना हैलक का उत्तरी-पूर्वी इलाका) प्रदान किया तथा फौंदाराम को कुन्तल (खूटैल) डूंग का सरदार स्वीकार कर लिया था और जनवरी २३, १७२६ को दोनों के लिए सीख का सिरोपाव प्रदान करके सम्मानित किया।[2] बाद में फौंदाराम व बदनसिंह ने आपस में मिलकर परगना मथुरा, महावन तथा सहार में अनेक गांव व कस्बा इजारे पर प्राप्त कर लिये थे और अड़ींग पृथक् जिला के रूप में गठित किया गया।

परगना हेलक के दक्षिणी भाग में सोगरिया डूंग का विस्तार व प्रभुत्व था। 'सिन-कुन्तल' डूंग की एकता तथा साझेदारी के बाद बदनसिंह ने परम्परागत 'सिन-सोग' डूंग की एकता का जी-तोड़ प्रयास किया, किन्तु ठाकुर खेमकरन सोगरिया की अदूरदर्शिता से यह गठबन्धन गतिशील नही हो सका और इसका दुःखद परिणाम खेमकरन को भुगतना पड़ा। फलतः जाट इतिहास में सोगरिया डूंग का अस्तित्व सदैव के लिए धूमिल हो गया।

---

१ – विशेष अध्ययन के लिए द्रष्टव्य– 'जाटों का नवीन इतिहास' परि० ५; पोथी तीर्थ पुरो०, प्रलेख २५, ३३।

२ – ब० कौ० जि० ७, पृ० ४७२, ५३७।

३ – सोगरिया ड्रूंग का पतन, मई–जून, १७२६ ई०

ठाकुर खेमकरन ने राव चूड़ामन की सह-साझेदारी तथा भाई-चारा सिद्धान्त पर सिनसिनवार–सोगरिया ड्रूंग की एकता के बाद सोगरिया ड्रूंग की सरदारी प्राप्त करली थी और अठारहवीं शताब्दी के प्रथम दशक में बाणगंगा तथा रूपारेल नदियों के तट पर सघन जंगलों के चक्र से सुरक्षित वर्तमान भरतपुर दुर्ग के आन्तरिक भाग में फतहगढ़ी (फतहपुर या फतहाबाद) नामक एक कच्ची गढ़ी का निर्माण करा लिया था। [1] आगरा विद्रोह (१७१९) के समय उसने सवाई जयसिंह के पक्ष में शामिल होकर सम्पूर्ण काठेड़ प्रदेश की सरदारी प्राप्त करने की निजी महत्वाकांक्षा को उजागर कर दिया था, किन्तु अन्त में उसको सैय्यद बन्धुओं तथा राव चूड़ामन के सामने समर्पण करना पड़ा था।

अमीर-उल-उमरा सैय्यद हुसैन अली की हत्या के बाद खेमकरन (खेमा) स्वयं दस सहस्र सवार व पैदलों की भीड़भाड़ के साथ कस्बा पहाड़ी छावनी (अक्टूबर, १७२०) में विजेता सम्राट मुहम्मद शाह के हुजूर में जाकर उपस्थित हो गया था। सम्राट ने अन्यों की भांति उस पर भी अनुकम्पा की और सेना के चन्दौल डेरों की सुरक्षा का भार सौंपा [2]। हसनपुर युद्ध में उसकी लुटेरा धारों ने चूड़ामन के सैनिकों के साथ मिलकर बिना किसी भेदभाव के उभय-पक्षों की लूट में भाग लिया था। फिर भी युद्ध के बाद वह सम्राट की छावनी में ही उपस्थित रहा और मुहम्मदशाह के साथ दिल्ली पहुँचकर सम्राट तथा नव-नियुक्त वजीर नवाब मुहम्मद अमीन खाँ के प्रति अपनी राजभक्ति तथा निष्ठा प्रगट करके उच्च मनसब व जागीर प्राप्त करने का प्रयत्न करता रहा। वजीर नवाब मुहम्मद अमीन खाँ ने प्रारम्भ में जब कट्टरपंथी मुस्लिमों की प्रसन्नता व शाही खजाने में राजस्व वृद्धि के लिए हिन्दूओं पर पुनः जजिया लगाने का प्रस्ताव रखा, तब दिल्ली के हिन्दू नागरिकों ने प्रदर्शन करके घोर विरोध किया। इसके साथ ही सवाई जयसिंह, राजा गिरधर बहादुर नागर को दरबार में हिन्दू शक्तियों को जजिया के विरोध में संगठित करने का अवसर मिला। दिसम्बर १३, १७२० को खेमकरन जयसिंह की जैसिंहपुरा छावनी में पहुँचा। तब जयसिंह ने उसको ससाज एक घोडा, एक झण्डा जरी, एक फैंटा, एक जामा कुरता जरी, एक जड़ाऊ कलंगी से सम्मानित किया। [3] हिन्दुओं के विरोध के फलस्वरुप

---

१ – सोगरिया ड्रूंग के राजनैतिक विकास के लिए द्रष्टव्य 'जाटोंका नवीन इतिहास,' पृ० १०३–४, ११२–३, २४३, (फतहगढ़ी का निर्माण) पृ० ३२५–६ पा० टि० ३।

२ – शिवदास, पृ० ५७ ब; खाफी खाँ, जि० २, पृ० ९२०; कॅमवर, पृ० २३७; सियार, भाग १, पृ० १७४।

३ – द० कौ०, जि० ७, पृ० ३२३।

सम्राट के परामर्श पर २४ दिसम्बर को वजीर ने जजिया प्रस्ताव को 'रैय्यत की समृद्धि तथा देश की खुशहाली' आने तक स्थगित करके हिन्दू जमींदारों, हिन्दू अधिकारियों तथा प्रजा को प्रसन्न करने का प्रयास किया।[1]

खेमकरन अति वीर, साहसी तथा चतुर सरदार था। कहा जाता है कि वह खुले बाड़े में बाघों से कुश्ती लड़कर उनको कटारी से मारने में अति निपुण था। दिल्ली प्रवास काल में शाही मैदान में आयोजित प्रदर्शन में उसने कुश्ती लड़कर दो तीन बाघों को कटारी से मारकर सम्राट व अमीर उमरावों को अपनी वीरता व साहस से चमत्कृत कर दिया था। सम्राट ने अति प्रसन्न होकर उसका 'बाघमार' व 'बहादुर' की उपाधि, एक घोडा, खिलअत व वतन जागीर में दीवानी के अधिकारों का नवीनीकरण करके सम्मानित किया।[2] २२ फरवरी को जयसिंह ने उसको फर्रासखाना से गजी की छोलदारी प्रदान की।[3] २६ जून को पवित्र रमजान का प्रथम दिन था। इस दिन खेमकरन ने शाही दरबार में उपस्थिन होकर सम्राट के लिए दो मोहर नजर कीं। उसको अन्य अमीरों की भांति पान तथा इत्र प्रदान करके सम्मानित किया गया।[4] इस प्रकार वह दिल्ली में दस माह (नवम्बर, १७२० से सितम्बर, १७२१) तक रुका और इस काल में नवाब रूहल्ला खाँ के खजाने से उसकी मिजमानी पर १३३० मोहर, ३६,४५१ रुपया व्यय किया गया। बाद में जब जयसिंह के लिए आगरा प्रान्त का राज्यपाल पद प्रदान किया गया, तब उसने इस मिजमानी व्यय का भुगतान किया।[5] राव चूड़ामन की मृत्यु का समाचार मिलते ही खेमकरन अविलम्ब दिल्ली से वतन जागीर को रवाना हो गया था और उसने सिनसिनवार डूंग में फूट व कलह को भड़काने में मोहकमसिंह के विरुद्ध बदनसिंह का साथ दिया था, किन्तु द्वितीय थून अभियान के समय बदनसिंह की पारदर्शिता के कारण जयसिंह को उससे व्यावहारिक सहयोग नहीं मिल सका।

खेमकरण वीर होने के साथ दानवीर तथा उदार था। कहा जाता है कि वह दोपहर को सह-भोज में शामिल होने के लिए धौसा बजाकर अपने साथियों को बुलाया करता था। उसके पास एक चतुर तथा स्वामिभक्त हथिनी थी।[6] उसने

---

१ – खाफी खाँ, जि० २, पृ० ९३९; इकबाल, पृ० १३१; कॅमवर; शिवदास, पृ० ६४ अ–६५ ब; सवाई जयसिंह के नाम महाराणा संग्रामसिंह का खरीता, जनवरी ६, १७२१ (पौष शुदि ९, सं० १७७७)।

२ – जॉन कोहन, पृ० २० ब–२१ अ।

३ – द० को०, जि० ७, पृ० ३२५।

४ – शिवदास, पृ० ७३।

५ – द० को०, जि० ७, पृ० ३३६।

६ – देशराज, पृ० ५५४।

अपनी सैनिक शक्ति भी बढा ली थी। समकालीन प्रलेखों से ज्ञात होता है कि उसने बदनसिंह के 'सिन-सोग' संघ के प्रस्ताव को ठुकराकर अपने नेतृत्व में जाट संगठन का प्रयास किया। खेमकरन पर 'भाई-चारा' सिद्धान्त स्वीकार करने तथा दबाव डालने के लिए बदनसिंह ने जनवरी, १७२६ में मीर बख्शी खानदौरान तथा कई एक शाही मनसबदारों की वतन-जागीर के गांव इजारे पर प्राप्त कर लिये थे, किन्तु खेमकरन ने इसका विरोध किया और रबी फसल के समय बदनसिंह के गुमास्तों को अपने क्षेत्र से रकम का भुगतान नहीं करने दिया। कहा जाता है कि एक दिन सूरजमल शिकार करते हुये फतहगढ़ी (फतहपुर) तक जा पहुँचा और यहाँ उसने 'शेर तथा गऊ' को निर्भीकता से एक घाट पर पानी पीते देखा। उसने शीघ्र ही इस चमत्कार का कारण ज्ञात कर लिया और नागाजी महाराज के दर्शन करने के बाद उनका साधुवाद प्राप्त करके नैतिक व आध्यात्मिक बल प्राप्त कर लिया था। नागाजी ने इस स्थान को अजेय बतलाया। इससे सूरजमल ने इस गढ़ी पर अधिकार करने का विचार किया। इस लोक वार्ता से आभास मिलता है कि वास्तव में सूरजमल ने खेमकरन के विरुद्ध जनसमर्थन प्राप्त करने में सफलता प्राप्त कर ली थी।

रबी की फसल आने पर जब बदनसिंह के गुमास्तों ने परगना हेलक के दक्षिणी तथा दक्षिणी-पश्चिमी ग्रामों के जमींदारों से जमा वसूल करने का प्रयास किया, तब खेमकरन ने हस्तक्षेप करके विरोध किया। फलतः मई, १७२६ के प्रथम सप्ताह में बदनसिंह ने सोगरिया के विरुद्ध अपनी टुकड़ियाँ रवाना करके सवाई जयसिंह को स्थिति से अवगत कराया। मई ८, १७२६ (बैसाख सुदि ८, सं० १७८३) को ताराचन्द तथा राय स्यौदास के नाम परवाना भेजा गया और उनको बदनसिंह की सहायता के निर्देश दिये गये।

' खेमू (खेमकरन) जाट पातशाही मनसबदारों की जमा का भुगतान नहीं कर रहा है. इससे बदनसिंह को उसके विरुद्ध चढ़ाई करनी पड़ी है। आप शीघ्र ही अपनी टुकड़ी के साथ बदनसिंह की सहायता के लिए रवाना हो जाएं। राय स्यौदास को भी आदेश भेज दिये गये हैं और वह भी उधर पहुँच रहा है। आप दोनों आपस में मिलकर विचार करके तुलाराम आदि सभी जाट-पंचों को बुलाकर खेमा को समझा दें कि बदनसिंह शाही मनसबदारों व जमींदारों के गांवों से जमा वसूल करने का वैधानिक अधिकारी है। अतः आप उसको भुगतान करने का कष्ट करें। यदि वह रकम भुगतान न करे और कहना नहीं माने, तब उसको कायल करके बदनसिंह के निर्देशानुसार दमनात्मक कार्यवाही में सहायता करें।'' [1] खेमकरन ने

---

१ – ड्रा० खरीता व परवाना, सं० ३/४३३ ; आमेर रिकार्ड, राजा अयामल के नाम शिवदास की अर्जी, मई ४, १७२६ ई० (वैशाख शुदि ४, सं० १७८३)।

इन प्रस्तावों तथा आदेशों को ठुकरा कर खुला विरोध किया। फलतः सूरजमल ने फतहगढ़ी पर अचानक रात्रि आक्रमण कर दिया। खेमकरन अपनी हथिनी पर सवार होकर निजी सवारों के साथ फौंदाराम कुन्तल के पास अड़ींग भाग गया और सूरजमल ने उसकी गढ़ी पर बिना रक्तपात के अधिकार कर लिया।[1] अन्त में कुछ वर्षों के बाद इस कच्ची गढ़ी को पूरी तरह बरबाद कर दिया गया।

सूरजमल ने ठाकुर फौंदाराम को खेमकरन के लिए किसी भी प्रकार मारने का सुझाव दिया और इस कार्य के एवज में उच्च सम्मान व जायदाद प्रदान कराने का प्रलोभन दिया। जब खेमा अड़ींग पहुँचा, तब फौंदाराम ने उसका भारी सत्कार किया और वहां कुछ दिन रुकने का आग्रह किया। अन्त में फौंदाराम ने उसको भोजन में विष दे दिया। विष अति घातक था और वह उसके शरीर में फैलने लगा। फलतः खेमकरन अपने साथी सवारों सहित अपनी स्वामिभक्त हथिनी पर सवार होकर ग्राम मुतिया (इलाका फतहपुर) की ओर चल दिया। मुतिया ग्राम का ठाकुर उसका रिश्तेदार था और उसने खेमकरन को बचाने का भारी प्रयास किया। अन्त में तीसरे दिन उसकी मृत्यु हो गई।[2] विष के प्रभाव से हथिनी भी वहीं समाप्त हो गई। फिर सूरजमल ने वचन पालन का सतत् प्रयास किया और अगस्त, १७२६ में तुलाराम, फौंदाराम के साथ जयसिंह के हजूर में आमेर पहुँचा। जयसिंह ने दोनों को अगस्त १४, १७२६ (भादौं वदि २, सं० १७८३) को सीख का सिरोपाव देकर फौंदाराम को परगना मथुरा के अनेक गांव इजारे पर उठा दिये। धीरे-धीरे फौंदाराम ने तीन लाख वार्षिक जमा का इलाका प्राप्त करके जीवत–पर्यन्त बदनसिंह के साथ भाई-चारा निभाया।[3]

अब खेमकरन के पुत्र तेजसिंह को जमींदारी का उत्तराधिकार प्रदान किया गया। अन्य पुत्र-पेमा आदि तथा खेमकरन के भाई यथापूर्व अपनी जमींदारी पर काबिज रहे, किन्तु सोगरिया ढ्ंग की सरदारी का अन्त हो गया। अक्तूबर, १७२७

---

१ – जॉन कोहन (पृ० २० ब); लेखक ने अपने विवरण में किसी सम्वत् का उल्लेख नहीं किया है। पं० बलदेवसिंह (पृ० २०) के अनुसार यह घटना सं० १७८९ (१७३२–३३ ई०) में घटी थी। वाक्या राज० (खंड २, पृ० ४९) में बलदेवसिंह की प्रतिलिपि की गई है और इस प्रकाशन के बाद अन्य लेखकों, गजेटियरों में यह सम्वत् दिया गया है। अतः यह सम्वत या सन् भ्रमात्मक है।

२ – जॉन कोहन, पृ० २१ अ–ब।
—वंशराज (पृ० ५५४, ५५७) ने 'विष देकर' तथा 'आक्रमण के समय मारने' के दो विवरण दिये हैं। जॉन कोहन का मत अन्य स्रोतों से भी पुष्ट होता है।

३ – व० को०, जि० ७, पृ० ४२७, ३९०; जॉन कोहन पृ० २१ ब।

में जब बदनसिंह दूदाराम, हरीसिंह, हरलाल, मेदा आदि के साथ आमेर पहुंचा, तब वकील चिंतामणि तथा तेजसिंह सोगरिया भी उसके साथ मोजूद था। ४ अक्तूबर (कार्तिक वदि ५, सं० १७८४) को अन्य सरदारों के साथ तेजसिंह को भी सिरोपाव दिया गया।[1]

भरतपुर के पूर्व में ग्यारह किमी० आगरा-भरतपुर राजमार्ग पर ऊंड़ेरा अति समृद्ध तथा सम्पन्न गांव था। कालान्तर में यह ग्राम विशाल टीले तथा बीहड़ जंगल में बदल गया था। अठसतों के अनुसार सोगरिया डूंग के अस्तित्व में आने से पूर्व यह ग्राम परगना फतहपुर–सीकरी या किरावली में शामिल था और यहां कछवाहों का बाग था। कहा जाता है कि यहां का जमींदार अति प्रतिभा सम्पन्न, तांत्रिक तथा तत्व-ज्ञानदर्शी था। उसने सूरजमल की निडरता से प्रसन्न होकर एक घोड़ा, एक भुजा-तावीज तथा तांत्रिक यन्त्र प्रदान किया था। यह यंत्र विजय लाभ व अपार खजाने के लिए सिद्ध-तन्त्र था। सूरजमल सदैव इसको अपने साथ रखता था। बाद में इस तन्त्र को राज खजाने में रखा गया। वह तावीज को अपनी भुजा में धारण करता था और घोड़ा अस्तबल में पूजा जाता था। इस तांत्रिक के आशीर्वाद से सूरजमल का यश सर्वत्र फैलने लगा। इस प्रकार सूरजमल ने अपनी वीरता, बुद्धि-चातुर्य्य से 'सिन-सोग' व कुन्तल डूंगों की बिरादरी का वृहद संघ बनाकर काथेड़ राज्य की सीमाओं का दक्षिण की ओर विस्तार किया। इससे चहारवाटी के चहार डूंग से सीधा सम्पर्क बनने का मार्ग खुल गया। इसके बाद उसने इसी वर्ष (१७२६) कुम्हेर के विशाल दुर्ग की नींव डाली और यहाँ अपनी ड्योढ़ियाँ बनवाई।

खेमकरन के पतन के बाद सूरजमल ने उत्तर में मेवाती परगनों की ओर ध्यान दिया। 'सुजान चरित' के प्रारम्भ में सूदन लिखता है "बदनसिंह का आदेश मानकर कुंवर सूरजमल ने सर्व प्रथम मेवात पर आक्रमण करके अपना अधिकार कर लिया"[2] जेम्स टॉड का कथन है कि सूरजमल ने बयाना में भारी नर-संहार[3] किया था, किन्तु इस कथन की पुष्टि अद्यतः नहीं हो सकी है। फिर भी अठसतों से ज्ञात होता है कि परगना बयाना की सीमायें बसेड़ी, (पंवारपाटी) तक थीं। सम्भवतः सूरजमल ने डांग तथा बसेड़ी, सरमथुरा के पहाड़ी इलाकों में आबाद गुर्जर तथा पंवार पटेलों व जमींदारों को दबाकर राजभक्त बनाने का सफल प्रयास किया होगा और कालान्तर में यह क्षेत्र जाट राज्य में समाहित हो गया। आगामी वर्षों में जयसिंह ने आगरा प्रान्त के अनेक गांव व प्रमुख राहदारी कस्बे 'सैनिक

---

१ – व० को०, जिल्द ७, पृ० ३१२।

२ – सूदन, पृ० ६।

३ – टॉड, भाग २, पृ० ८६।

चाकरी या पेशकश' भुगतान की शर्त पर बदनसिंह को सौंप दिये थे। इससे बदनसिंह ने सूरजमल की कमान में सवार टुकड़ी को जयसिंह की सेवा में तैनात कर दिया था।

४ – रामपुरा मालवा में सूरजमल का योग, १७२९ ई०

सवाई जयसिंह का कोटा-बूँदी के हाड़ौती राज्यों में पूर्ण हस्तक्षेप था और बुन्देलखण्ड के जमींदार उसकी आज्ञा का पालन करने लगे थे। उसका मालवा प्रान्त के प्रति गहन मोह [1] था और वह हाड़ौती की सुरक्षा के लिए मालवा में अपना राजनैतिक हस्तक्षेप बनाये रखना चाहता था। नवम्बर, १७२७ ई० में छीतरसिंह हाड़ा (घाटी) तथा उसके कुछ साथी कोटा राज्य के कुछ गावों को लूटकर रामपुरा के ठाकुर (रावत) संग्रामसिंह चन्द्रावत की शरण में चले गये थे। अगस्त, १७१७ से रामपुरा मेवाड़ राज्य के अधीन था। महाराव दुर्जनसाल ने बिना महाराणा की अनुमति प्राप्त किये दिसम्बर, १७२७ में रामपुरा पर आक्रमण करके नगर को बुरी तरह लूटा और रामपुरा पर अधिकार कर लिया। फलत: रावत संग्रामसिंह चन्द्रावत तथा छीतरसिह हाड़ा आदि भागकर बिजोलिया चले गये। महाराव दुर्जन लाल कुकड़ेसर में नियुक्त महाराणा के थानेदार को रामपुरा का प्रबन्ध सौंप कर वापिस लौट आया। इसके बाद उभय पक्षों ने सवाई जयसिंह से मदद का आग्रह किया। जयसिंह ने महाराणा को सलाह दी कि रावत संग्रामसिंह चन्द्रावत मेवाड़ का वंशानुगत सेवक है, उसको रामपुरा की वंशानुगत जागीर से पृथक् नहीं किया जावे। किन्तु महाराणा ने इस बात को नहीं माना। फलत: संग्रामसिंह शाही दरबार में जाकर उपस्थित हो गया और सवाई जयसिंह के वकील की सहायता से अमीरों को रिश्वत देकर जुलाई, १७२८ में मुकाता भुगतान की शर्त पर रामपुरा जागीर का पट्टा प्राप्त कर लिया था। किन्तु जब वह लौट रहा था तब मार्ग में किसी ने उसको मार डाला।[2]

समुचित अवसर देखकर सवाई जयसिह ने सितम्बर, १७२८ में जयपुर से उदयपुर की ओर प्रस्थान किया, तब प्रतापसिंह जाट जमींदारों के साथ मौजूद था।[3] जयसिंह १ अक्तूबर से २२ अक्तूबर तक मेवाड़ में रुका और उसने

---

१ – पेशवा के नाम दादो भीमसेन का पत्र, अगस्त १७, १७२८ ई०; सरदेसाई, पृ० २६।

२ – वंश भास्कर, खंड ४, पृ० ३११६–३१२१, जयसिंह के नाम दुर्जनसाल का पत्र, ६, ३१ दिसम्बर, १७२७ तथा रावत संग्रामसिंह का पत्र, २६ दिसम्बर, धायभाई नगजी की अर्जदास्त, सं० ४६८/२०५, जुलाई २०, १७२८।

३ – द० कौ०, जि० ७, पृ० ३०२।

महाराणा के सामने परगना रामपुरा अपने प्रबन्ध में हस्तान्तरण करने का प्रस्ताव रखा, किन्तु मेवाड़ के मंत्री पचोली बिहारीदास ने इस प्रस्ताव को स्वीकार नहीं किया। दिसम्बर, १७२८ समाप्त होते ही सवाई जयसिंह एक कठिन उलझन व समस्या में फंस गया। दिसम्बर, २७, १७२८ (पौष वदि १२, मंगलवार, सं० १७८५) को सिसोदिया रानी चन्द्रकुंवर बाई ने माधोसिंह को जन्म देकर कछवाहा उत्तराधिकार के प्रश्न को उलझा दिया था। फलतः १७०८ के समझौते के निदान के लिए अप्रेल, १७२९ में जयसिंह को पुनः उदयपुर की ओर प्रस्थान करना पड़ा, तब सूरजमल, ठाकुर तेजसिंह सोगरिया, बालकराम (भतीजा फौंदाराम) की कमान में जाट टुकड़ियों ने उसके साथ कूंच किया। इस बार भारी दबाव में आकर महाराणा ने अप्रेल ५, १७२९ को परगना रामपुरा का पट्टा छः माह तक एक हजार सवार व एक हजार बन्दूकचियों के साथ मेवाड़ की सैनिक चाकरी करने की शर्त पर अपने भानजे माधोसिंह को नामान्तरित कर दिया।[1] फिर कछवाहा जाट सवारों ने रामपुरा जागीर का प्रबन्ध सम्भालने के लिए कूंच किया। ज-सिंह स्वयं कुकड़ेसुर पहुँच गया। कछवाहा-जाट सैनिकों को रामपुरा के चन्द्रावतों पर आक्रमण करना पड़ा। १७ अप्रेल को कुकड़ेसुर में जयसिंह ने सूरजमल तथा सोगरिया, कुन्तल सरदारों की वीरता के लिए सम्मानित किया। सूरजमल को खासगी सिरोपाव एक जामा फर्रुखशाही, एक फेंटा गुजराती तथा जरी का निशान प्रदान किया गया।[2] यह जाट सैनिकों के जीवन का प्रथम अवसर था, जब वे सूरजमल की कमान में अपने मुल्क के बाहर निकले और अपनी वीरता, साहस व कुशलता का परिचय देकर जयसिंह का असीम स्नेह प्राप्त कर लिया।

५ – मालवा अभियान में जाटों का सहयोग, १७२९-३३ ई०

अमझरा युद्ध (नवम्बर २९, १७२८) के बाद राजा छबीलाराम नागर का पुत्र भवानीराम नागर गिरधर बहादुर के पुत्रों कुंवर विजयराम व सम्भूराम तथा मालवा के अन्य शाही सेनानायकों व अधिकारियों के असहयोग तथा आर्थिक संकट के कारण मराठों को मालवा के प्रमुख नगरों से चौथ वसूल करने तथा उनके उपद्रवों को रोकने में पूर्णतः विफल रहा। उसको शाही निर्देशों के बाद भी राजपूत नरेशों का भी सहयोग नहीं मिल सका। १७२९ की वर्षा ऋतु के बाद मल्हार राव होल्कर, ऊदाजी पवांर, कंठाजी कदम आदि ने दक्षिण मालवा में भारी लूट की और मराठा

---

१ – वीर विनोद, खंड २, पृ० ७७१, ९७३–६; वंश भास्कर, पृ० ३१२१; स्याहा हजूर पत्र; टॉड, जि० २, पृ० २१८; ईश्वर विलास, परि० २, पृ० ६१।

२ – ब० कौ०, जि० ७, पृ० ४२०, ५३८, ४७१।

टुकड़ियां मालवा के प्रमुख दुर्ग माण्डू तक पहुँच गईं।[1] सवाई जयसिंह वास्तव में आगरा प्रान्त के साथ मालवा में भी अपनी नियुक्ति के लिए प्रयत्नशील था। अतः मराठों की आक्रामक गतिविधियों तथा मालवा के शाही अधिकारियों के असहयोग को देखकर सम्राट ने खानदौरान के परामर्श पर नवम्बर, १७२९ में सवाई जयसिंह को मालवा में राज्यपाल नियुक्त किया और अतिरिक्त सवारों की भरती के लिए मंदसौर व टोड़ा जागीर में प्रदान कर दिये थे।[2]

नवम्बर २, १७२९ को जयसिंह ने शाही साधनों से संयुक्त निजी सेनाओं के बल पर मराठों को मालवा से बाहर निकालने तथा प्रान्त का प्रशासन संभालने के लिए जयपुर से उज्जैन की ओर प्रस्थान किया। सूरजमल भी काठेड़ प्रदेश के प्रमुख जमींदारों की कमान में शामिल बन्दूकची सवारों के साथ इस अभियान में जाकर शामिल हो गया था। महाराणा संग्रामसिंह ने भी मराठों को मालवा से बाहर निकालने की कड़ी चेतावनी दी।[3] ३० दिसम्बर को जयसिंह ससैन्य मुंगोर पहुँच गया था, जहां उज्जैन प्रान्त के पातशाही दीवान आगा महमद सैद खां ने उससे भेट[4] की और मालवा विशेषतः उज्जैन नगर की सुरक्षा-व्यवस्था के लिए उधर चलने का आग्रह किया। फरवरी १२, १७३० को जयसिंह ने उज्जैन के पदच्युत राज्यपाल भवानीराम (चिमनाजी राजा) से भेंट की और गिरधर बहादुर, दयाबहादुर आदि की मृत्यु पर सम्वेदना प्रगट की। १३ फरवरी को चिमनाजी राजा उसके डेरों पर मिलने आया।[5]

माण्डवगढ़ का प्राचीन दुर्ग नर्मदा नदी के किनारे सामरिक दृष्टि से अति महत्वपूर्ण था। दक्षिण मालवा की घाटी तथा दुर्गम मार्गों का नियन्त्रण इसी दुर्ग से होता था। जयसिंह के उज्जैन पहुँचने से पूर्व ही मल्हार राव, ऊदाजी पंवार, कंठाजी कदम आदि मराठों ने दिसम्बर के प्रारम्भ में माण्डवगढ़ (माण्डू) पर अधिकार कर लिया था। फलतः जयसिंह ने उज्जैन न रुक कर माण्डवगढ़ की ओर सीधा कूच किया और फरवरी, १७३० के अन्त में जाट-राजपूत टुकड़ियों की मराठों के साथ एक झड़प हुई। इस बारे में डा० रघुवीरसिंह का मत है कि इस बार माण्डू के लिए

१ – मालवा, पृ० १६३-६४, १९९-२०७; पे० द०, जि० १३, पृ० ५१; इर्विन, भाग २, पृ० २४५; अजाइब, ७४, ब।

२ – पे० द०, जि० १०/६६, २१/३१; वीरविनोद, पृ० ३१३३-४; अजाइब, पृ० ७७ अ; फरमान (कपड़ द्वारा), सं० १३७ आर; मालवा, पृ० १७३-७४; साहू रोजनिसी, १/११८।

३ – जयसिंह के नाम महाराणा संग्रामसिंह का पत्र दिसम्बर २०, १७२९।

४ – द० को०, जि० १८, पृ० ५७५।

५ – उपरोक्त, जि० ११, पृ० ३११।

युद्ध हुआ या नहीं ? यह एक विवेच्य विषय है। यद्यपि मराठा प्रलेखों में अभी तक माण्डू के लिए इस बार कछवाहा मराठों में संघर्ष का कोई विवरण नहीं मिलता है, फिर भी 'सवाई जयसिंह' के जीवन चरित्र के लेखक डॉ० भटनागर तथा डॉ० टिक्कीवाल का मत है कि इस बार माण्डू के लिए झड़पें हुई थीं।[1] इस बारे में सूदन लिखता है कि प्रथम मेवात पर अधिकार करने के बाद फिर सिंह सुजान (सूरजमल) ने मालवा स्थित मांडोगढ़ पर विजय प्राप्त की। इस प्रकार उसने अपने हाथ में कृपाण धारण करके आगे (अन्य युद्धों में भी) कूर्म (कछवाहों) की रक्षा की।[2] आचार्य सोमनाथ के अनुसार 'सूरजमल ने बानों (राकेट) की बौछार करके मराठा झुण्डों को विचलित कर दिया और उसने तैलंग प्रदेश से पेशकश प्राप्त करने में सहायता की।" अतः समकालीन लेखकों के विवरणों से आभास मिलता कि माण्डू के आस-पास मराठों से कोई साधारण झड़प अवश्य हुई होगी अथवा मालवा के जमींदारों को शाही आदेश मानने के लिए वाध्य करने में जाट अश्वारोहियों ने कछवाहों का साथ अवश्य दिया होगा।[3] दस्तूर कौमवार में अंकित है कि मार्च २, १७३० (फाल्गुन सुदि १४ सं० १७८६) को सवाई जयसिंह ने गनीमा (मराठों) से लड़ाई में बहादुरी दिखलाने पर सूरजमल के लिए तुर्रा सहित खासगी सिरोपाव

---

१ – भटनागर, पृ० २०४; टिक्कीवाल, पृ० ७५।

२ – सूदन, पृ० ७।

३ – सरकार (मुगल, भाग २, पृ० २६३, पा० टि० २) का मत है कि "सूदन ने जिस मांडोगढ़ (माण्डू) का उल्लेख किया है, वह नर्मदा नदी के समीप बना दुर्ग नहीं है ? बल्कि यह स्थान जिला अलीगढ़ का मेंडू होना चाहिये।" यदि सरकार के इस कथन को मान लिया जावे तो यह भी सम्भव हो सकता है कि सूरजमल ने मेवात में आबाद मांडोगढ़ (मण्डल) पर विजय प्राप्त की होगी। परन्तु अन्तर या बाहिय् साक्ष्यों से सरकार का मत अस्वीकारणीय है। —सूदन ने मांडोगढ़ की स्थिति मालवा में बतलाई है। लेखक मथुरा का निवासी था और उसे भौगोलिक स्थिति का स्पष्ट ज्ञान था। अतः उसका कथन काल्पनिक न होकर समुचित है। आचार्य सोमनाथ ने 'रस पीयूष निधि' में यद्यपि मालवा या माण्डव गढ़ का उल्लेख नहीं किया है, फिर भी तिलंगाना (तैलंग) प्रदेश का उल्लेख सूदन के कथन को पुष्ट करता है। दस्तूर कौमवार में दी गई तिथि तथा मालवा अभियान की सूचना से स्पष्ट है कि इस अभियान में सूरजमल शामिल था। इस प्रकार सरकार ने सूरजमल के प्रारम्भिक प्रयासों का जाट सीमाओं के आसपास निर्धारण करने का प्रयास किया हैं, वह समकालीन प्रलेखों से पूर्णतः असत्य प्रमाणित होता है।

प्रदान करके सम्मानित किया।[1] मराठा प्रलेखों के अनुसार राजा साहू तथा जयसिंह के बीच मालवा प्रान्त की समस्या का समाधान खोजने के लिए काफी समय पूर्व से वार्ताएं चल रही थीं ? अतः जयसिंह के राजनैतिक सम्बन्धों को प्रगाढ़ करने के विचार से राजा साहू ने मार्च १८, १७३० को चिमनाजी अप्पा, ऊदाजी पंवार तथा मल्हार राव को राजा जयसिंह के साथ सम्मानपूर्वक आचरण करने व माण्डू का दुर्ग सौंप देने का निर्देश दिया। फलस्वरुप मराठा सरदार माण्डू जयसिंह को सौंपकर वापस लौट गये।[2]

पंचोला युद्ध

सवाई जयसिंह जब मालवा में व्यस्त था, तब बूंदी के राज-च्युत महाराव बुद्धसिंह हाड़ा तथा कोटा-बूंदी के स्वामिभक्त हाड़ा सामन्तों ने बूंदी राज्य में जयसिंह के हस्तक्षेप को अस्वीकार करके बूंदो पर अधिकार करने की योजना बनाई। जयसिंह को ज्ञात हुआ कि महाराव बुद्धसिंह के पास चार सहस्र रुहेलों सहित पन्द्रह सहस्र सवार एकत्रित हो गये हैं और गजसिंह खींची की कमान में पन्द्रह सहस्र फौज, जिसमें अनेक पठान भी शामिल हैं, गागरौन के दुर्ग में मौजूद हैं। इस समय करवाड़ का हाड़ा सालिमसिंह अपने द्वितीय पुत्र तथा बूंदी राज्य के उत्तराधिकारी दलेलसिंह की ओर से बूंदी की रक्षा कर रहा था। फलतः जयसिंह ने बूंदी राज्य को हाड़ा राजपूतों के आक्रमण से बचाने के लिए मालवा से सूरजमल की कमान में जाट बन्दूकची सवारों को मनोनीत महाराव दलेलसिंह के साथ रवाना कर दिया। नरवर से दीवान खांडेराय की कमान में एक फौज और जयपुर के छः प्रमुख सामन्तों-कोजूसिंह (ईसरदा), फतहसिंह (सारसोप), सावर, सेवार, अचलसिंह राजावत (नंतोरी) व घासीराम–बहादुरसिंह (पाऊनढ़ेरा) को तीन सहस्र सैनिकों के साथ सालिमसिंह की सहायता के लिए भेजा गया। अप्रेल ६, १७३० को उभय पक्षों में पंचोला नामक स्थान पर भयंकर युद्ध हुआ, जिसमें दीवान खांडेराय (नरवर) व जयपुर के सभी छः सामन्त तथा अनेक जाट सवार काम आये, परन्तु महाराव बुद्धसिंह तथा उसके सहायकों को पराजित होकर भागना पड़ा।[3]

---

१ – द० कौ०, जि० ७, पृ० ५३८।

२ – समझौता वार्ता की प्रतिलिपि, फरवरी २६, १७३० (कपड़ द्वारा सं० ६१); सतारा पेशवा डायरी, जि० १, लेख ६५; मालवा, पृ० १७८, १७६ पा० टि० १८०; सरदेसाई, पृ० १२६, १४०।

३ – वंश भास्कर, पृ० ३१४२-३१६०; गहलोत, पृ० ८१; कोटा, खंड १, पृ० ३३८; हेमराज के नाम बख्शी जोरावरसिंह तथा गुलाबराय की रिपोर्ट, ११ मई, २ जून, १७३०)।

इस स्थिति में अप्रेल के मध्य में जयसिंह को मालवा से ससैन्य बूंदी की ओर कूंच करना पड़ा। तब उसने अप्रैल २०, १७३० (वैसाख वदि ४, सं० १७८७) को किरकिराखाना से एक जोड़ी तिला मुरसाकारी जड़ाऊ पहौंची और २१ अप्रैल को सीख का सिरोपाव-जामा कुरता जरी, गुजराती फैंटा के साथ जरी का झण्डा सूरजमल के लिए प्रदान किया। इसी दिन सार्दूल, असालत खां पठान, दयाराम, बहादुरसिंह वकील, तेजसिंह सोगरिया, तुलाराम (सुपुत्र पोहकर), (चाहसिंह (पौत्र ठाकुर राजाराम) आदि जाट सरदारों को सिरोपाव प्रदान करके उनकी वीरता के लिए सम्मानित किया गया।[1]

महाराव दुर्जनसाल हाड़ा (कोटा) के साथ मिलकर जयसिंह ने मई २६, १७३० (ज्येष्ठ सुदि १३, सं० १७८७) को दलेलसिंह को बूंदी राज्य का रावराजा घोषित करके राजतिलक किया।[2] फिर वह जयपुर लौट आया। जून २१, १७३० (अषाढ़ सुदि ७) को उसने राजा अयामल खत्री के माध्यम से गोविन्दा के हाथों बदनसिंह के पास इन युद्धों में काम आये शूरवीरों के प्रति संवेदना प्रगट करने के लिए मातमी का सिरोपाव भेजा।[3]

मालवा में तीसरी बार नियुक्ति

मालवा में स्थाई शांति के लिए शाही दरबार में मुगल-मराठा समझौता के जिस प्रस्ताव को स्वीकार करने पर जयसिंह ने जोर डाला, उसका दरबार में वजीर कमरुद्दीन, सआदत खां आदि ने भारी विरोध किया और सम्राट ने जफर खां रोशनउद्दौला तथा कोकीजू के अनुमोदन पर सितम्बर १६, १७३० को मुहम्मद खां बंगश को मालवा का राज्यपाल नियुक्त कर दिया, परन्तु वह अपने उद्देश्य में पूर्णतः विफल रहा। फलतः खानदौरान के परामर्श पर सितम्बर २६, १७३२ को जयसिंह के लिए तीसरी बार मालवा का प्रबन्ध व मन्दसोर की फौजदारी प्रदान की गई। अतिरिक्त सैनिकों की भरती के लिए तेरह लाख रुपया का अनुदान व सात लाख रुपया उधार दिया गया।[4]

२० अक्तूबर को जयसिंह ने जयपुर से प्रस्थान किया और दिसम्बर में आगरा पहुँच गया दिसम्बर ६, १७३२ को बंगश मालवा से चल दिया और १६ दिसम्बर को आगरा आ गया। इस बार सूरजमल पुनः जाट सैनिकों के साथ

---

१ – द० कौ०, जि० ७, पृ० ३४५, ३६२, ४२०, ४५८, ४५५, ४७०, ५३२।

२ – वंश भास्कर, पृ० ३११२–३।

३ – द० कौ०, जि० ७, पृ० ४४०।

४ – वारिद, पृ० ११५–६; पे० द०, जि० १३/१०, १४/४७; वंश भास्कर, पृ० ३२१२।

मालवा पहुँचा। जनवरी १०, १७३३ (माघ वदि ११, सं० १७८९) को जयसिंह ने सूरजमल के लिए खासा बसन्ती पोशाक जामा, नीमा, इजार, तहपेच, फैंटा कलावत्तू चीरा तुर्रा बादला तिलाई तथा सादा रंगीन झण्डा प्रदान किया।[1] इस समय चिमनाजी अप्पा के बुन्देलखण्ड की ओर जाने का समाचार मिला। अतः मराठों को दबाने के लिए जयसिंह ने उज्जैन से मंदसौर की ओर कूंच किया, जहां उसको कृष्णाजी पंवार व ऊदाजी पंवार से सामना करना पडा। पंवार सरदार पेशवा की नीति से असन्तुष्ट थे, इससे जयसिंह ने उनको जब अपनी ओर मिलाने का प्रयास किया तभी फरवरी में मल्हार राव होल्कर व रानोजी सिंधिया ने फौज का भारी सामान पीछे छोड़ कर जयसिंह को मंदसौर के निकट घेर लिया और उन्होंने पंवारों को भगा दिया। इससे जयसिंह को खाइयां खोदकर वहीं रुकना पड़ा। नवीन कुमुक न मिलने की स्थिति में जयसिंह ने घेरा समाप्त कराने के उद्देश्य से मल्हार राव को छः लाख रुपया नकद व मालवा के अट्ठाईस परगनों से उनके द्वारा पूर्व में की गई वसूली यथावत देने का प्रस्ताव रखा, किन्तु मल्हार ने इन प्रस्तावों को नहीं माना। इसी समय जयसिंह को पता लगा कि सम्राट स्वयं उसकी सहायता के लिए दिल्ली से आगरा आरहा है, तब उसने मराठों पर जोरदार आक्रमण कर दिया। जयसिंह चौहान ने जाट सवारों के साथ अपनी वीरता का परिचय दिया और मराठों को मंदसौर से ५२ किमी० पीछे खदेड़ दिया। इस युद्ध में जयसिंह की सेना के चन्दौल का सेनापति मारा गया और मराठों के १०–१५ बड़े अधिकारी तथा सो–दो सौ सवार काम आये।[2] १७ फरवरी को गजसिंह चौहान को उसकी वीरता के लिए सिरोपाव प्रदान करके सम्मानित किया गया।[3]

कछवाहा–जाट सैनिकों ने फिर मल्हार का पीछा किया, किन्तु मल्हार ने २६ किमी० आगे बढ़कर पुनः कछवाहों को घेर लिया। फलतः संघर्ष की अपेक्षा जयसिंह ने पुनः समझौता वार्ता शुरू की और १० मार्च (चैत वदि १०, १७८९) को जयसिंह ने अपनी छावनी ग्राम खीजूरया (परगना मंदसौर) से दौलतसिंह कुंभाणी (भ्राता दीपसिंह) को राजा साहू के चाकर साहूजी बाघ को लिवाकर लाने के लिए भेजा। उसने छावनी में पहुँच कर वार्ता की। जयसिंह ने उसको दो घोड़ा, ५६ थान सिरोपाव तथा होल्कर छावनी में मिजमानी की मिठाई भेजी। १७ मार्च को नरसी पंडित ने पुनः वार्ता की।[4] फलतः मल्हार ने जयसिंह के पूर्व प्रस्तावों

---

१ – द० को०, जि० ७, पृ० ५४०।

२ – पे० द०, जि० १४/१–३, ३०/३०७–६, १५/६।

३ – द० कौ, जि० ७, पृ० ५८८।

४ – उपरोक्त, जि० १०, पृ० १३१८, ९८२।

को स्वीकार कर लिया।[१] २० मार्च (चैत सुदि ६, सं० १७९०) को जयसिंह ने मंदसौर में सूरजमल को एक जड़ाऊ कलंगी प्रदान की। २१ मार्च को गजसिंह नरूका (जावली) ने मंदसौर में जाट वकील रूपराम कटारा को अपना तीर्थ पुरोहित स्वीकार कर लिया।[२] इसके बाद जयसिंह मालवा में अपने अफसर व नायब छोड़कर जयपुर की ओर चल दिया और मालवा का मोह छोड़कर जयपुर में ही व्यस्त हो गया। ३ जून (प्रथम असाढ वदि ७) को उसने सूरजमल तथा अन्य जाट सरदारों के लिए तेरह सिरोपाव जाट डेरों पर भेजकर विदा किया।[३] इस प्रकार सूरजमल ने मालवा अभियान में मराठों की सैनिक व राजनैतिक गतिविधियों का गहन अध्ययन किया और सवाई जयसिंह के यश व सम्मान की रक्षा की।

६ – कुंवर पद तथा जयसिंह का स्नेह १७३२–३५

मालवा प्रान्त के प्रबन्ध से दूसरी वार मुक्त होने के बाद आगरा प्रान्त में अपनी स्थिति को सुदृढ करने तथा मालवा पुनः प्राप्त करने की अभिलाषा से सवाई जयसिंह मथुरा लौट आया था। उसको जाटों के सहयोग की अति आवश्यकता थी। अतः उसकी अनुशंषा पर मार्च १७३१ में मुगल सरकार ने बदनसिंह को 'राव' की उपाधि तथा आगरा प्रान्त में पच्चीस गांव प्रदान करके सम्मानित किया था। सुजान चरित तथा दस्तूर कौमवार के वर्णनों से स्पष्ट होता है कि अप्रेल, १७३२ में बदनसिंह ने सूरजमल को 'कुंवर' पदवी प्रदान करके सैन्य संचालन की शक्तियाँ प्रदान कर दी थीं।[४] सवाई जयसिंह कुंवर सूरजमल की निष्ठा से काफी प्रभावित हुआ। हुरड़ा सम्मेलन (२७, जुलाई/श्रावण वदि १३, सं० १७९१)[५] के बाद सवाई जयसिंह ने प्राचीन वैदिक विधि विधान के अनुसार अश्वमेध यज्ञ[६] सम्पन्न

---

१ – पे० द० १४/१–३, १५/६, ३०/३१०–११; वीर विनोद, खण्ड २ पृ० १२१८–२०; वंश भास्कर, ३२१२; मालवा, पृ० २२३–४३; सरकार, भाग १, पृ० १३३–४।

२ – पोथी तीर्थ पुरोहिताई, प्रपत्र ४४।

३ – द० कौ०, जि० ७, पृ० ५४।

४ – सूदन, पृ० ६; द० कौ०, जि० ७, पृ० ५४१।

५ – वीर विनोद, पृ० १२२५–६; जोधपुर खरीता बही, सं० २, सं० १७८९–१७९२, समझौते की प्रतिलिपि कपट द्वारा में भी उपलब्ध है।

६ – ओझा निबन्ध संग्रह (खण्ड ३–४ पृ० १०७) के अनुसार यह प्रथम वाजपेय यज्ञ था। लेकिन ज्वाला सहाय (हिस्ट्री आफ भरतपुर, पृ० १९), पं० गोकुल चन्द दीक्षित (पृ०–४०), भटनागर (पृ० २६४) का मत है कि यह अश्वमेध यज्ञ था। ईश्वर विलास महाकाव्यम् सर्ग ४–५ में इसका विशद वर्णन मिलता है।

किया। इस यज्ञ में शामिल होने के लिए उसने अपने राज्य के समस्त सामन्तों तथा देशी नरेशों के लिए आमन्त्रण पत्र भेजे।[1] अगस्त ७, १७३४ (श्रावण सुदि ९, सं० १७९१) के दिन उसने इस यज्ञ की दीक्षा ली और ८ सितम्बर (भाद्रपद सुदि १२) को मानसागर के जल में तीर्थोदक मिलाकर अवभृथ स्नान किया। इस अवसर पर कुंवर सूरजमल भी इस यज्ञ में जाकर शामिल हुआ और १२ सितम्बर को उसने पांच सौ मोहर भेंट कीं।[2] जयसिंह का सूरजमल के प्रति अति स्नेह व अनुराग था, उसने इस समय उसके प्रति पितृ–स्नेह प्रगट करके शुभ–आशीर्वाद दिया और १४ सितम्बर को जडाऊ कलंगी प्रदान कीं।[3]

'पितृवत स्नेह' सूरजमल के राजनैतिक व्यक्तित्व के समुचित विकास का प्रथम चरण था। सूरजमल की कीर्ति सर्वत्र फैलने लगी थी और अनेक विद्वान दूरस्थ प्रदेशों से उसके आश्रय में आने लगे। 'नवधा भक्ति राग रस सार' ग्रन्थ[4] से ज्ञात होता है कि १७३६ ई० के प्रारम्भ में सूरजमल का जागीर केन्द्र कुम्हेर अति सम्पन्न नगर के रूप में विकसित हो चुका था और जाट राज्य में सुख, शान्ति तथा समृद्धि थी।

मालवा, बुन्देलखण्ड तथा हाड़ौती में मराठों के निश्चयशः बढ़ते चरणों को रोकने के लिए सम्राट ने वजीर तथा मीर बख्शी की कमान में सेनायें रवाना करने का निश्चय किया। नवम्बर २०, १७३४ को वजीर कमरूद्दीन ने आगरा होकर नरवर की ओर, और खानदौरान ने जयपुर होकर मुकन्दरा दर्रा के पार रामपुरा की ओर विशाल शाही सेना के साथ कूंच किया। मार्ग में सवाई जयसिंह, राजा अभयसिंह, महाराव दुर्जन साल तथा अन्य राजपूत नरेश भी उसके साथ आकर शामिल हो गये थे। कुंवर सूरजमल भी अपने वकील बहादुरसिंह सहित मीर बख्शी के साथ था। मल्हार राव व रानोजी सिंधिया ने फरवरी, १७३५ में खानदौरान

❀—जयसिंह के अश्वमेध व वाजपेय यज्ञ की तिथियों के विस्तृत अध्ययन के लिए द्रष्टव्य 'टॉड कृत राजस्थान' भाग १ खण्ड १, पृ० ११३–४ पा० टि० १०१ (मंगल प्रकाशन जयपुर)।

१ – स्याह हकीकत, परगना टौंक भाद्रपद सुदि ५, सं० १७९१ (२ सितम्बर)।

२ – द० को०, जि० ७, पृ० ५४२।

३ – उपरोक्त; ज्वाला सहाय हिस्ट्री ऑफ भरतपुर (पृ० १९) के आधार पर डा० कानूनगो, पृ० ६३।

—दीक्षित (पृ० ४०) का कथन 'जब राजपुत्र को नार देकर आशीर्वाद देने का समय आया तो राजपुत्रों में से उस समय वहां कोई भी उपस्थित नहीं था' पूर्णतः असत्य है।

४ – द्रष्टव्य–मोतीलाल गुप्ता, पृ० ४४।

को आठ दिन तक घेर कर उसकी रसद व्यवस्था भंग कर दी। फिर मराठा दलों ने मुकन्दरा को पार करके सांभर को लूटकर बरबाद कर दिया। फलतः मीरबख्शी को अकेला छोड़कर जयसिंह को अपने राज्य की सुरक्षा के लिए पीछे लौटना पड़ा। शाही सेना तथा राजपूत सैनिक मराठों को रोकने में पूर्णतः विफल रहे और २२ मार्च को खान-दौरान को बाध्य होकर बूंदी में मराठा सरदारों से समझौता करने की सहमति देनी पड़ी। इन अपमानजनक युद्धों के बाद दोनों सेनापति अप्रेल के अन्त में दिल्लीं वापिस लौट आये।[1] २३ अप्रेल (वैसाख सुदि २) को जयसिंह ने कुंवर सूरजमल को आलमजरी, फेंटा जरी, जामा, कुरता जरी का सिरोपाव तथा उसके अन्य तेरह सरदारों को सिरोपाव प्रदान किया और २ मई (वैसाख सुदि ११, सं० १७९२) को जाट वकील को जयपुर से विदा किया।[2]

इस समय राधा बाई तथा बाजीराव पेशवा की पत्नी तीर्थयात्रा के प्रयोजन से उत्तर भारत में आ रही थीं। तब राजस्थान के राजाओं ने उसके स्वागत की भव्य तैयारियाँ करके मराठों के प्रति महानतम हार्दिक सम्मान प्रगट किया। जून ११, १७३५ (असाढ वदि ७) को राधाबाई जयपुर के समीप पहुँच गई थी, तब सूरजमल भी जयपुर पहुँचा और १७ जून को जयसिंह ने उसको फीलखाना से महोला व झूल सहित राया गज नामक हाथी बख्शीश किया।[3] फिर उसने सूरजमल सहित १९ जून (असाढ़ वदि ३०) के दिन एक सहस्त्र मोहर भेंट करके राधाबाई की अगवानी की। १८ अगस्त (भाद्रपद सुदि १) को जयसिंह स्वयं राधाबाई को बिदा करने के लिए बदनसिंह की हवेली पर पहुँचा। यहाँ से राधाबाई ने सूरजमल की कमान में ब्रज की ओर प्रस्थान किया।[4]

७ – पेशवा की राजस्थान यात्रा तथा सूरजमल की उपलब्धि, १७३६ ई०

तूरानी सरदारों के सुझाव से इतर मीरबख्शी खानदौरान तथा सवाई जयसिंह

---

१ – असोब; रूस्तम अली, पृ० २६६–७; खुशहाल; पे० द०, जि० १४, लेख २१–२३, २६–२६; इर्विन, खंड २, पृ० २८०; दिघे, पृ० ११८–२०; सरकार, खंड १, पृ० १३७–८; हेमराज के नाम बख्शी जोरावरसिंह का पत्र, मार्च २२, १७३५; जोरावरसिंह के नाम दानसिंह का पत्र, ३१ मार्च।

२ – द० कौ०, जि० ७, पृ० ५४२, ४५८।

३ – द० कौ०, जि० ७, पृ० ५४२।

४ – द० कौ०, जि० १०, पृ० १२१९–३१; पे० द०, खंड ६, लेख १२, ३०/२३१, १३४; वंश भास्कर, भाग ४, पृ० ३२२३–४; सरदेसाई, पृ० १८९-९०; हिंगणे, भाग १, लेख १९; जोरावरसिंह के नाम हेमराज का पत्र, ५ अगस्त (भाद्रपद वदि ३, सं० १७९२ (कपड़ द्वारा) सं० ६९६/७३।

सिंह का निश्चित सुझाव था कि मालवा तथा गुजरात प्रान्तों में मराठों की लूट को रोकने के लिए केवल आपसी समझौता–वार्ता ही एक उपयुक्त तथा सामयिक मार्ग हो सकता है।[१] फलतः जयसिंह ने मराठों की मांगों व प्रस्तावों पर विचार विमर्श करने के लिए सम्राट की अनुज्ञा से पेशवा को उत्तर–भारत की यात्रा का नियन्त्रण दिया; ताकि वह सम्राट से व्यक्तिशः भेंट करके मराठा प्रसार की राजनैतिक तथा आर्थिक समस्या का समाधान निकलवा सके।[२] राजा साहू की अनुमति प्राप्त करके अक्तूबर १५,१७३५ (कार्तिक वदि ३०) को बाजीराव पेशवा ने पांच सहस्र मराठा सवारों के साथ प्रथम बार राजस्थान की यात्रा प्रारम्भ की और फरवरी, १७३६ ई० के अन्त में वह बूंदी के उत्तर पश्चिम में ४० किमी० जहाजपुर नामक स्थान पर पहुँच गया। सवाई जयसिंह भी अपने प्रमुख सरदारों तथा सेना सहित झाड़ली (मालपुरा) ग्राम में पहुँच गया था। सूरजमल भी अनेक जाट सरदारों के साथ उनके साथ मौजूद था। बाजीराव पेशवा के निर्देश पर खुले मैदान में मुलाकात के लिए शामियाना लगवाया गया, जिसके दोनों ओर उभय–पक्ष की सेनायें तैनात थीं। ६ मार्च (बुद्धवार, चैत्र वदि १०) को जयसिंह ने अपने शिविर से कई किमी० आगे बढ़कर पेशवा का प्रथम बार स्वागत किया। कुछ क्षणों की औपचारिक वार्ता के बाद दोनों सरदार अपने-अपने शिविरों में लौट आये। ७ मार्च को बाजीराव पेशवा, रामचन्द्र पंडित व राजा अयामल खत्री के साथ जयसिंह से मिलने आया। दीवानखाना में उनमें तीन घण्टे तक आपस में विचार-विमर्श चलता रहा। इस प्रकार पेशवा–जयसिंह में मालवा तथा राजस्थान के मामलों पर नौ सप्ताह तक (६ मार्च–११ मई) बातचीत चलती रहीं।[३]

कहा जाता है कि इन मुलाकातों के समय सूरजमल ने विनम्र भाव से हाथ जोड़कर मस्तक नवाकर पेशवा को नमस्कार किया था। इसके उत्तर में बाजीराव ने उससे कहा "सूजा, जाटान में तेरयों भाग्य नीको छै" सूरजमल ने शिष्टाचार वस

---

१ – पे० द०, जि० १४, लेख ३६ (अगस्त, १७३५), ३०/१३४, १४/१६, २३/१६८; दिघे, पृ० १२३; ज० ए० सु० बं० १८७८, पृ० ३२७–८; सतीश, पृ० २२३–४।

२ – पे० द०, जि० १४, लेख ४७, ५१, ३०/१३४; माधवराव, पृ० १४१–३, सतीश, पृ० २२४।

३ – व० कौ०, जि० १०, पृ० ११५८–८६ (विस्तृत वर्णन)।

—सूर्यमल मिश्रण (पृ० ३२३८–९) के आधार पर सरदेसाई (पृ० १९४); सरकार (खंड १, पृ० १६६) तथा सतीश (पृ० २२५) का कथन है कि यह मुलाकात किशनगढ़ के द० पू० में २७ किमी० भंमोला नामक स्थान पर हुई थी।

पेशवा को इसका उत्तर नहीं दिया, किन्तु सार्दू लसिंह (पर्थना) ने विनम्रता के साथ कहा "बाज्या, हाथ ओटान में तिहारो भाग्य नीको छै।" इसको सुनकर पेशवा को भारी क्रोध आया, फिर भी वह अपने अन्तर्द्वन्द को पचा गया। इस घटना से जयसिंह को भारी क्षोभ हुआ। बाद में वह स्वयं जाट शिविर में पहुँचा और उसने कहा "सूजा, तेरे चाचा सार्दूल ने दरबार में पेशवा को उत्तर देकर ठीक नही किया। ठीक यही रहेगा कि आप उसे यथाशीघ्र छावनी से रवाना कर दें।" सार्दूल ने सूरज को आश्वासन दिया कि वह शिविर छोड़कर नहीं जावेगा, किन्तु अन्य दिन दरबार में उपस्थित नहीं रहेगा। १२ मार्च (चैत्र सुदि १) को सायंकाल सवाई जयसिंह ने पुनः दरबार किया, जिसमें पेशवा अपने सरदारों के साथ आया। उसको अनेकों भारी उपहार, पान व इत्र भेंट किये गये। कहा जाता है कि इस दिन पेशवा ने दरबार में चारों ओर दृष्टि डालकर सार्दूल को देखा। फिर उसने सूरजमल से कहा, "सूजा, तेरा चाचा आज दिखलाई नहीं दिया" सूरजमल ने विनम्रता से नतमस्तक होकर निवेदन किया "श्रीमन्त वह आपके भय से आतंकित होकर रात्रि को ही शिविर छोड़कर चले गये" पेशवा ने कहा "अरे वह एक निडर व्यक्ति है। मुझे विश्वास है कि वह शिविर छोड़कर अन्यत्र जाने वाला व्यक्ति नहीं है। यदि वह आज मेरे सामने होता तो मैं उसको एक जागीर प्रदान करके सम्मानित करता, फिर पेशवा ने जयसिंह से आग्रह किया कि "इस प्रकार के निर्भीक शूरवीर को वह एक लाख दाम की जागीर देकर पुरस्कृत करे।" [1] कहा जाता है कि पेशवा के परामर्श पर सवाई जयसिंह ने सार्दूलसिंह को पथैना ग्राम के समीप उत्तरी दक्षिणी सीमावर्ती इलाके में २७४४ बीघा क्षेत्रफल का झारोटी नामक इलाका जागीर में प्रदान किया। सार्दूल ने झारोटी को अपनी पथैना जागीर में मिला लिया। बाद में ये गांव जाट राज्य में मिला लिये गये। [2]

२४ मार्च को जयसिंह ने अजमेर से ५६ किमी० दक्षिण-पूर्व में मोरला नामक स्थान पर मुलाकात की। १० मई को जयसिंह का शिविर गेहलपुर में था, जहाँ से वह पेशवा से मिलने गया। ११ मई को बाजीराव ने जयसिंह से बिदाई ली और वह सीतागढ़ की ओर चल दिया। [3] दीर्घ प्रतीक्षा के बाद भी सम्राट ने पेशवा की मांगों को स्वीकार नहीं किया, फिर भी मालवा में मराठों का अप्रत्यक्ष

---

१ – कागजात हलेना-पथैना जागीर; जाटों का नवीन इतिहस, पृ० ३४८–९, यदुवंश, पृ० १०१–२।

२ – ओडायर, खण्ड ३, पृ० ४०; खण्ड ४ पृ० ३०।

३ – द० कौ०, जि० १०, पृ० ११८४–१२१२।

अधिकार मान्य किया जा चुका था।[1] अन्त में बाजीराव आगामी वर्ष अपनी मांगों को स्वीकार कराने के दृढ़ संकल्प के साथ महाराष्ट्र की ओर लौट गया।[2] इसके बाद १६ मई (प्रथम ज्येष्ठ सुदि ७) को सूरजमल के लिए सिरोपाव प्रदान करके जयपुर से विदा किया गया।[3]

८ – कछवाहों के साथ सहयोग

बाजीराव पेशवा के दिल्ली प्रदर्शन (फरवरी–अप्रेल, १७३७) के समय सूरजमल के नेतृत्व में जाट सवारों ने आगरा दुर्ग की सुरक्षा का भार संभाल लिया था। इसके फलस्वरुप १२ अप्रेल (चैत्र सुदि १३, सं० १७९३) के दिन सूरजमल को जड़ाऊ सरपेच, दो मोतियों का बाजूबन्द तथा चार पोशाकों का सिरोपाव, उसके साथ अन्य दस सेनानायकों व जमींदारों को सिरोपाव से सम्मानित किया गया था।[4] फिर नादिरशाह के आक्रमण के समय सूरजमल ने दिल्ली तथा आस पास के क्षेत्रों से भाग कर आये नागरिकों की सुरक्षा का भार उठाया और जून, १७३९ में भदौरिया राजपूतों की सहायता की थी।

९ – गंगवाना युद्ध में सूरजमल का पराक्रम १७४१ ई०

१७३४ ई० के बाद १७४० ई० में महाराजा अभयसिंह राठौड़ ने बीकानेर के कुछ इलाकों को हस्तगत करने की भावना से अपनी सेनाओं को उधर भेजा। इस समय बख्तसिंह राठौड़ (नागौर) ने बीकानेर के महाराजा जोरावरसिंह को सवाई जयसिंह की सहायता प्राप्त करने का परामर्श दिया।[5] जोरावरसिंह ने अपने खरीता में सवाई जयसिंह को अति दयार्द्र दोहा[6] लिखकर अपने विशेष दूत मंत्री आनन्दराम मेहता को जयसिंह से सहायता प्राप्त करने के लिए भेजा।

---

१ – पे० द०, १४/५५, ५६–६२, १५/९२–९६, २२/३३१, हिंगणे १/४,६; ग्रांट डफ, भाग १, पृ० ४३९, ४३२; सरकार, भाग १, पृ० १६७–७०।

२ – पे० द०, २२/३३; हिंगणे, ३/३; सरदेसाई, पृ० १९५, इर्विन, भाग २, पृ० २८४।

३ – द० कौ०, जि० ७, पृ० ५४४।

४ – द० कौ०, जि० ७, पृ० ५४५, ३१०, ३९१, ३७३, ५८६, ६०९, ४२८, ४५८, ४९६, ४८६, ४९९।

५ – ओझा. बीकानेर, जि० १, पृ० ३०९–१०; जोधपुर, जि० २, पृ० ६४८–५२, टॉड, जि० २, पृ० ८४; रेऊ पृ० ३५१; वीर विनोद, पृ० ५०२।

६ – अभो ग्राह बीकाण गज, मारू समद अथाह।
ररंकार राठौड़री, सहाय करो जय शाह॥ टॉड, २/१२०॥

कछवाहा सामन्तों के परामर्श पर जयसिंह ने अभयसिंह को बीकानेर राज्य से घेरा उठाकर आपसी भाई चारा की सलाह दी। किन्तु उसने राठौड़ परिवारों का आपसी झगड़ा बतला कर कछवाहा नरेश की सलाह को नहीं माना।[1] फलतः जयसिंह ने शीघ्र ही जुलाई, १७४० में अपने दीवान राजा अयामल खत्री की कमान में बीस सहस्र कछवाहा सेना बीकानेर की ओर रवाना कर दी और स्वयं ने अन्य सेना के साथ जोधपुर की ओर कूंच किया। इस कूंच में कुंवर सूरजमल अपने जाट सवारों के साथ मौजूद था।[2] जयसिंह के आग्रह पर महाराणा जगतसिंह भी अस्सी सहस्र सेना के साथ अजमेर की ओर चल दिया। फलतः दबाव में आकर अभयसिंह को जयसिंह के साथ अति कठोर शर्तों पर समझौता करना पड़ा।[3] इन शर्तों में दो शर्त अति कठोर व अपमानजनक थीं, जिनका मारवाड़ के सामन्तों ने कड़ा विरोध किया। इस समझौता से जयसिंह की कटुता के कारण बख्तसिंह को भी अधिक लाभ नहीं मिल सका और उसने अपने भ्राता अभयसिंह को राठौड़ प्रतिष्ठा की स्थिरता व अपमान का बदला लेने की सलाह दी। अन्त में दोनों भ्राताओं ने ससैन्य मेड़ता की ओर कूंच कर दिया, किन्तु अजमेर के समीप राठौड़ शिविर में घटित अप्रिय घटना के परिणामस्वरूप बख्तसिंह ने स्वयं अपनी पांच सहस्र सेना से ही कछवाहों का मुकाबला करने का दृढ़ संकल्प दोहराया।[4] उसने क्रोधित होकर आगे कूंच कर दिया और कछवाहा राज्य के अनेक गांवों को लूट लिया।

सवाई जयसिंह इस समय बालाजी राव पेशवा के साथ फतहाबाद (धौलपुर) सम्मेलन (२२–२८ मई, १७४१) में व्यस्त था। सूरजमल तथा जाट सरदार सवारों सहित उसकी छावनी में उपस्थित थे। सम्मेलन के समय जयसिंह को राठौड़ आक्रमण की सूचना मिली। फलतः वह मुगल मराठों से समझौता-वार्ता कराने के बाद विशाल सेना सहित अजमेर की ओर चल दिया। इस समय उसके साथ हाड़ा

---

१ – ओझा, जोधपुर जि० २, पृ० ६५३–४; टॉड जि० २, पृ० ८४–५।

२ – वीर विनोद, पृ० ५०७।

३ – ओझा, जोधपुर, जि० २ पृ० ६५२–५; बीकानेर, जि० १ पृ० ३१५; वीर विनोद, पृ० ८४८; वंश भास्कर, पृ० ३२९८–३३०१; जोधपुर ख्यात, पृ० २३६–४४; बांकीदास की ख्यात, पृ० ४०; भार्गव, पृ० १७१; कपड़द्वारा, याददास्त सं० १०९४, अगस्त ४, १७४० (श्रावण सुदि १३, सं० १७९७)।

४ – दुर्जनसाल के नाम बख्तसिंह का पत्र, वैशाख वदि १३, सं० १७९७ (अप्रेल १२, १७४१)।

५ – वंश भास्कर, भाग ४, पृ० ३३०३; ओझा, जोधपुर, खंड २, पृ० ६५५–७; वीर विनोद, पृ० ८४८।

राजपूत, राजा उम्मेदसिंह (शाहपुरा), राजा गोपालसिंह (करौली), खींची चौहान, सूरजमल की कमान में जाट घुड़सवार, नवाब आजमखाँ, मुहम्मद सईद खाँ, समसामुद्दौला अपनी सेना सहित उपस्थित थे। इस असंगठित एक लाख फौज के साथ जयसिंह जून, २१, १७४१ को पुष्कर से १८ किमी० उत्तर-पूर्व किशनगढ़ के निकट गंगवाना नामक स्थान पर पहुँच गया था। इसी समय उसको पता चला कि राजा बख्तसिंह अपनी सेनाओं सहित आक्रमण करने के लिए बढ़ रहा है। उसने शीघ्र ही राठौड़ों के सामने अपनी तोपें व्यवस्थित कीं। जयसिंह की एक लाख फौज के मुकाबले बख्तसिंह की कमान में प्राण-पण से लड़ने वाले पांच सहस्र राठौड़ सवार थे और वे भेड़ों के झुण्ड पर खूंख्वार चीते की भांति टूट पड़े। प्रथम आक्रमण में ही कछवाहा सेना के पैर उखड़ गये और दृढ़-प्रतिज्ञ राठौड़ दो बार कछवाहा सेना को चीर कर आर पार निकल गये। परन्तु इस युद्ध में सूरजमल के जाट सवारों ने अति वीरता, साहस, अदम्य उत्साह से राठौड़ सवारों का सामना किया। उनके करारे प्रहार से सहस्रों राठौड़ सवार खेत रहे या घायल हो गये। इस प्रकार कुंवर सूरजमल ने यश, प्रतिष्ठा प्राप्त की। सवाई जयसिंह के यश की रक्षा की। राठौड़ों के भीषण आक्रमण से बचने के लिए जयसिंह के पास अन्य कोई उपाय नहीं था। कछवाहा पक्ष के सहस्रों सैनिक काम आये और इससे अधिक घायल हो गये। सहस्रों सैनिकों ने युद्ध में भाग ही नहीं लिया और वे मैदान छोड़कर भाग गये। चार घण्टे में ही रणभूमि खाली हो गई और वहां घायल तथा मृतक सैनिकों के अतिरिक्त कुछ भी शेष नहीं बचा था। जयसिंह स्वयं तीन किमी० पीछे हट गया था और कुछ समय तक परेशान होकर देखता रहा। तीनों शाही सेनानायक पहाड़ी के समीप रणभूमि में अपने अपने स्थान पर जम रहे थे। उन पर किसी ने भी हमला नहीं किया था। फिर भी दस सहस्र मुगलों में से केवल एक सौ मुगल सैनिक ही अपने सेनानायकों की रक्षा के लिए रणभूमि में जमे रहे, शेष सभी सवार भयभीत होकर भाग गये। राजा बख्तसिंह के एक तीर व गोली लग चुकी थी और केवल सत्तर राठौड़ सवार उसके साथ थे, फिर भी उसमें अति साहस था। फलतः अपने सैनिकों के आग्रह पर भारी मन से उसने मेड़ता-नागौर की ओर प्रस्थान किया और महाराजा अभयसिंह व उसकी सेना से जाकर मिल गया।[1] इस प्रकार जयसिंह संभावित भयंकर युद्ध से बच गया। उसको भारी आत्मग्लानि हुई और

---

१ - चहार पृ० ३३७ ब-३७९ ब (आखों देखा हाल); जोधपुर ख्यात, खंड २, पृ० २५१-३; ओझा, जोधपुर, खंड २, पृ० ६५५-८; टॉड, खंड २, पृ० ८६; वंश भास्कर, खंड ४, पृ० ३३१०-१; वीर विनोद, पृ० ८४८; रेऊ, पृ० ३५२; स्याह बाका, सं० १०५; खतूत, सं० ३६३/३८३, असाढ़ सुदि ९, सं० १७९८ (२१ जून)।

एक दिन गंगवाना शिविर में रुक कर २३ जून को अजमेर पहुँचा।[1] फिर वह जयपुर लौट आया।

यह कछवाहा–राठौड़ संघर्ष राजस्थान के राजपूतों के विनाश का परिचायक था। इस कटुता को मिटाने के लिए महाराणा जगतसिंह के आग्रह पर महाराजा अभयसिंह ने जून के अन्तिम सप्ताह में जयसिंह के साथ सद्भावी समझौता अवश्य कर लिया था, किन्तु राजस्थान के दो बड़े घरानों में मधुर सम्बन्ध पुनः स्थापित नहीं हो सके।[2] २१ सितम्बर, १७४१ (भादो सुदि १२, सं० १७९८) को सूरजमल तथा उसके साथ शामिल वकील बहादुरसिंह, रूपराम कटारा, हेमराज कटारा, तुलाराम (अवार), प्रतापसिंह चौहान, राजा प्रतापसिंह (वैर) आदि को सिरोपाव प्रदान करके जयपुर से बिदा किया गया।[3] कछवाहा नरेश जयसिंह की कमान में सूरजमल का यह अन्तिम युद्ध था। इसके बाद वह स्वयं जाट राज्य की विस्तार–वादी योजना में सक्रिय हो गया।

---

१ – स्याह बाका, सं० १०५, २३ जून (असाढ सुदि ११, सं० १७९७)।

२ – रेऊ, पृ० ५३३; फरमान, अगस्त १५, १७४३ ई० (ज०अ०); कपड़ द्वारा सं० १/६, १०५।

३ – द० कौ, जि० ७, पृ० ५४७, ३९१, ४२२, ४५६, ४५८, ४६०, ४६६, ४९१।

अध्याय ३

व्यक्तित्व का विकास

१७४१–१७४८

करनाल युद्ध में तूरानी घटक की स्वार्थपरता, विश्वासघात से देश को भारी आघात पहुँचा और मीर बख्शी आसफजहाँ दिल्ली से दक्षिण चला गया था। इसके साथ ही साम्राज्य के विघटन ने जोर पकड़ लिया था। सवाई जयसिंह मद्यपान में डूब गया था और उत्तेजक औषधियों का सेवन करने से उसका स्वास्थ्य गिरने लगा था। फिर भी सम्राट ने जुलाई ९, १७४० (१५ रबी २) को अस्सी लाख दाम के इनाम के साथ उसको मथुरा की फौजदारी, मनसब में तीन हजार सवार की वृद्धि व एक करोड़ तीस लाख दाम के इनाम के साथ आगरा निजामत की व्यवस्था व फौजदारी प्रदान [1] कर दी थी। सितम्बर, १७४० के अन्त में जयसिंह आगरा आया और राव बदनसिंह के परामर्श पर उसने दिल्ली-पलवल 'शाह-राह' की सुरक्षा व्यवस्था के लिए ५ अक्तूबर को बल्लमगढ़ के चौधरी बल्लू से मुलाकात [2] करके समाधान खोजने का प्रयास किया।

जाट राज्य के दक्षिण–पूर्व में सिदगिरि क्षेत्र में आबाद चहार जमींदारों ने सूरजमल को अपना नेता स्वीकार कर लिया था और सूरजमल ने चहारवाटी के तेईस गांवों को इजारे पर प्राप्त कर लिया था। इससे चहारवाटी का प्रमुख जमींदार मंझा चहार भाई–बन्धुओं तथा परिवारों सहित डीग चला आया था। इसी प्रकार १७४३ के आस पास उसने पंवारपाटो तथा सिकरवार जमींदारों को भी अधीनस्थ बना लिया था। मथुरा जिले की फौजदारी इजारे पर प्राप्त करने से यमुना पारी क्षेत्र के ठेनुआं, नौंहवार, रावत आदि के साथ मिलकर सूरजमल ने

---

१ – कपड़ द्वारा, परवाना सं० ६८९/१३४; फरमान सं० ६९०/९७।

२ – ब० कौ०, जि० ७, पृ० ४७०।

एक सशक्त कौमी संगठन बना लिया था।[1] पश्चिम में जाट राज्य का विस्तार असम्भव था। उत्तर में मेवात के प्रमुख कस्बों–फीरोजपुर-भिरका, तिजारा कोटकासिम, नगीना, पुहनेना तथा हथीन[2] पर अधिकार हो चुका था और होड़ल, पलवल प्रभाव में आ चुके थे। इससे सूरजमल ने तेवतिया जाटों तथा तैगांव के गुर्जरों को अपना नैतिक समर्थन व परामर्श देकर दिल्ली के पड़ोस में शाही परगनों पर अधिकार करने के लिए प्रोत्साहित किया। फिर उसने जनवरी २१, १७४३ (माघ सुदि ५, वि० सं० १७९९) के शुभ मुहुर्त में एक अति सुदीर्घ मैदानी दुर्ग व नगर भर्थपूर (बाद में भरतपुर) की आधार शिला रखी। इस प्रकार जाट राज्य प्रगति पथ पर अग्रसर होने लगा था।

१ – बल्लमगढ़ का तेवतिया परिवार और उसका राजनैतिक विकास १७०५–४५ ई०

१७०५ ई० के आसपास गोपालसिंह तेवतिया बल्लमगढ़ (दिल्ली के दक्षिण में ३८ किमी०) से लगभग पांच किमी० उत्तर में सीही ग्राम में आबाद था। औरंगजेब की मृत्यु के बाद उसने अस्थिरता का लाभ उठाकर जाट गुर्जरों के एक कज्जकाना दल (जमात) का गठन किया और जमींदारी अर्जित करने की निहित नीति से दिल्ली-पलवल 'शाह-राह' पर लूटमार तथा शाही परगनों में हस्तक्षेप करना शुरू कर दिया था। राव चूड़ामन के प्रभाव व सहयोग से कुछ ही बर्षों में वह सम्पन्न तथा शक्तिशाली जाट नेता बन गया था। दूसरे दशक में तैगांव या लागोन (बल्लमगढ़के पूर्व में १३ किमी०) ग्राम के व गुर्जरों के साथ मिलकर उसने निकटस्थ ग्रामों के राजपूत चौधरी को एक मुठभेड़ में मार डाला और क्षेत्रीय गावों पर दखल कर लिया।

अन्त में फरीदाबाद (दिल्ली के दक्षिण में २९ किमी०) के मुगल हाकिम मुरतिजाखां को चौधरी पद प्रदान कराकर उससे समझौता करना पड़ा। इस प्रकार गोपालसिंह को 'माल-ओ-सायर-ओ-जकात' पर एक आना प्रति रुपया चौधरात वसूल करने का शाही अनुज्ञा–पत्र प्राप्त हो गया था। फिर उसने जाट प्रवक्ता राव चूड़ामन के अनुग्रह से समीपस्थ अनेक गावों की इजारेदारी प्राप्त की। इस प्रकार प्राणान्त से पूर्व क्षेत्रीय जाटों को एक राजनैतिक इकाई बना दिया था। उसके पुत्र

---

१ – नेवली, गजे० आगरा व अवध, खण्ड ४, पृ० ९३–६।

२ – पहाड़ी (जिला भरतपुर) के उ० प० में १६ किमी०; फिरोजपुर–भिरका (जिला गुड़गावा); तिजारा–फिरोजपुर भिरका के में १५ किमी० पुहनेना–नगीना के पूर्व में २६ किमी०; और होड़ल के पुर्व में १५ किमी० हतीन–होड़ल के उ० प० में १९ किमी०।

चरणदास के नाम जमींदारी तथा चौधरी पद का नवीनीकरण किया गया और अन्य दो भ्राताओं ने अनेक गावों की जमींदारी प्राप्त की।

चौधरी चरणदास शूरवीर, धर्मज्ञ, रणवांकुरा [1] तथा महत्त्वाकांक्षी युवक था। उसने 'अदना' व निर्बल जमींदारों तथा अकर्मण्य शाही मनसबदारों की वेतन जागीर में हस्तक्षेप करने का प्रयास किया और मालगुजारी रोककर मुरतिजा खां के निर्देशों की खुली अवज्ञा की। मुरतिजा खां ने उसको बन्दी बनाकर फरीदाबाद के बन्दी खाने में डाल दिया। कुछ समय बाद उसके पुत्र बल्लू (बलराम) ने मुगल हाकिम को धोखा देकर अपने पिता चरणदास को बन्दीखाना से छुड़ा लिया। कहा जाता है कि "बल्लू ने अपने पिता को मुक्त कराने के लिए मुरतिजा खां को व्यक्तिशः एक मुश्त रकम देने का वचन दिया था। मुरतिजा खां के सिपाही चौधरी चरणदास को अपने साथ लेकर किसनदास तालाब पर पहुँचे। बल्लू भी बोरियों में भरी धन राशि को छकड़ों में लादकर वहाँ पहुँच गया। जब परखैया इन थैलियों को खोलकर रुपया गिनने तथा परखने में व्यस्त थे, तब बल्लू ने सिपाहियों से अपने पिता को छोड़ने का आग्रह किया। मुक्त होते ही चरणदास अपने पुत्र के घोड़े पर सवार होकर भाग गया। बाद में परखैयों को अन्य बोरियों में केवल तांबे के दाम ही मिले।" इस प्रकार चतुर बल्लू ने अपने पिता व परिवार सहित भागकर सूरजमल के यहाँ शरण [2] ली। अन्त में दोनों परिवारों में नातेदारी [3] हो गई। इससे दो वंशों के आपसी राजनैतिक सम्बन्ध निश्चयशः प्रगाढ़ होने लगे थे।

एक लाख रुपया जमा का परगना फरीदाबाद तथा इसका दक्षिणी भू-भाग परम्परागत वजीर कमरुद्दीन खां की सशर्त जागीर में शामिल था। नादिरशाह के आक्रमण के बाद सम्राट ने मुरतिजा खां को मीर तुजुक के पद पर नियुक्त कर दिया था, किन्तु वह एक ईरानी सरदार था। सवाई जयसिंह की भेंट-वार्ता के बाद सूरजमल का नैतिक समर्थन प्राप्त करके बल्लू ने मुरतिजा खां को धोका देकर मार डाला और धीरे धीरे समीपस्थ ग्रामों पर भी नियंत्रण कर लिया। फिर अपने राजनैतिक व सामाजिक प्रभाव की भव्यता के लिए अपने जन्मस्थान सीही के समीप एक गढ़ी का निर्माण कराया। बाद में इसका नाम 'बल्लभगढ़'

---

१ – धनि तेवतिया गौत, धन्य श्री सीही नगरी।
करि कालिका कृपा, भक्त भुज गहिके पकरी॥
चरणदास तिय पुत्र, मनहु तिय देव अवतरे।
धर्म धुरंधर शूरवीर, रणबांके अति जबरे॥ डायरी पं० जगदीशप्रसाद

२ – दिल्ली गजे०, पृ० २१३; कानूनगो, पृ० ७७–७८।

३ – इ० डां० (चहार), खण्ड ८, पृ० १५८; सरकार (मुगल), खण्ड १, पृ० २३६।

रखा। इसके बाद उसने मीरबख्शी आसफजहाँ की जागीर के कुछ गावों पर अधिकार करके फरीदाबाद पर आक्रमण किया। वहां भारी लूटमार की और वजीर कमरुद्दीन खां के आमिल को एक मुठभेड़ में मारकर फरीदाबाद पर भी अधिकार कर लिया। फिर उसने शीघ्र ही वजीर से 'हासिल-वसूली' का अधिकार प्राप्त करके वहां अपने कारिन्दा नियुक्त कर दिये। इस साहसिक प्रयास ने उसको विशेष यश, सम्मान तथा प्रतिष्ठा प्रदान की। कुछ समय बाद उसने पलवल (बल्लमगढ़ के दक्षिण में २१ किमी०) तथा उसके सभी गावों पर भी अधिकार कर लिया और 'राव' की उपाधि धारण करके इन शाही परगनों का प्रबन्ध करने लगा।[१] इस प्रकार अपरोक्ष रूप में सूरजमल का प्रभाव दिल्ली के समीप तक फैल गया था।

२ – फतेहअली–असद खां युद्ध में सूरजमल की वीरता, नवम्बर, १७४५ ई०

गंगा-यमुना का मध्यवर्ती कांठे का सम्पन्न, समृद्ध, उपजाऊ क्षेत्र है। मुगल काल में मध्य कांठे का मुख्य प्रशासनिक केन्द्र जिला कोइल (वर्तमान अलीगढ़ के द०प० में ५ कि०मी०) था। सम्राट मुहम्मद शाह के शासन में इस जिले का प्रशासनिक अधिकारी (हाकिम) मीरजादा साबित खां था, जिसको ७०००/७००० सवार के मनसब व जागीर तथा नवाब की उपाधि से सम्मानित किया था। कोइल जागीर में मध्य दोआब के टप्पल, जावरा, ईखू, चन्दौस, खुर्जा, नूँह आदि परगने शामिल थे।[२] नवाब साबित खां ने आधुनिक अलीगढ़ नामक स्थान पर एक विशाल तालाब तथा एक नवीन दुर्ग का निर्माण कराया और इसका नाम 'साबितगढ़' रखा। शस्त्रों से सुसज्जित उसकी सेना अति अनुशासित थी। सैनिक सफेद लम्बा कोट, पजामा व मौजे पहिनते थे।[३]

नादिरशाह के आक्रमण के बाद साबित खां ने अन्यों की भांति कोइल पर अपना स्वतंत्र अधिकार कर लिया था। उसकी मृत्यु के बाद उसके पुत्र नवाब फतेहअली ने बे-सनद उत्तराधिकार प्राप्त किया। अतः सम्राट ने अक्तूबर, १७४५ में नवाब फतेहअली को बेदखल (हटाने) करने के विचार से अफगान सरदार असद खां खानजादा को आठ सहस्र सैनिकों तथा हल्के शाही तोपखाना के साथ रवाना किया। इस अवसर पर फतेहअली ने सूरजमल की सहायता प्राप्त करने के लिए कोइल से अपने दूत को रवाना किया। इस समय सूरजमल स्वयं शिकार खेलने के लिए

---

१ – ता० अहमद शाही, पृ० २२ ब–२३ अ; इ०डा० (चाहर), खंड ८, पृ० १५८; अवध, पृ० १४७;

२ – सूदन, पृ० १०, बलदेवसिंह, पृ० ३७।

३ – शिव, पृ० ७५ अ; रुस्तम अली, पृ० ५२१–२; ता० मुजफ्फरी, पृ० ७५।

नौंहझील (मथुरा के उत्तर तथा अलीगढ़ के पश्चिम में क्रमशः ४०:४० किमी०) में पड़ाव डाले पड़ा था। जाट कुंवर जाट राज्य की अनाधिकृत सीमाओं की सुरक्षा के लिए वास्तव में शाही अमीरों को जाटों की संगठित शक्ति से परचित कराना चाहता था। अतः सलाहकारों के परामर्श पर उसने जाटों के प्रति नवाब के रुख को आंकने तथा राजनैतिक स्तर पर समझौता करने के विचार से दूत को व्यक्तिशः भेंट-वार्ता का सुझाव दिया। फिर ज्योतिषविदों के शोधित शुभ-मुहुर्त में अपने गोल खास (अंग रक्षक) सरदारों तथा सवारों के साथ ईखूं पहुँचा, जहाँ फतेहअली ने पांच सौ सवारों के साथ उसकी अगवानी की। समीप आने पर खुले प्रांगण में नवाब हाथी से उतरा और दोनों ने नतमस्तक होकर एक दूसरे का अभिवादन तथा भुजा पसारकर आलिंगन किया। उपस्थित जाट सरदारों से नवाब का परिचय कराया। फिर दोनों सरदारों ने आपस में कुशल मंगल पूछकर एकान्त में लगभग दो घड़ी तक विचार-विमर्श किया। सम्भवतः फौज खर्च[1] भुगतान की शर्त पर निश्चित सहमति के बाद उभय सरदार अपने अपने शिविरों में लौट गये।[2] इसके बाद सूरजमल आखेट करता हुआ नौंहझील शिविर में लौट आया।

प्रारम्भ में सूरजमल ने अपने बख्शी की कमान में जाट, राजपूत, गुर्जर, अहीर तथा मेवों की एक फौज चन्दौस (अलीगढ़ के उ० प० में ३२ किमी०) की ओर भेज दी थी। नवाब भी अपने दो सहस्त्र सवारों के साथ कोइल से २६ किमी० आगे आ गया। उधर बहादुरसिंह बड़गूजर (घासेड़ा) अपनी एक सहस्र फौज के साथ असद खां के पक्ष में आकर शामिल हो गया था। फलतः फतेहअली ने कुंवर सूरजमल से स्वयं उपस्थित होकर युद्ध-संचालन का आग्रह किया। इससे वह चार तवेला (एक हजार सवार) फौज के साथ ईखूं पहुँच गया।[3]

नवम्बर, १७४५ के अन्त में असद खां तोपखाना पंक्ति के साथ २४ किमी० आगे बढ़ा और चन्दौस के समीप शाही सेनानायकों से क्रमशः ६ : १० : १३ किमी० की दूरी पर फतेहअली, राव बहादुरसिंह तथा सूरजमल ने अपना पड़ाव डाला। प्रारम्भ में फतेहअली ने असद खां से वार्ता द्वारा मामलत तय करने का प्रयास किया। किन्तु उसने प्रस्तावों को ठुकरा कर युद्ध की धमकी दी। असद खां के सलाहकारों ने समीपवर्त्ती जमींदारों को भी बुलाने तथा शाही तोपखाना आने पर युद्ध करने की सलाह दी। लेकिन उसका विचार था कि यदि युद्ध को दो-चार दिन के लिए टाल दिया गया तो जाट सैनिक उसकी छावनी

---

१ – सरकार (मुगल), भाग २, पृ० २६३।

२ – सूदन, पृ० ६–१३; बलदेवसिंह, पृ० ३८; वा० राज०, खण्ड २, पृ० ४६।

३ – उपरोक्त, पृ० १३–१४; बलदेवसिंह, पृ० ३६।

का घेरा डालकर रसद व्यवस्था को भंग कर देंगे और उन्हें बलात् समर्पण करना पड़ेगा। इसी भय से उसने अगले दिन ही युद्ध करने का निश्चय किया और पौ फटते ही स्वयं हाथी पर सवार होकर रणक्षेत्र में आकर जम गया। इधर फतेहअली भी अपने दो सहस्र सवारों के साथ युद्ध-भूमि में आ गया था।

सूरजमल ने रणक्षेत्र में एक सहस्र सवारों के साथ गोकुल राम गौर (गौड़ ?) को अनी (हरावल=अग्रभाग) में, सात सौ सवारों के साथ प्रतापसिंह कछवाहा को अनी के दाईं ओर और पांच सौ सवारों के साथ बृजसिंह को बाईं ओर तैनात किया। रामचन्द तंवर, ठाकुरदास सेंगर, फतेहसिंह, समरसिंह चन्देल तथा मेदसिंह चौहान को क्रमशः एक-एक सौ सवारों के साथ सैन्य मुख (सामने) में और गजसिंह, स्यौंसिह, विप्र उदयभानु तथा हरनारायण को अपने सन्मुख पंक्ति में तैनात किया अन्य सेनानायकों को शेष सैनिकों के साथ चन्दौल (पृष्ठ भाग) में रसद, सैन्य सामग्री तथा डेरों की सुरक्षा के लिए छोड़ दिया और स्वयं हाथी पर सवार होकर गोल (मध्य भाग) में युद्ध संचालन के लिए जम गया था। प्रातः दस बजे युद्ध शुरू हो गया। जाट हरावल ने शत्रु पर भीषण प्रहार किया। उभय पक्ष के बहुत से सैनिक खेत रहे या घायल हो गये। यह देखकर असद खां ने तीव्र आक्रमण किया, जिससे जाट व फतेहअली की अनी के पैर उखड़ गये। फतेहअली घबड़ाकर हाथी से उतर पड़ा और उसने घोड़े पर सवार होकर अपने सैनिकों को उत्साहित किया। सूरजमल ने भी गर्जसिंह को हरावल की सहायता के लिए भेजा। जाट सैनिकों ने अपने करारे हाथ दिखलाये। क्रोधित होकर असद खां आगे बढ़ा, किन्तु उसके तुफंग की गोली लगी और वह निष्प्राण होकर ओहदा में गिर पड़ा। फिर केवल बीस मिनट युद्ध चला और शाही सेना मैदान से भाग निकली। जाट सवारों ने पराजितों का तेरह किमी० तक पीछा किया और असद खां के हाथी, घोड़ा, तुफंग, रहकला तथा रसद आदि पर अधिकार कर लिया। इस प्रकार इस युद्ध में नवाब को जाटों की वीरता व साहस से विजय मिली।[1] इस विजय से मध्य दोआब में जाटों की विजय-गाथा गाई गई और ब्रज का पूर्वी सीमान्त प्रदेश अनेक वर्षों तक शाही अधिकारियों के हस्तक्षेप से मुक्त रहा।

३ – उत्तराधिकार युद्ध में सवाई ईश्वरीसिंह की सहायता, १७४३-४८ ई०

जयसिंह की मृत्यु के बाद उसका ज्येष्ठ पुत्र ईश्वरीसिंह कछवाहा राज्य के सामन्तों के सहयोग से गद्दी पर आरूढ़ हुआ। इस समय जाट राज्य में कुंवर जवाहरसिंह के विवाह की तैयारियां चल रही थीं। इससे राव बदनसिंह ने अपने

---

१ – सूदन, पृ० १५-२६; बलदेवसिंह, पृ० ४१-३।

पुत्र प्रतापसिंह तथा वकील हेमराज कटारा को राजतिलक का साज, एक हाथी व जवाहरात आदि के साथ प्रतिनिधित्व करने भेजा। १८–१९ नवम्बर, १७४३ ई० को उनके लिए विदाई का सिरोपाव प्रदान किया गया।[1] मौका देखकर महाराव दुर्जनसाल (कोटा) ने नाहरमगरा में महाराणा जगतसिंह से भेंट की और माधोसिंह तथा उम्मेदसिंह को क्रमशः जयपुर–बूंदी राज्य की गद्दी पर आरूढ़ कराने का प्रस्ताव रखा। तब नाहरमगरा से चलकर दिसम्बर, १७४३ ई० के अन्त में महाराणा जगतसिंह ने ससैन्य बनास नदी के किनारे जामौली नामक स्थान पर पड़ाव डाला। इधर ईश्वरी सिंह ने भी हेमराज बख्शी की कमान में कछवाहा सेनायें रवाना कीं और स्वयं ने पडेर में पड़ाव डाला। राव दलेलसिंह (बूंदी) तथा कुंवर सूरजमल जाट भी उसकी सहायता के लिए पडेर पहुँच गये थे। चालीस दिन तक दोनों ओर की सेनायें मैदान मे जमी रहीं। अन्त में ईश्वरीसिंह ने कुशल मंत्री राजा अयामल खत्री के माध्यम से जामौली में अपने भाई माधोसिंह को पांच लाख रुपया जमा का परगना टौंक का पट्टा जागीर में प्रदान करने की शर्त पर समझौता कर लिया।[2] इसके बाद ईश्वरीसिंह ने अप्रेल १०, १७४४ (वैसाख वदि १४, सं० १८००) को सूरजमल को बारह सिरोपाव तथा उसके साथ ही ठाकुर फौंदाराम के पुत्र दौलतराम, धीरजसिंह पृथ्वीसिंह तथा रणसिंह सिकरवार, हयातसिंह आदि को भी सिरोपाव देकर बिदा किया।[3]

बून्दी के लिए संघर्ष

जामोली युद्ध के बाद ईश्वरीसिंह जब दिल्ली दरबार में पहुँचा, तब महाराव दुर्जनसाल ने जुलाई २०, १७४४ को बूंदी पर आक्रमण करके अधिकार कर लिया। फलतः सम्राट से सीख लेकर ईश्वरीसिंह को दिल्ली से प्रस्थान करना पड़ा और जाट सीमान्त प्रदेश में ७ नवम्बर को कुंवर सूरजमल ने उसकी अगवानी की। यहां से दोनों होडल पहुँचे, जहां १६ नवम्बर को ईश्वरीसिंह ने बूंदी राज्य पर अधिकार करने का शाही फरमान स्वीकार किया।[4] फलतः सूरजमल को अपनी टुकड़ियों के साथ जयपुर की ओर प्रस्थान करना पड़ा।

महाराणा जगतसिंह ने रावत कुबेरसिंह तथा काका बख्तसिंह को मराठों की

---

१ – द० को०, जि० ७, पृ० ४२२, ४६६; ईश्वर विलास, सर्ग १०, श्लोक ३२-३।

२ – जामोली समझौता, वंश भास्कर, पृ० ३३२४, ३३३७–८; ओझा, भाग ३, पृ० ९४४; वीर विनोद, पृ० १२३२–३; ईश्वरसिंह, पृ० ३१–४०; द० को०, जि० २४, पृ० ६९।

३ – द० को०, जि० ७, पृ० ५४८, ३६६, ५८१।

४ – वंश भास्कर, पृ० ३३५४–६१; ईश्वरसिंह, पृ० ४१–४२; द० को०, जि० ७, पृ० ५४९; जि० १८, पृ० २७७।

सहायता प्राप्त करने के लिए रवाना कर दिया था। बख्तसिंह ने ग्वालियर में जयप्पाजी सिंधिया से पगड़ी बदल कर बीस लाख रूपया भुगतान की शर्त पर सहायता प्राप्त करने की संधि की। किन्तु राजा अयामल खत्री के प्रयास से मल्हार राव होल्कर के अतिरिक्त अन्य सभी मराठा सरदार ईश्वरीसिंह की सहायता के लिए तैयार हो गये। मराठों ने कूंच करके कोटा पर गोलाबारी की और वहां भारी लूटमार की। इसी बीच में मेवाड़ी सेना ने टोड़ा का घेरा डालकर मल्हार की प्रतीक्षा की। २४ दिसम्बर को राणोजी सिंधिया, मल्हार राव, रामचन्द पंडित व जसवन्त राय पंवार ने ईश्वरीसिंह से वणथली (टोड़ा रायसिंह) में मुलाकात की। इसी समय कछवाहों ने मेवाड़ी सेना पर आक्रमण कर दिया था। मेवाड़ी सेना के पराजित होने पर महाराणा ने बाईस लाख रुपया देकर मराठों से पिण्ड छुडाया। ईश्वरीसिंह ने मराठा व जाटों के साथ बूंदी पर अधिकार कर लिया। फिर मराठों ने कोटा पर आक्रमण किया और दो माह तक भारी गोलाबारी की गई। मराठों को कापरसी का किला, पांच गांव व पाटन का पट्टा देकर महाराव को समझौता करना पड़ा। २७ फरवरी को कोटा छावनी में ईश्वरीसिंह ने सूरजमल तथा अन्य सेनानायकों—रूपराम कटारा, प्रतापसिंह चौहान, जैतसिंह, छीत्रसिंह, वकील मोहनसिंह सूर्यद्विज, विजयराम, सूरतराम कटारिया को बिदाई दी। १९ मई को मराठा सरदारों को बिदा करके २६ मार्च को ईश्वरीसिंह जयपुर लौट आया।[1]

जाटों के साथ प्रगाढ मित्रता

सवाई जयसिंह की कुटिल नीति तथा अन्य राजपूतों के साथ आपसी संघर्ष के कारण ईश्वरीसिंह को जाटों की सैनिक व कूटनयिक सहायता पर निर्भर रहना पड़ा। जाटों की एकाग्र भावना से ही वह वास्तव में अपने राज्य को मेवाड़ी—हाड़ौती सेनाओं के आक्रमणों से बचा सका। जाटों ने अटूट मित्रता निभाई और परम्परागत अक्तूबर ७, १७४५ (आश्विन सुदि १३) को कुंवर जवाहरसिंह दशहरा का मुजरा करने पहुँचा। १० अक्तूबर को बिदाई में एक जड़ाऊ पहोंची तथा सिरोपाव प्रदान किया गया। चन्दौस युद्ध के बाद सूरजमल जाट वकीलों के साथ जयपुर पहुँचा और उसने बदनपुरा में पड़ाव डाला। तब मार्च २, १७४६ को सवाई ईश्वरीसिंह स्वयं उसके डेरों पर मिलने आया। दो घड़ी तक वहां रुका। सूरजमल ने उसको सात मोहर, एक जोड़ी जड़ाऊ कड़े, दो जड़ाऊ सरपेच व जड़ाऊ कलंगी, चार तोरा नजर किये और ईश्वरीसिंह ने उसको सिरोपाव भेंट किये। ३ मार्च को

---

१ – इकरार नामा (क० द्वारा), सं० ७४७ सी/१११३; द०को०, जि० १०, पृ० १२९९–१३००; जि० ७, पृ० ५४९, ४६१, ४५७, ३५९, ५९०, ४७३, ५९२; जि० २४, पृ० ७०; वीर विनोद, पृ० १२३३; वंश भास्कर, ३३५०, ३३७४–८४।

सूरजमल के साथ ठाकुर विजयराम (डहरा), वकील मोहनसिंह सूर्यद्विज, हेमराज व रूपराम कटारा को सिरोपाव और ५ मार्च को कछवाहा दरबार की ओर से हेमराज कटारा को कामां की जमा से एक हजार रुपया वार्षिक पुण्यर्थ जागीर की सनद प्रदान की गई। फिर अप्रेल, १७४६ में सूरजमल ने अपने मुंशी करीमुल्ला के साथ ईश्वरीसिंह को भेंट करने के लिए एक हाथी भेजा। २६ सितम्बर को जवाहरसिह दशहरा का मुजरा करने गया।[1] इस प्रकार निस्यश: प्रगाढ़ मित्रता की धारा बहने लगी।

राजमहल युद्ध, फरवरी-मई १७४७

अक्तूबर १४, १७४६ ई० को महाराणा जगतसिंह व महाराव दुर्जनसाल ने होल्कर की सहायता प्राप्त करने के लिए खुमानसिंह व प्रेमसिंह गोगावत को कालपी भेजा। दो लाख रुपया फौज खर्च के भुगतान की शर्त पर मल्हार ने अपने पुत्र खाण्डेराव को माधौसिंह की सहायता के लिए रवाना किया। महाराणा जगतसिंह, मराठा तथा भोपतराम चारण (कोटा) ससैन्य राजमहल पहुँच गये। इसी समय दिल्ली तथा कछवाहों के समझौता प्रयासों की विफलता के बाद ईश्वरीसिंह ने राजमहल की ओर हरगोविन्द नाटाणी की कमान में अग्र दस्ते रवाना किये और फरवरी २६, १७४७ ई० को हेमराज कटारा को सूरजमल के पास भेजा। रूपराम कटारा कुछ जाट टुकड़ियों के साथ जयपुर में मौजूद था, उसको भी नाटाणी के साथ जाना पड़ा। ११ मार्च को नाटाणी ने मित्र-सेना पर आक्रमण किया और १२ मार्च को मित्र सेनाओं ने पराजय स्वीकार करके मैदान छोड़ दिया। १५ मार्च को जाट वकील रूपराम कटारा को बालाबाला का डेरा व सिरोपाव देकर सम्मानित किया गया। फिर पीछे से सूरजमल भी ससैन्य ईश्वरीसिंह की सहायता के लिए पहुँच गया था। फलतः भयभीत महाराणा को समझौता करना पड़ा। इससे महाराव कोटा को भारी धक्का लगा, किन्तु ईश्वरीसिंह ने जाटों के साथ उसका पीछा किया। इस प्रकार जाट-कछवाहों की एकरूपता को देखकर सभी मित्र सेनायें बिखर गईं।[2] फिर जब कुंवर सूरजमल निवाई में डेरा डाले पड़ा था, तब १२ मई को ईश्वरीसिंह घोड़े पर सवार होकर उसके डेरों पर आया और उसने

---

१ – द० को०, जि० ७, पृ० ३७६, ४६७, ४५६, ४५७, ५४६, ४७३, ५६०, ४६१, ४६७।

२ – द० को; जि० ७, पृ० ४६७, ४६२; पे० द०, जि० २१, लेख १७, २४; जि० २, लेख ३-४; वंश भास्कर, पृ० ३४६०-३४६८; वीर विनोद पृ० १२३६।

सूरजमल के लिए दो हाथी, दो घोड़ा, जड़ाऊ सरपेच, एक जोड़ी जड़ाऊ पहोंची, तोरा तथा दस सिरोपाव भेंट किये। दूसरे दिन वीरनारायण व उम्मेदसिंह, असालत खां मेवाती, हेमराज कटारा, पृथ्वीसिंह, तुलाराम, चैनसिंह, मानसिंह चौहान, कंवर रामचन्द तंवर, शेरसिंह, हरबल्लभसिंह, हरिसिंह व सीसराम खूंटेल, जैतसिंह आदि को बिदाई दी गई। सवाई ईश्वरीसिंह के राजधानी में लौटने पर २६ मई को जाट वकील हेमराज कटारा ने दरबार में उपस्थित होकर निवेदन किया कि अब राव बदनसिंह को निजी पत्रों में 'बहादुर' का खिताब लिखा जावे।[1]

मानूपुर युद्ध में ईश्वरीसिंह की कायरता

१७४७ ई० का सम्पूर्ण वर्ष हिन्दुस्तान में अराजकता, भारी फेरबदल व राजनैतिक संघर्षों का था। अच्छी वर्षा के अभाव में सर्वत्र दुर्भिक्ष फैल रहा था। इससे रैय्यत में भारी तवाही तथा बेचैनी फैल रही थी।[2] राजस्थान के सभी शासक कछवाहा उत्तराधिकार युद्ध में बुरी तरह फंस रहे थे। इसी समय ईरान में अहमद शाह दुर्रानी (अब्दाली) ने जून में सता का अपहरण कर लिया था। फिर उसने पश्चिोत्तर प्रान्तों पर अपना स्वत्व प्रस्तुत करके हिन्दुस्तान पर आक्रमण करने की धमकी दी थी। फलतः वृद्ध सम्राट मुहम्मद शाह ने छत्रपति राजा शाहू, राजपूत शासकों, जाटों व पंजाब के जमींदारों को दुर्रानी की चुनौती का सामना करने के लिए आमंत्रित किया। फरमान मिलते ही नारायण दास खत्री, राव दलेलसिंह हाड़ा तथा उसके भाई प्रतापसिंह सहित ईश्वरीसिंह ने ससैन्य दिल्ली की ओर कूंच किया और वह कई सप्ताह मथुरा में रूका। २६ दिसम्बर को जाट वकील बदनसिंह ने उससे भेंट की और फिर ३० दिसम्बर (पौष वदि ३०) के दिन उसने राव बदनसिंह, जैतसिंह, सूरजमल, मंत्री गजसिंह चौहान, कुंवर जवाहरसिंह से मुलाकात की। मार्ग में जनवरी ३, १७४८ को बल्लू चौधरी ने भेंट की। दूसरे दिन (४ जनवरी/पौष सुदि ५) ईश्वरीसिंह दिल्ली दरबार में उपस्थित हो गया।[3]

जयपुर राज्य पर आक्रमण की सूचना मिलने पर ईश्वरीसिंह मानूपुर रणक्षेत्र (११ मार्च १७४८ ई०) से अपने खास खवास के परामर्श को मानकर युद्ध

---

१ – द० कौ०, जि० ७, पृ० ५५०, ५६२, ४७४, ४६८, ४२१, ३९१, ५८८, ६०८, ६११, ५३३, ३५६, ३१८, ४४७।

२ – पे० द०, जि० २, लेख ४; जि० २१, लेख, १६; मीराते, जि० २, पृ० ३६४; वंश भास्कर, पृ० ३४४६, ३४७२।

३ – द० कौ०, जि० ७, पृ० ४४८, ३५६, ५५२, ५८८, ३७७, ४३२; जि० २४, पृ० ७०।

में बायें पार्श्व का संचालन करते समय अचानक ही भाग निकला। उसके भागते ही कछवाहा पेशखीमा व ऊँट लूट लिये गये। १७ मार्च को मार्ग में पटियाला राज्य के भावी संस्थापक अलासिंह जाट से खने की सराय में भेंट की और जाट सिखों के संरक्षण में वह सीमाएं तक पहुँच गया।[१] इस प्रकार भारी बरबादी तथा बदनामी के साथ उसने अपनी राजधानी में प्रवेश किया। बालाजी राव पेशवा के दिल्ली पहुँचने से पूर्व ही दुर्रानी पराजित होकर अपने देश को वापिस लौट गया था। इससे पेशवा ने मई में निवाई में ईश्वरीसिंह से भेंट की। तत्क्षण रुपराम कटारा तथा अन्य सरदारों के साथ कुंवर जवाहरसिंह जयपुर पहुँचा और रुपराम कटारा की मध्यस्थता से ईश्वरीसिंह ने माधौसिंह को टोंक, टोड़ा, मालपुरा और परगना निवाई में बरवाड़ा देने का वचन देकर पेशवा को सन्तुष्ट किया। दोनों भाईयों, के बीच में होल्कर को प्रतिभू नियुक्त किया गया।[२] इस प्रकार निवाई समझौता तथा पेशवा के प्रस्थान के बाद ११ मई को जवाहरसिंह के लिए एक जड़ाऊ धुगधुगी सिरोपाव और फौजदार देवकरण, रुपराम कटारा, शेख महमदपनाह, सूरतराम गौड़. वीरनारायण, सुखराम को विदाई दी गई।[३]

आपत्काल में जाटों की निर्णयात्मक भूमिका, १७४८ ई०

पेशवा की पीठ मुड़ते ही ईश्वरीसिंह ने सूरजमल के परामर्श पर निवाई समझौता को ठुकरा दिया था। इससे समझौता के क्रियान्वयन के लिए माधौसिंह, राव उम्मेदसिंह, महाराव दुर्जनसाल सहित होल्कर तथा उसके दीवान गंगाधर तात्या ने गलवा नदी पार करके उणियारा के समीप जयपुर राज्य में प्रवेश किया और उन्होंने चारों परगनों पर अधिकार कर लिया। कछवाहा राज्य के अनेक जागीरदार उनकी सेवा में चले गये। लड़ाना से महाराव चार हजार सेना के साथ आ गया था। इस समय उसके साथ राजपूताना के अन्य पांच राज्यों के सरदार व सेना भी आ गई थी। माधौसिंह ने फिर मराठा छावनी में बैठकर कछवाहा सामन्तों को तोड़ने का भी प्रयास किया।[४] इस महान् आपात्काल में ईश्वरीसिंह ने राव बदन–

१ – ता० अ०, पृ० ७ ब; पे० द०, जि० २, लेख ३०, २७/३०; सियार, ३/१६; आनन्दराम, पृ० ३४३–७७; व० कौ०, जि० ७, पृ० ३१३; जि० २३, पृ० १८०४।

२ – पे० द०, जि० २७, लेख ३०; सरदेसाई, पृ० ३०६; सरकार (मुगल), खण्ड १, पृ० १५८; राजवाड़े, जि० ७, लेख १६०–१६१; हिंगणे, खण्ड १, लेख ३० (५ जून, १७४८ ई०)।

३ – द० कौ०, जि० ७, पृ० ३७७, ३६५, ४६२, ४६४, ४७५, ५३४।

४ – ईश्वरसिंह, पृ० ६५–६६; नरेन्द्रसिंह, पृ० १३६; सरकार (मुगल), जि० १, पृ० १५८; मथुरालाल (जयपुर) पृ० १६८–६।

सिंह के पास अपने दूत के हाथों तात्कालिक सहायता के लिए पत्र व पुष्प भेज कर सहायता भेजने की प्रार्थना की। बदनसिंह ने शीघ्र ही युवराज सूरजमल को जयपुर पहुँचने का आदेश दिया। फलतः आठ सहस्र सवार, दो सहस्र बर्छाधारी व पैदल सैनिकों की एक सेना के साथ शुभ-मुहूर्त्त में सूरजमल ने कुम्हेर से कूंच किया। वह स्वयं मंगल गज पर सवार था। भारी युद्ध के साज-सामान के साथ जाट सेना ने तीन दिन में १७० किमी० का मार्ग तय किया। जयपुर में सर्व प्रथम दीवान (प्रधान मंत्री) केशवदास ने सूरजमल का आगे आकर स्वागत किया। फिर स्वयं ईश्वरीसिंह जाट छावनी में पहुँचा, जहां उसका भारी स्वागत किया गया।[1] जुलाई ३, १७४८ ई० को सहजराम के हाथों जाट छावनी में इत्र केवड़ा तथा गुलाब-जल भेजा गया। फिर ६ जुलाई को दरबार में युवराज पदवी की ताजीम दी गई।[2] आपसी विचार–विमर्ष के बाद सूरजमल को अग्र दलों की व्यवस्था सौंपी गई।

मोती डूंगरी पर जाट मराठों की मुठभेड़, जुलाई १७४८ ई०

इस समय मराठों की प्रधान छावनी मोती डूंगरी पर थी, जहां से दीवान गंगाधर तांतिया (चन्द्रचूड़) की कमान में आठ सहस्र मराठा सवारों ने जयपुर नगर के चांदपोल फाटक को तोड़कर नगर में प्रवेश करने का प्रयास किया। किन्तु राव शिवसिंह (सीकर) के साथ हुई दो घड़ी की झड़प के बाद गंगाधर को अपनी प्रधान छावनी की ओर पीछे हटना पड़ा।[3] 'सुजान चरित' के अनुसार इधर युवराज सूरजमल ने मराठा छावनी पर धावा बोल दिया था। शम्भूराम, सुखराम, सहजराम तथा गोकुलराम गौड़ आदि सेनानायकों ने अग्र पंक्ति में बढ़कर मराठों पर भीषण प्रहार किये। लगभग एक घण्टा तक मुठभेड़ हुई, जिसमें लगभग एक सौ मराठा व राजपूत काम आये। राजपूत-मराठों में मची भगदड़ से छावनी पूर्णतः साफ हो गई। अब मराठा मित्र सेनायें पीछे हटकर बगरू (जयपुर के द०प० में २९ किमी०) के समीप पहुंच गई थीं। ईश्वरीसिंह ने भी निजी राजपूत तथा जाट सेनाओं के साथ उनका पीछा किया और वह भी बगरू के महलों में पहुँच गया था।[4]

बगरू के निर्णायक युद्ध[5] में जाटों की यशस्वी सफलता, अगस्त १७४८ ई०

बगरू में उभय पक्ष कई दिन तक बिना छेड़छाड़ के अपने शिविरों में पड़ा रहा। कछवाहा राज्य के सामन्तों पर विश्वास नहीं किया जा सकता था। इससे

---

१ – सूदन, पृ० २८–३२।

२ – द० कौ०, जि० ७, पृ० ५५४, ५५२।

३ – वंश भास्कर, पृ० ३४९५; नरेन्द्रसिंह, पृ० १३७।

४ – सूदन, पृ० ३३–३६।

५ – वंश भास्कर, पृ० ३४९३–३५२५; सूदन, पृ० ३८–४०; राजवाड़े, खण्ड ६, *

ईश्वरीसिंह ने रण–कुशल सूरजमल से रणनीति पर विचार करके एक योद्धा राजपूत की भांति युद्ध संचालन का निर्णय लिया। ११ अगस्त (भादों वदि ४) को उभय पक्षीय सेनायें निर्णायक युद्ध के लिए रणभूमि में आकर जम गईं। राव शिवसिंह (सीकर) को हरावल (अनी) में, सूरजमल तथा राव सरदारसिंह नरूका (उणियारा) को ससैन्य बांई–दाईं ओर तैनात किया गया और गोल (मध्य भाग) में स्वयं ईश्वरीसिंह ने हाथी पर सवार होकर युद्ध का संचालन किया। शत्रु पक्ष में मल्हार राव ने स्वयं गंगाधर सहित हरावल की कमान संभाली। मेवाड़ी सेना के साथ माधौसिंह, रावराजा उम्मेदसिंह तथा जोधपुरी सेनायें दोनों बाजुओं पर खड़ी थीं। इस प्रकार सुसज्जित सेनाओं ने भयंकर, धुंआधार तोप युद्ध प्रारम्भ किया। इसने भारी भगदड़ मचा दी थी। फिर दोनों ओर के सैनिकों में युद्ध शुरू हो गया था। इसी बीच में अत्यधिक जल वृष्टि प्रारम्भ हो गई और सूर्यास्त के साथ दोनों सेनायें अपनी-अपनी छावनियों में लौट गईं। योद्धाओं के लिए यह रात्रि अति कष्टप्रद थी। मल्हार राव तथा माधौसिंह ने एक किसान की झोंपड़ी में शरण लेकर रात्रि बिताई।

दूसरे दिन (१२ अगस्त) सूर्योदय होते ही भयंकर आक्रमण–प्रत्याक्रमण हुआ, परन्तु यह सारा दिन जयपुर पक्ष के लिए अधिक लाभप्रद नहीं हो सका। इस दिन शत्रु ने अपनी व्यूह रचना बदल दी थी। पूर्वाह्न में मित्र वाहिनी का भीषण संहार हुआ। अपराह्न में गंगाधर व होल्कर ने रावराजा शिवसिंह पर भीषण हमला किया। उसने अनुपम साहस से सामना किया। पृष्ठ भाग में सूरजमल तैनात था। इससे शत्रु का दबाव शिवसिंह पर था। इस बार शत्रु के पचास सैनिक खेत रहे और तीन सौ घायल हो गये।

तीसरे दिन (१३ अगस्त) सूरजमल ने हरावल की कमान संभाल ली थी। गगन मेघाच्छादित था और नन्हीं नन्हीं बूंदों से मरूभूमि की धूलि दब रही थी। ये बूंदें वीरों के साहस व उत्साह को शीतल नहीं कर सकीं। इस दिन निर्णायक भयंकर युद्ध छिड़ा। मल्हार ने अपने दीवान की कमान में एक विशाल दल कछवाहा चन्दोल पर आक्रमण करने, वहां लूटमार तथा उत्पात मचाने के लिए रवाना किया और मुख भाग में स्वयं ने आक्रमण कर दिया। मराठों का यह अति वेगपूर्ण आकस्मिक अप्रत्याशित आक्रमण था। इससे चन्दोल में भारी भगदड़ मच गई थी। राव सरदारसिंह (उणियारा) घबड़ाकर तोपखाना चौकी से भी आगे मध्य में हट गया। इससे गंगाधर ने तोप पंक्ति पर अधिकार कर लिया और तोपों की रंजकों में खूंटा ठोककर उनको बेकार कर दिया। पृष्ठ भाग की यह स्थिति देखकर

* लेख २९१, ६४८; पुरन्दरे, खण्ड १, लेख १८५, १९६; वीर विनोद, पृ० १२३८–९; कानूनगो, पृ० ६७–६०; सरकार (मुगल), खण्ड १, पृ० १५८–५९।

ईश्वरीसिंह पराजय अनुभव करने लगा था। इस निराश घड़ी में उसको आशा-बिन्दू दिखलाई दिया और सूरजमल को चन्दौल की रक्षा के लिए ललकारा गया। यद्यपि सूरजमल इस शुभ दिन हरावल का संचालन कर रहा था और जाट सवार चट्टान की भांति अड़कर मल्हार राव के वारों को निष्फल कर रहे थे, फिर भी सूरजमल ने निर्विश्राम अपलक अपनी गोल खास टुकड़ी के साथ पीछे मुड़कर गंगाधर के बगल में प्रत्याक्रमण किया। अर्द्ध विजेता मराठा सरदार तथा हटीले जाट दो घंटा तक जमकर युद्ध में व्यस्त रहे। सूरजमल की कृपाण की चमक, गर्वीले जाटों के कठोर प्रहार से मित्र सैनिकों की शक्ति व कीर्ति कुन्द हो गई और वे पीठ दिखाकर भाग गये। इस प्रकार जाट युवराज ने रावराजा सरदारसिंह को महान विनाश तथा विपत्ति से बचा लिया और उसको चन्दौल में पुनः तैनात करके शत्रु की अनी पर प्रबल प्रहार किया। वर्षा कुछ समय रुकने के बाद पुनः तेज हो गई थी, फिर भी युद्ध चलता रहा। आकाश में बादलों की गर्जन-तर्जन, बिजली की चमक व कड़कड़ाहट थी और मरूभूमि पर तोपें दहाड़ रही थीं। कछवाहा नरेश को निर्णायक विजय की धूमिल आशा थी। फिर भी सूरजमल ने आत्म-विश्वास, निश्छल भाव से अनी में प्रवेश किया और मदमत्त होकर अपनी तलवार की चमक से शत्रु के दांत खट्टे कर दिये। "उसने इस युद्ध में स्वयं पचास शत्रुओं को तलवार के घाट उतारा और एक सौ आठ घायल सैनिक रणभूमि में सिसकते रहे।" अन्त में सान्ध्य वेला का झांझ बज उठा और अन्धकार से पूर्व ही उभय पक्ष की क्लान्त सेनायें अपने-अपने शिविरों में लौट गईं। इस दिन सूरजमल की कमान में काठेड़ी सैनिकों ने अभूतपूर्व साहस, वीरता, अदम्य उत्साह दिखलाया और विजय घोष के साथ सैनिक कछवाहों के पीछे-पीछे रणभूमि से लौटे। इस प्रकार अपनी सूझबूझ से जाटों ने सिंह के मुख में जाती विजय बलि को छीनने में सफलता प्राप्त की।

राजकवि सूर्य्यमल मिश्रण ने सूरजमल की इस वीरता, साहस व रण कौशल की मुक्त लेखनी से प्रशंसा की है। उसने लिखा, "जाटनी ने व्यर्थ ही प्रसूति पीड़ा सहन नहीं की, जिसके गर्भ से शत्रु संहारक और आमेर राज्य का हितैषी रविमल्ल (सूरजमल) ने जन्म लिया। फिर (चन्दौल में विजय पाकर) जाट व मल्हार राव हरावल में बढ़ बढ़कर युद्ध करने लगे। होल्कर रात्रि की छाया है और सूरजमल सूर्य है। दोनों वीर रणक्षेत्र में अच्छी तरह जमकर लड़े।"[1] इसी प्रकार एक

---

१ – सह्यो भले हि जट्टनी, जाय अरिष्ट अरिष्ट।
जाठर तस रविमल्ल हुव, आमरेन को इष्ट॥
बहुरि जट्ट मल्हार सन, लरन लग्यो हरवल्ल।
सांगर है हुलकर, जाट मिहर मल्ल प्रति मल्ल।—वंश भा०, पृ० ३५१८।

अन्य राजस्थानी कवि के शब्दों में— "बगरू के महलों से किसी तरुणी ने गर्वोन्नत होकर पूछा कि यह व्यक्ति कौन है, जिसकी पगड़ी पर मोर पंख का निशान है, जो घोड़े की लगाम दांतों में दबाकर दोनों हाथों से तलवार चला रहा है ?" नीचे खड़े किसी कवि ने उत्साह के साथ कहा, "यह जाटनी के जठर (गर्भ) से उत्पन्न सूरजमल है। यह सावाणी वंश का सिरताज है। इसी ने दिल्ली को बरबाद किया और तुर्कों को बुरी तरह लूटा।" [1]

अरुणोदय के साथ ही चौथे दिन युद्ध-पिपासु सेनायें रणक्षेत्र में आकर पुनः जम गईं थीं। घनघोर वर्षा के बाद भी १५ व १६ अगस्त को भी इसी प्रकार भयंकर युद्ध चला, जिसमें काठेड़ी सेना ने जमकर तीव्र वेग से सप्त-मित्र शासकों व सरदारों की मित्रवाहिनी को पीछे ढकेल दिया था और भारतीय इतिहास में एक नवीन कीर्तिमान स्थापित किया। फिर मराठों ने रसद व्यवस्था को भंग करने का प्रयास किया और सांभर तक कछवाहा राज्य के गावों में भारी लूटमार की। ईश्वरीसिंह ने अति कठिनाई से जाटों के संरक्षण में बगरू महलों में शरण ली। मल्हार का धैर्य-नाद टूट चुका था। वर्षा के कारण शिर छिपाने तथा खाना पकाने के लिए कोई भी सुरक्षित स्थान नहीं था। होल्कर स्वयं मिल जुलकर सम्मानजनक शर्तों पर समझौता करने के लिए उत्सुक था। ईश्वरीसिंह तथा मल्हार राव ने अपनी-अपनी पगड़ी बदलकर बन्धुत्व की भावना प्रगट की और होल्कर विचारों के तनाव को दूर कराने के लिए पदच्युत महाराव उम्मेदसिंह (बूंदी) के साथ दो बार कछवाहा शिविर में गया। ईश्वरीसिंह ने अपने भ्राता माधोसिंह तथा मल्हार को युद्ध क्षति की रकम भुगतान का आश्वासन दिया। १९ अगस्त (भादो बदि १२) को ईश्वरीसिंह युवराज सूरजमल के साथ होल्कर व उसके सरदारों से मिला और सभी ने मिल बैठकर पारस्परिक मित्रता की शपथ ली। तब २० अगस्त को मित्र-वाहिनी ने कूंच किया और दूसरे दिन ईश्वरीसिंह अपनी राजधानी की ओर चल दिया। २८ अगस्त [2] को कछवाहा शासक ने मराठा सरदारों के लिए पांच सिरोपाव तोरा आदि-आदि अपार सामान भेजकर विधिवत बिदाई दी।

कछवाहा नरेश ने सूरजमल की वीरता, सामयिक सहायता के प्रति हार्दिक कृतज्ञता प्रगट की। ४ सितम्बर (भादो सुदि १३, सं० १८०५) को सूरजमल के लिए युवराज पद व बिदाई की छः पोशाकों (आलमजरी, जामा, इजार, फेंटा, तुर्रा तथा नाड़ा) का सिरोपाव, जड़ाऊ सरपेंच, मोतियों का बाजूबन्द हाथी तथा

---

१ – जायौ जाटणी सावणी कुल सेहरौ।
दिल्ली ढहाणी, तुर्कान लूट्यौ गेहरौ ॥

२ – द० को०, जि० ९, पृ० ४५०।

घोड़ा भेंटकर सम्मानित किया गया। पारस्परिक दृढ़ मित्रता की भावना तथा भविष्य में सहयोग बनाये रखने की कामना की। इसी समय भीवसिंह राणा व बलजीत राणा (गोहद), अनोपसिंह, अखैसिंह, देवसिंह, गोकुल राम गौड़, धोंकल (गदाल) गूजर, रूपराम व हेमराज कटारा, असालत खां पठान, मंसाराम आदि छब्बीस सरदारों को भी सिरोपाव प्रदान किये गये। फिर १० अक्तूबर को सूरजमल के लिए पूर्ण साज सहित दो घोड़ा तथा १४ अक्तूबर को जाट वकील हेमराज कटारा के साथ सिरोपाव के १४८ अदद भेजे गये।[1]

इस प्रकार सूरजमल ने सात राजपूत नरेशों तथा मराठों को पराजित करके भारतीय इतिहास में जाटों की स्वतन्त्र प्रतिभा व प्रतिष्ठा प्रतिपादित की। इससे राजस्थान के अलावा दिल्ली के अमीरों में भी उसकी धाक जम गई थी।

---

१ – द० कौ० जि० ७, पृ० ५५३, ५५४ तथा अन्य।

अध्याय ४

युवराज सूरजमल का मुगलों से संघर्ष व सहयोग १७४८–१७५२ ई०

मुहम्मद शाह शासन के अंतिम वर्षों में मुगल साम्राज्य अटक से आगरा तक सीमित रह गया था और उस पर भी केन्द्रीय सरकार तथा शाही अमीरों का व्यावहारिक आधिपत्य नहीं था। समकालीन इतिवृतों से ज्ञात होता है कि काठेड़ जन-शक्ति अपने कुशल नेता सूरजमल के नेतृत्व में संगठित होकर नित्यशः अग्रसर होने लगी थी। घटकवाद से ग्रस्त मुगल सरकार के अकर्मण्य अमीर जाटों की प्रगति व विकास को रोकने में पूर्णतः अक्षम थे। आगरा जिले में चम्बल नदी पर्यन्त, मथुरा जिले में यमुना के वार-पार सभी परगनों, सम्पूर्ण मेवात और उत्तर में दिल्ली प्रान्त में फरीदाबाद तक जाट शासक तथा उसके अनुजीवी जाट सरदारों का वास्तविक नियंत्रण हो चुका था।[1] बुन्देलखण्ड में मराठों के राजनैतिक हस्तक्षेप से अपनी सुरक्षा के लिए हिम्मतसिंह भदौरिया तथा गोहद के जाट राणाओं ने सूरजमल के साथ मिलकर पारस्परिक सहयोग के आधार पर परिसंघ बना लिया था।

१ – युवराज पद प्राप्त करना

जाटों का अब अति सम्पन्न खजाना था और उनके अनेकों विशाल दुर्ग व गढ़ियां प्रचुर साज-सज्जा, तोपखाना पंक्ति तथा नियमित चतुर सैनिकों से सुरक्षित थीं और शक्तिहीन मुगल सरदार, मनसबदार जाटों को अपने पक्ष में शामिल करने के लिए प्रयत्नशील थे। इस प्रकार तीव्र गति से बदलती देश की राजनैतिक परिस्थिति में मुहम्मद शाह ने मई, १७४७ में राव बदनसिंह को 'बहादुर' की

---

१ – ता० अहमद शाही, पृ० २३ ब।

उपाधि [१] से और सूरजमल के ज्येष्ठ पुत्र जवाहरसिंह को तीन हजारी जात/ढ़ाई हजार सवार का मनसब तथा 'राव' की उपाधि से सम्मानित किया। [२] फलतः अब सूरजमल 'कुंवर बहादुर' [३] या 'फरजन्द इ-नामदार' [४] कहलाने लगा था। इस प्रकार सम्राट ने जाटों को शाही सेवा में शामिल कर लिया था।

अप्रेल, १७४८ ई० में सम्राट अहमद शाह ने नवाब सफदर जंग को अपना वजीर मनोनीत किया। तब शाही दरबार में यह सम्भावना व्यक्त की गई थी कि जाट सरदार सैनिक दबाव से ही मामलत तय करते हैं और विपुल धनराशि भी देते हैं। फलतः जून, १७४८ के प्रारम्भ में नवाब वजीर सफदर जंग ने सूरजमल के साथ वजीर के जागीर परगनों की मामलत तय करने की सम्भावना का पता लगाने के लिए अपने वकील नरसिंह दास खत्री को मथुरा भेजा। जाट शासक नवीन सम्राट अहमद शाह तथा वजीर से अपहृत शाही परगनों का विधिवत नियमन कराना चाहता था। अतः मथुरा परगने के एवज में सूरजमल ने शाही खजाने में ४१,०००/– रुपया जमा कराने का वचन देकर वजीर के साथ समझौता कर लिया था। [५] तब मई-जून, १७४८ ई० में राव बदनसिंह ने अपने सुयोग्य पुत्र सूरलमल को विधिवत 'युवराज' घोषित करके राज्य संचालन की समस्त शक्तियाँ सौंपी और स्वयं राज्य का नाम मात्र का स्वामी बन गया। [६] फिर बदनसिंह डीग की अपेक्षा सहार में जाकर रहने लगा।

मल्हार राव के साथ समझौता, मई–जून १७४६ ई०

बगरू युद्ध (अगस्त, १७४८ ई०) मे हुई लज्जास्पद पराजय का बदला लेने के लिए मल्हार राव ने आगामी वर्ष बुन्देलखण्ड में पहुँचकर जाटों से निपटारा करने का निश्चय किया। अप्रेल १७४६ ई० के तृतीय सप्ताह में दतिया राज्य से मामलत

---

१ – द० कौ० (जि० ७, पृ० ४४७) के विवरण से ज्ञात होता है कि राव बदनसिंह को 'बहादुर' की उपाधि प्रदान की गई थी, जबकि सुजान चरित (पृ० २८) के अनुसार बदनसिंह को 'ब्रजेन्द्र' की उपाधि भी प्रदान कर दी गई थी।

२ – ता० अ० शाही, पृ० ३७; सूदन. पृ० ५; कानूनगो, पृ० ८३।

३ – सूदन (पृ० ४४) से स्पष्ट है कि सलावत खां अभियान से पूर्व ही सूरजमल को 'कुंवर बहादुर' की उपाधि प्रयोग करने का अवसर मिल चुका था।

४ – जॉन कोहन, पृ० २१ ब।

५ – हिंगणे दफ्तर खण्ड १, लेख ३० (१५ जून)।

६ – द० कौ०, जि० ७, पृ० ५५२–३।

—सूदन (पृ० २३६) ने दिसम्बर, १७५३ की घटना में 'युवराज' पद का उल्लेख किया है।

तय करके मराठा लश्कर ने चम्बल नदी पार की और जाट प्रान्त में प्रवेश किया। २३ अप्रेल को आगरा के समीप पार्वती नदी पर पड़ाव डाल कर सूरजमल से खंडनी की मांग की। सूरजमल ने शीघ्र ही अपने सवार रवाना करके जाट अधिकृत प्रान्त में थाने स्थापित कर लिये। पार्वती नदी शिविर में सूरजमल के वकील ने मराठा सरदारों से भेट करके उनकी मांगों पर विचार विमर्श किया; फलतः दामोदर हिंगणे ने जाटों के पास पहुँचकर बातचीत कीं। बुन्देलखण्ड से नई कुमुक मिलने पर मई में मराठा सेना ने जाट प्रदेश में भारी बरवादी की। यद्यपि फतहपुर के निकट जाट–मराठा सैनिकों में एक झड़प भी हुई, किन्तु मराठा सेनाओं के दबाव के कारण जाट सैनिकों को पीछे हटना पड़ा। नवाब वजीर सफदरजंग ने जाटों के आग्रह पर भी इसमें हस्तक्षेप करना उचित नहीं समझा। फलतः सूरजमल ने जाट मराठा संघर्ष को टालने के लिए ही १,१०,००० रुपया की हुण्डी तत्काल देने का वचन दिया। किन्तु हिंगणे अभिलेखों से स्पष्ट है कि जाटों ने वचन देकर भी इस हुण्डी का भुगतान नहीं किया।[1]

२ – वजीर तथा मीरबख्शी की नैतिक पराजय : जाट विरोधी अभियान का सूत्रपात

नवाब वजीर सफदरजंग ने साम्राज्य के पतन, विघटन तथा अपहरण को रोकने के लिए सर्वप्रथम भारत मूल के रुहेला–अफगानों को दबाने, फिर जाट राजपूतों की सहायता से मराठों को नर्मदा के पार तक खदेड़ने और अन्त में राजपूतों की मदद से नवोदित जाट–शक्ति को कुचलने की योजना बनाई थी। लेकिन द्वितीय बख्शी इन्तिजामुद्दौला की सरदारी में गठित तूरानी घटक ने भारतीय शक्तियों को प्रबल समर्थन देकर दरबार में वजीर की महत्वाकांक्षा व नीति को ठण्डा[2] कर दिया था। अन्त में वजीर को जाट शक्ति पर आश्रित रहना पड़ा।

सफदर जंग को विधिवत नियुक्ति के बाद परम्परागत वजीर की सशर्त जागीर फरीदाबाद की सनद मिल गई थी।[3] अब उसने कुंवर बहादुर सूरजमल तथा राव बलराम के नाम फरीदाबाद तथा आसपास की अन्य वजीर की सशर्त जागीरों को समर्पित करने के लिए कई–एक पत्र लिखे। किन्तु सूरजमल ने वजीर की मांग को कूटनयिक विवादों में फंसा दिया था। फलतः उत्तेजित वजीर ने शक्ति

---

१ –पे० द०, खण्ड २७, लेख ४३–४४; हिंगणे, जि० १, लेख ३५–३६, ३७, ४०, ४३, ६३।

२ – ता० अ० शाही, पृ० ३४ ब; शाकिर, पृ० ६३, ६५; हरिचरन, पृ० ३६६ ब: अवध, पृ० १३६–७।

३ – बहार, पृ० ४४।

प्रयोग की सुनियोजित योजना बनाई।[1]

ठीक इसी समय मारवाड़ के उत्तराधिकारी रामसिंह के ईश्वरीसिंह कछवाहा के यहां शरण लेने तथा अपने समर्थन में जयप्पा सिंधिया की सहायता प्राप्त करने के प्रयास को देखकर जोधपुर राज्य के अपहर्ता राजा बख्तसिंह ने दिल्ली पहुँचकर मीर बख्शी सैय्यद सलावत खां (सआदत खां जुल्फिकार जंग) से सैनिक मदद की प्रार्थना की थी। सम्राट ने मीर बख्शी (अमीर–उल–उमरा) सैय्यद सलावत खां को आगरा व अजमेर प्रान्त का राज्यपाल पद प्रदान कर दिया था। इससे मीर बख्शी स्वयं आगरा व अजमेर प्रान्तों में निजी प्रबन्धक नियुक्त करने का इच्छुक था। उसने इन प्रान्तों के बलात् अपहर्त्ताओं– जाट, मराठा, क्षेत्रीय जमींदारों, के पंजों से इन प्रान्तों को छुड़वाने में शाही सेना की मदद करने की शर्त पर रामसिंह के विरुद्ध राजा बख्तसिंह को सहायता देना स्वीकार कर लिया था।[2] इसी समय सफदरजंग तथा मीर बख्शी में जाटों के विरुद्ध दो भिन्न दिशाओं तथा मार्गों से एक ही समय दोनों के प्रस्थान करने का अति गोपनीय समझौता[3] हो चुका था। यद्यपि सलावत खां अपने अभियान में पूर्णतः विफल रहा, लेकिन सफदर जंग ने आगे बढ़कर नवम्बर, १७४९ ई० में फरीदाबाद पर अधिकार जमा लिया और वहां अपने आमिलों की नियुक्ति कर दी थी। फिर उसने अन्य शाही परगनों को खाली करके सुपुर्द करने की धमकियां दीं। किन्तु सूरजमल स्वयं अति बलशाली व निपुण सरदार था। इससे उभय पक्ष दीर्घ संघर्ष की तैयारियां करने लगे। सूरजमल ने शीघ्र ही डीग, कुम्हेर के किलों में सुरक्षात्मक प्रबन्ध कर लिये और चौधरी बलराम की सहायता के लिए जाट रिसाले (प्रत्येक रिसाला में शामिल १२० से २०० तक सवार) पलवल भेजे। भाग्य ने सूरजमल का साथ दिया। इसी समय कायम खां बंगश की मृत्यु (नवम्बर २२, १७४९ ई०) का समाचार मिलते ही वजीर ने दिल्ली लौट कर जाटों से उलझने की अपेक्षा फर्रुखाबाद पर अधिकार करने की योजना पर अधिक बल दिया।[4] फलतः वजीर तथा मीर बख्शी के बीच सम्पन्न समझौता स्वतः अप्रभावी हो गया और सूरजमल ने अति निपुणता से मीर बख्शी को पराजित कर दिया।

---

१ – ता० अ० शाही, पृ० २८ ब; इ० डा० (चहार), खण्ड ८, पृ० २१२–३, कानूनगो, पृ० ७९।

२ – दे० क्रॉनी, पृ० ३८; ता० मुज० पृ० २८; सियार, खण्ड ३, पृ० ३११; रेऊ, खण्ड १, पृ० ३६१।

३ – ता० अ० शाही, पृ० २८ ब।

४ – ता० अ० शाही, पृ० २८ अ–ब; इ० डा० (चहार), खण्ड ८, पृ० २१२–३; दे० क्रॉनी, पृ० ५२; अवध, पृ० १४७; कानूनगो, पृ० ७१।

३ – सलावत खां की पराजय, नवम्बर–जनवरी १७५०, ई०

वजीर सफदरजंग ने जिस समय फरीदाबाद की ओर अपनी सैनिक टुकड़ियां रवाना कीं, ठीक उसी समय नवम्बर २६, १७४६ को मीर बख्शी सलावत खां ने अली रुस्तम खां, हकीम खां खेशगी, कोइल के नवाब फतेहअली, अहमद शुजा खां, सैय्यद अब्दुल अली खां, मीर अली असगर कुवरा, मुबारिज खां आदि विख्यात तथा सद्चरित्र सेनानायकों की कमान में पन्द्रह सहस्त्र सवार व तोपखाना पंक्ति के साथ दिल्ली से दक्षिण–पश्चिम की ओर प्रस्थान किया। मीर बख्शी ने मुहर्रम के प्रथम दस दिन (१० दिसम्बर–१६ दिसम्बर) दिल्ली के दक्षिण–पश्चिम में ५६ किमी० पटौडी (पटोदी) में व्यतीत किये।[1] मार्ग में अनेक मीर तथा राव भी अपने सैनिकों सहित आकर मिल गये। इस प्रकार लगभग तीस सहस्त्र सवार व असंख्य पैदलों की एक विशाल सेना के साथ उसने मेवात में होकर जाटों की सीमान्त चौकी की ओर प्रस्थान किया। अहमदशाह ने मीर बख्शी को मेवात का फौजदार भी नियुक्त कर दिया था। अतः उसने मेवात को बुरी तरह लूटकर उजाड़ दिया।[2]

जाट इतिहास में यह प्रथम अवसर था, जबकि वजीर तथा मीर बख्शी दोनों ने मिलकर दो भिन्न दिशाओं से जाट राज्य पर आक्रमण किया। सूरजमल ने अपनी सूझबूझ, निर्भीकता, निडरता तथा निपुणता से जाट राज्य की रक्षा तथा दीर्घ-संघर्ष की सैनिक तैयारियां करली थीं। गोहद का जाट राणा भीवसिंह स्वयं दो सो सवारों के एक रिसाला के साथ सूरजमल की सहायता के लिए डीग पहुँच गया था।[3] सूरजमल ने शीघ्र ही अपने दाऊजी–राव बदनसिंह से परामर्श करके अपनी चतुरंगी (हाथी, घोड़ा, ऊंट तथा पैदल) सेना के साथ कूंच किया और नौगांव (डीग के उत्तर–पश्चिम में ५० किमी०, नीमराना के द० पू० में ६४ किमी०) में अपना प्रथम पड़ाव डाला।[4] यहां से उसने अपने वकील राजा मोहनसिंह सूर्यद्विज को मीर बख्शी से समझौता वार्ता करने भेजा।

"सुजान चरित" के अनुसार जाट वकील ने नवाब सलावत खां को बाअदब (शिष्टाचार) सलाम (नमस्कार) करके विनम्र शब्दों में निवेदन किया— "कुंवर बहादुर (सूरजमल) ने आपको अपना सलाम भेजकर कहलवाया है कि हमको शाही चाकरी (सेवा) करते हुए यह देश मिला है। हमने अभी तक कोई अपराध भी नहीं किया है। यह शाही प्रदेश (इलाका) है। फिर आप इसको उजाड़ कर

---

१ – ता० मुज०, पृ० २६; बे० क्रॉनी०; सियार, ड ३, पृ० ३१२।

२ – सूदन, पृ० ४४।

३ – पे० द०, जि०, २१, लेख २६; सूदन, पृ० ४६।

४ – सूदन, पृ० ४३; बलदेवसिंह, पृ० ४६; वाक्या राज०, भाग २, पृ० ५२।

क्यों बरबाद करना चाहते हैं। सम्राट ने आपको जो भी आदेश दिया है, हम उसी के अनुसार आपकी चाकरी (सेवा) करने को तैयार हैं।" विशाल सैन्य-बल के घमण्ड में चूर सलावत खां ने जाट वकील राजा मोहनसिंह सूर्यद्विज से स्पष्ट शब्दों में कहा— "मेवात उसकी जागीर (फौजदारी) का भाग है, जिसके अनेक परगने तथा देहातों पर जाटों ने जबरन अधिकार कर लिया है। आमरा, ग्वालियर, बयाना, हिण्डौन, होडल, पलवल, अलवर तथा मथुरा पार तक के सभी इलाके मेरी सूबेदारी (राज्यपाली) में शामिल हैं। अधिकांश परगनों पर जाटों ने अवैधानिक अधिकार कर लिया है। जाट इन परगनों को मेरे अधिकार में सौंप दें तथा दो करोड़ रुपया नजराना देकर मेरे साथ चाकरी में शामिल हो जावें।" उसने आगे कहा— "वृद्ध असद खां अफगान (खानजादा) को मारकर उसने साम्राज्य के साथ महान भूल तथा अपराध किया है। इससे सूरजमल को विशेष घमण्ड हो गया है।"

सम्भवतः मीर बख्शी ने जाटों को निर्बल समझा था और उसने सैनिक बल से आगरा प्रान्त तथा जाट प्रदेश पर अधिकार करने की निश्चित धारणा बना ली थी। जाट वकील ने मीर बख्शी की दर्पोक्ति का उत्तर देते हुए कहा— "सूरजमल साम्राज्य का पुश्तैनी चाकर (वंशानुगत सेवक) है, जिसको शाही दरबार से दिल्ली-आगरा के मध्यवर्ती परगनों की सुरक्षा-व्यवस्था का भार (राहदारी) सौंपा गया है। वह इस देश का निवासी है। इससे उसकी यह आन है कि वह अपने अधिकार क्षेत्र की एक अंगुल भूमि भी नहीं छोड़ेगा।" इसके बाद जाट वकील ने शीघ्र ही भेंट वार्ता का विवरण सूरजमल के पास भेजा और लिखा कि सलावत खां आपसे युद्ध करने के लिए पूर्णतः तैयार है।[1]

सूरजमल ने मीरबख्शी की मांग को ठुकराकर चुनिंदा छः सहस्र लड़ाकू बन्दूकची सवारों के साथ प्रातःकाल नौगांव (मेवात) से तीस किमी० आगे कूंच करके डेरा डाला। मीर बख्शी अभी बत्तीस किमी० दूर था। इससे दूसरे दिन उसने सोलह किमी० आगे पुनः प्रस्थान किया और यहां उसने अपने अश्वारोही दल को पांच टुकड़ियों में विभक्त किया। इनको आगे बढ़कर सलावत खां की छावनी को घेरने, छावनी में जाने वाली रसद व्यवस्था को भंग करने तथा रसद मार्गों की नाकेबन्दी करने का आदेश देकर रवाना किया।[2] इस प्रकार व्यवस्थित जाट टुकड़ियों ने अपने कार्यों में पूर्ण सफलता प्राप्त की। इन सभी गतिविधियों की

---

१ – सूदन, पृ० ४४–५; बलदेवसिंह, पृ० ४७–६, वाक्या राज०, जि० २, पृ० ५२ सरकार (मुगल), खण्ड १, पृ० १६६।

२ – सूदन, पृ० ४६–७।

सूचना लेकर ४ जनवरी को सांडिया सवार ईश्वरीसिंह के पास जयपुर पहुँचा।[1]

सलावत खां ने मेवात को बुरी तरह लूटते हुए जाटों की पश्चिमोत्तर सीमा की ओर प्रस्थान किया और उसके अग्र दलों ने जनवरी ६, १७५० ई० को नीमराना[2] की कच्ची गढ़ी पर अति वेग से आक्रमण किया। सूरजमल ने इस गढ़ी का निर्माण कराकर इसकी सुरक्षा–व्यवस्था का भार क्षेत्रीय चौहान राजपूतों को सौंप दिया था। कुछ घंटों की झड़प के बाद जाट रक्षकों ने इस गढ़ी को खाली कर दिया। सलावत खां ने इस साधारण झड़प को जाट–राजपूतों पर महान् विजय मानकर अपनी छावनी में विजय घोष का आदेश दिया।[3] इस सफलता से उसको भारी हर्ष हुआ और उसकी भावी योजनायें अवरुद्ध हो गई। मीर बख्शी ने अपनी फौज के डेरा, युद्ध प्रसाधन तथा सामान से लदे भारकसों को नीमराना के पश्चिम में २७ किमी० नारनौल की ओर रवाना कर दिया था और दूसरे दिन १० जनवरी को प्रातःकाल कुछ घंटे बाद वह स्वयं घोड़े पर सवार होकर चलने को तैयार हो गया था, परन्तु उसने अचानक ही अजमेर–मारवाड़ योजना स्थगित करके सर्व प्रथम जाटों का दमन करने की भावना से आगरा की ओर कूंच करने का निश्चय किया। इस निर्णय के साथ ही उसने नारनौल की ओर जा रहे कोतल दल को शुतुर सवार भेजकर पीछे लौट आने का आदेश भेजा। उसने यह रात्रि शोभाचन्द सराय (नारनौल के पूर्व में ८ किमी० तथा नीमराना के उत्तर–पश्चिम में २१ किमी०) में व्यतीत की। मीर बख्शी के इस अचानक निर्णय से उसके अनुभवी सरदारों को भारी आश्चर्य हुआ और उन्होंने जाटों से संघर्ष छेड़ने की अपेक्षा सुनियोजित मारवाड़ प्रस्थान पर जोर दिया। किन्तु अनुभवहीन मीर बख्शी ने जाट विजय को सुलभ समझकर अपने सरदारों की राय को ठुकरा दिया।[4]

रात्रि युद्ध, जनवरी ११, १७५० ई०

सूरजमल के सेनानायकत्व में पांच सहस्र जाट बन्दूकची सवारों ने द्रुतगति से कूंच करके सलावत खां की छावनी को पूर्णतः घेर लिया और रसद व्यवस्था भंग कर दी। दूसरे दिने (११ जनवरी) प्रातःकाल मीर बख्शी ने नवाब फतेहअली

---

१ – द० कौ०, जि० ७, पृ० ५८०।

२ – पटौडी के द० प० तथा अलवर के उ०प० में क्रमशः ५३/५३ किमी०, यह जिला रेवाड़ी का एक परगना था। १७२७ ई० में सवाई जयसिंह ने जालिम सिंह चौहान के वंशजों के नाम इसका पट्टा कर दिया था। उस समय इसमें १६ देहात शामिल थे।

३ – सियार, खण्ड ३, पृ० ३१२; ता० मुजफ्फरी, पृ० २१।

४ – उपरोक्त; ता० मुजफ्फरी, पृ० २६–३०; कानूनगो, पृ० ७२।

के नायकत्व में तैनात उसके निजी सात सौ सैनिकों को रसद, दाना-घास लाने के लिए रवाना किया। दोपहर के बाद जब यह दल मालवाहक गाड़ियों के साथ छावनी की ओर लौट रहा था, तब जाट सवारों ने प्रधान छावनी से सात-आठ किमी० की दूरी पर इस रसद दल को घेर लिया। इससे मुगलों में भारी भगदड़ मच गई। सलावत खां ने सूचना मिलते ही छावनी से अपनी हरावल के सेनानायक अली रुस्तम खां को उसके निजी दो सहस्र सवारों सहित सहायता के लिए रवाना किया। अब सूर्य काफी ढल चुका था। इससे हकीम खां खेशगी, मीर बख्शी की मुख्य सेना के दायें पार्श्व का सेनानायक, अपने निजी सात सौ सवारों सहित उसके पीछे चल दिया। सूर्यास्त में अभी दो घंटे शेष थे। फतेहअली ने जाट शक्ति, उनके साहस, पराक्रम तथा घेराबन्दी का अनुमान लगाकर सलावत खां के पास उसी स्थान पर रात्रि व्यतीत करने का सन्देश भेजा था, परन्तु हठी अनुभवहीन मीर बख्शी ने उसके परामर्श को नहीं माना। फतेहअली के सवार तथा मालवाहक दिन भर के परिश्रम व सूर्य की तपन से परेशान थे। वे भूख प्यास से व्याकुल थे। उन्होंने द्रुतगति से छावनी में पहुँचने का प्रयास किया। शाही सेनानायक हाथियों पर सवार थे और उनके साथ में गजनाल तथा शुतुरनाल थीं। इस सेना को दो-दो सहस्र सैनिकों की टुकड़ियों में विभक्त किया गया और ये सभी छः किमी० की परिधि में फैल चुके थे। शाही सैनिकों को अभी तक जाट बन्दूकचियों की अचूक निशानेबाजी, युद्धभूमि में जमकर लड़ने की कला का अनुभव नहीं था। उन्होंने जाटों की तीव्र गति का विरोध किया। उन्होने तोप, रहकला, जज्जैल पंक्ति को अग्र पंक्ति में व्यवस्थित कर लिया था, ताकि अन्धकार का लाभ उठाकर जाट सैनिक उस पर अधिकार नहीं कर सकें। शाही सैनिकों की इस घबड़ाहट, उतावलापन का अनुमान लगाकर सूरजमल ने अपनी चारों चौकियों को दृढ़ करके दो सहस्र सवारों सहित पृष्ठभाग से धावों का संचालन किया। गोकुलराम गौड़, सूरत राम गौड़ बलराम, प्रतापसिंह कछवाहा, शिवसिंह, श्यामसिंह, ब्रजसिंह, पाखरमल, किसनसिंह, हरिनारायन के नायकत्व में जाट सवारों ने कई दलों में विभक्त होकर बड़ी कुल-लता, तत्परता, संयम, विश्वास तथा सावधानी से धावा बोल दिया और रात्रि के अन्धकार में घोड़ों पर सवार हो अचूक निशाना बांधकर गोलियां बरसाना शुरू किया। इससे मीर बख्शी के अनुभवहीन सैनिक बहुसंख्या में मरने लगे और उनमें भगदड़ मच गई। जाट सवारों ने इनका इतनी मुस्तैदी से घेरा डाला कि एक भी सैनिक बाहर नहीं निकल सका। उनके तीव्र धावे, अचूक निशाने से अली रुस्तम खां का हाथी बिगड़ गया। यह देखकर हकीम खां उसके समीप पहुँचा और विशेष प्रयास के बाद अली रुस्तमखां को अपने हाथी पर खीचने में सफल रहा। जब हाथी खड़ा हो रहा था, तब हरिनारायन ने हकीम खां पर वार किया उसके होठ पर

गोली [1] लगी। और वह भूमि पर गिर पड़ा। दूसरी गोली से अली रूस्तम खां घायल हो गया। जाटों की ओर से प्रताप सिंह कछवाहा, बलराम, श्योसिंह, महमदपनाह, रतना, हरनारायन वीरगति को प्राप्त हुये। [2]

अब युद्ध भयंकर हो गया, जिसमें हजारों मुगल खेत रहे या घायल हो गये। भगदड़ मचते ही मुगलों ने भाग कर मीरबख्शी की छावनी में शरण ली। यहां भी भगदड़, भय व आतंक छा गया। जाटों का अग्रदल पीछा करता हुआ शाही छावनी तक पहुँच गया और उसने छावनी का घेरा डालकर विजय घोष किया। करीब दो तीन दिन तक जाटों का घेरा रहा, इससे एक भी सैनिक शिविर से बाहर नहीं निकल सका। जाटों ने मीर बख्शी के दो-तीन हाथियों पर भी अधिकार [3] कर लिया। सूरजमल ने एक हाथी राणा भीव सिंह को सौंप दिया। यह देखकर भयभीत सलावत खां ने भागने का विचार किया, किन्तु कुशल सेनानायकों ने उसे रोककर छावनी को बरबादी से बचा लिया।

अमीर-उल्-उमरा (सरदारों का सरदार) अत्यधिक पीड़ित था। विजय आशा का उमड़ता सागर अपयश की गाथा बन गया। अब उसकी कीर्ति का मापदण्ड सहायक सन्धि थी और वह सन्धि करने के लिए उत्सुक था। सैय्यद गुलाम हुसैन खां का चाचा अब्दुल अली खां चार सौ सवारों के साथ इस अभियान में शामिल था। इसके आधार पर वह लिखता है— "सौभाग्य से जाट कुंवर केवल आत्मरक्षा करने तक सीमित रहा। उसने दो–तीन दिन तक लगातार शाही शिविर का घेरा डालकर ही

---

१ – सियार, खंड ३, पृ० ३१४; ता० मुजफ्फरी, पृ० ३०–३१; कानूनगो, पृ० ७३; सरकार, खण्ड १, पृ० १९६।

– सूदन के वर्णन से ज्ञात होता है कि "अलीकुली खां, फतेहअली और मीर अली असगर कुबरा मैदान छोड़ कर भाग निकले। हकीम खां खेशगी अपनी सेना को उत्तेजित करते हुए आगे बढ़ा। यह देखकर घोड़े पर सवार हरिनारायन उसके हाथी के समीप पहुंच गया। हकीम खां ने उस पर अति तीक्ष्ण बाण छोड़ा, जिससे उसके हृदय से रक्त धारा बहने लगी, लेकिन शूरवीर ने वह तीर खींच लिया और रौद्र रूप धारण करके हकीम खां पर अपना तेगा कसकर फेंका, जिससे उसका ओहदा टूट गया। उसके हृदय पर गहरी चोट लगी। फिर उसने अपना भाला फेंका, जिससे हकीम खां की पसलियां चूर-चूर हो ईं। दूसरी ओर अली रूस्तम खां बाणों की मार से घायल होकर भूमि पर गिर पड़ा (पृ० ५४–५५; बलदेवसिंह, पृ० ४९-५१; वाक्या राज०, जि० २, पृ० ५३)

२ – बलदेव सिंह, पृ० ५१; वाक्या राज०, जि० २, पृ० ५३।

३ – पे० द०, जि० २१, लेख २७; सरकार (मुगल), खंड १, पा० टि० पृ० १९७।

सन्तोष कर लिया। वास्तव में उसका विचार अमीर-उल्-उमरा को मृत्यु दण्ड देकर अपयश अर्जित करने का नहीं था।"[1] अन्त में सलावत खां को आत्म समर्पण करके जाटों के साथ समझौता करना पड़ा।

कोइल के नबाब फतेहअली की मध्यस्थता में उभय पक्षों में समझौता वार्ता शुरू की गई। मीर बख्शी ने जाटों द्वारा प्रस्तुत शर्तों को अपनी "महान विजय" मानकर सहर्ष स्वीकार कर लिया। सूरजमल ने अपने पुत्र जवाहरसिंह को मुगल छावनी में भेजा। उसने सलावत खां का शाही परम्परानुसार अभिवादन किया और अमीर-उल्-उमरा ने निम्न शर्तों के अनुबन्ध पर अपने हस्ताक्षर करके समझौता कर लिया—

(१) अमीर-उल-उमरा ने स्वीकार किया कि उसके सेवक जाट क्षेत्र में पीपल के वृक्ष नहीं काटेंगे।

(२) बदले की भावना से सेवा-पूजा को रोकने के लिए इस देश के देवालयों को क्षति नहीं पहुँचायेंगे और न देवस्थानों या मूर्तियों का अनादर ही करेंगे।

(३) सूरजमल ने यह स्वीकार किया कि यदि राज्यपाल प्रतिज्ञा करके आश्वासन दे कि वह उसकी सलाह को मानकर नारनौल से आगे कूंच नहीं करेगा, तो वह स्वयं इस अभियान में शाही सेना के साथ चलने को तैयार था और इस बात की जुम्मेदारी लेता था कि अजमेर प्रान्त के राजपूतों से पन्द्रह लाख रूपया पेशकश वसूल करके शाही खजाने में जमा करा देगा[2]। मराठा प्रलेखों[3] के अनुसार जाटों ने नौ लाख रुपया की मामलत तय करके समझौता कर लिया था। किन्तु अन्य किसी फारसी इतिहासकार ने इसका विवरण नहीं दिया है।

वास्तव में सलावत खां ने असम्मानीय सन्धि पत्र पर हस्ताक्षर करके मुगल कीर्ति पर धब्बा लगा दिया था और उसके सैन्य-संचालन के खोखलापन का पता चल गया था। इस प्रकार सूरजमल ने राजनैतिक शर्तों की अपेक्षा धार्मिक सामाजिक तथा सांस्कृतिक शर्तों पर समझौता करके मीर बख्शी पर उपकार किया। इससे उसने भारतीय इतिहास में महान् प्रतिष्ठा, यश तथा सम्मान प्राप्त कर लिया और वह राजनैतिक अखाड़े में नैतिक दावपेच के लिए मुक्त था।

सलावत खां ने नारनौल की ओर प्रस्थान किया, तब सूरजमल स्वयं अपने पांच सहस्र सवारों के साथ हरावल के रूप में उसके साथ रहा। जाट सैनिक शाही

---

१ – सियार, जि० ३, पृ० ३१४; कानूनगो, पृ० ७४।

२ – सियार, जि० ३, पृ० ३१५; ता० मुजफ्फरी, पृ० ३१–२, कानूनगो, पृ० ७४; सरकार (मुगल), जि० १, पृ० १६६।

३ – पे० द०, जि० २१, लेख २६।

शिविर से सदैव चार–पांच किमी० आगे अपना शिविर डालते थे और शाही छावनी में आने–जाने वालों पर कड़ी निगरानी रखते थे। इस प्रकार मीरबख्शी नारनौल तक पहुँच गया, जहां महाराजा बख्तसिंह राठौड़ ने उसकी अगवानी की। उसको जाटों के साथ सम्पन्न शर्मनाक संधि से भारी ग्लानि हुई और उसने अब राठौड़ों की सहायता से अजमेर प्रान्त पर अधिकार करने की सलाह देकर यश अर्जित करने की पहल की। सलावत खां ने इस सलाह को मानकर पुनः महान भूल की [1] और उसको जीवन भर प्रायश्चित करना पड़ा। सूरजमल को मीरबख्शी के निर्णय से भारी निराशा हुई।

युद्ध, समझौता तथा मीरबख्शी की आगामी योजना का समाचार लेकर सूरजमल का सन्देशक १८ जनवरी को सवाई ईश्वरीसिंह के दरबार में पहुँचा। २४ जनवरी को ईश्वरीसिंह ने सूरजमल के लिए छ पौशाक का सिरोपाव भेजकर अपनी सहयोगी भावना प्रगट की। इसके बाद वह स्वयं जयपुर से रवाना होकर मीरबख्शी की ओर चल दिया। इस समय मीरबख्शी नारनौल से अजमेर की ओर बढ़ रहा था। समीप पहुँचने पर ईश्वरीसिंह ने १६ फरवरी को सूरजमल के लिए जड़ाऊ पहोंची भेजी। २४ फरवरी को सूरजमल सहित शाही सैनिकों ने भाभरा नदी पर पड़ाव डाला, तब ईश्वरीसिंह स्वयं सवार होकर सूरजमल से मिलने जाट डेरों पर आया। इस समय सूरजमल ने उसको ग्यारह मुहर तथा जवाहरसिंह ने नौ मुहर, दो जड़ाऊ सरपेच, दो तोरा, पांच घोड़ा तथा एक हाथी भेंट किया, किन्तु उसने केवल मुहरें, तोरा, सरपेच तथा एक घोड़ा स्वीकार किया। फिर सूरजमल सवार होकर कछवाहा शिविर में गया। वहां पर दोनों सरदारों में आपस में काफी देर तक बातचीत होती रही। [2] यहां से सूरजमल ने अपने पुत्र जवाहरसिंह के नेतृत्व में पांच सहस्त्र सवार तथा राणा गोहद ने अपने वकील फतेहसिंह के साथ कुछ सवार मीरबख्शी के साथ रवाना किये और दोनों अपने देश में वापिस लौट आये। [3]

जवाहरसिंह कुछ दिन कछवाहा शासक के साथ रुका। इस बीच में जाट सरदारों ने मीरबख्शी को 'मारवाड़ संघर्ष' में हस्तक्षेप न करने की सलाह दी, किन्तु वह अपनी जिद्द पर अड़ा रहा। अतः १४ मार्च को जगतपुरा नामक स्थान पर

---

१ – सियार, खंड ३, पृ० ३१५; रेऊ, खंड १, पृ० ३६१।

२ – द० कौ०, जि० ७, पृ० ५८०, ५५५।

३ – सूदन, पृ० ५८; बलदेवसिंह, पृ० ५२; वाक्या राज०, जि० २, पृ० ५३। जोधपुर राज्य की ख्यात, जि० २, पृ० १६५ के अनुसार—रामसिंह ने सूरजमल को बख्शी का साथ छोड़कर लौटने की शर्त पर एक लाख रुपया देने का प्रस्ताव रखा था।

सवाई ईश्वरीसिंह ने जवाहरसिंह के लिए एक जड़ाऊ सरपेच तथा तीन पोशाक का सिरोपाव भेंट करके बिदाई दी।[1] जवाहरसिंह अपनी कुछ टुकड़ियों को मीरबख्शी के साथ छोड़कर वापिस लौट आया।

४ – मारवाड़ अभियान में जाटों का सहयोग, मार्च–मई, १७५० ई०

मीरबख्शी सलावत खां नारनौल से अजमेर होकर रावना पहुँचा। सवाई ईश्वरीसिंह भी ससैन्य जोधपुर पहुँच गया था और यहां से तीस सहस्र कछवाहा-मारवाड़ी फौज ने १४ अप्रेल को पीपरी (रावना से ग्यारह किमी०) में पड़ाव डाला।[2] नारनौल से पीपरी तक जाट सवारों ने मार्ग रक्षक की भूमिका निभाई और मराठा प्रलेखों के अनुसार पीपरी युद्ध में जाट पदाति दलों को चौकियों की सुरक्षा-व्यवस्था के लिए तैनात किया गया।[3] दस दिन (१४–२३ अप्रेल) तक मीरबख्शी तथा कछवाहों में शांति वार्ता का दौर चला। २४ अप्रेल को तोप युद्ध प्रारम्भ हुआ। किन्तु मुगल सैनिक ग्रीष्मताप तथा प्यास से व्याकुल होकर भागने लगे। इस प्रकार युद्ध स्वतः बन्द हो गया। अन्त में ईश्वरीसिंह की मध्यस्थता में रामसिंह तथा बख्तसिंह के बीच समझौता हो गया। ईश्वरीसिंह ने मीर बख्शी को सत्ताईस लाख रुपया इस शर्त पर देने का वचन दिया कि वह राजस्थान से अपनी सेनायें हटा ले और आगरा प्रान्त का नायब पद उसे दान कर दे। इस समझौता से बख्तसिंह को कोई लाभ नहीं मिल सका। फिर भी उसने मीरबख्शी को राजस्थान में फँसाये रखने के लिए सुझाव दिया— "सभी राजपूत नरेश तथा जाट जमींदार उसकी अधीनता स्वीकार करके पर्याप्त धन देंगे। इससे सूरजमल जाट को भी बाध्य होकर आपसे समझौता करना पड़ेगा और आगरा व उसके आसपास के परगनों पर अधिकार करने में सरलता रहेगी।"[4] परन्तु मीरबख्शी ने इस प्रस्ताव को अस्वीकार करके अजमेर की ओर कूंच कर दिया। बख्तसिंह निराश होकर नागौर और जाट सैनिक अपने देश को वापिस लौट आये। इस प्रकार मीरबख्शी का राजस्थान अभियान पूर्णतः विफल रहा।

५ – रानी किशोरी का वरण, मार्च, १७५० ई०

ईश्वरीसिंह से मुलाकात करके सूरजमल शाही छावनी को छोड़कर दिनरात

---

१ – द० कौ०, जि० ७, पृ० ३७८।

२ – सियार, खंड ३, पृ० ३१५–६; ता० मुज०, पृ० ३२–३।

३ – पे० द०, जि० २१, लेख २७।

४ – सियार, खंड ३, पृ० ६१६–७; ता० मुज०, पृ० ३४।

कूंच करके गोरधन लौटा और यहाँ हरिदेव जी का पूजन करके विजय पर्व मनाया। फिर सम्भवतः २१ मार्च (फाल्गुण सुदि १५) को होड़ल के प्रतिभाशाली जाट सरदार काशी की सुयोग्य पुत्री किशोरी के साथ विवाह[1] सम्पन्न हुआ। यह एक राजनैतिक सूत्र–बन्धन था। इससे परगना होड़ल पूर्णतः जाट राज्य के प्रभाव में आ गया। विदुषी किशोरी का वरण भरतपुर राज्य की प्रगति तथा स्थिरता का सूचक था।

६ – सफदरजंग का जाटों के विरूद्ध द्वितीय अभियान, जुलाई, १७५० ई०

फर्रुखाबाद के नवाब कायम खां की मृत्यु (नवम्बर, १७४९ ई०) के बाद सफदरजंग ने जाट विरोधी अपना प्रथम अभियान स्थगित कर दिया था। बंगश राज्य को अवध में मिलाकर उसने फर्रुखाबाद की व्यवस्था के लिए अपने नायब नवलराय की नियुक्ति की और स्वयं ५ जून को दिल्ली लौट आया।[2] अब वजीर ने कुंवर सूरजमल तथा उसके अनुजीवी चौधरी बलराम (बल्लू) पर शाही परगनों को खाली करके उसके अधिकार में सौंपने के लिए दबाव डाला। सूरजमल ने वजीर की मांग को ठुकरा कर राव बलराम की सहायता के लिए बल्लमगढ़ सैनिक कुमुद भेज दी। फलतः वजीर ने शीघ्र ही बलराम का दमन करने के लिए फौजी टुकड़िया भेजने का निश्चय किया। इससे पूर्व ही जुलाई के प्रारम्भ में बलराम की प्रेरणा से आसपास के जाटों ने दिल्ली के दक्षिण में कुछ किमी० दूर शम्सपुर के शाही थाने पर आक्रमण करके अधिकार कर लिया था। इस आक्रमण में वजीर का थानेदार व सिपाही काम आये। फलतः शम्सपुर थाने पर पुनः अधिकार करने के लिए वजीर ने एक सेना रवाना की, जिसका बलराम के सैनिकों ने वीरता के साथ सामना किया। इससे वर्षा होते हुए भी वजीर सफदर जंग को स्वयं शुक्रवार, ९ जुलाई को विशाल सेना के साथ जाटों का दमन करने के लिए कूंच करना पड़ा और उसने शम्सपुर थाना के समीप बाग में रात्रि विश्राम किया। यहां पर उसको नायब नवलराय के पत्र से मऊ में बीबी साहिबा (कायम खां की माता) तथा कायम खां के लघु भ्राता अहमद खां बंगश की कमान में भयंकर पठान विद्रोह का समाचार मिला। अस्तु, उसको जाटों के साथ समझौता करने का निर्णय करना पड़ा। दूसरे दिन (१० जुलाई) प्रातःकाल वह दिल्ली के दक्षिण में ८ किमी०, खिज्राबाद पहुँचा और मराठा वकील को सूरजमल तथा बलराम से समझौता वार्ता कराने के

---

१ – सूदन, पृ० ५८।

२ – ता० अ० शाही, पृ० २२ अ०; ता० मुज०, पृ० ११; बे० क्रॉनो०, पृ० २७; अवध, पृ० १५३।

लिए अपने डेरों पर बुलवाया। मराठा वकील के प्रयास से बलराम स्वयं रात्रि के समय अपने दोनों हाथों को एक रुमाल से बांधकर वजीर के डेरों पर उपस्थित हुआ और उसने वजीर के समक्ष नम्रता तथा शिष्टता प्रगट की। उसने वजीर की आज्ञा पालन करने का आश्वासन दिया। वजीर ने उसको क्षमा करके मराठा वकील के सुपुर्द कर दिया और वह मराठा वकील के साथ कुछ दिन जयसिंहपुरा में रुका। इस प्रकार वजीर ने बाध्य होकर शाही परगनों के अपहरण को मान्यता प्रदान करके राव बलराम को बल्लमगढ़ सहित इस क्षेत्र का सरदार मान लिया।[1] इससे बलराम की कीर्ति, यश तथा सम्मान बढ़ गया और सूरजमल के हाथ मजबूत हो गये।

इसी समय उसने सूरजमल को शांति समझौता करने के लिए अपने डेरों पर आमन्त्रित किया। तब जाट वकील रूपराम कटारा तथा मराठा वकील की मध्यस्थता में हुई शांति-वार्ता से सन्तुष्ट होकर सूरजमल ने वजीर सफदर जंग के आमन्त्रण को स्वीकार कर लिया और वह निजी टुकड़ियों सहित दिल्ली के समीप पहुँचा। वजीर स्वयं सूरजमल से मिलने आया और विशिष्ट जाट सरदारों ने उसकी अगवानी की। फिर खिज्राबाद के निकट किसनदास तालाब के आसपास वजीर सफदर जंग तथा सूरजमल की मुलाकात हुई। दोनों ने एकान्त में बैठ कर विचार-विनिमय किया और अन्त में वजीर ने सशपथ सूरजमल के साथ मैत्री सन्धि की। सूरजमल अपने राज्य की ओर और वजीर दिल्ली में अपनी हवेली पर लौट गया। सम्राट अहमदशाह ने जाटों के साथ सम्पन्न सन्धि को स्वीकार कर लिया और सूरजमल को छः वस्त्रों की तथा उसके बख्शी को दो वस्त्रों की खिलअत भेजकर सम्मानित किया।[2] इस प्रकार सूरजमल की योग्यता निर्भीकता तथा सैनिक क्षमता का समादर हुआ और जाटों तथा वजीर में वास्तविक मित्रता की जड़ जम गई। स्पष्टतः यह सम्राट द्वारा जाटों के राजनैतिक तथा प्रशासनिक औचित्य की वैधानिक स्वीकृति थी। सूरजमल ने महान विपत्ति के समय सफदरजंग को नैतिक, हार्दिक तथा सैनिक सहायता देकर मित्रता की भावना को निभाया।

७– पठान अभियान में सफदर जंग की सहायता, अगस्त–सितम्बर, १७५० ई०

सोमवार, ३ अगस्त को सम्राट ने एक बिदाई समारोह में वजीर को फर्रुखाबाद जाने के लिए खिलअत प्रदान की और उसके पुत्र जलालुद्दीन हैदर खां (शुजाउ-

---

१ – ता० अहमदशाही, पृ० २२ ब–२३ अ; दे० क्रॉनी०, पृ० २६, कानूनगो, पृ० ८०; अवध, पृ० १५४ (तिथियां भ्रमात्मक)।

२ – पे० द०, जि० २, लेख १५; अवध, पृ० १५४; कानूनगो, पृ० ८०।

दौला) को नायब वजीर नियुक्त किया ।[१] एक सहस्र तोप, तीन सौ हाथी, तीन सौ ऊंट, दस सहस्र सवार, बीस सहस्र पैदल तथा भारी साज-सामान (ग्ररावा)[२] के साथ वजीर ने ४ अगस्त को यमुना नदी पार करके दिल्ली से फर्रुखाबाद की ओर प्रस्थान किया। वह केवल ६४ किमी०[३] ही पहुँचा होगा कि मार्ग में उसको खुदागंज युद्ध (१२ अगस्त) में उसके नायब नवलराय की पराजय व मृत्यु का हृदय विदारक समाचार मिला। फलतः अपनी तीस सहस्र अनुशासनहीन, अनुभवहीन सेना को अपर्याप्त समझकर उसने बालाजी राव पेशवा से सिन्धिया तथा होल्कर के नेतृत्व में मराठा सैनिक भेजने का आग्रह किया। परन्तु इस समय सतारा के छत्रपति रामराजा के राज्यारोहण के कारण दोनों मराठा सरदारों की सहायता असम्भव थी। महाराजा ईश्वरी सिंह तथा अन्य प्रभावशाली हिन्दू राजा राव तथा जमीदारों को उपस्थित होने के लिए परवाना भेजे गये। बदनसिंह ने अपने पुत्र अखैसिंह को ईश्वरीसिंह से परामर्श करने के लिए जयपुर भेजा। राव बहादुरसिंह (घासहरा) ने दो सहस्र सवारों के साथ वजीर का आगे बढ़कर स्वागत किया। इस प्रकार मेंढू, हाथरस के पोरच, पुडीर राजपूत जमींदार भी अपनी टुकड़ी सहित वजीर की छावनी में आकर उपस्थित हो गये थे।[४]

इस महान संघर्ष काल में वजीर सफदरजंग ने जाट जन-शक्ति तथा उसके सरदार की उपेक्षा करना अभीष्ट नहीं समझा और उसने अपनी छावनी में उपस्थित जाट वकील दयानाथ को अपने डेरे पर बुलवाया। उसको स्वहस्तलिखित परवाना (पत्र) सौंपकर शीघ्र ही कुंवर बहादुर सूरजमल को ससैन्य बुलाने का आग्रह किया। उसने लिखा,— "कुंवर बहादुर सूरजमल आपके समान इस समय कोई भी बलशाली योग्य हिन्दू नहीं है। हमारे-आपके बीच में पुश्तैनी (पैतृक) मित्रता विद्यमान रही है। आप फौज खर्च की ओर ध्यान न देकर अपनी सेना सहित शीघ्र ही मेरी सहायता के लिए कूंच करने का कष्ट करें!" जाट वकील दयानाथ ने सिर नवाकर नवाब सफदर जंग का परवाना प्राप्त किया और नवाब की ड्योढी से बाहर आकर शुतुरसवार के हाथों यह परवाना सूरजमल के पास भेज दिया। कुंवर सूरजमल इस समय सहार में था, जहां उसने अपने पिताजी से विचार-विमर्श किया और शीघ्र ही अपने देश के भिन्न-भिन्न स्थानों पर तैनात विश्वासपात्र सरदारों को ससैन्य आने के लिए रुक्का (आदेश-पत्र) भेजे। राव बदनसिंह ने सूरजमल को मुगलों से

---

१ – सूदन, पृ० ५१; बे० कॉनी०, पृ० २६; सियार, खण्ड ३, पृ० २६१; अवध, पृ० १६२।

२ – सूदन, पृ० ६०, ६४; पे० द० जि २, लेख २३; ता० अहमदशाही, पृ० २५ ब।

३ – पे० द०, जि० २, लेख १४ म; सूदन पृ० ६०।

४ – सरदेसाई, पृ० ४६६, सूदन पृ० ६०; व०, कौ०, जि० ७, पृ० १०७।

"सावधान तथा सतर्क" रहने की सत्सलाह भी दी। सूरजमल ने शुभ-मुहूर्त में प्रस्थान करके यमुना पार प्रथम डेरा डाला, जहां लगभग पन्द्रह सेनानायक सवार सेना तथा भरावा के साथ आकर उपस्थित हुये। यहां पर सूरजमल को कोइल छावनी से वजीर का अन्य परवाना मिला। उसने हरावल के कोतवाल (दरोगा-इ-बहीर) को बहीर रवाना करने की आज्ञा दी और दूसरे दिन प्रातःकाल स्वयं ने कोइल की ओर प्रस्थान किया। [1]

वजीर सफदर जंग से भेंट-वार्ता

सूरजमल के कोइल छावनी के समीप पहुँचने पर नवाब वजीर सफदर जंग ने उसकी अगवानी के लिये अपना विश्वासपात्र सलाहकार व दीवान इस्माइल बेग खां के लिए रवाना किया। दोनों ने परस्पर मिलकर बातचीत कीं। फिर दोनों नवाब के डेरों की ओर बढ़े, जहां नवाब के अन्य अमीरों ने उसका स्वागत किया। सूरजमल सवार होकर नवाब के दरबार में उपस्थित हुआ। वजीर आगे बढ़कर गले लगा और उपस्थित तेरह जाट सरदारों का सम्मान किया। उसने सूरजमल के हाथों में हाथ डालकर कुशल-क्षेम पूछी और सूरजमल सहित सभी जाट सरदारों को सिरोपाव प्रदान करके अनुगृहीत किया। इसके बाद सभी अपने डेरों पर लौटे।

दूसरे दिन सूरजमल पुनः नवाब के दरबार में गया और भावी कार्यक्रम पर विचार किया। वजीर ने अपनी सभी फौज बुलाने का उससे आग्रह किया और उसके सहयोगी सरदारों का स्वागत करने का आश्वासन दिया। सूरजमल ने कहा, "चलते समय ठाकुर साहब ने मुझे आपकी सेवा करने तथा आज्ञा पालन करने की शिक्षा दी है। उनकी यह स्पष्ट प्रवृति है कि मित्र के साथ अन्तिम क्षण तक मित्रता निभाते हैं। एक लाख सिनसिनवारों (भाई बन्धुओं) की जन-शक्ति आपकी सेवा के लिए सदैव तैयार है। ब्रज में तैनात सभी फौजों को शाही चाकरी के लिए शीघ्र ही बुला लूंगा।" नवाब सफदर जंग ने आत्मीयता के साथ कहा— 'आप (ब्रजराज) समस्त हिन्दुओं में शिरोमणि हैं। आपने अपने चाचा रूपसिंह तथा सआदत खां (नवाब का श्वसुर) के बीच विद्यमान पुश्तैनी मित्रता को बढ़ाया है।" यह कहकर सफदर जंग ने उसके गले में मोतियों की माला डालकर उसे सम्मानित किया। सूरजमल ने नतमस्तक होकर कृतज्ञता प्रगट करते हुए कहा—"मेंडू, मुरसान, खुर्जा आदि के सभी जमींदार योद्धा आ रहे हैं। आप पूर्वी प्रान्त (इलाहाबाद) में तैनात अपनी सभी फौज को बुला लें तथा भदावर के राजा हिम्मतसिंह को भी शीघ्र बुलाकर सम्मानित करें।" इसके बाद सूरजमल वजीर को सलाम करके अपने डेरों पर लौट आया।

---

१ – सूबन, पृ० ६१–६३।

दूसरे दिन नवाब वजीर पालकी में बैठकर अपने अमीरों के साथ जाट डेरों पर गया। सूरजमल ने अपने सरदारों के साथ उनका अभिनन्दन किया और रुपया भेंट किये। नवाब को ससम्मान अपने दरबार में लेकर पहुँचा। नवाब सफदर जंग हले मसनद पर बैठा, तब उसने सूरजमल से मसनद पर बैठने का आग्रह किया। अदब बजाकर सूरजमल उसके समीप मसनद पर बैठ गया। थालों में सुगन्धित वस्तुयें, पान आदि सजाकर खवासों ने वजीर के सामने प्रस्तुत किये। दोनों में कुछ देर तक बातचीत हुई। इस प्रकार नवाब वजीर सफदर जंग ने एक जमींदार का शाही अमीर (मनसबदार) के अनुरूप सम्मान करके जाट-शक्ति को सम्मानित किया।[1] इसके बाद अगस्त के द्वितीय सप्ताह में शाही सेना ने कोइल से मारहरा (कासगंज के द० प० में ११ किमी० तथा एटा के उत्तर-पश्चिम में २१ किमी०) की ओर प्रस्थान किया और यहां विभिन्न क्षेत्रों से आने वाली फौजों की प्रतीक्षा में वजीर एक महीने से अधिक छावनी डाले पड़ा रहा।

उभय पक्षीय सैन्य बल

मारहरा छावनी में नसीरुद्दीन हैदर तथा सवारों का सेनानायक व वजीर का बख्शी मुहम्मद अली खां अपनी सेनाओं के साथ आकर उनसे मिल गये थे। महाराजा ईश्वरीसिंह ने अपने बख्शी हेमराज के नेतृत्व में एक सहस्र सवार भेजे। राव चूड़ामन का पुत्र मोहकम सिंह, राजा हिम्मत सिंह भदौरिया, कामगार खां बलच आदि जमींदार भी अपनी टुकड़ियों के साथ पहुँच गये थे।[2] सूरजमल के नेतृत्व में पन्द्रह सहस्र[3] सैनिक जमा हो चुके थे। इस प्रकार वजीर की छावनी में एकत्रित अन्य सैन्यबल अमीरों की व्यक्तिगत कटुता तथा अनुभवहीनता के कारण अति निर्बल, अव्यवस्थित, असंगठित शस्त्रधारी जन समूह मात्र था। २० दिसम्बर को वजीर ने मारहरा से कूंच करके नदरई में पड़ाव डाला। फिर उसने काली नदी पार की और बघरी (कासगंज के पूर्व में ८ किमी०) नामक गांव के दक्षिण–पूर्व में कुछ किमी० दूर अपनी छावनी डाली।[4]

---

१ – सूदन, पृ० ६४–६।

२ – पे० द०, जि० २, लेख २३; सूदन, पृ ६७, ७०–७१; वाक्या राज०, जि० २, पृ० ५४; सम्राट अहमदशाह ने हिम्मतसिंह भदौरिया के लिए ३ जून को राजा की खिलअत प्रदान कर दी थी। (दे० क्रॉनी, पृ० २८)

३ – सूदन, पृ० ६०, ७१; इमाद, पृ० ४८; शाकिर, पृ० ६४; सियार, जि० ३, पृ० २८६; कानूनगो, पृ० ८०; वाक्या राज०, जि० २, पृ० ५४; अवध, पृ० १६४।

४ – दे० क्रॉनी, पृ० ५६; हरिचरन, पृ० २०४ अ; अवध, पृ० १६३।

अहमद खां बंगश बीस सहस्र अनुशासित तथा प्राण–पण से लड़ने वाले सैनिकों के साथ गंगा तट पर आ धमका और उसने वजीर की छावनी से १६ किमी० पूर्व में पलास के पेड़ों से संपुष्ट गंगा नदी की दक्षिणी खादरों में अपनी छावनी डाली। सादुल्ला खां रुहेला ने उसकी सहायता के लिए परमल खां तथा दाबर खां की कमान में दस सहस्र रुहेला सवार भेज दिये थे।[1] युद्ध पूर्व रात्रि में अहमद खां बंगश ने वजीर की छावनी में अपने दूत भेजकर कामगार खां बलूच, मीर बका (पुत्र वजीर कमरुद्दीन खां) तथा राव बहादुरसिंह बड़गूजर का नैतिक समर्थन प्राप्त करके निष्क्रिय कर दिया था। उसने सूरजमल से भी "जमींदार के जमींदार से लड़ने" के औचित्य को प्रमाणीकृत न करने का आग्रह किया। किन्तु उसने इस संघर्ष को जमींदार का संघर्ष न मानकर बंगश के आग्रह को ठुकरा दिया और रणक्षेत्र में वजीर सफदर जंग की सेना का संचालन करके अन्तिम क्षण तक सेवा की।[2]

राम चतौनी युद्ध में वजीर की पराजय, सितम्बर २३, १७५० ई०

रणक्षेत्र में उतरने से पूर्व रात्रि में वजीर सफदर जंग ने अपने डेरों पर युद्ध-विशारदों को रणनीति तथा सैन्य संचालन पर विचार करने के लिए आमन्त्रित किया। सूरजमल ने सुझाव दिया— "आप स्वयं पृष्ठ भाग में खड़े रहकर युद्ध का संचालन करें और मैं हरावल का संचालन करूंगा।" यह सुनकर वजीर ने उसका भारी सम्मान किया और अन्त में सूरजमल तथा इस्हाक खां नज्मुद्दौला (दीवान शाही खालसा) के परामर्श को स्वीकार किया। इसके बाद सूरजमल अपने डेरे पर लौट आया और शीघ्र ही चौबदार (नकीब) को भेजकर छावनी में सूचना भिजवाई कि बहीर को लदवाकर नवाब सफदर जंग के पृष्ठ भाग (चन्दौल) में पहुंचा दिया जाए और सभी सवार युद्ध के लिए तैयार हो जायें। कोतवाल बहीर ने आदेश की पालना करके चन्दौल में बहीर की सुरक्षा-व्यवस्था के लिए पैदल सैनिक तैनात किये। इस प्रकार जाट कुंवर ने अनुभवी सवारों को रणक्षेत्र में रखकर नवीन भरती के सिपाहियों को रसद व सामान की सुरक्षा का भार सौंपने की उचित व्यवस्था की।[3]

२३, सितम्बर १७५० ई० (२२ शव्वाल, हि० ११६३) को अपनी प्रातः

---

१ – पे० द०, जि० २, लेख २३; सूदन, पृ० ७२-७३; ता० अहमदशाही, पु० २६ ब; गुलिस्ताने रहमत, पृ० ३७।

२ – सूदन, पृ० ७७–८; बलदेव सिंह, पृ० ५८; वाक्या राज, जि० २, पृ० ५५।

३ – सियार, जि० ३, पृ०२६४; अवध, पृ १६५; सूदन, पृ० ७४,७६; बलदेवसिंह, पृ० ५६; वाक्या राज, जि० २, पृ० ५५।

कालीन नमाज के बाद वजीर अपने हाथी पर सवार होकर रामचतौनी के मैदान[1] में आकर जम गया और उसने अपनी विशाल सेना को यथास्थान व्यवस्थित कर लिया। वह स्वयं हाथी पर सवार गोल (मध्य भाग) में खड़ा था। सूरजमल तथा कछवाहा बख्शी हेमराज सवारों सहित हरावल में वजीर के दक्षिण पार्श्व में और इस्माइल बेग खां निजी सेना सहित वाम पार्श्व में था। अहमद खां बंगश ने अपनी सेनाओं को दो भागों में बांट लिया था। उसने सात सहस्त्र अफ्रीदी अफगानों को रुस्तम खां अफ्रीदी के नेतृत्व में सूरजमल के सामने तथा तीन सहस्त्र सैनिकों को हबश खां की कमान में इस्माइल बेग खां के विरुद्ध खड़ा किया। अन्य दलों को उसने अपने नेतृत्व में अचांनक हल्ला मार कर आक्रमण करने के लिए पलास वन में छिपा दिया था।[2]

प्रातःकाल लगभग नौ बजे तोपों तथा धड़ाकों के साथ युद्ध प्रारम्भ हुआ और दो घंटे में ही तोपों की गड़गड़ाहट मन्द पड़ गई और धुआं साफ हो गया। इसके बाद क्रमशः सूरजमल तथा इस्माइल बेग खां की कमान में दांई-बांई पार्श्वों ने रूस्तम खां अफ्रीदी, शादिल खां (अहमद खां का सौतेला भाई) हबश खां आदि अफगान सेनानायकों की कमान में तैनात छः सात सहस्त्र अफगान सवारों पर हमला किया। सूरजमल ने अपने साले बलराम के नेतृत्व में ठाकुर जैतसिंह (अडींग) तथा मेवाती सैनिकों को अग्र पंक्ति में व्यवस्थित किया। जाट-अफगानों के बीच में एक ऊजड़ गांव का टीला था, जाट सवारों ने हल्ला देकर इस टीले पर अधिकार कर लिया और अपनी तोपें जमा दीं। करारी मार खाकर अफगान पीछे हट गये और उनका दम बन्द हो गया। यह देखकर रूस्तमखां अफ्रीदी ने बुलन्द आवाज में कहा, "जनाना लिबास मत पहिनो, आगे बढ़कर, प्रयास करो।" इसके साथ ही रूस्तमखां की ओर से भेजी गई नई कुमुक के साथ अफगानों ने तोप तथा टीले पर अधिकार जमा लिया। जाट सवारों ने शीघ्र ही टीले की ओट में आकर उनका मुकाबला किया और पीत पताकायें फहरा-फहरा कर बंदूक, धनुष बाण, तलवार व सांगों से भीषण संघर्ष किया। हजारों अफगान खेत रहे। जाटों की ओर से चैनसिंह, साहिबराम (पौत्र मोहन राम बरसानिया), खोटा ब्राह्मण, त्रिलोक सिंह तोमर काम आये। बलराम ने जाट सैनिकों को आगे बढ़ाने में सफलता प्राप्त कर ली और अफगान कटक को हल्ला के साथ धराशाही कर दिया। सूरज मल ने जब इस मोर्चे की

---

१ – पे० द०, जि० २, लेख २३; अवध, पृ १६६; सरकार (मुगल) खंड १, पृ० २५१ पा० टि०।

२ – पे० द०, जि० २, लेख २०; सूदन पृ० ७१, ७१–८२; सियार, खण्ड ३, पृ० २६४; ता० मुजफ्फरी, पृ० ४६; गुलिस्ताने रहमत, पृ० ३७; अवध, पृ० १६५-६।

श्रौर दृष्टि डाली, तब उसने अपने मामा सुखराम को नई कुमुक के साथ रवाना किया। अब रुस्तम खां अफीदी स्वयं पालकी में सवार हुआ। उसकी रक्षा में पांच सौ सैनिक पैदल थे और पांच सहस्र सवार आगे थे।[1]

सूरजमल, इस्माइल बेग खां तथा राजा हिम्मतसिंह भदौरिया अपनी सेनाओं के साथ अर्द्ध चन्द्राकार में रुस्तम खां का सामना करने के लिए आगे बढ़े और गोलियां चलाते, बाण वर्षा करते हुए पठानों के समीप तक पहुँच गये। लगभग बत्तीस जाट सेनानायकों ने रुस्तम खां का जम कर सामना किया। सूरजमल ने इस युद्ध का स्वयं संचालन किया। रुस्तमखां भी अपनी पालकी से नीचे कूद पड़ा और अपने सैनिकों के साथ वीरता से जूझा। जाटों के तीक्ष्ण प्रहारों से अफगानों के पैर उखड़ गये। रुस्तम खां अफीदी गोली का शिकार हो गया। उसके छः सात सौ सैनिक भी काम आये। जाटों के भी तीन-चार सौ सैनिक खेत रहे। शेष भयभीत अफगान सैनिक दो दलों में विभक्त होकर अलीगंज की ओर भाग गये। विजेता जाट, राजपूत तथा इस्माइल बेग खां के सैनिकों ने मिलकर छः किमी० तक उनका पीछा किया।[2] इस प्रकार मीर गुलाम अली के शब्दों में— "उसके (सूरजमल) गरुर भरे जंग ने पठानों को परास्त करके महान यश उपार्जित किया।[3]"

अहमद खां बंगश ने रुस्तमखां अफीदी की मृत्यु तथा पराभव के समाचारों को दबाकर बिना निराश हुये परमल खां के नेतृत्व में दस सहस्र रुहेलों को आगे रवाना किया। सम्भवतः नवाब वजीर सफदर जंग पठान युद्ध शैली से अपरिचित था या विशाल सैन्य बल के आगे उनकी शक्ति को नगण्य मान बैठा था। इससे उसने तोप, व शुतरनालों सहित अपनी सेना को भगोड़ा अफगानों का पीछा करने के लिए रवाना कर दिया था। उसका अनुमान था कि अफगान पराजित हो चुके हैं। केवल पूर्ण विजय का डंका बजाना शेष है। परन्तु परमल खां ने वजीर की अग्र पंक्ति में तैनात भूखे-प्यासे सैनिकों पर हमला कर दिया। फलतः विश्वासघाती कामगार खां बलूच, मीर बका तथा राव बहादुर सिंह बड़गूजर ससैन्य पीछे हटकर भाग गये। शेर जंग भी घबड़ा कर मैदान से हट गया। इसी समय तीन सौ रुहेलों ने अचानक ही वजीर के पृष्ठ

---

१ – सूदन, पृ० ८३–६; बलदेव सिंह, पृ० ५६; हादिक, पृ० १७४; गुलिस्ताने रहमत, पृ० ३८।

२ – सूदन, पृ० ६४–७; हरिचरन, पृ० ४०५ अ; बलदेवसिंह, पृ० ५७; कानूनगो, पृ० ८१; गुलिस्ताने रहमत के अनुसार – "वास्तव में सूरजमल ने रुस्तमखां अफीदी को रणक्षेत्र में मार गिराया था," जबकि सूदन (पृ० ६६) के अनुसार उसका सिर तलवार से काटा गया था।

३ – इमाद, पृ० ४६।

भाग पर हमला कर दिया और मुख्य सेना ने वजीर की अग्र पंक्ति पर आक्रमण किया। दोपहर को करीब दो बजे अहमद खां बंगश छः सहस्र बन्दूकची धनुर्धारी सवार व पैदलों के साथ पलास बन की आड़ से निकल आया और उसने वजीर पर सीधा आक्रमण किया। इससे वजीर दो ओर से घिर गया। आंधी व तूफान ने भी स्थिति को बिगाड़ दिया और वजीर का महावत व सेवक मिर्जा अली नकी खां जम्बूरक की गोली से खेत रहा। वजीर के जबड़े में भी गोली लगी और वह बेहोश होकर अपने पीतल के होदा में गिर पड़ा। हाथी इधर उधर भागने लगा, किन्तु जगत नारायण उस हाथी को आपत्ति से हटा कर ले गया। इससे उसके भारी खजाने व सामान को मुगलों ने लूट लिया और शेष सामान को विजयी पठान व ग्रामीण लूट कर ले गये।[1]

इसी बीच में वजीर की दाईं पंक्ति में तैनात सूरजमल, इस्माइल बेग खां, राजा हिम्मत सिंह भदौरिया अफीदियों का पीछा छोड़कर लौट रहे थे, तब उनको मार्ग में वजीर की पराजय तथा भागने का समाचार मिला। सूरजमल स्वयं अपने साठ अंगरक्षक सवारों के साथ पलास बन के समीप रुक कर पठानों की गतिविधि को देखने लगा। उसने शीघ्र ही पठानों पर आक्रमण करने का प्रयास भी किया, किन्तु अन्य सेनानायकों ने अनी के शेष सवारों के आने तक रुकने का आग्रह करके इस प्रयास को टाल दिया। अहमद खां बंगश जाटों की रणनीति, कुशलता व वीरता के प्रति अधिक सशंक व चिन्तित था। इससे उसने अपने सैनिकों को जाटों की ओर बढ़ने से रोक कर बुद्धिमता दिखलाई। फलतः सूरजमल ने अपने सैनिकों को एक स्थान पर एकत्रित करने के लिए काली (कालिन्द्री) नदी के तट पर डेरा डाल दिया और वहीं रात्रि विश्राम किया। उसके पास यहां दो सौ सवार आ गये थे। उसकी कुछ सेना मेंडू व कुछ मथुरा पहुँच गई थी। प्रातःकाल उसने काली नदी के तट से प्रस्थान किया। मारहरा छावनी में वजीर भी दग्ध चिकित्सा से ठीक हो गया था और २४ सितम्बर को प्रातः उसने दिल्ली की ओर कूंच कर दिया था। यह समाचार मिलने पर सूरजमल भी हेमराज बख्शी सहित यमुना पार करके अपने देश में लौट आया।[2] इस प्रकार इस युद्ध में जाट वीरों ने हरावल का नेतृत्व

---

१ – सियार, खण्ड ३, पृ० २९५–७; इमाद, पृ० ४६; हरिचरन, पृ० ४०५ अ; हादिक, पृ० १७४; ता० मुजफ्फरी, पृ० ४७–८; शाकिर, पृ० ६४; गुलिस्ताने रहमत, पृ० ३६; ता० अहमदशाही, पृ० २६ ब; पे० द०, जि० २, लेख २०,२३; इर्विन, ज० ए० सु० बं०, १८७६, पृ० ७४; अवध पृ० १६८–६।

२ – ता० अहमदशाही, पृ० २६ ब; सियार, जि० ३, पृ० २९८; पे० द०, जि० २, लेख २०, २३; सूदन, पृ० ९८–९।

करके प्रथम आक्रमण में ही विजय प्राप्त कर ली थी। उनको इस युद्ध से पठानों की युद्ध शैली व मुगलों की आन्तरिक कटुता, अनुशासनहीनता का पूर्ण ज्ञान हो गया था। पराजय का मूल कारण नबाब वजीर सफदर जंग की अयोग्यता थी।

सर्वत्र अराजकता तथा उपद्रव

अहमद शाह ने सितम्बर के प्रारम्भ में मीर बख्शी सलावत खां को शीघ्र ही राजधानी लौटने का फरमान भेजा। आर्थिक संकट से विपन्न मीर बख्शी ने एक लाख रुपया पेशकश लेकर जिला नारनौल महाराजा ईश्वरीसिंह को सौंप दिया। ३० सितम्बर को वजीर अपनी सेना के साथ दिल्ली पहुँच गया।[1]

विजय के शीघ्र बाद अहमदखां बंगश ने कोइल से शाह अकबरपुर (कानपुर के पूर्व में ४२ किमी०) तक अपना अधिकार कर लिया। उसके आमिलों ने फफूंद, शम्साबाद, छिब्रामऊ, जौनपुर तथा गाजीपुर पर अधिकार कर लिया। पठानों की भयंकर लूटमार के बारे में फरवरी, १७५१ में मराठा कमाबिसदार गोविन्द पन्त बुन्देला ने अपने दो पत्रों में भाऊ को लिखा, "समस्त दोआब तथा इलाहाबाद प्रान्त में भयंकर अराजकता फैल चुकी है। हर जगह व्यापारियों ने अपनी दुकानें बन्द कर दी हैं। यातायात रूक गया है और व्यापार ठप्प हो गया है। रैय्यत जंगलों में भागकर प्राण बचा रही हैं।"[2] इसी समय मेवात प्रान्त में मेवाती तथा जाट धारों ने मिलकर उपद्रव व लूटमार शुरू कर दी थी और वहां से शाही आमिल तथा अन्य शाही प्रबन्धकों को निकालकर अपना अधिकार कर लिया।[3] सम्भवतः इसी समय सूरजमल ने चौधरी काशीराम को कस्बा तालरू (तावडू, परगना नूंह) का प्रबन्धक नियुक्त किया और मेवात में अपनी स्थिति को पूरी तरह मजबूत कर लिया।

८ – अफगानों के द्वितीय आक्रमण में जाटों का सहयोग, मार्च १७५१–अप्रेल १७५१ ई०

दिल्ली दरबार में तूरानी घटक नवाब-वजीर सफदर जंग का कट्टर विरोधी था और हिन्दुस्तान में अब कोई अन्य मुस्लिम शक्ति शेष नहीं थी, जो वजीर को

---

१ – ता० अहमदशाही, पृ० २६ ब, २७ अ; इमाद, पृ० ५०; सियार, जि० ३, पृ० ३०३; पे० द०, जि० २, लेख, २०, २१, २३।

२ – पे० द०, जि० २, लेख २६,३०; राजवाड़े, जि० ३, लेख ३७६, ३८३; ता० मुजफ्फरी, पृ० ५३; सियार, जि० ३, पृ० ३०१; इमाद, पृ० ५०–१; गजे० फर्रुखाबाद, पृ० १६४–५।

३ – पे० द०, जि० २१, लेख ३४; ता० अहमदशाही, पृ० २६ अ; ता० मुजफ्फरी, पृ० ३४।

सैनिक मदद दे सके। इससे "वह अपने माथे पर लगे कलंक तथा पराजय के टीके को केवल भारतीय हिन्दू शक्तियों की सहायता से मिटा सकता था।" [1] वजीर ने शीघ्र ही अपने अभिन्न सहयोगी अमीर व मित्र इस्माइल बेग खां, राजा लक्ष्मी नारायण, राजा नागरमल, जाट सरदार सूरजमल, सैय्यद अब्दुल अली खां आदि को अफगानों से युद्ध करने की नीति पर विचार करने के लिए आमंत्रित किया और उनके परामर्श से मराठा सरदारों को अपनी सहायता के लिए बुलाने का निश्चय किया गया। [2] रामचतौनी युद्ध से पूर्व ही मल्हार राव होल्कर तथा जयप्पा सिन्धिया के नेतृत्व में पचास सहस्त्र मराठा सवारों ने दक्षिण से हिन्दुस्तान की ओर कूंच कर दिया था। नवाब वजीर ने अपने दीवान राजा रामनारायण तथा राजा जुगलकिशोर को मराठों को दिल्ली लिवा कर लाने के लिए रवाना किया। [3]

नवम्बर १७५० ई० के अन्त में कोटा के समीप इन प्रतिनिधियों की मराठा सरदारों से मुलाकात हुई। मराठा कूंच करके जयपुर पहुँचे। दिसम्बर, १३, १७५० ई० की रात्रि को महाराजा ईश्वरीसिंह ने हताश होकर आत्म हत्या कर ली थी। इससे मराठा सरदारों ने २६ दिसम्बर को माधोसिंह को जयपुर राज्य की गद्दी पर आसीन किया और फरवरी के द्वितीय सप्ताह में पेशवा की स्वीकृति प्राप्त करके वजीर की सहायता के लिए दिल्ली की ओर प्रस्थान किया। [4]

मराठों के दिल्ली के समीप आने पर नवाब वजीर सफदर जंग ने अफगान विद्रोह को कुचलने के लिए दिल्ली से प्रस्थान करने की फरवरी २१, १७५१ ई० के दिन सम्राट से विधिवत आज्ञा प्राप्त कर ली थी और २८ फरवरी को उसने किसनदास तालाब के समीप छावनी डाली। २ मार्च को मल्हार राव तथा वजीर में भेंट हुई और १४ मार्च को पच्चीस (पेंतीस?) सहस्त्र रुपया दैनिक सैनिक भत्ता देने की शर्त पर बीस सहस्त्र मराठा सैनिकों ने फर्रूखाबाद अभियान में शामिल होना स्वीकार कर लिया। इसी प्रकार पन्द्रह सहस्त्र रुपया दैनिक भत्ते के वचन पर सूरजमल दस सहस्त्र जाट सेना के साथ वजीर की सैनिक सहायता के लिए पहुँच गया। खुर्जा, मेंडू के जमींदार तथा भदावर का राजा भी अपनी टुकड़ियों सहित

---

१ – कीने, फॉल ऑफ दी मुगल एम्पायर, पृ० ४४।

२ – पे० द०, जि० २, लेख २०; सूदन, पृ० १००; सियार, जि० ३; पृ० ३०४।

३ – पे० द०, जि० २, लेख २८; ता० अहमदशाही, पृ० २८ अ; इमाद, पृ० ५७; सियार, जि० ३, पृ० ३०४।

४ – पे० द०, जि० २, लेख ३१, जि० २७, लेख ६४–५; ता० मुजफ्फरी, पृ० ४३; वंश भास्कर, पृ० ३६०८–३६१६; सरदेसाई, पृ० ३०६; द्रा० ल०, सं० ४/५३१, फरवरी २१, १७५१।

आकर शामिल हो गया। इस प्रकार द्वितीय अभियान में वजीर पक्षीय सेना में अस्सी सहस्र सवार व पन्द्रह सहस्र पैदल सैनिक एकत्रित हो गये थे।[1]

दोआब में शादिल खां की पराजय, मार्च ३०, १७५१ ई०

समुचित युद्ध–व्यवस्था के बाद नवाब वजीर सफदर जंग ने मार्च के द्वितीय सप्ताह में दिल्ली से प्रस्थान किया और आगरा पहुंचकर बीस सहस्र फुर्तीले मराठा सवार तथा जाटों को शादिल खां के विरुद्ध आक्रमण करने के लिए रवाना किया। अहमद खां बंगश ने शादिल खां को कोइल बलेसर से पटियाली पर्यन्त नवीन विजित प्रदेश का बन्दोबस्त संभालने के लिए नियुक्त किया था। कोइल की ओर से जाटों ने तथा आगरा के समीप यमुना पार करके मराठों ने उस पर आक्रमण किया। इस बार जाट मराठों पर युद्ध का समस्त भार डालकर वजीर स्वयं आगरा से दिल्ली लौट गया। मार्च के तृतीय सप्ताह (२० मार्च) में मराठा टुकड़ियों ने कादिरगंज (इटावा के उ० प० में ४८ किमी०) के समीप शादिल खां पर आक्रमण किया, जिसमें वह पराजित होकर फर्रुखाबाद की ओर भाग गया। जाट मराठों के हाथ लूट का भारी सामान, हजारों घोड़े व बहुत से हाथी लगे। बहुत से पठान खेत रहे तथा उनके डेरे लूट लिये गये। इस प्रकार दोआब में जाट तथा मराठों का भीषण आतंक छा गया।[2]

अहमद खां बंगश की फतेहगढ़ में सामरिक तैयारियां, अप्रेल, १७५१ ई०

शादिल खां की पराजय का समाचार मिलने पर अहमद खां बंगश ने अपनी राजधानी फर्रुखाबाद को खाली कर दिया और स्वयं फर्रुखाबाद के दक्षिण पूर्व में ५ किमी० गंगा तट पर हुसैन घाट के समीप स्थित फतेहगढ़ चला गया। गंगा के उस पार रुहेलखण्ड था और उधर से उसको नियमित रसद तथा रुहेलों की सहायता मिल सकती थी। उसने गंगा तट पर अपनी मुख्य छावनी डालकर गंगा नदी पर नावों का पुल बांध लिया था। प्रबंध से उसका पुत्र महमूद खां व कादिर चौक

---

१ – पे० द०, जि० २, लेख ३१, जि० २१, लेख ४४; सियार, जि० ३, पृ० ३०५; गुलिस्ताने रहमत, पृ० ४०; इबतनामा, पृ० ४१; बयाने वाकई, पृ० २६२; दे० ऑनी, पृ० ३१; कानूनगो, पृ० ८२; अवध, पृ० १८४; खरीता इ०–जय०, सं० ११।

२ – पे० द०, जि० २, लेख ३२, जि० २१, लेख २४, ४३, जि० २६, लेख १७१; सियार, जि० ३, पृ० ३०५; ता० मुजफ्फरी, पृ० ५४; अवध, पृ० १८७; ड्रा० ख०, सं० ४/६५६।

(कादिर गंज से ८ किमी०) से शादिल खां भी अपनी सेनाओं सहित फतेहगढ़ पहुँच गये और उन्होंने नदी के बांये किनारे पर अपनी छावनी डाली।[1]

दीवान गंगाधर तांतिया ने आगे कूंच करके फतेहगढ़ के उत्तर-पश्चिम में एक किमी० दूर अपना पड़ाव डाला। २४ मार्च को नवाब वजीर सफदर जंग व कुंवर सूरजमल भी स-सैन्य फतेहगढ़ के समीप पहुँच गये थे। अब वजीर ने होल्कर व जयप्पा सिंधिया को कासिम बाग पर तैनात किया और स्वयं ने दक्षिण की ओर बढ़कर पठानों की खाइयों से करीब १८ किमी० दक्षिण में सिंधीराम घाट नामक गांव के समीप छावनी डाली। इस प्रकार वजीर, जाट तथा मराठों ने अहमद खां को उत्तर-दक्षिण तथा पश्चिम दिशाओं से घेर लिया। २५ दिन तक साधारण आपसी झड़पों के साथ फतेहगढ़ का घेरा पड़ा रहा। २६ अप्रेल को नवाब वजीर, जाट तथा मल्हारराव ने भावी योजना पर विचार किया। २७ अप्रेल को वजीर ने बंगश-रूहेला मिलन को रोकने के लिए गंगाधर तांतिया तथा कुंवर जवाहरसिंह जाट के नेतृत्व में मराठा, जाट व कुछ मुगलों को सिंधीराम पुल के पार गंगा के पूर्वी तट पर अविलम्ब रवाना कर दिया। २८ अप्रेल को प्रातःकाल तीस सहस्र अफगान-रूहेला युद्ध को पूरी तरह तैयार हो गये और उभय पक्ष की ओर से हवाई हुक्का व बन्दूकों की मार के साथ युद्ध शुरू हो गया। इस समय एक ओर से मराठों ने पूरी शक्ति के साथ आक्रमण किया। दूसरी ओर से जाटों ने भयंकर युद्ध के बाद सेल, सांग तथा बन्दूकों से करारी मार की।[2] भारी उत्साह व दृढ़ता के बाद भी रूहेला सफल नहीं हो सके। दस सहस्र रूहेला खेत रहे, घायल हो गये अथवा बंदी बना लिये गये। स्वयं बहादुर खां मैदान में काम आया। यह देखकर सादुल्ला खां आंवला भाग गया। सूरजमल ने इस विजय का समाचार वजीर की छावनी में भेजा। विजेताओं ने रूहेला छावनी को पूरी तरह लूट लिया। उनके हाथ भारी मूल्य का सामान, अनेक हाथी, कई हजार घोड़े, कालीन, डेरा व वस्त्र लगे। इस प्रकार रूहेलों पर विजय प्राप्त करके सूरजमल स्वयं वजीर की छावनी में पहुँचा। अब फतेहगढ़ पर दबाव डाला गया।[3]

अहमद खां बंगश ने प्रभात से पूर्व ही अचानक आक्रमण करने की घोर प्रतिज्ञा की, परन्तु संध्या से तीन घंटा बाद ही रात्रि में मराठों ने सादुल्ला खां के

---

१ – पे० द०, जि० २, लेख ३२, २०; इमाद, पृ० ५७; ईर्विन, ज० ए० सु० ब०, १८७६, पृ० ६०; अवध, पृ० १८७।

२ – सूदन, पृ० १००-१०२; सियार, जि० ३, पृ० ३०६-७; ज-इ० खरीता (अ-ब) सं० ११, चैत बदि १४; पे० द०, जि० २, लेख ३७।

३ – सूदन, पृ० १०३; वाक्या राज०, जि० २, पृ० ५६।

सामान में आग लगा दी। फलतः अहमद खां बंगश रात्रि में ही फतेहगढ़ को खाली करके भाग गया। २९ अप्रेल को प्रातःकाल खाईयों में तैनात अनेक पठान सैनिकों को जाट व मराठों ने घेर कर मार डाला या बन्दी बना लिया। उनका सभी सामान जाटों व मराठों ने लूट लिया। इसके बाद जाटों व मराठों ने बंगश प्रदेश को आग व तलवार से बरबाद करके बदला लिया। उनके भय से रूहेला-पठान सरदार व उनके परिवार आंवला से कुमायूं की पहाड़ियों में भाग गये, जहां उनको मलेरिया ज्वर ने घेर लिया। ४ मई को नवाब वजीर ने अफगान विजय का समाचार दिल्ली भेजा। इस प्रकार तीन महीने में ही वजीर ने अपने कलंक को मिटाकर यशोपार्जन किया। अब वजीर जाटों की शक्ति, साहस, उद्यमशीलता की उपेक्षा नहीं कर सकता था और यह अभियान उनकी प्रगाढ़ मित्रता का कारण बन गया था। वर्षा पूर्व ही वजीर ने अवध प्रस्थान से पूर्व सूरजमल को अपने देश में जाने की विधिवत बिदाई दी और वह जुलाई के प्रारम्भ में भरतपुर लौट आया,[१] जहाँ दुर्ग निर्माण कार्य समाप्त हो चुका था और नगर की बसावट प्रगति में थी। अब जाटों का प्रभाव व प्रभुत्व पूर्व में मैनपुरी तक फैल गया था।

९ – सूरजमल के पुत्रों के मनसब में वृद्धि, अप्रेल १७५२ ई०

मीर बख्शी सलावत खां ने जाटों को अपना विरोधी बना लिया था। वह स्वयं एक योग्य योद्धा व दूरदर्शी सरदार भी नहीं था। अतः नवाब वजीर की अनुपस्थिति में राजमाता उधमबाई व जाविद खां के प्रयासों से जून १७,१७५१ ई० के दिन सलावत खाँ के स्थान पर गाजीउद्दीन खां को मीर बख्शी बनाया गया और उसे अमीर-उल्-उमरा की पदवी दी गई। इस दिन इन्तिजामुद्दौला को अजमेर का राज्यपाल पद तथा खानखाना के विरूद से सम्मानित किया गया।[२] इस प्रकार नवाब वजीर की अनुपस्थिति में शाही दरबार में तूरानी दल के दो अमीरों ने दो उच्च पद व मनसब प्राप्त करके राजधानी में शीत युद्ध प्रारम्भ कर दिया था। जुलाई, १७५१ ई० में सवाई माधोसिंह को आगरा प्रान्त में नायब नियुक्त करने का फरमान व खिलअत भेजी गई,[३] किन्तु माधोसिंह मल्हार राव की अनुमति के बिना आगरा प्रान्त की व्यवस्था के बारे में कोई कदम नहीं उठा सकता था। उसको

---

१ – ता० अ० शाही, पृ० २७ ब, २८ अ; दे० कॉनी, पृ० ६२; सियार, जि० ३, पृ० ३०७, जि० ४, पृ० ३६; इमाद, पृ० ५९; राजवाड़े, जि० ३, लेख १६०, ३८३–४, ३९७, जि० ६, लेख २२२; इति पत्रेण, लेख ७९, ८२, ८३।

२ – ता० अ० शाही, पृ० २९ अ–३० अ; सियार, जि० ३, पृ० ३१९; ता० मुज० पृ० ३४–५; दे० कॉनी, पृ० ३२।

३ – द० कौ०, जि० १६, पृ० १३४, ३९४, ७१२ (जुलाई ३१, १७५१ ई०)।

मल्हार राव का स्पष्ट आदेश था कि वह राव हेमराज कटारा व राव रूपराम कटारा के माध्यम से ही राजनैतिक विषयों पर चर्चा करे। इससे माधोसिंह ने सूरजमल को अनेक राजनैतिक विषयों पर आपस में मिलकर बातचीत करने के लिए दशहरा पूर्व जयपुर आमन्त्रित किया। सूरजमल ने व्यक्तिगत मिलन की बात को स्वीकार करके भी जयपुर जाना उचित नहीं समझा और सितम्बर, १७५१ ई० में अपने पुत्र नाहर सिंह को उसके धाभाई श्रीराम, राव हेमराज के भतीजे गोकुलचन्द, मामा कृपाराम, भूपसिंह कल्याणोत (लूणहरा) के साथ भेजा। २७ सितम्बर को माधोसिंह ने नाहर सिंह को सरपेच व सिरोपाव देकर बिदा किया।[१] इधर अक्तूबर में सूरजमल ने राव रूपराम कटारा को मल्हार राव के पास आपसी वार्ता के लिए भेजा और उसने सवाई माधोसिंह के विषय में भी बातचीत की। इसके बाद मल्हार राव के सन्देश के साथ सूरजमल ने नवम्बर के प्रारम्भ में अपने बख्शी बलराम, अनोप सिंह, गोकुल चन्द को बातचीत करने के लिए जयपुर भेजा। उन्हें ११ नवम्बर को विदा किया गया।[२]

इसी समय सितम्बर, १७५१ ई० में अहमद शाह दुर्रानी ने तीसरी बार भारत की ओर प्रस्थान किया और २९ नवम्बर को उसने लाहौर के समीप अपनी छावनी डाली। यह समाचार दिल्ली में ६ दिसम्बर को मिला। इससे दिल्ली के नागरिकों में काफी बेचैनी, घबराहट व अराजकता फैलने लगी थी। सम्राट ने नवाब वजीर से दिल्ली लौटने का आग्रह किया, किन्तु वह बंगश–रुहेला अभियान में बुरी तरह व्यस्त था।[३] अतः तूरानी घटक ने जाटों से सहायता प्राप्त करने का निश्चय किया। जाविद खां ने शीघ्र ही सूरजमल तथा अन्य पड़ौसियों को राजधानी में उपस्थित होने के लिए पत्र लिखे। फरवरी ५, १७५२ को नवाब बहादुर जाविद खां शाह मरदान की दरगाह पर पहुँचा, जहां सूरजमल तथा राव बलराम (बल्लू) ने उससे मुलाकात करके असर्फी भेंट की। इसी दिन सूरजमल को छः पोशाकों की खिलअत व जडाऊ सरपेच और उसके बख्शी बलराम तथा दीवान को दो पोशाकों की तथा फतेहअली खां को एक पोशाक की खिलअत से सम्मानित किया गया[४]।

१६ मार्च को शाह दुर्रानी ने लाहौर पर अधिकार कर लिया और उसने

१ – फ्रा० ख०, ४/४६ (६ अगस्त); द० को०, जि० ७, पृ० ४१३, ५९७. ५८०, ५८६, ५१३।

२ – जय–इन्दौर खरीता, सं० २२ (२३ अक्तूबर); द० को०, जि० ७ पृ० ४८०, ३०७, ५८०।

३ – ग्रा० अ० शाही, पृ० ३१ अ, ३२ ब– ३३ ब; ता० मुज०, पृ० ५८; सियार, जि० ३, पृ० ३२६; तहमास्प खां, पृ० १५ ब; गंडासिंह, पृ० १०९।

४ – दे बॉम्बे, पृ० ३५।

दिल्ली की ओर प्रस्थान करने की धमकी दी । २३ मार्च को दिल्ली में यह समाचार मिला । इससे भयभीत होकर असंख्य सम्पन्न नागरिकों ने अपने परिवारों को जाट शासक के संरक्षित प्रदेश, मुख्यतः मथुरा की ओर रवाना कर दिया था । कुछ दिन तक राजधानी में दिल्ली के किसी भी गांव से अन्न नहीं पहुँचा । मराठों के साथ दिल्ली आने के लिए २३ मार्च को सम्राट ने अपने हाथ से वजीर सफदर जंग के नाम कड़ा पत्र लिखा । इस समय सूरजमल स्वयं मथुरा में मौजूद था और वहां की सुरक्षा व्यवस्था में व्यस्त रहकर नवाब वजीर तथा मल्हार राव के आगमन की प्रतीक्षा कर रहा था । इसी बीच में लाहौर के राज्यपाल मुईनउलमुल्क ने दुर्रानी के साथ समझौता कर लिया और संधि की शर्तों को विधिवत पुष्ट कराने की भावना से दुर्रानी अपने राजदूत कलन्दर बेग खां को दिल्ली भेजा । ग्यारह अप्रेल (२६ जमादि-अव्वल) को कलन्दर बेग खां दिल्ली पहुँच गया था, जहां सम्राट की ओर से मुईनउद्दीन जफर अली खां ने शालीमार बाग में उसका स्वागत किया । इस दिन सूरजमल का द्वितीय पुत्र रतनसिंह शाही दरबार में उपस्थित हुआ और उसने सम्राट को सात मोहर भेंट कीं। उसको चार पोशाकों की खिलअत, जड़ाऊ सरपेच के साथ तीन हजार जात/दो हजार सवार का मनसब तथा 'राव' का विरुद प्रदान किया गया । इसी समय उसके ज्येष्ठ भ्राता जवाहरसिंह के मनसब में एक हजार जात व एक हजार सवार की वृद्धि की गई । इससे उसका मनसब चार हजार जात/३५०० सवार हो गया ।[1] साथ ही उसको नौबत भी प्रदान की गई ।[2] इन सम्मानों से शाही दरबार में सूरजमल की प्रतिष्ठा बढ़ गई थी । राजमाता उधमबाई, जाविद खां तथा अन्य अमीरों की सलाह पर सम्राट ने महान अपमानजनक संधि को स्वीकार करके २३ अप्रेल को दुर्रानी के राजदूत कलन्दर बेग खां को दिल्ली से रवाना कर दिया था ।[3] इससे पश्चिमी प्रान्तों पर दुर्रानी का अधिकार हो गया ।

कुंवर बहादुर सूरजमल तथा उसके पुत्रों के सम्मान पर सवाई माधोसिंह ने २ जून को पेमसिंह गोगावत के हाथों राव बदन सिंह के पास दस सिरोपाव भेज कर अपना बधाई सन्देश भेजा ।[4] माधोसिंह वास्तव में मराठा सरदारों के चंगुल से मुक्त होना चाहता था और उसने बख्तसिंह राठौड़ तथा जाटों के साथ मिलकर मराठों

---

१ – दे० कॉनी, पृ० ३७; कानूनगो पृ० ८३ ।

२ – सूदन, पृ० ५ ।

३ – पे० द०, जि० २१, पत्र ५३, ५५; दे० कॉनी; ता० अ० शाही, पृ०३३ ब; सियार, जि० ३, पृ० ३२७; ता० मुज०, पृ० ५६; गंडासिंह, पृ० १२३; सरकार (मुगल), खंड १, पृ० २८० ।

४ – द० कौ०, जि० ७, पृ० ४७६ ।

के साथ सम्पन्न सहायक संधि के परिणामों तथा अन्य समस्याओं पर विचार विमर्ष करने का निश्चय किया।

दिल्ली स्थित मराठा वकील बापू महादेव हिंगणे ने आगरा प्रान्त के प्रश्न की आड़ में सूरजमल तथा माधौसिंह में अलगाव पैदा करने का प्रयास किया और उसने जाट वकील के माध्यम से प्रस्तावित किया कि आगरा प्रान्त में जाट शासक को कछवाहा जागीरों के एवज में ९–१० लाख रुपया कछवाहा दरबार को देना शेष है। अब जाटों को उसका भुगतान नहीं करना चाहिये। यदि माधौसिंह नायब पद को स्वीकार करके उन पर लेनदारी के लिए आक्रमण करता है, तब मल्हार राव आपकी सहायता के लिए प्रस्तुत रहेगा। इस प्रस्ताव की सहमति के एवज में उसने जाटों को एक लाख रुपया देने का भी प्रलोभन दिया। किन्तु सूरजमल माधौसिंह को मराठा चंगुल से मुक्त कराना चाहता था और उसकी सद्भावना पूर्ण मैत्री अधिक हितकर थी। इससे उसने मराठों के प्रस्ताव को स्वीकार नहीं किया।[१]

१०– सूरजमल माधौसिंह का मिलन, जुलाई १७५२ ई०

राजधानी में नवाब वजीर सफदर जंग की अनुपस्थिति में नवाब बहादुर जाविद खां सर्व शक्ति सम्पन्न अमीर था। उसने सम्राट को अत्यधिक विलासिता में डुबाकर साम्राज्य के प्रशासनिक व राजनैतिक क्रियाकलापों पर पूर्ण नियन्त्रण कर लिया था। साम्राज्य पर आई महान विपत्ति के समय सम्राट के अनेक पत्र मिलने पर भी सफदर जंग ने अवध से दिल्ली तक के मार्ग को चौबीस दिन में तय किया, जबकि सवार इस मार्ग को केवल चार दिन में तय कर सकते थे। ३ अप्रेल को मराठों सहित अवध से प्रस्थान करके वह ५ मई को दिल्ली के समीप पहुँचा और उसने यमुना तट पर अपनी छावनी डाली, जहां दूसरे दिन (६ मई) जाविद खां ने उससे मुलाकात की।[२]

मराठों को अपने साथ दिल्ली लाते समय सफदर जंग ने पेशवा को मथुरा तथा अन्य जिलों की फौजदारी सहित आगरा व नारनौल की फौजदारी व अजमेर प्रान्त का राज्यपाल पद प्रदान करने, इन पदों के लिए स्वीकृत वेतन, विशेषाधिकार राज्यपाल व फौजदार के परम्परागत भत्ते आदि दिलवाने का आश्वासन दिया था। इस शर्त के अन्तर्गत पेशवा व उसके सरदार आन्तरिक विरोधियों, क्षेत्रीय राजाओं व जमींदारों से उन प्रदेशों व परगनों को छीनकर शाही अधिकारियों की व्यवस्था में सोंपने के लिए वचनवद्ध थे, जिन पर उन्होंने अनाधिकृत कब्जा कर लिया था।

---

१ – हिंगणे, खंड २, लेख १२।

२ – ता० अ० शाही, पृ० २८ ब, ३० ब।

मराठों के दिल्ली पहुँचने पर वजीर ने दुर्रानी आक्रमण के विरूद्ध पारस्परिक रक्षा के लिए सहायक संधि की व्यवस्था की और सम्राट ने फरमान प्रसारित करके इस सहायक संधि को स्वीकार कर लिया था।[1] तभी मराठा दिल्ली से वापिस लौट सके। इसको स्वीकर कराने व मराठों के साथ अन्य व्यवस्थायें तय कराने में वजीर की अपेक्षा जाविद खां ने अति महत्वपूर्ण भूमिका निभाई थी और उसी के प्रयास से मराठा सेनायें मई में दक्षिण की ओर लौट सकी थीं। इस सहायक संधि का तात्कालिक प्रभाव जाट तथा कछवाहों पर पड़ता। इससे जुलाई २, १७५२ ई० को विचार विमर्श करने के लिए सूरजमल स्वयं अपने गोल खास सरदारों सहित जयपुर पहुँचा और उसने लूणकरण के बाग में अपना शिविर लगाया।

दस्तूर कौमवार[2] में हमको सूरजमल–माधौसिंह की आपसी भेंट (३–१३ जुलाई) का विशद वर्णन मिलता है। उसके अनुसार— "३ जुलाई को अपराह्न सवाई माधौसिंह सभा निवास में आकर बिराजे। एक घड़ी बाद सूरजमल मिलने आया और उसने दीवानखाना चौक में प्रवेश करते ही तीन बार धरती छूकर सलाम किया। जब वह द्वार पर आया, तब महाराजा ने उसकी अगवानी करके ताजीम दी। पिछले खम्भा के समीप पहुँचकर सूरजमल ने पुनः तीन बार सलाम किया और सात मोहर भेंट कीं। पीछे हटकर तीन सलाम किये। तब श्री जी ने सूरजमल को आगे बुलाया और उसने शिर नवाकर प्रणाम किया। श्री जी ने सूरजमल के शिर पर हाथ रखा। फिर उसने खड़े होकर जाट सरदारों से एक मोहर तथा सैंतीस रुपया की नजर अपने हाथों से उठाकर स्वीकार की। तत्पश्चात एक घड़ी के लिए सूरजमल को अपनी दाईं ओर चांदनी पर बिठलाया। फिर उसको अपने साथ अन्दर ले गये और वहाँ तेजसिंह चौहान को अन्दर बुलाकर आपस में बातचीत कीं।

"रात्रि को महाराजा माधौसिंह पालकी में सवार होकर राज चौक में आये। यहाँ से हाथी पर सवार होकर कोट बाहर जाकर विराजे। एक घड़ी रात्रि निकलने पर सूरजमल वहां आया और उसको ताजीम देकर अपने मसनद के समीप बिठलाया। यहां पर आतिशबाजी तथा हाथियों की लड़ाई हुई। माधौसिह यहां से हाथी के रथ पर सवार हुआ और उसने अपने समीप ही सूरजमल, पेमसिंह, राजा सदासिव भट्ट, राव सरदारसिंह, देवसिंह, हेमराज कटारा, जयसिंह चूड़ावत, दयाराम धाभाई, जोधसिंह को बिठलाया और यहाँ से चांदनी चौक होकर महलों में पधारे।

---

१ – राजवाड़े, जि० १, लेख १, ६; पे० द०, जि० २१, लेख ४४, ५०, ५७; अवध, पृ० २१०–११; शिंदेशाही, जि० १, लेख ८६; पुरन्दरे, लेख ८२; सरकार (मुगल) खंड १, पृ० १६६–७।

२ – द० कौ०, जि० ७, पृ० ५५७–५६४।

"८ जुलाई को श्री जी सवार होकर सूरजमल के डेरों पर पधारे। बाग के द्वार पर सूरजमल ने उसकी अगवानी की। सूरजमल ने उसको २१ मोहर, चार तोरा, चार घोड़ा, एक हाथी तथा २५ रुपया नजर किये। दो घड़ी वहां रुककर महाराजा माजी के बाग लौट आये। फिर १२ जुलाई को माधोसिंह तथा सूरजमल दिन भर शिकार में शामिल रहे और रात्रि में सूरजमल को डेरों पर पहुँचा कर बिदाई की औपचारिकता की गई। बिदाई में सूरजमल को खासगी सिरोपाव, एक घोड़ा, एक हाथी दिया गया। साथियों को हेमराज कटारा के हाथों बीस सिरोपाव दिये गये। दूसरे दिन (१३ जुलाई) को सूरजमल के लिए सरपेच आदि पाँच वस्तुयें तथा अन्य सेवकों को ६७ सिरोपाव गांठ बांध कर भेजे गये।" इस प्रकार दोनों नेताओं ने मराठों के साथ सम्पन्न सहायक संधि को प्रभावहीन करने के लिए क्रमशः मथुरा तथा नारनौल की फौजदारी प्रदान किये जाने की मांग की और इसका अभीष्ट परिणाम निकला।

११– सिकन्दराबाद की लूट, जुलाई–अगस्त, १७५२ ई०

नवाब वजीर सफदर जंग को दिल्ली पहुँचने पर सम्राट की अनुकम्पा वरण करने का प्रयास करना पड़ा। अन्त में सम्राट के आदेश से उसने १२ जुलाई को अपनी छावनी से नगर में प्रवेश किया।[1] सफदर जंग जब अपनी नगर हवेली की ओर जा रहा था, उसी समय नवाब बहादुर जाविद खां अंगूरी बाग में आकर बैठ गया था, ताकि वजीर वहां उससे मिलने तथा सलाम करने आए। परन्तु सफदर जंग ने उसकी उपेक्षा की। इस समय राव बलराम (बल्लू चौधरी) दिल्ली में मौजूद था। वजीर की अनुपस्थिति में जाविद खां ने बलराम के सहयोग से जाट–शक्ति को अपना समर्थक बना लिया था। घमण्डी तथा सर्व सत्ता सम्पन्न जाविद खां ने शीघ्र ही अपने यश व आत्म–प्रतिष्ठा की रक्षा के लिए बलराम जाट को अंगूरी बाग में बुला लिया। उसके साथ बैठकर दरबार किया और उसको वजीर की मित्रता से विमुख करने के लिए खिलअत प्रदान की। दिल्ली के दक्षिण–पूर्व में ५१ किमी० सिकन्दराबाद परगना सम्राट के निजी जेब खर्च की जागीर का भाग था। जाविद खां ने बलराम को इस परगना का फौजदार नियुक्त करके उस पर शीघ्र ही अधिकार करने का परामर्श दिया। उसने संकट के समय उसकी यथासंभव सहायता तथा दरबार में संरक्षण प्रदान करने का भी वचन दिया। इसके बाद यह स्वयं किले में अपने निवास पर लौट आया और बलराम जाट शीघ्र ही बल्लमगढ़ पहुँचा। वहां कुछ दिन रुककर उसने अपनी जागीरी सेना एकत्रित की और फिर यमुना नदी पार करके सिकन्दराबाद पहुँच गया। उसने वहां के फौजदार कमर अली पर आक्रमण

---

१ – ता० अ० शाही, पृ० ३४ ब, ३८ अ तथा ब, ४० ब।

कर दिया और उसे परास्त करके भगा दिया। उसके पुत्र को मार डाला और सैनिक बल से परगना पर अधिकार कर लिया। फिर उसने परगना में अपना आतंक जमाने के लिए नगर को बुरी तरह लूटा। अनेक सम्पन्न व्यापारियों व साहूकारों के घरों के फर्श खोद डाले गये। अनेक साहूकारों को पकड़ लिया और उनसे बलपूर्वक धन वसूली के लिए औंधा लटकाकर कोड़ों से पिटवाया। उनको अनेक प्रकार की शारीरिक व मानसिक यातनायें दी गईं। बलराम के इन कुकृत्यों की सूचना सम्राट को उसी रात्रि को दरबार में पहुँच गई। इस समय वजीर सफदर जंग भी दरबार में उपस्थित था। उसने नवाब जाविद खां से पूछा, "क्या आपने बल्लू को वहां का फौजदार नियुक्त किया है? वह वहां के नागरिकों की सम्पत्ति को क्यों लूट रहा है और क्यों कत्ल कर रहा है? यदि वह आपकी बिना अनुमति के यह कार्य कर रहा है तो मै स्वयं वहां जाकर उसका दमन करूंगा।" वजीर के इन प्रश्नों को टालकर जाविद ने कहा—"मैं स्वयं उसको दण्ड दूंगा।" दूसरे दिन जाविद खां ने राव बलराम को सिकन्दराबाद परगना से बाहर निकालने के लिए अपने जमादार राव नरसिंह राय को एक छोटी सी सैनिक टुकड़ी के साथ उधर रवाना किया। उसने बलराम को समझा–बुझाकर वहां से चले जाने के लिए राजी कर लिया और बलराम लूट के भारी सामान के साथ जाविद खां के निजी जागीरी दुर्ग दनकौर (बल्लमगढ़ के पूर्व में २४ किमी०) में चला गया। इसी बीच में वजीर ने भी राव बलराम का दमन करने के लिए अपने सेना नायक राजेन्द्र गिरि गुसाईं के नेतृत्व में एक सैनिक टुकड़ी रवाना की और इस सैनिक टुकड़ी ने उसका दनकौर तक पीछा किया। चतुर बलराम वजीर से संघर्ष में नहीं फंसना चाहता था। उसने शीघ्र ही किले से कुछ नौकायें एकत्रित कर लीं और यमुना नदी पार करके सकुशल बल्लमगढ़ चला गया। राजेन्द्र गिरि भी दिल्ली लौट आया। इस प्रकार राजधानी के समीप बादशाह की जेब–खास की जागीर को लूटने वाले जाट सरदार को किसी भी प्रकार की सजा तथा सिकन्दराबाद की रैय्यत व व्यापारियों की किसी भी प्रकार का न्याय नहीं मिल सका। वास्तव में जाविद खां व वजीर उभय पक्ष जाटों को असन्तुष्ट नहीं कर सकते थे। सूरजमल बलराम का संरक्षक था और बल्लमगढ़ तथा उसके आस-पास के परगनों की गढ़ियां जाट राज्य की सैनिक चौकियां थीं। फिर भी नवाब वजीर ने दलगत संघर्ष को उत्तेजित करने के लिए जाविद खां पर दरबार में गम्भीर आरोप लगाया कि उसकी सदेच्छा व प्रेरणा से ही बल्लू जाट ने यह जघन्य अपराध किया है। किन्तु जाविद खां चुप हो गया और उसने शर्म से अपनी गर्दन झुका ली।[1]

---

१ – ता० अहमदशाही, पृ० ३८ अ ४० अ; शाकिर, पृ० ७१; अवध, पृ० २१६–७; सरकार (मुगल), खण्ड १, पृ० २३७।

१२– सूरजमल का प्रभाव तथा जाविद खां की हत्या, अगस्त १७५२ ई०

सफदर जंग को अब स्पष्ट आभास हो गया था कि उसकी दीर्घकालिक अनुपस्थिति में जाविद खां ने व्यवहारिक राजनैतिक, प्रशासनिक सत्ता तथा प्रबन्ध को अपने हाथ में पूर्णतः केन्द्रीकृत कर लिया है। सम्राट उसके चंगुल में फंस चुका है और शाही दरबार में ईरानी पक्ष अधिक प्रबल है। सिकन्दराबाद की घटना से वजीर सफदर जंग की क्रोधाग्नि भड़क उठी और उसने वजीर पद की गरिमा की स्थिरता के लिए व्यवहारिक राजनैतिक व प्रशासनिक शक्तियां हस्तगत करने का दृढ़ निश्चय कर लिया था। इतिहासकार सैय्यद गुलामअली खां तथा अब्दुल करीम काश्मीरी का यह कथन राजनैतिक तथा अन्य घटनाओं से पूर्णतः विपरीत है कि "बल्लू जाट के कथानक से बादशाह का दिल–दिमाग हिल उठा और उसने सफदर जंग से जाविद खां से छुटकारा दिलाने के लिए कहा।" [1] जाविद खां अति षड़यन्त्रकारी व सम्राट का मुंह लगा सरदार था। इससे वजीर ने उसको राजनैतिक रंगमंच से ओझल करने की अति गोपनीय कपट–योजना बना ली। इस योजना को वह स्वयं अकेला ही पूर्ण नहीं कर सकता था। उसके सहयोगी मराठा सरदार जाविद खां की कूट चालों में फंसकर दिल्ली से रवाना हो चुके थे। जाविद खां को पूर्ण विश्वास था कि जाट उसके समर्थक हैं। इस स्थिति में वजीर सुदृढ, साहसी मित्र तथा सहयोगियों की तलाश में था। अब राजधानी के निकट केवल जाट–जन शक्ति शेष थी और दूरस्थ कछवाहा सवाई माधोसिंह था, जिनकी तात्कालिक सहायता से वह विरोधी अमीरों को कुचल सकता था। बंगश अफगान युद्ध से सूरजमल को अधिक आर्थिक लाभ नहीं मिल सका था। अपनी सत्ता व शक्ति की स्थिरता के लिए वजीर सूरजमल को उसकी मांग पर मथुरा की फौजदारी तथा अन्य कुछ शाही परगनों का पट्टा प्रदान कराकर पुरस्कृत करना चाहता था और सूरजमल समयानुकूल नवाब बहादुर व नवाब वजीर दोनों से ही मिल जुलकर, उन पर दवाब डालकर जाट संगठन की प्रबलता के लिए राजनैतिक व आर्थिक लाभ उठाने के लिए प्रयत्नशील था।

वजीर ने दरबार में उपस्थित होकर जाट व राजपूतों के साथ मिल-बैठकर साम्राज्य में स्थाई शांति, आन्तरिक सुरक्षा व्यवस्था की नीति पर विचार करने का प्रस्ताव रखा। वह वास्तव में पद की गरिमा के लिए अपने मार्ग के कांटे नवाब बहादुर जाविद खां को सदैव के लिए हटाने का निश्चय कर चुका था। फलतः सम्राट की सहमति से वजीर ने साम्राज्य की उचित व्यवस्था किस प्रकार सम्भव

---

१ – इमाद, पृ० ६०; बयाने वाकई, पृ० २७३; अवध, पृ० २१६, पा० टि०।

हो सकती है, जाट व राजपूतों से पेशकश की रकम किस प्रकार तय की जावे आदि प्रश्नों पर विचार विमर्श करने के लिए सूरजमल तथा माधोसिंह को दिल्ली में उपस्थित होने के लिए हस्ब-उल् हुक्म भेजे ?।[1] अगस्त के द्वितीय सप्ताह में सूरजमल ने कछवाहा प्रतिनिधि के साथ दिल्ली की ओर प्रस्थान किया और उसने एक सप्ताह ख्वाजा सराय के समीप पड़ाव डाला।[2] यहां से उसने जाविद खां तथा वजीर से अनुरोध किया कि उसको मथुरा की फौजदारी प्रदान की जावे। इस प्रस्ताव पर साम्राज्य के दोनों पक्ष पूर्णतः सहमत हो गए थे। फलतः सूरजमल अपने अंगरक्षक दलों के साथ दिल्ली पहुंचा और उसने कालिका पहाड़ी पर अपना शिविर डाला, जहां सवाई माधोसिंह का मुत्सद्दी तथा राव बलराम जाट अपनी टुकड़ियों सहित उससे आकर मिले। जाविद खां ने इस अवसर पर दरबार में प्रस्ताव रखा कि वजीर की अनुपस्थिति में ये सरदार सदैव उसकी अनुकम्पा के पात्र रहे हैं। इससे सूरजमल तथा अन्य सरदार वजीर से पूर्व उससे आकर मुलाकात करें और उसी के प्रस्ताव पर उनको पुरस्कृत किया जाना उचित होगा। इस समय साम्राज्य का सर्वोच्च मन्त्री वजीर सफदर जंग राजधानी व दरबार में मौजूद था। इससे शाही परम्परा के अनुसार सम्राट व दरबार से वार्ता उसके द्वारा करना नीति संगत था। वजीर ने इस नीति के अनुसरण पर बल दिया। अन्त में काफी वाद-विवाद के बाद सम्राट की अनुमति से यह निश्चय किया गया कि जाविद खां तथा वजीर दोनों वजीर की हवेली में बैठकर एक साथ इन सरदारों से भेंट-वार्ता करें और फिर ये दोनों ही साथ-साथ सम्राट से उनकी मुलाकात करायें। इस भेंट-वार्ता के लिए गुरुवार, २७ अगस्त का दिन निश्चित किया गया। समकालीन लेखकों का मत है कि वजीर ने आन्तरिक भाव से सूरजमल को नगर में होने वाले हंगामों की स्थिति में अपनी सहायता के लिए जाट सैनिकों सहित शहर में बुलाने का निश्चय किया। इधर

---

१ – मीराते आफताबनुमा, पृ० ३५६, अहवाल-सलातीन-ये-मुतखरीन हिन्द, पृ० ११६; —अब्दुल करीम काश्मीरी का यह कथन भ्रांतिपूर्ण है कि वजीर ने सूरजमल को जाविद खां की हत्या के प्रस्ताव पर विचार करने के लिए ही हस्ब-उल्-हुक्म भेजकर आमन्त्रित किया था। (इ० डा०, बयाने वाकई, खण्ड ८, पृ० १३३) डा० टिक्कीवाल (पृ० ११७) का यह कथन भ्रमात्मक है कि वजीर ने माधोसिंह से आग्रह किया था कि वह बलराम को प्रभावित करने तथा जाविद खां के निर्देश न मानने के लिए सूरजमल पर अपना प्रभाव डालने का प्रयास करे और सूरजमल ने माधोसिंह के निर्देश की पालना में बलराम को अस्थाई सन्धि मानने के लिए बाध्य कर दिया था।

२ – हिगणे दफ्तर, खण्ड १, लेख ७६ (१६ अगस्त)।

नवाव बहादुर जाविद खां ने भी सूरजमल के पास सूचना भेजी कि बिना आपकी सलाह के आगे साम्राज्य का बन्दोबस्त व प्रबन्ध संभव नहीं होगा।[1]

सफदर जंग ने २७ अगस्त को प्रातःकाल अपने प्रमुख चेला इस्माइल खां को उसे आमंत्रित करने के लिए सूरजमल के डेरों पर रवाना किया। साथ ही साम्राज्य के प्रबन्ध व बन्दोबस्त की स्थिति पर विचार-विमर्श करने के लिए जाविद खां को अपनी हवेली पर भोजन का निमन्त्रण भेजा। उसी दिन वजीर ने अपनी हवेली के भीतर अति गुप्त रूप से अपने कुछ विश्वासी सैनिकों को तैनात कर दिया था। प्रातःकाल जाविद खां वजीर की हवेली पर पहुँचा। उसने अति उत्साह व सौहाद्र भाव से उसका स्वागत किया और दोनों ने साथ-साथ भोजन किया। दोपहर के बाद सूरजमल अपने विश्वासपात्र व चतुर अंगरक्षकों के साथ वजीर की हवेली पर समझौता की शर्तों पर वार्ता करने पहुँचा और काफी देर तक उन दोनों से बातचीत होती रही। इस्माइल खां मुलाकाती कमरे के द्वार पर खड़ा था और उसने सूरजमल व नवाब बहादुर दोनों के साथियों को भीतर जाने से रोक दिया। कुछ समय बाद वजीर सूरजमल द्वारा प्रस्तुत शर्तों पर एकान्त में विचार विमर्श करने के बहाने अपने प्रतिद्वन्दी को हाथ में हाथ डालकर अपने मकान की बुर्ज के नीचे बने एक कमरे (खिलवत खाना) में ले गया और वहां कुछ समय बातचीत की। वजीर ने उस पर एक-दो लांछन लगाये और कर्कश स्वर में राजकार्य में सीधा हस्तक्षेप करने का आरोप लगाया, किन्तु वार्ता में अति कटुता आने से पूर्व ही वह अन्तःपुर में जाने के लिए तैयार होकर चलने लगा। इसी समय मुहम्मद अली जार्जी, अन्य लोह कवचधारी मुगल सिपाहियों के साथ आ धमका। इनको देखकर वजीर शीघ्र ही खड़ा हो गया। "अपनी नमकहरामी का फल भोगो" इन शब्दों के साथ मुहम्मद अली बेग खां जार्जी ने जाविद खां पर पीछे से प्रहार किया। उसके पेट में अपनी कटार भोंक दी। उसके मुगल साथियों ने क्षण भर में अपनी तलवार से उसका शिर काटकर हवेली के नीचे फाटक पर फेंक दिया, जहां उसके अनुचर (सेवक) बैठे हुये थे। उसका धड़ यमुना के रेतीले किनारे पर फेंक दिया गया। इसी समय यह भी अफवाह फैल गई थी कि वजीर ने जाट सरदार सूरजमल की भी हत्या करवा दी है। इससे दिल्ली में उपस्थित जाट अंगरक्षकों ने वजीर का मकान घेर लिया और वहां कोलाहल व उपद्रव शुरू हो गया। सूरजमल शीघ्र ही बाहर निकला और अपने अंगरक्षकों से मिला, तभी जाट सैनिक वहां से हट सके। दिल्ली नगर में छः घण्टे तक भयंकर भागदौड़, आतंक तथा कोलाहल मचता रहा। मुगल सैनिक व शहर के गुण्डों ने जाविद खां के अनेक अनुजीवियों को पकड़ कर लूट लिया।

---

१ – मीराते आफताबनुमा, पृ० ३५७; अहवाल-सलातीन-ऐ-मुखतरीन, पृ० ११६।

जाविद खां का सभी सामान भी लूट लिया गया।[1] जाविद खां की हत्या के बाद दुर्ग के बाहर व भीतर उसके सभी भंडार व खजानों को जब्त करने के लिए सीलबन्द कर दिया गया। उसके सभी दफ्तरों पर अधिकार कर लिया गया। इस प्रकार वजीर ने जाट सैनिकों के सहयोग से किले व हरम पर भी अपने अनुजीवियों को तैनात करके सम्राट की पूर्णतः नाकेबन्दी कर ली थी।[2]

जाविद खां की हत्या एक राजनैतिक भूल थी। निःसन्देह सूरजमल को वजीर के इस षड़यन्त्र का आभास नहीं मिल सका। अनुभवहीन वजीर व्यवहारिक सत्ता का उपभोग व तूरानी पक्ष को निर्बल करना चाहता था। वह यह नहीं सोच सका कि इस हत्या का सम्राट अहमदशाह व उसकी माता उधमबाई पर क्या प्रभाव पड़ेगा? अन्त में असमर्थ सम्राट २३ सितम्बर को अपनी माता उधमबाई के साथ वजीर की हवेली पर पहुंचा और उसने वजीर को अपनी कृपा व समर्थन का पूर्ण विश्वास दिलाया। उसने यह भी वचन दिया कि आगे वजीर की अभिशंषा के बिना किसी भी पद पर किसी की भी नियुक्ति नहीं करेगा। इसके बाद वजीर ने अपने सहयोगी व कृपा पात्रों को महत्वपूर्ण पद व स्थानों पर नियुक्त किया। जागीर देकर सम्मानित किया।[3] सूरजमल को भी इसका लाभ मिला। किन्तु वह वजीर के साथ एक बार भारी विपत्ति में फंस गया, जिससे वह अपने चातुर्य, धैर्य व सैनिक बल से निकल सका।

---

१ – ता० अहमदशाही, पृ० ४० ब-४१ ब; शाकिर, पृ० ७१; ता० मुजफ्फरी, पृ० ६१–३, दे० क्रॉनी; पृ० ३८; सियार, जि० ३, पृ० ३२८; चहार, पृ० ४०८ अ; हिंगणे खंड १, लेख ७६, अवध, पृ० २१७–८, सरकार (मुगल), खण्ड १, पृ० २३८–६।

२ – ता० अहमदशाही, पृ० ४१ अ-ब; इ०डा०(बयाने वाकई), खण्ड ८, पृ० १३३।

३ – ता० अहमदशाही, पृ० ४२ अ–ब।

अध्याय ५

कुंवर बहादुर 'राजेन्द्र' सूरजमल का मुगल मराठों से युद्ध व संधियां १७५२–४ ई०

१– सूरजमल का विशिष्ट सम्मान, अक्तूबर, १७५२ ई०

सफदर जंग तथा जाविद खां के सत्तात्मक संघर्ष में व्यवहारिक शक्ति व सत्ता के उपभोग के लिए सूरजमल ने वजीर का साथ देकर शाही परम्परा व वजीर पद की गरिमा के स्थायित्व में अति निर्भीक भूमिका निभाई थी और अन्त में सम्राट को बाध्य होकर वजीर के साथ समझौता करना पड़ा था। इसके शीघ्र बाद ही अक्तूबर के प्रारम्भ में सर्वत्र यह चर्चा जोर पकड़ने लगी थी कि मराठा सरदार ग्वालियर, भदावर, कालपी तथा आगरा के ताल्लुकेदारों से मिलकर निजाम-उल्-मुल्क के नायब के रूप में आगरा तथा मथुरा के जिलों से जाटों के थानों को उठाकर स्वयं निजामत कायम करने का प्रयास करेंगे। फलतः शाही दरबार में काफी हलचल मचने लगी थी। सूरजमल इस समय वजीर के साथ राजधानी में उपस्थित था। उसको भी भारी परेशानी थी। १८ अक्तूबर को दशहरा का सांस्कृतिक पर्व था। सूरजमल ने इस पर्व से पूर्व ही कालिका पहाड़ी शिविर से राव बलराम चौधरी को उसकी सैनिक टुकड़ियों सहित मराठों की गतिविधि को अंकुशित करने के लिए रवाना कर दिया था। मराठों के भय से आशंकित सम्राट तथा वजीर को शीघ्र ही जाटों की प्रस्तावित मांगों पर विचार करके सूरजमल को सन्तुष्ट करना पड़ा। निश्चित निर्णय होने पर २० अक्तूबर को सूरजमल ने स्वयं वजीर के साथ शाही दरबार में उपस्थित होकर सम्राट अहमदशाह से भेंट की और वजीर की अभिशंषा पर उसने राव बदनसिंह को 'महेन्द्र' और सूरजमल को 'कुंवर बहादुर राजेन्द्र' के विरुद से सम्मानित किया।[1] २२ अक्तूबर को अन्ताजी के नेतृत्व में

१–(अ)–सूदन ने बदनसिंह के लिए 'ब्रजराज' तथा 'महेन्द्र' दोनों उपाधियों का प्रयोग किया है (पृ० ५)। इसी प्रकार श्री कृष्ण कलानिधि ने 'पद्य मुक्तावली' में बदनसिंह को 'महेन्द्रास्पदे' लिखा है। ❀

तीन-चार सहस्र मराठा सवार होडल-पलवल होकर दिल्ली पहुँच चुके थे और उन्होंने तालकटोरा मैदान में अपना डेरा डाल दिया था। अन्ताजी ने क्रुद्ध होकर सूरजमल के साथ चल रही वार्ताओं का विरोध किया और सम्राट को प्रभावित करने के लिए धमकी भी दी कि वह सूरजमल को आगरा प्रान्त में परगने प्रदान नहीं करे। अस्तु, बिदाई की औपचारिकता के बाद भी सूरजमल को कुछ दिन के लिए दिल्ली में रोक लिया गया।[1]

इसी बीच में अहमदशाह दुर्रानी के जलालाबाद (नवम्बर) तक आ जाने के समाचारों से लाहौर तथा राजधानी में आतंक छा गया था। इस भयाक्रान्त स्थिति में नवाब वजीर के अनुमोदन पर सम्राट ने सूरजमल को मथुरा का फौजदार नियुक्त करने का फरमान व खिलअत प्रदान की। फिर दिसम्बर के द्वितीय सप्ताह में नवाब वजीर ने सूरजमल के नाम शाही वजारत से उन सभी शाही परगनों का पट्टा करवा दिया था, जिनके लिए इससे पूर्व उसके नाम स्वीकृति हो चुकी थी, किन्तु मराठों के विरोध के कारण आदेश प्रसारित नहीं हो सके थे। इस प्रकार सूरजमल ने शाही दरबार में अपना विशिष्ट तथा महत्वपूर्ण स्थान बना लिया था। इसके बाद १४ दिसम्बर को उसे दिल्ली से बिदाई की विधिवत खिलअत दी गई।[2] सूरजमल ने अपने देश में लौटकर मथुरा की फौजदारी व अन्य परगनों का विधिवत प्रबन्ध संभाल लिया था। इस शाही सम्मान पर फरवरी २७, १७५३ ई० को सवाई माधोसिंह ने सूरजमल के पास जरी का सरपेच तथा तीन वस्त्रों का सिरोपाव

❀(ब)–वेण्डल पाद टिप्पणी में लिखता है कि 'विधिपूर्वक राजा बनाये जाने पर सूरजमल ने 'जसवन्तसिंह' की उपाधि धारण कर ली थी, किन्तु उसने आवश्यक अवसरों के अलावा इस विरुद का प्रयोग नहीं किया था। आम लोगों में बचपन से ही उसका उपनाम प्रचलित था, किन्तु उसकी मुहर में 'जसवन्तसिंह' का नाम अंकित था, इस बात को कुछ ही लोग जानते थे।"

तारीखे अहमदशाही तथा अन्य इतिवृतों से वेण्डल के कथन की पुष्टि नहीं होती है। सूदन सूरजमल का उपनाम 'सुजान' लिखता है और यह नाम जन-साधारण में प्रचलित था। इसी प्रकार महंत लालदास प्रलेख में 'सुजानसिंह' का प्रयोग मिलता है। अतः वेण्डल का कथन अविश्वसनीय है।

१ – ता० अहमदशाही, पृ० ४३ ब; पे० द० सं०, जि० २१, लेख ४८, (१३ दिसम्बर)।

२ – उपरोक्त, पृ० ४५ अ-ब।

भेजकर अपनी मित्रता का परिचय दिया।[1] अन्य पड़ोसी शासकों ने भी अपनी बधाईयां भेजी थीं।

इस प्रकार वेण्डल[2] ने सिनसिनवार जाटों के अभ्युदय के बारे में लिखा—

"निःसन्देह जाट शक्ति के उत्कर्ष में यह प्रहला कदम था और उनके भाग्योदय व राजनैतिक उत्कर्ष की चर्चाएं सर्वत्र होने लगी थीं। यद्यपि इससे पूर्व ही उनके नियन्त्रण में पर्याप्त देश व बहुल सम्पत्ति आ चुकी थी और वे हिन्दुस्तान के राजनैतिक क्षितिज पर चमकने लगे थे, किन्तु उपाधि, पद व अधिकारों ने उनको व्यवहारिक शक्तियों का प्रयोग करने तथा सत्ता के उपभोग के लिए वैधानिकता प्रदान कर दी थी। यह सत्य है कि आमेर नरेश सवाई जयसिंह ने बदनसिंह को गौरव प्रदान किया था और उसके देश में भी उसका समादर या सम्मान था; पुनश्चः जाट मुल्क (जटवाड़ा) के बाहर इस सत्ता व सम्मान का व्यापक प्रसार नहीं हो सका था। अब मुगल सम्राट, जिसके जयसिंह तथा अन्य जमींदार और साम्राज्य के प्रतिष्ठित अमीर पद व भूमि के अनुरूप प्रदत्त उपाधियों के लिए अनुग्रही थे, ने स्वयं उनके (जाटों के) मुखिया को उन ही की भांति राजा बना दिया था।"

२ – ठेनुआ जाट कुटुम्ब–कबीलों का विस्तार व प्रभाव

सत्रहवीं शताब्दी के प्रारम्भ में ठेनुआ जाट कुटुम्ब–कबीलों ने काश्तकार व पशुपालन के रूप में वर्तमान जिला अलीगढ़ व मथुरा के मध्य भाग में प्रवेश किया था और अर्द्ध शताब्दी में इन परिवारों ने सामूहिक प्रयास से अधिकांश भू भाग पर अपनी जमींदारियां स्थापित कर ली थीं। फिर उन्होंने अन्यान्य जाट पालों के साथ रिश्तेदारियां करके सामाजिक एकता व संगठन को मजबूत करने का प्रयास किया। १६६० ई० में सम्राट औरंगजेब ने नन्दराम को तोछीगढ़ का फौजदार नियुक्त करके जाट संगठन को राजनैतिक इकाई के रूप में मान्यता प्रदान कर दी थी।[3] ठाकुर नन्दराम के चौदह पुत्र थे, जिनमें से (१) जुलकरन सिंह (२) जयसिंह, (३) भूरेसिंह, (४) चूड़ामन, (५) जसवन्तसिंह, (६) अधिकरन और (७) विजयसिंह नामक सात पुत्रों के बारे में विवरण उपलब्ध हैं।[4] जावरा गढ़ी के पतन के बाद नन्दराम का तृतीय पुत्र भूरेसिंह अपने दोनों पुत्र दयाराम तथा भूपसिंह के नेतृत्व में एक सदी

---

१ – ब० की०, जि० ७, पृ० ५६५।

२ – वेण्डल; सरकार (मुगल), खण्ड २, पृ० २१४।

३ – ठेनुआ जाटों के विस्तार, सामाजिक व राजनैतिक घटनाओं के लिए द्रष्टव्य— लेखक कृत "जाटों का नवीन इतिहास"।

४ – नेविले, पृ० ९३; देशराज, पृ० ५६०।

सवारों के साथ राव चूड़ामन सिनसिनवार की सेना में आकर भरती हो गया था। उसके चौथे पुत्र चूड़ामन ने तोछीगढ़, पांचवें पुत्र जसवंतसिंह ने बहरामगढ़ी, छठवें पुत्र अधिकरन ने श्रीनगर तथा सातवें पुत्र विजयसिंह ने हरमपुर नामक गांवों की जमींदारियां प्राप्त कर ली थीं। सैय्यद बंधुओं ने भूरेसिंह को जावरा तथा टप्पा के आसपास कुछ गांव तथा क्षेत्रीय परगनों की फौजदारी प्रदान की थी। १७५० ई० में भूरेसिंह की मृत्यु हो गई थी। उसने अपने जीवनकाल में ही जावरा व टप्पा का एक भाग अपने ज्येष्ठ भ्राता जयसिंह को सौंप दिया था। [1]

नन्दराम के ज्येष्ठ पुत्र जुलकरन का अपने पिता के जीवनकाल में ही स्वर्गवास हो चुका था। उसका पुत्र खुशालसिंह अति समझदार व मिलनसार सरदार था। भूरेसिंह ने उसको राहतपुर तथा मकरोल गांव की जमींदारी सौंप दी थी। उसने सआदत खां की अनुकम्पा से दयालपुर, मुरसान, गोपी, पुतैनी, अहरी तथा ताल्लुका बारामई प्राप्त कर लिया था और मुरसान में नवीन दुर्ग का निर्माण कराया। दुर्ग की रक्षा के लिए तोपखाना व सवार सैनिकों की एक सुव्यवस्थित सेना का भी गठन कर लिया था। खुशालसिंह के पुत्र पहुपसिंह (फूफसिंह) ने १७४८ ई० में राजा की पदवी धारण कर ली थी। [2] ठेनुआ परिवार ने सूरजमल के साथ मित्रता कर ली थी और उसको हर-सम्भव सहायता प्रदान की थी। सूरजमल के आग्रह पर १७५२ ई० के अन्त में वजीर सफदर जंग ने भूरेसिंह के पौत्र सदनसिंह को हाथरस तथा उसके आसपास के कई गांवों की जमींदारियां प्रदान कर दी थीं। इस प्रकार सूरजमल ने इस क्षेत्र में ठेनुआ सरदारों की शक्ति को बढ़ाने में योग देकर क्षेत्रीय पोरच, पुंडीर राजपूतों को दबाने के लिए एक शक्तिशाली जागीर का सूत्रपात किया और अपना प्रभाव कोइल की ओर पूरी तरह बढ़ाया।

सूरजमल ने मध्य दोआब में आगरा के पूर्व में जलेसर, आवा, नूंह, इनके दक्षिण में टूंडला, फिरोजाबाद तथा यमुना नदी पर आबाद बटेश्वर तथा उत्तर में टप्पल व खुर्जा पर अधिकार कर लिया था। आगरा के दक्षिण-पूर्व में उटंगन तथा चम्बल नदी के मध्य भाग में आबाद सिकरवाटी (राजाखेड़ा, पिनाहट, बांह) पर सिकरवार गूजर व राजपूतों का अधिकार था। भारी दबाव में आकर इन सरदारों ने सूरजमल की अधीनता स्वीकार कर ली थी। [3]

---

१ – नेविले, गजे० आगरा व अवध, भाग २, पृ० ९३; देशराज, पृ० ५६०, ५६८; इमाद, पृ० ५५।

२ – सरकार (मुगल), खण्ड ४, पृ० ९०।

३ – सूदन, पृ० १२८।

३– घासहरा (घासेड़ा) का घेरा तथा विजय
जनवरी-अप्रेल १७५३ ई०

घासेड़ा (घासहरा) [1] का राव बहादुरसिंह बड़गूजर राजपूत जाविद खां का पक्षधर था। जाविद खां के परामर्ष पर सम्राट अहमदशाह ने नवाब फतेहअली को चकला कोइल की फौजदारी मे पदच्युत करके सितम्बर ७, १७५१ ई० में राव बहादुरसिंह बड़गूजर को फौजदारी प्रदान कर दी थी। उसको तीन वस्त्रों की खिलअत व एक तलवार से सम्मानित किया गया। बड़गूजर ने चकला कोइल की

---

१ – दिल्ली के द० प० में ६४ किमी० तथा पलवल के पश्चिम में २४ किमी० परगना सोहना के अन्तर्गत

—राव बहादुर सिंह बड़गूजर छापामार सरदार हठी सिंह का वंशज था। औरंगजेब के शासनकाल में दहना गांव, जो आगे चलकर बादशाहपुर कहलाने लगा, के हठी सिंह ने अपने जाति बान्धवों के सहयोग से एक लुटेरा दल गठित कर लिया था और ठाकुर चूड़ामन के साथ मिलकर शाही-राहों में लूटमार करके पर्याप्त धन व शक्ति संचित कर ली थी। औरंगजेब ने रेवाड़ी के चौधरी शाहवाज सिंह अहीर को इस लुटेरा दल के दमन के लिए नियुक्त किया, किन्तु एक मुठभेड़ में वह खेत रहा। तब उसके ज्येष्ठ पुत्र नन्दराम ने रेवाड़ी का चौधरी पद प्राप्त कर लिया। उसने रेवाड़ी के समीप नन्दराम पुरा व धारुहेड़ा नामक कस्बा आबाद किए और फिर बोलनी (रेवाड़ी के द० पू० में १२ किमी०) की गद्दी को छोड़कर रेवाड़ी को प्रशासनिक केन्द्र बनाया। चौधरी नन्दराम व उसका लघु भ्राता म्यानसिंह, हठीसिंह के उत्कर्ष को सहन नहीं कर सके। इससे म्यान सिंह ने उसको आगरा के समीप छलपूर्वक मारकर अपने पिता की मृत्यु का बदला लिया। (आमीर कुल दीपिका, पृ० १०६–८)

सम्राट मुहम्मदशाह के शासनकाल में वजीर खां मेवाती ने छापामार दल संगठित करके मेवात तथा दिल्ली के आस-पास भारी उपद्रव खड़े कर दिये थे। फलतः सम्राट ने लगभग १७३० ई० में बहादुरसिंह बड़गूजर को उसके दमन के लिए नियुक्त किया। वजीर खां जब लूट के माल के साथ यमुना नदी पार करके अलवर की ओर जा रहा था, तब बहादुर सिंह ने अपने सौ साथियों के साथ उसको घेर कर मार डाला। सम्राट ने प्रसन्न होकर बहादुर सिंह को लूट का सभी माल प्रदान कर दिया और उसे राव की उपाधि से सम्मानित किया। उसने घासहरा (घासेड़ा) में एक विशाल दुर्ग का निमाण कराया। (हेमचन्द्र राय, पृ० २०६–८)।

फौजदारी के एवज में चार लाख रुपया वार्षिक भुगतान करना स्वीकार कर लिया था।[१] बंगश पठान युद्ध (अगस्त–सितम्बर, १७५०) में राव बहादुरसिंह ने वजीर के साथ विश्वासघात किया। इससे सफदर जंग राव बहादुरसिंह की शक्ति को कुचलना चाहता था, जबकि सूरजमल मध्य दोआब के परगनों पर अपना अधिकार करने के लिए प्रयत्नशील था और इस दिग्विजय में राव बहादुरसिंह एक प्रबल रोड़ा था। समकालीन इतिहास वृतों से ज्ञात होता है कि घासहरा अभियान के निम्न मुख्य कारण थे —

(१) सूरजमल को मथुरा, जलेसर, चौमुंहा, महावन, माहोली, टप्पल, सादाबाद आदि परगनों की फौजदारी प्राप्त हो चुकी थी। उत्तर-पूर्व में ये परगने राव बहादुरसिंह की जागीर के सीमान्त परगने थे। सूरजमल अपने राज्य का विस्तार उत्तर में मेवात तथा उत्तर–पूर्व में चकला कोइल के शाही परगनों पर भी करना चाहता था। सम्भवतः सितम्बर, १७५२ ई० में सूरजमल ने राव बहादुरसिंह से सीमान्त क्षेत्र के बारे में बातचीत की थी। पलवल में इन दोनों सरदारों में आपसी बातचीत भी हुई थी, किन्तु बड़गूजर की दृढ़ता तथा हठधर्मी से वार्तायें दृढ़ विवाद में बदल गईं और सूरजमल ने बड़गूजर के विरूद्ध संघर्ष छेड़ने का इरादा कर लिया था।[२]

(२) फतेहअली-असद खां युद्ध (नवम्बर, १७४५) में राव बहादुरसिंह ने असद खां का पक्ष स्वीकार करके जाटों के विरूद्ध युद्ध किया था।

(३) राव बहादुर सिंह का श्वसुर जाट शासक की ओर से नीमराना का हाकिम था। इसी काल में रेवाड़ी का राव गूजरमल[३] भी नीमराना के हाकिम

---

१ – बे० क्रॉनी०, पृ० ३३; हिंगणे दफ्तर, खंड १, लेख ६० (२६ सितम्बर)।

२ – हेम चन्द्र राय, पृ० २०८।

३ – अनुमानतः आठवीं शताब्दी में तिजारा (अलवर के उ० प० में ५४ किमी०) में अहीरों (आभीरों) का राज्य था। रुड़ा सिंह अहीर सरदार ने सूर वंश के विरुद्ध सम्राट हुमांयू की सहायता की थी। इससे प्रसन्न होकर हुमांयू ने उसको रेवाड़ी के आसपास के गांव इनाम में प्रदान कर दिए थे। (आभीर कुल दीपिका, पृ० १०५; खेडकर, पृ० १९२–३; कृष्णानन्द, पृ० ७०) रुड़ा सिंह ने रेवाड़ी के समीप बोलनी नामक गांव आबाद किया और अहीरों ने यहां आबाद होकर जमींदारी अधिकार प्राप्त कर लिये। उसके पुत्र रामसिंह ने बोलनी में गढ़ी का निर्माण कराकर जमींदाराना फौज संगठित की। उसने दो लुटेरा मेवातियों को पकड़कर सम्राट अकबर के दरबार में प्रस्तुत किया। इससे अकबर ने उसको परगना रेवाड़ी की फौजदारी प्रदान करके सम्मानित *

तथा जाटों का सहयोगी था, किन्तु बहादुर सिंह फर्रुखनगर व झज्झर का नवाब और सवाई माधोसिंह राव गूजरमल के शत्रु थे और वे अहीरों की शक्ति को कुचल कर रेवाड़ी तथा समीपवर्ती परगनों पर अधिकार करने का षडयन्त्र रच रहे थे। नादिरशाह आक्रमण के बाद सम्राट मुहम्मद शा ने गूजरमल को राव बहादुर की उपाधि तथा पांच हजार जात का मनसब प्रदान कर दिया था और जिला नारनौल व हिसार में क्रमशः ५२: ५२ गांव जागीर में दिये ह । इस प्रकार उसकी जागीर में रेवाड़ी, झज्झर, दादरी, हांसी, हिसार, कानौद तथा नारनौल के प्रमुख नगर शामिल थे।[1] १७४३ ई० में राव गूजरमल ने २००,५७८ दाम (५००१६ रु०) के अन्य देहात इजारे में प्राप्त करके अपनी जागीर में शामिल कर लिए थे।[2] गुड़गांव जिला गजेटियर के अनुसार, सूरजमल के समय में राव परिवार की शक्ति सर्वोच्च सोपान पर पहुँच चुकी थी।[3] १७५० ई० में नीमराना के हाकिम ने अपने दामाद के आग्रह पर राव टोडरमल को अपनी हवेली पर आमन्त्रित करके हत्या करवा दी।[4] उसका पुत्र भवानी सिंह सुस्त तथा कर्तव्य पालना के प्रति उदासीन था। उसने अपने पिता के खून का बदला लेने के लिए सूरजमल से आग्रह किया।[5]

---

* किया। (आभीर, पृ० १०५-६; खेड़कर, पृ० १९३; कृष्णानन्द, पृ० ७०) राम सिह का पुत्र शाहवाज सिह तथा प्रपौत्र नन्दराम था। नन्दराम की मृत्यु (१७१३ ई०) के बाद उसके ज्येष्ठ पुत्र बाल किशन ने उत्तराधिकार प्राप्त किया। बाल किशन औरंगजेब की सेवा में था। नवम्बर २९, १७०१ ई० (रज्जब ९, हि० ११११२) को सम्राट ने उसको २००० जात/१००० सवार का मनसब प्रदान करके रावराजा की उपाधि प्रदान की थी। (फरमान) सम्राट मुहम्मदशाह ने उसको 'शेर बच्चा समशेर बहादुर'' की उपाधि से सम्मानित किया था। करनाल युद्ध में उसने वीरगति प्राप्त की। (आभीर, पृ० १०९–११०; कृष्णानन्द पृ० ७२; खेड़कर, पृ० १९३· गुड़गांव जिला गजे०, पृ०२०) फिर सम्राट मुहम्मदशाह ने उसके भ्राता गूजरमल को उत्तराधिकार प्रदान किया।

१ – आभीर कुल दीपिका पृ० ११०; खेड़कर, पृ० १९३।

२ – सनद।

३ – गुड़गांवां जिला गजेटियर, पृ० २१।

४ – आभीर कु दीपिका, पृ० ११०।

५ – रा० हि० रि० ज०, खण्ड २, अंक १ पृ० २३।

—१७५८ इ० में कारिंदा तुलसीराम ने भवानीसिंह को मरवा कर समस्त जागीर पर अधिकार कर लिया था।

इस प्रकार सम्भवतः सूरजमल अपनी विस्तारवादी योजना के लिए लालायित हो उठा था।

(४) बलदेव सिंह सूर्यद्विज का मत है कि, "वासेड़ा के मीणा सूरजमल के ऊंटों को चुराकर ले गये थे। मांग करने पर राव बहादुर सिंह ने न तो ऊंटों को वापिस लौटाया और न लुटेरों को ही दण्ड दिया।[1] फलतः दो शक्तियों में शक्ति परीक्षण आवश्यक था।

राव बहादुर सिंह के विरुद्ध सूरजमल की नियुक्ति

वजीर सफदर जंग ने राव बहादुर सिंह की शक्ति को कुचलने तथा अन्ताजी के विरोध को नगण्य करने के लिए सूरजमल को आगरा प्रान्त के प्रमुख परगना प्रदान करने का प्रलोभन देकर मार्च १७५२ में दिल्ली बुलाया। जॉन कोहन के अनुसार वजीर ने सूरजमल के नाम परगना कोइल, खुर्जा, जिनकी वार्षिक आय एक करोड़ दाम थी, का पट्टा करवा दिया[2] और सम्राट अहमदशाह से आदेश प्राप्त करके सूरजमल को उसे दबाने के लिए नियुक्त किया। वजीर ने सूरजमल को एक शमशेर, ढाल, एक हाथी, घोड़ा तथा खिलअत प्रदान करके दिल्ली से बिदाई दी। इस समय राव बहादुर सिंह गंगा स्नान के लिए गया था और वह ससैन्य कोइल के दुर्ग में रुक रहा था। सूरजमल ने उसको कोइल से निकाल कर घासेड़ा में घेरने की योजना पर विचार किया। फिर उसने ससैन्य कालिन्दी नदी पार करके समौगर में अपना पड़ाव डाला। राव बदनसिंह ने सूरजमल के आग्रह पर देशस्थ सेना के साथ कुवर जवाहर सिंह को कोइल की ओर रवाना कर दिया। इस सेना ने यमुना नदी पार करके गोपाचल (गोकुल) में पड़ाव डाला। सूरजमल स्वयं समौगर से जावरा पहुँच गया। यह समाचार मिलते ही राव बहादुर सिंह कोइल दुर्ग को खाली करके बंगश तथा रामपुर के रुहेला सरदारों की सहायता प्राप्त करने की आशा से गंगापारी इलाके में चला गया। सूरजमल ने शीघ्र ही कूंच करके कोइल नगर पर अधिकार कर लिया और बहादुर सिंह को घेरने के लिए गंगा के प्रमुख घाटों पर घेराबन्दी की। फलतः बहादुरसिंह ने दिल्ली मार्ग से घासेड़ा को ओर कूंच किया और वह सकुशल घासेड़ा पहुंच गया।[3]

प्रथम मुठभेड़

घासेड़ा का पक्का मजबूत दुर्ग तीन वर्ग किमी० की परिधि में बना था।

---

१ – बलदेव सिंह, पृ० ६०; वाक्या राज०, खण्ड २, पृ० ५७।

२ – जॉन कोहन, पृ० २१ ब; पे० द० सं०, जि० २१, लेख ५७; ऐति० पत्र० व्यवहार, लेख ८९।

३ – सूदन, पृ० १०६-११०; बलदेव सिंह, पृ० ६०; वाक्या राज०, खंड २, पृ० ५७।

इसके चारों ओर जल–प्लावित खाई थी। प्रत्येक बुर्ज–प्राचीर पर तोपें लगी थीं। दुर्ग में गोला-बारूद तथा खाद्यान्नों का भारी जमाव (जखीरा) था और आठ सहस्त्र सैनिक थे। सूरजमल ने जवाहरसिंह को उत्तर दिशा से घेरा डालने को रवाना किया और स्वयं ने पूर्व दिशा की ओर से आक्रमण कर दिया। बहादुरसिंह ने अपने मामा को दक्षिण की ओर और जालिमसिंह (सुपेहल) को जवाहरसिंह के विरूद्ध तैनात किया। हाथीराम को पश्चिम की ओर, अपने मंत्री को पूर्व की ओर भेजकर स्वयं ने तोपखाना का संचालन संभाल लिया था। भयंकर गोलाबारी के बाद राव ने युद्ध की पोशाक धारण की। उसके साथ सात सौ सवार व चार सौ लड़ाकू पैदल थे। जब वह पूर्वी द्वार से बाहर निकला, तब मीर पनाह ने उसका सामना किया। भयंकर मुठभेड़ के बाद राजपूतों ने भागकर दुर्ग में शरण ली। अब बहादुरसिंह का पुत्र अजीतसिंह आगे बढ़ा और राव ने तीक्ष्ण बाण–वर्षा की। जालिमसिंह का रामचन्द्र तोमर ने जमकर सामना किया। भयंकर मुठभेड़ में अजीतसिंह, जालिमसिंह तथा स्वयं राव बहादुरसिंह घायल हो गया। उनके पुत्र तथा बन्धु-बान्धव खेत रहे। हताश होकर राव किले में लौट गया। इस प्रथम आक्रमण में बख्शीराम व सूरजमल के मामा सुखराम ने विजय प्राप्त की। इसी प्रकार तोपों की गड़गड़ाहट के बीच आगे बढ़कर जवाहरसिंह के सैनिकों ने गढ़ द्वार को घेरकर राव के अनेक मोर्चों को ध्वस्त कर दिया। सूरजमल ने सांडनी सवार भेजकर अपने पुत्र को निर्देश दिये कि वह विवेक से काम ले। जो सैनिक जहां तक पहुँच सकें, वे वहीं रुके रहें। दिन में परिघा देकर मोर्चा बनायें और रात्रि को खंदकों में रुक कर अपनी रक्षा करें। राव ने दुर्ग रक्षकों को दिन रात चौकन्ना रहने का निर्देश दिया। दुर्ग-प्राचीर से सारी रात गोला चलते रहे। जवाहरसिंह ने दुर्ग के समीप खंदक खोदने के लिए बेलदार रवाना किये और सैनिकों की सुरक्षा के लिए परिघा बनवाये। इस प्रकार पन्द्रह दिन तक दुर्ग का घेरा चलता रहा।[1]

द्वितीय आक्रमण

प्रथम आक्रमण के बाद जाट सेनानायकों ने मैदान बदल लिये। अब सूरजमल ने पश्चिम में तथा जवाहरसिंह ने दक्षिण में मोर्चाबन्दी की। उसने दुर्ग के पूर्वी द्वार पर हरनागर, दल्ला मेवाती, राव रतनसिंह (मैंढू), पुहुपसिंह (जावरा) आदि और मीर महमद पनाह, मामा सुखराम व हरिनारायण को पांच सौ सवारों के साथ तैनात किया। जवाहरसिंह के नेतृत्व में बख्शी मोहनराम, साहिबसिंह चोहान, राजा अजीतसिंह, चमूपाल हरबल (वैर), सैनपाल सूरतिराम, राव भवानीसिंह (रेवाड़ी) आदि प्रमुख सेनानायक तैनात थे। इन्होंने दुर्ग को मुस्तैदी के साथ घेर

---

१ – सूदन, पृ० १११–११६।

लिया। जवाहरसिंह स्वयं अपने चाचाओं तथा अन्य भाई-बन्धुओं के साथ पृष्ठ भाग में मौजूद था और गुरु महन्त रामकिसन अपनी नागा जमात के साथ पृष्ठ भाग में था। इस प्रकार जाट सेनाओं ने कड़ी घेराबन्दी करके राव को समझौता वार्ता करने के लिए बाध्य कर दिया था।[1]

अन्त में राव बहादुरसिंह ने अपने भाई जालिमसिंह को समझौता-वार्ता करने के लिए सूरजमल की छावनी में रवाना किया। सूरजमल ने दूत का भारी सम्मान किया और युद्ध क्षतिपूर्ति के दस लाख रुपया नकद व समस्त तोप-रहकला समर्पित करने की मांग की। राव ने बारह लाख रुपया नकद भुगतान करना स्वीकार किया, किन्तु उसने युद्ध-प्रसाधनों सहित समर्पण करने से मना कर दिया। यह निर्णय सुनकर जालिमसिंह ने रात्रि में आत्म हत्या कर ली।[2] फलतः सूरजमल के पास राव का निर्णय नहीं पहुँच सका। अन्त में सूरजमल ने मंझा के पुत्र अमरसिंह चाहर को राव बहादुरसिंह के पास वार्ता करने तथा आन्तरिक दुर्ग की व्यवस्था का भेद लेने के लिए रवाना किया। राव ने जाट वकील के समझाने पर जाटों को दस लाख रुपया इस शर्त पर भुगतान करना स्वीकार कर लिया कि उसके माल-असबाब को सुरक्षित दिल्ली पहुँचा दिया जावेगा ताकि वह इस माल को गिरवी (रहन) रखकर हुंडी प्राप्त कर सके। सूरजमल ने राव की इस शर्त को मान लिया और उसने खिदानन्द की देखरेख में बेशकीमती माल राव के पुत्र के पास दिल्ली पहुँचा दिया। बहादुरसिंह ने अपने पुत्र फतेहसिंह को लिखा कि वह पोद्दार (पोतेदार) से समस्त जिंस संभाल ले और मराठा वकील बाबूराम से वार्ता करा दें। बाबूराम ने खिदानन्द को दस लाख रुपया भुगतान का वचन दिया, किन्तु यह राव बहादुरसिंह का एक कपट मात्र था।[3] जाटों ने अंतिन समय तक दुर्ग का घेरा नहीं उठाया।

अन्तिम आक्रमण तथा विजय, अप्रेल २३, १७५३ ई०

दीर्घकालीन घेराबन्दी से राव बहादुरसिंह के सेनानायक तथा सैनिक काफी परेशान हो चुके थे। अमरसिंह चाहर[4] ने अपने प्रयास से आखेड़ा के सादुल्ला सहार मेवाती को वचन देकर अपनी ओर तोड़ लिया था। इससे राव की सैनिक शक्ति काफी कमजोर हो गई थी। अप्रेल २३, १७५३ ई०(वैशाख वदि ६, सं० १८१०) को

---

१ – सूदन, पृ० १२०–४; बलदेवसिंह, पृ० ६२–३।

२ – सूदन, पृ० १२५–७; बलदेवसिंह, पृ० ६४; वावया राज०, खण्ड २, पृ० ५८।

३ – सूदन, पृ० १२८–१३१।

४ – तहसील किरावली, जगनेर (जिला आगरा) का इलाका चाहरवाटी कहलाता है। सूर्यमल्ल मिश्रण ने चाहरवाटी को ''सिदगिरि वाले जट्ट'' लिखा है। (वंश भास्कर, पृ० २८८६) चाहर पाल में हरिमोहन ने जन्म लिया था *

जाट कुंवर सूरजमल ने रात्रि के अन्तिम प्रहर (सूर्योदय से दो घण्टा पूर्व) में दुर्ग पर पूर्ण वेग, तत्परता तथा सावधानी से आक्रमण कर दिया। पदाति सैनिकों के नायक सैय्यद हमीद ने अपने भाई–बन्धुओं के साथ श्याम ध्वजा लेकर खाई पार कर ली और वह परकोटा पर चढ़ने में सफल रहा। सूरतराम, रूढिया गुर्जर, दौलतराम, सदाराम, ठाकुरदास आदि हाड़ी, हुक्का, बाण, बारुद की पोटली का सामना करते हुए हमीद के पीछे चल दिये। यद्यपि हमीद परकोटे पर चढ़कर खेत रहा, किन्तु जाट सैनिकों ने दुर्ग-प्राचीर को तोड़कर परकोटे पर अधिकार करने में सफलता प्राप्त कर ली। अब जाट सैनिकों ने नगर में प्रवेश किया। वहां भारी हलचल, भगदड़ मच गई। प्रजा ने जाट शिविर में पहुँचकर प्राण रक्षा की। राव बहादुरसिंह के पास आन्तरिक दुर्ग में पांच सो सैनिक शेष रह गये थे। बड़गूजर की दो पत्नियां जौहर कुण्ड में सती हो गई। मध्याह्न के बाद राव दुर्ग से बाहर निकल पड़ा। उसके अनेक सैनिक खेत रहे या भाग गये। जब राव के साथ सो सैनिक शेष रहे, तब शिवसिंह ने राव पर गोली चलाई और पृथ्वीसिंह ने बाण छोड़े। अन्त में राव पच्चीस (सूदन के अनुसार पांच) अंगरक्षकों के साथ खाई पार करने में सफल रहा। दल्ला मेवाती ने राव बहादुरसिंह को घेर लिया और उसका शिर उतारकर सूरजमल को प्रस्तुत किया। [1]

*** इसके (१) मंझा, (२) भोलाराम तथा (३) जसवन्त नामक तीन पुत्र थे। मंझा अपनी नवयुवक टोली के साथ डीग तथा अन्य दोनों भाई कुम्हेर में आकर बस गये थे। मंझा ने डीग के द० पू० में अऊ के समीप नगला चाहर आबाद किया, जहां अभी तक उसके वंशज आबाद हैं। घासहरा युद्ध के बारे में अभी तक यह कहा जाता है कि—**

'मंझा के पूत भये, गढ़ में डाली फूट,
सात साक ते खो दिये कोइल के रजपूत।"

बदनसिंह ने मंझा को चौधरी की उपाधि प्रदान की थी।

—मेवाती लोकवार्ता से पता चलता है कि राव बहादुरसिंह ने सादुल्ला सहार से पूछा कि 'सहार, बोल गढ़ टूटेगा या नहीं।' सादुल्ला ने कहा कि साहब यह टूटेगा। राव ने उसको अनेक यातनायें दीं; फिर भी मेवाती सरदार अपनी बात पर जमा रहा और अन्त में गुस्से में भर कर कहा कि, 'इस गढ़ में गीदड़ बोलेंगे'। (मरु भारती, वर्ष १७, अंक ३, पृ० ४६) वास्तव में अमरसिंह चाहर ने सादुल्ला सहार व उसके साथियों को आश्वासन देकर जाट पक्ष की ओर मिला लिया था।

१ – सूदन, पृ० १३१–१५१; बलदेवसिंह, पृ० ६५।

घासहरा अभियान, सतियों की गाथा अनेक काव्य तथा मेवाती लोकगीतों में प्रतिध्वनित होती हैं। दरबारी इतिहासकार के शब्दों में, "सूरजमल ने बहादुरसिंह बड़गूजर के पैतृक गढ़ का तीन महीने तक घेरा डाला और दुर्ग पर अधिकार कर लिया। यहां पर जमकर युद्ध हुआ। दुर्ग प्राचीरों से छोड़े गये गोलों से एक हजार पांच सौ जाट सैनिक खेत रहे। अन्त में २३ अप्रेल को राव ने निराश होकर अपनी सभी पत्नियों को मार डाला। दुर्ग के द्वार खोल दिये और साहश पच्चीस वीर लड़ाकू साथियों के साथ शत्रु पर टूट पड़ा। एक-एक करके सभी सैनिक काम आये।"[1] राव बहादुरसिंह का पुत्र फतेहसिंह दिल्ली में था। इससे वह इस विनाशकारी युद्ध से बच गया और उसने मीर बख्शी इमादुलमुल्क से मित्रता कर ली। आगे चलकर उसने इस मित्रता से लाभ उठाया। सूरजमल ने अमरसिंह चाहर को घासहरा का किलेदार तथा प्रबन्धक (हाकिम) नियुक्त किया तथा अन्य सेनानायकों को पुरुस्कृत किया। इसी बीच में दिल्ली में सम्राट तथा वजीर सफदर जंग के बीच राजनैतिक मतभेद बढ़ चुके थे और वजीर सूरजमल को अपनी सहायता के लिए आमन्त्रित कर रहा था। इससे सूरजमल ने अपनी सेनाओं सहित दिल्ली की ओर प्रस्थान किया और १ मई को वजीर से मुलाकात की।[2]

४ – गृह युद्ध में जाटों का योग, मार्च–नवम्बर १७५३ ई०

जाविद खां की हत्या के बाद वजीर सफदर जंग का आचरण एक स्वार्थी तानाशाह की भांति हो चुका था। दुर्ग व शाही महलों में अपने अनुजीवियों को तैनात करके उसने सम्राट अहमदशाह को बन्दी बनाकर अपने नियन्त्रण में रखने का प्रयास किया।[3] राजनैतिक अधिकार अविगृहीत करने के लिए उसने तूरानी (मध्य-एशिया से आने वाले सुन्नी सरदार व परिवार) अमीर फीरोज जंग, इन्तिजामुद्दौला तथा अन्य तूरानी सरदारों की पैतृक जागीरों का अपहरण करके अपना विरोधी बना लिया था।[4] देश की आन्तरिक व बाह्य आक्रांताओं से रक्षा के प्रति वजीर की उदासीनता व असमर्थता जन साधारण के लिए असन्तोष का कारण थी। राजधानी के आसपास मराठा दल लूटमार करते थे।[5]

---

१ – ता० अहमदशाही, पृ० ४७ अ, ५२ ब; सरकार (मुगल), खण्ड २, पृ० २६४।

२ – ता० अहमदशाही, पृ० ५३ अ; सूदन, पृ० १५२; बलदेवसिंह, पृ० ६६।

३ – ता० अहमदशाही, पृ० ४२ ब; दे० क्रॉनो०, पृ० ३८।

४ – ता० अहमदशाही, पृ० १६ अ; ता० मुजफ्फरी, पृ० ६४।

५ – ता० अहमदशाही, पृ० ४४ अ–ब, ४५ अ; शाकिर, पृ० ३४–५।

—अक्तूबर २२, १७५२ ई० को ३५०० मराठा सैनिक दिल्ली पहुंच गये थे। फरवरी, ६, १७५३ ई० को अन्ताजी माणकेश्वर चार सहस्र मराठा सवारों*

नादिरशाह आक्रमण के समय सआदत खां तथा आसफजहां निजामुल्मुल्क के नेतृत्व में ईरानी–तूरानियों (सिया-सुन्नी) का दलगत साम्प्रदायिक झगड़ा विद्यमान था। अब दुर्रानी आक्रमण काल में यह पुनः पनप उठा था। राजमाता उधमबाई अति निपुण थी। उसने षड़यन्त्र रचकर इन्तिजामुद्दौला (मीर बख्शी), नवयुवक इमादुल्मुल्क, हिसाम खां, समसामुद्दौला, अकीबत महमूद खां तथा अन्य असन्तुष्ट अमीरों को संगठित करके वजीर विरोधी दल की स्थापना की। उधमबाई ने सफदर जंग के लिए पदच्युत करके बलात् राजधानी से निकालने की सलाह सम्राट को दी। १८ मार्च को बादशाह ने अपनी अनुकम्पा प्रगट करने की भावना से वजीर को अपनी पगड़ी उतारकर भेंट की और वजीर ने पद छोड़कर अवध जाने का प्रार्थना पत्र प्रस्तुत किया। फलतः २५ मार्च को सम्राट तथा राजमाता उधमबाई ने उसको बिदा की विधिवत रस्म के लिए व्यवहारिक खिलअत तथा भेंट भेजकर बिदा कर दिया था।[1]

बादशाह तथा वजीर सफदर जंग के बीच छिड़े गृह युद्ध तथा उसमें जाटों का योगदान का अध्ययन तीन प्रकरणों में किया जा सकता है।

(क) २६ मार्च से ८ मई तक– जब उभय पक्ष अपने मित्र व साथियों को अपनी ओर मिलाने का प्रयास करते रहे।

(ख) ९ मई से ४ जून तक– वजीर के समर्थन में सूरजमल का घटनास्थल पर पहुँचना और उभय पक्षों में सशस्त्र संघर्ष।

(ग) ५ जून से ७ नवम्बर तक— युद्ध विभीषिका तथा सन्धि।

(क) प्रारम्भिक उपक्रम, २६ मार्च से ८ मई

अपनी सम्पत्ति व सामान के साथ वजीर सफदर जंग ने अपना प्रथम पड़ाव

---

* के साथ आ गया था और उसने कालिका पहाड़ी पर डेरा डाल दिया था। तब बादशाह ने अन्ताजी को सन्तुष्ट करके अपने पक्ष में कर लिया। इस पर सफदर जंग ने शाही दरबार में नियुक्त मराठा राजदूत हिंगणे को धमकी दी कि यदि मराठा उसका विरोध करेंगे तो वह अकबराबाद (आगरा) प्रान्त का प्रबन्ध सूरजमल को सौंप देगा और उसकी सहायता से जमकर सामना करेगा अन्यथा उसका सहयोग करने की स्थिति में वह उनको दस लाख की जागीरें प्रदान कर देगा। अन्ताजी को हिंगणे के निर्देश पर सफदर जग का साथ देना पड़ा। (एति० लेख संग्रह, जि० १, लेख ८९)।

१ – ता० अहमदशाही, पृ० ४९ अ, ब; ता० मुजफ्फरी, पृ० ६५-६; हरिचरन, पृ० ४०८ ब, ४०९ अ; दे० क्रॉनी०, पृ० ४१; बयाने वाकई, पृ० १०९ ब; शाकिर, पृ० ७२।

तकिया मजनूं पर और फिर दिल्ली के उत्तर-पश्चिम में नौ किमी० इस्माइल खां बाग में डाला। वह कई सप्ताह तक इस आशा से घूमता रहा कि शायद सम्राट उसको पुनः बुला लेगा। इसी बीच में तूरानी सरदार इन्तिजामुद्दौला व इमादुल्मुल्क दोनों ने ही सफदर जंग को अपना शत्रु घोषित करके दिल्ली में सशस्त्र संघर्ष की तैयारियां प्रारम्भ कर दीं।

नवयुवक इमादुल्मुल्क में उत्कृष्ट संगठन क्षमता, अत्यन्त तीक्ष्ण-बुद्धि तथा लौह इच्छा शक्ति थी। इमाद ने मल्हार राव को बुलाने के लिए अपने वकील को पत्र के साथ रवाना किया, किन्तु पलवल व होडल के बीच में सूरजमल के सैनिकों ने उसको लूट लिया और घायल करके बन्दी बना लिया। २९ अप्रेल को इमाद ने मराठा वकील राव बापूराव महादेव हिंगणे से बातचीत करके अन्ताजी सहित चार सहस्र मराठा सैनिकों को अपने पक्ष में शामिल कर लिया। रूहेला अफगान सरदारों को भी बादशाह की सहायता के लिए दिल्ली आने के लिए पत्र लिखे गये। दिल्ली के आसपास के सहस्रों जाट सिपाही भी अपने भाग्य की परख के लिए आकर भरती हो गये और उनको नियमित शाही सेना में रखकर नगर व शाही दुर्ग की रक्षा का भार सौंपा गया। अधिकांश छोटे-बड़े अमीर पच्चीस सहस्र सैनिकों के साथ उससे आकर मिल गये। ३० अप्रेल को वजीर सफदर जंग ने इन्तिजामुद्दौला, इमाद तथा अकीबत महमूद को गोली से उड़ाने का असफल प्रयास किया। इससे उभय पक्षों में खुली शत्रुता प्रगट हो गई।[1]

सफदर जंग योग्य सेनानायक, जन्मजात नेता नहीं था। उसकी वीरता, जल्दबाजी तथा बुद्धिमानों की सलाह मूल्यहीन थी। वह दूरदर्शी योजना बनाने में कमजोर था। राजनयिक दूरदर्शिता तथा कूटनीतिज्ञ बुद्धिमत्ता का उसमें अभाव था। वजीर ने दिल्ली से निकलने के बाद अति संकट काल में सूरजमल को अपनी सहायता के लिए आमन्त्रित किया और सूरजमल के आने की आशा में उसने एक माह से अधिक का समय व्यर्थ ही बिता दिया। अनुदिष्ट परिभ्रमण के बाद उसने राजधानी के दक्षिण में दस किमी० खिज्राबाद के समीप २२ अप्रेल को अपना शिविर डाला[2]।

---

१ – ता० अहमदशाही ५२ अ-ब; ता० मुजफ्फरी, पृ० ७०; ऐति०-पत्र व्यवहार, खंड २, लेख ८५; ऐति० लेख संग्रह, खण्ड १, पत्र ८९; हिंगणे, खंड २, पत्र २३।

२ – ता० अहमदशाही, पृ० ५१ ब; मीराते आफताबनुमा, पृ०३५८; इ० डा० (बयाने वाकई), खण्ड ८, पृ० १३४।

राष्ट्रीय एकता, साम्राज्य हित की अपेक्षा साम्प्रदायिक दलों की स्थिरता तथा भारतीय राजनीति पर उनका प्रभाव के लिए गृहयुद्ध सम्भावी था। सौभाग्य से यह गृहयुद्ध देश व्यापी न होकर राजधानी के आसपास तीस किमी० तक ही सीमित रहा। जब दिल्ली में संघर्ष की स्थिति बन रही थी, तब सूरजमल ने वजीर को दिल्ली के समीप ही जमे रहने का ढाढस भरा पत्र भेजा। घासहरा अभियान की थकान भी नहीं मिट सकी थी, तभी सूरजमल को पद्रह सहस्र सवारों के साथ दिल्ली की ओर प्रस्थान करना पड़ा। उन्होंने फरीदाबाद में अपना प्रथम पड़ाव डाला, जहां वजीर ने अपने पुत्र शुजाउद्दौला को सूरजमल की छावनी में भेजा। फलतः दूसरे दिन यमुना नदी के किनारे जाट छावनी डाली गई, जहां १ मई को सूरज सफदर जंग में प्रथम भेंट हुई। फिर जाट सेनाओं ने सफदर जंग की छावनी के समीप ही खिज्राबाद बाग में अपना शिविर लगाया।[1] २ मई को दोनों सरदारों ने मिलकर पुनः विचार विमर्ष किया। फिर वजीर ने सूरजमल का नैतिक व सैनिक समर्थन प्राप्त करके सम्राट के पास एक प्रार्थना–पत्र भेजा, जिसमें उसने मांग की थी कि "साम्राज्य में स्थायी शांति के लिए यह आवश्यक है कि आप इन्तिजामुद्दौला तथा इमादुलमुल्क (गाजीउद्दीन) को मेरे पास रवाना कर दें और राजमाता उधम बाई शाही दुर्ग को खाली करके शहर स्थित जफर खां के मकान में चली जावें।" इसके उत्तर में सम्राट ने लिखा, "आपने स्वेच्छा से राजधानी से जाने की अनुमति प्राप्त की थी और यहां से प्रस्थान भी कर दिया था। सूरजमल जाट की सहायता मिल जाने पर अब आप इस प्रकार मुझे कष्ट देना चाहते हैं।"[2] सम्राट का यह उत्तर मिलने पर सूरजमल ने वजीर को राजधानी पर प्रबल आक्रमण करने की सलाह दी।

सूरजमल ने वजीर का पक्ष ग्रहण कर लिया था, इससे राजधानी के नागरिकों में यह विश्वास जम गया था कि जाटों की सैनिक शक्ति तथा अटूट खजाने के कारण वजीर अपने प्रयास में अवश्य ही सफल रहेगा। इसी विश्वास के के साथ पदच्युत मीर बख्शी सलावत खां दरबार व शहर को छोड़कर अपने परिवार सम्पत्ति तथा पांच सहस्र सैनिकों सहित ४ मई को शेख मरदान की दरगाह (कब्र) की जियारत (तीर्थयात्रा) करने के बहाने से बाहर निकल आया, जहां सूरजमल के जाट सैनिकों की सहायता से राजेन्द्र गिरि गुसाईं तथा अली बेग खां ने उसको

---

१ – ता० अहमदशाही, पृ० ५२ ब–५३ अ; सूदन, पृ० १६०; शिन्देशाही, खड १, लेख ७६; हिंगणे, खण्ड १, लेख ७६।

२ – बयाने वाकई (इ० डा०, खण्ड ८, पृ० १३४–५); मीराते आफताबनुमा, पृ० ३५८–६; अहवाल सलातीन, पृ० ११६।

घेर लिया और वे उसको वजीर के डेरों पर ले आये। वजीर ने उसका अभिनन्दन किया और उसको प्रधान सलाहकार पद प्रदान किया। इस दिन बातचीतों में सूरजमल तथा सलावत खां ने वजीर के आचरण की कठोर निन्दा की और अकर्मण्यता के लिए ताना मारते हुए "व्यसनों में लिप्त बादशाह को गद्दी से उतारने, शासन पर पुनः अधिकार करके सुव्यवस्थित प्रशासन प्रदान करने का प्रबल आग्रह किया।"[1] सूरजमल ने भी वजीर से मर्मान्तिक बातें कीं, उसने वजीर को उत्साहित करते हुए कहा—"हम शाही तख्त (सिंहासन) के चाकर हैं। हम अधिक सख्ती नहीं कर सकते।" उसने वजीर को किसी अन्य शाहजादा को शाही तख्त पर आरूढ़ करके अहमदशाह से युद्ध करने, विजयी होने पर शाही परिवार के किसी योग्य अधिकारी का अभिषेक करने की सलाह दी, जिसका सलावत खां ने भी दृढ़ता से समर्थन किया। सूरजमल ने आगे कहा, "यदि इस सलाह को मान लिया जावे तो ब्रजराज (बदनसिंह) के राज्य में तैनात चार लाख पैदल नवाब के निर्देशों का पालन करेंगे। अगले दो दिन में रामदल भी हमारे पास आ जावेगा।[2]

सूरज—सलावत खां की सलाह से वजीर ने ५ मई को तूरानी सरदारों की हवेलियों पर आक्रमण करने के लिए राजेन्द्र गिरि गुसाईं को बारापुला तथा इस्माइल खां को यमुना के समीप नगली गांव की ओर रवाना कर दिया। इस प्रयास से शहर में भगदड़ मच गई और चारों ओर तहलका मच गया। भयभीत सम्राट ने शुजाउद्दौला के साले मिर्जा अली खां के पास स्वहस्तलिखित पत्र भेजा और उसने नाजिर रोज अफजूं को सफदर जंग की छावनी में सम्राट के पत्र के साथ रवाना किया, परन्तु वजीर ने इसका कोई उत्तर नहीं दिया। ६ मई को सफदर जंग के भड़काने पर जाट तथा अन्य लुटेरों ने लाल दरवाजा के समीप पुरानी दिल्ली के आदमियों को लूट लिया। नरसिंह दास हवेली पर नागरिकों ने जाट लुटेरों का सामना किया और उनमें से कुछ को पकड़ कर मार डाला। इसी दिन बादशाह ने ख्वाजा बख्तावर खां तथा वजीर खां को वजीर के शिविर में पुनः भेजा। इनसे बातचीत करने के बाद वजीर ने सलावत खां तथा सूरजमल के परामर्श पर स्पष्ट शब्दों में प्रस्ताव भेजा— "उस समय शांति सम्भव हो सकती है, जब जहांपनाह, मीरबख्शी, द्वितीय मीर बख्शी पद तथा लाहौर व मुलतान के राज्यपाल पद पर नियुक्त तूरानियों को पदच्युत करके इन पदों पर मेरे द्वारा मनोनीत व्यक्तियों की नियुक्ति स्वीकार करें। इन्तिजाम व इमाद को राजधानी से निष्कासित कर दिया

१—ता० अहमदशाही, पृ० ५२ अ, ५३ अ, ब; दे० क्रॉनी०, पृ० ४१; ता० मुजफ्फरी, पृ० ७१; इ० डा० (बयाने वाकई), खंड ८, पृ० १३५, ३२०।

२—सूदन, पृ० १६१; हरिचरन, पृ० ४०६ अ; ता० मुजफ्फरी, पृ० ७१।

जावे। मुझको पांच खिलअत भेज दी जावें, ताकि मैं जिनको देना चाहूं प्रदान कर सकूं। अन्यथा कल मैं अवश्य ही उनकी हवेलियों पर आक्रमण करूंगा। शाही किला भी मेरी दृष्टि में है।"[१] अब सशस्त्र संघर्ष तथा खुली मुठभेड़ों को नहीं टाला जा सकता था। अतः रुष्ट बादशाह ने ८ मई को समसामुद्दौला को मीर आतिश (दरोगा तोपखाना), ख्वाजा अहमद अनगा को किलेदार पद की खिलअत प्रदान कर दीं। उसने मीर आतिश तथा इमाद को यमुना नदी की रेती में लगी शाही अग्नि भित्तियों को आगे बढ़ाने तथा रक्षा परिखा को शीघ्र ही पूरी करने का आदेश दिया। शाही शस्त्रागार से विभिन्न आकार-प्रकार की बन्दूकें निकालकर उनको संभलवा दी गईं। फिर भी वजीर ने नागरिकों के हित को देखकर आक्रमणकारियों पर खुले आक्रमण की आज्ञा नहीं दी।[२]

(ख) जटवाड़ा सिपाहियों द्वारा पुरानी दिल्ली की लूट (जाट गर्दी)

विगत सात सौ वर्ष तक जटवाड़ा (काठेड़) व ब्रजमण्डल का सांस्कृतिक विकास अवरुद्ध रहा और जनता ने अत्याचार, आर्थिक शोषण को सहन करके सामाजिक परम्परा तथा संस्कृति को बनाये रखा। मुस्लिम व मुगल जागीरदारों ने मदान्धता के साथ इस क्षेत्र में भारी बरबादी की थी। सूरजमल हिन्दू धर्म और भारतीय संस्कृति का रक्षक था। उसके नेतृत्व में सामाजिक एकता, सांस्कृतिक विकास, राजनैतिक जागरूकता, प्रतिशोध की भावना ने जोर पकड़ लिया था। जाटों के राजनैतिक विकास तथा जाट राज्य के संस्थापन में सभी क्षेत्रीय जाति, संस्था तथा संगटनों ने जाति, सम्प्रदायगत भेदभावों को भुलाकर भाग लिया था। सूरजमल का निर्देश मिलते ही हाथों में लाठी, तलवार, भाले, बल्लम, फर्सा लेकर हजारों धारों ने दिल्ली अभियान में भाग लेकर राजधानी में भय, आतंक पैदा कर कर दिया था। उभय पक्षों में बिना विराम तथा विश्राम के अनेक सशस्त्र मुठभेड़ हुईं।

८ मई को दिल्ली में पद-परिवर्तनों की सूचना मिलते ही वजीर सफदर जंग ने सूरजमल तथा राजेन्द्र गिरि गुसाईं को पुरानी दिल्ली, लाल दरवाजा को लूटने का निर्देश दिया। पुरानी दिल्ली की इन बाहरी बस्तियों के खण्डहरों में निर्धन परिवार आबाद थे। ९ मई को प्रातःकाल जवाहरसिंह के नेतृत्व में जटवाड़ा के वीर सैनिकों, लूट के मोह से एकत्रित ब्रजवासियों ने लाल दरवाजा के समीप शहर के पूर्वी भाग, अनाज मण्डी तथा घरों को बुरी तरह लूट लिया। मजदूर, कारीगर, श्रमिक तथा

---

१ – ता० अहमदशाही, पृ० ५३ अ, ब; दे० कॉनी० पृ० ४१।

२ – ता० अहमदशाही, पृ० ५४ ब; दे० कॉनी०, पृ० ४२, बयाने वाकई, पृ० ११० अ, (इ० डा०, खण्ड ८ पृ० १३५।

निर्धनों ने लुटने तथा घरों के बरबाद हो जाने के बाद शाहजहांनाबाद में शरण ली। १० मई को जाट लुटेरा दल पुनः सक्रिय हो गये और उन्होंने पुरानी दिल्ली के बारह पुराओं (बस्तियों) को अपना लक्ष्य बनाया। सैय्यदवाड़ा, बीजल मस्जिद, पचकुंई, तारकगंज, जयसिंहपुरा के समीप अब्दुल्ला नगर आदि बस्तियों को बुरी तरह लूटकर आतंक फैला दिया था। इन क्षेत्रों में अधिकांश सम्पन्न तथा मध्यवर्गीय परिवार रहते थे। इन परिवारों ने अपनी सम्पत्ति, स्त्री तथा बालकों की रक्षा में हथियार उठाकर जाट लुटेरों का कड़ा विरोध किया, किन्तु लुटेरों की भारी भीड़ के कारण नागरिक उनको हटाने में विफल रहे। तीसरे पहर साढ़े तीन बजे अन्ताजी माणकेश्वर तथा शादिल खां ने मराठा व बख्शी सैनिकों के साथ शाही रक्षा पंक्ति से यमुना तट पर राजेन्द्र गिरि गुसाईं पर आक्रमण किया। उभय पक्ष में एक झड़प हुई। शाही तोपखाना ने राजेन्द्र गिरि को पीछे हटने के लिए बाध्य कर दिया। इस प्रथम मुठभेड़ में उसके बहुत से साथी काम आये। चार दिन तक लूट व विनाश का क्रम जारी रहा और महापराक्रमी जाट धारों ने पुराने शहर पर नियमित धावे बोले। जाटों के लोभ, निर्मम लूट के शिकार लाखों व्यक्ति शाहजहांनाबाद के बाजार तथा गलियों में झुण्डों में घूमते थे। बादशाह ने साहिबाबाद चांदनी चौक, तीस हजारी बाग तथा अन्य सरकारी उद्यान व विशाल मकानों को खोलकर इनकी सुरक्षा के अल्पकालिक प्रबन्ध किये।[1]

जाटों की इस लूट तथा बरबादी से बादशाह तथा वजीर के मध्य विद्यमान आपसी सम्बन्ध टूट गये। उस समय राजधानी में सूफी सन्त, दार्शनिक, तत्वज्ञानी तथा विचारक शाह वली उल्लाह खां (१७०३–१७६२) ने एक "सियासी मकतब" की स्थापना कर ली थी और उसने "मुस्लिम धर्म, मुस्लिम समाज व मुस्लिम संस्कृति खतरे में" का नारा बुलन्द किया। शाह वलीउल्लाह का दिल्ली तथा समीपस्थ मुस्लिम जनता तथा मुस्लिम वर्ग पर अधिक प्रभाव था और वह उनका धर्म गुरु था। उसने सम्राट पर भी प्रभाव जमा लिया था। सम्राट तथा राजमाता उधमबाई स्वयं उसकी कुटिया पर गई। वहां उन्होंने प्रार्थना की, प्रसाद ग्रहण किया और सत्संग में कुछ घंटे व्यतीत किये।[2] इस संकट काल में उसने सम्राट को आलस्य त्यागने, सेना में सुधार करके उसे शक्तिशाली बनाने, जाटों की जड़ों को उखाड़ने तथा बदमाशों (वजीर सफदर जंग) का दमन करके एक उदाहरण प्रस्तुत करने की सलाह दी थी, ताकि अन्य अमीर धृष्टता या नीचता नहीं दिखला सकें। उसने कहा कि इससे इस्लाम की सेवा होगी तथा धर्म का प्रसार होगा। सच्चे मुसलमानों को

---

१ – ता० अहमदशाही, पृ० ५३ ब०, ५४ ब; चहार, पृ० ४१० ब।

२ – सियासी मकतूबात, पत्र सं० १० पृ० ६८–९।

संरक्षण मिल सकेगा [१]। उसने इमादुल्मुल्क को भी संघर्ष छेड़ने की सलाह दी थी। साथ ही उसने अमीर तथा प्रमुख नागरिकों के पास भी कर्तव्य पालन करने के सन्देश भेजे। [२]

१३ मई को बादशाह ने सफदर जंग को प्रधान मन्त्री (वजीर) पद से च्युत करके इन्तिजामुद्दौला को कमरुद्दीन बहादुर, इतिमादुद्दौला की उपाधियों के साथ विधि पूर्वक वजीर नियुक्त किया और उसे सिरोपाव शमशेर की खिलअत दी। मीर बख्शी इमादुल्मुल्क को निजामुलमुल्क आसफजहां की उपाधियां प्रदान करके सम्मानित किया गया। उसी दिन सम्राट ने वजीर सफदरजंग को राज-द्रोही, स्वधर्म भ्रष्ट, नमकहराम घोषित करके पड़ोसी जमींदार, आमिल, राव–राजा, रुहेला–पठान, मेवाती, बारहा के सैय्यद तथा लुटेरा गूजरों के सरदारों को संगठित होकर युद्ध करने का निमन्त्रण भेजा। इमाद तथा उसके सलाहकार (व्यवस्थापक) अकीबत महमूद ने शाही सुरक्षा के साधन उपलब्ध कर लिये। ३० रुपये की अपेक्षा ५० रुपये अग्रिम वेतन तथा पचास रुपया प्रतिमाह वेतन, हाथी-घोड़ा, वस्त्र, हीरा-जवाहरात पुरस्कार में देने का प्रलोभन देकर मुगलिया तथा बदख्शी सैनिकों को अपने पक्ष में भर्ती करके जिहाद (धर्मयुद्ध) की घोषणा कर दी। [३]

उसी दिन सफदर जंग ने भी लगभग तेरह वर्षीय सुन्दर आकृति के एक नपुंसक (नादिर), जिसके वंश का भी पता नहीं था और जिसको कुछ समय पूर्व शुजा ने मोल लिया था, [४] को गद्दी पर आसीन किया। उसकी उपाधि "अकबर आदिल शाह" घोषित की गई और उसको कामबख्श का पोता बतलाया गया। [५] सफदर जंग स्वयं उसका वजीर बना। सआदत खां को मीर बख्शी नियुक्त किया गया और अन्य पद कृपापात्रों में बांटे गये। अकबर शाह के नेतृत्व में सफदर जंग उसी दिन हाथी पर सवार हुआ। उसके आगे राजेन्द्रगिरि गुसाईं तथा इस्माइल खां बारह सहस्र सवारों के साथ पंक्तिबद्ध खड़े थे। उनके आगे जवाहरसिंह के नेतृत्व में पद्रह सहस्र सवार व हजारों पैदल धारें थीं। राजनैतिक तथा सैनिक दबाव डालने के लिए नवाब वजीर

---

१ – सियासी मकतूबात, पृ० ११५–६; हिस्ट्री ऑफ फ्रीडम मूवमेन्ट, भाग १, पृ० ५२२।

२ – हिस्ट्री ऑफ फ्रीडम मूवमेन्ट, भाग १, पृ० ४९५।

३ – ता० अहमदशाही, पृ० ५४ ब; ता० मुजफ्फरी, पृ० १५८; इमाद, पृ० ६०; सियार, खंड ३, पृ० ३३२; इ० डा० (बयाने वाकई), खण्ड ८, पृ० १३६।

४ – ता० अहमदशाही, पृ० ५५ अ; सियार, खंड ३, पृ० ३२२; इ० डा०, खण्ड ८, पृ० १३५।

५ – ता० अहमदशाही, पृ० ५५ अ; ता० आली, पृ० १५४ ब; सूदन, पृ० १६२।

ने राजधानी के बाहरी पुरों को पूरी तरह लूटने व बरबाद करने का जाट धारों को आदेश दिया। इनमें वजीर के तुर्की (किजलबाश) सैनिक भी शामिल थे। इस सेना तथा जाट धारों ने राजधानी के बारह पुरों को चारों ओर से घेर लिया। जाट सैनिक शहर के दरवाजों तक पहुँच गये और उन्होंने अरब सराय के समीप मुगल सैनिकों को भगाकर शाही तोपखाना व शाही सामान को लूट लिया। अन्त में वजीर ने क्रोधित होकर जाटों को दिल्ली की ईंट से ईंट बजाने, लूटने तथा बरबाद करने की खुली छूट दे दी। [1] पुरानी दिल्ली की इन बस्तियों की जनसंख्या शाहजहांनाबाद की बराबर या कुछ अधिक थी। [2] करोड़ों की सम्पत्ति लूटी गई। रात्रि में ज्वाल-पुंज भडकती थी। दिन में लूटमार करके मकानों को बरबाद किया जाता था। समस्तपुरा, चूरानिया तथा वकीलपुरा को पूरी तरह बरबाद कर दिया गया। इन स्थानों पर एक दीपक भी नहीं जलता था। [3]

राजधानी की इस लूट, अग्निपात का लोमहर्षक, किन्तु अतिश्योक्ति पूर्ण वर्णन सुजान चरित में मिलता है — "सोना-चांदी, आभूषण, हथियार, मेवा, रंग मसाले, वस्त्र, घोड़ा-ऊंट, रथ-पालकी सभी वस्तुयें पूरी तरह लूट ली गईं।" [4] जन जीवन, उनकी सम्पत्ति, महिलाओं का शील भी नहीं बच सका। दरवेशों के मकान भी जाट रामदल की लूट के शिकार बन गये थे। सफदर जंग के आध्यात्मिक पथ-प्रदर्शक शाह महमद जफर के पुत्र व उत्तराधिकारी ख्वाजा (शाह) मुहम्मद बासीन के यहां भी शरणागत सकुशल नहीं रह सके। [5] जाटों की इस विनाशक लूट, अत्याचार की लोक-कथायें दिल्ली निवासियों की स्मृति में अन्य दो लूट अहमदशाह दुर्रानी की "शाहगर्दी" तथा पानीपत से पूर्व मराठों की 'भाऊगर्दी" के साथ "जाटगर्दी" उन्नीसवीं शताब्दी के प्रारम्भिक वर्षों तक ताजा रही, जब सैय्यद गुलाम अली अपने ऐतिहासिक ग्रन्थ "इमादुस्सआदात" के लिए तथ्य संकलित कर रहा था। [6] इस प्रकार एक सप्ताह तक यह उपक्रम नियमित रूप से चला। अन्त में वजीर ने सूरजमल को लूटमार बन्द करने का आदेश दिया और जवाहरसिंह के प्रयास से सभी लुटेरा "रामदल" धारें छावनी में लौट आईं। [7]

---

१ – सूदन, पृ० १६३, १६६; बयाने वाकई, पृ० २७८।

२ – सियार खण्ड ३, पृ० ३३४।

३ – ता० अहमदशाही, पृ० ५५ ब; चहार, पृ० ४१० अ; बयाने वाकई, पृ० २७८।

४ – सूदन, पृ० १६६–१७६।

५ – सियार, खण्ड ३, पृ० ३३४।

६ – इमाद, पृ० ६३ (जाटगर्दी शोहरत दारद)।

७ – सूदन पृ० १८१।

(ग) सफदर जंग के आक्रामक प्रयास : कोहटीला (कोटला फीरोजशाह) खाली करना

मीर बख्शी इमादुल्मुल्क ने अपनी सैनिक दृढ़ता के लिए सफदर जंग को शिया तथा काफिर (खलीफा विरोधी, अधर्मी) प्रचारित करके सुन्नी सम्प्रदाय की कट्टरता से लाभ उठाया। उसने दिल्ली तथा देश के अन्य सुन्नी (प्रथम तीन खलीफाओं में विश्वास शील) मुस्लिमों का समर्थन व सहानुभूति प्राप्त कर ली थी। जिन परिवारों की सफदर जग के प्रति सहानुभूति थी उनको शहरी गुण्डों ने लूटकर बरबाद कर दिया। दिल्ली में साहूकारों की हवेलियां जब्त कर ली गईं।[1] इस महान संकट काल में सफदर जंग की सम्पूर्ण सफलता की आशायें, अटूट विश्वास सूरजमल पर केन्द्रित था। इस घड़ी में शाही कोप की उपेक्षा करके जाटों ने अपनी अनन्य भक्ति, दृढ़ मित्रता तथा विश्वास को अन्तिम क्षण तक निभाया।[2]

अब सफदर जंग ने दिल्ली विजय की सैनिक योजना तैयार की और उसने अपनी अपार सम्पति व परिवार को सूरजमल के एक सुरक्षित किले में भेज दिया। इसके बाद दिल्ली नगर, उसकी सड़कें सैनिक संघर्ष, रक्तपात का केन्द्र बन गईं।[3] अब जमकर युद्ध शुरू हो गया। १७ मई को जाट टुकड़ियों की सहायता से वजीर की सेना ने काबुली दरवाजे से पुराने शहर में प्रवेश किया और नई दिल्ली के दक्षिण में पांच किमी० कोटला फीरोजशाह में तैनात शाही सेना के बालाशाही दस्तों की मदद से प्रवेश पा लिया। मीर आतिश समसामुद्दौला के आदेश पर शीघ्र ही सादल खां व देवीदत्त ने अन्य गलियों से निकलकर उन पर धावा बोल दिया। सूर्यास्त तक जमकर युद्ध हुआ, जिसमें उभय पक्ष की भारी हानि हुई। सफदर जंग ने रात्रि में आक्रमण करके कोटला फीरोजशाह पर अधिकार कर लिया और इस्माइल खां ने कोटला की एक ऊंची बुर्ज पर तोपें चढ़ाकर उसके नीचे खंदकों में तैनात शाही सैनिकों पर गोला व गुब्बारे फेंके। कुछ गोले शाही दुर्ग व नगर में भी जाकर गिरे। दूसरी ओर नगर के दक्षिणी भाग में दिल्ली दरवाजे पर लगी विशाल शाही तोपों से खानजादा सैनिकों ने कोटला पर मार की। इन गोलों से कोटला की अनेक बुर्जियां, वप्र तथा प्राकार टूटकर गिरने लगे।[4] तोप युद्ध तथा दैनिक झड़पों के कुछ दिन बाद इस्माइल खां ने जाट सैनिकों की मदद से अपनी रक्षा पंक्ति व खाईयों

---

१ – ता० अहमदशाही, पृ० ५६ अ।

२ – कानूनगो, पृ० ८५।

३ – सियार, जि० ३, पृ० ३३२।

४ – ता० अहमदशाही, पृ० ५५ ब; सरकार (मुगल), खण्ड १, पृ० ३१२; अवध, पृ० २४४।

को आगे बढ़ा लिया। उसने वजीर इन्तिजामुद्दौला की हवेली, जो दक्षिणी परकोटा के समीप एक कोण—बुर्ज से लगी हुई थी, पर अधिकार करने का विचार किया। शीघ्र ही परकोटा के नील बुर्ज के निकट तक एक मकान से सुरंग लगाकर बारूद बिछा दी गई। इसी बीच में बादशाह तथा इमाद के आमन्त्रण पर अपने भाग्य को सैनिक कसौटी पर कसने के विचार से नजीब खां रुहेला पठान दो सहस्र सवार व सात-आठ सहस्र पैदल रुहेलों के साथ शाहजहांनाबाद की ओर चल दिया था। मार्ग में उसके साथ सहस्रों सैनिक आकर मिल गये थे। इस प्रकार पन्द्रह सहस्र सवार व पैदल सैनिकों के साथ नजीब खां दो जून को शाहजहांनाबाद पहुँच गया। इसी दिन दो सहस्र सवारों सहित जेता गूजर भी दिल्ली आ गया।[1]

बादशाह ने नजीब खां का स्वागत किया और उसको नजीबुद्दौला का विरुद तथा पांच हजारी मनसब प्रदान करके शाही सेवा में भरती कर लिया।[2] ५ जून को इस्माइल खां ने नगर की दक्षिणी प्राचीर पर धावा बोल दिया और प्रातःकाल सुरंग में आग लगाई गई। बारूदी सुरंग से प्राचीर बुर्ज का एक भाग तथा वजीर इन्तिजामुद्दौला की हवेली के समीप का एक मकान उड़ गया और दो सौ शाही सैनिक, इमाद के सेवक तथा बेलदार मलवे में दबकर मर गये। इसी समय यमुना नदी की रेती से जवाहरसिंह के नेतृत्व में जाट सैनिकों ने आक्रमण किया, जिसका

---

१ – ता० अहमदशाही, पृ० ५६ ब; सियार, जि० ३, पृ० ३३२; नजीबुद्दौला पृ० ३९–४०।
—१७०८ ई० के आसपास यूसफजई रुहेला अफगान वंश में पेशावर से ८० किमी० दूर मनरी नामक ग्राम में नजीब का जन्म हुआ था। वह भारत में जीविकोपार्जन के लिए पदाति सैनिक के रूप में आया और १७४३ ई० से पूर्व अली मुहम्मद खां रुहेला ने उसको अपनी सेना में भरती कर लिया। एक वर्ष बाद ही पांच रुपया प्रतिमाह वेतन पर उसको जमादार बनाया गया। १७४५ ई० में रुहेला युद्ध में शाही सेना ने उसको बन्दी बना लिया। अपनी प्रथम पत्नी की मृत्यु के बाद नजीब ने डुण्डी खां युसुफजई रुहेला सरदार की पुत्री के साथ शादी कर ली थी और १७४८ ई० में डुण्डी खां ने उसको रहेर के चौदह परगनों का प्रबन्ध स्थायी रूप से सौंप दिया। उसने अपनी विलक्षण कूट चातुर्य्य से शाही आमिलों से मिलकर सहारनपुर के आसपास अनेक गांवों पर अधिकार कर लिया। १७५१ ई० में उसने बंगश—सफदर जंग युद्ध में भाग लिया। इसके बाद सादुल्ला खां ने उसको एक सहस्र सैनिकों की कमान सौंप दी थी। गृह-युद्ध में नजीब का भाग्य चमक उठा और आगे चलकर वह हिन्दुस्तान की राजनीति का सितारा बन गया (ता० मुजफ्फरी, पृ० ७३; नजीबुद्दौला, पृ० ३७–३९)।

२ – नजीबुद्दौला, पृ० ४०।

इन्तिजामुद्दौला की हवेली के मैदान से चार सहस्र तुर्की सैनिकों ने सामना किया और समीपस्थ शाही खाइयों से आक्रमणकारियों पर गोलियां चलाईं। शीघ्र ही इमादुलमुल्क, हाफिज बख्तावर खां, नजीब खां रुहेला तथा अन्य शाही मोर्चे पर आ धमके। नजीब के रुहेला सैनिकों ने खाईयों से आगे बढ़ कर सफदर की सेना से जमकर भयंकर संघर्ष किया। इससे सफदर के सैनिकों को अपनी तोपें छोड़कर पीछे हटना पड़ा, किन्तु इसी समय जवाहरसिंह के नेतृत्व में जाट व किजिलबाशों की सहायक कुमुक पहुँच गई। रामचन्द्र ने अग्र पंक्ति का संचालन किया। इससे युद्ध में तीव्रता आ गई और युद्ध भड़क उठा। ठीक इसी समय शाही सेना की नई कुमुक पहुँच गई। रामचन्द्र गोलो का शिकार बन गया और उसका स्थान सूरतिराम ने संभाल लिया, किन्तु वह भी गोली लगने से खेत रहा। जाटों ने अति बहादुरी से सामना करके वीरगति प्राप्त की। अन्त में जवाहर स्वयं आगे बढ़ा और उसके करारे प्रहारों से रुहेला कमान ढ़ीली पड़ गई। नजीब खां तथा उसका भाई गोली से घायल हो गये और तीन चार सौ रुहेला खेत रहे। सूर्यास्त से चार घड़ी शेष रहने पर युद्ध समाप्त हो गया और दोनों पक्ष अपनी-अपनी छावनी में लौट गये। जाट शिविर में घायलों की देखभाल की गई और मृतकों का सैनिक सम्मान के साथ यमुना तट पर संस्कार किया गया। सारी रात उभय पक्ष की ओर से तोप तथा गुब्बारे चलते रहे, किन्तु ६ जून को सूर्योदय से दो घन्टा (पांच घड़ी) पूर्व इस्माइल खां ने कोटला खाली कर दिया और वह अपने सैनिकों सहित छावनी में लौट आया। बख्शी बख्तावर खां के सैनिकों ने कोटला फीरोजशाह तथा उस एक बड़ी तोप पर अधिकार कर लिया, जिसको इस्माइल खां अपने साथ नहीं ले जा सका। तब शाही सैनिकों ने अपनी खाइयों व सुरक्षा परिखा को आगे बढ़ाया और पुराने किले पर भी अधिकार कर लिया। यहां से उन्होंने सफदर जंग शिविर पर गोला-बारी शुरु की। यह देखकर सूरजमल ने छावनी को पीछे हटाने की सलाह दी, ताकि शत्रु खुले मैदान में आकर युद्ध कर सकें। फलतः सफदर जंग ने यमुना नदी के समीप से अपनी छावनी उठाकर दिल्ली के दक्षिण में ६ किमी० तालकटोरा पर डाली।[१]

ईदगाह युद्ध, १२ जून

कोटला फीरोजशाह युद्ध में शाही सेनाओं की विजय नजीब खां रुहेला के

---

२ – ता० अहमदशाही, पृ० ५६ ब–५७ ब; बयाने वाकई, पृ० २७६–८०, (इ०डा०, खण्ड ८, पृ० १३८); सूदन, पृ० १८५–६; नूरुद्दीन, पृ० ७–८; बलदेव सिंह, पृ० ६६, वाक्या राज०, खण्ड २, पृ० ६१; सरकार (मुगल), खण्ड १, पृ० ३१३; अवध, पृ० २४५।

कुशल संचालन का परिणाम थी। अब सफदर जंग ने तालकटोरा छावनी में अनिश्चित दीर्घ संघर्ष की भूमिका पर विचार किया और इस्माइल खां, राजेन्द्र गिरि गुसाईं को हरावल की कमान सौंपी। सूरजमल ने अपने सेनानायक सूरतिराम गौड़ तथा पंडित हरसुख (वैर) को जाट टुकड़ियों की कमान सौंप दीं। नागा, बदख्शी तथा जाटों की एक-एक सहस्र की अनेक टुकड़ियां संगठित की गईं और उनको शाही सैनिकों को भड़काकर खुले मैदान में लाने के लिए नगर के अन्य पुरों व शाही भित्तिओं पर आक्रमण करने के लिए रवाना किया गया। उभय पक्षों में स्थान स्थान पर अनेक मुठभेड़ें हुईं। राजेन्द्र गिरि अपने वीर नागाओं के साथ शाही तोप भित्तिओं पर अचानक आक्रमण करता था। उसके वीर नागा शाही तोपचियों को तलवार के घाट उतार कर अपने स्थान पर लौट आते थे। इन दैनिक मुठभेड़ों में सफदर जंग के कुछ सैनिक नित्यशः काम आते थे और जहां युद्ध होता, वहां अधिक हानि उठानी पड़ती थी। इस समय सूरजमल का मित्र व सहयोगी मीर मुन्शी व करोरा गंज याह्या खां ईदगाह की खाइयों पर तैनात था। उसने सूरजमल को ईदगाह पर आक्रमण करने के लिए भड़काया। १२ जून को सांयकाल जाटों ने धौंसा बजाकर ईदगाह पर आक्रमण कर दिया, जहां जाट तथा शाही सैनिकों में जमकर मुठभेड़ हुई। इसमें जाटों को भारी हानि उठानी पड़ी। १३ जून को मीर बख्शी इमाद ने याह्या खां को गिरफ्तार करके उसकी हवेली के सामान को जब्त कर लिया।[1] इससे सूरजमल का एक मित्र कम हो गया।

राजेन्द्र गिरि की मृत्यु से सफदर जंग को आघात, १४-१५ जून

१४ जून को प्रातः ६-३० बजे सफदर जंग व शाही सेनाओं में जमकर युद्ध हुआ। सफदर जंग ने हाथी पर सवार होकर इसका संचालन किया। सूर्यास्त से ढाई घण्टा पूर्व जाट व किजिलबाश (टोपधारी) सवारों ने शाही खन्दकों पर भारी हमला किया, जिसका बदख्शी व मराठों ने जमकर मुकाबला किया। उनको भारी हानि उठानी पड़ी। इसी घोर संग्राम की अवधि में इमाद स्वयं ईदगाह की रक्षा परिखा से नई कुमुक लेकर पहुँच गया और दोनों ओर से बन्दूकची युद्ध चला। जाट सेनापति सूरतिराम गौड़ गोली लगने से घायल हो गया। पंडित हरसुख ने अपने सैनिकों को आगे बढ़ाकर संघर्ष किया। अन्त में अन्धकार बढ़ते ही शाही सैनिक पीछे हट गये और जाटों के हाथ सफलता लगी। राजेन्द्र गिरि ने काली पहाड़ी पर धावा बोल दिया था। उसके अचानक गोली से घातक घाव लगा और दूसरे दिन

---

१ – तारीखे अहमदशाही, पृ० ५८ अ; सूदन, पृ० १६०।

(१५ जून) प्रातः उसकी मृत्यु हो गई।[1] इसका सफदर को भारी आघात लगा और उसने दस दिन तक युद्ध स्थगित करके शोक मनाया। फिर सफदर जंग ने उसके पट्ट शिष्य उमराव गिर को घोड़ा व सिरोपाव प्रदान करके नागा बैठक पर आसीन किया।[2]

सफदर जंग की सैनिक शक्ति का ह्रास

युद्ध स्थगन (१५–२५ जून) का समय नवाब सफदर जंग की सैनिक शक्ति को ह्रास का प्रतीक था। नवाब के अनेक फौजी अफसर व रिश्तेदार उसका पक्ष त्यागकर दिल्ली चले गये। २७ जून को मीर बख्शी सलावत खां का भतीजा शेर जंग भी शिविर को छोड़कर बादशाह के दरबार में चला गया और उसने बादशाह तथा वजीर इन्तिजामुद्दौला को सूचित किया कि "सफदर जंग की सेना हतोत्साहित निःचेष्ट व निष्प्राण हो चुकी है। इस समय सूरजमल के अलावा अन्य कोई शक्तिशाली उमराव उसके शिविर में नहीं रहा है और वह भी शांति-समझौता वार्ता के लिए उत्सुक है। सूरजमल की यह शर्त है कि उसको लिखित पत्र द्वारा क्षमा प्रदान कर दी जावे और अधिकृत सभी प्रदेश उसके प्रबन्ध में यथावत रहने दिये जावें।" निःसन्देह जाट सरदार सूरजमल नवाब की आर्थिक व सैनिक स्थिति को समझता था। समीपस्थ किसी अन्य राजा, जमींदार या नवाब से किसी भी प्रकार की सहायता मिलना असम्भव था। इसी से सूरजमल ने युद्ध की धमकी के साथ वजीर इन्तिजामुद्दौला के पास शांति समझौता का सामयिक प्रस्ताव भेजा था और वजीर ने भी काफी सोच विचार के बाद सावधानी के साथ समझौता वार्ता प्रारम्भ कर दी थी। २७ जून को सम्राट ने राजा देवीदत्त को छः हजारी का पद तथा माही मरातिब प्रदान करके सम्मानित किया। फिर सम्राट के निर्देश पर देवीदत्त ने सूरजमल से समझौता वार्ता की शर्तों पर बातचीत करने के लिए मथुरा के भूतपूर्व नायब फौजदार को जाट छावनी में भेजा। उसने रात्रि में सूरजमल से वार्ता की और प्रातःकाल उसके पत्र के साथ राजा देवीदत्त के डेरों पर लौट गया। एक मात्र इमादुलमुल्क शांति समझौता की अपेक्षा युद्ध से अंतिम निर्णय के पक्ष में था। सम्राट अहमदशाह साहसहीन था और वह मीर बख्शी इमादुलमुल्क से वैर मोल नहीं

---

१ – सूदन, पृ० १६०–१; ता० अहमदशाही, पृ० ५८ ब; ता० मुजफ्फरी, पृ० १५७ ब; सियार, खण्ड ३, पृ० ३३३; दे० क्रॉनी०, पृ० ७८।

—इमाद के अनुसार, "इसमाइल खां के भड़काने पर एक आदमी ने गोली चलाई (पृ० ६४), जबकि गुलिस्ताने रहमत (पृ० ४६) के अनुसार इस युद्ध में नजीब खां को गोली लगी।

२ – ता० अहमदशाही, पृ० ५६ ब; सूदन पृ० १६१।

ले सकता था। फलतः बादशाह व वजीर ने सूरजमल के प्रस्ताव पर विचार करना बंद कर दिया।[1]

बख्शी गोकुलराम गौड़ का प्राणोत्सर्ग, १ जुलाई

उभय पक्ष के सैनिकों में निस्यशः झड़पें होती रहती थीं। १ जुलाई को नवाब सफदर जंग ने नागा महन्त उमराव गिर व अनूप गिर गुसांई को नागा जमात के साथ युद्ध लड़ने के लिए रवाना किया। ईदगाह युद्ध में बख्शी गोकुल राम गौड़ का भ्राता सूरतिराम गौड़ अधिक घायल हो गया था, इससे वह बदला लेने के लिए अति उत्सुक था। सूरजमल ने उसको जाट सैनिकों के साथ शाही सैनिकों पर हमला करने की आज्ञा प्रदान कर दी थी। शाही सेना ने अपनी तोपों की रक्षा पंक्ति की छाया में जाटों का सामना किया। अन्त में जाटों की करारी मार से उनके पैर उखड़ गये। जाटों ने उनका निरन्तर पीछा किया। इस भागदौड़ में अचानक ही जाट बख्शी गोकुलराम गौड़ गोली का शिकार हो गया। प्राण विसर्जन से पूर्व उसने कहा, "यहां तो भांडा फूट रहा है, शत्रु की प्रगति रोकना सम्भव नहीं है।" इसके बाद मेघराज जाट बख्शी के पार्थिव शरीर को घोड़े पर लादकर शिविर में ले आया। सूरजमल भी काफी उदास हो गया।[2] जाट बख्शी की मृत्यु ने सफदर जंग को बाध्य कर दिया कि वह अपनी छावनी को अब सुरक्षित स्थान की ओर ले जावे।

तिलपत की ओर प्रस्थान

सफदर जंग सूरजमल के डेरों पर बातचीत करने पहुँचा। सूरजमल ने कहा "शत्रु को शहर व किलों की सुरक्षा में शक्ति मिल रही है और उसे इन स्थानों पर पराजित करना कठिन हो गया है। हमारे शिविर में खाद्यान्न, हरी सब्जी, उपलब्ध नहीं हो रही है। शत्रु को मैदान में लाने के लिए यहां से पीछे हटना ही उचित रहेगा।" सफदर जंग ने सूरजमल की सलाह को मानकर रक्षा परिखा छोड़ दी और चिरागे दिल्ली मार्ग से एक-दो पड़ाव डालते हुए १९ जुलाई को तिलपत (दिल्ली के द०पू० में २६ किमी०) की ओर कूंच कर दिया। उसने इसी दिन बदरपुर तथा फरीदाबाद के बीच अपना शिविर डाला।[3] शाही सैनिकों को रोकने के लिए सूरजमल ने अपनी जाट टुकड़ियां दिल्ली की ओर रवाना कर दी थीं। समकालीन दरबारी इतिहासकार के शब्दों में— "प्रातःकाल उभय पक्ष की सेनायें आमने-सामने

---

१ – ता० अहमदशाही, पृ० ५८ अ, ५९ ब, पृ० ६० अ-ब, ६३ अ-६४ ब; सरकार (मुगल), खण्ड १, पृ० ३१९; अवध, पृ० २४७।

२ – ता० अहमदशाही, पृ० ६१ अ, ब; सूदन, पृ० १९२-३; अवध, पृ० २४७।

३ – उपरोक्त, पृ० ६६ ब; सूदन पृ० १९४।

खड़ी हो जाती थीं और उनमें साधारण झड़पें होती थीं। शाम तक गोलाबारी चलती थी। अन्धकार बढ़ते ही दोनों ओर के सैनिक अपने डेरों में लौट पड़ते थे। सफदर जंग क्रमशः पीछे हटता जा रहा था और मराठा सवार उसके पृष्ठ भाग में लूटमार कर रहे थे। इस प्रकार युद्ध लम्बा होता चला गया।[१] राजधानी में सैनिक क्षमता नित्यशः बढ़ रही थी। इस समय राजधानी में तेईस सहस्त्र बदख्शी मुगल सवारों के अलावा सत्तावन सहस्त्र अन्य सहयोगियों की सेनायें एकत्रित हो चुकी थीं। कुल मिलाकर शाही सेना की सैनिक शक्ति अस्सी सहस्त्र के आसपास थी।[२] जबकि सफदर जंग मुख्यतः सूरजमल की सैनिक क्षमता पर निर्भर था।

इमाद व नजीब खां दोनों खुला आक्रमण करना चाहते थे, किन्तु सम्राट उसको टालता ही रहा। इन्तिजामुद्दौला साहसी सैनिक, सैन्य संचालक नहीं था और उसको यह आभास होने लगा था कि इमाद उसको सैनिक बल से दबा देगा। इमाद ने आगे बढ़कर सफदर जंग द्वारा खाली की गई भूमि पर कब्जा कर लिया था। अब खिज्राबाद तथा कालिका देवी पहाड़ी पर भी उनका अधिकार हो गया था। शाही सैनिक अब लूटमार करने लगे थे। इससे ११ जुलाई को नजीब खां व बहादुर खां बलूच ने सम्राट से खुला युद्ध करने का आग्रह किया। १६ जुलाई आक्रमण की तिथि निश्चित की गई। सम्राट से इस तिथि को भी टाल दिया। इससे निराश होकर रुहेला, बंगश व बलूचों ने मिल कर सूरजमल की छावनी के निकट मैदान गढ़ी का घेरा डाला और उस पर अधिकार करने का प्रयास किया। समाचार मिलते ही सूरजमल ने अर्द्ध रात्रि को राव बल्लू चौधरी को अपने डेरों पर बुलवाया और जवाहरसिंह के नेतृत्व में रात्रि के अन्तिम पहर में रुहेलों पर आक्रमण करने का आदेश दिया। फलतः २५ जुलाई को बीस जाट सरदारों ने पांच छः सहस्त्र जाट सैनिको के साथ मैदान गढ़ी के समीप रुहेलो पर अचानक हमला कर दिया। दिन निकलने के बाद सूरजमल स्वयं पीछे से पहुँच गया और उसने कहा, "आज शत्रु जीवित मैदान छोड़कर नहीं जाने पावें।" कई घण्टों तक जमकर युद्ध होता रहा, किन्तु किसी भी पक्ष ने थकान या पराजय स्वीकार नहीं की। युद्ध में ठाकुर दास सेंगर खेत रहा और श्यामसिंह की जांघ मे घाव लगा। हरिनारायन ने सवारों के झुण्ड मे प्रवेश कर भयंकर युद्ध किया। जाटों ने गोलियों तथा तीरों की अचूक

---

१ – ता० अहमदशाही, पृ० ६१ ब।

२ – उपरोक्त, पृ० ६३ ब–६२ ब, ६४ ब, ६५ ब; सरकार (मुगल), खण्ड १, पृ० ३१५ पा० टि०, पृ० ३२४।
—डा० आर्शीवादीलाल का अनुमान है कि शाही सैनिकों की संख्या एक लाख थी। (अवध, पृ० २४७), खतूत, जोधराज के अनुसार सम्राट के पास डेढ़ लाख सवार एकत्रित हो गये थे, सं० ३६७/३६०, जुलाई २१, १७५३।

निशानेबाजी से रूहेलों को मैदान छोड़कर भागने के लिए बाध्य कर दिया और उनकी तोपों, रहकला तथा हथियारों पर अधिकार कर लिया। २६ जुलाई को सूरजमल ने विजयी सैनिकों को पुरस्कृत करके सम्मानित किया। इसी दिन इमाद ने रणक्षेत्र से भागकर बादशाह से जमकर युद्ध करने का आग्रह किया, किन्तु उसे इस बार भी निराश होना पड़ा।[1]

सफदर जंग के आमंत्रण पर माधोसिंह २६ मई को दिल्ली की ओर प्रस्थान करना चाहता था, किन्तु संघर्ष की स्थिति का समाचार मिलने पर वह रुक गया था। फिर १९ जुलाई को उसकी ओर से बाल मुकुन्द साहूकार ने सम्राट से भेट की। इसी समय सूरजमल ने कुंवर जवाहरसिंह को सीहमल वकील के साथ कछवाहा नरेश से बातचीत करने जयपुर रवाना कर दिया था। ७ अगस्त को उनकी माधोसिंह से भेट हुई और आपसी वार्ता के बाद ११ अगस्त को उनको विदाई दी गई।[2]

तुगलकाबाद से यमुना तट तक संघर्ष

दिल्ली में शाही सैनिकों ने अपने बकाया वेतन के लिए काफी शोरगुल मचा रखा था, फिर भी कोई निष्कर्ष नहीं निकल सका। ३० जुलाई को किजिलबाश तथा नागा सेना बदरपुर की नहर तक जा धमकी और साधारण झड़प के बाद शिविर में लौट आई। उन्नीस दिन तक आपसी झड़पें पुनः रुक गईं। तब जाट गुप्तचरों ने सूरजमल को शाही सैनिकों की अग्र पंक्ति की स्थिति की पूर्ण जानकारी दी। शीघ्र ही सफदर जंग ने अपने सैनिकों को व्यवस्थित किया और सूरजमल ने अपने जाट सैनिकों को तुगलकाबाद से यमुना तट तथा कालिका पहाड़ियों तक लगभग ६ किमी० से अधिक लम्बी पट्टी तक फैला कर १९ अगस्त को दिन के तीसरे पहर में अचानक आक्रमण कर दिया। स्थान-स्थान पर जमकर युद्ध हुआ। नजीब खां रूहेला-पठान व जाटों ने अपने जातीय गुणों के अनुसार लड़कर ख्याति प्राप्त की। एक स्थान पर जाट-मराठों में भारी संघर्ष हुआ, जिसमें घमण्डी राम पुरोहित घायल हो गया। फिर भी उसने जमकर लोहा लिया। सूरजमल ने जब इस ओर ध्यान दिया, तो वह स्वयं नई कुमुक के साथ आ धमका और मराठा सैनिक मैदान से हट गये। सूरजमल अपने पुरोहित घमण्डीराम को लेकर सूर्यास्त के समय अपने डेरों पर लौट आया। इस प्रकार इस दिन के युद्ध में कोई निश्चित निर्णय

---

१ – ता० अहमदशाही, पृ० ६६ अ, ब, ७० अ; सूदन, पृ० १९४–९, सरकार (मुगल), खण्ड १, पृ० ३१६, अवध, पृ० २४८।

२ – ड्रा० खरीता व परवाना, ब० ५, लेख ७०३; द० कौ०, जि० ७, पृ० ३७८, ५९८।

नहीं हो सका। अन्ताजी माणकेश्वर के अनुसार इस युद्ध में अग्र पंक्तियों में तैनात मराठों की शूरवीरता से मीर बख्शी को विजय मिली परन्तु सूरजमल के सैनिकों ने भी अदम्य उत्साह व वीरता दिखलाई। सूरजमल के बर्छी का एक घाव लगा और अन्त में शत्रु पक्ष पीछे हट गया। [1]

२० अगस्त को प्रातःकाल सफदर जंग ने फरीदाबाद से अपनी छावनी उठा ली और सूरजमल के परामर्श पर ३० अगस्त को सिकरी से १४ किमी० दूर (बल्लमगढ़ के दक्षिण में ५ किमी०) अपनी छावनी डाली। यहां जाटों ने खंदकें खोद लीं तथा रक्षा परिखा तैयार कीं। मीर बख्शी इमाद ने सादिल खां, नजीब खां, बहादुर खां बलूच व जेता गूजर को बीस सहस्र सेना सहित बदरपुर की ओर जाने का निर्देश दिया। [2] खाली स्थानों पर अधिकार करके इमाद ने बल्लमगढ़ पर अधिकार करने की योजना बनाई।

शाही सैनिकों का विद्रोह : सूरज सफदर के कूट प्रयास, सितम्बर १७५३

चार माह के दीर्घकालिक गृह–संघर्ष में शाही पक्ष को आशातीत सफलता नहीं मिल सकी। दैनिक व्यय के लिए सैनिक खाइयों से निकल कर लूटमार करते थे। वजीर इन्तिजामुद्दौला व मीर बख्शी इमादुलमुल्क में घातक ईर्ष्या फूट पड़ी थी। पारस्परिक सहयोग, सद्भाव की अपेक्षा एक दूसरे को नीचा दिखलाने की भावना, कूटनीतिक प्रवंचना बढ़ चुकी थी। वास्तव में सूरजमल ने अपने कूट प्रयासों से दो मंत्रियों में अलगाव पैदा कर दिया था। प्रायः दोनों वरिष्ठतम मन्त्री बादशाह को अलग-अलग राय देते थे। सम्राट विद्रोही सरदारों तथा उनके सैनिकों को प्रायः संतुष्ट करने का प्रयास करता था। [3] दरबारी इतिहासकार के अनुसार सम्भवतः इसी समय इमाद ने अपनी सेनाओं के व्यय के लिए सम्राट से बल्लमगढ़ का परगना भी प्राप्त करने का आश्वासन प्राप्त कर लिया था। इस पर जाटों का नियन्त्रण व अधिकार था। [4] २६ अगस्त को इमाद ने खिज्राबाद से प्रस्थान किया और किसनदास तालाब (दिल्ली के दक्षिण में १६ किमी०) पर डेरा डाला। २७ को बदरपुर और १ सितम्बर को फरीदाबाद के उत्तर में आ धमका। जब वह अपनी सेना से तीन किमी० दूर था, तब उसके अग्र दस्तों ने फरीदाबाद नगर में लूटमार

---

१ – ता० अहमदशाही, पृ० ६७–९; दे० क्रॉनी. पृ० ४१; सूदन, पृ० २००–२०६; भा० इ० सं० मंडल पत्रिका, खण्ड ३ (१९२४), लेख २–४; म०ए० पत्रे वगैरा, बाबूराव बाबा के नाम अन्ताजी का पत्र, भाद्रपद वदि एकादशी।

२ – ता० अहमदशाही, पृ० ७० अ; सूदन, पृ० २०७।

३ – उपरोक्त, पृ० ७२ ब, ७३ ब, ७४ ब।

४ – उपरोक्त, पृ० १०३ ब।

शुरू की। उन्होंने सभी नागरिकों को बुरी तरह लूटा। इन सैनिकों ने इमाद के निर्देशों की खुली अवहेलना की। नागरिक प्राण रक्षा के लिए भाग निकले। उनको मार्ग में शाही व जाट सैनिकों ने लूट लिया। रूहेला, अफगान व गूजर सैनिक भी खाद्यान्न की कमी के कारण भूखों मर रहे थे। इससे नजीब, बलूच तथा गूजर सरदारों ने भी विद्रोह कर दिया और वे बारापुला पहुँच गये। नजीब ने इमाद के अस्तबल को लूट लिया तथा सम्राट मुहम्मदशाह के सर्व श्रेष्ठ व प्रिय हाथी "कोह-ए-रवान" पर अपना अधिकार कर लिया।[1] दूसरे दिन (२ सितम्बर) को शाही तोपची भी खंदकों को खाली करके इन लुटेरों में शामिल हो गये और उन्होंने बारापुला नगर में लूटमार की।[2]

इस सैनिक विद्रोह तथा अराजकता का समाचार मिलने पर ६ सितम्बर को सूरजमल ने अपने सेनानायकों के साथ पांच-छः सहस्त्र जाट सैनिकों को आक्रमण करने के लिए रवाना किया और उन्होंने १३ किमी० तक फैलकर शत्रु की खंदकों पर साहसिक आक्रमण किया, किन्तु इसी समय इमाद अपने बीस सहस्त्र सैनिकों के साथ शीघ्र ही आगे बढ़ आया। बैरीसाल के पुत्र मोहकमसिंह ने गोल में प्रवेश करके भयंकर युद्ध किया किन्तु वह गोली का शिकार बन गया। उसके सैनिक पीछे हटने लगे, तब बलराम ने वहां पहुँचकर स्थिति को सम्भाल लिया। अन्धकार होते ही बलराम नाहरवार मोहकम के पार्थिव शरीर के साथ डेरों पर लौट गया। इसी समय मराठा सवारों ने जाट प्रदेश में घुसकर लूटमार की, किन्तु उनको निराश होकर पीछे हटना पड़ा।[3] तब सूरजमल ने शाही सेना के लिए जाने वाले खाद्यान्न को रोकने के लिए अपने सैनिकों को भेजा। इन सैनिकों ने अन्न के व्यापारियों, खाद्यान्न काफिलों को लूट लिया। जाट सैनिकों ने दिल्ली से १८ किमी० दूर तक धावे मारकर लूटमार की। दूसरे दिन (९ सितम्बर) भी यही क्रम रहा। इससे खन्दकों में तैनात शाही सैनिकों को रसद व कुमुक नहीं पहुँच सकी। फलतः इमाद को निराश होकर ११ सितम्बर को दिल्ली की ओर प्रस्थान करना पड़ा और उसने दूसरे दिन (१२ सितम्बर) सम्राट से भेंट की।[4]

---

१ – नजीबुद्दौला, पृ० ४०, ४२, दे० क्रॉनी०, पृ० ४२।

२ – ता० अहमदशाही, पृ० ७० ब।

३ – ता० अहमदशाही, पृ० ७२ अ-ब; दे० क्रॉनी, पृ० ४३; सूदन, पृ० २०८-११; ऐति० पत्र व्यवहार, खण्ड २, पृ० ८९ (बाबूराव के नाम अन्ताजी का पत्र); अवध, पृ० २४९-५०।

४ – ता० अहमदशाही, पृ० ७२ अ-७३ अ; दे० क्रॉनी० पृ० ४३; पे० द०, जि० २७, लेख ८०।

समझौता विफल : इमाद की सैनिक तैयारियां।

सफदर और सूरजमल दोनों आर्थिक संकट व सैनिक दबाव से काफी परेशान हो चुके थे और सैनिक संघर्ष का परिणाम संदिग्ध था। सैनिक संघर्ष के साथ ही सूरजमल शांति समझौता का कूटनैतिक प्रयास कर रहा था और उसने उचित अवसर देखकर वजीर इन्तिजामुद्दौला को एक लाख रुपया भेंट करने के प्रस्ताव के साथ अपने वकील को गुप्त समझौता वार्ता करने के लिए दिल्ली भेजा। १२ सितम्बर को जाट वकील ने वजीर से भेंट की और उसने पेशकश के बारह लाख रुपया जमा कराने का आश्वासन दिया। इसी दिन मीर बख्शी इमाद ने सम्राट से मिलकर धन व कुमुक भेजने का आग्रह किया। तीन घण्टे तक विचार–विमर्ष चलता रहा। अन्त में वजीर के हस्तक्षेप के कारण वह निराश हो गया। मीर बख्शी ने खुले आम वजीर पर ताना मारते हुए कहा, "वह सम्राट के साथ कायरतापूर्वक दिल्ली नगर के परकोटा में छिपा रहता है और युद्ध का भार उस पर व उसके सैनिकों पर डाल रखा हैं।" यह कहकर वह निराश मन से अपनी हवेली पर चला गया।[1]

सफदर जंग के साथ बढ़ते तनाव के समय ही सम्राट ने अपने फरमान में मराठा राज्य मंडल के प्रतिनिधि के पास अवध व इलाहाबाद सूबों की फौजदारी प्रदान करने का प्रस्ताव भेजा था। पेशवा ने इस प्रस्ताव का उचित उत्तर न भेजकर अपने दिल्ली प्रतिनिधि बापूजी महादेव हिंगणे को स्थिति पर निगाह रखने तथा उभय पक्षों से मिलकर सामयिक लाभ उठाने का निर्देश भेजा। दिल्ली में छः सहस्र मराठा सवार शाही खजाने से नियमित मासिक वेतन प्राप्त करते रहे थे और वे सक्रिय होकर भी प्रायः निष्क्रिय रहे। मीर बख्शी सफदर जंग व सूरजमल दोनों की शक्ति व कीर्ति को पूर्णतः नष्ट करना चाहता था। इससे उसने पुनः मल्हारराव होल्कर तथा जयप्पा सिन्धया के नाम शीघ्र ही दिल्लो पहुँचने का साग्रह पत्र भेजा और इस कार्य में सहायता करने पर पेशवा को एक करोड़ रुपया तथा अवध व इलाहाबाद प्रान्त सौंपने का आश्वासन पत्र भी लिखा था। कायर व शक्तिहीन सम्राट तथा चतुर वजीर इन्तिजाम इमाद की महत्वाकांक्षा से भयभीत होने लगे थे और वे सोचने लगे थे कि कहीं सफदर के पतन के बाद मीर बख्शी दूसरा सफदर नहीं बन जावे। इमाद सफदर को बरबाद करके अवध व इलाहाबाद प्रान्त पर अधिकार करना चाहता था और उसने इनका अपहरण करने के लिए जाली फरमान व खिलअत भी धारण कर ली थी।[2]

सम्राट व वजीर का विश्वास था कि तानाशाह इमाद से केवल सूरजमल

---

१ – ता० अहमदशाही, पृ० ७२–७३; पे० द०, जि० २१, लेख ५५।

२ – ता० अहमदशाही, पृ० ८७ ब।

ही उनको मुक्त करा सकता था। सफदर जंग का सहयोग भी आवश्यक था। असहाय सम्राट ने इसी समय सवाई माधोसिंह कछवाहा से दिल्ली आकर संघर्ष को समाप्त कराने, साम्राज्य के विघटन को रोक कर उसकी रक्षा करने का आग्रह किया और वजीर ने सूरजमल के शांति समझौता प्रस्तावों पर विचार करना आवश्यक समझा। उसने १४ सितम्बर को अपने विश्वासपात्र मुख्य कारिन्दा लुत्फुल्ला बेग को सफदर–सूरजमल की छावनी में शांति प्रस्तावों पर विचार करने के लिए रवाना किया। दोनों सरदार बल्लमगढ़ के पश्चिम में १३ किमी० बादशाहपुर में छावनी डाल कर पड़े थे। लुत्फुल्ला बेग ने दिल्ली से प्रस्थान किया और सिकरी के समीप अपना पड़ाव डाला, जहां सूरजमल ने पहुँचकर उसकी अगवानी की। फिर वह उसको नवाब सफदर जंग के डेरों पर लेकर पहुँचा। समझौता वार्ता के लिए सैनिक बल से गतिशील बनाने के प्रलोभन में आकर सूरजमल ने इसी दिन ससैन्य फरीदाबाद के उत्तर में कूंच कर दिया। मीर बख्शी इमाद ने सराय ख्वाजा बख्तावर, बदरपुर तथा अन्य स्थानों पर अपने सैनिक तैनात कर दिये थे। जाट सैनिकों ने इसी दिन इन खाइयों पर हमला किया और शाही सैनिक पराजित होकर पीछे हट गये। वे अन्न से लदे भारकसों, लद्दू जानवरों व अन्य शाही सामान को उठाकर अपनी छावनी में ले आये। इससे इमाद ने दिल्ली के प्रतिष्ठित नागरिकों को भड़का दिया और उन्होंने वजीर को गालियां दीं तथा व्यंग कसा।[1]

सफदर–सूरजमल शिविर में लुत्फुल्ला बेग के साथ एक सप्ताह तक शांति समझौता के प्रस्तावों पर गम्भीरता से विचार चलता रहा। २० सितम्बर को सफदर जंग के वकील राजा लक्ष्मी नारायण, राजा जुगलकिशोर, मकरन्द किशोर तथा सूरजमल के वकील किसन नाथ के पुत्र भीमनाथ ने बेग के साथ दिल्ली की ओर प्रस्थान किया। सूरजमल ने उनको बदरपुर तक सकुशल पहुँचा दिया और ये सभी दिल्ली पहुँच गये। इसी बीच में नजीब खां रूहेला ने मीर बख्शी पर बकाया वेतन भुगतान के लिए भारी दबाव डाला। १६ सितम्बर को नजीब खां ने बादशाह से उसको छः वस्त्रों की खिलअत तथा "माही–ओ–मरातिब" का निशान दिलाकर सम्मानित किया। अब वह अग्र मोर्चों पर जाने के लिए तैयार हो गया।[2] देहली क्रॉनीकल से पता चलता है कि मात्र नजीब खां को सन्तुष्ट करने से राजधानी में फौजी उपद्रव शांत नहीं हो सके। २० सितम्बर को दुर्ग के शाही रक्षकों ने बकाया वेतन के भुगतान के लिए उपद्रव किया। इसी दिन दिल्ली में सूरज–सफदर जंग के वकीलों के साथ बातचीत की गई। शाम को दिल्ली से लौटते समय जाट सवारों ने दिल्ली की ओर से तथा सूरजमल के सवारों ने फरीदाबाद के दक्षिण से ख्वाजा बख्तावर की

---

१ – ता० अहमदशाही, पृ० ७३ अ; दे० क्रॉनी०, पृ० ४३; अवध, पृ० २५१।

२ – ता० अहमदशाही, पृ० ६७ अ; दे० क्रॉनी०, पृ० ४३; नजीबुद्दौला, पृ० ६,४१।

खाइयों पर हमला कर दिया। शाही सैनिक जब अपनी पराजय स्वीकर करने ही वाले थे, तभी मराठा, लाहौर तथा बीकानेर के सैनिक वहां आ गये। सफदर जंग व जाटों की इसी अविश्वासी नीति से दरबार में भारी रोष व आतंक का वातावरण बन गया और २२ सितम्बर को समझौता वार्ता भी विफल हो गई।[1]

जवाहरसिंह का कोइल दुर्ग तथा दोआब पर अधिकार

घासेड़ा अभियान के बाद सूरजमल का विचार कोइल दुर्ग तथा दोआब के परगनों पर अधिकार करने का था, किन्तु उसको अचानक ही ससैन्य दिल्ली जाना पड़ा था। सम्राट तथा मीर बख्शी इमाद गृह-संघर्ष में व्यस्त थे। इससे दोआब के परगनों पर अधिकार करने में किसी भी प्रकार की अड़चन नहीं थी। माधौसिंह से बातचीत करने के बाद जवाहरसिंह अपने बख्शियों की सेना के साथ दोआब की ओर चल दिया और उसने अगस्त के अन्त में कोइल दुर्ग का घेरा डाला। किलेदार इस दुर्ग को खाली करके भाग गया। इसके बाद जाट सेनाओं ने गंगा तट तक के अन्य शाही परगनों में प्रवेश किया और जलेसर, चदेरी, परना आदि पर अधिकार करके जाट प्रबन्धक व हाकिम नियुक्त किये। स्थान स्थान पर उसने चौकी व थाने स्थापित किये। फिर वह गंगा स्नान करके वृन्दावन पहुँचा और यहां से गृह-युद्ध में भाग लेने के लिए सिकरी छावनी में लौट आया।[2]

अन्तिम महान युद्ध, २९ सितम्बर

सूरजमल व सफदर जग को मराठा सेनापतियों के हिन्दुस्तान की ओर प्रस्थान करने, जयपुर से सवाई माधौसिंह के रवाना होने, नजीब खां तथा अन्य अवसरवादी सरदारों व उनके सैनिकों को सन्तुष्ट करने का समाचार मिला। दिल्ली में इमाद ने सहयोगी सेनानायकों के साथ अपनी खाइयों पर आने की तैयारियां कर ली थीं। उसने २४ सितम्बर को नजीब खां व मराठा सवारों को फरीदाबाद के समीप खाइयों पर तैनात कर दिया था और दुर्ग से गोला बारूद रवाना कर दिया था। इस प्रकार प्रचुर सैन्य शक्ति, गोला बारूद प्राप्त करके उसने दिल्ली से कूंच किया और २८ सितम्बर की रात्रि उसने नजीब खां की बारापुला छावनी में बिताई शाही सेनाएं पूर्ण व्यवस्था के साथ आक्रमण करें, इससे पूर्व ही सफदर-सूरज ने उन पर आक्रमण करने के लिए रात्रि में ही अपनी सेनायें व्यवस्थित कर लो थीं। जवाहरसिंह भी जाट छावनी में ससैन्य आ गया था। २९ सितम्बर को प्रातःकाल सफदर जंग व सूरजमल ने पूर्ण वेग व शक्ति के साथ आक्रमण किया। सूरजमल स्वयं विशाल सेना सहित बाईं ओर खड़ा था। जाट सैनिक छोटी-बड़ी तोपें, जज्जैल,

---

१ – ता० अहमदशाही, पृ० ७३ ब, ७४ अ; दे० क्रॉनी०, पृ० ४३; शाकिर, पृ० ७५।
२ – सूदन, पृ० २१३; माधव जयति, पृ० ४ अ।

गजनाल से सज्जित शाही रक्षा परिखा के सामने जाकर जम गये और उन्होंने शाही सेना के दक्षिण भाग में तैनात–मराठा दलों पर आक्रमण किया। मराठों के पास बड़ी तोपों का अभाव था, फिर भी उन्होंने जमकर सामना किया। अनेक मराठा खेत रहे। अबू तुराब खां, हमीदुद्दौला, हाफिज बख्तावर खां व जमीलुद्दीन खां नई कुमुक के साथ मराठों की सहायता के लिए आ धमके। इससे बराबरी का युद्ध चलता रहा। जाट दीवान घोड़े पर सवार होकर सूरजमल के पास पहुँचा और उसने कहा कि शत्रु भयंकर तोप प्रहार कर रहे हैं। इससे नर संहार हो रहा है। अतः बचने के लिए आप चार ऊंचे मचान तैयार करायें। इसी बीच में सफदर जंग का मीर बख्शी इस्माइल खां बर्छे से घायल हो गया और वह प्राण बचाकर पीछे हट गया। सूरजमल ने उसको काफी धिक्कारा। किन्तु उसके रिक्त स्थान पर पाखरमल ने पहुँच कर स्थिति को संभाल लिया। इमाद व नजीब खां ने स्वयं रणक्षेत्र में उतर कर भयंकर आक्रमण किया। फरीदाबाद तालाब के पास घोर संग्राम छिड़ गया। इमाद निर्भीकता से अपने हाथी को बढ़ाकर सफदर की सेना के बीच में पहुँचा। उसके एक हाथी पर झण्डा फहरा रहा था, हाथी के माथे पर गोला गिरा और वह मारा गया। गोला लगने से इमाद के हाथी के दांत टूट गये। इससे उसने घोड़ा पर सवार होकर अपने सैनिकों में साहस फूंका। युद्ध में जाट सेना तितर–बितर हो गई। उभय पक्ष के काफी सैनिक काम आये। इमाद ने छः किमी० तक उनका पीछा किया और सूर्यास्त के समय वह अपनी छावनी में लौट गया।[1]

दूसरे दिन (३० सितम्बर) इमाद ने अपनी खाइयां बल्लमगढ़ के उत्तर में दो किमी० मजेसर गांव तक बढ़ाकर दुर्ग पर गोले बरसाये। नजीब खां ने बल्लमगढ़ छावनी में इमाद के प्रति निष्ठा व स्वामिभक्ति की शपथ ग्रहण की और फिर मजेसर से दो किमी० पूर्व सीही नामक गांव पर आक्रमण किया। उसने इस गांव पर अधिकार कर लिया। बल्लू चौधरी, छतरसाल, रामबल, जोधसिंह, पाखरमल ने मिलकर इमाद का सामना किया और भयंकर संघर्ष के बाद शाही सेनापति को पीछे हटने के लिए बाध्य कर दिया।[2] अब रूहेला व मराठों ने जाट प्रदेश में प्रवेश करके लूटमार शुरू कर दी।

सवाई माधौसिंह का दिल्ली आगमन तथा सन्धि, अक्तूबर–नवम्बर, १७५३ ई०

सम्राट के आमन्त्रण पर सवाई माधौसिंह ने दस सहस्र[3] राजपूत सैनिकों

१ – ता० अहमदशाही, पृ० ७५ अ, ७६ अ; दे० ऑनो, पृ० ४४; शाकिर, पृ० ४३; सूदन, पृ० २१२–२२१; सरकार (मुगल), खण्ड १, पृ० ३१७–८; अवध, पृ० २५२; हिंगणे, खण्ड १, लेख ८२।

२ – ता० अहमदशाही, पृ० ७७ ब; सूदन, पृ० २२१–२; नूरुद्दीन, पृ० १४ अ।

३ – सूदन, पृ० २२२; वाक्या राज०, जि० २, पृ० ६३।

के साथ जयपुर से दिल्ली की ओर प्रस्थान किया और १७ सितम्बर को रेवाड़ी पहुँचकर [1] उसने राव भवानीसिंह, जो इस समय ससैन्य दिल्ली में मौजूद था, पर पचास लाख रुपया भुगतान का दबाव डालने के लिए गांवों में भारी लूट व बरबादी शुरू कर दी थी। सम्राट ने माधोसिंह के लिए अपने निजी पत्र के साथ एक पगड़ी भेजकर लूटमार बन्द करने का आग्रह किया। तब माधोसिंह ने फौज खर्च की व्यवस्था के लिए अपने दूतों को शाही दरबार में भेजा और स्वयं ने रेवाड़ी तथा पटौडी की बीच में अपनी छावनी डाली। जाट वकील प्राणनाथ खत्री ने कछवाहा शिविर में पहुँचकर माधोसिंह को सूरजमल के समझौता प्रस्तावों पर हुई प्रगति तथा मीर बख्शी इमाद की विरोधी भावना से अवगत कराकर २६ सितम्बर को बिदाई [2] ली। फिर माधोसिंह ने सराय अलीवर्दी खां में अपना पड़ाव डालकर दिल्ली से आये अधिकारियों से भेट की। इन अधिकारियों के पीछे ही मीर बख्शी इमाद ने माधोसिंह को अपने पक्ष में शामिल करने तथा शाही दरबार में उसकी नीतियों का समर्थन करने के आग्रह पत्र के साथ महमूद खां तथा मराठा प्रतिनिधि बापूराव पंडित को उसकी छावनी में भेजा। अन्त में एक अक्तूबर को इमाद तथा माधोसिंह में समझौता [3] सम्पन्न हो गया। मीर बख्शी ने राव भवानीसिंह से प्राप्त चार लाख रुपया भुगतान का वचन पत्र अपनी मुद्रा से प्रमाणित करके माधोसिंह के पास भेज दिया। [4]

इसी बीच में माधोसिंह गढ़ी हरसोली के समीप पहुँच चुका था। सूरजमल ने इस गढ़ी की व्यवस्था के लिए अपने साले कृपाराम को किलेदार तथा उसके भाई दानीराम को थानेदार नियुक्त कर दिया था। उभय भ्राताओं ने उसकी अगवानी की। सम्राट के निर्देश पर ८ अक्तूबर को वजीर इन्तिजाम ने माधोसिंह के प्रति अपनी प्रगाढ़ मित्रता व वचनबद्धता के लिए पदच्युत दीवाने खालसा राजा नागरमल के साथ एक रुक्का भेजा। थानेदार दानीराम के संरक्षण में राजा नागरमल अपने दोनों पुत्रों बहादुरसिंह तथा किसनसिंह के साथ जब गढ़ी के समीप पहुँचा, तब

ॐ – सवाई माधोसिंह ने ५ जून, १७५३ को जयपुर से दिल्ली की ओर प्रस्थान किया। ड्राफ्ट खरीता सं० ११ (५/७०३), असाढ़ वदि ७, सं० १८१०; डा० टिक्कीवाल के अनुसार उसके साथ में १२–१५ हजार सैनिकों ने कूंच किया था। (पृ० १२०)

१ – राव इन्द्रसिंह बतिया के नाम खरीता, बंडल ५, सं० २४।

२ – द० को०, जि० ७, पृ० ५८३।

३ – ड्रा० ख०, बंडल ५, सं० ७००।

४ – ता० अहमदशाही, पृ० ७७ अ; हिंगणे, जि० १, लेख ८१।

दीवान हरगोविन्द नाटाणी तथा पेमसिंह ने दो किमी० आगे बढ़कर उसकी अगवानी की और दरबार में मुलाकात के समय माधोसिंह ने दानीराम को सिरोपाव प्रदान किया। फिर दूसरे दिन जाट बिलेदार कृपाराम को गढ़ी में ही सान्त्वना का सिरोपाव भेजकर कछवाहों ने नागरमल के साथ दिल्ली की ओर प्रस्थान किया।[1]

९ अक्तूबर को वजीर इन्तिजामुद्दौला ने मुहरम नगर (दिल्ली के दक्षिण में १० किमी०) में माधोसिंह की अगवानी की। दोनों ओर से बधाईयों की औपचारिकता के बाद दोनों सरदार एक ही हाथी पर सवार होकर खिज्राबाद (मौजा नगला, दिल्ली के दक्षिण में ६ किमी०) पहुँचे, जहां बातचीतों के बाद सम्राट के साथ मुलाकात के लिए शुक्रवार का दिन निश्चित किया गया। पूर्वकालिक परम्पराओं के आधार पर माधोसिंह ने शाही दरबार में सम्राट से मुलाकात के लिए मीर बख्शी की अगवानी में पहुँचने का प्रस्ताव रखा, जिसे वजीर ने स्वीकार नहीं किया। १३ अक्तूबर को माधोसिंह ने महावत खां की रेती में अपना शिविर डालकर यमुना स्नान किया और इसी दिन मीर बख्शी ने उससे भेट की। इससे १५ अक्तूबर को वजीर सम्राट को भ्रमण के बहाने दिल्ली से बाहर ले गया और उसने माधोसिंह के पास जाविद खां के बाग में सर-ये-सवारी के समय सम्राट से भेट करने का निर्देश भेजा। तीसरे पहर माधोसिंह ने अपने दीवान हर गोविन्द नाटाणी, पेमसिंह, गदाधर, गणपत, हरनारायण, उस्मान खां करोला आदि के साथ महावत खां की रेती से प्रस्थान किया। नवाब बहादुर के बाग में उसने सम्राट को नौ मोहर, एक सहस्र रुपयों की थैली नजर की और सम्राट ने उसको सिरोपाव, एक मोती की माला, एक कलंगी, एक सरपेच तथा हाथी प्रदान करके अनुग्रह प्रगट किया। फिर दीवान-इ-खास में पहुँच कर सम्राट ने उसको एक सुसज्जित पालकी तथा 'माही-ओ-मरातिब' के शाही चिह्न से सम्मानित करके अपने डेरों के लिए बिदा किया।[2] इसके बाद १८ अक्तूबर को सम्राट व माधोसिंह की दीवान-इ-खास में पुनः मुलाकात हुई। इस दिन बादशाह ने कछवाहा सरदारों को ताजीमी सिरोपाव प्रदान किये।[3]

इसी समय सम्राट ने मीर बख्शी को सन्तुष्ट करने के लिए शाही अमीरों को युद्ध की स्थिति में कड़ाई लाने तथा प्रतिरोध को कड़ा करने का आदेश दिया।

---

१ – ता०अ०शा०,पृ०७७अ; द०को०,जि० १८, पृ० १३७, जि० ७, पृ० ३६७, ५८६।

२ – ता० अ० शा०, पृ० ७७ ब, ७८-७६ अ; दे० कॉ०, पृ० ४४; हिंगणे, जि० १, लेख ८१; द० को०, जि० १८, पृ० ६८–६६, सूदन, पृ० २२२।

३ – ता० अ० शा०. पृ० ७६ अ; द० को०, जि० १८, पृ० १०१।

उसने शत्रु से समझौता न करने के दृढ़ निश्चय को भी दोहराया। सूरजमल, वजीर, राजमाता उधमबाई तथा माधोसिंह ने अपने अपने तौर-तरीके से समझौता करने का प्रयास किया। इमाद को मराठा सेना के शीघ्र ही दिल्ली पहुँचने की आशा थी। यह सूरजमल की कठिन परीक्षा का समय था। इससे वह इमाद को अपने कूट जाल में फँसाने तथा उसे कूट प्रबन्धों से सन्तुष्ट करने में तत्परता से लग गया था। अक्तूबर के मध्य में उसने इमाद के पास वार्ता करने के लिए अपना वकील भेजा। वकील ने प्रस्ताव में कहा, "सूरजमल के अधीन अब तक जितना शाही इलाका आ चुका है, उसको स्थायी तौर पर उसके अधीन स्वीकार कर लिया जावे।" इस शर्त को स्वीकार करने पर उसने शाही खजाने में कुछ लाख रुपया पेशकश के रूप में देने का वचन दिया। किन्तु इमाद को इच्छा थी कि जाटों के अधिकार में केवल वे ही परगने छोड़ दिये जावें, जिन पर बदनसिंह का पहिले से अधिकार था। अन्य जबरन हड़प किये शाही परगनों को सूरजमल वापिस लौटा दे।" इससे आपसी वार्ता समाप्त हो गई [१] और यह भी स्पष्ट हो गया था कि मीर बख्शी इमाद जाट प्रदेश को हड़पना चाहता था।

सम्राट स्वयं नहीं चाहता था कि समझौता इमाद की मध्यस्थता से सफल हो। इससे २३ अक्तूबर को सम्राट के बुलाने पर माधोसिंह पुनः दुर्ग में गया और उसने सम्राट तथा राजमाता उधमबाई से एकान्त में बैठकर बातचीत कीं। बादशाह ने शाही तख्त के प्रति उसके पूर्वजों की निष्ठाभावी सेवाओं की सराहना की और कष्ट भरे शब्दों में साम्राज्य के तीनों (सफदर, इन्तिजाम व इमाद) विघटनकारी तत्वों की शिकायत की। अहमद शाह ने उससे सफदर जंग के प्रमुख सहायक सूरजमल के साथ शांति–समझौता कराने की सलाह दी, ताकि इस धरा पर नाम व कीर्ति की धूल रह सके। चतुर राजा के नेत्र सजल हो गये और उसने समझौता कराकर ताज के प्रति निष्ठा भाव प्रगट कराने का आश्वासन देकर बादशाह को सान्त्वना दी। सन्तुष्ट होकर बादशाह ने रत्न जड़ित सिरपेच सहित अपनी पगड़ी उतार कर राजा को पहनाई। फिर माधोसिंह वजीर से मिलने के बाद अन्ताजी माणकेश्वर के पास पहुँचा और वहां दो घड़ी रुककर बातचीत कीं। [२]

इधर सम्राट तथा माधोसिंह में गुप्त वार्ताएं हो रही थीं, तभी सफदर जंग ने इमाद के प्रमुख सलाहकार व प्रधान सेनापति अकीबत महमूद को वजीर के माध्यम से प्राप्त सम्राट व राजमाता उधमबाई के पत्रों की प्रतिलिपियां सौंपकर

---

१ – ता० अ० शा०, पृ० ७८ अ।

२ – ता० अ० शा०, पृ० ७९ ब; दे० क्रॉ०, पृ० ४४; पे० द०, जि० २७, लेख ८३; अवध, पृ० २५४; द० को०, जि० ६, पृ० १।

उनको आपस में लड़ाने का प्रयास किया। अकीबत ने ये पत्र इमाद को और उसने धमकी के साथ सम्राट के पास भेज दिये थे। मजबूर होकर सम्राट ने इमाद को लिखा कि यह सभी कुछ सफदर जंग का जाल है। उसका विचार साम्राज्य के शत्रु से समझौता करने का नहीं है। इमाद इस धोखे में नही आ सका और उसने स्वयं सूरजमल से समझौता वार्ता शुरू कर दी।[1]

माधौसिंह को पूर्ण विश्वास था कि सूरजमल गृह युद्ध को समाप्त कराकर शांति समझौता के प्रस्तावों पर उसकी अवश्य मदद करेगा। अब रघुनाथ राव ने ससैन्य उत्तर की ओर कूंच कर दिया था। इससे माधौसिंह को भय था कि यदि मराठों ने इमाद की सहायता से सफदर जंग को पराजित कर दिया, तब जाट व कछवाहा राज्य भी बरबाद हो जावेंगे। इससे इसने सर्वप्रथम सूरजमल पर और फिर सफदर जंग पर समझौता करने का दबाव डाला।[2] सूरजमल ने स्पष्ट शब्दों में मांग की और माधौसिंह ने निम्न दोनों प्रस्तावों को स्वीकर करने का आश्वासन दिया।

(अ) गृह युद्ध से पूर्व जाटों के अधीन जो शाही प्रान्त व परगने आ चुके हैं, उन पर यथावत उनका अधिकार स्वीकार कर लिया जावे।

(ब) जब तक नवाब सफदर जंग को अवध व इलाहाबाद प्रान्त का राज्यपाल पद पुनः प्रदान नहीं किया जावेगा, तब तक जाट अपनी तलवार म्यान में नहीं डालेंगे, अन्यथा वे फिर उसके लिए वजारत की भी मांग करेंगे।

चतुर वजीर ने सम्राट को खिज्राबाद बाग में भ्रमण के लिए राजी कर लिया था। उधर माधौसिंह ने सूरजमल को उसके कृत्यों का प्रायश्चित कराने तथा क्षमा याचना के लिए सम्राट के समक्ष प्रस्तुत करने का प्रबन्ध कर लिया था। सूरजमल अधिक चतुर था, उसने स्वयं उपस्थित होकर सम्राट से क्षमा याचना करना स्वीकार नहीं किया और उसने माधौसिंह की छावनी में सफदर जंग के वकील नरसिंह दास, राजा देवीदत्त को अपने वकील के साथ रवाना कर दिया था। दादा सूरतराम सभी प्रबन्ध करके दिल्ली से कछवाहा छावनी में लौटा और अब छावनी मे सूरजमल के स्वयं उपस्थित होकर सम्राट से मिलने की चर्चा जोर पकड़ चुकी थी। २५ अक्तूबर को अहमदशाह विनोद भ्रमण के लिए खिज्राबाद बाग की ओर निकला। मार्ग में वजीर भी उसके साथ लग गया और दोनों माधौसिंह के शिविर की ओर चल

---

१ –ता० अ० शाही, पृ० ८१ ब–८२ ब।

२ – ता० मुजफ्फरी (इ० डा०, जि० ८, पृ० ३२०); मथुरालाल, जयपुर, पृ० १७६।

दिये। मार्ग में कछवाहा फौज ने सम्राट को सलामी दी। सम्राट ने सदासिव भट्ट व पेमसिंह को उपाधियां प्रदान कीं। माधौसिंह तथा दीवान हरगोविन्द ने सम्राट को दो हाथी, नौ घोड़ा, चार जवाहरात की कनी, नौ तोरा, व बागे भेंट किये। उसने सूरजमल के वकील का सम्राट से परिचय कराया और वकील ने जाट सरदार की ओर से सम्राट की सेवा में मूल्यवान भेंट अर्पित कीं तथा नरसिंह दास खत्री, राजा देवीदत्त सहित सूरजमल को क्षमा करने व उस पर अनुग्रह करने की याचना भी की। क्षमा याचना वास्तव में एक प्रस्तावना मात्र थी, फिर भी इससे वजीर को भारी सन्तोष हुआ कि इमाद के माध्यम से समझौता नहीं हो सका। सम्राट दुर्ग में वापिस लौट गया। दूसरे दिन (२६ अक्तूबर) वजीर तथा अन्य शाही अमीर-उमराव सूरजमल से मिलने के लिए तुगलकाबाद पहुँचे और वहां रुककर उसकी प्रतीक्षा की। सूरजमल अपनी बल्लमगढ़ छावनी से कुछ अंगरक्षकों के साथ वहां पहुंचा। मार्ग में अकीबत महमूद ने उसकी अगवानी की। शिविर में सूरजमल ने वजीर से भेंट की। इस प्रकार अब उसका सम्राट से विधिवत समझौता हो गया था। सायंकाल वजीर अपनी हवेली पर चला गया, परन्तु सूरजमल तथा अकीबत महमूद उस रात्रि तथा अगले पांच दिन (१ नवम्बर) तक तुगलकाबाद शिविर में ही रहे। १ नवम्बर (कार्तिक सुदि ६, सं० १८१०) को माधौसिंह ने सूरजमल को खासा सिरोपाव, सरपेच, जरी, तुर्रा, नीमूसेला प्रदान करके बिदाई दी।[1] सूरजमल की यह भेंट-वार्ता गृह युद्ध की विधिवत समाप्ति की उद्घोषणा थी।

निःसन्देह सूरजमल के महान प्रयास, सैनिक प्रतिरोध तथा कूटनैतिक प्रयासों से ही नवाब सफदर जंग का सम्मान व कीर्ति स्थिर रह सकी और मुगल साम्राज्य बिघटन तथा विनाश से बच गया। १ नवम्बर को वजीर ने राजा जुगल किशोर से बातचीत कीं और वह पुनः दरबार में पहुँचा। इसी दिन अकीबत महमूद तथा हरगोविन्द नाटाणी ने भी सम्राट से भेंट की। ५ नवम्बर को सवाई माधौसिंह का का अति विश्वासपात्र वकील फतेहसिंह सम्राट की ओर से सफदर जंग की छावनी में एक शाही फरमान, छः वस्त्रों की खिलअत, एक रत्नजड़ित सरपेच, एक पछेवड़ी, एक मुक्ताहार तथा एक घोड़ा लेकर उपस्थित हुआ। सफदर जंग ने शाही परम्परा-नुसार उचित सम्मान के साथ फरमानवारी डेरों में खिलअत धारण की। समाचार मिलते ही मीर बख्शी इमाद ने सम्राट से विरोध प्रगट किया, परन्तु सम्राट व वजीर

---

१ – ता० अ० शा०, पृ० ८१ ब–८३ अ; खतूत अह०, सं० ३६८/३९१, ३६६/३९२; सूरजमल का पत्र पेमसिंह के नाम, आसोज वदि ११, सं० १८०६; दे० कॉ०, पृ० ४४; अवध, पृ० २५५।

दोनों ने अज्ञानता प्रगट करके माधोसिंह पर इसकी जिम्मेदारी डाल दी थी।[1] ६ नवम्बर को सूरजमल माधोसिंह से मिलने के लिए तुगलकाबाद पहुँचा और वजीर ने उसको क्षमा करके अपनी सेवा में ले लिया। दस्तूर कोमवार[2] में हमको इसका विवरण इस प्रकार मिलता है—

"मुकाम तुगलकाबाद : सूरजमल को लिवाकर लाने के लिए पेमसिंह, भट्ट सदासिव, दिवान हरगोविन्द तथा एक अन्य ताजीमी उमराव को भेजा। जब वे सूरजमल के साथ तुगलकाबाद छावनी में आये, तब श्री जी आम दरबार में आकर बिराजे। सूरजमल ने आकर तस्लीम की और श्री जी ने उसको ताजीम दी। तत्पश्चात सूरजमल उनके पैर छूने को झुका, तब श्री जी ने उसको अपने हाथों से ऊंचा उठाकर छाती से लगाया। फिर सूरजमल ने अकीबत महमूद से भेट की। माधोसिंह की दाईं ओर सूरजमल, बाईं ओर बख्शी अकीबत महमूद चांदनी पर आसीन हुये। एक घड़ी वहां रुककर खिलवत खाना में पधारे, तभी दो घड़ी बाद वहां वजीर इन्तिजाम के पधारने की सूचना मिली। इससे सूरजमल को वहीं रोककर श्री जी दरबार में आकर विराजे और उसने ड्योढ़ी पर उसकी पेशवाई की। बगलगीरी करके मसनद पर आसीन किया। दो घड़ी रुककर वहां से राजा नागरमल व लुतफुल्ला बेग को खिलवतखाने में रवाना किया, पीछे से जसवन्तसिंह, सरदारसिंह, जोधसिंह, नवलसिंह, पृथ्वीसिंह हाड़ा के पुत्र को वहां भेजा गया। फिर एक घड़ी बाद श्री जी वजीर के साथ डेरा खास के अन्दर पधारे और वहां सूरजमल को भी बुला लिया गया। सूरजमल ने वजीर की चाकरी स्वीकार कर ली। फिर श्री जी, अकीबत महमूद, राजा नागरमल आदि सभी ने मिलकर सूरजमल की भूलें माफ करवा दीं। दो घड़ी बाद प्रथम वजीर को और फिर सूरजमल को डेरा खास से बिदा किया गया। इसी समय छावनी में डेरा खड़ा करवाया गया, जिसमें सूरजमल व अकीबत महमूद ने रात्रि विश्राम किया।"

७ नवम्बर को राजा नागरमल ने भी माधोसिंह की छावनी में पहुँचकर अपना डेरा लगा लिया था। इस प्रकार अब दोनों विरोधी सरदारों के साथ सम्राट का विधिवत समझौता हो चुका था और उनकी मागें विधिवत स्वीकार हो चुकी थीं। इससे १० नवम्बर को माधोसिंह मीर बख्शी इमाद को समझाने के लिए दिल्ली पहुँचा और उसके आग्रह पर इमाद ने संघर्ष को समाप्त करना स्वीकार करके उसकी

१—ता० अ० शा०, पृ० ८३अ—८४ ब; दे० कॉ०, पृ० ४५; हरिचरन, पृ० २१२अ; सियार, खण्ड ३, पृ० ३३५; ता० मुजफ्फरी, पृ० ७५; सूदन, पृ० २२२; ड्रा० ख०, सं० ५/१२७।

२ द० कौ०, जि० ७, पृ० ५६६।

पगड़ी अपने सिर पर धारण कर भ्रातृ भाव प्रगट किया। इधर नवाब सफदरजंग ने सिकरी गांव से अपनी छावनी उठाकर पलवल की ओर कूंच (७ नवम्बर) कर दिया था। १३ नवम्बर को वह मथुरा पहुँचा, जहां पांच दिन रुककर उसने सूरजमल का आतिथ्य सत्कार ग्रहण किया तथा सूरजमल के लिए उसने दिल्ली लूट में प्राप्त सभी सम्पत्ति हीरा जवाहरात तथा अन्य वस्तुयें सौंप दी थीं। १७ नवम्बर को उसने यमुना नदी पार की ओर अवध की ओर मुड़ गया।[1] सफदर जंग अपने सूबों में अवश्य चला गया, परन्तु सूरजमल को एक प्रबल शत्रु के हाथों में छोड़ गया था, जिसके हाथों में साम्राज्य की सम्पूर्ण सत्ता, सैनिक शक्ति समाहित होने वाली थी। सूरजमल को वास्तव में मीर बख्शी इमादुलमुल्क की प्रबल शत्रुता का कड़ा सामना करना पड़ा था।

कुंवर बहादुर सूरजमल ने मथुरा में नवाब सफदर जंग से बिदाई ली और वह शीघ्र हो गोवर्द्धन पहुँचा, जहां उसने भारी उत्साह के साथ श्री गिरिराज जी व हरिदेव जी का पूजन किया और सेना तथा जनता के साथ मिलकर सोल्लास मानसी गंगा के तट पर दीपोत्सव मनाया। १६ दिसम्बर को सम्राट ने सवाई माधोसिंह को उसकी सेवाओं के एवज में रणथम्भोर का दुर्ग, वहां का तोपखाना तथा साज सामान इनाम में प्रदान करके सम्मानित किया। इसी समय उसको रघुनाथ राव के नेतृत्व में विशाल मराठा सेनाओं के आने का समाचार मिला। अतः कार्य-सम्पादन पर सन्तुष्ट होकर उसने बिदाई की। औपचारिकता के बिना ही दिल्ली से जटवाड़ा की ओर प्रस्थान कर दिया और १४ नवम्बर को वह बल्लमगढ़ पहुँचा, जहां राव बलराम तथा उसके पुत्र किसनसिंह ने उसकी अगवानी को। होडल में जवाहरसिंह ने उसका स्वागत किया। यहां से वे दोनों १६ नवम्बर को बरसाना (होडल के दक्षिण में २७ किमी०) पहुंचे, जहां माधोसिंह ने श्री लाड़ली जी के दर्शन किये और भारी उपहार भेंट किये। इसके उपलक्ष में राव हेमराज कटारा को एक चंचल गज, झूल, महोला प्रदान किया गया।[2] फिर वह कामां (बरसाना के पश्चिम में ११ किमी०) होकर अपनी रानी सहित डीग पहुँचा।

२० नवम्बर को ब्रजराज बदनसिंह 'महेन्द्र' के डेरों पर पधारने पर राज-धानी डीग में उसका भव्य स्वागत सत्कार किया गया। समस्त सेना की भोजन

---

१ – ता० अ० शा०, पृ० ८६ अ–८७ अ, ८८ अ, ८६ अ; अवध, पृ० २५६–७, २६१ ; जॉन कोहन, पृ० २१ ब।

२ – ता० अ० शा०, पृ० ८५ अ; दे० क्रॉ०, पृ० ४५; सियार, खण्ड ३, पृ० ३३५; ता० मुजफ्फरी, पृ० ७६; द० कौ०, जि० १, पृ० ६२७, ८८७, जि० ७, पृ० ६०३; कपड़ द्वारा, सं० २६४।

व्यवस्था तथा घोड़ों को दाना-घास की व्यवस्था की गई। इसी दिन उसको सूरजमल का भरतपुर पधारने का आमंत्रण-पत्र मिला। इससे २१ नवम्बर को डीग दुर्ग का निरीक्षण व भोजन करने के बाद माधौसिंह ने डीग डेरों पर ही बदनसिंह को खासगी जरी का फरुखशाही, कुंवर बहादुरसिंह, कुंवर जवाहरसिंह तथा कुंवर रतनसिंह को खासगी सिरोपाव प्रदान किये। २२ नवम्बर को घोड़े पर सवार होकर सूरजमल के पास भरतपुर पहुँचा, जहां सूरजमल ने उसको एक हाथी, घोड़ा, पोशाक, जवाहरात तथा नौ मोहरें भेंट कीं और उसने खासगी जरी का सिरोपाव प्रदान किया। यहां २५ नवम्बर तक शिविर में रुक कर दुर्ग का निरीक्षण किया और मराठा समस्या पर बातचीत कीं। इसके बाद २९ नवम्बर को ससैन्य जयपुर पहुँच गया।[1]

जाट कछवाहों में मराठा विरोधी सहायक संधि

समस्त राजस्थान मराठों से परेशान व रुष्ट था और यह सम्भावना प्रगट हो चुकी थी कि संभवतः राजस्थान में मराठों से पुनः संघर्ष छिड़ जावे। इधर खाण्डेराव होल्कर ससैन्य दिल्ली के समीप पहुँच चुका था और वह व इमाद आपस में मिल रहे थे। फलतः २४-२५ नवम्बर को काफी विचार-विमर्ष के बाद सूरजमल माधौसिंह में मराठा विरोधी एक समझौता हुआ, जिसके अनुसार माधौसिंह ने आश्वासन दिया कि वह जाट शासन का पक्ष लेकर मराठों को जाट राज्य पर आक्रमण न करने में सहयोग करेगा। इसी प्रकार सूरजमल ने भी आश्वासन दिया कि यदि मराठों ने जयपुर राज्य में गड़बड़ी की तो वहां से मराठों को निकालने में वह योग देगा।[2] परन्तु यह समझौता नैतिक था। इसी समय नवाब सफदर जंग ने भी अपना वकील नरसिंह दास खत्री जयपुर की ओर रवाना कर दिया था। ३० नवम्बर को माधौसिंह ने उससे अनेक बातें कीं और अपने पत्र के साथ उसको मल्हार राव के डेरों की ओर रवाना कर दिया था।[3] सम्भवतः सूरजमल ने इसी बीच में बयाना के शाही दुर्ग तथा परगना पर अपना स्थायी अधिकार[4] करके दक्षिणी भाग में अपनी सेनायें तैनात कर दी थीं।

---

१ – ता० अ० शा०, पृ० ८९ ब; सूदन, पृ० २२२-३; हिंगणें, खण्ड १, लेख, ८५; बलदेवसिंह, पृ० ७५; वाक्या राज०, खण्ड २, पृ० ६३; द० कौ०, जि० ७, पृ० ५६७, ४८०, ४८२, ३७८, ५०५।

२ – सरकार (मुगल), खण्ड १, पृ० ३३१।

३ – ड्रा० ख०, जि० ५, सं० ७३७।

४ – सियासी मकतूबात, पत्र सं० २।

अध्याय ६

इमाद तथा मराठों से संघर्ष : राज्य विस्तार १७५४–५६ ई०

१ – मराठों का उत्तर भारत की ओर प्रस्थान

जयप्पा सिन्धिया तथा मल्हार राव होल्कर के अथक परिश्रम, कूट प्रबन्ध तथा सैनिक प्रयासों से ही हिन्दुस्तान में मराठा राज्य को राजनैतिक उपलब्धियां तथा आर्थिक लाभ होते थे और ये दोनों सरदार ही हिन्दुस्तान में पेशवा का प्रतिनिधित्व तथा उसकी नीतियों का प्रसार करते थे। किन्तु इन दोनों घरानों में राजनैतिक प्रभुत्व, सैनिक शक्ति, तथा आर्थिक लाभ के लिए आपसी प्रतिद्वन्दिता थी। वे एक दूसरे के परस्पर विरोधी थे। पन्त प्रधान (पेशवा) बालाजी राव स्वयं कुशल सैन्य संचालक, साहसी सैनिक नहीं था। इससे वह इन दोनों के बीच में मध्यस्थ बनकर व्यक्तिगत मतभेद, प्रतिस्पर्धा, राजनैतिक तनाव को दूर करने में असमर्थ था। वह किसी एक का पक्ष लेकर अन्य सरदार को विरोधी बना कर मराठा राज्य का अहित भी नहीं करना चाहता था। पेशवा का अठारह वर्षीय नवयुवक भ्राता रघुनाथ राव (दादा) गम्भीर परिस्थितियों का समाधान करने, परस्पर विरोधी सरदारों की भावनाओं पर नियन्त्रण रखने में सक्षम नहीं था, लेकिन अहमदाबाद विजय में उसने प्रतिष्ठा, सम्मान व यश उपार्जित किया था। इससे सम्राट तथा मीर बख्शी इमाद के साग्रह आह्वान पर बालाजी राव पेशवा ने पूना से रघुनाथ राव के नेतृत्व में इन दोनों सरदारों को रवाना किया था। इस अभियान में रघुनाथ राव के साथ अग्र पीढ़ी के उदीयमान सरदार सखाराम बापू, चिन्तोजी विट्ठल, महीपतराय चिटनिस, शमशेर बहादुर, त्र्यम्बक राव पेठे, रामचन्द्र गणेश, कृष्णराव काले, नारोशंकर, विट्ठल शिवदेव तथा बाबूजी नायक आदि शामिल थे। मार्ग में मल्हार राव तथा बुन्देलखण्ड से गोविन्द पंत बुन्देला भी आकर शामिल हो गया था। इस प्रकार मराठों की विशाल सेना ने ३० अक्तूबर को कोटा राज्य में

प्रवेश किया। ९ नवम्बर को मराठा सेना जयपुर राज्य में पहुँची। जहां १५ जनवरी तक रुकी और उसने राजपूत नरेशों से दो वर्ष की बकाया खंडनी (चौथ) वसूल करने का प्रयास किया। पेशवा ने इतनी विशाल सेना को उत्तर भारत में जिस प्रयोजन से रवाना किया था, वह प्रयोजन उसके आने से पूर्व ही पूर्ण हो चुका था। इसस अब मराठों की उपस्थिति सम्राट के लिए कंटकपूर्ण थी और इतनी विशाल सेना की कोई आवश्यकता भी नहीं रह गई थी। भाऊ बखर के अनुसार—"जबकि मराठा राज्य के शासक के रूप में बालाजी राव पेशवा की ख्याति द्वितीया के चन्द्रमा की भांति वर्द्धमान थी, तब उसके अनिष्टकारी ग्रहों ने उसे रघुनाथ राव को अपना प्रथम अनुभव प्राप्त करने के लिए उत्तर भारत में भेजने की गलत प्रेरणा दी।"[1] वास्तव में पेशवा का यह कदम अति विनाशकारी प्रमाणित हुआ।

२ – जाट मराठा संघर्ष के मौलिक कारण

अब तक जाट तथा मराठों में जटवाड़ा राज्य की सीमाओं में सीधा संघर्ष नहीं हुआ था। इस बार मीर बख्शी इमादुलमुल्क के परामर्श पर मराठा सरदारों ने जाटों के अजेय दुर्ग कुम्हेर पर सीधा आक्रमण करने का निश्चय कर लिया था। यह दो उदीयमान शक्तियों के बीच में सीधा संघर्ष था, जिसमें राजनैतिक, आर्थिक तथा राज्य विस्तार का उद्देश्य निहित था। समकालीन अभिलेखों के आधार पर जाट–मराठा संघर्ष के तीन प्रमुख कारण थे :—

(१) १७५२ ई० की पारस्परिक रक्षा सन्धि[2] के अन्तर्गत मराठों की प्रबल इच्छा आगरा तथा अजमेर प्रान्त, मथुरा तथा अन्य परगनों और नारनौल की फौजदारी पर वास्तविक अधिकार करने की थी और इसके लिए उन्होंने शाही आमन्त्रण को सरल बहाना ढूंढ लिया था। परन्तु आगरा प्रान्त के अधिकांश जिलों तथा परगनों पर सुयोग्य राव बहादुर सूरजमल का अधिकार था और उसको मथुरा की फौजदारी भी प्रदान की जा चुकी थी। शेष पड़ोसी शाही परगनों पर भी उसकी आंख लगी हुई थीं। इससे जाट–मराठों में राजनैतिक प्रभुत्व के लिए संघर्ष अनिवार्य था।

(२) गृह युद्ध में सूरजमल ने सफदर जंग का प्रबल समर्थन किया था। सम्राट द्वारा विधिवत् क्षमा करने के बाद भी दिल्ली दरबार के कुछ विरोधी सरदार अपनी जागीरों पर पुनः अधिकार करने के लिए प्रयत्नशील थे। मीर बख्शी इमादुलमुल्क अपनी नैतिक पराजय के कारण सूरजमल के प्रति ईर्ष्यालु था और वह जाट परगनों पर अपना अधिकार करने के लिए लालायित था। इमाद ने सम्राट से

---

१ – भाऊ बखर, पृ० ४; सरदेसाई, खण्ड २, पृ० ४८३–८४।

२ – द्रष्टव्य, अ० ४; अनु० ९ तथा १०।

कड़े शब्दों में उलाहना देते हुये कहा था— "आपने बिना मेरे अनुमोदन या सूचित किये ही सूरजमल व सफदर जंग को उस समय क्षमा कर दिया, जब विजय उसके कदम चूमने को थी।" इस प्रकार इमाद ने मराठों की सहायता से सूरजमल को उसकी धृष्टता का दण्ड देने का निश्चय कर लिया था।[1]

(३) मराठा सरदारों ने जाट राज्य के पूर्व में बंगश–अफगानों को परास्त करके अनेक परगनों पर अधिकार कर लिया था और वहां उनके कमाविसदार नियुक्त थे। इसी प्रकार पश्चिम में बूंदी, जयपुर जोधपुर राज्यों के उत्तराधिकार युद्धों में भाग लेकर मराठों ने अपने सहायकों को गद्दी पर आसीन करा कर अथवा उतराधिकारियों का पक्ष ग्रहण करके उनसे खंडनी (चौथ) के वचन–पत्र प्राप्त कर लिये थे। परन्तु अभी तक जटवाड़ा उनके राजनैतिक प्रभाव, सैनिक हस्तक्षेप तथा अन्तर्नीतियों से विमुक्त था। मराठा सरदारों का विश्वास था कि सूरजमल ने दिल्ली के आसपास के प्रदेश तथा शाही परगनों को लूटकर कई करोड़ रुपये की धनराशि एकत्रित कर ली है। इस लोभ में आकर सम्पन्न, समृद्ध, आर्थिक दृष्टि से सशक्त जाट राज्य को लूटने में मराठों का स्वार्थ था,[2] जो अभी तक उनकी लूट, बरबादी, आर्थिक शोषण तथा राजनैतिक प्रभाव व हस्तक्षेप से पूर्णतः मुक्त था।

३ – खांडेराव होल्कर का दिल्ली प्रस्थान : मराठों की निश्चित नीति

सम्राट अहमदशाह व वजीर इन्तिजामुद्दौला की अपेक्षा मीर बख्शी इमादुलमुल्क से परामर्श करके भावी युद्ध योजना व नीति पर विचार करने के लिए मल्हार राव होल्कर ने अपने पुत्र खाण्डेराव (खड्डूजो) को अपने विश्वासपात्र दीवान (सेनापति) गंगाधर तांतिया तथा चार सहस्र मराठा सैनिकों के साथ जयपुर छावनी से दिल्ली रवाना कर दिया था। नवम्बर, २१, १७५३ ई० को इस मराठा सेना ने किसन दास तालाब पर अपना पड़ाव डाला। धूर्त ईर्ष्यालु इमाद ने सूरजमल से प्रतिशोध लेने का दृढ़ संकल्प कर लिया था, जबकि सम्राट व वजीर एक शक्तिशाली मन्त्री की तानाशाही को रोकने, साम्राज्य को विघटनकारी शक्तियों से सुरक्षित करने, देश को स्थिरता, सुदृढ़ता की निहित भावना से साम्राज्य के निकटतम पड़ोसी व सहयोगी सूरजमल को मराठा विनाश से बचाकर जाट शक्ति को दृढ़ करना चाहते थे। इमाद की तानाशाही प्रवृति पर यह अपरोक्ष अंकुश था। इसके अलावा सम्राट हिन्दुस्तान तथा दिल्ली को मराठों की आर्थिक लूट, बरबादी से बचाने के

---

१ – इमाद, पृ० १७३; इ० डा० (ता० मुजफ्फरी) खण्ड ८, पृ० ३२१; फ्रेंकलिन, पृ० ३; सरदेसाई, खंड २, पृ० ४८५।

२ – कानूनगो, पृ० ८७; सरकार (मुगल), खंड १, पृ० ३३१।

लिए उनको दक्षिण की ओर पुनः वापिस लौटाना चाहता था। "तारीखे मुजफ्फरी" के लेखक मुहम्मद अली खां के अनुसार "सूरजमल ने शाही क्षमा-प्रतीकार के रूप में वजीर इन्तिजामुद्दौला को शाही खजाने में पचास लाख रुपया पेशकश की रकम जमा कराने का वचन दिया था। वजीर सूरजमल से यह रकम प्राप्त करके शाही सैनिकों के बकाया वेतन का भुगतान करके शाही सैन्य शक्ति को अधिक सशक्त करना चाहता था। इसी से उसने मीर बख्शी इमाद के प्रस्ताव को टालने के लिए जाट दमन की योजना को अगले वर्ष तक स्थगित करने की सलाह दी थी। किन्तु इमाद अपनी सैनिक शक्ति के घमण्ड में चूर मराठा मित्रों की सहायता से जाटों के दमन के लिए उतावला था।" [1]

आपसी विरोधी नीतियों के क्रियान्वयन के लिए साम्राज्य के दो वरिष्ठतम मंत्रियों के बीच में एक नवीन संघर्ष का सूत्रपात हुआ और दोनों पक्षों ने मराठा सरदारों को अपने पक्ष में शामिल करने का भारी प्रयास किया। २२ नवम्बर को इमाद ने खांडेराव से मुलाकात की। दूसरी ओर सम्राट तथा वजीर ने भी प्रयास किया और वजीर ने राजा जुगलकिशोर को उसकी छावनी में भेजा। किन्तु खाण्डेराव ने कहा—" मल्हारजी ने मुझको मीर बख्शी के पास भेजा है। मुझे किसी अन्य से नहीं मिलना है।" फलतः १ दिसम्बर को सम्राट ने मराठा वकील बापूराव हिंगणे, अन्ताजी तथा मराठा प्रतिनिधियों को वार्तालाप के लिए बुलाया। वजीर ने स्पष्ट शब्दों में कहा, "मराठा सरदारों को वजीर के आदेशानुसार कार्य करना चाहिये और उनको मीर बख्शी से नहीं मिलना चाहिये। परन्तु दक्षिण में निजाम परिवार से मराठों के राजकीय हित सम्बद्ध थे। हिन्दुस्तान में वे इमाद को रूष्ट नहीं कर सकते थे। इससे उन्होंने इन सुझावों को टाल कर कहा— "रघुनाथ राव तथा मल्हार राव जैसा उचित समझेंगे, वे उसी के अनुरूप कार्य करेंगे।" फिर भी वजीर ने सूरजमल के साथ होने वाले मराठा संघर्ष को टालने का हर संभव प्रयास किया। [2] १० दिसम्बर को वजीर के परामर्श पर सम्राट ने खाण्डेराव की छावनी में छः वस्त्रों की खिलअत, कलंगी सहित एक जड़ाऊ सरपेच, एक तलवार व एक हाथी, २२ अशर्फियां तथा अन्य कुछ भेंटें भेजीं, परन्तु इमाद के परामर्श पर खाण्डेराव ने इन खिलअतों को यह कह कर लौटा दिया—"मैं बादशाह का सेवक नहीं हूँ, जो मुझे खिलअत प्रदान करे। मैं यहां अपने पिताजी की आज्ञा से सूरजमल के विरुद्ध युद्ध मन्त्रणा, भावी योजना व कार्यक्रम पर विचार करने के लिए मीर बख्शी की सहायतार्थ आया हूं। मल्हार जी यहां कुछ दिन बाद आवेंगे। आपको जो कुछ भी कहना है, उनसे कहें और जो कुछ भी देना है, उनको दें।" अब सम्राट ने मीर बख्शी इमाद से आग्रह

१ – ता० मुजफ्फरी, पृ० ८३।

२ – ता० अहमदशाही, पृ० ८८ अ-९३ ब।

किया कि वह अकीबत महमूद को खाण्डेराव के पास भेजकर उसको मुझसे भेंट के लिए परामर्श दे। २६ दिसम्बर को खाण्डेराव ने बादशाह से भेंट की। वह इस समय यमुना तट से पूर्णिमा स्नान करके लौट रहा था। सम्राट ने उसको खिलअत तथा तलवार भेंट करते समय कहा— "मैंने आपको केवल सफदर जंग के विरुद्ध युद्ध में सहायता देने के लिए बुलाया था और खुदा की कृपा से यह कार्य अब समाप्त हो चुका है। इससे अब मैं आपको वापिस लौटने की बिदा देता हूँ। जब कभी फिर मुझे आपकी आवश्यकता होगी, बुला लूंगा।" खाण्डेराव ने उत्तर में कहा— "अब मैं आपके चरणों में हूं और यहीं रहना चाहता हूं।" इस प्रकार मद्य के नशे में उसने सम्राट के साथ अशिष्ट व्यवहार किया और कृतज्ञता के दो प्रणाम (तस्लीम) ही किये। फिर भी बादशाह ने उसको औपचारिक परम्परानुसार बिदाई दी और उसको वजीर की हवेली पर ले जाया गया, जहां अर्द्ध रात्रि तक उसका सत्कार होता रहा।[1]

४ – चौधरी बलराम (बल्लू) की हत्या : बल्लमगढ़ पर अधिकार, दिसम्बर, १७५३ ई०

पूर्व काल से परगना फरीदाबाद तथा पलवल मीर बख्शी की सशर्त जागीर में शामिल थे, परन्तु जुलाई, १७५० ई० में सफदर-सूरजमल के बीच हुये समझौता के अन्तर्गत ये दोनों परगना पेशकश भुगतान के अनुबन्ध पर बल्लू चौधरी को सौंप दिये गये थे।[2] दिल्ली में खाण्डेराव के आ जाने के बाद इमाद ने अपने प्रधान सलाहकार व सेनापति अकीबत महमूद को २४ नवम्बर के दिन राव बल्लू से फरीदाबाद तथा पलवल परगनों का शाही लगान तथा पेशकश भुगतान की मांग पर विचार विमर्ष करने के लिए पांच सौ बदख्शी सैनिक तथा दो सहस्त्र मराठा सवारों के साथ रवाना किया। वास्तव में अकीबत महमूद अपने पिता मुरतिजा खां की हत्या का बदला लेना चाहता था। बलराम (बल्लू) ने अपने दुर्ग बल्लमगढ़ में युद्ध की तैयारियां करके अकीबत महमूद की असंगत मांग को ठुकरा दिया और अपने दुर्ग प्राचीर से तोपें दागकर संघर्ष शुरू किया। समाचार मिलने पर इमाद ने शीघ्र ही दिल्ली से तीस रहकला व गुब्बारे, दो छकड़ा गाड़ी गोला बारूद, एक ऊंट गाड़ी बाण और सात सहस्त्र बदख्शी सैनिकों की कुमुक अकीबत के पास रवाना कर दी।[3] दोनों ओर से कुछ समय तक भारी गोलाबारी होती रही। साधारण संघर्ष के बाद बल्लू चौधरी ने विशाल शाही सेना को देखकर समझौता वार्ता का प्रस्ताव स्वीकार

---

१ – ता० अहमदशाही, पृ० ९५ अ-१०० ब।

२ – उपरोक्त, पृ० ९३ ब।

३ – उपरोक्त, पृ० ८६ अ-ब।

कर लिया। वह अपने दुर्ग से अकीबत महमूद के डेरों पर मिलने गया और उसने इमाद के लिए क्षतिपूर्ति तथा सम्राट को शेष शाही लगान, पेशकश की रकम भुगतान करना स्वीकार कर लिया। इसके बाद अकीबत ने बल्लमगढ़ के दक्षिण में २२ किमी० पलवल के जाट जमींदारों से लगान बसूल करने के लिए प्रस्थान किया, परन्तु यहां के जमींदार, चौधरी तथा रैय्यत ने चौधरी बलराम की पुनर्मांग के भय से लगान भुगतान करने में आनाकानी की, इससे उसको भारी निराशा हुई। इसी समय अकीबत ने खिराज की मांग को पूरा करने के प्रस्ताव के साथ सूरजमल के पास अपने हरकारे भेजे, किन्तु उसने अभीष्ट उत्तर नहीं दिया। बलराम ने संतोष राय कानूनगो को अपनी सेवा से पृथक कर दिया था। वह अकीबत के पास आया और उसने उसको बल्लू जाट को मारने के लिए भड़काया। उसने कहा— "जब तक वह बल्लमगढ़ पर अधिकार करके चौधरी बलराम को नहीं मारेगा, तब तक फरीदाबाद तथा पलवल कस्बों पर शाही शासन नहीं हो सकेगा।" इसी समय अकीबत ने फतहपुर गांव पर अधिकार करने के लिए एक थानेदार को भेजा, किन्तु बलराम के निर्देश पर वहां की रैय्यत ने उसको अधिकार नहीं करने दिया। थानेदार की सूचना मिलते ही २९ नवम्बर को अकीबत शीघ्र ही पीछे लौट आया और उसने बल्लमगढ़ के समीप एक गांव में पड़ाव डाला। यहां से उसने बलराम से समझौता-वार्ता करने के लिए उसके एक विश्वासपात्र दूत को उसके पास भेजा। उसने कहा कि महमूद आपसे मिलकर मालगुजारी की मांग पर निश्चित फैसला करना चाहता है। उसने खुदा की कसम (शपथ) खाकर दगा (धोखेबाजी) न करने का भी भरोसा दिलाया। २९ नवम्बर को राव बलराम शीघ्र ही अपने दीवान, एक पुत्र तथा ढ़ाई सौ सवारों के साथ बल्लमगढ़ दुर्ग से निकलकर अकीबत के पास मिलने पहुंचा। अकीबत ने बलराम से कहा कि—"उसके साथ इमाद के माध्यम से समझौता की शर्तें निश्चित हुई हैं और सम्राट उस पर मालगुजारी तथा पेशकश भुगतान के लिए दवाब डाल रहा है।" बलराम ने इस मांग का विरोध करते हुए कहा—"मैं अपनी जेब में रुपया लेकर नहीं आया हूँ। मैंने आपको वचन दिया था कि मालगुजारी बसूल करके मैं पेशकश जमा करा दूंगा। यदि आप जाट अधीनस्थ भूखंड को मुझसे छीनकर खालसा करना चाहते हो, तो आपको मुझसे युद्ध करना पड़ेगा।" इस प्रकार बात-चीतों में भारी गरमागरमी पैदा हो गई और गुस्से में भर कर बलराम ने अपनी तलवार की मूंठ पर हाथ रखा। उसी समय अकीबत महमूद ने अपनी पालकी के चारों ओर उपस्थित बदख्शी तथा मेवातियों को इशारा किया। उन्होंने शीघ्र ही उन पर हमला कर दिया। एक सैनिक ने घात लगाकर बलराम पर पेशकब्ज फेंक कर मारी और बदख्शियों के जमादार ख्वाजा आफताब खां ने उसकी गर्दन पर तलवार से बार किया। वह उसका शिर काटने में सफल रहा। उसके पुत्र, दीवान

तथा अन्य नौ जाट अंगरक्षकों को भी बदख्शी सैनिकों ने मार गिराया। अन्य सैनिक वहां से भाग निकले।[1]

दुःखद समाचार सुनकर बल्लमगढ़ के तोपची अर्द्ध रात्रि तक निरन्तर गोलाबारी करते रहे। अन्त में उन्होंने रात्रि के अन्धकार में चौधरी बलराम के अन्य पुत्र किसनसिंह तथा बिसनसिंह, परिवार तथा कीमती सामान के साथ दुर्ग खाली कर दिया। अकीबत महमूद के सैनिकों ने खाली दुर्ग, तोप, रहकला, जज्जैल, शस्त्रागार तथा अन्न, घी आदि भंडारों पर अधिकार कर लिया। सिपाहियों ने कस्बे मे भारी लूटमार की। इस प्रकार सूरजमल के उत्तरी सीमांत दुर्ग पर मीर बख्शी का अधिकार हो गया। चौधरी बलराम के कानों में दो मोती के कुण्डल थे। वे जमादार ख्वाजा आफताब खां को पुरस्कार में दे दिये गये। इस भूखण्ड में आतंक फैलाने के लिए बलराम के शिर को फरीदाबाद के समीप सड़क के किनारे एक खम्भे पर लटवाया गया। सम्राट ने यह समाचार सुनकर इमाद तथा अकीबत को भारी पुरस्कार भेजे और इस जिले का प्रबन्ध इमाद को सौंप दिया। इससे वजीर काफी नाराज हुआ।[2] चौधरी बलराम के पुत्र, कुटुम्ब तथा सिपाही भागकर बरसाना पहुँच गये।[3] अब इमाद ने अपनी उपाधि निजामुलमुल्क आसफजहां के नाम पर बल्लमगढ़ का नाम "निजामगढ़"[4] रखा।

फिर दिसम्बर के प्रथम सप्ताह में अकीबत महमूद ने अन्य जाट गढ़ियों पर आक्रमण करने के लिए कूंच किया। इस सेना ने पलवल से १६ किमी० दक्षिण तथा दक्षिण पश्चिम में मैत्रोल तथा हथीन गढ़ियों को घेर लिया। यहां के जाट कृषकों ने शाही सेनाओं का दिन भर जमकर सामना किया और रात्रि के अन्धकार में अपनी गढ़ियां खाली कर दीं। खाली गढ़ियों पर अधिकार करके शाही सेना ने अन्न भण्डार तथा सामान को लूट लिया। इसके बाद उसने पलवल के आसपास लगान की मांग के साथ अन्य जाट प्रधान गढ़ियों पर आक्रमण किया और उन पर अधिकार करने में सफल रहा। फिर १७ दिसम्बर को अपनी सेनाओं को विजित प्रदेश में छोड़कर अकीबत स्वयं पलवल छावनी से दिल्ली चला गया, जहां उसने सम्राट से भेंट की।[5]

---

१ – ता० अहमदशाही, पृ० ८६ अ, ६२ अ, ६८अ; सूदन, पृ० २२५–६; दे० क्रॉनी०, पृ० ४५; कानूनगो, पृ० ८०; सरकार (मुगल), खण्ड १, पृ० ३२६–७।

२ – ता० अहमदशाही, पृ० ६२ ब, ६८ ब; दे० क्रॉ० पृ० ४५।

३ – सूदन, पृ० २२६।

४ – ता० अहमदशाही; पृ० १०६ ब।

५ – उपरोक्त, पृ० ६३ ब–६४ ब; दे० क्रॉनी०, पृ० ४५।

२६ नवम्बर की अर्द्ध रात्रि को चौधरी बलराम को धोका देकर मारने का समाचार सूरजमल के लिए मिला। उसको यह भी समाचार मिला कि इमाद अपनी सेनाओं सहित आगे बढ़ रहा है। सूरजमल ने शीघ्र ही अपने साले फौजदार (बख्शी) बलराम को जवाहरसिंह के पास डीग रवाना किया। जवाहरसिंह राव बदनसिंह के पास पहुँचा और आवश्यक निर्देश प्राप्त करके उसने अपनी समस्त सेना के साथ बरसाना की ओर प्रस्थान कर दिया। यहां से उसने शत्रु की गति-विधि को आंकने के लिए अपने विश्वास पात्र सन्देशक भेजे और समीपस्थ इलाकों की सुरक्षार्थ अपने सैनिक अग्र मोर्चों पर रवाना कर दिये।[1]

५—ठाकुर मोहकम सिंह की दावेदारी : मराठों द्वारा लूट व बरबादी

उपर्युक्त राजनैतिक अवसर देखकर राव चूड़ामन के पुत्र जुलकरन तथा मोहकम सिंह ने अकीबत महमूद की अनुकम्पा वरण करके राव बदनसिंह को अधिकारों से च्युत करके अपनी जमींदारी पर पुनः बहाल करने की अभ्यर्थना की। इस प्रकार मीर बख्शी ने सूरजमल के विरुद्ध जाट राज्य के दावेदार को खड़ा करके एक राजनैतिक प्रवंचनात्मक नाटक का सूत्रपात किया। मध्यस्थों की प्रारम्भिक वार्ता के बाद मोहकमसिंह स्वयं ग्राम तालकी, परगना अकबरपुर से दिल्ली पहुँचा। १० दिसम्बर को उसने अकीबत महमूद से भेंट की। दूसरे दिन (११ दिसम्बर) यह समाचार सम्राट के समक्ष प्रस्तुत किया गया। २१ दिसम्बर को मीर बख्शी इमाद पटपरगंज से दिल्ली वापिस लौटा और उसने सम्राट से भेंट की। उसी दिन सम्राट ने उसको अकबराबाद तथा इलाहाबाद प्रान्त का राज्यपाल नियुक्त कर दिया। मीर बख्शी ने ठाकुर मोहकमसिंह को संरक्षण में रखकर जाट प्रदेश पर आक्रमण करके अधिकार करने की नीति पर जोर डाला। २५ दिसम्बर को मोहकमसिंह ने भी उसकी हवेली पर पहुँच कर भेट की और मीर बख्शी के सामने काठेड़ जमींदारी का विधिवत दावा प्रस्तुत किया।[2]

२७ दिसम्बर को खाण्डेराव होल्कर ने अकीबत महमूद के मार्ग दर्शन में अपने चार सहस्र मराठा सैनिकों के साथ दिल्ली से फरीदाबाद होकर पलवल की ओर प्रस्थान कर दिया था, किन्तु मार्ग में मुगल तोपची तथा बन्दूकची सवारों ने अकीबत के निर्देशों की अवहेलना की और उन्होंने अपने पन्द्रह माह के बकाया वेतन के भुगतान की मांग के साथ विद्रोह कर दिया। इससे अकीबत महमूद मीर बख्शी

१—सूदन, पृ० २२६।

२—पे० द०, खण्ड, २७, लेख ७६; ता० अहमदशाही, पृ० ६४ ब, ६८ ब।

की जागीर फरीदाबाद तथा पलवल पर व्यवहारिक नियन्त्रण रखने में विफल रहा। इस सैनिक विद्रोह का लाभ उठाकर जाट जमींदारों ने शीघ्र ही मित्रोल, हथीन तथा अन्य जाट प्रधान ग्राम्य गढ़ियों में तैनात शाही थानों पर आक्रमण करके अपना अधिकार कर लिया। हताश होकर अकीबत महमूद इमाद के पास लौट आया और उसने बादशाह की स्वीकृति प्राप्त करके इमाद से स्वयं प्रस्थान करने का अनुरोध किया। दरबार में इमाद व अकीबत पर सैनिक विद्रोह का आरोप लगाया गया। सम्राट ने कहा—"आपके पास शाही कोषागार के पन्द्रह लाख रुपया जमा हैं। उस रकम से तोपखाना के बन्दूकची सैनिकों का और बल्लमगढ़ जिले की आय से बदख्शी रिसालों के शेष वेतन का चुकारा कर देना चाहिये। मैंने आपको यह जिले सौंप दिये हैं और आप पर समस्त अधिकार छोड़ दिये हैं। कम से कम अब आपको मुझ पर अत्याचार नहीं करने चाहियें।"[१] किन्तु इमाद ने सम्राट से आग्रह किया कि 'आप स्वयं फरीदाबाद की ओर कूंच करें, ताकि बल्लमगढ़ जिले से माल-ओ-जकात वसूल किया जा सके। सूरजमल ने जिन शाही जिलों व परगनों पर अधिकार कर लिया है, उनको पुनः प्राप्त करके जटवाड़ा प्रदेश की जमींदारी मोहकमसिंह को सौंपी जा सके। इसके एवज में मोहकमसिंह ने दो करोड़ रुपया भुगतान का आश्वासन दिया है और वह अभी तक मेरे यहां रुक रहा है। मैं आपको चार दिन में एक करोड़ रुपया अग्रिम भुगतान की व्यवस्था करने को तैयार हूँ और इस रकम से आप अपने शाही सेवक तथा कारखाना के बकाया भुगतान के हिसाब को साफ कर सकते है। किन्तु आपने मेरे इस प्रस्ताव को भी ठुकरा दिया है।....आप शाही व्यवस्था का भार मेरे ऊपर छोड़ दें और मेरे विरुद्ध किसी अन्य की बात नहीं सुनें। मैं असन्तुष्ट सैनिकों को विद्रोही जिलों पर अधिकार करने के लिए रवाना कर दूंगा और उन विजित जिलों की आय से उनका शेष वेतन भुगतान करके उन्हें सन्तुष्ट कर दूंगा।"

सम्राट तथा वजीर इमाद को खुला युद्ध करने की आज्ञा देकर जाट सरदार सूरजमल की शक्ति का पतन स्वीकार नहीं कर सकते थे। इसी भावना से अहमद शाह ने इमाद से कहा, "मोहकमसिंह ने मेरे सामने प्रार्थना-पत्र प्रस्तुत किया है और उसने पांच करोड़ रुपया भेंट करने का वचन दिया है। साथ ही उसने खालसा से शाही खजाने में नालबन्दी के रूप में सात आना प्रति रुपया जमा कराने और शाही चाकरी में रहने का भी वायदा किया है।"[२] मोहकमसिंह ने इसी समय

---

१ – ता० अहमदशाही, पृ० १०२ ब, १०३ ब, १०४ ब, १०५ अ; सरकार (मुगल), खण्ड १ पृ० ३२७।

२ – ता० अहमदशाही, पृ० १०३ अ।

मराठों से भी बातचीत करने का प्रयास किया और उसके वकील ने मराठों से सहायता देने का आग्रह किया। उसने अपने पत्र में मल्हार राव आदि मराठा सरदारों से भी भेंट करने की इच्छा प्रगट की थी। मराठों ने एक पत्र ठाकुर मोहकमसिंह को तथा अन्य पत्र उसके भाई जुलकरन को लिखकर यह स्पष्ट मांग की कि उनको ये जिले सहायता के एवज में भेंट करने पड़ेंगे।[१] किन्तु इन वार्ताओं से कोई निश्चित परिणाम नहीं निकल सका। जॉन कोहन का कथन है कि मोहकमसिंह मल्हार राव की सेवा में जाकर उपस्थित हुआ और अपनी सेवाओं से उसकी अनुकम्पा प्राप्त कर ली। अन्त में उसने मराठा सेना के संरक्षण में थून के समीप पड़ाव डाला और हाथियों से थून की विध्वंस गढ़ी को जोतकर वहां से कीमती मोती निकाल लिये।[२] किन्तु इस कथन की अन्य अभिलेखों से पुष्टि नहीं होती है। अन्त में मीर बख्शी ने शाही आदेश प्राप्त करके रात्रि में खिज्राबाद होकर प्रस्थान किया और प्रातःकाल आठ बजे बल्लमगढ़ आ धमका।[३]

खाण्डे राव होल्कर ने होडल में अपनी छावनी डालकर जाट प्रान्त के मेवाती जिलों में लूटपाट करने के लिए अपनी मराठा टुकड़ियां रवाना कर दी थीं। मल्हार राव ने भी अपने पुत्र को मेवात में आतंक पैदा करने तथा मथुरा पर्यन्त लूटमार करने के निर्देश भेजे। इन सैनिकों ने पहाड़ तथा जंगलों में शरण लेकर जाटों पर आक्रमण कर दिया और हथीन, जोरु आदि गढ़ियों पर अधिकार कर लिया। इस समय जवाहरसिंह बरसाना में मौजूद था। फिर मराठों ने होडल के दक्षिण में क्रमशः १६:२७ किमी० नंदगांव बरसाना तक छापे मारे। इस प्रदेश में भारी लूट-मार, आगजनी तथा बरबादी की। सूरजमल वास्तव में शाही मीरबख्शी तथा मराठों के विरुद्ध एक महान युद्ध तथा दीर्घ संघर्ष की तैयारी कर रहा था। इससे उसने अपने पुत्र जवाहर सिंह के पास युवक खाण्डे राव से झगड़ा न करने का सन्देश भेजा। सूरजमल यह भली-भांति समझता था कि इन साधारण झड़पों तथा संघर्षों से कोई निश्चित परिणाम नहीं निकलेगा। इससे जवाहर सिंह जिला बरसाना को खाली करके डीग लौट गया। दिसम्बर के अन्तिम सप्ताह में खाण्डे राव ने जाट सैनिक शून्य जिलों पर अपना अधिकार कर लिया और वहां थाने स्थापित करके होडल लौट गया। इस प्रकार मराठों ने बिना विरोध के पच्चीस किमी० की परिधि में जटवाड़ा प्रान्त के गांव व कस्बों में लूटमार व बरबादी की।[४]

---

१ – पे० द०, खण्ड २७, लेख ८३।

२ – जॉन कोहन, पृ० १६ ब।

३ – ता० अहमदशाही, पृ० १०४ ब–१०५अ।

४ – उपरोक्त, पृ० १०४ ब–१०५ अ; सूदन, पृ० २३७–६।

२७ दिसम्बर को शाही दरबार में समाचार मिला कि खाण्डेराव के दक्षिणी सवारों ने शिकोहाबाद में पहुँच कर वहां से जाट थानों को उठा दिया है। इस समय चकला कोइल का प्रबन्ध जाटों के हाथ में था। इमाद ने फतेहअली खां को चकला कोइल का प्रबन्धक नियुक्त किया और उसने नौ-दस सहस्र सवार व पैदलों को इकट्ठा करके उधर प्रस्थान किया। इस समाचार को सुनकर कोइल से जाट सैनिक भाग गए। मराठा आतंक का लाभ उठाकर जनवरी ५, १७५४ ई० को प्रधान सेनापति अकीबत महमूद ने द० प० में १४ किमी० गंगूला नामक जाट गढ़ी पर आक्रमण कर दिया। बलराम के भाई ने शाही सेनापति का सामना किया, जिससे वह घायल हो गया। अन्त में रात्रि के अन्धकार में उसने गढ़ी खाली कर दी। अक़ीबत ने गढ़ी में लूटमार की और छः व्यक्तियों को बन्दी बना लिया। उसने वहां थाना तथा आसपास कई चौकियां स्थापित कीं। ८ जनवरी को इमाद ने निजामगढ़ (बल्लमगढ़) से पलवल की ओर प्रस्थान किया और मोहकम सिंह को खाण्डेराव की छावनी होडल की ओर रवाना कर दिया। खाण्डेराव होडल शिविर में करीब पन्द्रह दिन तक रुका और उसने मेवात में भारी लूटमार व बरबादी की। जनवरी के मध्य में वह अपने पिता के पास पहुँच गया, जो कुम्हेर दुर्ग पर घेरा डालने की योजना बना रहा था।[1]

६ – घासेड़ा (घासहरा) पर राव फतेहसिंह बड़गूजर का अधिकार, जनवरी, १७५४ ई०

घासेड़ा अभियान के समय राव बहादुर सिंह का पुत्र फतेहसिंह दिल्ली में था और उसने मराठा वकील से मिलकर अपनी पैतृक गढ़ी पर अधिकार करने का भारी प्रयास किया, किन्तु सूरज मल की शक्ति के कारण वह सफल नहीं हो सका। इससे निराश होकर वह सोनपत चला गया। गृह-युद्ध छिड़ने पर वह वजीर की सेवा में आकर उपस्थित हो गया, किन्तु वजीर को सूरजमल के पक्ष में देखकर अपनी पैतृक गढ़ी मिलने की आशा से इमाद के पक्ष में जाकर शामिल हो गया था। उसने गृह युद्ध में इमाद के पक्ष में जाटों से संघर्ष किया। मराठा सरदारों के आग्रह पर मीर बख्शी इमादुलमुल्क ने राव फतेहसिंह को घासेड़ा की गढ़ी जागीर में प्रदान कर दी और पलवल छावनी से घासेड़ा (पलवल से २४ किमी. पश्चिम) पर अधिकार करने के लिए अभियान जारी किया। फतेहसिंह ने मराठा टुकड़ियों के साथ गढ़ी पर आक्रमण कर दिया। अमर सिंह चाहर ने दो-तीन दिन तक गढ़ की रक्षा की। सूरजमल उसकी सहायता के लिए नई कुमुक नहीं भेजना चाहता था। फलतः अमर सिंह ने अपने सैनिकों सहित रात्रि के अन्धकार में गढ़ी को खाली कर दिया। इस प्रकार नौ माह के बाद राव फतेहसिंह बड़गूजर ने घासेड़ा गढ़ी पर अधिकार करने

---

१ – ता० अहमदशाही, पृ० १०५ ब–१०६ ब; सूदन, पृ० २३९ (मेवात की लूट)।

में सफलता प्राप्त कर ली। अब इमाद ने राव फतेहसिंह को समीपवर्ती गांव व कस्बों पर आक्रमण करके मालगुजारी वसूल करने का आदेश दिया।[१]

१३ जनवरी को इमाद ने अकीबत महमूद को अन्य अनेक सेनानायकों, बदख्शी तथा मेवातियों की एक विशाल सेना सहित मेवात की ओर तथा उसके भाई सैफुल्ला खां को प्रशासन–प्रबन्ध जमाने और किसानों को आश्वस्त करके अपने गांवों में लौटाकर बसाने के लिए कोइल जलेसर की ओर रवाना किया। जनवरी के मध्य में रघुनाथ राव ने जाटों के प्रमुख दुर्ग कुम्हेर का घेरा डाल दिया था और जाट शासक व सेनायें वहां व्यस्त हो गई थीं। इसी बीच में इमाद ने २३ जनवरी को अकीबत महमूद को रेवाड़ी के जमींदारों से लगान वसूल करने के लिए रवाना कर दिया, रेवाड़ी महाल सर्फ–इ–खास में शामिल थी। सम्राट ने शीघ्र ही लूटमार रोकने के आदेश इमाद को दिए। रेवाड़ी बिसन सिंह की जागीर में शामिल था और वह इस समय दरबार में मौजूद था। सम्राट ने उसको अविलम्ब ही दिल्ली से रवाना कर दिया। फलतः अकीबत ने लूटमार व अत्याचार करके वहां से पचास लाख रुपया वसूल करके अन्य परगनों की ओर कूँच कर दिया। फिर उसने मेवात स्थित किशनगढ़ पर आक्रमण कर दिया। इस गढ़ी के चारों ओर मिट्टी का परकोटा था और गढ़ी की सुरक्षा व्यवस्था के लिए जाट तथा मेवाती सैनिक तैनात थे। इससे यहां जमकर संघर्ष हुआ। जाटों ने अकीबत को वहां से हटने के लिए बाध्य कर दिया। सैफुल्ला खां ने यमुना पार के जाट गावों से जबरन कर वसूल कर लिया। एक अन्य सेनानायक ने परगना जलेसर के गांवों में प्रवेश किया। जाट प्रबन्धक तथा सिपाही इस क्षेत्र को खाली करके पीछे हट गये। इस प्रकार इमाद ने इन परगनों पर कुछ समय के लिए अधिकार करने में सफलता प्राप्त कर ली और वहां अपने अधिकारी नियुक्त कर दिये।[२]

७ – रूपराम कटारा की विफल समझौता वार्ता, दिसम्बर, १७५३ ई०

मराठा सेनाओं के साथ रघुनाथ राव ढाई महीने तक जयपुर राज्य में पड़ाव डाले पड़ा रहा। ४ दिसम्बर को मराठा सैनिकों ने जयपुर के समीप अपना शिविर डाला। अपने राज्य को मराठों की लूट व बरबादी से बचाने के लिए सवाई माधो-

---

१ –ता० अहशाही, पृ० १०६ ब–१०७ अ; सरकार (मुगल), खंड १, पृ० ३२८, खंड २, पृ० २६४ पा० टि०।

२ – ता० अहमदशाही, पृ० १०७ अ, १०६ ब; सरकार (मुगल), खंड १ पृ० ३२८, ३३५।

सिंह ने १६ दिसम्बर को अपने दीवान राजा हर गोविन्द नाटानी को आपाजी पंडित व ईठल राव के साथ साढ़े सोलह लाख रुपया भुगतान का आश्वासन देने के लिए मराठा छावनी में भेजा। १७ दिसम्बर को मारवाड़ के पद्च्युत महाराजा रामसिंह ने रघुनाथ राव तथा जयप्पा सिंधिया से मुलाकात की और उनसे जोधपुर राज्य की गद्दी दिलवाने की अभ्यर्थना की। परन्तु इस समय उसको आश्वासन के अलावा अन्य कोई लाभ नहीं मिल सका। २७ दिसम्बर को माधोसिंह ने चाटसू से प्रस्थान करके जमालपुर में रघुनाथ राव से भेंट की। फिर रघुनाथराव तथा मल्हार राव ने जयपुर की ओर कूच किया।[1] सवाई माधोसिंह, मराठा सरदार आदि पुरोहित राव रूपराम कटारा (बरसाना) का अति सम्मान व आदर करते थे। वह इनका पूज्य तीर्थ पुरोहित तथा जाट शासक का विदेश मन्त्री या दरोगा-इ-वकालत था। क्षत्रपति साहू का वैदेशिक सचिव आनन्दराव सुमन्त, वकील महादेव भट्ट हिंगणे तथा उसका पुत्र बापूजी हिंगणे उसके शिष्य थे और उन्होंने अपने गुरू को काफी द्रव्य दिया था।[2] इससे रूपराम कटारा का मराठा सरदारों पर काफी प्रभाव था। अभी तक जाट राज्य गृह-युद्ध के संकट से नहीं सम्भल सका था, तब उसको मराठों से उलझना पड़ा। अनुभवी सूरजमल ने हिंदुस्थान में मराठों के आर्थिक व राजनैतिक लोभ का अभी तक विरोध नहीं किया था और इस बार भी युद्ध को टालकर समझौता करने का यथासंभव प्रयास किया। उसने शीघ्र ही मराठों को खंडनी की राशि तथा सम्राट को पेशकश भुगतान करने की शर्त पर अपने सुयोग्य, अनुभवी शिष्ट मन्त्री पुरोहित राव रूपराम कटारा को रघुनाथ राव से समझौता-वार्ता करने, मराठों की यथार्थ योद्धा शक्ति तथा विचार धारा को आंकने के लिए रवाना कर दिया।[3] आर्थिक लोभ तथा सैनिक शक्ति के अभिमान में आकर रघुनाथ राव ने रूपराम कटारा से एक करोड़ रुपया खंडनी की मांग की। मराठा सरदारों की यह मांग आधार हीन थी। रूपराम ने कहा, "आप अपने तीर्थ पुरोहित को पहचान कर आपस में समझौता कर लें। जाट युद्ध में करोड़ों रूपया खर्च कर देंगे, परन्तु वे आपको खंडनी की एक कोड़ी भी नहीं देंगे।"[4] इस समय जाट राज्य, जाट संगठन किसी शक्ति सम्पन्न सरदार की अनुकम्पा का आकांक्षी नहीं था। यह राज्य वैधानिक तथा शाही दरबार द्वारा मान्यता प्राप्त था। मराठों की खडनी भुगतान की मांग को स्वीकार करके जाट संगठन मराठों की आधीनता या प्रभुत्व स्वीकार नहीं कर सकता था। फलतः रूपराम ने आगे कहा—'सूरजमल के पास इस समय

---

१ – ता० अ० शा०, पृ० १०५ ब; द० कौ०, जि०, ६ पृ० २८, ७३।

२ – पोथी रूपराम कटारा, पत्रक ६३; ६४।

३ – सूदन, पृ० २२५।

४ – भाऊ बखर, लेख १, पृ० २; पे० द०, खंड २७, लेख ७६, ६४; ता० अहमदशाही, पृ० १०८ ब; सरदेसाई, खंड २, पृ० ४८६।
—सूदन, (पृ० २२७) के अनुसार मराठों ने दो करोड़ की मांग की थी।

दस दुर्ग, अनगिनत हाथी–घोड़ा, दस सहस्त्र नियमित दक्ष अनुशासित सवार तथा एक लाख अनियमित पैदल युद्ध के लिए सदैव तैयार रहते हैं। इसके अलावा किलेदारों की कमान में सिपाहियों की पृथक सेनाएं हैं। फिर भी आपकी अनुकम्पा से मेरे पास इस समय चार लाख रुपया नगद है। आप इसको स्वीकार कर लें, क्योंकि मुझको आशा है कि शायद जाट शासक सहयोगी समझौता की भावना से आपको दो लाख रूपया भुगतान का आश्वासन मात्र ही देगा।''[1] वास्तव में अब मल्हार राव होल्कर ठाकुर मोहकम सिंह तथा उसके भ्राता जुलकरन से समझौता वार्ता कर रहा था और उसको जाट सरदारों से रुपया तथा परगना मिलने की आशा थी। इससे मल्हार राव के भड़काने में आकर लोभी तथा अभिमानी मराठा सरदार रघुनाथ राव ने रूपराम का प्रस्ताव ठुकरा कर आक्रमण की धमकी दी। इससे रूपराम मराठा शिविर से सूरजमल के पास डीग लौट आया।[2]

८ – युद्ध परिषद की बैठक तथा मराठों के लिए युद्ध की चुनौती

यह स्पष्ट था कि इमादुलमुल्क के परामर्श पर मराठा जाट राज्य पर आक्रमण करेंगे। इससे राव बदनसिंह की अध्यक्षता में राजधानी डीग में एक विशाल युद्ध परिषद् की बैठक आयोजित की गई, जिसमें भरतपुर (भर्थपुर) से सूरजमल तथा बरसाना से जवाहर सिंह ने पहुँच कर भाग लिया। इस सम्मेलन में बदनसिंह के सभी पुत्र व पौत्र, राज्य मन्त्री गज सिंह चौहान, राज्य मोदी गंगाराम का पुत्र मोहन राम मोदी, डीग दुर्ग का दीवान भज्जूसिंह, चारों डूंगों के प्रमुख सरदार, प्रतिष्ठित तथा सम्पन्न चौधरी, सेठ–साहूकार व नागरिक मौजूद थे।[3] जाटों में अर्न्तजातीय या अर्न्तपाल विवाह करके संगठन को मजबूत बनाने के चारित्रिक गुण विद्यमान थे। सूरजमल अति प्रगतिशील विचार धारा का व्यक्ति था और नव–विकसित युद्ध कला तथा साधनों से सम्पन्न था। उसने डूंग व पाल संगठनों को एक सूत्र में बांध लिया था और ब्रज मण्डल को मुस्लिम शासन व अत्याचारों से मुक्त करा कर उसकी सांस्कृतिक समृद्धि व सम्पन्नता के लिए कटिबद्ध था। इस प्रकार के नवीन व्यक्तित्व तथा नवोदित सबल धन–धान्य सम्पन्न जाट राज्य से संघर्ष करना कोई सरल कार्य नहीं था। जबकि दिल्ली दरबार में वजीर व मीर बख्शी के बीच और मराठा शिविर में मल्हार राव होल्कर व जयप्पा सिन्धिया में व्यक्तिगत प्रतिद्वन्दिता थी। सूरजमल

---

१ – सूदन, पृ० २२७,२३६; ता० अहमदशाही, पृ० १०८ ब; हिंगणे, खंड १, लेख १०८; सरदेसाई (२/४८५) का विचार है कि रूपराम ने चालीस लाख रुपया देने का आश्वासन दिया था।

२ – भाऊ बखर, ३।

३ – सूदन, पृ० २३९–२४०।

के अथक प्रयास, सैनिक योग्यता, कूटनैतिक प्रयत्नों से जाट राज्य की वैधानिक सीमायें पूर्व में इटावा, पश्चिम में नीमराना, उत्तर में हरियाणा, रामगढ़ (अलीगढ़), गढ़मुक्तेश्वर और दक्षिण में कल्याणपुरी [1] तक फैल चुकी थीं। राव बदनसिंह ने दरबार में अति स्पष्ट शब्दों में कहा— "समस्त देश भाई-बन्धुओं से भरा है। मल्हार राव का आक्रमण हमारी वीरता, पौरूष तथा एकता की कसौटी है। इस संघर्ष से द्वेष भावना का पता चल जावेगा।" राव बहादुर सूरजमल की प्रेरणा से सभी उपस्थित-जनों ने एक स्वर से मराठों की अनैतिक मांग का विरोध करके शीघ्र ही नव-निर्मित विशाल दुर्गों में सुरक्षात्मक प्रबन्ध करने का निर्णय लिया। मोहन राम मोदी ने दो वर्ष तक चार लाख सैनिकों की रसद व्यवस्था करने का और दुर्ग दीवान चौधरी भज्जू सिंह ने यथा समय यथा स्थान पर्याप्त गोला बारूद तथा अन्य शस्त्रास्त्र भेजने का वचन दिया। [2] जाट राज्य व्यक्तिगत आन्तरिक प्रतिद्वन्दिता आपसी कलह से मुक्त था और प्रत्येक जाट दुर्ग अनेक वर्षों के लिए खाद्यान्न तथा शस्त्रास्त्रों में पूर्णतः आत्म निर्भर था। इस प्रकार के संगठित, आत्म निर्भर तथा सम्पन्न राज्य से टक्कर लेना सरल कार्य नहीं था। जनवरी, १७५४ ई० के प्रारम्भ में अपने विश्वास पात्र मन्त्री (वकील) रूपराम कटारा के परामर्श पर सूरजमल ने रघुनाथ राव दादा को अपने पत्र में लिखा— "सम्राट को निश्चित पेशकश भुगतान के अलावा वह शांति-समझौता के एवज में मराठों को चार लाख रुपया (कुल ४० लाख) भुगतान के लिए तैयार है, अन्यथा जाट राज्य आपके आक्रमण की चुनौती को स्वीकर करने में नही हिचकेगा।" उसने इसी समय अपने पत्र के साथ एक थैली में पांच गोला तथा बारूद्ध भेजकर रण-यात्रा प्रयोजन का साग्रह स्वागत [3] किया।

६ – जाट दुर्गों में सामरिक व्यवस्था

सूरजमल ने अपने विशाल दुर्ग डीग, कुम्हेर, नव निर्मित भरतपुर तथा वैर को आक्रामकों की ताकत से लोहा लेने के लिए खाद्यान्न, घास दाना तथा शस्त्रास्त्रों

---

१ – सूदन, पृ० २३६; वाक्या राज०, खण्ड २, पृ० ६४।

२ – सूदन, पृ० २४१–२४३।

३ – भाऊ बखर, ३; कानूनगो, पृ० ८८; सरदेसाई, खण्ड २, पृ० २८६; सरकार (मुगल), खण्ड १, पृ० ३३१।

—११ जनवरी १७५४ ई० को मराठों की जनूथर छावनी से जाट प्रतिनिधि मोहनसिंह ने हरगोविन्द नाटाणी को लिखा कि सूरजमल की इच्छा ५० लाख रुपया तक देने की है, किन्तु मराठा अधिक चाहते हैं। इससे युद्ध सम्भव है। (आमेर रिकार्ड)।

से पूर्णतः सुसज्जित कर लिया था। राज्य में इधर उधर तैनात सभी फौज तथा सेनानायक राजधानी में लौट आये थे। जाट राज्य के नागरिकों में जागरुकता, समाज व संगठनों में चेतना, सैनिकों में एकता, भ्रातृत्व भावना तथा राज्य रक्षा की प्रबल भावना थी। जाट राज्य के सैनिकों को अभिमान था कि उन्होंने अब तक किसी भी मैदान में पराजय स्वीकार नहीं की थी। कुंवर जवाहर सिंह ने अपने पितामह राव बदनसिंह की कमान में डीग राजधानी की सुरक्षा व्यवस्था संभाली। जयपुर दरवाजे पर गजसिंह चौहान के सगोत्री भाई बन्धु, पहाड़ताल दरवाजे पर कुंवर दलेलसिंह तथा सुल्तानसिंह को नैऋत्य (दक्षिण-पश्चिम) दिशा में टीकैतों का निवास था, उनको कुंवर वीर नारायण के साथ उसी स्थान पर, अचल दरवाजे पर कुंवर खुशालसिंह, बरई बन्धा पर मेवाती, लालजी गौड़ तथा कुंवर भवानीसिंह, कामां दरवाजे पर चौधरी बलराम के पुत्र बिसनसिंह व किसनसिंह तथा राम सेवक, वायव्य (पश्चिमोत्तर) दिशा की बुर्जों पर जाट, मेव तथा गूजर, उत्तर में बरसाना या दिल्ली द्वार पर गदाल गूजर को उसके पुत्रों के साथ, पण्डित रूपराम कटारा के पुत्र मंसाराम व सूरतराम, ईशान (पूर्वोत्तर) दिशा में अनेक सेनानायक, पूर्व दिशा में गोवर्द्धन द्वार पर मुरसान के राजा दयाराम के पुत्र, मिश्र अटल बिहारी, बहज द्वार पर ठाकुर फौंदासिंह के पुत्र जैतसिंह, थून द्वार पर अमरसिंह चाहर को तैनात किया गया। बदनसिंह ने डीग तथा कुम्हेर के सम्पर्क द्वार अऊ की ओर विशेष ध्यान दिया और यहां की व्यवस्था जवाहर सिंह को सौंपी। उसने दक्षिण-पूर्वी मरहला पर जमवन्तसिंह, अऊ मरहला पर चौधरी जीवाराम बंचारी, नौलखा मरहला पर उधमसिंह अवारिया को नियुक्त किया। समस्त दुर्ग प्राचीर तथा बुर्जों पर छोटी बड़ी तोपें, उनके समीप जज्जैल, बान चलाने वाली छोटी तोपें लगाई गईं। दरवाजों की सुरक्षा के लिए खाई के पार दो-दो सहस्र सवार नियुक्त किये गये। इस प्रकार डीग दुर्ग में एक लाख कलमी बन्दूकची सैनिक तैनात थे।[1]

सूरजमल घोड़े पर सवार होकर डीग से भरतपुर पहुंचा, जहां तब नवीन राजधानी का निर्माण कार्य प्रगति पर था। दुर्ग के चारों ओर सुजान गंगा बन चुकी थी और किशनगढ़ बास आबाद हो चुका था। सूरजमल ने इसी बास में अपने इष्टदेव श्री हरिदेव जी का मंदिर तथा अन्य हवेलियां बनवाई थीं। केवल नगर प्राचीर बुर्ज तथा बाहरी खाई का काम शेष था। खाण्डे राव ने मेवात, उत्तरी ब्रज मण्डल में भीषण लूटमार, आगजनी तथा बरबादी शुरू कर दी थी। इससे पीड़ित रैय्यत ने भाग कर जाट राज्य की नवीन राजधानी में शरण ली, जिसको सूरजमल ने बीहड़ जंगलों के बीच में अटबी, बुर्जें आदि बनवा कर बसाया। इस जंगल को

---

१ – सूदन पृ० २४३-४५।

नगर का रूप दिया और रैय्यत के खानपान की व्यवस्था की। बलराम के भाई चैनसुख को भरतपुर का दुर्ग दीवान तथा पंडित मंसाराम को किलेदार नियुक्त किया। नगर द्वारों पर सहस्त्रो सैनिक तैनात किये और बुर्जों पर तोप चढ़वाईं। किशनगढ़ बास की रक्षा का भार शम्भू के पुत्र को सौंपकर पूर्वी द्वार पर हरिगोविन्द को ससैन्य तैनात किया। इसी बीच में सूरजमल ने वैर की ओर सांडनी सवार भेज कर राजा बहादुरसिंह को दुर्ग की रक्षा का प्रबन्ध करने के निर्देश भेजे। उसने शीघ्र ही सभी सरदारों को बुलाकर मोर्चे तैयार कराये और नगर प्राचीर, बुर्जों पर तोप, जबूरा, जज्जैल आदि चढ़ाकर सुरक्षा प्रबन्ध किये। इसके बाद सूरजमल स्वयं कुम्हेर (कुंभीर) पहुँचा।[1]

जाटों के अन्य दुर्गों की भांति कुम्हेर समतल मैदान में अति साधारण किन्तु भव्य दुर्ग था। डीग तथा भरतपुर के मध्य मार्ग में स्थित होने तथा समीपस्थ भू-भाग में पेयजल के अभाव के कारण इसकी स्थिति काफी लाभदायक थी। यह परगना सूरजमल की जागीर में शामिल था और यहीं उसका स्थाई निवास तथा रनिवास था। कहा जाता है कि इसको खुम्भू (कुंभ) नामक किसी सिनसिनवार सरदार ने बसाया था और इसके समीपवर्ती इलाके में नमक उद्योग के विशाल कारखाने थे। आस-पास ही सौंख, पैंघोर (पिंगोर), अवार, डहरा, सोगर, रारह, कासौट, सिनसिनी आदि की प्राचीन ग्राम्य गढ़ियां आबाद थीं। इस समय यह नगर अति सम्पन्न तथा समृद्ध, सुविख्यात व्यापारिक केन्द्र था और यहां पर हिन्दुस्थान के सम्पन्न साहूकारों की बावन कोठियां थीं। समस्त जाट राज्य का ड्योढी खजाना यहां पर सुरक्षित था, इससे इसका नाम कुबेरपुर भी पड़ गया था। इस नगर के बारे में थिफेनथेलर लिखता है—"यह एक असाधारण छोटा सा नगर है। इसमें पत्थरों के पुख्ता अनेक मकान हैं, जिनके फर्श पत्थरों से जड़े हैं। अधिकांश मकानों की दीवारों पर चूने की लिपाई की गई है। सुदृढ़ पक्की दीवारों से सुरक्षित अति ऊंचाई पर बने आकर्षक राज-प्रसाद समस्त नगर में दर्शनीय हैं।[2]

वेण्डल के अनुसार-"इस समय शहर के चारों ओर बने मिट्टी के परकोटा की काफी मोटाई थी और क्षेत्रीय जमींदारो में प्रचलित प्राचीन स्थापत्य शैली के आधार पर परकोटे पर अनेक बुर्जें थीं। इसके चारों ओर बनी खाई के अलावा ये बुर्जें तथा प्रवेश द्वारों के समक्ष निर्मित घूंघस व आगे बने मरहले इस स्थान की सुरक्षा के प्रमुख साधन होने पर भी अपर्याप्त थे। दुर्ग में सभी प्रकार का पर्याप्त गोला बारुद था और तोपों में प्रयोग किए जाने वाले निम्न कोटि के लोह के टुकड़ों तथा सीसा जैसी धातु

---

१ – सूदन, पृ० २४६–७।

२ – ईस्टर्न राज० गजे० में ब्रोकमैन द्वारा उद्धृत, पृ० १७; सूदन, पृ० २३४।

का प्रचुर मात्रा में सुरक्षित भंडार था। इस लौह धातु की मार शत्रु को हानि पहुँचाने, बाहर एकत्रित भीड़ को हटाने या कुछ लोगों को घायल करने में सहायक थी। सूरजमल ने अपनी सतर्कता से सम्भावित दीर्घकालिक युद्ध के लिए पर्याप्त उपाय कर लिए थे। दुर्ग में प्रचुर खाद्य भण्डार था। मेरा विश्वास है कि जितना खाद्यान्न भंडार जाट किलों में सुरक्षित था, उतना हिन्दुस्तान के अन्य किसी किले में सम्भवतः नहीं हो सकता था। तोपखाना, गोला-गोली, बारुद तथा इनको तैयार करने का सामान यहां प्रचुर मात्रा में प्राप्त था और यह आश्चर्यजनक है कि जमींदारों व किसानों ने इतने अल्प काल में ये सब कुछ कैसे संकलित कर लिया था और उसका सफल प्रयोग व संचालन किस प्रकार सीख लिया था।" [1]

सूदन लिखता है— "नगर प्राचीर तथा बुर्जों पर रखीं असंख्य छोटी-छोटी व बड़ी-बड़ी तोपें एक दूसरे से आपस में सटी हुई थीं और उनके बीच में कोई भी स्थान रिक्त नहीं था।" [2] इस प्रकार वेण्डल के शब्दों में यह सत्यानुभूति थी कि सूरजमल अन्य युद्धों की तरह इससे भी उतना ही लाभ व यश अर्जित करने की आशा करता था। वास्तव में सतर्क व सावधान संचालक, सुरक्षित तथा सैन्य प्रसाधनों से सम्पन्न दुर्ग का मराठों व शाही सेनाओं ने घेरा डालकर महान पश्चाताप किया।

१०–कुम्हेर दुर्ग का घेरा, २० जनवरी–१८ मई, १७५४ ई०

सवाई माधोसिंह ने रघुनाथ राव के आग्रह पर दीवान हर गोविन्द नाटाणी के नेतृत्व में पन्द्रह सहस्र कछवाहा सवार रवाना करके सूरजमल के साथ सम्पर्क सूत्र का सरल उपाय निकाल लिया था। इस प्रकार रघुनाथ राव दादा के नेतृत्व में साठ सहस्र सैनिकों ने निवाई से कुम्हेर की ओर कूंच किया और १५ जनवरी को जयपुर राज्य के सीमान्त परगना खोहरी में पड़ाव डाला। अगले दिन (१६ जनवरी) को इस विशाल सेना ने जटवाड़ा राज्य की सीमाओं में प्रवेश करके परगना डीग (दीघ) के कस्बा नगर में अपना प्रथम डेरा डाला। पुनः १७ जनवरी को ग्राम जालूकी में शिविर डालकर इस सेना से तीन दिन विश्राम किया। फिर मराठों ने जनूथर से दक्षिण-पूर्व में १८ किमी० कूंच करके २० जनवरी को ग्राम पैंघोर परगना कुम्हेर में अपनी स्थाई छावनी डाल दी, जहां रघुनाथ राव २२ मई तक ठहरा रहा।[3] सम्भवतः मराठा सेनाओं के साथ ठाकुर मोहकम सिंह ने मार्ग दर्शक का काम किया। पैंघोर छावनी को स्थाई आधार बना कर मराठों ने कुम्हेर दुर्ग का घेरा डाला, जो चार माह तक निरन्तर चलता रहा। २६ जनवरी को मराठों की एक विशाल टुकड़ी ने डीग

१–वेण्डल।

२–सूदन, पृ० २४८।

३–पे० द०, खण्ड २७, लेख ६४, ७६।

दुर्ग की ओर कूंच किया, परन्तु प्राचीर तोपों की धूआंधार गोलाबारी से व्यथित होकर उसको पीछे हटना पड़ा। स्थान-स्थान पर जाट सवारों ने उनके मार्ग में प्रतिरोध पैदा किया। डीग के समीप मैदान में जमकर एक भीषण मुठभेड़ हुई, जिसमें उभय पक्ष के अनेक सैनिक काम आये और उनको भारी क्षति उठानी पड़ी। खुले मैदान में हुए संघर्ष ने सूरजमल को स्पष्ट कर दिया था कि इस विशाल शत्रु सेना का कड़ा प्रतिरोध वह केवल अपने दुर्ग में रह कर ही कर सकता है। [१]

रघुनाथराव तथा मीर बख्शी इमादुल्मुल्क सूरजमल के प्राणों के शत्रु थे और जाट साम्राज्य का विस्तारक सूरजमल कुम्हेर दुर्ग में बैठ कर युद्ध संचालन कर रहा था। २८ जनवरी को रघुनाथ राव ने पेंघोर छावनी से कूंच किया और वह कुम्हेर दुर्ग के आस-पास मैदान में अपनी सेनाओं के साथ पहुँच गया। [२] जनवरी के प्रारम्भ से ही मल्हार राव का इकलौता तीस वर्षीय युवक पुत्र तथा सुप्रसिद्ध अहिल्याबाई का पति खाण्डे राव होल्कर अपनी चार सहस्र मराठा सेना के साथ होडल छावनी में पड़ा था। अब मल्हार राव ने उसको भी कुम्हेर दुर्ग के घेरा में शामिल होने का आदेश भेजा। वह जाट राज्य के मेवाती गांवों को लूटता हुआ शीघ्र ही होडल से १९ जनवरी को मराठा छावनी में आ गया। २७ जनवरी को सम्राट ने रघुनाथ राव, मल्हार राव, जयप्पा सिंधिया तथा अन्य मराठा सरदारों के सम्मान में वस्त्र [३] भेजे। रघुनाथ राव ने कुम्हेर के समीप आकर जब अपनी वक्र भृकुटी तानकर दैत्याकार तोपों से सुसज्जित उस दुर्ग की ओर देखा, तब उसका शीघ्र भ्रम जाल पसीना-पसीना हो गया। लालच में पड़कर उसको जाट राज्य की विजय का लक्ष्य भारी पड़ गया और अन्यायिक कठोर मांग के लिए उसको लज्जित होना पड़ा था। [४] एक ओर मराठा सेनायें कुम्हेर दुर्ग का घेरा डाल रही थीं, दूसरी ओर मीर बख्शी जाट जिलों तथा परगनों पर अधिकार करने में व्यस्त था। सूरजमल ने अपनी सैनिक शक्ति को चार शक्तिशाली दुर्गों तक सीमित कर लिया था। इससे मराठा फौजों ने जाट राज्य में फैलकर लूटमार शुरू कर दी थी। ३ फरवरी को दिल्ली में समाचार मिला की दखनीयों ने आगरा नगर पर अधिकार कर लिया है और जाट मुत्सदियों (अधिकारियों) को भगाकर वहां अपने आदमी तैनात कर दिये हैं। [५] इधर १ फरवरी को सम्राट ने राजा देवीदत्त को पांच वस्त्रों की

१ – ता० अहमद शाही, पृ० १०९ ब।

२ – पे० द०, खण्ड २१, लेख, ६०, खण्ड २७, लेख ७९।

३ – ता० अहमदशाही, पृ० ११० अ।

४ – कानूनगो, पृ० ९८।

५ – ता० अहमदशाही, पृ० १११ ब।

खिलग्रत प्रदान करके कोइल तथा सिकन्दराबाद की फौजदारी प्रदान कर दी थी। देवीदत्त के अन्य साथियों को चार वस्त्रों की खिलग्रत प्रदान करके इन परगनों का इमाद के व्यक्तियों से कार्य भार संभालने के लिए रवाना कर दिया गया था।[1]

मल्हार राव के आग्रह पर ६ फरवरी को इमाद ने शाही रिसाला तथा बदख्शी सैनिकों के साथ पलवल छावनी से होडल की ओर प्रस्थान किया। उसका विचार आगरा पहुँचने का था। यहां से उसने कोइल तथा सिकन्दराबाद जिलों का प्रशासनिक प्रबन्ध संभालने के लिए अपने रिसालदारों को भेजा। फिर ८ फरवरी को इमाद ने द्रुतगति से एक दिन में ३५ किमी० का मार्ग तय किया और वह होडल से मथुरा के समीप आ धमका। यहां उसने कुछ दिन अपना शिविर लगाया। उसके अनेक बदख्शी तथा अन्य सैनिकों ने मथुरा के नागरिकों का दमन शुरू कर दिया था। मथुरा हिन्दुओं का एक सांस्कृतिक तथा धार्मिक नगर है। इससे मल्हार के आग्रह पर इमाद ने अपने सैनिकों को अत्याचार तथा लूटमार न करने का कड़ा आदेश दिया। उसने मल्हार की प्रसन्नता के लिए ब्राह्मण तथा वैरागियों को कुछ रुपया भी दान दिया। अन्त में उसने शाही रिसाला तथा तोपखाना के साथ २४ फरवरी (१ जमादि प्रथम) को मथुरा से कुम्हेर की ओर कूंच किया और मराठों से कुछ किमी० दूर अपनी छावनी डाली। इसी समय मेवात में लूटमार तथा बरबादी करके अकीबत महमूद भी अपनी सैनिक टुकड़ियों सहित कुम्हेर की छावनी में आ गया।[2]

इस प्रकार उस समय के सर्वश्रेष्ठ व प्रवीण योद्धाओं के नेतृत्व में अस्सी सहस्त्र मराठा, कछवाहा तथा शाही सैनिकों ने भारी उत्साह, अति तत्परता व कड़ाई के साथ कुम्हेर का घेरा डाला और फिर मराठों ने अपनी खन्दकों व परिखाओं को आगे बढ़ाना शुरू कर दिया। फिर भी वेण्डल लिखता है— "यह पूर्णतः सत्य है कि कुछ समय पूर्व सुसज्जित शाही सेनायें आक्रामक ग्रामीण जाटों को व्यस्त रखने में विफल रही थीं। यद्यपि इस बार यह सेना उनको अपने बचाव के लिए मजबूर कर सकती थी, लेकिन जैसी आशा थी, इतनी विशाल सेना न तो सूरजमल के अनुपम साहस को डिगा सकती थी और न उसको अपने चरणों में झुकाने के लिए पर्याप्त थी।"

कुम्हेर दुर्ग की उन्नत प्राचीरों से दिन रात भयंकर अपलक होने वाली कच्चे लोहे की गोलाबारी ने शत्रु सेनाओं को दुर्ग से दूर रहने के लिए बाध्य कर दिया। इन तोपों की मार से बचने के लिए शत्रु सेना को छः किमी० दूर अपनी रक्षा-परिखा

---

१ – दे० कॉनो, पृ० ४७।

२ – ता० अहमदशाही, पृ० १११ ब; पृ० ११४ अ; दे कॉनो०, पृ ४७; वेण्डल।

तैयार करनी पड़ी और अधिकांश सेना गांगरसोली तथा नौलखा बुर्ज के बीच मैदान में पड़ी रही, जबकि मीर बख्शी इमादुलमुल्क ने शाही रिसालों के साथ पैंघोर के चामुण्डा टीले की सुरक्षा में डेरा डाला। डीग–कुम्हेर दुर्ग के मध्य में मराठा सवार नियमित गश्त करते रहे, फिर भी वे इन दोनों दुर्गों के मध्य जाट किसानों के आवागमन को रोकने में विफल रहे। जाटों के भीमकाय दुर्गों पर दीर्घकाल तक कड़ाई से घेरा डालकर, दुर्गों में दुर्भिक्ष की स्थिति पैदा करके या लम्बी मार करने वाली गढ़ भंजक विशाल तोपों के प्रयोग से ही अधिकार करना सम्भव था। इसलिए अब उपयुक्त शाही तोपें प्राप्त करने का प्रयास किया गया।

सूरजमल का कूटनैतिक युद्ध : मराठों की विफलता

दीवान गंगाधर तांतिया ने जाट दुर्गों को धूल–धूसरित करने के लिए इन्दौर में नियुक्त मुजफ्फर खां गार्दी के पास सांडनी सवार भेजकर मालवा से बारह सेर का गोला फेंकने वाली चार तोपें, दस सेर का गोला फेंकने वाली पांच तोपें, पांच सेर व दो सेर का गोला फेंकने वाले गजनाल तथा गोलाबारूद मंगाने का सुझाव दिया।[1] मराठों की इन तोपों को मालवा से अति शीघ्रता से लाना असम्भव था। इससे मल्हार ने इमाद पर कुछ जम्बूरक, रहकला जजैलें आदि शाही तोपें उधार प्राप्त करने का दबाव डाला और उसने सम्राट से दिल्ली तथा आगरा के शाही शस्त्रागारों से विशाल तोप तथा गोला–बारूद उधार देने का आग्रह किया।[2]

इसी समय सूरजमल ने भी सम्राट तथा वजीर के नाम पत्र भेजे। "यदि मीर बख्शी इमादुलमुल्क की महत्वाकांक्षी योजना को इस समय निष्फल नहीं किया गया तो वह सफलता से पागल हो जाएगा और मराठों के सहयोग से दुर्धर्ष शक्ति प्राप्त करके वजीर पद ग्रहण कर लेगा। वह अपने कल्पनातीत स्वप्निल विचारों के अनुसार साम्राज्य को तानाशाही ढांचे में ढालने के लिए सरकार का तख्त भी उलट देगा।" अतः उसने अपने पत्र में सुझाव दिया, "इसलिए मल्हार राव तथा इमाद को हमारे विरुद्ध प्रयोग के लिए शाही शस्त्रागार से लम्बी मार करने वाली बड़ी तोपें नहीं दी जावें।" साथ ही उसने लिखा, "नवाब सफदर जंग तथा राजपूत राजाओं को भी उत्तर भारत से मराठों को निकालने के लिए आमन्त्रित किया जावे।' 'वजीर इन्तिजाम धूर्त राजनयिक था। वह समझता था कि ज्योंही मराठा व इमाद जाट दुर्ग व उनकी अपार सम्पत्ति पर अधिकार कर लेंगे, वे शीघ्र ही दिल्ली लौटेंगे और सफलता के मद में चूर होकर मित्र व शत्रु किसी को भी बरबाद करने में आगा-पीछा नहीं करेंगे। मात्र एक सूरजमल ही आपत्काल में उनका सहयोगी हो सकता था।

---

१ – पे० द०, जि० २१, लेख ५९।

२ – ता० अहमदशाही, पृ० १०९ ब; सियार खण्ड ३, पृ० ३३५।

इससे उसने सूरजमल के सुझाव को मानकर सम्राट को शाही तोपखाना न देने का परामर्श दिया। [१]

फरवरी के अन्त में इन्दौर से मराठा छावनी में कई गाड़ी गोला-बारुद तथा सीसा पहुँच गया था। मार्च के आरम्भ में मीर बख्शी ने आगरा के किलेदार से बड़ी व लम्बी मारें करने वाली तोपें प्राप्त करने के लिए अपना कारिन्दा रवाना किया। मल्हार राव ने आगरा नगर में तैनात बाजीराव को आगरा के किलेदार से दो तोपें प्राप्त करके शीघ्र ही भेजने के लिए पत्र लिखा। उसने पत्र में यह भी लिखा कि इन तोपों के लिए चौदह सौ रूपया संयुक्त रूप से भुगतान करने को भेजा जा रहा है। किलेदार ने मीर बख्शी को स्पष्ट शब्दों में लिखा कि पांच से अधिक तोपें भेजने के लिए सम्राट के आदेश अपेक्षित हैं। इस प्रकार उसने मीर बख्शी को बड़ी तोपें उधार न देकर जाटों का पक्ष लिया। [२] तब मीर बख्शी ने सम्राट तथा वजीर को आगरा तथा दिल्ली से बड़ी-बड़ी धूमधानी, किलाकुशा, अलम सितानी, धूमक आदि तोपें रवाना करने का आग्रह किया। इसके उत्तर में सम्राट ने मल्हार तथा इमाद को लिखा कि शाही सैनिक तथा तोपचियों को दो वर्ष से वेतन नहीं मिल सका है। गृह युद्ध में कारखानों का काफी गोला-बारूद भी बरबाद हो चुका है। इससे शाही शस्त्रागार में भारी कमी आ गई है। [३] इस प्रकार उसने आग्रह को टालकर सूरजमल का पक्ष लिया।

सम्राट का उत्तर मिलने से पूर्व ही मार्च के द्वितीय सप्ताह में इमादुल्मुल्क ने अपने प्रधान सेनापति अकीबत महमूद को बदख्शी सवारों के साथ सम्राट से मिलकर बातचीत करने तथा शाही तोपखाना उधार लाने के लिए दिल्ली भेजा। उसके साथ उस समय एक मराठा टुकड़ी भी थी, ताकि मार्ग में तोपों को जाट नहीं लूट सकें। इस प्रयोजन को निष्फल करने के लिए सम्राट ने सलाहकार परिषद बुलाई और वजीर ने प्रभावी क़दम उठाये। अनियंत्रित विद्रोही सैनिकों के कारण नगर में पूर्ण अव्यवस्था फैल रही थी और सम्राट व वजीर इनके घेरे में थे। १६ मार्च को अकीबत ने फरीदाबाद से कूंच करके मीर मुशरिफ बाग में पड़ाव डाला। उसकी धूर्तता तथा मराठों की शक्ति को देखकर भूखों मरते शाही सैनिक पीछे हट गये। २० से २३ मार्च तक अकीबत ने शहर में लूटमार की। २४ मार्च को बदख्शी रिसालों ने शाही इलाकों में लूटमार की। दिल्ली के बाजारों में सैनिक दंगल होने लगा। अन्त में

---

१ – सियार, खंड ३, पृ० ३३६; पे० द०, जि० २१, लेख ६०; कानूनगो, पृ० ९२; अवध, पृ० २५९।

२ – ता० अहमदशाही, पृ० ११४ ब ; होल्कर शाही, खंड १, लेख १०७-१०९।

३ – ता० अहमदशाही, पृ० ११५ ब; सियार, भाग ३, पृ० ३३६; शाकिर, पृ० ७६।

६ अप्रेल को शाही सेनाओं ने अकीबत महमूद को वहां से भागने के लिए बाध्य कर दिया । [1]

खाण्डेराव का गोलोकवास, १५ मार्च, १७५४ ई०

वेण्डल के अनुसार— "फिर भी जाटों ने शत्रुओं की परवाह न करके अपनी तोपखाना पंक्ति की सुरक्षा में किलों से बाहर निकल कर अनेक साहसिक मुठभेड़ों में भाग लिया। परिणामतः बाहर पड़ी शत्रु सेना जाट आक्रामक दस्तों से सदैव भय-भीत रहती थी। वे अपने इलाके से भली भांति परिचित थे और उनका कोई भी आक्रमण व्यर्थ नहीं जाता था, क्योंकि वे रसद काफिलों पर अचानक आक्रमण करते थे। यदा-कदा उनको पीछे भी हटना पड़ता था, फिर भी शत्रु की रसद पर अधिकार कर लेते थे।"

मराठा अभिलेखों से ज्ञात होता है कि मार्च के प्रथम सप्ताह के अन्त में विट्ठल शिवदेव के नेतृत्व में मराठा-राजपूतों ने जाट टुकड़ियों के मार्ग में गतिरोधात्मक मोर्चाबन्दी की। जाट सैनिकों ने इस गतिरोध को निष्फल करने के लिए आक्रमण कर दिया। इससे मराठा-राजपूतों को पीछे हटकर एक गांव मे शरण लेनी पड़ी। एक अन्य मराठा लेख से ज्ञात होता है कि नारो शकर के नेतृत्व में मराठा सवारों को डीग दुर्ग पर आक्रमण करने के लिए भेजा गया था। दुर्ग के बाहर उभय पक्षों मे जमकर संघर्ष हुआ। जाटों ने अपने अनुपम साहस से नारो शंकर तथा उसके सैनिको को मैदान छोड़कर भागने के लिए बाध्य कर दिया। जाट सवारों ने कुछ दूरी तक उनका पीछा किया। इससे मराठा सवारों ने अति तेजी से मथुरा की ओर भागकर प्राण बचाये। इस समय मराठा सरदारों को यह विश्वास होने लगा था कि हर गोविन्द नाटाणी जाटों से मिलकर घेरे को विफल कराने की चेष्टा कर रहा है। इससे जाट दुर्गों पर अधिकार करने की सफलता के लिए रघुनाथ राव ने युद्ध स्थल के समीपवर्ती ग्रामों में भयंकर लूटमार करने की एक योजना बनाई। १५ मार्च को इमादुलमुल्क को प्रोत्साहित करने के लिए एक लिखित अनुबन्ध किया गया कि जाट राज्य के संचित कोष तथा नागरिकों की लूट मे जो भी धन, चल सम्पत्ति प्राप्त होगी, उसका एक चौथाई इमादुलमुल्क को दे दिया जावेगा। [2] किन्तु तेजधावक जमीदारों ने इन प्रयासों को विफल कर दिया।

---

१ – फ्रेंकलिन, पृ० ३; ता० अहमदशाही, पृ० ११५ ब-११६ अ, ११८-१२० अ, १२२-१२३; ता० मुजफ्फरी, पृ० ८५-६; दे० कॉनी, पृ० ४८।

२ – पे० द०, खण्ड २७, लेख, ६४, ६६, १०४।

मराठों ने दुर्ग विध्वंसक तोपों की प्रतीक्षा में दुर्ग का नियमित घेरा रखा ग्रौर खाण्डेराव के कुशल निरीक्षण में साबात (ढकी रक्षा पंक्ति) के सहारे मराठा सिपाही नगर–प्राचीर के समीप पहुँचने में सफल हो गये। दिल्ली में पहुँचे समाचारों में यह ग्राशा व्यक्त की गई कि मराठा व इमाद ग्रब कुम्हेर दुर्ग पर भीषण ग्राक्रमण करने का उचित ग्रवसर देख रहे हैं।[1] डेढ़ माह तक रुक-रुककर नियमित युद्ध चलता रहा। एक दिन (१५ मार्च) खाण्डेराव होल्कर भोजनोपरान्त पालकी में सवार साबातों का निरीक्षण करता हुग्रा ग्रग्र मोर्चों तक निकल गया था। इसी समय दुर्ग-प्राचीर से जाट तोपचियों ने गोला फेंकना शुरू कर दिया। दैवयोग से ग्रचानक ही चूल पर घूमने वाली छोटी तोप (जज्जैल) द्वारा इधर–उधर छितराने वाले गोले से उसका प्राणान्त हो गया। कुम्हेर के उत्तर में पांच किमी० गांगरसोली नामक गांव के समीप मैदान में खाण्डेराव की स्मृति में एक छतरी तथा संगमरमर की प्रतिमा ग्रभी तक इस युद्ध की याद ताजा बनाये हुये हैं। इस मन्दिर में नियमित सेवा-पूजा होती थी ग्रौर इन्दौर राज्य की ग्रोर से प्रतिवर्ष खर्चा भेजा जाता था। संभवतः इसी स्थान पर उसका प्राणान्त हुग्रा था। मल्हारराव होल्कर कुम्हेर छावनी से मथुरा पहुँचा ग्रौर यहां उसने ग्रपने प्रिय पुत्र का ग्रन्तिम संस्कार तथा श्राद्ध किया। खाण्डेराव की तीन पत्नियां तथा सात गायक पासवानों ने सतीत्व ब्रत धारण किया ग्रौर वे उसके साथ सती हो गईं। मल्हार राव के विशेष ग्रनुनय पर उसकी एकमात्र सुप्रसिद्ध वीरांगना पत्नी ग्रहिल्या बाई, गर्भवती होने के कारण, सती नहीं हो सकी। इसने मालेराव को जन्म दिया, जिसका १७६७ ई० में देहान्त हो गया।[2] ग्रागे

---

१ – ता० ग्रहमदशाही, पृ० ११७ ग्र।

२ – ता० ग्रहमदशाही, पृ० ११७ ब; ता० मुजफ्फरी, पृ० ८३; राजवाड़े, खण्ड १, लेख ३३; हिंगणे, खण्ड २, लेख ४०; शिन्देशाही, भाग १, लेख, ११२, भाग ३, लेख १२२; सरकार (मुगल), खण्ड १, पृ० ३३३।

— सरदेसाई (खण्ड २, पृ० ४८६) की गणना के ग्रनुसार खाण्डोजी की मृत्यु १७ मार्च को हुई थी। भाऊ बखर (पृ० ४) के ग्रनुसार "घेरा लगने के लगभग डेढ़ माह बाद"। डा० कानूनगो (पृ० ८१) २७ फरवरी मानते हैं। दे० क्रॉनी० (पृ० ४८) के ग्रनुसार दिल्ली में यह समाचार १९ मार्च को मिला था।

— इस घटना के बारे में ग्रभी तक यह किंवदन्ती प्रसिद्ध है—

"मैं आई कछु ग्रौर कूं, यहां हो गई कछु ग्रौर।
ग्रंगिया फाड़ी गांठ की, देखि चली पंघोर।"

हर गोविन्द नाटाणी ने मातमपुरसी का सिरोपाव, हाथी, महोला दिया ग्रौर २४ मार्च को माधोसिंह ने ग्रपने पत्र में सम्वेदना प्रगट की थी। द० कौ०, ६/१०७; ड्रा० ख०, ५/७६४।

चलकर अहिल्या बाई ने इन्दौर राज्य का शासन अति योग्यता से चलाया।

कछवाहा दीवान हर गोविन्द नाटाणी मराठा शिविर से बीस किमी० दूर अपने डेरों में था। अब उसने अपने डेरा रघुनाथ राव के समीप लगाकर विचार-विमर्श किया। ३० मार्च को उसने मीर बख्शी इमाद से भी मुलाकात की। एक अप्रेल की रात्रि को सूरजमल कुम्हेर दुर्ग से निकलकर हर गोविन्द नाटाणी के डेरों पर बातचीत करने पहुँचा और सकुशल दुर्ग में लौट आया। फिर उसने मराठा सरदार के पास अपना वकील भेजकर खाण्डेराव की असामयिक मृत्यु के प्रति हार्दिक खेद तथा संवेदना प्रगट की और मल्हार राव के लिए शोक सूचक वस्त्र भेजे। इमाद ने गहरी सम्वेदना प्रगट करते हुए मल्हार राव से कहा कि "आगे आप मुझको खांडो जी की तरह अपना पुत्र समझें।" ६ अप्रेल को सम्राट ने मराठा प्रतिनिधि बाबूराव हिंगणे के साथ मल्हार राव के पास सम्वेदना-सूचक वस्त्र, खाण्डेराव के पुत्र को हीरा जवाहरात और अहिल्या बाई को आभूषण रवाना किये। पूना दरबार ने अन्त्येष्टि संस्कार के लिए दस सहस्र रुपयों की स्वीकृति प्रदान की। मल्हार राव ने शास्त्री सूर्यनारायण पौण्डरीक को इस कर्म सम्पादन हेतु सरकार कोइल, परगना शाहबाद में पछावरा नामक गांव उदक जागीर में प्रदान किया।[1]

रानी हंसिया के कूटनयिक प्रयास तथा सूरजमल की सफलता

खाण्डेराव का क्रिया कर्म श्राद्ध सम्पन्न करके ४ अप्रेल को मल्हार राव मथुरा से कुम्हेर छावनी में लौटा।[2] वृद्धावस्था में इकलौते युवक पुत्र की मृत्यु से व्यथित, मानसिक संताप से क्रुद्ध मल्हार राव की प्रतिहिंसा भड़क उठी और इस समय उसने दांत पीसते हुए क्रोधाभिभूत होकर घोर प्रतिशोध की प्रतिज्ञा की। उसने कहा—"समझौता स्वीकार न करके मैं कुम्हेर दुर्ग की दीवारों को धूल-धूसरित कर दूंगा। इसकी मिट्टी को यमुना में बहा दूंगा और सूरजमल का सिर काट डालूंगा। केवल इसके बाद ही मैं अपने जीवन को धन्य समझूंगा। यदि मैं विफल रहा, तो प्राणोत्सर्ग कर दूंगा।"[3] इस प्रकार अब उभय पक्ष की भावनाओं में उफान आ रहा था।[4] मराठों ने अपने प्राणों को हथेली पर रखकर भारी उत्साह से कुम्हेर पर भीषण आक्रमण किये। इस प्रकार घेरे को तीन माह निकल चुके थे। इससे मराठा छावनी में पड़ोसी परगनों से आने वाली रसद पर भी प्रतिकूल प्रभाव पड़ने लगा था और

---

१ – ता० अहमदशाही, पृ० ११७ ब, १२१ ब; होलकर शाही, खण्ड १, लेख ११२, ११४, ११७।

२ – ता० अहमदशाही, पृ० १२२ अ।

३ – भाऊ बखर, अनु० ५, पृ० ४।

४ – सरदेसाई, भाग २, पृ० ४८६।

जटवाड़ा की अर्थ-व्यवस्था असन्तुलित होने लगी थी। फसल उजड़ रही थी। अब सूरजमल मराठों की प्रतिहिंसात्मक भावना, बल प्रयोग की गम्भीरता को भली प्रकार महसूस करने लगा था, फिर भी प्रत्येक प्रभात उसके लिए शुभकर प्रतीत होता था। यह समय की बात थी कि जिन जाटों ने महान आपत्काल में सम्राट, उसके प्रधान मन्त्री सफदर जंग तथा राजपूतों की सैनिक सेवायें की थीं, आज उस हिन्दुस्तान में मराठों के भय से कोई भी शक्ति खुलकर जाटों की सहायता करने के लिए उद्यमशील नहीं थी। राजस्थान में मराठों ने राजपूत शासकों तथा उनके सामन्तों के ऐश्वर्य को प्रायः छीन लिया था और वे प्रतिवर्ष उनकी सम्पदा तथा वैभव को घोड़ों की टापों के नीचे कुचलते थे।[1] हिन्दुस्तान का सम्राट इस संघर्ष में विरोधी होकर भी बलहीन था। यहाँ तक कि अवध का नवाब सफदर जंग स्वयं मराठों के भालों से भयभीत था और वह अकेला अपने अभिन्न सहयोगी की सहायता के लिये भी नहीं आ सकता था। यह सम्भावना व्यक्त की गई कि सूरजमल की बरबादी से हिन्दुस्तान के मानचित्र से जाट साम्राज्य का राजनैतिक पतन सन्निकट था। डा० कानूनगो के शब्दों में—"यद्यपि राजपूतानी की अपेक्षा सांसारिक जीवन का विशद ज्ञान, मानवीय चरित्र के सूक्ष्म गूढ तथ्यों को पहचानकर एक जाटनी स्वच्छन्द वातावरण में पलती है, रहती है। वह अधिक आशावादी और शक्ति का विन्दु होती है। परन्तु अब राजपूतों की भांति जाट भी शांति के साथ उस हृदय विदारक घड़ी की प्रतीक्षा करने लगे, जबकि राजमहलों (ड्योढी) से उठती जौहर की उत्ताल शिखायें नभ मण्डल को छूने लगतीं और इससे प्रेरित होकर जाट सैनिक अपनी कीर्ति, अटल विश्वास को संजोये अपनी तलवार सूंतकर बाहर निकल पड़ते।"[2]

सूरजमल के वकील ने उसको मल्हार राव होल्कर की घोर प्रतिज्ञा से अवगत कराया, तब वह स्तब्ध रह गया। महान संकटकाल में सूरजमल अपनी चतुर विदुषी ज्येष्ठा रानी हंसिया[3] से सदैव सलाह लिया करता था। उसने शीघ्र ही अपनी पत्नी रानी हंसिया को याद किया। हंसिया भयंकर युद्ध तथा उसके परिणाम को भली भांति समझती थी। उसने पति की उदासीनता को तोड़ते हुए आश्वासन दिया

---

१ – ता० मुजफ्फरी, पृ० ८८।

२ – कानूनगो. पृ० ९०।

३ – डा० कानूनगो का मत है कि हंसिया का अर्थ मुस्कराता चेहरा है और यह रानी किशोरी के लिए प्रयुक्त किया गया है। (पृ० ९०) उनके अनुसार रानी किशोरी ही हंसिया थी। डा० यदुनाथ सरकार, सरदेसाई आदि आधुनिक लेखकों ने कानूनगो का अनुसरण किया है। भाऊ बखर में किसी रानी का नाम अंकित नहीं किया गया है। सम्पादक ने पाद टिप्पणी में भी किसी नाम का उल्लेख नहीं किया है। (पृ० ५, पा० टि० १७)।

कि—"आप अपनी अकर्मण्यता, उदासीनता को भूलकर मेरे ऊपर विश्वास करें। विजय हमारी ही होगी।" इसके बाद हंसिया ने रूपराम कटारा से विचार-विमर्श किया। रानी को मल्हार राव होल्कर तथा जयप्पा सिंधिया के बीच विद्यमान आपसी राजनैतिक ईर्ष्या तथा कटुता का पूर्ण ज्ञान था। [1] रघुनाथ राव की छावनी में केवल जयप्पा अति उदारमना, स्पष्टवादी, आत्मविश्वासी तथा अपने वचनों का दृढ़पालक था। रानी ने शीघ्र ही इस संकट से उभरने का एक रास्ता खोजकर मन्त्री प्रवर पुरोहित रूपराम से कहा— "इस समय हमारे सामने केवल एक ही मार्ग है, अन्य नहीं। आपमें और जयप्पा में पारस्परिक प्रगाढ़ मित्रता है और जयप्पा अपने बचनों का पक्का है। आप ही केवल उसको हमारे पक्ष में मोड़कर (हमको) बचा सकते हैं। इसके अतिरिक्त मैं अन्य कोई सरल उपाय नहीं सोच सकती।" अप्रेल के मध्य में एक रात्रि को कुम्हेर दुर्ग से निकल कर तेजराम कटारिया राजपूत सिंधिया की छावनी में पहुँचा। वह अपने साथ मराठा छावनी में दलगत राजनीति का अखाड़ा तैयार करने, जयप्पा का संरक्षण वरण करने तथा "पगड़ी बदल भ्रातृत्व मैत्री" के लिए सूरजमल का एक अति सम्वेदनशील पत्र तथा उसकी पगड़ी भी छिपाकर ले गया था। [2] इस समय जयप्पा सिंधिया अपने शिविर में ज्वर से पीड़ित था और उसकी इस ज्वर-पीड़ा से छावनी के सरदार अति चिन्तित व परेशान थे। शुभचिन्तक शीघ्र लाभ की मंगल कामना कर रहे थे। जाट वकील तेजराम कटारिया ने सम्वेदना के स्वरों [3] में जयप्पा से निवेदन किया, "इस समय आप मेरे (सूरजमल) ज्येष्ठ भ्राता हो और मैं (सूरजमल) आपका लघु भ्राता हूं। जिस प्रकार आप उचित समझें मेरी (सूरजमल) रक्षा करें।" इसके बाद तेजराम ने सिंधिया के सिर पर सूरजमल की पगड़ी रख दी और स्वयं ने सूरजमल के लिए सिंधिया की पगड़ी ग्रहण की। उसने राज्य की प्रतिष्ठा, मानवीय सम्मान को चिरस्थाई बनाने की पुनः प्रार्थना की। इस प्रकार सिंधिया स्वयं गहन चिंतन में लीन हो गया। उसने विचार किया कि यदि वह सूरजमल का पक्ष लेगा तो वह अपने स्वामी के प्रति विश्वासघात करेगा। यदि वह इस प्रश्न को नहीं सुलझा सका तो अपने मित्र तथा पगड़ी बदल भ्राता के साथ धोखा करेगा इससे उसने इस महान विपत्ति के समय अपने गोपनीय सलाहकारों से मंत्रणा करके निश्चय किया कि वह शरणागत की रक्षा करेगा। जयप्पा ने सूरजमल के पत्र तथा भेंट का मानवीय व नैतिक उत्तर दिया। उसने सूरजमल को सशपथ हार्दिक मित्रता का वचन दिया और

---

१ – शिन्देशाही, खण्ड १, लेख १२२।

२ – भाऊ बखर, संख्या ६ व ७, पृ० ५।

३ – शिन्देशाही, खण्ड १, लेख १२२; (सिंधिया लगभग डेढ़ माह तक ज्वर से पीड़ित रहा)

प्रगाढ़ मित्रता के रूप में अपने पत्र तथा पगड़ी के साथ अपने इष्टदेव की पूजा में से सत्यता सूचक बिल्वपत्र भी भेजा। इससे सूरजमल को शत्रु छावनी में भारी मदद मिल गई।[1]

निःसन्देह रानी हंसिया एक शक्ति के रूप में उभरी। उसने अपनी चतुरता, धार्मिक विचार, भारी उपहार तथा मित्रता की कामना से जयप्पा सिंधिया से बचन ले लिया था।[2] सिंधिया के संरक्षण तथा वचनों का समाचार पाकर मल्हार राव को अपनी घोर प्रतिज्ञा पूर्ण न होने की स्थाति से भारी वेदना हुई। निराश मन से बड़बड़ाता अपने डेरों पर लौट आया और घोर प्रतिवादी बन गया। इसके बाद रघुनाथराव तथा सखाराम बापू ने आपस में मंत्रणा की। सखाराम को यह विश्वास नहीं हो सका कि सिंधिया किसी भी समय तथा किसी भी प्रकार अपने स्वामि के प्रति विश्वासघात कर सकेगा। उसे मल्हार के आरोपों पर विश्वास नहीं हुआ और सिंधिया के पक्षधरों से यथार्थं स्थिति तथा कारणों की जांच करने का सुझाव दिया।[3]

अपनी विदुषी पत्नी हंसिया की सत्प्रेरणा से सूरजमल स्वयं उद्यमी बन गया और इसी समय उसने सम्राट तथा वजीर के साथ मिलकर एक नवीन षड़यन्त्र की रचना कर डाली। वजीर अभी तक लोकाचार के नाते इमाद से रिश्तेदारी निभा रहा था। किन्तु अब सूरजमल व वजीर ने मिलकर इमाद तथा मराठों के विरुद्ध कूट जाल फैलाने का प्रयास किया। सम्राट एक तांत्रिक के वशीकरण मंत्र में फंस गया और उस पर प्रेतात्मा का प्रभाव लक्षित होने लगा। शाही दरवार से शाही मुहर से महाराजा माधौसिंह, महाराजा विजयसिंह राठौड़ तथा नवाब सफदर जंग के नाम भेजे गये पत्रों का दिल्ली में उचित उत्तर पहुँच गया था। इन सभी ने शाही झण्डे के नीचे संगठित होकर विद्रोही मराठा तथा अपहर्ताओं को उत्तर भारत से बाहर निकालने के लिए एक संघ बनाने के सुझाव को स्वीकार कर लिया था। परन्तु इन सभी शक्तियों ने अपने पत्रों में आक्रामक योजना की रूपरेखायें बनाने की जुम्मेदारी चतुर सूरजमल पर डाल दी थी। तब सूरजमल ने सम्राट को साम्राज्य के कल्याण तथा उसकी सुरक्षा के बारे में पत्र में सुझाव प्रस्तुत किया, "क्या इन परिस्थितियों में यह उपयुक्त नहीं होगा कि जहांपनाह अपने वजीर व शाही सैनिकों के साथ दोआब के शाही परगनों का प्रबन्ध करने अथवा सैर सपाटे के बहाने कोइल तक प्रस्थान करें और वहां उस समय तक रुके रहें, जब तक सफदर जंग उनसे आकर नहीं मिल जावे। फिर अवध की सेनाओं सहित आगरा की ओर

---

१ – भाऊ बखर, अनु० ७, पृ० ५-६; कानूनगो, पृ० ६१; गुल०द०, १, पत्र २१२, २२७

२ – उपरोक्त; सरदेसाई, खण्ड २, पृ० ४८६।

३ – भाऊ बखर, अनु० ७, पृ० ६।

कूंच किया जावे, जहां कछवाहा तथा राठौड़ नरेश भी अपनी सेनाओं के साथ आकर मिल जावेंगे।" सूरजमल की यह योजना स्थान-स्थान पर चम्बल नदी के घाटों को रोककर मराठों के सभी रास्ते बन्द करने की थी। उसने स्पष्ट कर दिया "यदि मराठा कुम्हेर का घेरा उठाकर आगरा की ओर प्रस्थान करेंगे तो वह स्वयं उनके पीछे पीछे चलकर आगरा में शाही सेनाओं से आकर मिल जावेगा।[1] सम्राट ने सूरजमल की इस नीति तथा योजना को मान लिया और इसी समय उसने इमाद को एक अति उत्तेजनात्मक पत्र लिखा, जबकि वास्तव में यह पत्र सूरजमल को लिखा गया था, "वह दिल्ली से अपनी सेनाओं के साथ तुम्हारे विरुद्ध कूंच कर रहा है और वह जाटों (अपनी) की पृष्ठ भागीय सेनाओं पर आक्रमण करेगा। इस बीच में जाट अपने किलों से, जिनमें वे घिर रहे हैं, स्वतन्त्रता पूर्वक निकल कर आक्रमण कर सकते हैं।" लेकिन यह पत्र सूरजमल के पास न पहुँचकर इमाद के हाथ लग गया और उसने यह पत्र धमकी के साथ सम्राट के पास वापिस भेज दिया।[2] सूरजमल की प्रस्तुत महान योजना की सफलता साम्राज्य के अमीरों के साहस तथा कौशल पर निर्भर थी। सम्राट स्वयं विलासिता में डूबा रहता था। राजमाता उधमबाई में त्रियाहठ तथा ओछापन था। इससे वह नवाब सफदर जंग से मित्रता करने का विरोध कर रही थी।[3] इस प्रकार वजीर इस योजना को क्रियान्वित करने में विफल रहा और इसका दुष्परिणाम मुगल साम्राज्य को भुगतना पड़ा।

सूरजमल ने जयप्पा से अति विनम्र शब्दों में पुनः आग्रह किया और उसको भारी भेंट व उपहार भेजे। सूरजमल के इस विनम्र आग्रह तथा विनय पर सिंधिया ने पुनः अपने सलाहकारों से विचार किया और अब उसने अपने स्वामी की अवज्ञा करके भी "पगड़ी बदल भ्राता" को समर्थन देने का दृढ़ निश्चय दोहराया। फिर वह रघुनाथराव को अपने पक्ष में करने के लिए उसके डेरों पर गया और उसने प्रार्थना की— "सूरजमल इस समय जो कुछ भी खंडनी देने को तैयार है, उसे स्वीकार कर लिया जावे और निरर्थक युद्ध को समाप्त करके आगे प्रस्थान किया जावे, क्योंकि कुम्हेर दुर्ग का विध्वंस तथा जाट गढ़िओं पर अधिकार बिना लम्बी मार करने वाली बड़ी तोपों के सम्भव नहीं है और यह तोपें सम्राट के अधिकार में हैं। उसने इन तोपों को उधार देने से मना कर दिया है।" इसी समय उसने इमाद की कुटिलता

---

१ – सियार, खण्ड ३, पृ० ३३६; ता० मुजफ्फरी, पृ० ८८–९, (इ० डा०, खंड ८, पृ० ३२१); पे० द०, जि० २१ लेख ६०; कानूनगो, पृ० ९२–३; अवध पृ० २५९।

२ – कीन, फॉल ऑफ दि मुगल एम्पायर, पृ० ४८।

३ – सियार, खंड ३, पृ० ३३७; सरकार (मुगल), खंड २, पृ० ३३९।

तथा उसके सहयोग की विफलता का भी पर्दाफाश किया। उसने आगे कहा, "यदि हम (घेरा उठाकर) प्रस्थान करने में विलम्ब करेंगे, तो हमको सेना की व्यवस्था करना, उसको नियंत्रित (रोकना) रखना कठिन हो जायेगा।" इसको सुनकर दादा साहब काफी परेशान होकर दुविधा में पड़ गये। उसने सोचा, यदि वह जाटों से समझौता करता है, तो होल्कर उसके हाथों से निकलता है और यदि इस मामले को शीघ्र ही तय नहीं करता है, तो मराठों के हित में अलाभकारी होगा।" इसलिये उसने जयप्पा को कुछ समय बाद अपने निर्णय से अवगत कराने का वायदा किया।[1]

२७ अप्रेल को वजीर इन्तिजामुद्दौला तथा समसामुद्दौला अहमदशाह, उसकी माता उधमबाई, शाही सेवक व चाकरों को लेकर दिल्ली से दस कि०मी० पूर्वोतर यमुना नदी के किनारे लूनी पहुँचे। नवाब सफदर जंग भी कन्नौज के नीचे गंगा के किनारे मेंहदी घाट पर पहुँचकर बादशाह के कोइल पहुँचने की प्रतीक्षा करता रहा। तभी अकीबत लूनी से १६ कि०मी० दक्षिण-पूर्व में गाजियाबाद पहुँच गया और उसने मार्ग में काफिलों व खाद्यान्न से लदी गाड़ियों को लूट लिया। इधर उधर भटकते हुए सम्राट ने ८ मई को लूनी से प्रस्थान किया और १७ मई को सिकन्दराबाद से ५-६ कि०मी० आगे लगे डेरों में प्रवेश किया। यहां पर सम्राट को सूरजमल का मराठा तथा इमाद के साथ शांति समझौता का समाचार मिला। इससे छावनी में भारी हलचल मच गई। निश्चित योजना के अनुसार सम्राट कोइल नहीं पहुँच सका और उसको अपनी अकर्मण्यता तथा देरी का दुष्परिणाम भुगतना पड़ा।[2]

मराठा अभिलेखों से पता चलता है कि जाट अपनी योजना की सफलता के लिए तत्परता से प्रयत्नशील थे। त्र्यम्बक राव पेठे, विट्ठल शिवदेव, शिवाजी रंगराव आदि सेनानायकों की कमान में मराठा सैनिक किसी स्थान से रुपया लेकर आ रहे थे। जाट सैनिकों को इसका पता लग गया और उन्होंने आक्रमण करके इकतालीस घोड़ों पर लदा सभी खजाना लूट लिया। अन्य लेख के अनुसार अप्रेल में विट्ठल शिवदेव की कमान में खजाना लाया जा रहा था, उसको भी जाटों ने छापामार कर मार्ग में लूट लिया।[3] इस प्रकार जाट दुर्गों के बाहर भी जाटों का संघर्ष नियमित

---

१ – भाऊ बखर, अनु० ६, पृ० ६-७; सरदेसाई, जि० २, पृ० ४८६।

२ – ता० मुजफ्फरी, पृ० ८६, ८८-८६; ता० अहमदशाही, पृ० १२७ ब; दे० क्रॉनी०, पृ० ४६; सियार खंड ३, पृ० ३३७; पे० द०, खंड २१, लेख ६०; सरकार (मुगल), खंड १, पृ० ३४०।

३ – पे० द०, खण्ड २७, लेख ८१ (३० अप्रेल)।

रूप से चलता रहा। आसपास के परगनों से मराठा छावनी में आने वाले खाद्यान्न पर भी भारी असर पड़ा और मराठा अब रसद की तंगी भुगतने लगे थे। फादर वेण्डल लिखता है— "कुम्हेर के घेरा को अब चौथा महीना चल रहा था और दुर्ग में घिरे लोगों की इसके अतिरिक्त कोई हानि नहीं हुई थी जितनी बाहर पड़ी सेना की। उसने बाहरी भूखण्ड को खूंद डाला था। शत्रु जब भी दिन में भारी प्रयास से अपनी तोपों से नगर प्राचीर में कोई खन्दक कर लेता था, तभी सूरजमल व जाट किसानों अथक प्रयास से रात्रि में उसे अति तीव्रता से भर दिया जाता था। इससे दूसरे दिन प्रातःकाल खन्दक का पता लगाना कठिन था। फलतः जब घेरा उठाया गया, तब नगर प्राचीर काफी सुदृढ़ और चौड़ी हो चुकी थी।....अब मल्हार व इमाद दोनों ही आक्रमण की मन्द गति से काफी क्लान्त दिखलाई देने लगे थे और अनुभव करने लगे थे कि वे इस घेरे के शीघ्र ही समाप्त होने पर एक दूसरे को आपस में बधाईयां नहीं दे सकेंगे। इधर ग्रीष्म आने वाला था। सूर्यताप से सैनिकों को आवश्यक रूप से पीड़ा होती। इसके साथ ही पेय जल की न्यूनता से काफी परेशानी थी।"[1] फलतः मराठा शिविर में रघुनाथ राव पर जाटों के साथ समझौता करने के लिए भारी दवाब डाला जाने लगा था। सम्राट के दिल्ली से प्रस्थान के बाद इमाद ने इस संकट पर गम्भीरता से विचार किया और उसने मल्हार के सहयोग से सम्राट तथा वजीर को पूर्णतः बरबाद करने का निश्चय कर लिया था। मल्हार राव ने भी इमाद को अपना "धर्मपुत्र" घोषित करके हर सम्भव सहायता का वचन दिया और इमाद भी पुत्रवत उसकी आज्ञा पालन के लिए तैयार हो गया।[2] इस प्रकार मल्हार तथा इमाद दोनों ने मिलकर सम्भवतः मई के द्वितीय सप्ताह में दिल्ली पर आक्रमण करके अहमदशाह को पदच्युत करने तथा अन्य किसी शाहजादा को मुगल गद्दी पर बिठलाने का निर्णय लिया।[3] इसके लिए यह आवश्यक था कि सूरजमल के साथ यथा शीघ्र सम्मानजनक शर्तों पर समझौता कर लिया जावे। मराठा छावनी में शाही कूटनीतिज्ञ ईर्ष्यालु इमाद के विरुद्ध नियमित विष वमन तथा अनर्गल प्रलाप कर रहे थे। छावनी में यह चर्चा जोर पकड़ रही थी कि सम्राट ने मीर बख्शी को पदच्युत कर दिया है और उसके स्थान पर नवाब सफदर जंग की नियुक्ति की जा रही है। इन अफवाहों से इमाद स्वयं परेशान था और उसने अकीबत महमूद को सम्राट से मिलने का आदेश[4] दिया था।

---

१ – वेण्डल।
२ – फ्रेंकलिन, पृ० ३।
३ – सरदेसाई, खण्ड २, पृ० ४८७।
४ – ता० मुजफ्फरी, पृ० ८६।

राठौड़ नरेश राम सिंह का वकील चेतराम जयप्पा पर राम सिंह के पक्ष में मारवाड़ पर आक्रमण करने का साग्रह दबाव डाल रहा था। आश्वासन देकर भी रघुनाथ राव जयप्पा सिंधिया को जाटों के बारे में अपने निर्णय से अवगत नहीं करा सका। इससे सिंधिया ने दादा साहब को मारवाड़ की ओर प्रस्थान करने की धमकी दी।[1] राजनैतिक तथा आर्थिक परिस्थितियों ने मराठा सरदारों के आन्तरिक विवाद को सुलझाने में पूर्णतः विफल रघुनाथ राव को सूरजमल के साथ समझौता करके मराठा यश की रक्षा के लिए बाध्य कर दिया। वह शीघ्र ही मल्हार राव के डेरों पर गया और उसके सामने जयप्पा की समस्या तथा मांग प्रगट की। इसको सुनकर मल्हार गुस्से में भर गया तथा बाध्य होकर दादा साहब के समझौता प्रस्ताव को स्वीकार करना पड़ा।[2]

जाट-मराठों में स्थाई शांति-समझौता, मई, १७५४ ई०

मल्हार राव चतुर सूरजमल के कूट प्रयत्नों के कारण अपनी घोर प्रतिज्ञा पूर्ण नहीं कर सका और जयप्पा सिंधिया के नियमित प्रयास तथा धमकी की सफलता से जाट-मराठा संघर्ष समाप्त हो गया। सिंधिया तथा जाट परिवार सदैव के लिए एक दूसरे के निकट आ गये। बख्शी हरनाथ सिंह को अपना विशिष्ट वकील बनाकर सूरजमल ने उसे मराठा छावनी में रवाना किया और उसने मराठा सरदारों तथा मीर बख्शी इमादुलमुल्क से भेंट की। अन्त में चार महीने की दीर्घकालिक घेराबन्दी के बाद १७ मई को उभय पक्षों में समझौता हो गया। गृहयुद्ध के समय सूरजमल ने सम्राट को दो करोड़ रुपया पेशकश भुगतान का वायदा किया था। अब उसने यही रकम सम्राट की अपेक्षा मराठा तथा इमाद को भुगतान करना स्वीकार कर लिया। यह रकम मराठा खंडनी की मांग से काफी अधिक थी।[3] इसके अलावा उसने मराठों के साथ खंडनी की अपेक्षा युद्ध-क्षतिपूर्ति के रूप में तीन वार्षिक किश्तों में तीस लाख एक रुपया भुगतान का लिखित अनुबन्ध किया।[4] इसके साथ ही उभय पक्षों ने अपनी खन्दकों से सैनिकों को वापिस बुला लिया। इमाद की पूर्व योजनानुसार मल्हार राव होल्कर निराशा के साथ अपने पांच सहस्र सवारों सहित १८ मई

---

१ – शिन्देशाही, खण्ड १, पृ० १०३ (पा० टि०, १३८)।

२ – भाऊ बखर, अनु० ११, पृ० १०।

३ – ता० अहमदशाही, पृ० १२८ अ।

४ – पे० द०, खंड २७, लेख ८१ (पृ० ९४); ता० अहमदशाही, पृ० १२८ अ; शिन्देशाही, भाग १, लेख ११२, भाग ३, लेख १२२; पेशवा डायरी, खण्ड ३; —डा० कानूनगो (पृ० ९६) का मत है कि जाट राजा ने क्षतिपूर्ति के रूप में साठ लाख रुपया भुगतान करने की शर्त पर समझौता किया था।

को मथुरा पहुँच गया और उसके प्रस्थान के साथ ही स्वभावतः कुम्हेर का घेरा समाप्त हो गया। इसके बाद अनेक टुकड़ियों में विभक्त होकर मराठा सैनिक तथा सेनानायक भी कुम्हेर छावनी को छोड़कर चल दिये। रघुनाथराव ने स्वयं २२ मई को पंघोर से कूंच किया और २३ मई को मथुरा पहुँच गया, जहां २४ मई को जाटों ने उसको आठ लाख पांच हजार रुपया का नकद भुगतान किया। २५ को वृन्दाबन तथा २६–२७ मई को मांट (मथुरा के उत्तर में १६ कि०मि०, परगना महावन) में पड़ाव डाला।[1] अब केवल जयप्पा सिंधिया ही कुछ दिन तक पंघोर छावनी में रुका रहा। २६ मई, १७५४ (३ शाबान, हि० ११६७) को मराठा तथा सूरजमल के बीच तीस लाख एक रुपया का करारनामा (पट्टा) लिखा गया। जाट शासक की ओर से राजगुरु रूपराम कटारा ने हस्ताक्षर किये।

इस समझौते का यथावत अनुवाद[2] निम्न प्रकार है—

(अ)	बैसाख आखिर तक के बारह महिनों के नकद दिये जाने	८,०५,०००/–
	डेढ माह बाद प्रतिमाह एक किश्त के रूप में भुगतान करे	७,९५,०००/–
(ब)	आगे सम्वत् १८११ (१७५४–५५ ई०) के प्रतिमाह एक लाख रुपया भुगतान करेंगे	८,००,०००/–
(स)	तीसरे साल सं० १८१२ (१७५५–५६ ई०) के प्रति दूसरे माह एक लाख की किश्त का भुगतान करना	६,००,००१/–
	कुल योग	३०,००,००१/–

समुचित अभिलेखों के अभाव में यह नहीं कहा जा सकता कि बाद में सूरजमल ने इस पट्टे के आधार पर मराठों को चुकारा किया या नहीं? सम्भवतः जाट शासक ने आगामी वर्षों में इस पट्टे की शर्तों का पालन नहीं किया। 'इस प्रकार अपने ही समकक्ष दो सरदारों के साथ अपनी शर्तों पर सौदेबाजी करके सूरजमल ने महान सम्मान प्राप्त कर लिया था' और रानी हंसिया की दृढ़ सूझबूझ, राव रूपराम कटारा की कूटनयिक सफलता से सूरजमल का भाग्य नक्षत्र प्रदीप्त हो उठा।

११ – सम्राट अहमद शाह का पतन, मई–जून, १७५४ ई०

सिकन्दराबाद छावनी में अहमद शाह ने वजीर के परामर्श पर १७ मई को

---

१ – पे० द०, खण्ड २७, लेख ७१।
२ – पे० द०, खण्ड २७, लेख ८१, पृ० ९४।

नवाब सफदर जंग के दो प्रमुख सरदार राजा लक्ष्मी नारायण तथा राजा जुगल-किशोर की जब्त की गई सम्पत्ति उनको वापिस लौटाने की स्वीकृति दे दी थी। १८ मई को सूरजमल के साथ समझौता हो गया था। सम्राट की लापरवाही तथा राजमाता उधमबाई के विरोध के कारण आगामी योजनायें प्रायः निष्फल हो चुकी थीं। शाही छावनी में समाचार मिला कि मल्हार राव तथा इमाद मथुरा पहुँच गये थे और उनका विचार सम्राट या राजधानी पर आक्रमण करने का था। इससे वजीर ने सामयिक परिस्थितियों में संघर्ष की अपेक्षा इमाद से समझौता करना हितकर समझा। इमाद के निर्देश पर अकीबत महमूद ने वजीर से भेंट करने का विचार किया और २२ मई को वह सराय घासी (सिकन्दरा से ७ किमी०) पहुँच गया। शुक्रवार, २४ मई को उसने सम्राट से भेंट की और सम्राट ने उसको क्षमा करके शाही सेवा में ले लिया। इसके बाद वह खुरजा लौट गया।[1] २५ मई को अकीबत ने सम्राट तथा वजीर के पास समाचार भेजा कि मल्हार राव पचास सहस्र मराठा सेना के साथ दिल्ली की ओर बढ़ रहा है और उसका विचार सलीमगढ़ की शाही कैद से किसी शाहजादा को निकाल कर साम्राज्य की गद्दी पर आरूढ़ करने का है। असमर्थ अहमदशाह हतोत्साह हो गया। वह तेजधावक हथिनी पर सवार होकर शेराजपुर से दिल्ली भाग गया और २६ मई को उसने दोपहर के बाद महलों में प्रवेश किया। २८ मई को वजीर, समसामुद्दौला (बख्शी तोपखाना) तथा अन्य अधिकारी दिल्ली पहुँचकर सम्राट से मिले उनके पीछे ही मल्हार राव तथा इमाद दोनों ही दिल्ली पहुँच गये।[2]

३० मई को मल्हार राव ने पत्र लिखकर सम्राट के सामने कुछ मांगे प्रस्तुत कीं। फलतः एक जून को सम्राट ने वजीर को सभी पद तथा अधिकारों से मुक्त करके इमादुलमुल्क को वजारत की खिलअत तथा कलमदान प्रदान करके सभी अधिकार सौंप दिये।[3]

रविवार, २ जून को वजीर इमादुलमुल्क ने दीवान गंगाधर तात्यां, अकीबत महमूद आदि के साथ प्रातः नौ बजे शाही दरबार में प्रवेश किया। उसने कुरान

---

१ – ता० अहमदशाही, पृ० १२७ ब, १२८ अ; दे० क्रॉनी०, पृ० ४६; ता० मुजफ्फरी, पृ० ९० ।

२ – उपरोक्त, पृ० १२९ अ–१३१ अ; शाकिर, पृ० ७७; सियार, खण्ड ३, पृ० ३३७–८; ता० मुजफ्फरी, पृ० ९१–३; दे० क्रॉनी०, पृ० ५०; बयाने वाकई, पृ० २८३–४ (अविश्वसनीय); पे० द०, जि० २१, लेख, ६० ।

३ – ता० अहमदशाही, पृ० १३१ ब–१३४ ब; ता० मुजफ्फरी, पृ० ९५; दे० क्रॉनी०, पृ० ५१ ।

की प्रति हाथ में लेकर सम्राट के सामने "धोखा न देने" की शपथ ग्रहण की। इसके बाद अकीबत महमूद पचास बदख्शी सिपाहियों के साथ शाही शाहजादों के कैदखाने (ड्योढ़ी-इ-सलातीन) पर पहुँचा और वहां से जहांदारशाह के पचपन वर्षीय पुत्र मुहम्मद अजीजुद्दीन को लेकर लौटा। वजीर इमादुलमुल्क ने एक दरबार आयोजित करके उसको शाही गद्दी पर आरूढ़ किया और उपस्थित दरबारियों का समर्थन [1] प्राप्त करके आलमगीर सानी (द्वितीय) के नाम से उसे मुगल सम्राट घोषित किया। फिर नवीन सम्राट के आदेश पर पदच्युत अहमदशाह तथा राजमाता उधमबाई को पकड़वा कर कारागार में डाल दिया गया। २४ जून को अहमदशाह की आंखें निकाल ली गईं और उसके साथ उधमबाई की भी हत्या करवाकर वजीर ने शांति की श्वांस ली। [2]

पतन का उत्तरदायित्व किस पर ?

रघुनाथराव दादा द्वारा संचालित इस अभियान का मुख्य उद्देश्य मराठा सरकार के लिए आर्थिक साधन जुटाना था। इमाद ने अपने व्यक्तिगत लाभ के लिए उनको प्रचुर धनराशि का आश्वासन देकर जाटों पर आक्रमण करने के लिए प्रेरित किया था। जबकि सूरजमल हिन्दुस्तान व साम्राज्य तथा अपने राज्य को इन अर्थ-शोषकों से बचाने का प्रयास कर रहा था और उसने तत्कालीन विशेष सामर्थ्यवान राजनैतिक शक्तियों को शाही झण्डे के नीचे संगठित करने, सम्राट के प्रति अपनी निष्ठा, आस्था तथा विश्वास प्रगट करने का सुझाव दिया था। किन्तु सम्राट ने दिल्ली से प्रस्थान करने में काफी विलम्ब कर दिया था। निःसन्देह सम्राट अशक्त था। वजीर डरपोक था और उसकी सैनिक शक्ति क्षीण हो गई थी। सम्राट तथा वजीर द्रुतगति से कोइल नहीं पहुँच सके और दोआब में शाही परगनों पर अधिकार करने की विफल चेष्टा में उन्होंने एक माह (२७ अप्रेल-२६ मई) व्यर्थ ही गंवा दिया था। इधर सफदर जंग ससैन्य मेंहदी घाट शिविर में सम्राट की प्रतीक्षा करता ही रहा। राजमाता ने उसका सहयोग प्राप्त करने में आनाकानी की, इससे वजीर इन्तिजामुद्दौला भी शंकित हो गया था। [3] राजपूत नरेशों को सम्राट की अदूरदर्शिताजन्य संभावित विफलता का स्पष्ट आभास हो गया था और वे मराठों के प्रचण्ड क्रोध का शिकार बनने के लिए तैयार नहीं थे। सूरजमल के सुझाव तथा

---

१ – कीन (मुगल), पृ० ४८।

२ – ता० अहमदशाही, पृ० १३५ अ-१३६ अ; दे० क्रॉनी०, पृ० ५१-५२, ५४; पे० द०, खण्ड २१, लेख ६०; सियार, खण्ड ३, पृ० ३३६; ता० आलमगीर सानी, पृ० २ ब, ८ अ; ता० मुजफ्फरी, पृ० ६६-६।

३ – सियार, खण्ड ३, पृ० ३३७।

सम्राट के प्रस्थान से मराठा तथा इमाद चौकन्ना हो गये और इमाद ने अपने सेनापति अकीबत महमूद को सम्राट के लिए भ्रम में डालने का निर्देश दिया। अविवेकी सम्राट ने अकीबत को क्षमा करके भारी भूल की। पुनश्चः उसने सम्राट को मराठों के दिल्ली की ओर प्रस्थान करने की भ्रमित सूचना दी, तब भी सम्राट की तन्द्रा नहीं टूटी।[1] सूरजमल ने सैनिक संघर्ष, छापामार युद्ध के साथ ही कूटनयिक प्रस्तावों से मराठों को अपने जाल में फंसा रखा था। अन्त में उनको परिस्थितियों से बाध्य होकर शांति समझौता करना पड़ा। इसी बीच में इमाद ने मराठों को भारी धनराशि का लोभ देकर साम्राज्य पर अधिकार करने की सलाह दी। इससे मराठा आर्थिक लाभ के लालच में बुरी तरह फंस गये। वजीर दिल्ली पहुँच कर सूरजमल सफदर जंग तथा राजपूतों की तात्कालिक सहायता की आशा करता रहा। दिल्ली में घटनायें इस तीव्र गति से घटित हुईं कि सूरजमल इतनी तेजी से अपनी सेनाओं को व्यवस्थित करके दिल्ली नहीं पहुंच सकता था। अन्तोगत्वा सूरजमल अपनी योजना में सफल रहा और उसने अपने ही समकक्ष दो सरदारों से अपनी ही अनुकूल शर्तों पर सौदेबाजी करके इमाद व मराठों को बिना किसी प्रतिष्ठा के हटने के लिए बाध्य कर दिया और उसने अपने राज्य को मल्हार की घोर प्रतिज्ञा तथा हठ से बचा लिया। 'सूरजमल ने अपने दुर्गों की जिस संयम, असाधारण योग्यता, साहस तथा वीरता से रक्षा की, इससे जाट राज्य की कीर्ति सर्वत्र फैल गई। ठाकुर मोहकम सिंह भी निराश होकर सूरजमल की शरण में लौट आया। सूरजमल ने विद्रोही चाचा का अनुरूप सम्मान किया और उसको अपने वतन जागीर के गांवों से एक रुपया नजराना वसूल करने का अधिकार दे दिया, मोहकम सिंह हाथी, घोड़ा या पालकी की सवारी से वंचित कर दिया गया और वह मात्र चारपाई पर बैठकर काठेड़ के गांवों से नजराना वसूल[2] कर सकता था।' इस प्रकार जाट राज्य आन्तरिक शत्रुओं से भी मुक्त हो गया और मराठा सरदारों ने भी शत्रु भावना को छोड़कर सदैव जाटों की मित्रता से लाभ उठाने का प्रयास किया। मराठों को वास्तव में इस घेरा से केवल दो लाख रुपया का आर्थिक लाभ[3] हो सका। इस प्रकार मराठा अपने अभियान में पूर्णतः विफल रहे और जाट राज्य एक भारतीय शक्ति के रूप में राजनैतिक मंच पर चमक उठा।

---

१ – ता० मुजफ्फरी, पृ० ६६; सियार, खण्ड ३ पृ० ३३७।

२ – जॉहन कोहन, पृ० १९ ब।

३ – सरकार (मुगल), खण्ड २, पृ० १३, पृ० ३२० पा०टि० २; सूरजमल ने मराठों को मासिक किश्तों में चौदह लाख रुपया दिया था, परन्तु चार माह में मराठा सैनिकों के वेतन, रसद व्यवस्था पर बारह लाख रुपया व्यय हो चुका था।

१२ – रघुनाथ राव की आर्थिक विफलतायें १७५४–५५ ई०

महाराष्ट्र सरकार भारी ऋणभार से दबी थी। इससे बालाजी राव पेशवा ने अपने भ्राता रघुनाथ राव को दिल्ली सरकार से अधिकाधिक धन वसूल करने का निर्देश दिया था। पेशवा का अनुमान कम से कम पचास लाख और अधिक से अधिक पिचत्तर लाख रुपया अर्जित करने का था।[1] जाटों के साथ सम्पन्न संधि से उनको अधिक आर्थिक लाभ नहीं हो सका। इसी प्रकार सिकन्दराबाद शिविर को लूटने पर मल्हार राव के कब्जे में कुछ शाही हाथी ही आये।[2] रघुनाथ राव ने २६ मई को मांट से प्रस्थान किया और १ जून को दिल्ली के दक्षिण पूर्व में १० किमी० पटपरगंज में अपना शिविर डाला। इमाद ने वजीर पद पर आसीन कराने के एवज में मल्हार राव को पच्चीस लाख रुपया नजराना का वचन दिया था, किन्तु रघुनाथ राव के लोभ के कारण यह समझौता सफल नहीं हो सका और उसको अन्त में बयासी लाख प्रतिज्ञात कर के रूप में भुगतान करने का वचन देना पड़ा था।[3] किन्तु शाही खजाना खाली था। इससे अक्टूबर में सम्राट आलमगीर सानी को ८२.५० लाख रुपया के एवज में सहारनपुर परगना के बाईस गांव, मेरठ, सिकन्दराबाद, दासना, बाघपत तथा अन्य सात छोटे–छोटे महाल मराठों के हाथों में सौंपने पड़े, जहां मराठों ने अपने कमाबिसदार नियुक्त करके प्रबन्ध सम्भाल लिया था।[4]

२१ जून को वजीर के तोपचियों ने सेनापति अकीबत महमूद को पकड़ कर घसीटा और नंगा करके अपमान किया। वजीर इमादुलमुल्क ने उस पर भारी आरोप लगाये और २४ जून को सायंकाल अफगान सेनानायकों से उसको कत्ल करवा दिया।[5] मराठा सनिकों ने भी दिल्ली के आसपास भारी लूटमार की। २३ जून को रघुनाथ राव ने जयप्पा सिंधिया को मारवाड़ अभियान के लिए बिदा कर दिया और वह निजी सवार तथा पूना सरकार के चार सहस्र मराठा सवारों के

---

१ – सरकार (मुगल), खंड २, पृ० १४।

२ – ता० आलमगीर सानी, पृ० ६ अ; पे० द०, खंड २१, लेख ६०, खंड २७, लेख ६०।

३ – सरदेसाई, खंड २, पृ० ४८६, सरकार (मुगल), खंड २, पृ० १४।

४ – ता० आलमगीर सानी, पृ० ६ ब, ११ ब १२ अ, १५ ब, १७ अ, १६ अ, २५ अ, २७ अ; दे० क्रॉनी; पे० द०, खंड २७, पत्र ८६, ६०।

५ – उपरोक्त, पृ० ६अ, २० ब, २३अ–ब; दे० क्रॉनी०, पृ० ५३; ता० मुजफ्फरी, पृ० १०१।

साथ दिल्ली से नारनौल की ओर रवाना हो गया।[1] इससे अब रघुनाथ राव के पास दिल्ली में अपर्याप्त मराठा शक्ति थी। सूरजमल ने इसका लाभ उठाया।

१३ – जाट मराठों में पारस्परिक अनाक्रामक समझौता, जुलाई–अगस्त, १७५४ ई०

जाट प्रान्त से मराठा सैनिकों के हटते ही सूरजमल भी अपनी सभी सेनाओं को संगठित करके अपने दुर्ग से बाहर निकल पड़ा और उसने अपने अधीनस्थ परगनों की व्यवस्था संभालने के लिए अपने सरदार, राजस्व कर्मचारी तथा सिपाहियों को रवाना किया। इन्होंने अपने प्रयास से मेवाती परगनों पर अधिकार कर लिया और वहां के जागीरदार तथा जमींदारों से भू-राजस्व तथा अन्य कर वसूल करने में सफलता प्राप्त की। राजधानी की अराजक स्थिति, शाही खजाने के खोखलापन तथा स्वयं की आर्थिक कठिनाईयों से बाध्य होकर रघुनाथ राव ने मराठा सरकार के हितों की सुरक्षा तथा स्थायी मित्रता की भावना से जाटों के साथ स्थायी समझौता करना उचित समझा। वजीर इमादुल्मुल्क की विफलता तथा पराभव के बाद महान आपत्काल में जाट राज्य ही मराठों का सहायक मित्र हो सकता था। फलतः जुलाई–अगस्त, १७५४ ई० में रघुनाथ राव ने सूरजमल को यह लिखित आश्वासन दिया कि मराठा सरदार जाटों की वतन जागीर तथा मुगल सम्राटों द्वारा अद्यत: प्रदान जिलों व परगनों की व्यवस्था में कदापि हस्तक्षेप नहीं करेंगे। इसके बदले में सूरजमल ने भी अपने प्रतिनिधि रूपराम कटारा के माध्यम से मराठा सेनापति को यह आश्वासन दिया कि वह हिन्दुस्तान के हित में मराठों द्वारा केन्द्रीय सरकार के प्रबन्ध में या मराठों के विरूद्ध किसी युद्ध में हस्तक्षेप नहीं करेगा और हिन्दुस्तान के किसी भाग में जब भी मराठा सेनायें कूंच करेगी, वह उनके मार्ग में किसी भी प्रकार का गतिरोध पैदा नहीं करेगा।[2] इस पारस्परिक अनाक्रामक समझौता के फलस्वरूप आगरा प्रान्त के जिन परगनों पर मराठों ने युद्धकाल में अपना कब्जा कर लिया था, वे सभी परगने सूरजमल को सौंप दिये गये और शेष पर उसने इमादुल्मुल्क के सिपाहियों को भगाकर अधिकार करने का प्रबन्ध कर लिया।

---

१ – ऐति० पत्रे, १२२, १२४; ता० आलमगीर सानी, पृ० २१ अ; राजवाड़े, खंड १, लेख ३७, ३९; शिन्देशाही, खण्ड १, लेख ९९–१२४।

२ – पे० द०, खण्ड २७, लेख ९०; वेण्डल, पृ० ७१; सरकार (मुगल), खण्ड २, पृ० २९५; हिंगणे, खण्ड १, लेख १७९।

१४ – पलवल तथा बल्लमगढ पर अधिकार, सितम्बर–अक्टूबर, १७५४ ई०

दिल्ली में इमाद की सैनिक शक्ति पूर्णतः कमजोर हो चुकी थी और वजीर पद की मान-मर्यादा, उसकी सुरक्षा मराठों पर निर्भर थी। परगना फरीदाबाद तथा पलवल (दिल्ली के दक्षिण में ५८ कि०मी०) पर अकीबत महमूद ने अधिकार कर लिया था और ये परगना (जिला) वजीर इमादुलमुल्क की जागीर में शामिल कर लिये गये थे। नन्दगांव, बरसाना, सहार, कस्बा होडल तथा इसके आसपास के क्षेत्र पर सूरजमल के जाट प्रबन्धकों का यथावत अधिकार बना रहा। २७ सितम्बर को जाट सेनाओं ने बल्लू चौधरी के पुत्रों की कमान में अचानक कूंच करके कस्बा पलवल को घेर लिया। पलवल के कानूनगो संतोषराय ने चौधरी बल्लू की हत्या के लिए अकीबत महमूद को भड़काया था। इससे जाट सिपाहियों ने उसको पकड़ कर मार डाला। उन्होंने काजी को भी पकड़ कर बाजारों में बुरी तरह घसीटा, जिससे वह तड़प-तड़प कर मर गया। जाट सैनिकों ने कस्बा पलवल तथा समस्त परगने से वजीर के थानों को उठाकर अपना पुनः अधिकार कर लिया।

बदख्शी रिसाला का रिसालदार जाहिद बेग खां जाट सैनिकों के भय से भागकर २८ सितम्बर की रात्रि को दिल्ली पहुँच गया। यह समाचार मिलते ही वजीर इमादुलमुल्क ने सूरजमल के विरुद्ध तत्काल ही कूंच करने के लिए अपने पचास सवार, पैदल, तोपची, रहकला तथा बानेतों को एकत्रित होने का आदेश दिया और स्वयं चार घड़ी रात होने पर मराठा सहायता प्राप्त करने के लिए मल्हार राव के डेरों पर पहुंचा। उसने मल्हार से जाटों पर आक्रमण करने का आग्रह किया। परन्तु अब मल्हार राव स्वयं जाटों के विरुद्ध कोई निर्णय लेने वाला समक्ष अधिकारी नहीं था। इससे उसने इधर–उधर की बात करके वजीर को ठण्डा कर दिया। रघुनाथ राव का शिविर राजधानी के दक्षिण में था और मराठा सैनिक तुगलकाबाद, किशनदास तालाब, हुमांयू मकबरा के पश्चिम में पांच कि०मी० इस्लामपुर, महरौली, बारापूला तक लूटमार करने में व्यस्त थे। आसपास के जाट भी लूटमार कर रहे थे।

२९ सितम्बर को अपराह्न मल्हार राव इमाद को अपने साथ लेकर रघुनाथ राव के डेरों पर पहुँचा। परन्तु मराठा सेनापति ने स्पष्ट शब्दों में दोनों के सामने मत व्यक्त करते हुए कहा, "हमने अब सूरजमल के साथ मित्रता का सम्बन्ध जोड़ लिया है और अब मैं अपने बचनों से नहीं डिग सकता। आप रुको, और विश्वास करो। मैं सूरजमल को सूचित करता हूँ कि वह आपकी (वजीर) जागीर के जिलों या परगनों से अपना दखल उठा ले।" इस प्रकार मराठा सेनापति के दृढ़ निश्चय से

वजीर जाटों के विरुद्ध अपनी सेनायें बढ़ाने में विफल रहा।[1] इसके बाद जाट सेनाओं ने बल्लमगढ़ की ओर प्रस्थान किया और वहां से वजीर के प्रबन्धकों तथा थानों को हटाकर दुर्ग तथा जिले पर पुनः अधिकार कर लिया। यद्यपि मुगलिया सैनिकों के साथ उनकी अनेक स्थानों पर झड़प भी हुई, किन्तु हतप्रभ मुगलों को कोई सफलता नहीं मिल सकी। सूरजमल ने बलराम चौधरी के पुत्र किसन सिंह तथा बिसन सिंह को क्रमश: जिले का किलेदार तथा नाजिम नियुक्त किया और ये दोनों १७७४ ई० तक इस अधिकार का उपभोग करते रहे।[2] फिर जाट सेनाओं ने फरीदाबाद पर भी अधिकार कर लिया। इसके बाद जाट सेनाओं ने मेवाती इलाकों में प्रवेश किया। अकीबत महमूद ने इन परागनों पर जबरन अधिकार करके मुगल तथा बदख्शी रिसालदारों को मालगुजारी वसूल करने तथा लूटमार करके आतंक पैदा करने के लिए तैनात कर दिया था। जाट दस्तों ने मेवात प्रान्त से भी मुगल दस्तों तथा रिसालदारों को मार कर भगा दिया और इन पर जाट शासन का ध्वज फहराने लगा। मुगल दस्तों ने भागकर दिल्ली में शरण ली और ३ अक्टूबर को अपने शेष वेतन के लिए विद्रोह कर दिया।[3] इस प्रकार अक्टूबर, १७५४ ई० में जाट सेनानायकों ने अपनी ताकत, कुशलता से बल्लमगढ़ तथा मेवात के सभी जिलों व परगनों पर अधिकार कर लिया। अभी कुछ परगने अवश्य शेष रहे, जिन पर अधिकार करने की योजना बनाई गई।

जाटों के मेवात अभियान का प्रभाव पड़ोसी कछवाहा परगनों पर भी पड़ा था और परगना कामां तथा खोहरी के जमींदारों व रैय्यत ने गड़बड़ शुरू कर दी थी। कछवाहा दरबार ने ग्राम सीकरी (परगना खोहरी) सेठ घनेसुर को इजारे पर दे दिया था, किन्तु राव सूरजमल ने इसमें हस्तक्षेप किया। कामां में इतना अधिक उपद्रव मचा कि वहां राजा हरी सिंह को किले की मजबूती के निर्देश दिये गये। राजा हरी सिंह ने अकाता ग्राम के जमीदारों को भी बन्दी बना लिया था। अन्त में राजा हर गोबिन्द नाटाणी को सूरजमल का सहयोग प्राप्त करना पड़ा और राव हेमराज के हस्तक्षेप के फलस्वरुप बन्दियों को मुक्त किया गया।[4]

१५ – यमुनापार (मध्य दोआब) परगनों पर अधिकार, सितम्बर–अप्रेल, १७५५ ई०

दिल्ली के चारों ओर मराठा सवार (जून–नवम्बर) गांव तथा कस्बों को

---

१ – ता० आलमगीर सानी०, पृ० १८ अ० १६ अ, २२ अ; दे० क्रॉनी; पे० द०, खण्ड २७, लेख ७६; सरकार (मुगल) खण्ड २, पृ० ११, २६५ पा०टि०।
२ – देहली गजेटियर पृ० २१३; कानूनगो पृ० ८० पा०टि०।
३ – ता० आलमगीर सानी, पृ० २२ ब।
४ – ड्रा० ख० प०, बेण्डल ५, सं० ७६३, ८२३, ८१६, ७८२।

लूटकर अपना दैनिक खर्च चला रहे थे, जबकि शहर में प्रतिमाह मुगल व बदख्शी सैनिक विद्रोह, लूटमार तथा उत्पात कर रहे थे और वहां के नागरिक महान आपत्तियां उठा रहे थे। व्यापार पूर्णतः ठप्प हो चुका था। वजीर इमाद विद्रोही सैनिक तथा उनके तुर्क सवारों को आश्वासन देकर अथवा प्रमुख सरदारों को दिल्ली के आसपास खालसा तथा सर्फ-ए-खास (शाही जेब खर्च)की भूमियां जागीर में देकर सन्तुष्ट करने का प्रयास कर रहा था।[1] पदच्युत वजीर इन्तिजामुद्दौला अभी तक दिल्ली में अपनी हवेली में मौजूद था और उसने दरबार से अनुपस्थित रहकर अपनी अप्रसन्नता व्यक्त की। वह इमाद के विरुद्ध जब-तब असन्तुष्ट सैनिकों को भड़का कर विरोधी षड्यन्त्र रचने में व्यस्त था। ४ अक्टूबर को दीवान गंगाधर तातियां ने इन्तिजाम व इमाद में समझौता कराने का भी प्रयास किया, किन्तु वह अपने प्रयास में विफल रहा। रघुनाथ राव स्वयं यह आशंका करने लगा था कि इमाद ने जिस धन राशि भुगतान का वचन दिया है, वह उसको पूरा नहीं कर सकेगा। इससे उसने सूरजमल के प्रस्ताव पर दिल्ली में स्थाई शांति समझौता पर विचार किया। रघुनाथ राव के आमन्त्रण पर जाट मन्त्री रूपराम कटारा जयसिंहपुरा की मराठा छावनी में पहुँचा, जहां इमाद भी आ गया था।

२१ अक्टूबर को उसने दीवान गंगाधर तातियां से सूरजमल तथा इन्तिजाम की ओर से इमाद से शांति वार्ता के बारे में बातचीत की। फिर दोनों ने मिलकर इमाद के सामने प्रस्ताव रखा— "आप सूरजमल को यथा पूर्व जिला बल्लमगढ़ की व्यवस्था सौंप दें। वजीर शाही दुर्ग से अपने सभी सैनिकों को हटाकर वहां की पूरी व्यवस्था सम्राट के सैनिकों को सौंप दे, तब इन्तिजाम दुर्ग में पुनः प्रवेश करे और सम्राट के समक्ष झुककर शाही चाकरी करे। दरोगा-इ-तोपखाना तथा दरोगा-इ-गुसलखाना पद इन्तिजाम तथा इमाद से असम्बद्ध अन्य किन्हीं सरदारों को सौंप दिये जावें।" रूपराम व गंगाधर की ये शर्तें इमाद को शक्तिहीन बनाने की योजना का एक प्रारूप मात्र थीं। इमाद ने इन पर विचार किया और इन शर्तों को अस्वीकार करके जयसिंहपुरा छावनी से प्रस्थान कर दिया। इससे दूसरे दिन (२२ अक्टूबर) गंगाधर रघुनाथ राव तथा मल्हार की छावनी में पहुँचा और उन्हें इमाद के निर्णय से अवगत कराया। इसको सुनकर मराठा सरदार स्वार्थी इमाद से काफी असन्तुष्ट हो गये। अब मराठों ने इमाद की सहायता न करने का निश्चय कर लिया और उन्होंने यमुना पार कूंच करने की घोषणा कर दी। इससे अन्त में इमाद को झुकना पड़ा और १७ नवम्बर को बापूजी पंडित की मध्यस्थता में सूरजमल के सतत् प्रयास से पदच्युत वजीर इन्तिजाम के साथ शांति समझौता करना पड़ा।[2] परन्तु यह

---

१ – ता० आ० सानी० पृ० ११ ब, २० ब, २५ ब, पृ० २१ अ-ब, २३ अ-ब।
२ – ता० आ० सानी पृ० २६ अ-ब, २७ अ; पृ० ३४ अ, ब।

समझौता अधिक स्थाई नहीं रह सका।

दिल्ली के दक्षिणी परगनों पर अधिकार करने के बाद सूरजमल ने मथुरा तथा बल्लमगढ़ से यमुना नदी पार इलाकों में शासन व्यवस्था स्थापित करने के लिए अपनी सेनायें रवाना कर दीं। जाट प्रबन्धकों ने मथुरा तथा आगरा सरकार के सभी परगनों का प्रबन्ध संभाल लिया। वजीर इमाद ने जिला सिकन्दराबाद का प्रबन्ध अपने जमादार शादिल खां अफगान को सौंप दिया था। दिसम्बर के प्रारम्भ में जाट टुकड़ियों ने पलवल होकर यमुना नदी पार की और वह टप्पल पहुँच गईं। यहां से इन टुकड़ियों ने खुरजा पर आक्रमण किया। शादिल (शाहदिल) खां ने अपने थानों की रक्षा का विफल प्रयास किया। अन्त में दोनों में भयंकर युद्ध हुआ, जिसमें दोनों ओर के दो-तीन सहस्त्र सैनिक घायल हो गये या काम आये। इस प्रकार जाट सैनिकों के प्रत्याक्रमणों से बरबाद होकर शादिल खां ने १४ दिसम्बर को दिल्ली की ओर कूंच कर दिया। मार्ग में उसको मराठों ने घेर लिया। इस प्रकार बरबाद होकर वह दिल्ली पहुँच गया और जाटों ने खुरजा तथा सिकन्दराबाद के कुछ गांवों पर अपना अधिकार कर लिया।[1] फिर १७५५ ई० के प्रारम्भ में सूरजमल ने चकला कोइल की अनेक मुहालों पर अधिकार कर लिया। अनेक स्थानों पर भारी मुठभेड़ भी हुईं, जिनमें जाटों को भारी क्षति उठानी पड़ी। सूरजमल ने फिर कोइल पर भी अपना कब्जा कर लिया। उसका विचार रुहेला अफगानों की कीमत पर रामगढ़ (कोइल) को आधार बनाकर उपरि दोआब तथा गंगापारी रुहेलखण्ड पर अपना प्रशासन स्थापित करने का था।[2] इससे उसने इस बार रामगढ़ को दूसरा अजेय दुर्ग कुम्हेर बनाने में सफलता प्राप्त कर ली।[3] फिर उसने अपने सैनिकों को मराठों के पीछे पीछे आगे रवाना किया। अन्ताजी ने यहां संघर्ष से बचने का प्रयास किया और जाट दोआब, अनेक परगनों पर अधिकार करने में सफल रहे। इस प्रकार जाट सैनिक गंगापार तक के इलाकों तक पहुँच गये।

आर्थिक संकट से विपन्न मराठा सरदार रघुनाथ राव तथा मल्हार राव ६ दिसम्बर को दिल्ली नगर के दक्षिणी भाग को छोड़कर यमुना नदी के पार जीतपुर (बदरपुर से ३ किमी०) चले गये थे। २१ दिसम्बर को मल्हार राव तथा अन्य मराठा सरदारों को दिल्ली से प्रस्थान करने के लिए बिदाई की खिलअतें दी गईं। फिर उसने गाजियाबाद में रघुनाथ राव से भेंट की। यहां से वह ससैन्य

१—ता० आ० सानी, पृ० ३६ अ।

२—हिंगणे भाग १, लेख, १५६, १७८, १७६; शेजवलकर, पृ० ६०, ६०; सरकार (मुगल), खण्ड २, पृ० १७२।

३—ता० आलमगीर सानी, पृ० २२ ब।

जनवरी के प्रथम सप्ताह में रेवाड़ी तथा पटोडी में पहुँच गया। रघुनाथ राव भी दासना होकर २७ दिसम्बर को गढ़मुक्तेश्वर पहुँचा, जहां उसने पौष पूर्णिमा (३० दिसम्बर) से मकर संक्रान्ति (जनवरी १४, १७५५ ई०) तक गंगा स्नान करके धार्मिक व सांस्कृतिक पर्व मनाये। यहां हाफिज रहमत खां ने कुछ रकम नकद तथा शेष के लिए लिखित वचन देकर उससे समझौता कर लिया। इसके बाद वह बदरपुर (१४ फरवरी) होकर शीघ्रता से झज्झर कानौड़, नारनौल सिंघाना, सांभर मार्ग से ३ मार्च को पुष्कर पहुँच गया।[१] इस प्रकार फरवरी के मध्य में उत्तर भारत से मराठा भय पूर्णतः समाप्त हो चुका था। अब राजनैतिक मंच पर जाट तथा इमाद संघर्ष के लिए पूर्णतः मुक्त थे।

जाविद खां–सफदर जंग प्रशासन में मुगल सम्राट अहमदशाह ने परगना सिकन्दराबाद सूरजमल को सौंपने का आदेश दे दिया था, परन्तु अभी तक यह जिला उसको विधिवत हस्तांतरित नहीं किया गया था। रघुनाथ राव ने अपने वचनों की पालना में उत्तर भारत से कूंच करने से पूर्व सिकन्दराबाद का दुर्ग तथा जिला का प्रबन्ध सूरजमल को सौंप दिया था।[२] मराठों के शीघ्र प्रस्थान के बाद अप्रेल, १७५५ ई० में जाट सैनिकों ने सिकन्दराबाद पर्यन्त समस्त मध्य दोआब पर अधिकार करने में सफलता प्राप्त की। फिर उन्होने शेष अन्य शाही परगनों पर अधिकार करने का प्रयास किया। इसी बीच में रूपराम कटारा ने एक दो दिन सवाई माधौसिंह से बात की और फिर वह जनको जी सिंधिया के पास पुष्कर पहुँचा। हेमराज कटारा ने जयपुर में रुककर करौली के राजा व सरदार सिंह नरुका आदि से विचार विमर्श किया। इसके बाद उन्होंने मराठा सरदारों को कुछ धन देकर सन्तुष्ट किया और वे सभी अपने वतन को लौट गये।[३] इस प्रकार जाटों ने मराठों के साथ स्थायी समझौता करके अच्छा लाभ उठाया।

१६– वजीर इमादुलमुल्क विरोधी विल षड़यन्त्र, मार्च–जुलाई १७५५ ई०

सम्राट आलमगीर सानी ने अपना समस्त जीवन ड्योढ़ी–इ–सलातीन (शाहजादों की कारागार) में व्यतीत किया था। उसमें चरित्र बल, नेतृत्व शक्ति तथा शासन संचालन की शिक्षा का अभाव था। इससे वह सदैव वजीर इमादुलमुल्क के

१ – ता० आ० सानी, पृ० २७ अ ब, ४१ अ; दे० क्रॉनी; पे० द०, खण्ड २७, लेख ७६, १०६।

२ – उपरोक्त, पृ० ५८; सरकार (मुगल), खण्ड २, पृ० २६६।

३ – हिंगणे, खण्ड १, लेख १८६ (१० मार्च)।

समर्थन में प्रस्तुत रहकर पर्दे के पीछे उसका विरोध करता रहता था। उसके सिंहासनासीन होने पर मुगल साम्राज्य की सीमायें वास्तव में पूर्व में उत्तरी दोग्राब या मेरठ सरकार, पश्चिम में रोहतक, गुड़गांवा तक शेष रह गई थीं। खालसा तथा शाही जेब खर्च के अधिकांश जिलों व परगनों पर योद्धा सरदारों ने अधिकार कर लिया था। सहारनपुर पर नजीब खां रुहेला, निजामगढ़ (जिला सहारनपुर) पर औलिया खां बलूच ने अधिकार कर लिया था। दिल्ली के दक्षिण, दक्षिण-पूर्व में जाट तथा गूजरों ने कई परगने दबा लिये थे। करनाल, रोहतक पर अफगान बलूची सरदारों का आधिपत्य था। पश्चिम में फर्रुखनगर के शाही फौजदार कामदार खां बलूच (१७४७-६० ई०) ने वर्तमान हिसार, रोहतक, गुड़गावां, जींद, पटियाला के कुछ भाग दबा लिये थे और बहादुर खां बलूच, जो पहले कामगार खां बलूच की सेना में रह चुका था और बाद में उसने इमाद की सैनिक सेवा की थी, ने दिल्ली के पश्चिम में ३२ किमी० बहादुरगढ़ की जागीर हड़प ली थी। अन्य छोटे-छोटे रुहेला सरदार-हसन अली खां (भतीजा कामगार खां) ने झज्झर, असदुल्ला खां ने रेवाड़ी के पूर्व में २९ किमी० तोरु पर अधिकार कर लिया था। नारनौल तथा अन्य समीपवर्ती परगनों पर सवाई माधोसिंह का अधिकार था। राव भवानीसिंह की अकर्मण्यता से उसकी-रेवाड़ी जागीर के अनेक परगना उसके हाथ से निकल चुके थे।[1] इस तरह दिल्ली के उत्तर तथा पश्चिम में ९६ किमी० के अर्द्ध वृत्ताकार भूभाग में अनेक योद्धा सरदारों ने अनेक गढ़ियां बना ली थीं और अन्त में वे इन जागीरों का स्वच्छन्द उपभोग करने लगे थे।

शाह वल्ली उल्लाह ने अपने पत्रों में साम्राज्य की आर्थिक व सैनिक स्थिति तथा मुस्लिम जनता की सामाजिक स्थिति का विश्लेषण करते हुए लिखा, "हिन्दुस्तान की वार्षिक आय (हासिल-वसूली) आठ करोड़ रुपया से कम नहीं थी। परन्तु प्रशासनिक कमजोरी व गड़बड़ के कारण एक कौड़ी भी वसूल करना कठिन था। जाटों ने एक करोड़ रुपया वार्षिक आय के शाही इलाकों पर अनाधिकृत अधिकार कर लिया है। राजस्थान पेशकश के रूप में शाही खजाने में दो करोड़ वार्षिक जमा कराता था। मुहम्मदशाह के शासन काल में बंगाल से प्रतिवर्ष एक करोड़ रुपया भेजा जाता था। अवध की वार्षिक आय दो करोड़ थी और वहां का राज्यपाल एक करोड़ रुपया केन्द्रीय खजाने में जमा कराता था।" अब यह सभी बन्द हो गया था। सैनिक स्थिति के बारे में उसने लिखा— "एक समय मुगल साम्राज्य में एक लाख से अधिक सेना थी। कुछ सरदारों को सैनिक जागीरें मिली थीं और

---

१ – रोहतक जिला गजे०, १८८३ ई०, पृ० १८-१९; सरकार (मुगल), खंड २, पृ० २५।

कुछ को नकद वेतन मिलता था। जिनको जागीर मिली थी, वह उनके हाथों से निकल गई और वेतन भोगी सैनिकों को भी समय से वेतन नहीं मिला है। इस प्रकार मुगल साम्राज्य राजनैतिक तथा आर्थिक–दोनों तरह से बरबाद हो चुका है और वह छाया मात्र शेष है।" [१] साम्राज्य के इस राजनैतिक तथा आर्थिक विघटन का मुस्लिम जनता की सामाजिक तथा आर्थिक स्थिति पर वितरीत प्रभाव पड़ रहा था। जाटगर्दी तथा गृहयुद्ध से दिल्ली की मुस्लिम जनता काफो बरबाद हो चुकी थी। इसके बाद उन पर दुर्भिक्ष का भारी प्रभाव पड़ा। राजधानी में व्याप्त अराजकता से बेरोजगारी, भुखमरी फैल रही थी। व्यापार उद्योग पूर्णतः ठप्प था और दिल्ली की जनता निराश, भयभीत, परेशान तथा चिन्तित थी। हिन्दुस्तान में इस जाति की समृद्धि, सम्पन्नता तथा धर्म की व्यापकता सम्राट तथा अमीरों के संरक्षण पर निर्भर थी। इससे उसने साम्राज्य की एकता, सत्ता की दृढ़ता व प्रभाव के विस्तार के लिए राजनैतिक तथा धार्मिक क्रान्तिकारी जिहाद (धर्मयुद्ध–धार्मिक आन्दोलन) छेड़ दिया था। उसने मुस्लिम अमीरों के नाम बार–बार पत्र लिख कर चेतावनी देकर जाट तथा मराठों के विरुद्ध "एक दृढ़ सगठन तथा शासन" स्थापित करने के लिए प्रेरित किया। [२] किन्तु तत्वज्ञानी वजीर इमादुल्मुल्क को अधिक प्रभावित नहीं कर सका।

जाटों के कौमी संगठन, जाट राज्य की वैधानिक स्थिरता, आर्थिक सम्पन्नता, विस्तार तथा हिन्दू धर्म व संस्कृति की सुरक्षा व विकास के लिए यह अनिवार्य था कि केन्द्रीय सत्ता तथा सम्राट को वजीर इमादुलमुल्क के एकाधिकार तथा तानाशाही से मुक्त कराया जावे। केन्द्रीय सरकार व सत्ता में अब हिन्दू सरदारों तथा जाट राज्य का कोई हितैषी नहीं था और नवोदित राज्य के विकास तथा विस्तार, जाटों के हितों की रक्षा के लिए किसी प्रभावी मन्त्री का पदासीन होना आवश्यक था। जाट राज्य के हितैषी नवाब सफदर जंग के प्राणान्त (अक्तूबर ५, १७५४) के बाद सम्राट ने इमाद के परामर्श पर ११ अक्टूबर को उसके बाईस वर्षीय नवयुवक पुत्र शुजाउद्दौला को अवध व इलाहाबाद का राज्यपाल पद प्रदान कर दिया था। [३] युवक शुजा में अपने प्रतिद्वन्दी इमाद को मैदान में जमकर परास्त करने का साहस नहीं था। उसने सूरजमल की सहायता से गुप्त षड़यन्त्र तथा प्रतिघाती अस्त्र का

---

१ – अहमदशाह दुर्रानी के नाम शाह वली उल्लाह का पत्र, सियासी मकतूबात, पत्र सख्या २, पृ० ४५–४८, उर्दू अनु०, पृ० ९७–११४।

२ – सियासी मकतूबात, पत्र सं० २२, पृ० ८३–८४; हिस्ट्री ऑफ फ्रीडम मूवमेन्ट, खण्ड १, पृ० ४९५, ५१२-३, ५३६; हरीराम, पृ० ११८–२१।

३ – ता० आलमगीर सानी, पृ० २५ अ; दे० क्रॉनी०।

प्रयोग किया। सम्भवतः आन्तरिक षड़यन्त्र काफी समय पूर्व प्रारम्भ हो चुका था। केवल आलमगीर सानी के दरबारी इतिहासकार ने इस षड़यन्त्र का सामान्य उल्लेख किया है। फर्रुखाबाद का नवाब अहमद खां बंगश कतिपय कारणों से इमाद का प्रतिपक्षी था। शुजा ने अपने विश्वासपात्र वकील अली कुली खां दागिस्तानी को सूरजमल तथा अहमद खां बंगश के पास हार्दिक सहानुभूति वरण करने तथा गुप्त योजना में योग प्राप्त करने के लिए भेजा। इन दोनों की आन्तरिक प्रेरणा से अली कुली खां दागिस्तानी ने दिल्ली पहुँचकर इमाद के विरुद्ध षड़यन्त्री सरदारों के घटक का संगठन कर लिया। उसने दीवान-इ-खास के नायब दरोगा सैफुद्दीन मुहम्मद खां तथा दफ्तर हिसाब (लेखा) के उच्चाधिकारी किसनचन्द सूद का विश्वास प्राप्त कर लिया और इनकी सहायता से नपुंसक तथा निर्धन सम्राट ने भी अपनी हार्दिक सहानुभूति प्रगट करके षड़यन्त्रकारियों को प्रोत्साहन दिया। वास्तव में सूरजमल शुजाउद्दौला को वजीर पद पर आसीन कराने का इच्छुक था। इमाद को किसी प्रकार इस षड़यन्त्र का सूत्र मिल गया था। उसने सतर्क होकर षड़यन्त्रकारियों से बदला लेने का निश्चय किया। ६ जून को उसने अपनी हवेली पर ही दरबार किया और इसी दिन योजनाबद्ध रुहेला व बंगश सरदारों की मदद से किसनचन्द सूद के मकान को घेर लिया। उनकी सम्पत्ति को लूट लिया। सूद ने अपने मकान के पिछवाड़े से निकलकर अपने प्राणों की रक्षा की। सैफुद्दीन मुहम्मद खां को षड़यन्त्र का आरोप लगाकर पदच्युत कर दिया गया और इसके बाद वजीर ने बाहरी शक्तियों से बदला लेने का विचार किया।[1] इनमें निकटतम तथा प्रमुख शक्ति सूरजमल था। किन्तु शक्ति सम्पन्न जाटों को झुकाना सरल व सुगम नहीं था।

१७ – दासना संधि, जुलाई २६, १७५५ ई०

जाट सैनिकों ने दोआब में शाही परगनों पर अधिकार करने का क्रमिक क्रम जारी रखा। सिकन्दराबाद के आसपास अधिकार करने के बाद जाटों ने बुलन्दशहर पर कब्जा कर लिया था। फिर उन्होंने गढ़ मुक्तेश्वर की ओर कूंच किया। इमाद ने राजधानी के षड़यन्त्र को कुचलकर सूरजमल विरोधी अभियान की योजना बना ली। ७ जून को सम्राट ने दरबार किया, जिसमें उसने वजीर इमादुलमुल्क के प्रस्ताव पर नजीब खां रुहेला को छः वस्त्रों की खिलअत, सिरपेच, जड़ाऊ तेगा, तलवार माही-ओ-मरातिब प्रदान करके सम्मानित किया। इसी दिन शादिल खां, सादत खां आदि को भी सिकन्दराबाद, कोइल तथा मध्य दोआब के अन्य शाही परगनों, जिन पर सूरजमल के जाट सैनिकों ने शाही थानों को उठाकर अधिकार कर लिया था, पर पुनर्धिकार करने के लिए बिदाई की खिलअतें दी गईं। वजीर

---

१ – ता० आ० सानी, पृ० ५४ ब; शुजाउद्दौला, जि० १ पृ० २१।

इमादुल्मुल्क ने इस अभियान की बागडोर नजीब खां को सौंपी और उसे इन जिलों पर शाही अमल व दखल करने की बिदाई दी। किन्तु यह निर्विवाद सत्यता थी कि नजीब खां रुहेला-बलूचों की पूरी शक्ति से भी जाटों को पराजित नहीं कर सकता था। इससे दिल्ली में इस समस्या पर नित्यशः विचार चलता रहा। दीवान-इ-खालसा राजा नागरमल सूरजमल का मित्र तथा सहयोगी था। उसने युवक वजीर तथा साम्राज्य के सैनिक अपयश तथा कीर्ति की रक्षा का प्रयास किया और मन्त्री परिषद की सलाह से सुजान सिंह ब्राह्मण को अपना सन्देशक दूत बनाकर नजीब खां के वकील मेघराज के साथ वजीर को पेशकश भुगतान करके आपसी समझौता के प्रस्ताव के साथ सूरजमल के पास रवाना किया। उसने इस प्रस्ताव पर विचार करने के लिए सूरजमल के वकील को भी दिल्ली में आमन्त्रित किया। फलतः सूरजमल ने रूपराम कटारा के पुत्र को नागरमल के पास दिल्ली रवाना कर दिया, जहां कुछ दिन तक वजीर, नजीब, मराठा वकील महादेव पंडित हिंगणे आदि के साथ बातचीत चलती रहीं। अन्त में इन प्रस्तावों पर विचार करके सूरजमल ने स्पष्ट शब्दों में कहा, "अनेक वर्ष पूर्व सम्राट ने दोआब के इन अठारह लाख जमा के परगनों को जाटों के सुपुर्द करने की स्वीकृति प्रदान कर दी थी, किन्तु अभी तक इन परगनों के हस्तान्तरण का विधि सम्मत आदेश नहीं हो सका जिन परगनों पर उसने अपना अमल व दखल जमा लिया है, यदि उन सभी यथावत उसके अधिकार में छोड़ दिया जाये, तो वह पांच लाख रुपया पेशकश भुगतान के लिए प्रस्तुत है।" सूरजमल के इस कड़े रूख से समझौता वार्ता विफल हो गई।[1]

१७ जून को इमाद के आदेश पर नजीब खां ने शकरपुर से गाजीउद्दीन नगर की ओर प्रस्थान कर दिया। कुछ दिन बाद उसको समाचार मिला कि सूरजमल दनकौर में आ गया है और उसने दनकौर तथा खुर्जा से सिकन्दराबाद की ओर सेनायें रवाना कर दी हैं। दुर्ग सिकन्दराबाद में दकनी (मराठा) सवार थे। सूरजमल के आग्रह पर दकनियों ने यह किला खाली करके सूरजमल के सेनानायकों को सौंप दिया है। जाटों ने दुर्ग पर कब्जा करने के बाद नगर पर भी अपना पूर्ण नियन्त्रण कर लिया। फिर उन्होंने परगना ताल-बेगमपुर में प्रवेश करके वहां भारी लूटमार तथा बरबादी की।[2] २९ जून को नजीब खां ने यमुना नदी पार की और ३० जून को हिंडन नदी के समीप पड़ाव डाला। उसकी सेनाओं ने आगे बढ़कर मध्य

---

१ – ता० आलमगीरसानी, पृ० ५५ अ–५७ अ; हिंगणे दफ्तर, खण्ड १, लेख, १७९।

२ – उपरोक्त, पृ० ५७ अ–ब।

दोआब के परगनों पर आक्रमण कर दिया। उभय पक्षों में कई मुठभेड़ें हुई और संघर्ष तनावपूर्ण हो गया। फिर भी उसको जाट सैनिकों को हटाने में सफलता नहीं मिल सकी।

२ जुलाई को आलमगीर सानी कुदसिया बाग में आ गया था। इमाद ने उससे जाटों के विरुद्ध कूंच करने का आग्रह किया। इसी समय उसने फौजदार कामगार खां बलूच, सरहिन्द के फौजदार तसदीक बेग खां, तथा अन्य सरदारों को ससैन्य दिल्ली आमन्त्रित किया। मीर बख्शी, समसामुद्दौला, सादुद्दीन खां खानखाना, सैय्यद नियाज खां, मीर आतिश, जलालुद्दीन खां तथा अन्य छोटे बड़े सरदार भी इमाद के आदेश पर कुदसिया बाग में आकर एकत्रित हो गये। बातचीत करने के बाद यह निश्चय किया कि शाहजादा मुहम्मद अली गौहर तथा वजीर अन्य सरदारों सहित जाटों को दबाने के लिए कूंच करें और सम्राट लौटकर किले में चला जावे।[2] अब इमाद ने जाट विरोधी अभियान की विधिवत तैयारियां कीं। राजा नागरमल वजीर तथा शाही सेना की स्थिति को समझता था और वह नित्यशः वजीर को कूंच न करने की सलाह दे रहा था। अन्त में उसने एक बार पुनः सूरज-इमाद का समझौता कराने का प्रयास किया। ५ जुलाई को उसने यमुना नदी पार[3] की और ७ जुलाई को वह वजीर के प्रधान कारिन्दा मुहम्मद आशिक तथा हकीम इबादुल्लाह सहित नजीब से मिलने चल दिया। इस दिन नजीब खां पन्द्रह-बीस हजार फौज के साथ गाजीउद्दीन नगर से दासना पहुँच गया था। ८ जुलाई को राजा नागरमल ने दासना में नजीब से भेंट की। सूरजमल ने भी कोइल की ओर से कूंच करके दासना से दस किमी० दूर पहुँचकर अपना शिविर डाल दिया था और उसके सैनिक दासना के आसपास गांवों में लूटमार कर रहे थे। नजीब खां ने सहारनपुर तथा रुहेलखण्ड से नई कुमुक बुला ली थी। नागरमल ने नजीब खां तथा सूरजमल के मध्य शांति-समझौता कराने का प्रयास किया और १० जुलाई को सम्भावित संघर्ष को टालने में सफल हो गया। २३ जुलाई को दासना के समीप दोनों पक्षों में दीर्घ वार्ता के बाद निम्न शर्तों[4] पर समझौता हो गया—

(१) सिकन्दराबाद में आने से पूर्व कोइल आदि के वे शाही जिले, जिन पर सूरजमल ने पहले ही अमल व दखल कर लिया था, यथावत जाटों के अधिकार में रहेंगे।

---

१ – दे. कॉनी०, पृ० ६८।

२ – ता० आलमगीर सानी, पृ० ५७ ब।

३ – दे० कॉनी०, पृ० ६८।

४ – ता० आलमगीर सानी, पृ० ५८ अ–५६ अ।

(२) इन अधिकृत परगनों की जमा छब्बीस लाख रुपया आंकी गई और इनको सूरजमल के लिए इजारे पर देना स्वीकार किया गया। जाविद खां तथा सफदर जंग ने इन शाही परगनों में जाटों के लिए अठारह लाख रुपया की जागीर प्रदान कर दी थी, किन्तु शाही कागजातों में इन जागीरों का नामान्तरण कहीं किया गया था। अतः प्रस्तावित इजारे की राशि से वेतन जागीर के रूप में अब अठारह लाख रुपया कम (मुजरा) कर दिया गया।

(३) सूरजमल शाही खजाने में शेष आठ लाख रुपया जमा करायेगा।

(४) सूरजमल सिकन्दराबाद दुर्ग व जिला, जिसको मराठा प्रबन्धकों ने उसे संभाल दिया था, खाली करके शाही प्रबन्धकों को सौंप देगा।

इस समझौता के अन्तर्गत सूरजमल ने दो लाख रुपया तत्काल जमा करा दिया और शेष रकम के लिए पचास हजार प्रति माह भुगतान का अनुबन्ध किया गया।

इसके बाद सूरजमल ने अपना शिविर दासना से २०–२५ किमी० पीछे हटा लिया। २६ जुलाई को राजा नागरमल वजीर के पास दिल्ली लौटा और उसने शांति समझौता की शर्तों से वजीर को अवगत कराया। इससे वजीर काफी प्रसन्न हो उठा। अब उसनें नजीब खां को दासना से दिल्ली वापिस बुला लिया। नजीव तीन दिन तक वजीर की हवेली पर रुका। फिर उसको अपने डेरों पर जाने की बिदाई दी गई।[1] अब जाटों ने कोइल दुर्ग व प्रान्त आदि पर अपना पूर्ण अमल व दखल कर लिया। अब तक सौरों, गंगेरी आदि गंगा तटवर्ती परगनों में मराठा थाना तैनात थे। यहां से भी इन थानों को उठा लिया गया।[2] दासना संधि वजीर इमाद की अपेक्षा जाट शासन के लिए राजनैतिक तथा आर्थिक दृष्टि से अधिक लाभप्रद थी। निःसन्देह इमादुलमुल्क एक बार पुनः सूरजमल को झुकाने में विफल रहा।

१८ – मराठा निरोधक संघ की विफलता, सितम्बर, १७५५ ई०

जयप्पा की हत्या (जुलाई २५, १७५५ ई०) के बाद महाराजा विजयसिंह ने मराठों को उत्तर भारत से बाहर निकालने के विचार से मराठा विरोधी एक संघ बनाने का निश्चय किया। अगस्त में उसने महाराजा माधोसिंह कछवाहा, राव बहादुर सूरजमल, सम्राट तथा रुहेला सरदारों का एक संघ बनाने का प्रस्ताव किया और अपने एक कारिन्दा को शाही दरबार में भेजकर पांच लाख रुपया सम्राट को भेंट करके मराठा निरोधक अभियान का नेतृत्व संभालने की प्रार्थना की। राठौड़ प्रतिनिधि ने वजीर को यह आश्वासन दिया कि शाही सेनाओं के प्रस्थान के लिए

१ – ता० आ० सानी, पृ० ५८ अ, ब; हिंगणे दफ्तर, खंड १, लेख १५६, १७०; दे० क्रॉनी, पृ० ६८।

२ – हिंगणे, खण्ड १, लेख १७८।

मारवाड़ नरेश दस सहस्र रुपया प्रतिदिन प्रदान करेगा और स्वजातीय राठौड़ बन्धु-बान्धव सम्राट का साथ देंगे। निर्बल सम्राट तथा वजीर इमाद ने शीघ्र ही शाही झंडे के नीचे संगठित होने के लिए समस्त अमीरों के नाम फरमान मात्र भेजकर सन्तोष कर लिया। इसी समय भीषण वर्षा से नदियों में बाढ़ आ गई थी और २३ अगस्त से २२ सितम्बर तक बाढ़ का भयंकर प्रकोप [1] बना रहा। विजयसिंह का वकील सूरजमल के पास भी उसका आग्रह-पत्र लेकर आया। उसने भी मुगलों की भांति विजयसिंह को प्रोत्साहित उत्तर भेजकर संतोष कर लिया। सूरजमल यह भली भांति समझता था कि यह संघ नहीं बन सकेगा और न इससे किसी भी प्रकार का लाभ ही होगा। सवाई माधौसिंह अवश्य अपने देश में मराठों को निकालने के लिए तैयार हो गया था। उसने मालवा में नई सेना की भरती की और बुन्देल-खण्ड के राजाओं को भी इस संघ में शामिल होने के लिए पत्र लिखे थे। सितम्बर, १७५५ ई० में उसने अपने राज्य से मराठा कमाविशदार गोविन्द तिमाजी को निकाल दिया। विजयसिंह ने उसका घर घेर लिया और उसे अपमानित करने की धमकी दी, जिससे उसने विषपान कर लिया। [2] इस समय अन्ताजी माणकेश्वर गोहद पर आक्रमण कर रहा था। गोहद का जाट राणा सूरजमल के राजनैतिक प्रभाव में था। इससे सूरजमल ने राणा भींवसिंह के पास जुलाई में एक रिसाला (१५० सवार) टुकड़ी रवाना कर दी थी। [3] जयप्पा की हत्या का समाचार सुनकर पेशवा ने मारवाड़ में मराठों की प्रतिष्ठा को यथावत कायम रखने के लिए नवीन सहायक सेना भेजने का आदेश दिया। सर्वं प्रथम गोहद आक्रमण को रोककर ४ सितम्बर को अन्ताजी माणकेश्वर ने दस सहस्र सैनिकों के साथ मारवाड़ की ओर प्रस्थान किया। उसके साथ जाट तथा भदौरिया राजपूत सरदार व सवार भी थे। अन्त में फरवरी, १७५६ ई० के अन्त में सवाई माधौसिंह तथा विजयसिंह को हताश होकर मराठों के साथ समझौता करना पड़ा। [4]

१९–घासहरा (घासेड़ा) दुर्ग की पुनर्विजय, नवम्बर १७५५ ई०

जनवरी, १७५५ ई० में इमाद तथा मराठों की सहायता से राव फतेहसिंह बड़गूजर ने अपनी पैतृक गढ़ी घासेड़ा पर अधिकार कर लिया था। इस समय सूरजमल जटवाड़ा राज्य के आन्तरिक दुर्गों में रुककर मराठा—इमाद की संयुक्त सेनाओं से रक्षा करने की तैयारी में व्यस्त था। अगस्त १७५५ ई० में मराठा

१ – दे क्रॉनो, पृ० ६९।

२ – पे० द०, खण्ड २७, लेख, ११७, ११२, ११९; खंड २१, लेख ७१, ७३, ७६, खंड २, लेख ४९, ५०, ५१; सरकार (जयपुर), पृ० १७७।

३ – पे० द०, खण्ड २, लेख ४५; खंड २१ लेख ६०।

४ – पे० द०, खण्ड २१, लेख, ७०, ८२, ८३, ८५; खण्ड २, लेख, ५६, ६२, ६३, *

सेनापति रघुनाथ राव ग्वालियर से पूना लौट गया था और अन्ताजी माणकेश्वर मारवाड़ की ओर कूंच कर चुका था। वजीर इमादुल्मुल्क पंजाब की ओर प्रस्थान करने की तैयारी में था। राव फतेहसिंह को किसी की भी मदद मिलना दुष्कर था। इससे सूरजमल ने अपने पुत्र जवाहर सिंह को नवम्बर के शुरू में घासेड़ा दुर्ग पर आक्रमण करने के लिए रवाना किया। उसने बल्लमगढ़ दुर्ग को आक्रमण का केन्द्र बनाया। यहां से जवाहर सिंह ने जाट राज्य के मेवाती जिलों की ओर प्रस्थान किया और सर्वत्र यह चर्चा प्रसारित कर दी कि वह माधौसिंह से मिलने के लिए जयपुर की ओर जा रहा है। उसनें मेवात सीमाओं से अचानक मुड़कर घासेड़ा दुर्ग का घेरा डाला और एक महीने से कम समय में नवम्बर, १७५५ ई० के अन्त में घासेड़ा तथा गढ़ी हर-सरवर पर अधिकार कर लिया।

राव फतेहसिंह अपने परिवार के साथ दुर्ग को खाली करके कामगार खां बलूच के संरक्षण में फर्रुखनगर पहुँच गया। जाट सैनिकों ने उसका पीछा किया और दिल्ली से ३८ किमी० दूर सराय अलीवर्दी खां तक लूटमार की। इस समय वजीर इमादुल्मुल्क शाहजादा अली गौहर के साथ कस्बा पालम में डेरा डाले पड़ा था। समाचार मिलते ही उसने सम्राट से तोप, रहकला आदि शस्त्रास्त्र भेजने का आग्रह किया। सर्वत्र यह चर्चा जोर पकड़ गई थी कि इमाद जाटों के विरूद्ध कूंच करने वाला है, किन्तु बाद में पर्याप्त सेना के अभाव में उसको हताश होना पड़ा। वह जाट थानों को भी उठाने में विफल रहा। कुछ दिन बाद वह पालम से वजीराबाद और फिर वहां से लूनी की ओर चला गया।[1] राव फतेहसिंह को कामगार खां बलूच से भी पर्याप्त सहायता नहीं मिल सकी। कुछ माह बाद वह फार्रुखनगर से दिल्ली पहुँचा और वहां उसने मराठा वकील बापूजी पण्डित का संरक्षण प्राप्त कर लिया। इस समय मराठा प्रतिनिधि ने उसको घासेड़ा जागीर पुनः लौटवाने का आश्वासन भी दिया, परन्तु वह इसमें सफल नहीं हो सका।[2] सूरजमल ने घासेड़ा के प्रबन्ध के लिए किलेदार सैनिक तथा कर्मचारी नियुक्त किये और जमींदारों की मदद से मालगुजारी तथा अन्य कर वसूल किये। इस बार पुनः घासेड़ा जाट राज्य में स्थाई रूप से शामिल कर लिया गया।। इसी समय सूरजमल ने अलवर के उत्तर में ३२ किमी० किशनगढ़ के दुर्ग की मरम्मत कराकर उसे मेवात में जाट राज्य

* ६५; खण्ड २७, लेख १२८; ऐति० पत्रें, लेख १४२; सरकार (मुगल), खण्ड २, पृ० १२५-६।

— राजा गोपाल सिंह के नाम माधौसिंह का खरीता, बंडल ५, लेख ११२, अक्तूबर, १६, १७५५ ई०।

१ – ता० आलमगीर सानी, पृ० ६१ अ, ब।

२ – पूना पारसनीस संग्रह, खण्ड अ १ (मार्च, १७५६ ई०)।

का सुदृढ़ दुर्ग बनाने का प्रयास किया।[1] यहां से वह नीमराना, घासेड़ा दुर्ग तथा मेवात प्रान्त की भली भांति रक्षा कर सकता था।

२० – अलवर के शाही दुर्ग तथा जिले पर अधिकार, मार्च २३, १७५६ ई०

सूरजमल ने पूर्वी, मध्य तथा उत्तरी मेवात के समस्त शाही परगनों पर अपना अधिकार कर लिया था, परन्तु मेवात का सुप्रसिद्ध दुर्ग अलवर तथा कुछ इलाका शाही अधिकार में था। आइने अकबरी से पता चलता है कि जिला अलवर में ४३ मुहाल शामिल थीं और इस जिले का भू राजस्व ६,६५,८०५ रूपया वार्षिक था,[2] परन्तु सवाई जयसिंह ने अनेक परगनों को इजारे पर प्राप्त करके जयपुर राज्य में मिला लिया था। अलवर का सुप्रसिद्ध पहाड़ी दुर्ग जयपुर–दिल्ली "शाह-राह" पर स्थित होने से अति महत्वपूर्ण था और अभी तक शाही किलेदार के प्रबन्ध में था। माधौसिंह इस महत्वपूर्ण दुर्ग पर अधिकार करने के लिए उत्सुक था। इधर सूरजमल भी मेवाती प्रदेश के इस प्रमुख दुर्ग को हस्तगत करना चाहता था। इस प्रकार दो पड़ोसी दावेदारों में कूटनयिक तथा सैनिक संघर्ष अनिवार्य था। शाही किलेदार तथा सैनिकों को कई वर्ष से वेतन नहीं मिला था और वे गरीबी तथा कष्ट में अपने दिन काट रहे थे। प्रारम्भ में इसका लाभ उठाकर माधौसिंह ने किलेदार को पचास सहस्त्र रुपया देकर अपनी ओर मिला था और उचित अवसर देखकर किले पर अपना अधिकार करने के लिए पांच सौ सवार व पैदल सेना रवाना कर दी थी। जनवरी, १७५६ के अन्त में सूरजमल ने अपने भाई दलेल सिंह तथा कृपाराम को माधौसिंह के पास भेजा था और २ फरवरी को उन्हें जयपुर से बिदाई दी गई थी। सम्भवतः इस समय इन दोनों को अलवर दुर्ग के बारे में कछवाहा नीति का आभास हो गया था।[3] फलतः सूरजमल ने शीघ्र ही दुर्ग पर अधिकार करने की योजना बनाई और कछवाहा फौज के अधिकार करने से पूर्व ही रूपराम कटारा की कमान में पांच सहस्त्र सेना रवाना कर दी। इस सेना ने अलवर दुर्ग का कड़ाई से घेरा डाला।

फरवरी, १७५६ ई० के अन्त में विजयसिंह राठौड़ ने विवश होकर दत्ताजी सिंधिया के साथ समझौता कर लिया था और सवाई माधौसिंह ने भी इसी समय उसके सामने समर्पण कर दिया था। यह समाचार मिलने पर सूरजमल ने अलवर दुर्ग पर शीघ्र ही अधिकार कर लेने का क्रियात्मक निर्णय लिया और अपने पुत्र जवाहर सिंह को नई कुमुक के साथ रवाना किया। अब घेरा काफी कड़ा हो गया और दुर्ग में पहुँचाने वाले रसद के मार्ग पूर्णतः बन्द हो गये। यह देखकर किलेदार

---

१ – सरकार (मुगल), खंड २, पृ० २९५, ३०२।
२ – आइने०, खण्ड २, पृ० २०२।
३ – द० कौ०, जि० ७, पृ० ३६६, ३२५।

व सैनिकों ने दुर्ग खाली करने का प्रस्ताव रखा। सूरजमल स्वयं घटनास्थल पर पहुंच गया और उसने गुप्तचरों को किलेदार से बातचीत करने के लिए भेजा। सूरजमल ने किलेदार तथा उसके सैनिकों को बकाया वेतन चुकाने तथा उनको अपनी राज सेवा में यथावत रखने का आश्वासन देकर सन्तुष्ट किया। इसी समय उसने कछवाहा सैनिकों, जो इस दुर्ग में जाट सेनाओं के आने से पूर्व पहुँच चुके थे, को भी दुर्ग से सुरक्षित निकलकर जाने का वचन दिया। फलतः किलेदार ने बिना किसी संघर्ष के समर्पण कर दिया और जाट सैनिकों ने इस दुर्ग पर अधिकार करके प्रशासनिक प्रबन्ध संभाल लिया।[1] इस अधिकार के साथ ही जाट राज्य की सीमायें पश्चिम में परगना बसवा के सीमान्त तक हो गईं और जाट राज्य शेखावाटी की सीमाओं से मिल गया।

अलवर दुर्ग पर जाटों का अधिकार सवाई माधौसिंह को जीवन भर खटकता रहा और इधर कछवाहा राज्य का विकास सदैव के लिए रुक गया था। फिर भी राजस्थान में सिंधिया परिवार की उपस्थिति तथा मराठों के साथ चल रहे संघर्ष के कारण उसने सूरजमल का विरोध नहीं किया। दस्तूर कौमवार तथा मराठा अभिलेखों से स्पष्ट आभास मिलता है कि सटवोजी तथा जनकोजी कछवाहा राज्य से मामलत की मांग कर रहे थे, तब सूरजमल ने राव रूपराम कटारा को दखनियों से वार्ता करने और कछवाहा राज्य की मामलत तय करने के लिये भेजा। ६ अप्रेल, १७५६ ई० को रूपराम दरबार में जाकर उपस्थित हुआ। ७ अप्रेल को उसे एक घोड़ा मय साज प्रदान किया गया। रूपराम व दीवान कन्हीराम के प्रयास से सटवोजी के साथ कछवाहा राज्य की मामलत तय हो गई थी। इसके फलस्वरूप २२ अप्रेल को माधौसिंह ने राव हेमराज व रूपराम कटारा को परगना बहातरि में रु० १३००/- की जमा का गांव गुढ़ा तथा मुही उदक में प्रदान करने की सनद देकर सूरजमल के प्रति अपनी कृतज्ञता प्रगट की थी।[2]

---

१ – पे० द०, खण्ड २७, लेख १२८; (नई), खंड १, लेख १८६; कानूनगो पृ० ३१२ पा० टि०; शेजवलकर, पृ० ६१; सरकार (मुगल), खंड २, पृ० २६५।

— शाह वली उल्लाह (सियासी मखतूबात, पत्र सं० २, पृ० ४५–५८, उर्दू अनु०, पृ० ६७–११४) ने अपने पत्र में अलवर अधिकार का उल्लेख किया है।

— डा० मनोहर सिंह राणावत (पृ० १६) का कथन कि अलवर दुर्ग का किलेदार अनिरुद्ध सिंह था, असत्य है, क्योंकि अन्य मराठा अभिलेखों के अनुसार अनिरुद्ध सिंह खंगारोत को मराठों के विरुद्ध भेजा गया था।

२ – पे० द० (नई), खण्ड १, लेख १८६; ड्रा० ख० प०, जि० ५; लेख ८७६; द० कौ०, जि० ७, पृ० ५६५; पोथी तीर्थ पुरोहिताई, लेख ६३।

अध्याय ७

ब्रजेन्द्र बहादुर राजा सूरजमल का राज्यारोहण : दुर्रानी से संघर्ष, १७५६–६० ई०

राव बदन सिंह के जीवन काल में ही उसके संरक्षण में सूरजमल ने अपनी योग्यता, निपुणता, प्रतिभा व निष्ठा भाव से जाट राज्य का विस्तार करके एक सुदृढ़ सम्पन्न वैधानिक राज्य की स्थापना कर ली थी और काठेड़ जन–शक्ति को भारतीय शक्ति बना दिया था। उसने प्राचीन दुर्गों का जीर्णोद्धार कराया और सभी दुर्गों को नवीनतम अस्त्र–शस्त्रों से सुदृढ़ कर लिया था। राव बदन सिंह तथा सूरजमल की ललित कला, शिल्प कला व स्थापत्य कला के प्रति अद्भुत अभिरुचि थी। नवीन पक्के दुर्गों, बुर्ज संयुक्त नगर प्राचीरों, अति आकर्षक बाग–बगीचों, विशाल प्रासादों, देवालयों, कुण्डों व घाटों के निर्माण के लिए दोनों ने ही लगभग २०,००० शिल्पियों व मजदूरों को भरती कर लिया था और इन निर्माण कार्यों का निरीक्षण, लेखा–जोखा दीवान जीवाराम बँचारी को सौंप दिया था। बाँसी पहाड़–पुर, रुपबास, बारैठा से बैर, भरतपुर, कुम्हेर, डीग, गोवर्द्धन, मथुरा, वृन्दाबन, सहार, कॉमर, किसनगढ़, रामगढ़ आदि में उत्कृष्ट श्रेणी का पत्थर पहुँचाने के लिए जाट राज्य में १००० बैलगाड़ियां, २०० खच्चर गाड़ियां, १५०० ऊँट गाड़ियां, ५०० खच्चर सदैव तैयार रहते थे। भरतपुर के विशाल दुर्ग व नगर की स्थापना के बाद सूरजमल ने डीग के अति भव्य विशाल जल महलों का निर्माण कार्य प्रारम्भ किया, किन्तु यह एक अति व्ययी परियोजना थी, जो उसके उत्तराधिकारियों के शासन में भी पूर्ण नहीं हो सकी।

१ – सूरजमल का राज्यारोहण, जून ९, १७५६ ई०

जून ९, १७५६ ई० (ज्येष्ठ शुदि ११–१२, सं० १८१३)' को सूरजमल ने जाट राज्य के मण्डप (गद्दी) में आसीन होकर अपने सभी बन्धु–बान्धव, राज

सरदारों की पंचायत की सलाह से राव बहादुर [1] का वैधानिक विरुद तथा राजसी चिह्न धारण किये। सवाई माधौसिंह ने एक जुलाई को मातमपुरसी का टीका व तीन वस्त्रों का सिरोपाव भेजा और २ जुलाई को अपने दीवान स्यौनाथ व दीवान कन्हीराम के साथ एक घोड़ा, टीका में लक्ष्मण हथिनी तथा सरपेच तिलाई मीना मुरसाकारी भेजकर [2] जाट राज्य की इकाई व उत्तराधिकार को मान्यता प्रदान कर दी थी।

राज्यारोहण के तुरन्त बाद ही सूरजमल को अनेक महान संकट पूर्ण आन्तरिक तथा वाह्य आपत्तियों का सामना करना पड़ा था। सम्पन्न व समृद्ध जाट राज्य पर नवाब वजीर इमादुलमुल्क, मराठा तथा अहमद शाह दुर्रानी की आँखें लग रही थीं और पतनोन्मुख मुगल साम्राज्य का राजनैतिक संघर्ष जटवाड़ा तक सीमित रह गया था। सूरजमल ने निर्भीकता और कुशलता से नवोदित राज्य व संगठन की रक्षा करके जाट राज्य को एक स्वाधीन इकाई में परिवर्तित कर दिया था।

२ – वजीर इमादुलमुल्क की कूटनीतिज्ञ पराजय तथा सूरज–इमाद समझौता की विफलता, अगस्त–दिसम्बर १७५६

मई, १७५६ ई० में वजीर इमादुलमुल्क ने अपने विरुद्ध रचे गये आन्तरिक षडयंत्र को अवश्य विफल कर दिया था, परन्तु इस षडयंत्र से शुजा तथा इमाद के बीच में खुला संघर्ष का मार्ग खुल गया था। क्रोधित वजीर का विचार सूरजमल को दबाकर शुजा के विरुद्ध अहमद खां बंगश को खड़ा करने का था, किन्तु दासना संधि सूरजमल के राजनैतिक हित में अधिक लाभप्रद थी।

अस्तु, जुलाई के अन्त में इमाद ने सम्राट आलमगीर सानी के साथ लूनी में पड़ाव डाला और यहां से उसने नवाब शुजा को इलाहाबाद की सूबेदारी से च्युत करने और उसके स्थान पर फर्रूखाबाद के नवाब अहमद खां बंगश को नियुक्ति का फरमान भेजकर उससे इलाहाबाद पर शीघ्र ही अधिकार करने का अनुरोध किया। किन्तु शुजा को इसका तुरन्त ही पता चल गया और वह एक विशाल सेना, तोपखाना

---

१ – जयपुर रिकार्ड में प्राप्त खरीतों व अभिलेखों में इन वर्षों में 'राव बहादुर' विरुद का प्रयोग किया गया है।

— जॉन कोहन (पृ० २० अ) तथा बलदेव सिंह (पृ० २४) का अभिमत है कि सूरजमल ने इस समय 'राजा' का विरुद धारण कर लिया था। किन्तु ये दोनों ग्रन्थ एक शताब्दी बाद के हैं और अभिलेखों के आधार पर नहीं लिखे गये हैं।

२ – द० कौ०, जि० ७, पृ० ५६१, ५६७, ५६६।

तथा युद्ध प्रसाधनों के साथ अगस्त या सितम्बर में बंगश के विरुद्ध अपने राज्य की सीमा पर आ धमका। इसी समय शुजा ने सूरजमल के पास अपना वकील भेजकर हार्दिक समर्थन तथा सहयोग की अपील की। सूरजमल ने राज्य हित में अपने मित्र तथा सहयोगी नवाब की अपील का कूटनीतिज्ञ स्तर पर आदर किया और वह तीव्रता से अपने प्रयत्नों में लग गया। उसने दोआब में तैनात अपनी सैनिक टुकड़ियों को सजग रहने, इमाद की हरकतों पर निगाह रखने के निर्देश भेजे।

शुजा के सामयिक प्रयास तथा सैनिक शक्ति को देखकर बंगश स्वयं निराश हो गया और वह फर्रूखाबाद से बाहर निकलने का साहस नहीं कर सका। सैनिक विद्रोह के कारण इमाद स्वयं रुहेलखण्ड की ओर कूंच करने में विफल रहा। इसी समय वजीर को नजीब खां के प्रति शंका होने लगी थी। नजीब वास्तव में अपने भाग्य निर्माण के प्रयास में था और उसने अहमदशाह दुर्रानी को दिल्ली आने का निमंत्रण भेज दिया था। सितम्बर में नजीब ने शाही सैनिकों की मध्यस्थता करके उनको दस माह तथा कुछ दिन का वेतन दिलवाकर सहानुभुति प्राप्त कर ली थी।[1] फलत: भयभीत वजीर ने नजीव खां से सहायता की याचना की, इस पर उसने वजीर से अपने सैनिकों के तीन माह के बकाया वेतन की मांग की। ३ नवम्बर को दोनों में कटु वाद–विवाद हो गया। ८ नवम्बर को नजीब ने एक बड़ी सेना के साथ वजीर छावनी की पांच–छ: दुकान लूट लीं।[2] इससे दोनों में काफी तनाव बढ़ गया।

सूरजमल वास्तव में नवाब शुजा की आड में वजीर इमाद की शक्ति को पंगु और उसके प्रबल समर्थक मराठा मित्रों से विमुख करना चाहता था। उस पर मराठों के विरोध में राजपूतों का भारी दबाव था। अक्तूबर, १७५६ ई० में राव हेमराज कटारा ने कछवाहा दरबार को सभी घटनाओं से अवगत कराया और कछ–वाहों ने सूरजमल पर इमाद व मराठों में अलगाव पैदा करने के लिए दबाव डाला था।[3] इसी बीच में सर्वत्र यह चर्चा फैल गई थी कि सूरजमल तथा शुजाउद्दौला में कुछ शर्तें तय हो चुकी हैं और सूरजमल षडयन्त्रकारी अधिनायक वजीर से संघर्ष करने के लिये कूंच करने की तैयारियां कर चुका है। इस सूचना से हतप्रभ होकर नजीब खां रुहेला तथा राजा नागरमल ने मिलकर सूरजमल से शुजा की सहायता

---

१ – ता० आ० सानी, पृ० ७६ ब–७८ अ (२३ जुलाई का उत्पात), पृ० ७८ अ–७९ अ (द्वितीय उत्पात व लूनी शिविर की स्थिति), पृ० ७९ ब (नजीब की मध्यस्थता)।

२ – उपरोक्त, पृ० ८१ ब; गंडासिंह, पृ० १५३; सरकार (मुगल), खण्ड-२, पृ० ५५।

३ – द० कौ०, जि० ७, पृ० ६०४।

के लिये कूंच न करने की विनम्र प्रार्थना की। नजीब खां ने वजीर को भी अपने भय से प्रभावित किया और उसने शुजा को इलाहाबाद की सूबेदारी पर यथावत रखने की सलाह दी। इसी प्रकार बंगश ने भी आदेशों को ठुकरा दिया। फलतः शुजा–बगश संघर्ष टल गया और शुजा अवध की ओर लौटने की तैयारियां करने लगा।[1]

अभी तक सूरजमल के दृष्टिकोण के प्रति शंकायें थीं। इससे राजा नागरमल ने सूरजमल के साथ मैत्रीपूर्ण समझौता करने के लिए वजीर पर दबाव डाला और इसी समय अपने विश्वासपात्र वकील मिश्र सुजान (पंडित) को सूरजमल के लिए समझाकर इमाद से मुलाकात कराने को साथ लेकर आने के लिए रवाना किया। सूरजमल ने वकील का भारी स्वागत सत्कार किया। फिर नवम्बर, १७५९ ई० के प्रथम सप्ताह में सूरजमल ने डीग से प्रस्थान करके कस्बा तिलपत में पड़ाव डाला।[2] इस समय महंत राम किसन वृन्दावन में महंत सुन्दर दास का महोत्सव मनाने की तैयारियां कर रहा था। उसने तथा राव हेमराज कटारा आदि ने सर्वत्र निमंत्रण पत्र भेज दिये थे। महंत बालानन्द गोस्वामी, नागा महंत लालदास जयपुर राज्य से भरतपुर आ चुके थे। १० नवम्बर को सूरजमल ने माधोसिंह के पास आचार्य महन्त हरि सेवक (गलता जी) को इस महोत्सव में भेजने के लिए अर्जदाश्त भेजी थी तथा जाट दरबार की ओर से समस्त वैष्णव, दादूपंथी व नागा महंतों व सन्यासियों को भी अपने शिष्यों व अखाड़ों के साथ वृन्दावन पधारने के लिए निमन्त्रण पत्र भेजे गये थे। सूरजमल ने सवाई माधोसिंह को महोत्सव के बाद अपने एक पुत्र को दरबार की सेवा में आवश्यक रूप से भेजने का भी आश्वासन दिया था।[3]

११ नवम्बर को राजा नागरमल (दीवान–इ–खालसा) ने यमुना नदी पार की और सूरजमल के तिलपत डेरों पर मिलने आया। दूसरे दिन (१२ नवम्बर) नजीब खां भी सूरजमल के डेरों पर मिलने आया।[4] अन्ताजी के अनुसार सूरजमल की भावना व दृष्टिकोण की परख के लिए इस बार नजीब खां ने उससे एकान्त में निवेदन किया–"इमादुलमुल्क मल्हार राव का दत्तक पुत्र व दादा साहब (रघुनाथ राव) का पगड़ी बदल भाई है। उस पर विश्वास नहीं किया जा सकता है। उसने

---

१ – ता० आलमगीर सानी, पृ० ७९ ब–८३ अ; दे० कॉनी; शुजाउद्दौला, खण्ड १, पृ० २४।

२ – उपरोक्त, पृ० ८३ ब; दे० कॉनी।

३ – भरतपुर–जयपुर खरीता, सं० १३/५९/२; ड्रा० ख० प०, जि० ५ लेख ८६७, ८८४।

४ – ता० आलमगीर सानी, पृ० ८३ ब।

वास्तव में सारी सल्तनत मराठों को गिरवी रख दी है और इससे साम्राज्य का सत्यानाश हो रहा है।"[१] राजा सूरजमल ने भी इस आपसी मित्रता का विरोध किया था। इस भेंट-वार्ता के बाद नजीब यमुना नदी के पार लौट गया। वजीर ने भी अपने विश्वासपात्र साथी मेंहदी कुली खां को नागरमल के साथ मिलकर सूरजमल से बातचीत करने के लिए भेज दिया था और उन दोनों ने सूरजमल से शांति समझौता की शर्तें पुनः पुष्ट कराने का आश्वासन दिया।[२] तब सूरजमल ने वजीर के दूत से कहा[३]—

"हम जमींदार हैं और बादशाह की सहायता से सुखी व सम्पन्न रह सकते हैं। अब मराठा सेनायें उत्तर भारत की ओर आ रही हैं। वे जनता के घर-बार तथा हम सभी की इज्जत को लूटती हैं। हम सभी छोटे-बड़े जमींदारों के अधिकार में हस्तक्षेप करती हैं। जयपुर, जोधपुर, मेड़ता तथा अन्य सभी राजाओं ने मिलकर तय कर लिया है कि मराठों को नर्बदा के उत्तर में आने से रोक दिया जावे और जिन प्रान्तों पर उन्होंने अधिकार कर लिया है, वहां से उनको बेदखल कर दिया जावे, ताकि साम्राज्य के सभी प्रान्त सम्राट के सेवकों के हाथों में सुरक्षित रह सकें। मैं अपनी पुरानी वतन जमींदारी के अतिरिक्त अन्य शाही महालों को छोड़ने के लिए तैयार हूं बशर्ते कि वजीर दखनी लुटेरों को खदेड़ने में हमारी सहायता करे। वह स्वयं आगरा की ओर कूंच करे और मालवा व गुजरात प्रान्तों को मराठों से छीन ले। किन्तु वजीर नहीं चाहता कि मराठों के आवागमन को रोका जावे। इसी से वह हमारे इस प्रस्ताव की ओर ध्यान नहीं देता है।"

सूरजमल ने आगे कहा[४]— "मराठों को खदेड़ने के बाद फिर कमरुद्दीन की भांति जाट, राजपूत, रुहेला तथा अन्य पुराने अमीरों की मित्र सेना के साथ अफगान आक्रान्ता को खदेड़ने के लिए पंजाब की ओर कूंच किया जावे।"

नवाब वजीर मराठा सरदारों की मित्रता को नहीं तोड़ सकता था। इससे दासना समझौता की शर्तों को पुनः पुष्ट[५] कराने के अलावा अन्य कोई लाभ नहीं हो

---

१ – पे० द०, खण्ड २१, लेख ९६ (जनवरी ३०, १७५७ ई०)।
२ – ता० आलमगीर सानी, पृ० ८३ ब।
३ – उपरोक्त, पृ० ८३ ब–८४ अ; दे० क्रॉनी।
४ – तज्किरा-इ-इमाद, पृ० १५८–६२; गंडा सिंह, पृ० १५४, १७१।
५ – ठाकुर मोहकम सिंह की भांति सूरजमल ने ज्ञाति बन्धुओं की सलाह से 'ब्रजेन्द्र बहादुर राजा' का विरुद तथा राजसी चिन्ह धारण कर लिये थे, जबकि शाही परम्परानुसार उसको सम्राट से उत्तराधिकार का टीका व सनद प्राप्त करना आवश्यक था। इसके बाद ही वह शाही दरबार का वैधानिक सरदार हो सकता था। अतः दासना संधि की पुष्टि ने वैधानिकता प्रदान कर दी थी।

सका। फिर भी उसको इस वैधानिक शर्त पर सन्तोष था। कहा जाता है कि सूरजमल को नजीब खां से हुई वार्ता में कुछ सफलता अवश्य मिली थी, जिसके परिणामस्वरूप ही सूरजमल व इमाद के बीच चली वार्ता में गतिरोध पैदा हो गया था। अन्त में सूरजमल निराशा के साथ नक्कारा बजाता हुआ अपने मुल्क की ओर लौट आया।[1] वास्तव में अब सूरजमल जाट राज्य का सर्वमान्य वैधानिक स्वामी तथा जनता का प्रिय शासक था।

३ — अहमद शाह दुर्रानी को हिन्दुस्तान पर आक्रमण का निमन्त्रण (१७५६ ई०)

१७५६ ई० के प्रारम्भ में वजीर इमादुलमुल्क ने लाहौर तथा पंजाब पर अधिकार कर लिया था। लाहौर के पदच्युत शासक तथा दुर्रानी के प्रतिनिधि ख्वाजा अब्दुल्ला ने भागकर दुर्रानी के पास शरण ले ली थी और उसने तथा मुगलानी बेगम (मीर मनु की पत्नि सुरैया या मुराद बेगम) ने दुर्रानी से सरहिन्द तथा पंजाब पर आक्रमण करने का आग्रह किया। सम्राट आलमगीर सानी स्वयं इमाद की अधिनायकवादी प्रवृत्ति तथा राजस्व अपहरण की नीति से परेशान था। अर्थ-संकट से पीड़ित सम्राट का परिवार भूखों मरने की स्थिति में था। नबीब खां रुहेला इमाद की तानाशाही से ईर्ष्या करने लगा था और राजधानी में अब दोनों में सैनिक सत्ता का झगड़ा शुरू हो चुका था। शाह वली उल्लाह ने अब स्पष्ट रूप से भांप लिया था कि वजीर इमाद मराठा तथा जाटों का साथ नहीं छोड़ सकेगा। तब उसने नजीब पर अपनी दृष्टि डाली और उसको मुस्लिम संघ का नेतृत्व ग्रहण करने की सलाह दी। साथ ही उसने इमाद पर भी अपनी निगाह गाड़ रखी थी और उसको भी अपने पंजों में जकड़ने का प्रयास किया।[2] इसके बाद उसने संभवतः सितम्बर या अक्टूबर, १७५६ ई० में अहमद शाह दुर्रानी को दिल्ली की ओर कूंच करने, मराठा तथा जाटों से देश को मुक्त कराने और देश में प्रभावी मुस्लिम सत्ता स्थापित करके भारतीय मुसलमानों की शुभ आशीषें प्राप्त करने के लिए पत्र लिखा था। अहमद शाह दुर्रानी के नाम यह एक ऐतिहासिक, राजनैतिक किन्तु दुराग्रही अतिरंजित पत्र था। इस पत्र से शाह वली उल्लाह की एकांगी विचारधारा, साम्प्रदायिकता का स्पष्ट आभास होता है। उसमें मुस्लिम राष्ट्र तथा कट्टर मुस्लिम समाज की भावना प्रधान थी। उसने लिखा[3] था —

---

१ — ता० आलमगीर सानी, पृ० ८४ अ; दे० क्रॉनी।

२ — डा० आश र्वादीलाल, स्टेडीज इन इण्डियन हिस्ट्री, पृ० १९९।

३ — सियासी मक्तूबात, पत्र सं० २, पृ० ४५–५८, उर्दू अनु०, पृ० ९७–११४; हिस्ट्री ऑफ फ्रीडम मूवमेन्ट, खंड १, पृ० ५३१–२, हरीराम, पृ० १२१।

"..... परन्तु उत्तर मुगल शासकों की उपेक्षा तथा सैनिक शक्ति की शिथिलता, मुख्यत: नादिरशाह के बर्बर व बरबादी पूर्ण आक्रमण, राजधानी की लूट तथा अत्याचार के कारण ही काफिरों (गैर-मुस्लिम) ने देश में अपना सिर उठाया और साम्राज्य के बड़े प्रान्तों का अपहरण कर लिया है। इन अपहर्ताओं में सर्व प्रथम मराठों ने अपना कदम बढ़ाया। .... मराठा हिन्दुस्तान के लिए "एक दुःखद सन्ताप (फितनाह) के द्योतक हैं। इस संकट के उन्मूलन में खुदा आपकी (दुर्रानी) सहायता करे।" उसने जाटों की राजनैतिक व सामाजिक स्थिति पर प्रकाश डालते हुए लिखा— "मुस्लिम अमीरों के आपसी मतभेद तथा व्यक्तिगत ईर्ष्या का लाभ उठाकर जाट-जन शक्ति आगे बढ़ चुकी है। यदाकदा मंत्रियों ने जाटों की सहायता प्राप्त की थी और इससे सूरजमल की शक्ति निरन्तर बढ़ती गई। .... उसके राज्य में कोई भी मुस्लिम रीति-रिवाज या नियमों के अनुसार इबादत (प्रार्थना) के लिए अजान नहीं दे सकता है। .... फिर भी जाटों को आसानी से कुचला जा सकता है, क्योंकि जिन इलाकों का (जाटों ने) अपहरण कर लिया है, वे (इलाके) मुस्लिम अमीरों की जायदाद तथा मुस्लिम जागीरदारों के अंग हैं और वहां उनके परिवार अभी तक आबाद हैं। यदि उनको भली भांति सहयोग दिया गया तो वे निश्चित रूप से अपने पुराने अपहृत इलाकों पर अधिकार करना पसन्द करेंगे।"

उसने मुसलमानों की दशा का वर्णन करते हुए लिखा— "संक्षेप में मुस्लिम दया के पात्र हैं। शासन की बागडोर हिन्दुओं के हाथों में निहित है। धन, सम्पदा तथा ऐश्वर्य उनके घरों में निवास करता है और मुसलमानों के भाग्य में केवल निर्धनता, दीनता-हीनता है। .... इस समय शहंशाह के अलावा शक्ति-सम्पन्न, दूरदर्शी तथा युद्ध निपुण अन्य कोई नहीं है, जो शत्रुओं को परास्त करके बरबाद कर सके। इसलिये जाट-मराठों को परास्त करके बरबाद करने तथा दयार्द्र मुसलमानों को काफिरों से मुक्त कराने के लिए ही शहंशाह का हिन्दुस्तान की ओर कूंच करने का प्रमुख कर्तव्य होना चाहिये। अल्ला न करे कि ऐसा हो। यदि काफिरों की सत्ता इसी प्रकार बनी रही, तो मुसलमान इस्लाम धर्म भूल जावेंगे और कुछ समय में ही मुस्लिम जाति उस स्थिति में पहुँच जावेगी, जबकि मुसलमान व काफिरों में कोई अन्तर नहीं रहेगा। केवल शहंशाह के अलावा अन्य कोई (योद्धा) शेष नहीं है, जो इस महान संकट से उद्धार कर सके।"

तब शाह वली उल्लाह ने अल्ला व इस्लाम के खलीफाओं के नाम अहमद शाह दुर्रानी से अपील की— "वह शत्रुओं से लड़ने के लिए हिन्दुस्तान की ओर कूंच करने का निश्चय करे।" उसने यह भी आश्वासन दिया था कि— "इस समय उसके हस्तक्षेप से धर्म की कीर्ति बढ़ेगी, उसको सम्मान मिलेगा और उसका नाम धर्म-योद्धाओं की सूची में अंकित रहेगा। धार्मिक सुख अनुभूति प्राप्त करने के अलावा

उसको अपार द्रव्य , बहुमूल्य व अद्भुत वस्तुयें भी प्राप्त होंगी और मुसलमानों को काफिरों के हाथ से छुटकारा (मुक्ति) मिल जावेगी।'' साथ ही उसने चेतावनी देते हुये लिखा, ''नादिरशाह ने बिना सोचे-समझे मुसलमानों के घरों को लूट लिया था व उनको कंगाल कर दिया था, अब भूल नहीं हो ! इस स्थिति में हिन्दू नियमित रूप से शक्ति प्राप्त कर लेंगे और मुसलमान इतने कमजोर हो जावेंगे कि इस देश से इस्लाम का नाम लोप हो जावेगा।'' उसने आगे लिखा — ''खुदा ने यह कहा है कि वह उनसे प्यार करता है जो मुसलमानों को प्यार करता है और उनके प्रति उदार है, जो काफिरों को दण्ड देता है। इससे जब आप हिन्दुस्थान में पधारें, तब आप कस्बों तथा गांवों में आबाद मुस्लिम परिवारों की रक्षा के लिए सिपाही तैनात कर दें, ताकि सैनिक दल उनको किसी भी तरह नहीं लूटें, न परेशान करें और न पीड़ा दें।''

मात्र अफगान आक्रामण को ही हिन्दुस्थान में आमन्त्रित करना आवश्यक नहीं समझा गया। शाह वली उल्लाह ने प्रमुख भारतीय मुस्लिम अमीरों से भी दुर्रानी का सहयोग करने जाट-मराठों के विरुद्ध संघर्ष में शामिल होने के लिए समझौता करके एक ठोस संगठन [1] बनाने पर बल दिया। दुर्रानी की तरह नजीब खां अफगान था और वह रूहेला-अफगानों की शक्तिशाली सेना का नेता था। इसमे उसने नजीब खां से मराठा तथा जाटों के विरुद्ध युद्ध करने की सलाह दी। उसने नजीब खां को अपना नमस्कार कह कर लिखा, "यह आपको भी ज्ञात है कि मैं मुसलमानों की विजय व कीर्ति के लिए दुआ मना रहा हूं। अर्न्तध्यान से उसकी प्रार्थना स्वीकार होने की घोषणा का पता चला है। आशा की जाती है कि सर्व सत्ता-सम्पन्न-अल्ला धर्म-जिहाद में आपके हाथ मजबूत करेगा और इस युग तथा दूसरे युग मे उसकी कृपा प्राप्त होगी।" [2] इमाद मराठों के सहयोग के बिना वजारत पद का उपभोग नहीं कर सकता था। इससे उसने उसको अन्य तरीके से पत्र लिखा, अलहाम (अन्तर्मन) से यह ज्ञात हो चुका है कि इस्लाम के शत्रुओं का विनाश हो जावेगा और इसके बाद विद्रोहियों का अन्त होगा।'' इससे यदि (इमाद) बदमाशों (जाटों व मराठों) के विरूद्ध अपने शेरों को खुला छोड़ दें, तो उनके विनाश का यश उसको मिल जावेगा। उस समय संसार उसका आज्ञाकारी होगा और वह इस्लाम का नव जीवनदाता व मुस्लिम सत्ता को पुर्नजीवित करने वाला कहलावेगा। उसको यह याद रखना चाहिये कि यदि उसने काफिरों के विनाश के लिए कदम नहीं उठाये तब भी अल्ला की अन्य शक्तियों द्वारा उनका पतन संभव होगा, परन्तु फिर उसको

१ – हिस्ट्री ऑफ फ्रीडम मूवमेन्ट, खंड १, पृ० ४९५।
२ – मकतूबात, पत्र सं० ३, पृ० ५८; उर्दू अनु०, पृ० ११५।

इस कीर्ति का भागीदार नहीं माना जावेगा। जब धूल भरा तूफान शांत हो जावेगा, तब यह बोध होगा कि वह घोड़ा या गधा, किस पर सवार था?" उसने अन्त में लिखा— "चूंकि मैं उसके कल्याण का इच्छुक हूँ और उसको सत्पथ पर चलने की प्रेरणा दे रहा हूं। इससे यह सभी कुछ लिख रहा हूँ।"[1]

अहमदशाह दुर्रानी व नजीब ने सूफी सन्त के पत्रों का समुचित उत्तर दिया परन्तु वजीर इमादुलमुल्क का उत्तर सापेक्ष नहीं था। ऐश्वर्य व सम्मान की प्रतिष्ठा के लिये नजीब खां रूहेला अफगान शाह की ओर झुक गया था और अक्तूबर में उसने अपने भाई सुलतान खां को दुर्रानी के पास हिन्दुस्तान पर आक्रमण करने का आमन्त्रण पत्र लेकर रवाना कर दिया था। उसने अपने पत्र में लिखा, "मैं भी एक अफगान हूँ और आप अफगानों के यश व कीर्ति को अक्षुण्य रखना चाहते हैं। इस देश में मैं अपनी कमान में पच्चीस सहस्र अफगान एकत्रित कर चुका हूं। ………… इमाद में आपका विरोध करने की क्षमता व शक्ति नहीं है। मैं उसका सबसे बड़ा साथी हूँ। चूंकि मैं आपका आज्ञाकारी बन चुका हूँ, इससे अब उसकी सहायता लिये अन्य कोई शेष नहीं रहा है।" चतुर पारदर्शी, कुशल राजनयिक नजीब खां तथा मुगल महिलाओं ने भी अहमद शाह दुर्रानी को दिल्ली आने का निमन्त्रण दिया।[2] इस प्रकार वजीर इमाद की तानाशाही के विरुद्ध देश में एक असंतोषात्मक आन्दोलन छिड़ गया था और इस आन्दोलन का ध्येय जाट शक्ति को कुचलना था।

४ – दुर्रानी का आगमन और इमाद का समर्पण
नवम्बर–जनवरी, १७५७ ई०

अफगानिस्तान के सम्राट अहमद शाह दुर्रानी ने २६ नवम्बर को अटक के समीप चौथी बार सिन्धु नदी तथा जनवरी १०, १७५७ ई० को सतलज नदी पार की और द्रुतगति से दिल्ली की ओर बढ़ने लगा। इन समाचारों से दिल्ली में भारी हलचल मचने लगी। वजीर स्वयं भयभीत व किंकर्तव्यविमूढ़ था। बारह सहस्र बदख्शी रिसालों को भंग करने के बाद उसकी कमान में कोई सैनिक नहीं था। केवल बहादुर खां बलूच के पास दो-चार सौ सवार अवश्य थे। भूतपूर्व वजीर इन्तिजामुद्दौला सत्ता तथा सैनिक रहित था। नवाब शुजाउद्दौला से सहयोग मिलना कठिन था। वजीर व नजीब में राजनैतिक उत्कर्ष के कारण मतभेद था और नजीब खां

---

१ – मकतूबात, पत्र सं० २०, पृ० ८०–८१, उर्दू अनु०, पृ० १३७–८।

२ – तज्किरा-इ-इमाद, पृ० ११३–४, १६६–६८; फ्रेंकलिन, पृ० ५; नूरुद्दीन, पृ० १४ ब; सरदेसाई, खण्ड २, पृ० ४३६; गंडा सिंह, पृ० १४८–१५१।

गुप्त रूप से इमाद के विरुद्ध साहसिक षड़यन्त्र रच रहा था। फिर भी वजीर ने उससे सहयोग की अपील की। परन्तु वह सफल नहीं हो सका।

इस समय दिल्ली के समीप राजा सूरजमल के पास एक विशाल व सुदृढ़ सेना, साधन-सम्पन्न देश तथा मजबूत किले थे। अन्त में हताश होकर वजीर ने सूरजमल से सहायता की विनम्र प्रार्थना की। इमाद के विश्वासपात्र सलाहकार इबादुल्ला खां काश्मीरी ने मराठों को आमंत्रित करने की सलाह दी। इस समय हिन्दुस्तान में अन्ताजी माणकेश्वर के अधीन पांच सहस्र मराठा सवार थे। परन्तु ये सभी सम्राट के निजी सेवक थे। इसके अलावा अन्ताजी की जागीरों — फफूंद, शिकोहाबाद तथा इटावा में मराठा कमाबिसदारों के पास कुछ मराठा सिपाही थे। किन्तु अन्ताजी दिल्ली के दक्षिण–पूर्व २९६ किमी० इटावा में था। दिल्ली में केवल तीर्थस्वरूप बापूजी महादेव पण्डित हिंगणे पेशवा की ओर से प्रतिनिधि था। उसकी जागीर-बुलन्दशहर तथा मेरठ में कुछ मराठा सैनिक थे, किन्तु ये सैनिक शाह दुर्रानी का सामना करने के लिये अपर्याप्त थे। इमाद स्वयं विशाल सेना खड़ी करने में असमर्थ था। इससे उसने यह प्रयास किया कि किसी भी प्रकार सूरजमल आगे बढ़ जावे ताकि युद्ध का सभी व्यय उसी को सहन करना पड़े। वजीर ने राजा नागरमल व इबादुल्ला खां की सलाह से १९ दिसम्बर, १७५६ ई० को राजा सूरजमल तथा अन्ताजी माणकेश्वर के पास शाही फरमान तथा स्वहस्तलिखित व्यक्तिगत पत्र [1] भेजे। वजीर ने इन पत्रों के साथ अन्ताजी के पास मुन्शी गुलाब राय तथा महबूब सिंह को रवाना किया [2] और राजा नागरमल ने जाट नरेश से दिल्ली आने के लिये विशेष अनुरोध किया। सम्राट, वजीर तथा नागरमल के निमन्त्रण पर सूरजमल किसनदास तालाब पर पहुँचा और यहां बातचीत कीं। सूरजमल ने इस समय स्पष्टतः भांप लिया था कि वजीर से अन्य प्रश्नों पर आगे वार्ता करना व्यर्थ है। वह स्वयं अकेला ही आक्रान्ता के विरुद्ध सेनाओं पर धन-व्यय करने का साहस किस प्रकार कर सकता था? क्योंकि जाट साम्राज्य राजधानी के समीप था और आक्रान्ता इमाद की सलाह पर जाटों से संघर्ष मोल ले सकता था। फलतः दिसम्बर के तृतीय सप्ताह में चतुर सूरजमल वजीर को उसके भाग्य के भरोसे पर छोड़कर ग्लानि के साथ अपने किलों की सुरक्षा-व्यवस्था के लिए वापिस लौट आया। इसके बावजूद भी उसने जवाहर सिंह को दिल्ली के समीप किसी भी आकस्मिक संघर्ष में भाग लेने के लिए तैनात किया। [3]

---

१ – दे० क्रॉनी०, पृ० ७४–७५।

२ – राजवाडे, खण्ड ६ पृ० ४३७।

३ – तजिकरा–इ–इमाद, पृ० १६१–२; गंडासिंह, पृ० १५४, १७१; सरकार (मुगल), खण्ड २, पृ० ५५–६।

दिल्ली के अमीर व नागरिकों का जाट राज्य में शरण लेना, दिसम्बर–जनवरी, १७५७ ई०

२० दिसम्बर को दिल्ली में समाचार आया कि अफगान सेनाओं ने बिना किसी रोकटोक के पंजाब पर अधिकार कर लिया है और जहान खां के नेतृत्व में अफगान अग्रदल (कोतल) दिल्ली की ओर बढ़ रहे हैं। इससे दिल्ली में आतंक छा गया और वहां के प्रतिष्ठित अमीर तथा नागरिकों ने दुर्रानी के भय से स्व–परिवार तथा चल–सम्पत्ति को सूरजमल के इलाकों में मथुरा, आगरा तथा अन्य स्थानों की ओर रवाना कर दिया। इस प्रकार जाट नरेश का राज्य हिन्दुओं का शरण स्थल बन गया था।[1] २९ दिसम्बर को राजधानी में पुनः समाचार आया कि हसन खां के नेतृत्व में अफगान कोतल दलों ने सरहिन्द पर अधिकार कर लिया है। इससे राजधानी में भारी आंतक छा गया और नागरिकों में भगदड़ मच गई। ३० दिसम्बर को राय खुशाल चन्द, राजा लक्ष्मीनारायण, राजा नागरमल, दिवाली सिंह, बाल गोविन्द साहूकार आदि उच्च वर्गीय अमीर, सर्राफ तथा साहूकारों के परिवार भी मथुरा की ओर शरण लेने के लिए चल दिए। नगर के धनी–मानी लोग अपनी अमूल्य वस्तुओं के साथ देहातों में भाग गये। मुसलमान भी अपने आपको सुरक्षित नही समझ सके। वजीर इमादुलमुल्क ने अपने परिवार को राजपूताना की ओर भेज दिया।

३० दिसम्बर को अन्ताजी माणकेश्वर पांच सहस्र मराठा सवारों के साथ ग्वालियर से दिल्ली पहुँच गया। मराठों का यह केवल एक छोटा सा रिसाला था, जिसमें न तोप थी और न प्रचुर युद्ध–प्रसाधन। वजीर ने अन्ताजी को दिल्ली से भयभीत होकर भाग रहे नागरिकों को रोकने का आदेश दिया और मराठा सवारों ने फरह बख्श बाग के समीप दिल्ली के दक्षिणी मार्ग को रोक लिया। इससे भाग्यहीन नागरिकों को भारी कष्ट उठाने पड़े। इस टुकड़ी ने उनके माल तथा सामान को लूट कर दिल्ली वापिस लौट जाने के लिए बाध्य कर दिया। शाही मीर बख्शी जियाउद्दौला का परिवार भी भागकर जा रहा था, उसको भी मराठों ने पुराने किले में रोक लिया। इस लूट में अन्ताजी के सैनिकों को वहुत सा रुपया तथा आभूषण मिले।[2] इससे पूर्व जो नागरिक व परिवार दिल्ली से भाग निकले थे, उनमें से अधिकांश ने मथुरा में शरण ली, क्योंकि नादिरशाह आक्रमण के समय जाटों की

---

१ – ता० आलमगीर सानी, पृ० ८५अ–ब; गंडासिंह, पृ० १५४; सरकार (मुगल), खंड २, पृ० ५६।

२ – ता० आलमगीर सानी, पृ० ८७ अ–ब; दे० कॉनी; पृ० ७५; पे० द०, जि० २१, लेख ५५; राजवाडे, खण्ड ६, पृ० ४३७।

सौहाद्र भावना के कारण उनको वहां सुरक्षित आश्रय मिला था और जाटों ने मित्र भाव से उनकी सेवा व रक्षा की थी। परन्तु इस बार जाट शासक तथा राज्य की राजनैतिक स्थिति बदल चुकी थी। बदरपुर से मथुरा पर्यन्त इलाका जाट राज्य में शामिल था, जहां स्थान-स्थान पर राहदारी, सायर-ओ-महसूल-ओ-जकात वसूली की चौकियां थीं। इन चौकियों पर भगौड़ा परिवारों से भारी कर वसूल किया गया। फिर भी शरणार्थियों के साथ मराठों की अपेक्षा जाटों का व्यवहार काफी सद्भावी रहा। इसके बाद भी मथुरा की सांस्कृतिक नगरी शरणार्थियों की भीड़ से इतनी अधिक भर चुकी थी कि वहां भारी भीड़ का समुचित प्रवन्ध नहीं हो सका और चोरियां साधारण घटनायें हो गई थीं। [1]

१४ जनवरी को दुर्रानी छावनी से राजदूत आगा खां संतापकारी संधि की शर्तों के साथ दिल्ली वापिस लौट आया। दुर्रानी की कठोर शर्त व सन्देश को सुनकर नगर-निवासी अत्यधिक भयभीत हो गये। यहां तक कि उसी दिन राजा जुगल किशोर का परिवार मथुरा के लिए रवाना हो गया और उनके साथ ही भाटीवाल तथा अन्य वर्ग के परिवार भी पांच सौ बैलगाड़ियों में बैठकर चल दिये। [2]

इमादुल्मुल्क का समर्पण (१९ जनवरी)

इमाद ने नजीब खां तथा मराठों की सेना के साथ दुर्रानी का सामना करने का विफल प्रयास किया। १६ जनवरी को सर्व प्रथम एक मात्र अन्ताजी ने अपनी मराठा टुकड़ियों के साथ काश्मीरी दरवाजे के उत्तर में १९ किमी० कूंच किया। जहांन खां की एक बड़ी सैनिक टुकड़ी से उसकी झड़प हुई और उसको बाध्य होकर छः किमी० पीछे हटना पड़ा। यह देखकर रुहेलों ने मराठों पर आक्रमण कर दिया। इससे मराठों को दिल्ली लौटना पड़ा। १७ जनवरी की रात्रि को नजीब खां ने स्वयं अपनी सेनाओं के साथ दिल्ली नगर को छोड़ कर लूनी (दिल्ली के उत्तर-पूर्व में १० किमी० यमुना नदी के समीप) में जहांन खां के सामने समर्पण कर दिया। [3] १९ जनवरी को सूर्योदय से पूर्व दुर्रानी के आमन्त्रण पर इमादुल्मुल्क खानखाना, बहादुर खां बलूच तथा इबादुल्ला खां काश्मीरी सहित सोनपत के पास पड़ी दुर्रानी

---

१ – ता० आलमगीर सानी, पृ० ८७ ब–८८ अ; दे० क्रॉनी; सरदेसाई, भाग २, पृ० ५००; गंडासिंह, पृ० १५५।

२ – ता० आलमगीर सानी, पृ० ९० ब; दे० क्रॉनी०, पृ० ७६; इण्डियन एन्टीक्यूरी (१९०७ ई०), पृ० ४४; सरकार (मुगल), खंड २, पृ० ५८।

३ – ता० आलमगीर सानी, पृ० ९२ ब; दे० क्रॉनी० पृ० ७७; तारीख-दर-हालात-इ अहमदशाह अब्दाली, पृ० १२; गंडासिंह, पृ० १५६; सरकार (मुगल), खंड २, पृ० ६०।

छावनी में समर्पण करने पहुँच गया।[1] २० जनवरी को शाह दुर्रानी ने भेड़ से खाल उतारने का प्रयास किया और उससे वजीर पद के एवज में एक करोड़ रुपया भुगतान की मांग की। फलतः उससे वजारत भी चली गई। इस प्रकार मध्यकालीन भारतीय इतिहास में यह प्रथम अवसर था, जबकि मुगल सम्राट तथा उसके वजीर ने बिना किसी सैनिक प्रतिरोध के, बिना एक भी युद्ध के एक विदेशी आक्रान्ता के सामने आत्म समर्पण कर दिया था। फिर भी मुगलानी बेगम के आग्रह पर शाह ने उसको आक्रमण से पूर्व प्राप्त सत्ता से भी अधिक उच्च सत्ताधारी अमीर बना दिया।

१९ जनवरी को जब इमाद स्वयं दिल्ली छोड़कर दुर्रानी की छावनी में समर्पण करने चला गया और राजधानी की आधी आबादी भागकर जाट राज्य में शरण लेने के लिए चली आई, तब अन्ताजी ने अपने कुटुम्ब, सामान व हाथियों को शाहदरा में एकत्रित करके दिल्ली से कूंच कर दिया और उसी रात्रि को जाट शासन के सीमान्त नगर फरीदाबाद में शरण ली। दूसरे दिन (२० जनवरी) उसने अपना डेरा, सामान व लूट का माल दो सहस्त्र सवारों के साथ मथुरा भेज दिया। इसी दिन मध्य रात्रि को शाही दीवान राजा नागरमल, खानसामुद्दौला, बाल गोविन्द साहूकार तथा अन्य शेष प्रतिष्ठित अमीर भी जाट राज्य में शरण लेने के लिए चल दिये। दामोदर महादेव हिंगणे भी मथुरा आ गया।[2] सूरजमल ने अब अमीर व गरीब सभी नागरिकों को संरक्षण प्रदान किया और उनका तदनुरूप सम्मान व प्रबन्ध किया।[3]

५ – अफगानों की जाट राज्य में जाट–मराठों से मुठभेड़ जनवरी–फरवरी, १७५७ ई०

राजा सूरजमल ने दिल्ली के दक्षिण में २० किमी० फरीदाबाद नगर की सुरक्षार्थ कुछ जाट टुकड़ियां तैनात कर दी थीं। इन टुकड़ियों में जाट शासक के हरकारे भी शामिल थे, जो दिल्ली तथा दुर्रानी की गतिविधि का समाचार देने के लिए तैनात थे। २१ जनवरी को जहांन खां ने खिज्राबाद घाट (दिल्ली के दक्षिण में १३ किमी०) पर यमुना नदी पार की। शाह दुर्रानी के वजीर शाह वली खां ने

१ – ता० आलमगीर सानी, पृ० ९२ ब; तहमास्पनामा, पृ० ६५ अ; सामीन, पृ० १२।

२ – दे० क्रॉनी०; पे० द०, खंड २१, लेख ९५; राजवाडे खण्ड ६, लेख ३६८, ४३७; सरकार (मुगल), खंड २, पृ० ६३, ७३–७४।

३ – इ० डा० (हरसुखराय), खण्ड ८, पृ० ३६२।

सेनापति सरबर खां के नेतृत्व में चार सहस्र अफगान तथा नजीब के भारतीय अफगान सवारों की एक टुकड़ी फरीदाबाद से २१ किमी० दक्षिण की ओर फरीदाबाद के नाकों को रोकने के लिए भेजी, जहां सर्वप्रथम इसी दिन (२१ जनवरी) अन्ताजी के नेतृत्व में जाट व मराठा सवारों ने मिलकर सरवर खां पर आक्रमण किया। इन सैनिकों ने तीन घण्टे के घोर युद्ध के बाद सरवर खां को बुरी तरह पराजित कर दिया। इस संघर्ष में चार सौ दुर्रानी सैनिक तथा लगभग इतने ही घोड़ा काम आये और चार सौ घोड़ा, निशान तथा नक्कारे छीन लिये गये। बचे हुए दुर्रानी सैनिकों ने भागकर बारापूला में शरण ली। आखिर अन्ताजी अकेला ही कब तक संघर्ष कर सकता था ? फलतः उसने इसी रात्रि को अपने सूबेदार त्रियंबक मुकुन्द को जाट दुर्ग में रुकने का निर्देश देकर सूरजमल के पास अपने पत्र सहित रवाना किया। इसके बाद दस दिन तक किसी भी टुकड़ी ने दक्षिण की ओर कदम नहीं बढ़ाया।[1]

२७ जनवरी को शाह दुर्रानी ने इन्तिजामुद्दौला को वजीर पद की खिलअत प्रदान की और २८ जनवरी को प्रथम बार अफगान शाह अहमद शाह दुर्रानी ने राजधानी में प्रवेश किया। २६ जनवरी को दोनों सम्राट साथ-साथ मुगलिया राज-सिंहासन पर बैठे। इसी दिन दुर्रानी ने अपने नाम का सिक्का चलवाया। फिर दिल्ली नगर को बुरी तरह लूटा गया। हिन्दुओं को माथे पर तिलक लगाने का निर्देश दिया गया। प्रमुख अमीरों के मकानों को खोदा व तोड़ा गया। यह दुर्रानी की "शाहगर्दी" थी, जिसने दिल्ली नगर व शेष नागरिकों को बरबाद कर दिया। राजा सूरजमल की ओर से दिल्ली में राजा मोहन सिंह सूर्यद्विज वकील तैनात था और प्रायः सभी राजनैतिक वार्ताएं उसके माध्यम से ही की जाती थीं। शाह दुर्रानी ने राजधानी में प्रवेश करते ही शाही दरबार में तैनात साम्राज्य के सभी प्रान्तों के वकीलों को उसके प्रति निष्ठा-भक्ति प्रगट करने तथा पेशकश प्रस्तुत करने की मांग को स्वीकार करने के लिए आमन्त्रित किया। इस संकट काल में जाट कछवाहा दरबार काफी निकट सम्पर्क में थे। २२ जनवरी को कछवाहा दरबार ने अपने बख्शी फतेह राम को और फिर २ फरवरी को राज सिंह के लिए अनेक आवश्यक समाचारों व विचारों के साथ बातचीत करने के लिए सूरजमल के पास भेजा और उन्होंने जाट दरबार में उपस्थित सभी सरदारों को राजपूत नरेशों की भावना व विचारों से अवगत कराया। तब दुर्रानी के आमन्त्रण व प्रस्ताव पर शमशेर बहादुर, नारोशंकर, गोविन्द पंत बुन्देला (बुन्देलखण्ड में पेशवा का नियुक्त प्रतिनिधि) तथा

---

१ – दे० क्रॉनी०, पृ० ७८; पे० द०, खंड २१, लेख १६; राजवाडे, खण्ड १, लेख ६३; हरीराम, पृ० ६३; गंडासिंह, पृ० १६१; एठले दफ्तर, जि० १, लेख ३० (२१ जनवरी)।

उसके पुत्र आदि मराठा सरदारों ने राजा सूरजमल से परामर्श करने के बाद नजीब खां के दूत के हाथों यह प्रस्ताव भेजा कि आप (शाह दुर्रानी) जो भी सेवा बतलायेंगे, हम उसको करने के लिए सदैव प्रस्तुत हैं।[1] फ्रैंकलिन का मत है कि "केवल जाटों को छोड़कर अन्य सभी ने (दुर्रानी के) आमन्त्रण को स्वीकार कर लिया था। इससे दुर्रानी ने जाटों को सैनिक शक्ति से दबाने का निश्चय किया।"[2]

इसी बीच में अन्ताजी माणकेश्वर ने दिल्ली के दक्षिण-पश्चिम तथा उत्तर-पश्चिम में छापामार अभियान छेड दिया था। अन्त में १ फरवरी को जहांन खां ने बीस सहस्त्र चुनिंदा अफगानों की सेना के साथ फरीदाबाद पर आक्रमण कर दिया। इस सेना का मार्गदर्शन नजीब खां के रुहेला सिपाही कर रहे थे। जाट व मराठों ने इस सेना का जमकर मुकाबला किया, जिसमें मराठों के एक सहस्त्र पैदल व आठ सौ घोड़े काम आये। इनमें दो सौ दक्ष मराठा सैनिक शामिल थे। घायल अन्ताजी अति कठिनाई से बचकर भाग निकला और उसने ४ फरवरी को मथुरा में आकर शरण ली। विजेता दुर्रानी सैनिकों ने फरीदाबाद कस्बे को लूट कर जला डाला और दूसरे दिन निःसहाय नागरिकों के छः सौ सिर काटकर अपनी छावनी में लौट गये, जिनको वहां उन्होंने जाट तथा मराठों के सिर बतलाया। शाह ने उनको आठ रुपया प्रति सिर पुरस्कार देकर प्रोत्साहित किया।[3] यह अन्ताजी का अन्तिम साहसिक संघर्ष था और इसके बाद मराठों ने अफगानों के साथ शक्ति परीक्षण का साहस नहीं किया। १६ फरवरी को मराठा प्रनिनिधि बापूजी पंडित हिंगणे दिल्ली से भाग निकला और उसने व घायल अन्ताजी ने जाट नरेश के प्रमुख दुर्ग कुम्हेर में शरण ली। तब सूरजमल ने सवाई माधोसिंह के आग्रह पर विस्तृत वार्ता के लिए २६ फरवरी को राव हेमराज कटारा व बख्शी फतेहराम के साथ अपने पुत्र कुंवर नवल सिंह को डीग से जयपुर रवाना किया। राव हेमराज निर्देश प्राप्त करके वापस लौट आया, किन्तु नवल सिंह २१ मार्च से ६ अगस्त तक जयपुर दरबार में ही रुक गया था।[4]

---

१ – दे० क्रॉनी पृ० ७९–८०; पे० द० खण्ड २१, लेख ९६; ड्रा० ख० प०, जि० ५, लेख ६०५, ६१२, ८७१।

२ – फ्रेंकलिन, शाहआलम, पृ० ६।

३ – दे० क्रॉनी०, पृ० ८१; तज्किरा–इ–इमाद, पृ० २०१–५; इण्डि० एन्टी० (१९०७ ई०), पृ० ४८–९; पे० द०, खण्ड २१, लेख ९९, १०५; हरीराम, पृ० ८३।

४ – पे० द०, खण्ड २१, लेख ९९; भरतपुर–जयपुर खरीता, सं० १३/५६/४; द० कौ०, जि० ७, पृ० ४००–१।

राजा सुरजमल का कूटनीतिज्ञ समर्पण, फरवरी

दुर्रानी के इस आक्रमण के समय मुगल अमीरों का इतना नैतिक और सरकार का इतना सैनिक पतन हो चुका था कि साम्राज्य या नागरिकों की रक्षार्थ, अपने सम्मान तथा परिवार की सुरक्षार्थ किसी ने भी एक गोली नहीं चलाई। साम्राज्य की सीमाओं पर शाह दुर्रानी की महान विजेता शक्ति को चुनौती देने वाला केवल एक स्वतन्त्र जाट सरदार सूरजमल था। उसने अपनी कीर्ति, प्रतिष्ठा, यश तथा सम्मान को कायम रखा और शाह को चुनौती देकर यह स्पष्ट बतला दिया कि हिन्दुस्तान में स्वदेश व मातृभूमि की रक्षा के लिए अपने प्राणों का उत्सर्ग करने वाले वीर–योद्धा अभी मौजूद हैं। उसने वास्तव में शाह दुर्रानी के अभियान व आक्रमण को रोकने के लिए पर्याप्त प्रबन्ध कर लिये थे।

सत्यतः शाह दुर्रानी के दिल्ली के समीप आने पर सूरजमल ने उसके पास अपना दूत भेजकर अधीनता स्वीकार करने का पत्र भेजा था और जाट वकील ने समर्पण की शर्त पर जाटों को क्षमा करने की प्रार्थना की थी। किन्तु यह राजा सूरजमल का कूटनीतिज्ञ समर्पण मात्र था। उसने वजीर इमादुल्मुल्क के परम शत्रु नजीब खां रुहेला, इन्तजामुद्दौला, राजा नागरमल तथा अन्य अमीरों के उस मांग पत्र पर भी हस्ताक्षर किए थे, जिसमें दुर्रानी से यह प्रार्थना की गई थी कि, "यदि वह मराठों को उत्तर भारत से बाहर निकाल कर उनके सह–मित्र वचनबद्ध (पगड़ी बदल) भाई इमाद को वजारत से हटाकर कन्धार में कैद रखे, तो ये भारतीय अमीर उमराव व जमींदार उसको पचास लाख रुपया एकत्रित करके नजराना पेश करने को तैयार हैं।[1]

फरीदाबाद युद्ध (१ फरवरी) में मराठों को भारी क्षति उठानी पड़ी, फिर भी सूरजमल ने ५५० सवारों के साथ मथुरा में अन्ताजी से भेट की। अन्ताजी माणकेश्वर ने उससे शमशेर बहादुर, नारोशंकर, बहादुर खां पठान की सैनिक टुकड़ियों को एकत्रित करके शाह दुर्रानी को रोकने के लिए दिल्ली की ओर कूच करने का अनुरोध किया था। किन्तु अब अहमदशाह दुर्रानी दिल्ली का व्यवहारिक स्वामी बन चुका था। सूरजमल अग्रसर होकर कोई खतरा मोल नहीं ले सकता था। इससे उसने मराठों के साथ मिलकर अफगानों के विरुद्ध युद्ध करने से स्पष्ट मना कर दिया था। उसने इस समय गर्व के साथ कहा, "अफगानिस्तान के बादशाह ने केवल पचास सहस्र सेना के साथ हिन्दुस्थान के बादशाह को बन्दी बना लिया और किसी ने भी उस पर एक गोली भी नहीं चलाई और न किसी अमीर ने अपने प्राणों की

---

१ – पे० द०, खण्ड २१, लेख ६९ (जनवरी ३०, १७५७ ई०); साभिन (हालाते अहमदशाह अब्दाली), पृ० १४; सरकार (मुगल), भाग २, पृ० ७६; नजीबुद्दौला, पृ० ४७।

आहुति दी, फिर मैं अकेला ही क्या कर सकता हूँ ? [1] मथुरा नगर की नागरिक सुरक्षा व्यवस्था करने के बाद सूरजमल, हिंगणे तथा अन्ताजी के साथ अपने कुम्हेर के सुदृढ़ दुर्ग में लौट आया। इससे कुछ दिन बाद ही शाह दुर्रानी ने सूरजमल को अपने दरबार में आमन्त्रित करते हुए पत्र में लिखा—

(१) आपने अभी हाल में जबरन जिन शाही प्रदेशों को दबा लिया है, उनका आप शीघ्र ही समर्पण कर दें।

(२) आप शीघ्र ही उपस्थित होकर खिराज अदा करें।

(३) हमारे झण्डे के नीचे आकर चाकरी (सेवा) करें।

यद्यपि इतनी विशाल सेना से युद्ध करना सूरजमल के लिए सम्भव नहीं था, परन्तु वह शाह दुर्रानी की सेवा में भी उपस्थित नहीं होना चाहता था। यह सम्भावना व्यक्त की गई थी कि उसकी भी वजीर इमाल्मुदुल्क जैसी दशा हो सकती है। इसलिये उसने आक्रान्ता की छावनी में सन्धि की शर्तों पर विचार-विमर्श करने के लिए अपना एक वकील भेजकर समय निकालने की नीति का अनुसरण किया। साथ ही उसने समर्थन प्राप्त करने के लिए अफगान वकील को दो लाख रुपया की गुप्त थैली भेजी थी। [2]

सूरजमल की हार्दिक अभिलाषा दुर्रानी लुटेरा से सल्तनत तथा राष्ट्र की रक्षा करने तथा उसका सामना करने की थी। परन्तु वजीर इमादुल्मुल्क डरपोक था और वह सैनिक भरती करने में कंजूसी दिखला चुका था। नजीब खां रुहेला राष्ट्रघाती था और उसके हृदय में हिन्दुस्तान के प्रति मोह व प्रेम नहीं था। मराठों में राष्ट्रीयता तथा हिन्दू-एकता की भावना का अभाव था। उनमें न संयम था और न हिन्दुस्तान के बारे में एक निश्चित सिद्धान्त था। राजपूताना के राजपूत शासक उनकी चौथ और खंडनी की मांग से परेशान थे। मराठों की सिद्धांतहीन नीति से व्यथित होकर ही कछवाहा, राठौड़ शासकों ने शाह दुर्रानी की अधीनता स्वीकार कर ली थी और वे अपने आपको दुर्रानी का सेवक मानने लगे थे। ऐसा भी कहा जाता है कि उन्होंने मराठों से मुक्ति पाने के लिए ही दुर्रानी को आमन्त्रित किया और उसके झण्डे के नीचे उपस्थित होकर लड़ने को तैयार हो गये थे। [3] नवाब शुजा ने भी पांच लाख

१- पे० द०, खण्ड २१, लेख ९६ (पेशवा के नाम अन्ताजी का पत्र, १० फरवरी); राजवाडे, खण्ड १, लेख १६५-७०; खण्ड ६, ३६७; वेण्डल, पृ० ५१; कानूनगो, पृ० १०४-५; सरकार (मुगल), खण्ड २, पृ० ७६।

२ – ता० आलमगीर सानी, पृ० ८३ अ-८४ अ; सामीन, पृ० १४।

३ – उपरोक्त, पृ० ७८-९८; सामीन, पृ० १४।

रुपया पेशकश भेजकर समझौता कर लिया था।

इतने पर भी सूरजमल ने मराठा सरदारों के लिए राष्ट्रीय एकता तथा साम्राज्य के हित में सहयोग देने का आश्वासन दिया। यद्यपि सूरजमल मराठों की आर्थिक मांग तथा दिल्ली साम्राज्य को विघटित करने की नीति से काफी असन्तुष्ट था। वह यह भी समझता था कि यदि उसने मराठों का साथ निभाने की चेष्टा की तो हिन्दुस्तान के सभी राजपूत शासक, मुस्लिम अमीर-उमराव उसके विरोधी बन जावेंगे। अन्ताजी माणकेश्वर ने हिन्दुस्तान की राजनैतिक स्थिति के बारे में पन्त प्रधान (पेशवा) को पूर्ण वृतान्त भेज दिया था। उसने अविलम्ब नवम्बर, १७५६ ई० में रघुनाथराव दादा (राघोबा) तथा होल्कर को उत्तर भारत की ओर रवाना [१] भी कर दिया था। किन्तु उनकी गति काफी धीमी थी। इस समय सवाई माधोसिंह भी काफी सतर्क था और १५ फरवरी को उसने कामां के किलेदार राजा हरीसिंह नरुका को दुर्ग की मरम्मत कराने तथा उसकी सुरक्षा व्यवस्था के निर्देश भेज दिये थे। दूसरे दिन (१६ फरवरी) उसने मल्हार राव को अपने पत्र में लिखा— "अब्दाली ने दिल्ली नगर व किले पर अधिकार कर लिया है। श्री जी (जयसिंह) व बाजीराव पेशवा ने मिलकर एक मर्यादा बांध दी थी, यदि इस समय हम उस पर अमल करके आपस में मिलजुल कर काम करें, तभी हिन्दू धर्म की मर्यादा स्थिर रह सकेगी अन्यथा भगवान की जैसी इच्छा होगी, वैसा ही होगा।" [२] किन्तु मल्हार राव हिन्दू संस्कृति तथा राष्ट्रीय एकता की अपेक्षा अपने स्वार्थ को ही सर्वोपरि समझता था और उसका विश्वास था कि जाट राज्य पददलित होकर उसके चंगुल में फंस जावेगा।

इसी समय सूरजमल ने अफगान शाह की धमकी को विफल करने के लिए मराठा सरदारों को अपने संरक्षण में रखकर अति चतुराई से बातचीत की। बापूजी महादेव ने रघुनाथ दादा, बाजीराव पेशवा को स्पष्ट शब्दों में लिखा— "सूरजमल मनसा-वाचा-कर्मणा मराठों के प्रति स्नेही है। वह सभी के साथ मिलकर अफगानों को हिन्दुस्तान से खदेड़ना चाहता है।" [३] उसने इस समय अन्ताजी से कहा— "मुरादाबाद, सहारनपुर, सम्भल, बरेली, शाहजहांपुर, लखनऊ पर्यन्त सभी रुहेला व अफगान, आमेर व जोधपुर पर्यन्त सभी राजपूत नरेशों ने शाह दुर्रानी के समक्ष समर्पण कर दिया है। समर्पण के लिए केवल एक जाट शासक शेष रहा है, लेकिन

---

१ – पे० द०, जि० ११, लेख, १०४, १०५, १०७, १०८; सरदेसाई, खंड २, पृ० ५०३।

२ – ड्रा० ख० प०, जि० ५, लेख ८७९।

३ – हिंगणे, जि० १, लेख १९५; पे० द०, जि० २, लेख ६६।

वह (सूरजमल) स्वयं अकेला क्या कर सकेगा ? यदि कुछ सप्ताह में हिन्दुस्तान की रक्षा के लिए मराठों की सेना आ जावे, तो वह धन-जन के सहित उनके साथ मिलकर दुर्रानी से युद्ध करने को तैयार है। अन्यथा वह अधीनता स्वीकार कर लेगा।"[१]

इसके बाद अन्ताजी ने रघुनाथ राव को लिखा— "सूरजमल ने ढाई माह से मुरसान में मोर्चा लगा रखे हैं। हमने उसके साथ मित्रता बनाये रखने तथा सम्पर्क कायम रखने के लिए उसके किले में अपने आदमी रख छोड़े हैं और (मेरा) सूबेदार भी उसके यहां मौजूद है। हमने जाटों से कह दिया है कि हम उसकी सरकार के सभी मामले तय कर देंगे। जब तक अब्दाली मौजूद है, तब तक वह (सूरजमल) आगे नहीं बढ़ सकेगा। उसके पास काफी पैसा है, इससे हिन्दू द्वेषी (दुर्रानी) उसे कभी नहीं छोड़ेगा।.... शुजा को यहां आने में एक माह लग जावेगा। शुजा व जाट अपने अपने स्थानों पर फंस रहे हैं। यदि आपके आने से पूर्व दुर्रानी चला जावे, फिर भी आपको उसके पीछे से दिल्ली अवश्य आना चाहिये"। इसी प्रकार केशव राय ने अपने पत्र में लिखा— "अब सूरजमल खिराज अदा नही कर रहा है और न समर्पण करने को ही तैयार है। हम उससे मिल सकते हैं और एक माह तक (दुर्रानी से) सभी वार्ताए स्थगित रख सकते हैं। यदि जाटों को अधिक धैर्य नहीं रहा और उन्होंने भी समर्पण कर दिया, तब उस समय हमारी सुरक्षा खतरे में पड़ जावेगी।" सूरजमल ने मराठा सरदारों को स्पष्ट कर दिया था कि 'अगर आप दक्षिण से मराठा सेना के शीघ्र आ जाने का भरोसा दिलावें, तब मैं कुछ समय निकाल सकता हूं।' इससे अन्ताजी ने अपने एक अन्य पत्र में पेशवा को लिखा, "यदि श्री मंत राज श्री दादा साहब आदि यहां जल्दी नहीं पहुँचेंगे, तव सूरजमल अधीर होकर नजराना देकर अपने देश की रक्षा कर सकता है। सभी के मिल जाने से बड़ा अनर्थ हो जावेगा। फिर हमारी ताकत कब तक चलेगी ? हम उसको आखिर कितने समय तक रोक सकेंगे ?"[२]

इसी प्रकार २४ मार्च को माधोसिंह ने मल्हार राव को ब्रजमण्डल में मराठों के अत्याचारों से अवगत कराते हुये लिखा— "अब्दाली स्वयं उधर (मथुरा) आ गया है। उसके आश्वासनों व वचनों का जरा भी विश्वास नहीं किया जा सकता है। पठानों की फौज आगरा पहुँच गई है। पीछे से और भी फौज भेजता जा रहा है। अतः अब सभी हिन्दुओं की एकता से ही हिन्दू धर्म की मर्यादा रह सकेगी। आप सभी बातों को समझ सकते हैं। इस समय मन वचन कर्म से आपस में एकता रखने

१ – पे० द०, जि० २१, लेख ९९, १०१, १०५।
२ – पे० द०, खण्ड २१, लेख ९९, १००।

से ही सभी की बात भारी दिखलाई देगी ।" [1] मल्हार पर इस सुझाव का कोई भी असर नहीं पड़ सका और मराठा सरदारों को शीघ्र ही पेशवा व रघुनाथ राव से सन्तोषप्रद उत्तर नहीं मिल सका ।

विलम्ब से जब दुर्रानी सेनायें जाट राज्य की सीमाओं से हटने लगीं, तब रघुनाथ राव ने बापू महादेव हिंगणे, जो इस समय कुम्हेर में था, को २८ मार्च को लिखा, "सूरजमल दुर्रानी के सामने दृढ़ता पूर्वक जमा हुआ है, इस बात को जानकर हमें प्रसन्नता है । हमारा विचार जाट तथा अन्य राजपूतों के साथ मिलकर अफगान पठानों से मुकाबला करने का है । अभी भारी फौज एकत्रित होने में एक माह लग सकता है । तब तक आप जाटों के साथ मिलकर उन्हें उत्साहित करें । .... अब हम जयपुर राज्य में आ गये हैं ।" [2] सूरजमल ने इन आश्वासनों से केवल सन्तोष ही किया और अपनी रक्षा स्वयं की ।

सूरजमल ने जवाहर सिंह को बल्लमगढ़ व मथुरा की सुरक्षा–व्यवस्था के लिए तैनात किया और स्वयं ने यमुना तट के पार आबाद मुरसान तक मोर्चाबन्दी सुदृढ़ कर ली थी । उसने दिल्ली से मथुरा में भागकर आने वाले सेठ-साहूकारों को अपने दुर्गों में शरण दी । ३१ जनवरी को दुर्रानी ने सूरजमल से कुछ प्रतिष्ठित सरदारों को सौंपने का प्रस्ताव रखा । नजीब खां ने अपना दूत सूरजमल के पास रवाना किया । राजा सूरजमल ने कूट भाषा में उसको उत्तर देते हुए कहा– "जब देश के प्रमुख जमींदार शाह की सेवा में आकर उपस्थित हो जावेंगे, तब यह सेवक भी शाह की देहलीज चूमेगा । राजा नागरमल तथा अन्य, जिन्होंने मेरे यहां आकर शरण ले ली है, उनको मैं दिल्ली जाने के लिए किस प्रकार बाध्य कर सकता हूं ?" [3] इस प्रकार उसने शरणागतों को नजीब के दूत के हाथों में सौंपने से मना कर दिया और भारतीय परम्परागत शरणागतों की रक्षा की ।

सिकन्दराबाद की तबाही

शाह दुर्रानी ने दिल्ली को अपनी फौजी कार्यवाही का केन्द्र बनाया । एक ओर वह राजा सूरजमल से समर्पण तथा सहयोग की बात कर रहा था, दूसरी ओर जाटों के दोआब क्षेत्रीय जिलों में उसकी लुटेरा सेनायें लूटमार, नर–संहार व आगजनी करने में व्यस्त थीं । फरीदाबाद परगना भी उसके लुटेरा सैनिकों की टोलियों से भरा था । ८ फरवरी को एक यात्री आगरा से दिल्ली पहुँचा । उसने अपने सस्म-

---

१ – ड्रा० ख० प०, जि ६, लेख ६६० ।
२ – हिंगणे, जि० १, लेख १६५ ।
३ – दे० क्रॉनी० पृ० ८१; ता० आलमगीर सानी; सामीन, पृ० १४; हरीराम, पृ० ८४, १३६ ।

रणों में लिखा–"दिल्ली के सभी अमीर व उमरावों ने आगरा में शरण ली, किन्तु दुर्रानी के आने की अफवाह को सुनकर आगरा से अन्यत्र भाग गये। दिल्ली से फरीदाबाद तक कहीं भी किसी मकान व झोपड़ी में एक दीपक टिमटिमाता दिखलाई नहीं दिया। फरीदाबाद के पास मुर्दे भूमि पर नग्न पड़े थे।"[१] परगना सिकन्दराबाद (आधुनिक बुलन्द शहर) जाट तथा मराठों की जागीर में शामिल था। फरवरी के मध्य में लुटेरा अफगान व हुल्लड़बाजों ने इस परगने में भारी तबाही तथा संहार किया। गुलाम हसन सामीन बिलग्रामी इस समय फर्रूखाबाद के नवाब अहमद खां बंगश से वार्ता कर रहा था और वह २६ फरवरी को दुर्रानी की फरीदाबाद छावनी में लौटा। उसने लिखा– "सिकन्दराबाद उस समय दिल्ली के आसपास से भागकर आये नागरिकों से ठसाठस भरा हुआ था। वहां से अनूप शहर तक चार दिन का रास्ता है, जिस भीं गांव में होकर हम गये, वहां एक भी इन्सान दिखलाई नहीं देता था और सारा मार्ग मुर्दों से पटा था।"[२]

६ – जाटों से संघर्ष, फरवरी, १७५७ ई०

दिल्ली का प्रबन्ध करने के बाद २२ फरवरी को अपराह्न अहमद शाह दुर्रानी ने जाट राज्य की ओर कूंच किया। मराठा टुकड़ी पराजित होकर अफगानों के मार्ग से पूर्णतः हट चुकी थीं। अब केवल निकटतम प्रतिरोधी सूरजमल जाट था। शाह दुर्रानी दो दिन (२३–२४ फरवरी) खिज्राबाद में रुका और २५ को उसने बदरपुर में पड़ाव डाला। २६ फरवरी को दुर्रानी सेना ने बल्लमगढ़ के उत्तर में १० किमी॰ दूर अपनी छावनी डाली। दुर्रानी का उद्देश्य जाट प्रधान दुर्ग डीग तथा कुम्हेर पर आक्रमण करने का था और उसने सीमान्त समीपस्थ दुर्ग बल्लमगढ़ की उपेक्षा की, जहां उसको सर्व प्रथम जाट सैनिकों के बल, उत्साह तथा वीरता का ज्ञान हो सका। यह दुर्ग दीर्घ घेराबन्दी के लिए प्रचुर युद्ध साधनों से सुरक्षित था और पर्याप्त दुर्ग रक्षक जाट तैनात थे।[३] दिल्ली से रवाना होने से पूर्व ही अहमद शाह दुर्रानी ने अपनी काही (कोतल) दलों को जाटों के सीमान्त प्रदेश में दानाघास की व्यवस्था करने तथा मार्ग निरीक्षण के लिए रवाना कर दिया था। कुंवर जवाहर सिंह सीमान्त दुर्ग व समीपस्थ इलाकों की रक्षा के लिए अपनी सैनिक टुकड़ियों सहित काही दस्तों के प्रवेश से पूर्व ही मथुरा से बल्लमगढ़ पहुँच चुका था। पांच–

---

१ – दे० क्रॉनी ८३; पे० द०, खण्ड २१, लेख ६६; सरकार (मुगल), खण्ड २, पृ० ७०।

२ – सामीन (इण्डि० एण्टो; १६०७ ई०) पृ० १५–१६; सरकार (मुगल), खण्ड २, पृ० ७०।

३ – इ० डा० (ता० इब्राहीम), खण्ड ८, पृ० २६५; दे० क्रॉनी, पृ० ८४, ८७।

छः सहस्र जाट रिसालों ने अफगानों के 'काही' दल पर अचानक आक्रमण कर दिया और बुरी तरह बरबाद करके पीछे खदेड़ दिया। फिर उनके लगभग एक सौ पचास घोड़ा लूटकर पीछे लौट आये।[1]

अब्दुस्समद खां का बल्लमगढ़ अभियान

'काही' दल की पराजय का समाचार सुनकर शाह अत्यधिक कुपित हो उठा और उसने उसी रात्रि को काफिरों (विधर्मियों) पर आक्रमण करने के लिए अब्दुस्समद खां मुहम्मदजई को रवाना किया। उसको यह निर्देश दिये गये कि वह पांच-छः किमी. दूर झाड़ियों में घात लगाकर बैठ जावे और सौ सवारों की एक टुकड़ी को शत्रु दल से सम्पर्क स्थापित करने के लिए आगे रवाना कर दे। फिर वह उनको इस फौजी पिंजड़े में फंसाकर परास्त करे। कुँवर जवाहर सिंह शत्रु की ताकत का अनुमान लगाये बिना ही अपने सैनिकों सहित अफगानों के फौजी जाल में फँस गया। उसने शत्रु के सवारों का उत्साह से पीछा किया और वह उनके पीछे-पीछे फरीदाबाद के निकट तक चला गया, जहां दुर्रानी का मुख्य दल झाड़ियों में मोर्चा लगाये पड़ा था। संघर्ष में जवाहर के बहुत से सैनिक खेत रहे और पूर्व लूट का कुछ भाग दुर्रानी सैनिकों के हाथ लग गया। परन्तु जवाहर सिंह इस फौजी जाल से बच कर निकलने में सफल हो गया और उसने पीछे लौटकर बल्लमगढ़ में शरण ली। अफगानों ने आगे बढ़कर अनेक गांवों को लूटा व बरबाद किया। ग्रामीणों को तलवार के घाट उतारा और अपने तोबरों (थैलों) में पांच सौ सिर भरकर दिल्ली की ओर वापिस लौट गये।[2]

जाट सीमाओं में तबाही

दोआब प्रान्त के धावों में इमादुलमुल्क पर्याप्त माल तथा धन लूटकर वापिस लौटा, किन्तु अब तक जाटों पर हुआ धावा सफल नहीं हो सका था। कुँवर जवाहर सिंह बल्लमगढ़ दुर्ग में दुर्रानी को फंसाने के लिए तैयार था। उसके हृदय में स्वाभिमान था और देशप्रेम की भावना जोर पकड़ चुकी थी। २४ फरवरी को अब्दुस्समद खां जाट अभियान का समाचार लेकर खिज्राबाद छावनी में लौटा। उसने दुर्रानी को समाचार दिया कि जवाहर उसके पंजों से निकलकर चला गया है और उसने बल्लमगढ़ के दुर्ग में जाकर शरण ले ली है। इससे अहमदशाह को अपने निश्चय

---

१ – सामीन, पृ० १६; ता० मुजफ्फरी, पृ० ५४२; पे० द०, खण्ड २, लेख ७२; ता० आलमगीर सानी, पृ० १०३ ब; ता० हुसैन शाही, पृ० ३०–३१; कानूनगो, पृ० ९९; दे० क्रॉनी, पृ० ८८; गंडासिंह, पृ० १७३।

१ – सामीन, पृ० १६; ता० आलमगीर सानी, पृ० १०३ ब; कानूनगो, पृ० ९९; हरीराम, पृ० ८४।

तथा युद्धनीति में परिवर्तन करना पड़ा। अब तक उसने बल्लमगढ़ दुर्ग पर आक्रमण करने की कोई योजना नहीं बनाई थी, क्योंकि सैनिक अभियान की दृष्टि से यह दुर्ग अधिक महत्व का नहीं था। फिर भी इस दुर्ग के सम्भावित पतन से साहसी जाटों को दुर्रानी की असीम ताकत का आभास मिल सकता था।

अहमद शाह ने स्वयं बल्लमगढ़ अभियान का संचालन करने का निश्चय किया और २५ फरवरी को उसने बदरपुर से कूंच करके बल्लमगढ़ के उत्तर में १० किमी. पर अपना पड़ाव डाला। २६ फरवरी की रात्रि को अपने प्रसिद्ध सेनापति जहांन खां तथा नजीब खां को बीस सहस्र अफगान सेना के साथ यह निर्देश देकर जाट राज्य पर आक्रमण करने के लिए भेजा, "आप विरोधी जाटों की सीमाओं में प्रवेश करें और उनके प्रत्येक गांव, कस्बा तथा नगर को बुरी तरह बरबाद करें। माल लूटकर उनको रौंद डालें, मथुरा नगर हिन्दुओं का पवित्र तीर्थ स्थान है। मैंने सुना है कि सूरजमल वहां है। इस नगर को तलवार के घाट उतारकर पूरी तरह बरबाद कर दें। उस राज्य तथा उसकी राजधानी तक बढ़ जाओ और आगरा तक इतनी बुरी तरह बरबादी कर दो कि उपजाऊ भूमि पर एक भी पेड़-पौधा दिखलाई नहीं दे।" शाह ने अपने नक्सचियों द्वारा सेना में यह घोषणा करवा दी थी कि, "जहां भी वे पहुँचे, लूटमार व कत्ले-आम का तांडव मचा दें। लूट में जो भी माल-ओ-सामान उनके हाथ लगेगा, वह उनका ही समझा जावेगा। जो भी सैनिक काफिरों का शिर काट कर लावे, उसको प्रधानमन्त्री के डेरों के सामने लाकर डाल दे जहां उनकी एक मीनार बनाई जाए। सरकारी खजाने से उनको प्रत्येक शिर की कीमत पांच रुपया पुरुस्कार में दी जावेगी।"[1] यह दुर्रानी का सैनिक अभियान नहीं था, बल्कि मानवता, सभ्यता व संस्कृति के विनाश की एक वृहद योजना थी और एक धार्मिक जिहाद था। परन्तु मुस्लिम जनता भी इस प्रमाद का शिकार बन गई थी।

चौमुहां युद्ध, २८ फरवरी

विदेशी आक्रान्ता का प्रधान सेनापति जहान खां भाग्य निर्माता नजीब खां रुहेला के निर्देशन में शाह-पथ पर आगे बढ़ता चला गया और उसने मार्ग में अपने निर्दयी स्वामी के आदेशों का अक्षरशः पालन किया। दुर्रानी तथा रुहेलों की लगभग एक लाख लुटेरा व विध्वंसक सेना ने सर्व प्रथम मथुरा पर आक्रमण किया। परन्तु इस श्रीकृष्ण की पावन नगरी का पतन सैनिक संघर्ष के बिना सम्भव नहीं हो सका। "यह कटु सत्य है कि दिल्ली, आगरा तथा दोआब प्रान्त का तीन वर्ष तक आर्थिक शोषण

---

१ – सामिन (इण्डि० एण्टी०), पृ० ५१; कानूनगो, पृ० ९९–१००; सरकार (मुगल) खण्ड २, पृ० ७८; रुरदेसाई, खण्ड २, पृ० ५०४।

करने के बाद मराठा दक्षिण की ओर वापिस चले गये थे। पवित्र वैष्णव मन्दिरों की रक्षार्थ उन्होंने रक्त की एक बूंद भी नहीं बहाई थी और न इन तीर्थस्थानों की सुरक्षा-व्यवस्था का कोई पक्का प्रबन्ध ही किया गया था। वे केवल हिन्दू पद पादशाही व हिन्दू संस्कृति का ढिंढोरा पीटते थे और शायद उनमें धर्म रक्षा का सैद्धांतिक समावेश नही था।" इधर "जाटों ने यह दृढ़ निश्चय कर लिया था कि क्रूर आततायी, मदान्ध लुटेरे उनकी ल्हासों पर होकर ही पवित्र नगरी में प्रवेश करेंगे।" २८ फरवरी से ६ मार्च तक होली का महान सांस्कृतिक हिन्दू पर्व था। नागरिक वसन्त पर्व में उल्लसित, आल्हादित तथा प्रमुदित थे। सम्भवतः उनको वीभत्स कांड या दुर्दिन की लेशमात्र भी आशंका नहीं थी। मथुरा किले की सुदृढ़ दीवार (परकोटा) तथा गहरी खाई रहित नगर था, जहां लुटेरा चारों ओर से बिना किसी रोक टोक के प्रवेश कर सकते थे। सूरजमल ने जवाहर सिंह की कमान में इस नगर तथा नागरिकों की रक्षार्थ पांच सहस्र साहसी सैनिक तैनात कर दिये थे और ब्रजवासी इसकी रक्षा के लिए दृढ़ संकल्पित थे।

अफगान–रुहेलों ने एक साथ अचानक ही विलक्षण आक्रमण कर दिया था, जिसका जटवाड़ा राज्य की सेना ने प्राण–पण से सामना किया। २८ फरवरी को जवाहर सिंह दुर्रानी सेनाओं को मार्ग में रोकने के लिए स-सैन्य निकल पड़ा और उसने मथुरा के उत्तर में १३ किमी० चौमुहां गांव के बाहर आक्रान्ता का जमकर मुकाबला किया। सूर्योदय होते ही घमासान युद्ध प्रारम्भ हो गया और नौ घण्टा तक भीषण संग्राम चलता रहा। अन्त में "दोनों पक्षों के दस–बारह हजार सैनिक खेत रहे। आहतों की तो कोई गणना ही नहीं थी। विशाल अफगान–रुहेला फौज के दबाव के कारण ही शेष जाट सेना रणक्षेत्र से हट गई।" मराठा लेखों के अनुसार इस संग्राम में तीन हजार जाटों ने वीरगति प्राप्त की और दो हजार जाट मैदान छोड़कर पीछे हट गये। अफगान विजेताओं ने मथुरा की ओर कूंच किया और जवाहर सिंह ने अपने प्राणों की परवाह न करके बल्लमगढ़ की ओर प्रस्थान किया।[1] जबकि अन्य जाट टुकड़ियों ने अफगानों का सामना करने के लिए डीग की ओर कूंच कर दिया।[2] अब मथुरा की पावन नगरी सैनिक सुरक्षा रहित थी।

बल्लमगढ़ दुर्ग पर अहमदशाह दुर्रानी का अधिकार, ३ मार्च

विलियम फ्रेंकलिन का मत है कि—"इमादुलमुल्क ने अहमदशाह दुर्रानी के

---

१ – ता० आलमगीर सानी, पृ० १०६ अ; तज्किरा-इ-इमाद, पृ० २४०; तारीखे भाऊ-ओ-जनको (अली इब्राहीम), पृ० १६; राजवाडे, जि० १, लेख ६३; कानूनगो, पृ० १०२; गण्डासिंह, पृ० १७७।

२ – राजवाडे, खण्ड १, लेख ६३।

सामने यह प्रार्थना की थी कि यदि आप मुझको सेना का नेतृत्व करने के लिए मुक्त कर दें, तो मैं अपने प्राणों पर खेल कर विजय प्राप्त करके" उत्तर दूंगा। कहा जाता है कि शाह ने इस प्रस्ताव को स्वीकार कर लिया और इमाद ने अपने आश्वासन के अनुसार जाटों पर सफलतापूर्वक आक्रमण किया। इसी प्रकार इमाद के प्रस्ताव पर ही शाह ने बल्लमगढ़ दुर्ग की ओर कूंच किया, जहां चौमुंहा युद्ध के बाद जवाहर सिंह, मराठा सरदार शमशेर बहादुर तथा अन्ताजी माणकेश्वर दुर्ग की रक्षा में तत्पर थे। २७ फरवरी को दुर्रानी तोपखाना का प्रधान दो सौ मुगल सवारों के साथ दिल्ली के शाही महलों की सुरक्षा के लिए लगी बड़े मुंहवाली चार तोपें लेने के लिए पहुँचा। तोपों को शाही छावनी तक खींचकर लाने के लिए लोगों के घरों से रस्सा, लट्ठे तथा बैल छीनकर प्राप्त किये गये, जबकि इन विशाल तोपों व भारी गोला-बारूद की आवश्यकता नहीं थी। लम्बी मार करने वाली ये तोपें दिल्ली दरवाजे तक ही पहुंच पाई थीं कि इससे पूर्व ही बल्लमगढ़ का पतन हो चुका था। शाह ने स्वयं उस आक्रमण का संचालन किया।

दो दिन तक इस दुर्ग पर भयंकर आक्रमण होता रहा और जाटों ने वीरता व साहस से गढ़ की रक्षा की। दुर्रानी की पांच विशेष प्रकार की तोपों (मोर्टार) ने गोलाबारी शुरु की। लोहे के दो अर्द्ध गोले आपस में ढ़ले हुए थे, जो भूमि पर गिरते ही खुल जाते थे। इन पांचों तोपों के कोण चूली पर निरन्तर बदले जाते थे। इससे दुर्ग पर इतनी विध्वंसक अग्नि वर्षा हुई कि कुछ ही घंटों में उस स्थान की रक्षा करना कठिन हो गया। दुर्ग-प्राचीर से जो बन्दूक तथा जम्बूरे चलाये जाते थे, उनको इन तोपों ने पूरी तरह दबा दिया था। ३ मार्च को निस्तब्ध रात्रि में कुंवर जवाहर सिंह, शमशेर बहादुर तथा अन्ताजी माणकेश्वर अपने कुछ अंगरक्षकों के साथ किजलबाश (फारसी वेषबूषा) वर्दी में खाई के नीचे बने भूमिगत मार्ग से यमुना नदी की ओर निकल गये। मार्ग में उन्होंने पीछा करने वाले अफगान सैनिकों को रोकने के लिए सैनिक चौकियां बनाईं। इस रात्रि को दुर्ग में कुछ दुर्गरक्षक सैनिक ही शेष रह गये थे। प्रातःकाल अफगानों ने दुर्ग-द्वार को तोड़कर दुर्गरक्षकों को तलवार के घाट उतार दिया। इस गढ़ी की लूट में दुर्रानी को बारह हजार रुपया नकद, स्वर्ण रजत पात्र, धातु की प्रतिमायें, चौदह घोड़ा, ग्यारह ऊंट तथा विपुल अन्न-भण्डार व वस्त्र प्राप्त हुये। शाह ने भगोड़ा सरदारों की तलाश में अनेक सैनिक टुकड़ियां भेजीं, किन्तु वे निराश होकर वापिस लौट आईं। जाट-मराठा सरदारों ने दो दिन व दो रात यमुना की कछारों में छिपकर निकालीं, यहां तक कि वे भय से यमुना नदी पर जल पीने भी नहीं गये। अहमद शाह ने यहां पर दो दिन विश्राम किया। दिल्ली में ४ मार्च को बल्लमगढ़ विजय का समाचार पहुँचा और

सम्राट ने खुशी के बाजे (शादियाने) बजाने का आदेश दिया।[1]

७ – मथुरा तथा बृज के अन्य नगरों में नर संहार व लूटमार

हिन्दुओं का बेथलेहम अफगान रुहेला लुटेरों के लिए निःसहाय था। होली के पावन–पर्व पर प्रत्येक हिन्दू परिवार में एक अजीब उल्लास व मस्ती होती है। रंग–गुलाल व अबीर से अम्बर लाल व चमकीला हो जाता है नृत्य, गायन-वादन व स्वांग की मस्ती में हिन्दू अपने दुखों को भूल जाते हैं। मथुरा में आस–पास व दूर–दराज के यात्री प्रतिवर्ष होली का आनन्द लेने के लिए आते हैं। इस सांस्कृतिक पर्व पर सम्राट तथा उसका वजीर भी खुशियां मनाया करते थे। "परन्तु इस वर्ष किसी भी व्यक्ति ने खुशी नहीं मनाई, क्योंकि सभी लोग दुःख तथा दीनता में फंसे हुए थे।" मथुरा व वृन्दाबन में होली अवश्य खेली गई, किन्तु रंग गुलाल व अबीर की नहीं, रक्त रंजित होली खेली गई।

एक मार्च को प्रातःकाल एक लाख अफगान रुहेला सवारों ने अरक्षित मथुरा नगरी में प्रवेश किया। जहांन खां ने किसी भी वर्ण, वर्ग व सम्प्रदाय के साथ दया या सहानुभूति नहीं दिखलाई और अपने स्वामी के "लूटो, मारो व उजाड़ो" निर्देश का अक्षरशः पालन किया। उसने नर–संहार का आदेश दिया। निरन्तर चार घण्टा तक हिन्दुओं का संहार व बलात्कार चलता रहा। नागरिकों में प्रतिरोध की शक्ति नहीं थी। उनमें कोई लड़ाकू नहीं था। प्रायः सभी ब्राह्मण, पण्डा–पुरोहित वर्ग तथा दिल्ली से भागकर आने वाले निवासी थे। मुसलमानों ने पाजामा उतारकर अपनी रक्षा का विफल प्रयास किया। लुटेरों ने विशाल, भव्य व आकर्षक प्रतिमाओं को तोड़ डाला और उनको पोलो की गेंद की भांति ठोकरों से इधर से उधर उछाला। लूट की तलाश में मकानों को तोड़ा गया, फर्शों को खोदा गया और इसके बाद चारों ओर अग्निपात किया गया। इस प्रकार तीन हजार व्यक्तियों के रक्त से तृप्त होकर जहांन खां ने नागरिकों पर एक लाख रुपया का कर लगाया और आग की लपटों में दहकती नगरी को छोड़कर उसी रात्रि को उसने आगे कूंच किया।[2]

---

१ – ता० आलमगीर सानी, पृ० १०३ ब–१०५ ब, सामीन (इ०ए०), पृ० ५८–९; दे० क्रॉनी०, पृ० ८८; तज्किरा–इ–इमाद, पृ० २४०; शाहनामा-इ-अहमदिया, पृ० २०३–४; ता० हुसैनशाही, पृ० ३०–३१; ता० मुजफ्फरी, पृ० ५४२; सियार, भाग ३, पृ० ३५२; फ्रैंकलिन, पृ० ७; कानूनगो, पृ० १००–१।

२ – ता० आलमगीर सानी, पृ० १०५ अ–१०६ अ; सामीन, पृ० २४; तज्किरा–इ–इमाद, पृ० २४१–२; ता० हुसैनशाही, पृ० ३०; गुलाम अली (शाह आलमनामा), पृ० २८; शाहनामा–इ–अहमदिया, पृ० २०१–२; पे० द०, खण्ड २१, लेख १०७, खण्ड २७, लेख १५२; राजवाडे खण्ड १, लेख ६३; कानूनगो, पृ० १०३।

जहांन खां नजीब की कमान में रुहेला गीदड़ों को शेष नर संहार के लिए मथुरा में ही छोड़ गया था। नजीब खां मथुरा में तीन दिन रुका। सैयिद नूरुद्दीन के अनुसार— "मथुरा के इस विनाश तथा नर संहार के लिए नजीबुद्दौला को भी अन्य सरदारों के साथ तैनात किया गया था और उसने खुले दिल से अपनी स्वामि-भक्ति तथा निष्ठा का परिचय दिया।" मथुरा में अहमद खां बंगश के वकील मीर साहब ने उससे पूछा, "आप अपने भोजन तथा जल को किस प्रकार शुद्ध कर सकते हो।" उसने कहा- "मैं क्या कर सकता हूँ ? मैं इस समय शाह के आदेशों का पालन कर रहा हूँ! उसके आदेशों की अवहेलना करके मैं अन्यत्र शरण नहीं ले सकता।" [१] निःसन्देह उसने एक विदेशी आक्रान्ता को प्रसन्न करने के लिए अपनी ईमानदारी व निष्ठा-भक्ति का परिचय दिया। सम्भवतः उसको नागरिकों से एक लाख रुपया वसूल करने के लिए छोड़ा गया था। उसकी कमान में पांच सहस्र पैदल रुहेला थे।

रुहेलों ने सेठ-साहूकारों का भूमिगत खजाना लूटा और बहुत सी लावण्य-शील युवतियों को बन्दी बनाकर ले गये। [२] इन रुहेला सैनिकों ने तीन दिन तक भयंकर नर-संहार किया। निरापराध परदेशी भक्त रक्त-पिपासु सेना के आखेट बन गये। माता तथा बालकों के दारुण-चीत्कार से अग्नि-शिखाओं से प्रदीप्त नगरी की वीथियां गूंज उठीं। भरतपुर दरवाजे के समीप शीतलाघाटी की गली में श्री मथुरा देवी के मन्दिर में एक गुफा थी। प्राण-रक्षा के लिए एक समूह इस गुफा में जा घुसा, किन्तु नर समूह यहां भी नहीं बच सका। इस नर-संहार में बुदौआ तथा जौनमाने चतुर्वेदियों का अधिक वध हुआ। उनके वंशज अब भी प्रतिवर्ष फाल्गुन शुक्ला ११-१३ को "कत्ल का श्राद्ध" करते हैं। छाता बाजार में प्रासाद तुल्य भवन पर भी आक्रमण किया गया, उसको भी नष्ट कर दिया गया। असंख्य महिलाओं ने यमुना नदी में कूद कर अपने सतीत्व की रक्षा की। कुछ ने अपने घर के कुओं में कूद कर आत्म हत्या कर ली। एक दर्शक के शब्दों में- "यमुना की नीलधारा सात दिन तक रक्तवर्णा हो गई और अगले सात दिन तक पीत धारा बहने लगी। कुलाचार भ्रष्ट वैष्णव वैरागी नदी के पार पर्णशालाओं में रहते थे। उनको दैविक शक्ति का भरोसा था और हृदय में बांसुरी का अन्तर्नाद ध्वनित हो रहा था। उनको भी अनुरूप प्रतिकार मिला। उन निरहंकारी साधुओं के ओष्ठ पर्णकुटियों में ही काट डाले गये।" [३]

---

१ – नूरुद्दीन, पृ० १५ ब (४३२)।

२ – नूरुद्दीन, पृ० १५ ब; सरकार (मुगल), खण्ड २, पृ० ७१।

३ – भाऊ बखर, पृ० ३४।

पन्द्रह दिन के बाद सामीन लिखता है, "बाजार तथा बीथियों में जिधर देखों, मानव धड़ दिखलाई देते थे। समस्त नगर होलिका–दहन तुल्य जल रहा था और मकान धूलि–धूसरित हो रहे थे। यमुना जल पीत–वर्ण होकर बह रहा था। तट के समीप मैंने विरक्त (वैरागी) तथा सन्यासियों की पर्णशालायें देखीं। प्रत्येक कुटिया में एक नरमुण्ड और उनके मुंह के पास गऊ का सिर रखा था। दोनों का मुँह रस्से से बांध दिया गया था।" लुटेरों ने नगर के स्वधर्मी मुसलमानों के साथ भी अभद्र व्यवहार किया। यद्यपि उन्होंने अपने प्राणों को उनके क्रूर हाथों से बचा लिया, परन्तु अपने धन तथा सम्मान की रक्षा नहीं कर सके। सामीन लिखता है– "नरसंहार के चौदह दिन बाद खण्ड़हरों के बीच से एक नग्न हृष्ट–पुष्ट आत्मा निकली और मेरे (मीर साहब) सामने आकर भोजन की याचना करने लगी। उस बलिष्ठ आत्मा ने कहा, "मैं मुसलमान हूं। हीरा–जवाहरात का व्यापारी हूं। मेरी दुकान सबसे बड़ी है। नरसंहार के दिन एक अश्वारोही हाथ में नंगी तलवार लेकर मेरे सामने आया और मुझे मारने का प्रयास करने लगा। मैंने उससे कहा कि मैं मुसलमान हूं।" उसने कहा, 'अपनी मुसलमानी का चिह्न दिखलाओ।' मैंने अपने वस्त्र उतार दिये। उसने आगे कहा, "आपके पास जो भी नकदी हो, वह अपनी जिन्दगी के बदले मुझको सौंप दें। मैंने उसको अपने पास उपलब्ध चार हजार रुपया सौंप दिये। फिर एक दूसरा हत्यारा आया और उसने मेरे पेट में तलवार ठूंस दी। मैं भागा और एक कोने में छिप गया।" [१] गोस्वामी मथुराधीश की प्रतिमा लेकर डीग आ गये थे। इसी प्रकार भक्त कवि वृन्दाबन दास भरतपुर पहुँच गये थे। उन्होंने अपने काव्य 'हरि कला वेलि' में ब्रज के इस भीषण संहार का उल्लेख किया है।

वृन्दाबन में विध्वंस, ६ मार्च

जहांन खां ने मथुरा के उत्तर में १० किमी. वृन्दाबन में भी ६ मार्च को "आम व कत्ल" का तांडव किया। यहां के देवालयों में अपार धन सम्पत्ति जमा थी। यहां भी निरापराध वैष्णव भक्तजनों का संहार हुआ। गुलाम हुसैन सामीन के शब्दों में– "जिधर आपकी दृष्टि जावे, आपको मृतकों का ढ़ेर दिखलाई देगा। रक्त की नदी तथा मृतकों के ढ़ेर के कारण मार्ग में कठिनाई से निकल सकते थे। एक स्थान पर हमने दो सौ मृतक बच्चों का ढ़ेर देखा। एक भी बालक के शरीर पर सिर नहीं था।....वायु में दुर्गन्ध इस प्रकार मिश्रित थी कि श्वांस भी नहीं ली जा सकती

---

१ – सामीन (इ० ए०, १९०७), पृ० ६२; नूरुद्दीन (हवाले नजीबुद्दौला), पृ० १५ ब; गुलाम अली, (शाह आलमनामा), पृ० २८; भाऊ बखर, पृ० ३४; कानूनगो पृ० १०३–४।

थी और न मुख ही खोला जा सकता था।" [1]

जाट प्रदेश में नर हत्या व लूट का निर्देश

बल्लमगढ़ अधिकार के बाद शाह दुर्रानी ने अपनी छावनी में कत्ले आम, लूटमार तथा फसल को नष्ट करने का व्यापक आदेश प्रसारित किया। उसने अपने सैनिकों को यह भी विश्वास दिलाया कि लूट में जो कुछ मिलेगा, वह वस्तु उसी के पास रहेगी और जो शत्रु का सिर काट लावेगा, उसको प्रति सिर पांच रुपया पुरुस्कार में दिया जावेगा। इस घोषणा के बाद जाट प्रान्त में लूट, नर-हत्या का तांडव मच उठा। सामीन के अनुसार- "मध्य रात्रि का समय था, तब अफगान सैनिक आक्रमण के लिए छावनी से निकले। आक्रमण व्यवस्था के अनुसार एक सैनिक घोड़े पर सवार था और उसकी पूंछ के पीछे एक पंक्ति में ऊंटों के काफिले की भांति दस से बीस घोड़े बांध दिये गये थे। अरुणोदय के एक घड़ी बाद मैंने उनको छावनी में वापिस लौटते देखा। प्रत्येक सवार अपने घोड़ों पर लूट की अपार सम्पत्ति लाद कर ला रहा था और सामान के ऊपर अपहृत लड़कियां तथा दास सवार थे। उनके सिरों पर अन्न की बोरियों की भांति कम्बल की गठरियों में मनुष्यों के कटे हुए मुण्ड थे। फिर ये मुण्ड भालों में टांगे गये और प्रधान मन्त्री के द्वार पर पुरुस्कारार्थ प्रस्तुत किये गये। यह एक असाधारण प्रदर्शन था। इसी भांति लूटमार, नर हत्या का दैनिक कार्य-क्रम चलता रहा। रात्रि में अबलाओं के साथ बलात्कार किया जाता था। उन अबलाओं के करुण क्रन्दन, चीत्कार व विलाप से लोगों के कान के पर्दे फट जाते थे। नर-मुण्डों की एक ऊंची मीनार बनाई गई थी, उनसे चक्कियां पिसवाई गई। इस प्रकार स्त्री-पुरुष की पहचान करके उनके सिरों को भी तलवार से उतार डाला गया। यही क्रम अकबराबाद तक के समस्त मार्गों में चलता रहा। जाट प्रान्त का पूर्वी तथा उत्तरी भाग (आततायी के अमानवीय अत्याचारों की) बुरी तरह चपेट में आ गया था। अफगान सेना में पांच हजार रुहेला पैदल भी आकर शामिल हो गये थे। प्रत्येक रुहेला तीस-चालीस भैंस लूटकर ले आया, इन पर लूट के हीरा-जवाहरात, आभूषण, वस्त्र आदि लदे हुए थे। उन्होंने छावनी के समीप ही अपना बाजार लगा लिया और इन वस्तुओं को सस्ते भावों में बेचा। ताबें-पीतल के बर्तनों को तोड़ डाला गया और ये सेना के मार्ग में दोनों ओर बिखरे पड़े थे। उनको उठाने के लिए कोई भी सैनिक नहीं झुका। सोना व चांदी के अतिरिक्त किसी ने अन्य वस्तु नहीं उठाई।" [2]

---

१ – सामीन (इ० ए०, १६०७), पृ० ६२; कानूनगो, पृ० १०४-५; पे० द०, जि० २, लेख ७१; सरकार (मुगल), खण्ड २, पृ० ८०।

२ – सामीन (इ० एण्टी०), पृ० ६०; कानूनगो, पृ० १०१-२; सरकार (मुगल), खण्ड २, पृ० ८२-३।

गोकुल पर आक्रमण, १६ मार्च

बल्लमगढ़ में दो दिन विश्राम करके अहमदशाह दुर्रानी स्वयं अपनी सेनाओं के साथ आगे चल दिया और १५ मार्च को मथुरा के समीप पहुँच गया। उसने मृतकों की दुर्गन्ध से बचने के लिए यमुना नदी पार की और मथुरा के दक्षिण-पूर्व में १०किमी. महाबन में अपनी छावनी डाली। महाबन के पश्चिम में तीन किमी० गोकुल था। यह कस्बा बल्लभाचार्य सम्प्रदाय का आसन है। शाह अर्थ लिप्सा से तृप्त नहीं हो सका और उसने इस कस्बा से चन्दा वसूल करने के लिए इमाद से सलाह ली। उसने गोकुल को लूटकर बरबाद करने के लिए एक सैनिक टुकड़ी रवाना की। यहां पर राजपूताना तथा उत्तर–प्रदेश के नागा (निहंग) सन्यासी पड़ाव डाले पड़े थे और वह धर्म की बेदी पर प्राणोत्सर्ग करने को तैयार थे। ज्योंही अफगान सेना गोकुल में पहुँची, चार हजार नागा वैरागी अपने शरीर पर भभूत रमाये दुर्रानी की सेना का सामना करने के लिए कस्बा के बाहर आ गये। दोनों में भयंकर मुठभेड़ हुई, जिसमें दो सहस्र नागाओं ने इतने ही अफगानों का बध करके वीर गति प्राप्त की। इस समय बंगाल प्रान्त का वकील राजा जुगल किशोर शाही छावनी में मौजूद था। उसने शाह से प्रार्थना की और उसको विश्वास दिलाया कि नागाओं के पास धन नहीं हो सकता। यह सुनकर शाह ने अपने सैनिकों को वापिस बुला लिया। एक मराठी समाचार के अनुसार—"सभी वैरागी रणक्षेत्र में खेत रहे, किन्तु गोकुल नाथ की प्रतिमा बच गई।"[१] गोस्वामी गोकुल नाथ प्रतिमा के साथ डीग चले गये। उसने अपने पत्र में माधौ सिंह को लिखा—"यहां पठानों का विशेष भय है, धैर्य नहीं रहता।" इसी प्रकार गोवर्द्धनाधीश गोस्वामी गोरधन ने अपने पत्र में लिखा—"मथुरा वृन्दावन में म्लेच्छों का भारी उपद्रव रहा और आगे भी उनका भय व आतंक बना हुआ है।"[२]

८ – राजा सूरजमल की सफल कूटनीति

जाट राज्य विरोधी सामरिक तथा धनहरण की नीति में अहमदशाह दुर्रानी पूर्णतः असफल रहा और सूरजमल की शक्ति, प्रतिभा तथा धन का विनाश नहीं हो सका। शक्तिहीन, निरीह जनता का संहार, अग्निकांड, लूट तथा फसल की बरबादी उसको विचलित नहीं कर सकी। उसने अपने राज्य तथा दूर–दराज से भाग कर

---

१ – सामीन, (इ. ए.), पृ० ६१; राजवाडे, खण्ड १, लेख ६३ (अप्रेल ३, १७५७ को लिखा कृष्ण जोशी का पत्र); कानूनगो, पृ० १०४–५; गण्डा सिंह, पृ० १७९।

२ – ड्रा० ख० प०, जि० ६, लेख १०३३ (१–२)।

आने वाले सभी वर्ग व सम्प्रदाय के शरणार्थियों, सर्वहारा मजदूर–किसान, जागीर–दार व जमींदार, प्रशासनिक कर्मचारियों को आश्रय के लिए अपने शक्तिशाली व साधन–सम्पन्न भरतपुर, कुम्हेर व डीग के सुरक्षित दुर्ग खोल दिये थे। उसने करोड़ों मजदूर–किसानों की प्राण रक्षा की। शाह दुर्रानी के कोप का भाजन बनकर भी वह स्वयं अफगानों के रात्रि आक्रमण तथा दुर्गों पर होने वाले सम्भावित आक्रमण के प्रति सजग था। दुर्रानी ने रक्षा–परिधा हीन नगर, कस्बा व गांवों को लूटकर बरबाद किया, मन्दिरों को तोड़ा, फिर भी वह सूरजमल के साहस को नहीं डिगा सका। सूरजमल उत्तेजित होकर उसका खुला मुकाबला करने के लिए बाहर नहीं निकला। उसने वास्तव में "ठहरो, देखो, समय निकालो" के सिद्धान्त का पालन किया। वास्तव में उसका अनुमान था कि या तो भयंकर गर्मी से झुलसती ब्रज–रज उसको खदेड़ने में सहायक होगी या दक्षिण से आ रही मराठा सेनाओं के साथ मिल–कर वह उसको परास्त करने में सफल होगा। इस समय सूरजमल को पडौसी नरुका जागीरदारों के फौजी सहयोग की आवश्यकता थी। इससे सूजरमल के आग्रह पर माधो सिंह ने राव सरदार सिंह व नवल सिंह तथा अन्य सीमान्त नरुकों को शीघ्र ही कुमुक लेकर पहुंचने के निर्देश देकर [1] सहयोग प्रदान किया।

शाह दुर्रानी ने महावन में छावनी डालने के बाद वीभत्स आतंक की छाया में जाट दुर्गों पर अधिकार करने तथा सूरजमल से खिराज वसूल करने की एक योजना बनाई। उसने अब सूरजमल को अति कड़ी धमकी दी। किन्तु सूरजमल की "अद्‌भुत कुशाग्रता, असीम धैर्य, कूटनीतिज्ञ चातुर्य्य" से शाह स्वयं उसके जाल में फंसने लगा था। सर यदुनाथ सरकार के शब्दों में—"उसकी इस सफलता का श्रेय उसके मन्त्री रूपराम कटारा को भी था। उसमें असाधारण प्रतिभा, योग्यता व स्वामि भक्ति थी। विपत्ति के समय और आकस्मिक घटनाओं में उसने अपने स्वामी का पूरा साथ निभाया।" वास्तव में इस समय देश का सुयोग्य प्रशासक वर्ग जाट सरदार के आश्रय में मौजूद था और दैनिक मन्त्रणायें स्वाभाविक थीं। सूरजमल स्वयं धमकी में आकर शाह को महाबन छावनी में समर्पण के लिए उपस्थित नहीं हुआ। फिर भी उसने खिराज की रकम निश्चित करने के लिए अपने प्रतिनिधि रूप–राम कटारा को उसकी छावनी में भेजा। रूपराम कटारा ने शाह की छावनी में उप–स्थित होकर कहा, "यदि आप नर सहार, बरबादी तथा लूटमार को रोककर अवि–लम्ब दिल्ली की ओर वापिस लौट जावें, तो मैं (सूरजमल) इसके एवज में आपको एक करोड़ रुपया पेशकश के रूप में भेंट करने को तैयार हूं।" सूरजमल का यह प्रस्ताव समय निकालने तथा वार्ता को लम्बी करने का एक पारदर्शी उपाय था।

---

१ – ड्रा० ख० प०, जि० ६, लेख १०६५, १०६६।

किन्तु शाह इस प्रस्ताव के अनुसार व्रजमण्डल की बरबादी को नहीं रोक सका और न उसने कूंच करना ही स्वीकारा। फलतः सूरजमल इस अमानवीय कृत्य से अधिक दृढ़ हो गया और उसने रूपराम कटारा तथा अन्य सलाहकारों से बातचीत करके रूक्ष शब्दों में लिखा, "पेशकश के रूप में मैं अब आपको दस लाख से अधिक अदा नहीं कर सकता। क्या आगे आपके व हमारे बीच में मित्रता व शत्रुता की भावना स्थिर रहेगी? इस बारे में आपका विचार ही निर्णायक होगा। मित्रता के अभाव में निश्चित रूप से इसी प्रकार आपस में संघर्ष चलता रहेगा।"[1] सूरजमल के इस प्रतिरोधात्मक आचरण से शाह असमंजस में अवश्य पड़ गया, परन्तु उसने हठ व प्रयास को नहीं छोड़ा।

जहांन खां द्वारा आगरा में लूटमार, २१–२३ मार्च

नजीब खां के परामर्श पर अहमद शाह दुर्रानी ने विचार किया कि आगरा दुर्ग पर कब्जा करने के बाद इसको जाट विरोधी अभियान का केन्द्र बनाया जावे। आगरा में इस समय दिल्ली के अनेक सेठ–साहूकार, प्रतिष्ठित नागरिकों ने आश्रय ले रखा था और शमशेर बहादुर, नारोशंकर तथा अन्ताजी भागकर आगरा चले गये थे। इससे शाह ने जहांन खां तथा नजीब खां को लूट व नरसंहार अभियान से वापिस बुला लिया और उनको आगरा दुर्ग व नगर पर अधिकार करके वहां से धन वसूली का आदेश दिया। २१ मार्च को प्रातःकाल पन्द्रह सहस्र सवारों के साथ जहांन खां आगरा पहुँचा और उसने शहर में प्रवेश किया। जब अफगान सेनायें आगरा पहुंच गईं, तब शमशेर बहादुर, नारोशंकर वहां ने भाग गये और उन्होंने भगोड़ा नागरिकों से अट्ठाईस लाख का सामान भी लूट लिया।[2] इससे नागरिकों का मराठों से विश्वास हट गया। अप्रेल २०, १७५६ ई० को आगरा के शाही खानदानी किलेदार फाजिल खां की मृत्यु[3] हो गई थी और वहां उसका पुत्र मिर्जा सैफुल्ला बेग किलेदार था। जहांन खां की मांग पर "मिर्जा सैफुल्ला बेग ने दुर्ग का समर्पण करने से मना कर दिया और दुर्ग–प्राचीर पर लगी तोपों से गोलाबारी करके दुर्ग की रक्षा की।" जहांन खां शाही दुर्ग पर अधिकार करने में विफल रहा। फिर उसके आदेश पर अफगान तथा रुहेलों ने शहर में भारी लूटमार व नर संहार किया। अन्ताजी के अनुसार "सरवर खां की कमान में एक टुकड़ी धौलपुर (धवलपुरी) की ओर भेजी गई।" यह स्थिति देखकर आगरा के किलेदार मिर्जा सैफुल्ला बेग,

---

१ – भाऊ बखर, पृ० ३८; पे० द०, जि० २, लेख ७२; कानूनगो, पृ० १०६। सरदेसाई, जि० २, पृ० ५०५; सरकार (मुगल), खण्ड २, पृ० २६८।

२ – राजवाडे, जि० १, लेख ६३; पे० द०, जि० २, लेख १०७।

३ – दे० क्रॉनी०, पृ० ७३।

कोतवाल रुस्तम बेग तथा सैय्यद खानजहाँ ने बंगाल के सेठ का कासिम से एक लाख रुपया उधार लेकर जहांन खां को नजर किया। २३ मार्च के दिन जहांन खां को मथुरा छावनी में लौटने का आदेश मिल गया था। इससे वह २४ मार्च को अपनी समस्त अफगान सेना सहित आगरा से वापिस लौट गया।[1] इस घटना के दस वर्ष बाद फादर वेण्डल लिखता है कि—"सूरजमल ने दूर रहकर अपने ब्रज देश की इस महान विपत्ति को सहन किया। दुर्रानी तथा रुहेलों ने मिलकर पाशविकता दिखलाई और मथुरा को जलाकर राख तथा रक्त-रंजित कर दिया। उन्होंने किसी पर भी दया नहीं दिखलाई। इस समय आगरा शहर तथा समीपवर्ती स्थान इस प्रकार नष्ट किये गये थे, जिस प्रकार इससे पूर्व कभी नहीं हुये। इस मनहूस घटना के चिह्न अब भी दिखलाई देते हैं।"[2] जबकि अन्ताजी माणकेश्वर के शब्दों में—"दिल्ली से आगरा तक किसी भी गांव में एक भी व्यक्ति जीवित दिखलाई नहीं देता था। जिस मार्ग से दुर्रानी आया तथा लौटा, उस मार्ग में दो सेर अन्न या घास भी नहीं मिल सकी।" दीर्घकालिक वार्ता के बाद भी हठी व साहसी सूरजमल ने दुर्रानी के सामने समर्पण नहीं किया। अन्ताजी के शब्दों में—"अन्त में राजा सूरजमल ने राजा जुगल किशोर तथा अन्य दूतों के द्वारा शाह को पांच लाख रुपया खिराज तथा उसके प्रधानमन्त्री को दो लाख रुपया घूंस देने का वचन दिया।"[3] फिर भी वार्ता का दौर नियमित चलता रहा।

शाह की वापिसी के मुख्य कारण

अहमद शाह दुर्रानी मथुरा-वृन्दाबन की लूट-बरबादी के बाद दिल्ली वापिस क्यों लौट गया था? अन्य कारणों के साथ ही आलमगीर सानी का दरबारी इतिहासकार लिखता है, "सूरजमल के पास चार अति सुदृढ़ पक्के (पुख्ता) दुर्ग हैं और उनका कच्चा परकोटा काफी ऊंचा तथा चौड़ा है। इनके चारों ओर खाईयां इतनी गहरी खोदी गई थीं कि भूमि से पानी निकलने लगा था। इन चारों दुर्गों को एक दूसरे से सम्बद्ध रखने के लिए अन्य कच्ची गढ़ियों का निर्माण कराया गया था। नगर प्राचीरों के बाहर ३ किमी. की दूरी पर मरहला (मंजिले पड़ाव) तैयार किये

---

१ – ता० आलमगीर सानी, पृ० १०९ अ; सियार, खण्ड ३, पृ० ३५२; ता० मुजफ्फरी, पृ० १२१; सामीन, (इ० ए०), पृ० ६४–५; राजवाडे, जि० १, लेख ६३; पे० द०, जि० २१, लेख १११; जि० २७, लेख १४६, १५२, १५५; कानूनगो, पृ० १०५।

२ – वेण्डल, पृ० ७५; पे० द०, जि० २, लेख ७२; सरकार (मुगल), खण्ड २, पृ० ८२ (पा० टि०)।

३ – पे० द०, खण्ड २१, लेख १११; सरकार (मुगल), खण्ड २, पृ० ८३।

गये थे। इन मरहलों पर रहकला, सामान लाने ले जाने वाले बेलदार, श्रमिक तथा बन्दूकची सवार तैनात थे। सूरजमल ने दुर्गों में गल्ला, घृत, तेल आदि खाद्यान्न, दाना—घास तथा दैनिक उपयोगी वस्तुयें एकत्रित कर ली थीं, ताकि कुछ वर्ष तक दुर्भिक्ष का सामना किया जा सके। दुर्गों की रक्षा के लिए युद्ध प्रसाधन, छोटी—बड़ी तोपें, रहकला, बाण, गोला—बारूद, सीसा आदि का प्रचुर भंडार जमा था। अनेक वर्षों के नियमित तथा मुस्तैद घेरा के बाद भी इन दुर्गों का समर्पण कराना या अधिकार करना सरल कार्य नहीं था।" [1] इस स्थिति को देखकर अहमद शाह दुर्रानी ने सोचा कि इन दुर्गों पर अधिकार करने में अनेक वर्ष लगेंगे। इससे उसने ब्रजमण्डल (जटवाड़ा) से प्रयाण करने का निश्चय कर लिया था।

अब मधुमास समाप्त हो रहा था और ग्रीष्म अपनी प्रचण्ड उष्मा के साथ प्रारम्भ होने वाली थी। शाह तथा उसके सैनिक गर्मी सहन नहीं कर सकते थे। सर यदुनाथ सरकार के अनुसार— "यमुना का पानी भी सूखने लगा था। नदी में मारे गये या आत्मघात करके मरने वाले लोगों की कच्ची व अधजली ल्हासें भरी हुई थीं। इससे नदी का पेयजल दूषित हो गया था। प्रकृति ने अपना प्रकोप दिखलाया। तीन सप्ताह में सूर्य की प्रचण्डता से स्थिति और भी गम्भीर हो गई। वृन्दाबन, मथुरा तथा अन्य स्थानों का रक्त—रंजित नदी का जल दुर्रानी के डेरों तक पहुँच गया, जिनको उसने अपने आदेश से वध गृह बना दिया था।"[2] फलतः पेय जल की अशुद्धता तथा चतुर्दिक फैली दूषित वायु से दुर्रानी की महाबन छावनी में हैजा फैल गया और इस महामारी से नित्यशः एक सौ पचास सैनिक मरने लगे। "इस समय न कोई औषधि थी और न अन्य कोई उपचार। कहा जाता है कि इस महामारी को रोकने के लिये इमली का पानी बतलाया गया, परन्तु इमली का भाव भी सौ रुपया सेर हो गया।" अफगान सेना घोड़ों का मांस खाने लग गई थी। इससे घोड़ों की कमी होने लगी। जो सैनिक शेष रहे, उन्होंने घर वापिस लौटने के लिये कोलाहल मचा दिया था। इससे दुर्रानी विवश हो गया। उसने २६ मार्च को अपने राजदूत कलन्दर खां को मुगल सम्राट के पास अपना पत्र लेकर दिल्ली (२८ मार्च) भेजा कि "उसने जाट अभियान का विचार छोड़ दिया है और वह दिल्ली की ओर वापिस लौट रहा है।" साथ ही उसने आगरा से जहांन खां व नजीब खां को वापिस बुलाने के लिये तीव्र धावक सवार भेजे। उसने वृन्दाबन से ६ मार्च को किये गये वायदे की धनराशि वसूल करने का विफल प्रयास किया। २८ मार्च को अफ़गान सेना ने महाबन से कूंच किया और मथुरा के उतर में ३० किमी. कस्बा शेरगढ़ में

१ – ता० आलमगीर सानी, पृ० ११४ अ।

२ – सरकार (मुगल), खण्ड २, पृ० ८३।

पहुँच कर सूरजमल से यथा सम्भव पेशकश की राशि प्राप्त करने का प्रयास किया।[1]

सूरजमल का शाह दुर्रानी को अन्तिम उत्तर

शाह दुर्रानी ने शेरगढ़ शिविर से राजा जुगल किशोर के साथ अपने एक अफगान अधिकारी को इस कड़ाई तथा धमकी भरे पत्र के साथ सूरजमल के पास भेजा, "यदि वह खिराज की रकम भुगतान करने में टालमटोल करेगा, तो उसके तीनों दुर्ग तोड़ कर धूल में मिला दिये जावेंगे और उसके देश तथा उसके साथ जो कुछ भी होगा, उसके लिये वह स्वयं उत्तरदायी होगा।" सूरजमल एक पारदर्शी राजनयिक व्यक्ति था। इस समय दुर्रानी को अपनी राजधानी से निकलें पांच माह हो चुके थे। महामारी ने उसके पैर तोड़ दिये थे और उसके सैनिक वापिस लौटने के लिये पुकार रहे थे। सत्यतः अफगान सैनिक जमकर युद्ध करने के लिये नहीं निकले थे। उनके पास भारी तोपखाना नहीं था और बिना भारी तोपखाना तथा दीर्घ-कालिक घेराबन्दी के जाट दुर्गों का पतन सम्भव नहीं था। सूरजमल शाह दुर्रानी की इस मूल्यहीन धमकी से भयभीत नहीं हुआ और उसने शाह दुर्रानी के पास विनम्र तथा कठोर उत्तर भेजा।

"मैं हिन्दुस्तान के साम्राज्य में कोई महत्वपूर्ण स्थिति तथा शक्ति नहीं रखता हूं। मैं तो रेगिस्तान (मैदान) में रहने वाले जमींदारों में से एक (व्यक्ति) हूं। मेरी अयोग्यता के कारण ही (वर्तमान) युग के किसी भी बादशाह ने मेरे कार्यों में हस्तक्षेप करना उचित नहीं समझा। अब आप सदृश शक्ति-सम्पन्न शाह ने रणक्षेत्र में आमने सामने अड़कर उलझने का संकल्प किया है। इस तुच्छ व्यक्ति के विरुद्ध आप फौजकशी करेंगे, तो इससे शाह के ऐश्वर्य तथा महानता को ही अपयश मिलेगा। इससे मेरा सम्मान बढ़ेगा और इस विनीत के लिये गर्व का विषय होगा। संसार यह कहेगा कि ईरान व तूरान के शाह ने अत्यधिक भयभीत होकर एक निर्धन घुमक्कड़ के विरुद्ध फौजकशी की। ताज प्रदान करने वाले शाह के लिये केवल ये शब्द ही अत्यधिक शर्मनाक होंगे। इससे इतर परिणाम भी पूर्णतः अनिश्चित ही है। महान शक्ति तथा साधनों से सम्पन्न यदि आप मुझ जैसे शक्तिहीन को बरबाद करने में सफल होते हैं, तो फिर आपको इसमें कितना श्रेय मिलेगा? यह कहा जायेगा कि "उस गरीब की क्या शक्ति तथा स्थिति थी?" काश! अदृश्य (प्रभू) की प्रेरणा, जिसका किसी को भी ज्ञान नहीं है, से यदि विजय दूसरी ओर मोड ले लेगी, तब इसका क्या परिणाम होगा? अपने वीर सैनिकों के बल से आपने जो महान शक्ति

---

१ – ता० आलमगीर सानी०, पृ० १०९ ब, ११४ ब; सामीन, पृ० ३९; सियार, खण्ड ३, पृ० ३५२; पे० द०, जि० २१, लेख १११; कानूनगो, पृ० १०५।

तथा ऐश्वर्य ग्यारह वर्ष में अर्जित किया है, वह एक क्षण में ही तिरोहित हो जावेगा।

"यह आश्चर्य की बात है कि आप सदृश विशाल-गम्भीर हृदय ने इस छोटी सी बात पर विचार नहीं किया और आपने पूरी भीड़-भाड़ तथा विशाल सेना के साथ इस साधारण तथा महत्वहीन अभियान का भार तथा कष्ट अपने ऊपर ले लिया है। जहाँ तक आपने नर-हत्या तथा विनाश का भयप्रद तथा तीव्र आदेश भेजा है, वीरों को इस दुख: से भय नहीं होता। यह सभी समझते हैं कि कोई भी बुद्धिवादी नश्वर जीवन में आस्था नहीं रखता। जहां तक मेरा सवाल है, मैं अपनी आयु के पचास वर्ष पार कर चुका हूं और शेष के बारे में कुछ नहीं समझता। मेरे लिये इससे अधिक और क्या सौभाग्य की बात होगी कि मैं वीरगति का अमृतपान करुँ, जो मुझे वीरों के अखाड़े में और रणक्षेत्र में वीर-सैनिकों के साथ पीना है। ताकि मेरा तथा मेरे पूर्वजों का नाम युग के पृष्ठों पर याद किया जा सके कि एक अशक्त किसान ने महान तथा शक्तिशाली शहंशाह के साथ, जिसने बड़े-बड़े सम्पन्न सम्राटों को समर्पण के लिये बाध्य कर दिया था, समानता मानकर युद्ध किया और वीरगति प्राप्त की। मेरे स्वामी भक्त योद्धा तथा साथियों के हृदय में भी यह पुनीत विचार है। यदि मैं आपके स्वर्ग से भी अति रमणीक दरबार की दहलीज पर उपस्थित होने का विचार करुँ तो मेरे साथियों का सम्मान मुझे इस प्रकार उपस्थित होने के लिये आज्ञा नहीं देगा। इन परिस्थितियों में यदि आप, जो न्याय के श्रोत हैं, मुझे जो कि तिनके की भांति निर्बल हूं, क्षमा करेंगे और अपना ध्यान किसी अन्य महत्वपूर्ण अभियान की ओर देंगे, तो आपकी प्रतिष्ठा व ऐश्वर्य को कोई हानि नहीं पहुँचेगी।

"जहां तक तीन किलों की सत्यता है, जिन पर आपका क्रोध है और जिनको आपके सरदार मकड़ी के जाले की भांति कमजोर समझते हैं, वास्तविक युद्ध के बाद ही पता चल सकेगा! यदि ईश्वर ने चाहा तो ये सिकन्दर की बुर्ज के समान अजेय सिद्ध होंगे।" [1]

जाम-इ-जहान नामा का लेखक सूरजमल तथा अहमदशाह दुर्रानी के बीच हुई संधि के बारे में लिखता है— "सम्पन्न खजाना, शक्तिशाली दुर्ग, बहुत सी सेना तथा विशाल युद्ध-प्रसाधनों से सम्पन्न होने पर भी सूरजमल ने अपने स्थान (दुर्ग) को नहीं छोड़ा और वह स्वयं दुर्रानी से युद्ध करने को तैयार था। उसने शाह के दूतों से कहा— "आपने अभी तक हिन्दुस्थान पर विजय प्राप्त नहीं की है। यदि आपने एक अनुभवहीन बालक (इमादुलमुल्क), जिसके नियंत्रण में दिल्ली है, को अपने वश में कर लिया है, तो इसमें (गर्व की) क्या (बात) है? यदि आप में कोई अभिमान है

---

१ – तज्किरा-इ-इमादुलमुल्क, पृ० २४३-५; भाऊ बखर, पृ० ३८; कुदरतुल्ला, भाग १, पृ० ५०३, भाग २, पृ० ११८; ग ण्डासिंह, पृ० १८१-१८३

तो (मुझ पर आक्रमण करने में) देरी क्यों ? फिर शाह सुलह करने के लिये जितना अधिक दबने लगा, तब जाट का गर्व तथा उद्दण्डता उतनी ही बढ़ती गई और उसने कहा मैंने इन किलों पर अपार धन राशि खर्च की है। मुझसे युद्ध करने में शाह की कृपा ही होगी। ताकि भावी दुनिया यह याद रखेगी कि विलायत से एक बादशाह आया था, जिसने दिल्ली जीत ली, परन्तु एक साधारण जमींदार के सामने बेबस हो गया।" जाट दुर्गों की दृढ़ता से भयभीत होकर शाह वापिस लौट गया। उसने दिल्ली में स्वयं सम्राट मुहम्मदशाह की पुत्री से और अपने पुत्र का आलमगीर सानी की पुत्री से निकाह किया और इसके बाद वह कंधार चला गया। [1]

अहमद शाह दुर्रानी ने ३० मार्च को फरीदाबाद और ३१ मार्च को दिल्ली के समीप सराय बसन्त खां तथा सराय सुहैल के पास शाही छावनी डाली। उसने इस बार राजधानी में प्रवेश नहीं किया और एक अप्रेल को वजीराबाद तथा बादली में शिविर डाला, जहां वह तीन दिन रुका। अभी तक दुर्रानी के वास्तविक विचार व उद्देश्य स्पष्ट नहीं थे। इससे सूरजमल के दूत मुंशी यह्या खां तथा राजा मोहन सिंह सूर्यद्विज [2] उसके साथ बातचीत करते तथा शाह को पांच लाख रुपया पेशकश व उसके वजीर को दो लाख रुपया रिश्वत में देने का आश्वासन देते हुए दिल्ली के उत्तरी-पश्चिमी मोहल्लों तक चले गये थे। यहां पर जब उनको निश्चित हो गया कि वास्तव में शाह अपने देश को वापस लौट रहा है, तब तेज धावक सुतर-सवारों ने यह सूचना [3] सूरजमल के पास आकर दी। सरदेसाई के अनुसार— "दुर्रानी को युद्ध की ललकार जाट राजा की वाक्पटुता तथा सफलता का प्रतीक है।" फादर वेण्डल के अनुसार—"उसका (जाट राजा का) सौभाग्य नक्षत्र चमक रहा था और उसको वायदे की रकम में से एक कोड़ी भी अदा नहीं करनी थी। सूचना मिलते ही उसने खिराज की बातचीत तय करने के लिये आये दुर्रानी के दूतों को अपने दुर्ग से निकाल दिया। इस प्रकार उसने निःसंदेह विदेशी आक्रान्ता को एक कोड़ी भी अदा नहीं की।" [4] अहमदशाह की उत्तेजित करने की नीति पूर्णतः विफल रही और सूरजमल की सैनिक शक्ति पर कोई भी प्रभाव नहीं पड़ा। इस प्रकार जाटों के विरुद्ध शाह दुर्रानी का प्रथम सैनिक अभियान पूर्णतः विफल [5] रहा।

---

१ –कुदरतुल्ला, भाग १, पृ० ५०३, भाग २, पृ० ११८; गण्डा सिंह, पृ० १८३ पा० टि०।

२ – वाक्या राज०, जि० २, पृ० ६५।

३ – पे० द०, जि० २, लेख ७२।

४ – वेण्डल, पृ० ७८, पे० द०, खण्ड २, लेख ७२; जि० २१, लेख १११; भाऊ बखर, पृ० ३७–८; कानूनगो, पृ० १०६–७; सरदेसाई, खण्ड २, पृ० ५०५।

५ – पे० द०, खण्ड २, लेख ७२; भाऊ बखर, पृ० ३७–८।

६ – अहमद शाह दुर्रानी की हिन्दुस्तान से वापिसी, अप्रेल, १७५७ ई०

२६, जनवरी को अपनी प्रथम भेंट में सम्राट आलमगीर सानी ने शाह दुर्रानी से वजीर इमादुलमुल्क के रूक्ष तथा कठोर व्यवहार व आचरण की शिकायत की थी। उसने कहा– 'या तो शाह इसको मौत के घाट उतार दे या बन्दी बनाकर कारागृह में डाल दे अथवा अपने साथ अफगानिस्तान ले जावे।' [१] इमाद की एकाधिकार नीति के विरुद्ध राजा सूरजमल, नजीबुद्दौला तथा राजा नागरमल ने भी इसी आशय का एक गोपनीय प्रार्थना-पत्र प्रस्तुत किया था। इस समय इमादुलमुल्क आगरा में था। शाह ने प्रस्थान करते समय नजीब खां को नजीबुद्दौला का विरुद प्रदान करके मीर-बख्शी (अमीर-उल-उमरा) का पद प्रदान किया और साम्राज्य का सर्वोच्च सत्ताधारी वकील-इ-मुतलक नियुक्त किया। उसको दिल्ली नगर का रक्षक, प्रशासनिक प्रबन्धक तथा सम्राट की निजी-रक्षा का भार सौंपा गया। साथ ही उसने उसको अफगागिस्तान का प्रतिनिधित्व करने के लिये आलमगीर सानी के दरबार में अपना मुख्तयार नियुक्त किया। [२]

दिल्ली प्रवेश से पूर्व ही शाह दुर्रानी ने २० जनवरी को नरेला पड़ाव में भूतपूर्व वजीर इन्तिजामुद्दौला को वजारत की सनद प्रदान कर दी थी, किन्तु इमाद ने वजारत प्राप्त करने की लालसा से शाह को लूटमार करने तथा उसकी सेनाओं का मार्ग-दर्शक बनकर स्वामि भक्ति प्रगट की थी। फलतः ३ अप्रेल को दुर्रानी के आग्रह पर सम्राट ने इमाद को वजारत की पगड़ी तथा कलमदान पुनः प्रदान करके वजीर पद प्रदान कर दिया था। [३] अन्त में शाह १० अप्रेल को सोनपत से पंजाब की ओर रवाना हो गया। वह अपने साथ शाही महल की कई बेगमें व दासियों को ले गया। साथ ही करोड़ों की सम्पत्ति व लूट का अपार सामान ले गया। [४]

बृज मण्डल तथा हरियाणा की बरबादी के मुख्य कारण

(१) सूफी सन्त शाह वली उल्लाह का सम्भवतः यह विश्वास था कि नव मुस्लिम

---

१ – ता० आलमगीर सानी, पृ० ९६ ब; सियार, खण्ड ३, पृ० ३५२; तज्किरा-इ-इमाद, पृ० २१२।

२ – नजीबुद्दौला, पृ० १५ ब।

३ – दे० क्रॉनी०, पृ० ९२।

४ – पे० द०, खण्ड २, लेख ७१; राजवाडे, जि० १, लेख ६३; कीन, पृ० ५१-३; फ्रेंकलिन, पृ० ७।

तथा मुगलों की भांति एक नवीन तथा अति बलशाली वंश का संस्थापक अहमद शाह दुर्रानी हिन्दुस्तान की राजधानी व मुगल सिंहासन पर अधिकार कर लेगा। वह हिन्दुस्तान में रह कर एक नवीन सशक्त मुस्लिम प्रधान सरकार तथा प्रशासन को गठित करेगा और इसी धरती पर प्राण त्याग देगा। [1] यह उसकी भूल मात्र थी। दुर्रानी का हिन्दुस्तान की राजधानी तथा उसके आसपास प्रथम आक्रमण 'काफिरों के विरुद्ध जिहाद' की भूमिका नहीं थी और न वह जाट-मराठों को ही परास्त करके हिन्दुस्तान में स्थाई तौर से ही बसना चाहता था। वह वास्तव में लूट तथा बरबादी करके हिन्दुस्तान को आर्थिक दृष्टि से कमजोर तथा सैनिक शक्ति को पंगु करना चाहता था, ताकि पंजाब तथा सरहिन्द प्रान्तों पर उसका दीर्घकालिक अधिकार रह सके।

सत्यतः ब्रजमण्डल के प्रमुख धार्मिक नगर व कस्बा दुर्ग-प्राचीरों से अरक्षित थे। शाह के रोमांचकारी अत्याचार, लूट तथा बरबादी धार्मिक जिहाद या काफिरों (जाटों) की शक्ति का दमन के कारण नहीं था। यह भी सत्य है कि विवेकी सूरजमल ने उसके सामने समर्पण करके अधीनता स्वीकार नहीं की थी। परन्तु सात माह (अक्तूबर, १७५६-अप्रेल, १७५७ ई०) तक दुर्रानी ने देश तथा राजधानी में सूफी सन्त के स्पष्ट उपदेशों के बाद भी जो लूट, बरबादी, कत्ल तथा बलात्कार किये, उनके विरुद्ध किसी भी मुस्लिम सरदार व उलेमा ने अपनी ऊंगली नहीं उठाई। यह कष्ट मुस्लिम सरदार, जनता तथा सूफी फकीर ने आत्मग्लानि के साथ सहन कर लिया था।

जाट अभियान की योजना में शाह वली उल्लाह का मिथ्या स्वप्निल अन्तर्नाद के साथ ही वजीर इमाद तथा नजीब खां का परामर्श था और दोनों ने दुर्रानी की अनुकम्पा वरण करने के लिये शाह का पथ-प्रदर्शन किया था। नजीब खां का मुख्य बिन्दू इमाद की सैनिक शक्ति, वंशानुगत प्रभाव व प्रतिष्ठा को खोखला करना था और इमाद मराठों की सैनिक शक्ति पर निर्भर था। सूरजमल, राजपूत राजा, शुजा, बंगश तथा नजीब सभी मराठा लूट व बरबादी के विरोधी थे। इसके अलावा सूरजमल इमाद के शत्रु शुजा का पुराना मित्र था। उसने इमाद का अभी तक साथ नहीं दिया था। इमाद ने वजारत पुनः प्राप्त करने तथा अपने आपको जाटों की शक्ति से सुरक्षित करने के लिये दुर्रानी को जाटों के विरुद्ध उकसाया था। इस प्रकार सर यदुनाथ सरकार का मत है कि दिल्ली, मथुरा तथा आगरा की जनता को इस अफगान आक्रमण के कारण जो यातनायें भोगनी पड़ीं, उसका उत्तरदायित्व नजीब पर कितना था और इमाद पर कितना, इसका निर्णय करना इतिहासकार के लिये सम्भव नहीं है।

---

१ - मकतूबात, लेख १३, पृ० ७३, उर्दू अनु० पृ० १०३।

एक परमद्रोही था और दूसरा अति भीरु। दोनों ही पहिले दर्जे के स्वार्थी थे। दोनों में तनिक भी देश भक्ति नहीं थी। क्योकि दोनों ही भारत को अपनी मातृ-भूमि नहीं मानते थे।[1] इन परम द्रोही तथा अराष्ट्रीय नजीब व इमाद से अधिक क्रूरता के पाप का भागीदार सूफी सन्त था। यद्यपि वह इस दूषित नीति के विरुद्ध था। उसने बार-बार शाह दुर्रानी तथा नजीब से इन हृदय-विदारक घटनाओं को रोकने की प्रार्थना की थी, किन्तु सिपाहियों के नैतिक पतन की उसने कल्पना भी नहीं की थी। शाह बली उल्लाह ने काफिरों के जिहाद की जिस भूमिका को बनाया, वह विफल रही। न मराठा ही उत्तर-भारत से हट सके और न जाटों का ही दमन हो सका। न उनकी नैतिक पराजय!

(२) नजीब खां इमाद की शक्तियों का अपहर्ता एक स्वार्थी व्यक्ति था। वह एक कट्टर मुस्लिम था। उसका सिद्धांत अपने भाग्य की समोन्नति के लिये यश तथा धन दोनों ही प्राप्त करना था। उसने लूटमार में भाग लेकर धन बटोरा और स्व-जातीय रूहेलों को एक भारतीय शक्ति के रूप में संगठित किया।

(३) उपरि दोआब प्रदेश के आधे से अधिक भाग पर नजीब का अधिकार था। मराठों के पास दोआब में केवल फफून्द, सिकोहाबाद, इटावा, बुलन्दशहर, मेरठ, कोरा, जहानाबाद के वे परगने थे, जिनको वहां के मराठा कमाबिसदार या समाहर्ता छोड़कर भाग गये थे। दुर्रानी की सहायता से नजीब ने प्रायः मराठा प्रशासित परगनों पर अपना दखल जमा लिया था।

(४) मथुरा एक धार्मिक हिन्दू सस्कृति का प्रमुख केन्द्र था, जहां दिल्ली के अधिकांश धनवान, बहुल हिन्दू जनता तथा मराठों ने शरण ली थी। इससे दुर्रानी को यहां से अधिक माल मिलने की आशा थी।

(५) सम्भवतः सूरजमल ने इस महान संकट काल में मराठों का साथ देने का निश्चय कर लिया था और अन्ताजी ने इस निश्चय तथा विपत्ति की सूचना पूना भेजी थी। दक्षिण से मराठों को सामयिक सैनिक सहायता मिल जाती, तो यह बर-बादी क्यों होती? गोविन्द सखाराम सरदेसाई के शब्दों में— "पेशवा ने बिना एक क्षण विलम्ब के रघुनाथ राव तथा होल्कर को नवम्बर, १७५६ ई० में दिल्ली की ओर प्रस्थान करने का आदेश दिया था। दुर्रानी तथा रघुनाथ राव काबुल तथा पूना से एक ही समय पर चले थे। यदि रघुनाथ राव की गति उतनी ही द्रुत होती जितनी दुर्रानी की थी, तो संकट टल जाता या कम से कम उसकी प्रचण्डता कम की जा सकती थी। होल्कर की दुर्रानी से युद्ध करने की इच्छा नहीं थी। विदेशी संकट

---

१ – सरकार (मुगल), खंड २, पृ० ६१।

से सम्राट की रक्षा के लिये मराठा वचनबद्ध थे। अतः रघुनाथ राव का यह कर्तव्य था कि वह शीघ्र ही दिल्ली पहुँच जाता।[1]

यह स्पष्ट था कि सूरजमल मराठों की राह देख रहा था और जाट-मराठा सेनाओं की एकता तथा प्रबलता से 'जिहाद' योजना क्रियान्वित नहीं हो सकती थी। जाट राजा ने निःसन्देह दुर्रानी का सफल कूटनैतिक प्रतिरोध किया, किन्तु रघुनाथ राव की अकर्मण्यता के कारण वह विनाश को नहीं रोक सका।

१० — आगरा नगर तथा अन्य परगनों पर जाटों का अधिकार, मार्च-जून, १७५७ ई०

अहमद शाह दुर्रानी विद्रोही राज्यपालों से उनके प्रान्त छीनकर साम्राज्य की आर्थिक विपन्नता को सुचारु व व्यवस्थित करना चाहता था। इस बारे में इमाद का सुझाव था कि आगरा को केन्द्र बनाकर जाट दुर्गों को छीन लिया जावे और सूरजमल को खिराज भुगतान के लिये बाध्य किया जावे। फलतः १२ मार्च को सम्राट ने शाहजादा हिदायत बख्श को आगरा का राज्यपाल नियुक्त किया और १४ मार्च को अपने भतीजे तथा दामाद मिर्जा बाबा को बंगाल तथा अवध के राज्यपाल पदों का फरमान प्रदान करके बिदा किया। गुलाम अली खां को उसका दीवान और मुबारिज खां को अतालीक नियुक्त[2] किया। १६ मार्च को वे थोड़े से साथी तथा अनुचरों के साथ शाह दुर्रानी के मथुरा के समीप लगे शिविर में आकर उपस्थित हो गये थे। यहां यह निश्चय किया गया कि शाहजादा हिदायत बख्श पहिले दोआब में फर्रूखाबाद के नवाब अहमद खां बंगश की सहायता से मराठा थानों को उठाकर अपना अधिकार कर ले। दुर्रानी सरकार की ओर से इमाद को वजीर पद की खिलअत तथा एक घोड़ा प्रदान[3] किया गया। इस कार्य के लिये वजीर इमादुल्मुल्क को उसका संरक्षक तथा कूटनीतिज्ञ परामर्शक और जंग बाज खां को सेनानायक नियुक्त किया गया। नजीब खां के भ्राता सुल्तान खां तथा पुत्र जाविद खां, यहया खां को तीन सहस्र सेना तथा छः सौ दुर्रानी सैनिकों सहित उसके साथ रवाना किया गया।[4]

आगरा के शाही अधिकारियों सैय्यद खानजहां किलेदार, रुस्तम बेग कोतवाल तथा इस्लाम खां दरोगा-इ-अदालत ने शाहजादों का स्वागत किया। इमाद ने

---

१ — पे० द०, जि० २१, लेख १०४, १०५, १०७, १०८; सरदेसाई, खंड २, पृ० ५०३, ५०५।

२ — दे० क्रॉनी०, पृ० ८९।

३ — उपरोक्त, पृ० ९०।

४ — ता० आलमगीर सानी, पृ० १०६ ब, १०९ अ; ता० मुजफ्फरी, पृ० १२२।

आगरा नगर का प्रबन्ध संभाल लिया और शाहजादा हिदायत बख्श की ओर से सैय्यद खानजहां को आगरा प्रान्त का नायब नियुक्त करके एक कोतवाल, एक दरोगा अदालत तैनात किया। यहां से शाहजादा ने २५ मार्च को यमुना नदी पार कर ली। २८ मार्च को फिरोजाबाद पहुँच गया और ३१ मार्च को मैनपुरी में पड़ाव डाला, जहां ४ अप्रेल को अहमद खां बंगश ने उससे मुलाकात की। फिर हिदायत बख्श ने इटावा से मराठा कमाबिसदारों को हटाने के लिये प्रस्थान किया और मिर्जा बाबा ने कादिरगंज में डेरा डाला। इस प्रकार दुर्रानी के प्रस्थान के साथ ही आगरा नगर व प्रान्त से मुगल शाहजादों का भय भी समाप्त हो चुका था।

अब राजा सूरजमल ने सोभाराम (सुहाराम ?) को आगरा का सूबेदार नियुक्त करके जाट सेनाओं के साथ रवाना किया। उसने शीघ्र ही आगरा नगर पर अप्रेल में अधिकार कर लिया। शाही अधिकारी सैय्यद खानजहां, रुस्तम बेग तथा इस्लाम खां जाट शिविरों में आकर उपस्थित हुए। उनको बन्दी बना लिया गया तथा अन्य शाही अधिकारियों को मार कर भगा दिया। फिर जाटों ने पूर्ववत यमुना नदी के पूर्वी तटवर्ती शाही परगनों में अपने थाने स्थापित कर लिये।[1]

हिन्दुस्तान में नजीबुद्दौला दुर्रानी का प्रमुख प्रतिनिधि था, परन्तु वह इमाद से भी अधिक पतित तथा अशिष्ट व्यक्ति था। सम्राट ने राजधानी के आस पास के समस्त जिलों का प्रबन्ध उसको सौंप दिया था। उसने बादशाह तथा राष्ट्र हित की उपेक्षा करके शाही खजाने का अधिकांश भाग अपने व्यक्तिगत स्वार्थ में व्यय करके अपनी शक्ति तथा आर्थिक सम्पन्नता की ओर विशेष ध्यान दिया। यहां तक कि शाहजादों की जागीरों से वसूल की गई राशि को भी हड़प कर गया और जो कुछ भी भूमिकर मिला, उसका केवल एक-चौथाई या पांचवा अंश मालिकों को दिया। ११ मई को उसने एक सम्पन्न तथा महत्वपूर्ण प्रदेश की सैर करके केवल पच्चीस हजार रुपया शाही खजाने में जमा किया था।[2] उसने दोआब में मराठों की जागीर तथा अधिकांश शाही परगनों पर अपना अधिकार कर लिया था। सम्राट के प्रति उसका व्यवहार काफी कठोर तथा आचरण अप्रिय था, इससे दिल्ली में उसके प्रति उपेक्षा की भावना उभरने लगी थी।

अब राजा सूरजमल ने केन्द्रीय सरकार व दरबार की राजनीति, शासन व्यवस्था में खुलकर हस्तक्षेप किया। दुर्रानी की पीठ मुड़ते ही सूरजमल तथा मराठा

---

१ – ता० आ० सा०, पृ० ११७ ब–११८ अ; ता० मुजफ्फरी, पृ० १२३; पे० द०, जि० २, लेख ७२।

२ – ता० आलमगीर सानी, पृ० १२० अ; दे० क्रॉनी० (११ मई)।

सरदार पुनः सक्रिय हो गये। जाटों के लिये अब मैदान साफ था। सूरजमल शीघ्र ही अपनी मांद (दुर्ग) से निकला और उसने जाट राज्य के अधिकृत परगनों की व्यवस्था संभालने, थाना व चौकी स्थापित करने के लिये अपने अधिकारी, कर्मचारी तथा सैनिकों को रवाना कर दिया। जाट सैनिकों ने पूर्व तथा उतर में दोआब की पश्चिमी सीमा पर दनकौर, यमुना के पूर्वी तट पर दोआब में किनारे-किनारे चल-कर पठानों को पराजित किया और अपने पुराने थानों पर अधिकार कर लिया। आगरा नगर के अलावा बल्लमगढ़, रेवाड़ी पर्यन्त समस्त मेवात व अहीरवाटी के परगनों पर जाटों का पूर्ववत दखल था।[1]

दुर्रानी ने जाट राज्य के जिलों व परगनों में भीषण लूट व बरबादी की थी। दिल्ली तथा उसके आसपास के इलाकों में किसी के पास बन्दूक क्या, एक तलवार भी नहीं छोड़ी। वह जाट दुर्गों को जीतने के लिये अपने साथ जो तोपें लाया था, उनको परिवहन साधनों के अभाव में दिल्ली के आसपास जाट सीमाओं में ही छोड़ गया था। मई के प्रथम सप्ताह में जाटों ने विजयोल्लास के साथ उनको अपने अधि-कार में ले लिया और उनको उठाकर अपने दुर्गों में ले आये।[2]

११ – जाट–मराठा समझौता, मई–जून १७५७ ई०

अहमद शाह दुर्रानी के अमानवीय कृत्यों का प्रतिशोध लेने तथा मुस्लिम संगठन व मुस्लिम तानाशाही की धमकी के विरुद्ध दक्षिण से मराठा तूफान पुनः उठा, जिसका अन्तिम विन्दू हिमालय की तराई तथा पश्चिम में सिन्धु नदी का तट था। यह 'जिहाद' के विरुद्ध प्रतिरोधात्मक चुनौती थी ताकि अफगानिस्तान के शाह को यह अनुभव हो सके कि हिन्दुस्तान में अभी तक एक राष्ट्र या साम्राज्य की रक्षक शक्ति मौजूद है और वह विदेशी आक्रान्ता को देश की सीमाओं के बाहर खदेड़ने में समर्थ है।

बालाजी बाजीराव पेशवा मल्हार राव की दुर्भावना को भली भांति समझता

---

१ – पे० द०, खंड २, लेख ७१ (अन्ताजी का पत्र "अन्तरवेदीत येऊन आपला आमल बसाविला), खंड २१, लेख ११८ (२३ अप्रेल)।
– २७ जुलाई को शमशेर बहादुर रेवाड़ी पहुंच गया था। यहां उसको पता चला कि केवल कुछ गांव कामगार खां बलूच और कलियाना की विधवा सतभामा के कारिन्दा सीताराम के पास हैं। बाकी आस-पास के परगनों पर सर्वत्र जाटों का नियंत्रण है (पे० द०, खण्ड २७, लेख १९३, १९७, १९८)।

२ – पे० द०, खण्ड २, लेख ७१; राजवाडे, जि० १, लेख ६३; सरकार (मुगल), खण्ड २, पृ० ८६।

था और उसने रघुनाथ राव को स्पष्ट निर्देश दिया था कि जाट प्रान्त में वह इस बार जाटों से झगड़ा मोल नहीं ले। उसने लिखा— "यदि जाट आपके साथ कड़ाई भी करता है, तब भी उस पर आप सभी प्रकार की कृपा करते रहें। मल्हार राव व जाटों के दिल साफ नहीं हैं। युद्ध का विचार रखने से भी कुछ परिणाम नहीं निकलेगा। इस वर्ष जहां तक सम्भव हो सके जाटों से झगड़ा नहीं करें।" [1] स्पष्टतः मल्हार राव की दुर्भावना के कारण ही रघुनाथ राव यथा शीघ्र जाट प्रदेश में नहीं पहुँच सका। अर्थ संकट [2] से ग्रस्त रघुनाथ राव बीस सहस्र मराठा सैनिकों के साथ सवाई माधोसिंह से मामलत की रकम वसूल करने के उद्देश्य से चौथ का बरवाड़ा (रणथम्भोर के पश्चिम में ३२ किमी०) घेरा में उलझ गया था। उसने जयपुर राज्य से बकाया वसूल करने में चार माह (अप्रेल–जुलाई) निकाल दिये थे।

अप्रेल के द्वितीय सप्ताह में सूरजमल ने राव हेमराज कटारा को बातचीत करने के लिए जयपुर भेजा। माधोसिंह ने सूरजमल को आश्वासन दिया कि आप इस ओर से किसी भी बात में सन्देह व अलगाव नहीं समझें। आपने जो भी विचार किया है, उसी के अनुरुप अमल किया जावेगा। इस समय अन्ताजी कामां पहुँच गया था और उसने इस मुहाल में लूटमार शुरु कर दी थी। फलतः राजा हरसाय व दीवान नद लाल ने संगी हरचंद के हाथों अन्ताजी के लिए सिरोपाव भेजा और २ मई को नवल सिंह कल्याणोत ने उसको यह सिरोपाव प्रदान किया। [3]

मई के मध्य में रघुनाथ राव ने सखाराम बापू (रघुजी का दीवान) के नेतृत्व में २०,००० सेना का एक अग्र (कोतल) दल आगरा की ओर रवाना किया। उसके साथ में विट्ठल शिवदेव, दीवान गंगाधर, तांत्या, अन्ताजी माणकेश्वर तथा रघुनाथराव के निजी सैनिक भी शामिल थे। पेशवा ने आगरा का राज्यपाल पद होल्कर को प्रदान कर दिया था। अतः २७ मई को मल्हार राव ने विट्ठल शिवदेव को अपनी ओर से आगरा का नायब राज्यपाल नियुक्त करके सूरजमल से संघर्ष का मार्ग खोल दिया था। मराठा सेनानायक तथा सैनिकों ने चौथ का बरवाड़ा से प्रस्थान करके जाट राज्य की सीमा पर वैर दुर्ग के समीप अपना पड़ाव डाला। यहां रुककर उन्होंने राजा सूरजमल से बकाया रकम तथा खंडनी की मांग [4] की। फलतः सूरजमल ने मराठा प्रबन्धकों से बातचीत करने के लिए राव रूपराम कटारा को वैर भेजा

---

१ – पे० द०, जि० २, लेख ८०।

२ – राजवाडे, जि० १, लेख, ५२, ६७, ७०, ७१।

३ – ड्राफ्ट ख० प०, जि० ६, लेख १०६४, ११२१।

४ – ता० आलमगीर सानी, पृ० १२४ अ; राजवाडे, भाग १, लेख ६०।

श्रौर उसने श्रागरा प्रान्त में पेशवा की सूबेदारी तथा मराठा हस्तक्षेप का विरोध किया।

सूरजमल के सामने इस समय दो विकल्प थे। (१) या तो वह श्रहमद शाह दुर्रानी के मनोनीत प्रतिनिधि नजीबुद्दौला का साथ दे श्रथवा (२) संदिग्ध स्वधर्मी मराठों की सहायता करें। शाह दुर्रानी तथा भारतीय श्रफगानों की एकता सूरजमल के दिग्विजय में एक श्रटकाव था। नजीब का उद्देश्य रुहेलों की कीमत पर श्रपने साम्राज्य को गंगापारी रुहेल खंड के सीमान्त प्रदेश तक फैलाने का था। जाटों ने दोश्राब में फैलकर श्रनेकों नवीन बस्तियां बसा ली थीं श्रौर इस क्षेत्र के जमींदार सूरजमल की सहायता प्राप्त करने के लिए समुत्सुक थे। श्रतः शेजवल्कर के श्रनुसार— "सूरजमल के लिए यह श्रावश्यक था कि वह नजीबुद्दौला की महत्वाकांक्षा तथा भारतीय श्रफगानों के विरुद्ध मराठों द्वारा छेड़े जाने वाले गुरिल्ला युद्ध में मराठों की सहायता करे।"[1]

"यद्यपि मराठा सरदारों के श्राचरण में जाटों का न्यूनतम विश्वास था। वे उनकी धूर्त-चालों के प्रति सजग थे। फिर भी सूरजमल ने भारतीयत्व की भावना से प्रेरित होकर मराठा सरदारों का साथ देने का निश्चय किया था। यह सूरजमल की महानता तथा उच्च नीतिज्ञ होने का प्रमाण था। उसने एक महान भारतीय शक्ति से संधि करके श्रपने राज्य को बरबाद होने से बचा लिया श्रौर उसकी सैनिक शक्ति पर भी किसी प्रकार की श्रांच नहीं श्राई। उसने मराठों को हिन्दुस्तान के श्रभियानों में सफलतापूर्वक धन तथा फौजी सहायता प्रदान करने का श्राश्वासन दिया।"[2] इससे मल्हारराव होल्कर ने श्रागरा पर श्रपना श्रधिकार बनाये रखने की भावना से कुम्हेर श्रभियान के समय की गई श्रपनी घोर प्रतिज्ञा तथा खांडेराव की मृत्यु के दुःख को भुलाकर राजा सूरजमल के साथ मित्रता करना उचित समझा।[3]

इस समय मराठों का दिल्ली स्थित स्थाई वकील पंडित बापूजी महादेव हिंगणे कुम्हेर में मौजूद था। उसके सतत् प्रयासों से सूरजमल ने मराठों को वचन दिया कि १७५४ ई० की युद्ध क्षति की शेष राशि का भुगतान कर दिया जावेगा। मराठा सरदार जाट वकीलों के साथ समझौता-वार्ता करते हुऐ वैर से श्रागरा तक पहुँच गये, जहां जून के प्रारम्भ में महादेव हिंगणे तथा श्रन्ताजी माणकेश्वर के प्रयासों से जाट-मराठों में एक बार पुनः स्वस्थ मैत्री समझौता सम्पन्न हुश्रा। इस बार मराठों

---

१ – शेजवल्कर, (पानीपत), पृ० ६०।

२ – कानूनगो, पृ० १०८।

३ – पे० द०, खण्ड २१, लेख १२१।

ने सूरजमल को वचन [1] दिया—

(१) आगरा प्रान्त तथा दोआब की सीमाओं पर स्थित दनकौर पर्यन्त जिन परगनों पर जाटों ने अपना अधिकार (दखल) कर लिया है, उन पर जाटों का यथा पूर्व निश्चित अधिकार बना रहेगा। इन परगनों की व्यवस्था में वे किसी प्रकार का हस्तक्षेप नहीं करेंगे।

(२) आगरा नगर पर भी जाटों का अधिकार मान लिया गया और सूरजमल ने इसके बदले में मराठों को चौथ देने का वचन दिया।

इस पारस्परिक सहयोगी समझौता के बाद विट्ठल शिवदेव को आगरा में छोड़ कर [2] सखाराम बाबू ने अन्ताजी माणकेश्वर, त्र्यम्बक मुकुन्द और गोपाल राव गणेश की कमान में मराठा सैनिकों को तीन भागों में बांट कर दिल्ली, फर्रुखाबाद तथा अवध की ओर रवाना करने का निश्चय किया। इसके बाद जून के द्वितीय सप्ताह में मराठा सैनिकों ने आगरा के समीप यमुना नदी पार करके १७ जून को कासगंज में पड़ाव डाला। [3] राजा सूरजमल ने मराठा सरदारों को दोआब में पूर्वाधिकारिक सहारनपुर, मेरठ, दासना, सिकन्दराबाद, शिकोहाबाद, फफून्द, इटावा आदि परगनों तथा पुराने मराठा थानों से नजीबुद्दौला के अधिकारियों को निकाल कर अधिकार कराने में फौजी सहायता प्रदान की और १५ जुलाई तक मराठों ने रुहेला प्रबन्धकों को हटा कर दोआब के परगनों पर पुनः अधिकार कर लिया। [4]

१२ — सम्राट तथा वजीर के साथ समझौता : दिल्ली पर आक्रमण, जून—अगस्त १७५७ ई०

वजीर इमादुलमुल्क स्वयं सत्ता का भूखा था और वह फर्रुखाबाद के नवाब अहमद खां बंगश के यहां रुक कर नजीबुद्दौला से प्रतिकार की ज्वाला में जल रहा था। इधर नजीब के अशिष्ट व्यवहार व आचरण, शाही राजस्व तथा खालसा परगनों की आय हड़पने के कुकृत्यों के कारण सम्राट को इमादुलमुल्क के पुराने बन्धन

---

१ — पे० द०, खण्ड २, लेख ७६—७९ (पेशवा के नाम अन्ताजी का पत्र) खण्ड २१, लेख ६१, १२६, खंड २७, लेख १९३, १९७, १९८; राजवाडे खण्ड १, लेख १३४; सरकार (मुगल), खण्ड २, पृ० ९२, ९५।

२ — पे० द०, जि० २७, लेख १५८।

३ — पे० द०, जि० २१, लेख १३०, जि० २, लेख ७६।

४ — ता० आलमगीर सानी, पृ० १२४ ब—१२५ ब; दे० क्रॉनी; राजवाडे, जि० १ लेख १३४।

ही अच्छे लगने लगे थे। इस प्रकार सम्राट तथा इमाद दोनों ही नजीब को दिल्ली से निकालने के लिये प्रयत्नशील थे। इमाद मराठों का मित्र व मल्हार राव का दत्तक पुत्र था और उसने दुर्रानी आक्रमण से पूर्व ही पेशवा के पास मराठा सहायता भेजने का याचना-पत्र भेजा था। मराठों का कोतल दल जब आगरा में था, तब वह स्वयं उनसे मिल कर सैनिक सहायता प्राप्त करने के लिये आगरा आया और उसने बापूजी महादेव हिंगणे को दिल्ली भेजने का आग्रह किया। सम्राट ने भी स्वयं राजा लक्ष्मी-नारायण को बापूजी पंडित को दरबार में वापिस लाने के लिये रवाना कर दिया था। इसी बीच में मराठा सेनाएं दोआब में प्रवेश कर चुकी थीं और नजीब के मराठा विरोधी संघ का विघटन होने लगा था। अन्त में ७ जून को बापूजी महादेव हिंगणे अपने आश्रय-स्थान कुम्हेर से प्रस्थान करके दिल्ली पहुँच गया। १५ जून को सम्राट ने उसको "महाराजाधिराज" का उच्च विरुद तथा द्वि-पंच हजारी जात से सम्मानित किया।[१] १० जून को जयपुर छावनी से रघुनाथ राव ने नजीब से मराठा परगनों की चौथ तथा बकाया रकम भुगतान की मांग की। इसी समय वजीर इमाद ने अपने दीवान राजा नागरमल को मराठा सरदारों से संधि की शर्तें तय करने के लिये अनूप शहर छावनी में भेजा।[२]

दार्शनिक शाह वली उल्लाह को दुर्रानी की लूट, अमानवीय अत्याचार तथा देश की बरबादी से भारी संताप हुआ और वह अपनी कल्पना का नवीन मुस्लिम राष्ट्र तथा मुस्लिम समाज की स्थापना का स्वप्न साकार नहीं कर सका, फिर भी वह आशावादी था। उसने नजीबुद्दौला को उपदेशात्मक स्वरों में कहा— "उसे निराश नहीं होना चाहिये। निरन्तर प्रयत्नशील होकर एक बार पुनः मराठा तथा अन्य काफिर (हिन्दू) शत्रुओं से संघर्ष के लिए तैयार रहना चाहिये।" उसने अपने पत्र में उसको विजय-लाभ का आश्वासन दिया। उसने लिखा, "..... इससे निराश नहीं होना चाहिये। प्रत्येक शुभ-कार्य के लिए समय की प्रतीक्षा करनी पड़ती है। निरन्तर धैर्य तथा उद्यम के बाद उसको सफलता अवश्य मिलेगी। मैं स्वयं आपकी विजय के लिए इबादत कर रहा हूँ और भावी घटनाओं में भाग्य आपका अवश्य साथ देगा।"[३]

शाह वली उल्लाह से कठिन समय में नजीबुद्दौला को अति प्रेरणा मिली और उसने मराठों की शर्त को अस्वीकार करके रूहेल खण्ड से अपने सैनिकों को

---

१ – दे० क्रॉनी०, पृ० ६४; पे० द०, खण्ड २१, लेख, १२०।

२ – ता० आलमगीर सानी, पृ० १२० अ; सरकार (मुगल), खण्ड २, पृ० ६२, ६४, ६५।

३ – सियासी मकतूबात, पत्र सं० ४, पृ० ५६।

बुलाकर दिल्ली की रक्षा करने का विफल प्रयास किया। फर्रुखाबाद से इमाद मराठा सेनानायकों के पास आ गया और मराठों ने अहमद खां बंगश को साम्राज्य का मीरबख्शी पद प्रदान करने का आश्वासन देकर अपना सहयोगी बना लिया। रघुनाथ राव के दीवान सखाराम बापू तथा दीवान गंगाधर तांत्या ने इमाद तथा बंगश के साथ १४ जुलाई को पटपरगंज में पड़ाव डाला। ११ अगस्त को रघुनाथ राव तथा होल्कर भी मराठा सैनिकों के साथ खिज्राबाद पहुँच गये। ३१ अगस्त को रूहेला तथा मराठों में अन्तिम भयंकर युद्ध हुआ। अन्त में नजीब ने मल्हार के सामने समर्पण कर दिया। १ व २ सितम्बर को नजीब के वकील मेघराज तथा अब्दुल अहमद खां (मज्दुद्दौला) ने मल्हारराव के शिविर में पहुँचकर नजीब खां की ओर से शांति-समझौता वार्ता शुरू की और एक चार-सूत्री प्रस्ताव रखा।[1]

१३ – राजा सूरजमल के नजीब खां तथा इमाद के बारे में पारदर्शी सुझाव

राजा सूरजमल ने मराठों के साथ सहायक समझौता करके "अपने साधनों से उनका साथ देकर विवेक का परिचय दिया। इससे उसके साधन सीमित अवश्य हो गये और उसके मुस्लिम पड़ोसी भी शत्रु हो गये थे, फिर भी उसने सहधर्मी मराठों का साथ दिया और उनको अनेक अवसरों पर अपने सामयिक राजनैतिक सुझावों से भी अवगत कराया।" जाट-मराठा समझौता केवल विदेशी आक्रामक के विरुद्ध विशुद्ध आन्तरिक रक्षा कवच था। इससे वास्तव में जाटों को विशेष लाभ नहीं मिला, फिर भी उन्होंने मराठों की आर्थिक तथा फौजी सहायता की। नजीबुद्दौला के साथ चल रही संधि वार्ता के समय उसने हठी, चंचलवृति रघुनाथ राव के सामने अपने सर्वश्रेष्ठ सुझाव भी रखे थे। सूरजमल के प्रस्ताव राष्ट्रहित में अत्यधिक सराहनीय थे। प्रारम्भ में रघुनाथ राव तथा साबाजी सिंधिया ने इन प्रस्तावों की सराहना की, परन्तु मल्हार राव की कुटिल नीति के आगे उनको झुकना पड़ा। यदि मराठा सरदारों ने सूरजमल के प्रस्तावों पर आचरण किया होता, तो हिन्दुस्तान में उनकी व्यवहारिक प्रभु सत्ता दीर्घ काल तक नहीं हिल सकती थी।[2] मराठा सरदारों में व्यक्तिगत कटुता, प्रतिस्पर्धा, विचारों में मतभेद तथा नीतियों में अहंभाव था। उन्होंने सूरजमल के पारदर्शी विचारों की उपेक्षा करके हिन्दुस्तान में अपनी शक्ति, तथा साधनों को कमजोर कर लिया था।

---

१ – पे० द०, जि० २, लेख ७७; खण्ड २७, लेख १६४, १६८, १६६; खण्ड २१ लेख १३६; दे० क्रॉनी०; नूरुद्दीन; नजीबुद्दौला, पृ० ४६-५१ (संधि की शर्तें); इमाद, पृ० ३३।

२ – कानूनगो, पृ० १०८।

*

नजीबुद्दौला के चरित्र तथा स्वभाव से हिन्दुस्तान के सभी हिन्दू-मुस्लिम अमीर-उमराव तथा मराठा भली प्रकार परिचित थे। वह विश्वासघाती तथा राष्ट्रद्रोही रुहेला सरदार था। दुर्रानी के भारत प्रवेश में रुहेला अफगान सहायक मित्र थे और हिन्दुस्तान में वे शाह दुर्रानी के राजनैतिक गुप्तचर तथा मार्ग-दर्शक थे और उसकी मदद से हिन्दुस्तान में पठान राज्य की कल्पना को साकार रूप देना चाहते थे। यद्यपि जाट-मराठा सहयोग से नवाब सफदर जंग ने इन कबीलों की कमर तोड़ने का प्रयास किया था, किन्तु केन्द्रीय राजनैतिक झंझटों तथा मतभेदों के कारण वह सफल नहीं हो सका। इन कबीलों ने अनेक संघर्षों के बाद एकता तथा उत्साह प्राप्त कर लिया था। हिन्दुस्तान को भावी प्रशासनिक व्यवस्था, राष्ट्रहित तथा राजनैतिक परिवर्तन में इनका राजनैतिक सामाजिक तथा आर्थिक पतन सामयिक था। इससे विदेशी आक्रान्ता को राष्ट्रद्रोहियों की सहायता नहीं मिल सकती थी और भविष्य में अहमद शाह दुर्रानी आक्रमण करने की हिम्मत भी नहीं कर सकता था। इसी से दिल्ली में नजीब के साथ चल रही समझौता वार्ता के समय सूरजमल ने उसके पूर्ण पतन पर अधिक जोर दिया। उसने कहा— "अहमदशाह दुर्रानी को रुहेलों की सहायतार्थ आने का अवसर मिल सके, उससे पूर्व ही रुहेलों के नवीन उपनिवेशों को पूर्णतः कुचल दिया जावे और अफगान आक्रान्ता के मार्ग को बन्द कर दिया जावे।"[१]

रघुनाथ राव, दत्ताजी सिंधिया तथा हिन्दुस्तान की राजनीति से परिचित समस्त मराठा सरदारों ने सूरजमल के इन विचारों का समर्थन किया और उसकी भावना का आदर किया। समझौता वार्ता के समय विट्ठल शिवदेव ने नजीब को उसके सभी मित्र तथा अनुचरों के साथ गिरफ्तार भी कर लिया था। इससे प्रसन्न होकर सम्राट ने शिवदेव को खिलअत तथा आभूषणों से पुरस्कृत किया और उसको उमदतुलमुल्क के विरुद से सम्मानित किया।[२] रघुनाथराव बन्दी नजीब के जीवन का अन्त कर सकता था या दक्षिण की किसी कारागार में रख सकता था, लेकिन उसकी इस उदारता का मराठा राष्ट्र को भारी अपमान सहन करना पड़ा। अब्दुल अहद खां (मज्दुद्दौला) ने नजीब खां की ओर से मल्हार राव के पास पहुंच कर विनम्र

---

*— माधौ सिंह ने भी अपने विचार व्यक्त करते हुये सूरजमल को लिखा— "आप समर्थ हैं। आपने समय पर उचित सलाह देकर काफी चतुराई का काम किया है। यह समय झगड़ा करने का नहीं था।" ड्रा० ख० प०, जि० ६, लेख १०१८ (२ सितम्बर, १७५७ ई०)।

१ – कानूनगो पृ० १०८।

२ – सरदेसाई, खण्ड २, पृ० ५१५।

प्रार्थना की। सैय्यद गुलाम हुसैन के शब्दों में—"गुप्त रीति से होल्कर को नजीब खां की ओर से भारी रिश्वत प्राप्त हो गई थी। उसने रघुनाथ राव से प्रार्थना की कि खान को मुक्त कर दिया जावे और मराठा हित में उसकी सेवाओं से लाभ उठाया जावे।" रिश्वत की भारी रकम मिलने के बाद ३ सितम्बर को मल्हार राव ने नजीब खां को अपना दत्तक पुत्र बना लिया और उसको अपमान तथा आपत्ति से मुक्त कराने में पूर्ण योग दिया। उसने राजा सूरजमल के पारदर्शी सुझावों का भी खंडन करके मराठा राज्य के सरदारों को घोर संकट में फँसा दिया। सरदेसाई के अनुसार, "उसने अपने पक्ष को सबल बनाने के लिए मराठा सरदारों में प्रचार किया कि नजीब खां पूर्ण उत्साह से मराठा हित की रक्षा करेगा और दिल्ली की राजनीति में फिर कभी हस्तक्षेप नही करेगा। दोआब में अपने समस्त गढ़ों को मराठों के हित में समर्पित कर देगा।"[1] इससे मल्हार राव के दबाव में आकर ६ सितम्बर को संधि लागू हो गई और नजीब खां अपनी सम्पत्ति व युद्ध-प्रसाधनों के साथ दिल्ली दुर्ग व नगर को छोड़कर सहारनपुर तथा नजीबाबाद चला गया।[2]

नजीब खां के प्रस्थान के बाद मराठों ने दिल्ली पर अपना अधिकार कर लिया और आलमगीर सानी को विधिपूर्वक पुनः तख्त पर आसीन किया। मराठों ने इमाद को वजीर तथा अहमद खां बंगश को प्रदत्त वचनों की पालना में मीर बख्शी पद प्रदान किया। १२ सितम्बर को अन्ताजी माणकेश्वर को दिल्ली गिर्द की फौजदारी दी गई।[3]

इमादुलमुल्क एक उच्छृंखल व्यक्तित्व था। उसके साथ दिल्ली में कोई भी प्रभावशाली अमीर नहीं था। न उसकी कहीं सूबेदारी थी, न व्यक्तिगत जागीर और न परिवार का ही प्रभाव था। उसकी पारिवारिक सत्ता हैदराबाद में थी और वहां से भी उसको कोई सहायता नहीं मिल सकती थी। इन्तिजाम स्वयं उसका प्रतिगामी था इससे इस समय राजा सूरजमल ने मराठा सरदारों के सामने इमादुलमुल्क की अपेक्षा अवध के नबाब शुजाउद्दौला को वजीर पद प्रदान करवाने पर बल दिया। शुजा स्वयं सम्पन्न तथा विशाल प्रान्तों का शासक था। उसके पास साम्राज्य को व्यवस्थित करने के साधन तथा पर्याप्त सैनिक शक्ति थी। इससे मुस्लिम खेमे में अहमद

---

१ – सियार, खण्ड ३, पृ० ३६४; सरदेसाई, खंड २, पृ० ५१६।

२ – समझौता-पे० द०, खंड २, लेख ७७; नजीबुद्दौला, पृ० ५१; ता० आलमगीर सानी, पृ० १३६ ब, १३७ ब; दे० क्रॉनी; इमाद, पृ० ३३; ता० मुजफ्फरी, पृ० १२६; सरकार (मुगल), खंड २, पृ० १००–१; फ्रेंकलिन, पृ० ७।

३ – ता० आलमगीर सानी, पृ० १३८ अ–१३९ अ; दे क्रॉनी०, पृ० ९७; नजीबुद्दौला, पृ० ६७।

शाह दुर्रानी का सबल विरोध बढ़ जाता और वह रुहेलों का भी दमन कर सकता था। किन्तु मल्हार ने सूरजमल के इस प्रस्ताव के विरोध में अपना कल्पना चित्र प्रस्तुत किया और उसने अपने धर्मपुत्र नजीबुद्दौला की शक्ति तथा सहयोग से नवाब शुजाउद्दौला की शक्ति का पतन करने और अवध पर विजय प्राप्त करने की मांग की। साथ ही उसने रुहेलों की सहायता से अटक से रामेश्वरम् पर्यन्त भूखण्ड को पेशवा के भगवा ध्वज के नीचे लाने का विचार प्रस्तुत किया।[1] यह मराठा सरदारों की अदूरदर्शिता थी। सूरजमल के प्रस्ताव को बल नहीं मिल सका और होल्कर के विचारों का समाचार मिलने पर शुजाउद्दौला भी सतर्क हो गया। मराठा हिन्दुस्थान के शासन–प्रबन्ध के प्रति नम्र व सरल नहीं थे और न उत्तर–भारत में एक विशाल सेना ही रख सकते थे। समस्त भारतीय शक्तियां चौथ व खंडनी की मांग से रुष्ट थीं। पेशवा स्वयं ऋणभार से दबा जा रहा था। फिर हिन्दू-पद–पादशाही का स्वप्न किस प्रकार पूरा हो सकता था ?

राजनैतिक स्तर के सुझावों व वार्ताओं में भाग लेकर राव रूपराम कटारा ने जाट व कछवाहा राज्य तथा भारतीय हितों की रक्षा की थी। मल्हार राव उससे काफी सन्तुष्ट तथा प्रभावित था। इससे उसने उसको पुरस्कृत करने के लिए दिसम्बर ३, १७५७ ई० को माधोसिंह से रूपराम को दो हजार रुपया जमा का गांव नन्दराय (नन्दगांव), परगना कामां उदक में प्रदान करने की अभिशंषा की, किन्तु दीवान कन्हीराम ने इस गांव को उदक में देने से स्पष्ट मना कर दिया था। इसी समय जनवरी ८, १७५८ ई० को माधोसिंह ने सूरज मल से अपने एक पुत्र को भेजने का आग्रह किया। तब १६ जनवरी को धाभाई देवीसिंह के साथ कुंवर नवल सिंह डीग से जयपुर पहुंचा और बातचीत करने के बाद १८ जनवरी को उसे विदा किया गया। तब मार्च के मध्य में सूरजमल ने स्वयं कामां में दीवान नन्दलाल से घटनाओं पर विस्तृत चर्चा की। इस पर १९ मार्च को माधोसिंह ने लिखा कि आपसे हमको बड़े बड़े कामों का भरोसा है।[2] इस प्रकार माधो सिंह तथा सूरजमल दिल्ली की घटनाओं पर सम्यक् दृष्टि रखकर आपस में सहयोग करने लगे थे।

रघुनाथराव ने दिल्ली की व्यवस्था करने के बाद पंजाब में प्रवेश किया और २० अप्रेल को लाहौर पर विजय प्राप्त की। मराठा इतिहास में अटक तक भगवा ध्वज फहराने का यह प्रथम अवसर था, किन्तु रघुनाथ राव पंजाब में कुछ दिन नहीं रुक सका। जून २०, १७५८ ई० को मल्हार राव ने स-सैन्य रेवड़ी की ओर प्रस्थान

१ – पानीपत प्रकरण, पृ० १०३; कानूनगो, पृ० १०९–११०।

२ – इन्दौर–जय० हारीता, सं १; द्रा० ख० प०, जि० ६, लेख ९९४, १०७०, १०६१, १०६२; द० कौ०, जि०, ७, पृ० ४०२, ५८२।

कर दिया था। उसके साथ वजीर इमाद भी था। रघुनाथ राव २० जून को फर्रुखनगर होकर रेवाड़ी पहुँच गया था। २४ जून को वजीर ने रेवाड़ी में मल्हार से बिदाई ली। इनके साथ में जाट शासक की ओर से रूपराम का पुत्र सूरतराम कटारा भी चल रहा था। जून के अन्त में रघुनाथ राव व मल्हार राव से बिदाई लेकर वह ५ जुलाई को जयपुर पहुँच गया था। उसने कछवाहा दरबार को सभी बातचीतों से अवगत कराकर बिदाई ली। १६ सितम्बर को रघुनाथ राव पूना वापिस लौट गया।[1]

१४ – शाहजादा अलीगौहर (शाहआलम सानी) की सहायता, मई–जून १७५८ ई०

वजीर इमादुलमुल्क ने अपने अमिट कलंकों को चातुर्यपूर्ण आचरणों से धोने का प्रयास किया। उसने अपने शत्रुओं से रक्षा के लिए मराठों की एक सवैतनिक सेना दिल्ली में रख ली थी। उसने नजीब खां को दबाने का विफल प्रयास किया। ३० मार्च को अपने चाचा खानखाना इन्तिजामुद्दौला को बन्दी बना लिया और विरोधी सरदारों को परगनों की व्यवस्था से हटाकर अपने पक्षधरों को वहां नियुक्त किया। अंत में साम्राज्य के उत्तराधिकारी अली गौहर (शाहआलम सानी) पर भी हाथ डाला।

सम्राट आलमगीर सानी का ज्येष्ठ पुत्र तथा उत्तराधिकारी अली गौहर इस समय बीस वर्ष का नवयुवक था और उसमें शासन प्रबन्ध संभालने की योग्यता थी। फरवरी १६, १७५७ ई० को शाह दुर्रानी ने उसको साम्राज्य का नायब (मुख्त्यार) पद[2] प्रदान कर दिया था और सम्राट आलमगीर सानी ने नजीब के परामर्श पर शाहजादा के जेब खर्च के लिए झज्झर, हांसी, चरखी, दादरी, हिसार आदि बलूची महाल प्रदान कर दिये थे।[3] अलीगौहर ने मार्च, १७५८ ई० में अपनी निजी सुरक्षा तथा जागीरों से भू-राजस्व वसूल करने के लिए एक फौज तैयार कर ली थी और झज्झर, रोहतक तथा मेवात के बलूची परगनों से खिराज वसूल करने का प्रयास किया।

---

१ – ता० आलमगीर सानी, पृ० १८३ ब; दे० क्रॉनी०, पृ० १०६; शेजवलकर (हि०) पृ० २६–२८; सरकार (मुगल), खण्ड २, पृ० ४५–६३; द० कौ,० जि० ७, पृ० ५६८।

२ – ता० आलमगीर सानी, पृ० १०६ ब; दे० क्रॉनी०।

३ – उपरोक्त, पृ० १०२ अ; ता० मुजफ्फरी, पृ० १२४; दे० क्रॉनी०।

वजीर इमाद की स्वार्थी ग्राकांक्षा थी कि किसी भी शाहजादा को किसी भी प्रान्त की पुर्नविजय से धन, बल तथा यश की प्राप्ति नहीं हो सके। इससे उसने शाहजादा के नाम ग्रनुज्ञा-पत्र भेजकर उसको वापिस बुलवा लिया था। वह बरबाद होकर १६ मार्च को नजफगढ़ वापिस लौट ग्राया।[1] २६ मार्च को ग्रली गौहर ने विट्ठल शिवदेव से मित्रता कर ली थी। इससे इमाद को यह भय हो गया था कि कहीं मराठों की सहायता से ग्रली गौहर दिल्ली दुर्ग पर ग्रधिकार नहीं कर ले। इससे उसने विट्ठल शिवदेव को ग्राश्वासन देकर उससे ग्रलग कर दिया और १० मई को एक शाही ग्रनुज्ञा-पत्र द्वारा नजीब के स्थान पर विट्ठल शिवदेव को सहारनपुर का फौजदार नियुक्त किया। १४ मई को ग्रली गौहर भी वजीर के वकीलों की शपथ तथा वचन प्राप्त करके दिल्ली लौट ग्राया ग्रौर ग्रली मरदान की हवेली में रहने लगा।[1]

१९ मई को वजीर के सिपाहियों ने ग्रली गौहर की हवेली पर ग्राक्रमण कर दिया, किन्तु वह भागकर विट्ठल शिवदेव की छावनी में सुरक्षित पहुँच गया। यहां से शाहजादा ने विट्ठल शिवदेव के साथ दक्षिण-पश्चिम में बलूच सरदारों के प्रदेश में कूंच किया और ३० मई को मिर्जा खां तथा फौजदार मुसाबी खां बलूच के ग्रन्य रिश्तेदारों को फरुंखनगर प्रान्त में परास्त करके भगा दिया। इसके बाद वह बलूच सरदारों से दो लाख साठ हजार रुपया का वचन लेकर जाट राज्य में स्थित पटौडी पहुँचा।

इस समय सूरजमल स्वयं चार-पांच सहस्र सेना के साथ मेवात में पड़ाव डाले पड़ा था ग्रौर वह वजीर इमादुल्मुल्क के इस कठोर व्यवहार को देख रहा था। इधर जवाहर सिंह भी सूरजमल से बिगड़ रहा था। जब शाहजादा विट्ठल शिवदेव के संरक्षण में पटौडी में था, तब सूरजमल ने ग्रपने पुत्र कुंवर रतन सिंह को ग्रनेक बहुमूल्य भेंट तथा सामान के साथ उसके पास भेजा। ३१ मई को कुंवर रतन सिंह ने १०१ रुपया नकद, महमानदारी हेतु ऊंट तथा गाड़ियों में लदा ग्राटा, चांवल, घी ग्रादि खाद्यान्न तथा बकरियां प्रस्तुत कीं ग्रौर एक हाथी, सात घोड़ा तथा पांच थान खीनखाप के नजर किये। इस समाचार को सुनकर वजीर इमादुल्मुल्क घबड़ा गया। उसने १ जून को उबैदुल्ला खां, दरोगा-दीवान-इ-खास को सम्राट के पास भेजकर कहलवाया कि यह उचित ही होगा कि जीनत महल स्वयं शाहजादा को समझा-बुझाकर शाही दरबार में लिवा लावे। ग्रसहाय सम्राट इमाद की बात को नहीं टाल सका ग्रौर उसने उसी दिन जीनत महल को शाहजादा के लिए

---

१ – ता० ग्रा० सानी, पृ० १५२ ब–१५४ ग्र; सरकार (मुगल), खण्ड २, पृ० १०८।
२ – उपरोक्त, पृ० १५४ ब- १६० ग्र।

हरियाणा प्रान्त से दिल्ली वापिस लाने के लिए रवाना कर दिया।[१]

वजीर वास्तव में विट्ठल शिवदेव तथा राजा सूरजमल को अली गौहर से पृथक् करके उसको बन्दी बनाकर अपने नियन्त्रण में रखना चाहता था। सम्भवतः इस आपत्काल में शाहजादा ने सूरजमल से सहायता की याचना की थी। इमाद को स्पष्टतः यह भय हो गया था कि शायद अली गौहर सूरजमल की सहायता से दिल्ली नगर व दुर्ग पर अधिकार कर ले। इससे २ जून को उसने राजा नागरमल से कहा कि वह सूरजमल से "अली गौहर की सहायता" न करने की प्रार्थना करे। राजा नागरमल शीघ्र ही तैयार हो गया। फिर इसी समय वजीर शीघ्र ही सम्राट के पास गया और उसने सूरजमल के पास राजा नागरमल तथा अन्य सरदारों को भेजने की अनुमति प्राप्त कर ली। तब सम्राट व नवाब वजोर की ओर से राजा नागरमल का एक पुत्र, नवाब जलालुद्दौला तथा राधा किशन खजांची सूरजमल से बातचीत करने तथा अपने साथ उसको लिवाकर ले जाने के लिए जाट दरबार में पहुँचे। वजीर ने एक जड़ाऊ सरपेच तथा छः खीनखाप के वस्त्र देकर राजा नागर-मल तथा राजा दलेल सिंह को रवाना किया। ३ मई को राजा नागरमल ने सूरज-मल से पलवल में भेंट की और उसे वजीर की भावनाओं से अवगत कराया।[२] फिर राजा नागरमल तथा राजा दलेल सिंह ने विट्ठल शिवदेव तथा राजा सूरज-मल से एक साथ मिलकर बातचीत की। विट्ठल शिवदेव ने वजीर के दूतों के प्रस्ताव को अस्वीकार कर दिया और उसने शाहजादा की मदद से अपना हाथ नहीं खींचा।[३]

सम्भवतः सूरजमल ने शाहजादा की सहायता न करने का आश्वासन देकर वजीर को सन्तुष्ट कर दिया था, किन्तु उसने स्वयं दिल्ली जाना उचित नहीं समझा और अपने प्रतिनिधि कुँवर नाहर सिंह को कुछ सैनिकों के साथ बरसाना से दिल्लो रवाना कर दिया था और स्वयं डीग लौट आया था। ६ जून को कुंवर नाहर सिंह ने खिज्राबाद के समीप डेरा डाला। नागरमल ने वजीर को सूरजमल के साथ हुई बातचीतों से अवगत कराया। ८ जून (शव्वाल, ईदुलफितर) को जीनत महल ने अली गौहर से मुलाकात की। किन्तु उसने दिल्ली लौटने से मना कर दिया। वास्तव में विट्ठल शिवदेव की मदद से अली गौहर ने १५ जून तक फर्रुखनगर, रेवाड़ी, नाहरा, दादरी परगनों के गांवों से यथा-सम्भव खिराज बसूल किया। रघुनाथ राव के पंजाब से लौटने के पर इमाद ने उससे शाहजादा का साथ न देने का आग्रह किया। फलतः

---

१ – ता० आ०सा०, पृ० १७५ ब, १७६ अ; पे० द०, जि० २७, लेख २२७।
२ – ता० आलमगीर सानी, पृ० १७६ ब; ड्राफ्ट ख० प०, जि० ६, लेख ९९५।
३ – पे० द०, जि० २१, लेख १६०।

१६ जून को विट्ठल शिवदेव दादरी में उससे अलग हो गया। अली गौहर ने भी २० अगस्त को नजीब खां के यहां शरण ली और यहां से जनवरी २, १७५९ ई० (३ जमादि अव्वल) को शुजाउद्दौला के पास अवध पहुँच गया।[१] दिल्ली प्रवास काल में कुंवर नाहर सिंह ने कछवाहा वकील दीवान नन्द लाल से भेंट की और किसी जुम्मेदार कछवाहा सरदार के साथ स्वयं कछवाहा दरबार में उपस्थित होने का विचार व्यक्त किया।[२] साथ ही उसने वजीर व मराठा सरदारों के साथ भी समझौता वार्ता में भाग लिया।

१५ – जवाहर सिंह का विद्रोह, मई–अक्तूबर १७५८ ई०[३]

जवाहर सिंह सूरजमल का ज्येष्ठ पुत्र होने पर भी उसका जन्म, मातृ पक्ष तथा युवराज पद विवादास्पद[४] था। वह अति पराक्रमी, निडर योद्धा होकर भी

---

१ – ता० आ० सानी, पृ० १६२–७, १७५ अ, १९२ अ; दे० क्रॉनी (जून, १७५८ ई०); पे० द०, खण्ड २, लेख ९५; खण्ड २१, लेख १६०; खण्ड २७, लेख २२०, २२४, २२५; सियार, खण्ड ३, पृ० ६०–६१; ता० मुज०, पृ० १६०–२; इमाद, पृ० ४३, ५३; शाकिर, पृ० ९३–४; फ्रेंकलिन, पृ० ९; शाह आलमनामा (गुलाम अली), जि० १, पृ० ६४, ६६।

२ – ड्रा० ख०, जि० ६, लेख ११८७।

३ – कानूनगो ने बिना किसी सन्दर्भ के जवाहर सिंह विद्रोह का समय अहमद शाह दुर्रानी के आक्रमण से पूर्व १७५५ ई० निर्धारित किया है। (जाट्स, पृ० १६४ पा० टि०) परवर्त्ती लेखकों ने इसी का अनुसरण किया है।

४ – मीर गुलाम अली का कथन है कि जवाहर सिंह की मां राजपूत थी। उसके जन्म के बारे में कुछ कहते हैं कि वह मां के पेट में आया था, कुछ कहते हैं कि वह मां के साथ आया था और कुछ कहते हैं कि वह सूरजमल का पुत्र था। (इमाद, पृ० ५६)।

— कर्नल टॉड का मत है कि जवाहर की मां कूर्म जाति की थी। (खण्ड २, पृ० ३००) अधिकांश लेखकों ने कूर्म (कूरम) शब्द को कूरमी समझकर इतिहास में भ्रांति पैदा कर दी है। 'कूर्म' कछवाहा जाति का द्योतक है।

सम्भवत: 'भारतवीर' (वर्ष १, अंक १, पृ० ५) तथा 'जाट जगत' (पृ० १८) पत्रिकाओं ने टॉड का ही अनुकरण किया है। इनमें जवाहर की माता का नाम गंगा लिखा है और उसको कछवाहा राजपूतों की पुत्री माना है। इसी प्रकार गंगा सिंह (यदुवंश, पृ० २५७, २५८) ने लिखा है कि रानी गंगा धीमसरी (जिला मथुरा) निवासी बैरीसाल कछवाहा राजपूत की पुत्री थी।

*

दुराचारी, अदूरदर्शी, विलासी, तथा अतिव्ययी था। मुगल दरबार तथा अभिजात्य वर्ग की शान शौकत, वैभव, मुगलिया तड़क-भड़क, खानपान, रहन-सहन, पहनाव व दरबारी तौर-तरीकों का उस पर प्रबल प्रभाव था।[1] अपने पिता की अपेक्षा उसको प्रपिता-बदन सिंह का संरक्षण तथा प्यार प्राप्त था और बदन सिंह ने अपने पौत्र को अपने पास रख लिया था।[2]

इतिवृतों से ज्ञात होता है कि सूरजमल तथा जवाहर सिंह के आपसी मतभेदों का मूल कारण दो उदीयमान प्रौढ़ व युवक व्यक्तित्वों की प्रतिकूल मानवीय प्रवृतियां, आर्थिक सम्पन्नता तथा विपन्नता, भिन्न विचार धारा व भावनायें थीं।[3] सूरजमल

---

*— वेण्डल का विचार है कि उसकी माता सूरजमल की सह-पत्नी थी और वह गौर (गौड़) वंश (जाति) की थी। जवाहर का विवाह भी उसी जाति में हुआ था। (पृ० १०७) दस्तूर कौमवार के अनुसार जवाहर की शादी नवम्बर, १७४३ ई० में हुई थी। (जि० ७, पृ० २७६) डा० कानूनगो ने वेण्डल के आधार पर उसकी माता को गोरया राजपूतों की पुत्री मान कर अपुष्ट धारणा व्यक्त की हैं। (जाट्स, पृ० १५६ पा० टि० २)।

— जॉन कोहन का मत है कि जवाहर की माता का नाम गौरी था और वह आम्हों के गौर (गौड़) राजपूत जाति की थी। (पृ० २२ ब) दान साह जवाहर का मौसेरा भाई था। (पृ० २५ ब) दान साह ने अपनी पुत्री का विवाह बुन्देल ख ड के राजपूत परिवार में किया था। (पे० द०, जि० २६, लेख १६५, २०८, नई सिरीज, खण्ड ३ लेख १६०)।

— मराठा अभिलेखों के अनुसार विजैराम जवाहर का साला था और यह परिवार निबगांव (निकट गोवरधन) में आकर बस गया था। (पे० द०, खण्ड २६, लेख १६५)।

विस्तृत अध्ययन के लिए द्रष्टव्य-लेखक कृत 'पृथ्वींद्र सवाई जवाहर सिंह और उत्तराधिकारी' (१७६३-७६ ई०)।

१ – वेण्डल, पृ० ७३।

— सूरजमल यह नहीं भूल सकता था कि वह एक जमींदार का पुत्र है और जवाहर भी यह नहीं भूल सकता था कि वह एक राजा का पुत्र है। [सरकार (मुगल), खण्ड २, पृ० २६६]।

— सोमनाथ कृत 'माधव जयति' ग्रन्थ से भी इस संघर्ष का पता चलता है। लोक कथाओं तथा जयपुर रेकार्ड से भी इसका सम्यक आभास मिलता है।

२ – वेण्डल, पृ० ७३।

३ – उपरोक्त; कानूनगो, पृ० १६०; सरकार (मुगल), खण्ड २, पृ० २६६।

स्वाभिमानी कुशल योद्धा, चतुर राजनीतिज्ञ तथा कोश्याधिपति होने पर भी कंजूस था। वह राज्य तथा जनता की सुरक्षा, प्रशासन की प्रतिष्ठा, सम्प्रदायों की एकता, कौमी संगठन की प्रबलता के लिए संचित राजकोष का महत्व समझता था। यद्यपि उसकी प्रारम्भिक परिस्थितियां बदल चुकी थीं। वह एक प्रभावशाली जमींदार का पुत्र होने पर भी निःसन्देह जन शक्ति प्रधान कृषक राज्य का व्यवहारिक सर्व-सत्ता-सम्पन्न स्वामी, मध्य देश की जनता का, भारतीय संस्कृति व मानवता का रक्षक था। उसने करोड़ों की सम्पत्ति संकलित कर ली थी और इस धन का राज्य के वैभव, विस्तार तथा दृढ़ता में उपयोग किया था। उसने अपने मौलिक जातिगत स्वभाव तथा गुणों को नहीं छोड़ा और शक्ति, बुद्धि तथा मितव्ययता से संचित राजकोष को राज्य, प्रजा तथा उत्तराधिकारियों की प्रतिष्ठा व सम्पन्नता का द्योतक समझा।

जवाहर सिंह शाही मनसबदार होकर भी सम्पन्न राजा का पुत्र था। बदन सिंह ने उसके शान शौकत के साथ रहने के लिए समुचित व्यवस्था कर दी थी, किन्तु उसका निजी खर्च असीमित था और वह अपने पिता से बार-बार धन की मांग किया करता था। इसके लिए झगड़ा करता था। वास्तव में उसको अनुभवहीन, स्वार्थी व चाटुकार युवकों की मित्र मण्डली ने घेर लिया था और उसकी दुर्बलताओं से लाभ उठाने के लिए ही मित्र मण्डली ने जाट शासन में विद्रोह का बीजारोपण कर दिया था। फलतः सूरजमल के राज्यारोहण के तुरन्त बाद ही राज परिवार में तीन घटक उभर कर राजनैतिक मंच पर आ गये थे।

आन्तरिक घटक:

प्रशासन, राज्य नीति में हस्तक्षेप करने वाले अति शक्तिशाली, सम्पन्न तथा प्रभावी तीन घटक विद्यमान थे। (१) राजा सूरजमल, उसका साला बख्शी (चौधरी) बलराम नाहरवार घराना, मोहनराम बरसानिया घराना, [१] कुंवर नाहर सिंह, राजा बहादुर सिंह, (वैर), अन्य प्रतिष्ठित चौधरी घराने व सरदार और राज्य के उच्चाधिकारी, (२) कुंवर जवाहर सिंह, रानी गौरी व उसके सम्बन्धी, गौड़ राजपूत, ठाकुर अजीत सिंह (पथैना), राजा पुहुप सिंह ठेनुआं आदि और (३) रानी हंसिया के नेतृत्व में तटस्थ घटक, जिसमें राव रूपराम, ठाकुर सोभाराम (सभाराम, हसनपुर), ठाकुर अखैसिंह, दीवान (चौधरी) जीवा राम बंचारी (सूरजमल का साला) आदि शान्ति प्रिय व्यक्ति शामिल थे। अन्य व्यक्तियों या सरदारों की अपेक्षा नाहर-

---

१ – वेण्डल (बलराम का राजनैतिक प्रभुत्व); कागजात बल्लभगढ़ जागीर तथा कागजात मोहन राम घराना (लेखक संग्रह); द्रष्टव्य-लेखक कृत 'फौजदार मोहनराम बरसानिया घराना'; प्रो० रा० हि० कां०, खण्ड ८, १९७५, पृ० ४७।

वार तथा बरसानिया घरानों के हाथों में राज्य की समस्त सैनिक शक्तियां तथा अधिकांश किलेदारियां केन्द्रित थीं। अस्तु, इन घरानों से राजघराने से सम्बद्ध अनेक सरदार, भाई, बन्धु, जमींदार व चौधरी परिवार असन्तुष्ट थे।

डीग की व्यवस्था सौंपना

'युवक जवाहर में अपरिमित साहस था। युद्ध करने में उसको अपार हर्ष होता था और उसमें नेतृत्व शक्ति थी। सद्गुणों के साथ उसमें असीमित अधैर्य, अन्ध दुराग्रह था। आत्म संयम तथा दूरदर्शिता का सर्वथा अभाव था।' सूरजमल ने अपने जिद्दी तथा महत्वाकांक्षी पुत्र के जेब खर्च के लिए जिला डीग का कुछ इलाका जागीर में प्रदान करके डीग शहर का प्रबन्ध सौंप दिया था। इससे जवाहर की आमदनी बढ़ गई थी। किन्तु उसके नित्यशः बढ़ते खर्चों की पूर्ति के लिए यह आय भी अपर्याप्त थी। वह नम्रतापूर्वक इन्द्रिय सुख, भोग विलास तथा व्यसनों में फंसता गया और अति मदिरापान से उसका मानसिक सन्तुलन बिगड़ने लगा।[1] डीग में उसने वैभवशाली दरबार स्थापित कर लिया और निजी फौज का गठन किया। किन्तु सीमित आर्थिक साधनों के कारण दरबार व सेना को व्यवस्थित रखने में असफल रहा।

गन्ना बेगम का घेराव

१७५६ ई० में नवाब शुजाउद्दौला ने वजीर इमादुलमुल्क से समझौता वार्ता करने के लिए अली कुली खां के नेतृत्व में एक प्रतिनिधि मंडल दिल्ली भेजा था, जहां ३१ मार्च को अली कुली खां ने एक प्रतिष्ठित कवियित्री, जिसने अपना जीवन नर्तकी तथा गायिका से प्रारम्भ किया था, के साथ विवाह कर लिया था। इनकी पुत्री गन्ना बेगम में अपने माता–पिता की काव्य–प्रतिभा, कलात्मक संस्कृति और माता के समान सौन्दर्य था। देश के बड़े–बड़े अमीर–उमराव उसके रूप–सौन्दर्य के प्रति मोहित थे। नवाब शुजाउद्दौला तथा इमादुलमुल्क दोनों ही उससे निकाह करना चाहते थे।

अली कुली खां की मृत्यु के बाद शुजा की ओर से शेर अन्दाज खां ने गन्ना बेगम तथा उसकी माता के सामने निकाह का प्रस्ताव रखा। इसको स्वीकार करके शेर अन्दाज खां के साथ माता तथा उसकी पुत्री गन्ना बेगम ने दिल्ली से आगरा होकर लखनऊ की ओर प्रस्थान किया। जब वे आगरा पहुँचे, जवाहर सिंह उसके रूप–सौन्दर्य तथा प्रतिभा को सुनकर आसक्त हो उठा और उसने गन्ना को अपने रनिवास में रखने के विचार से किसी भी प्रकार उसको उठा कर लाने के लिए अपने साथियों को आगरा भेजा। कटरा वजीर खां में जाट अश्वारोहियों ने इस कारवां

---

१ – माधव जयति, पृ० ४ अ; सरकार (मुगल), खण्ड २, पृ० २९६।

को घेर लिया, किन्तु शेर अन्दाज खां के सेवकों से उनको संघर्ष करना पड़ा। फिर यह कारवां अपनी युक्ति तथा प्रयास से जाट सवारों के चंगुल से बचने में सफल हो गया और मां–बेटी दोनों ही बचकर फर्रुखाबाद के नवाब अहमद खां बंगश की शरण में पहुँचने में सफल हो गईं। यह समाचार मिलने पर इमाद ने अहमद खां पर गन्ना बेगम को अपने हरम में भेजने का दबाव डाला। अहमद खां ने वजीर की राजनैतिक अनुकम्पा वरण करने में सफलता प्राप्त कर ली और गन्ना बेगम ने इमाद के साथ शादी कर ली।[1]

ठाकुर अजीत सिंह का पलायन, नवम्बर १७५६ ई०

राज्य में बलराम घटक जवाहर सिंह का एक उत्तराधिकारी के अनुरूप सम्मान नहीं करता था। इससे जवाहर को कुछ सन्देह हो गया था। गन्ना बेगम काण्ड राजनैतिक घटना पर प्रभाव डालने का एक प्रश्न चिह्न था। इसी समय ठाकुर अजीत सिंह (पथैना) के नेतृत्व में गठित युवक घटक ने चौधरी बलराम तथा मोहन राम के विरुद्ध जवाहर की भावनाओं को उभारने का प्रयास किया। उन्होंने स्पष्ट घोषणा कर दी थी कि 'बलराम तथा उसके अनुजीवी जवाहर की शक्ति के विरोधी हैं और वे उसके पिताजी (दाऊजी) की भावना तथा विचारों को उसके विरुद्ध उभार रहे हैं।'' सूरजमल ने अपने पुत्र को कई बार समझाया व धमकाया। असन्तुष्ट व चाटुकार युवक मण्डली से सचेत किया। यद्यपि जवाहर की सफलता, मानसिक चेतना व सम्मान के लिए सूरजमल के साधु वचन कल्याण पथ में साधक थे, किन्तु जवाहर के मानसिक असन्तुलन ने मनमुटाव की खाई खोदने में योग दिया।

अस्तु, सूरजमल को कठोर कदम उठाना पड़ा। अन्यत्र रहने वाले युवकों के परिवारों को यातनायें देना शुरु किया और उनकी जमीन व जागीरों को खालसा कर लिया। कुछ परिवारों को सैनिक नियन्त्रण में रखा गया और उनसे उनके पुत्रों तथा पतियों पर जवाहर की सेवा त्यागने का दबाव डलवाया। फलतः ठाकुर अजीतसिंह (पथैना) अलीपुर चला गया और यहां से अपने परिवार सौ सवार व पैदलों सहित खानजादा धीरज सिंह के यहां शरण ली। जाट राज्य में कुछ समय के लिए शान्ति हो गई।

दिसम्बर २६, १७५६ ई० को खानजादा ने कछवाहा दरबार को लिखा—"अजीत आपकी चाकरी में आना चाहता है। उसके साथ काठेड़ के अन्य कुछ व्यक्ति भी हैं। आप अच्छे सवारों व सिपाहियों की फौज रखना चाहते हैं। इससे इनको अपनी सेना में रखने से अनेक लाभ होंगे।" फलतः दरबार की स्वीकृति मिलने पर ३ जनवरी को अजीत ने किशोर सिंह जाट (महुआ) के साथ जयपुर

---

१ – ता० मुजफ्फरी, पृ० १३१–२।

पहुँचकर माधोसिंह से भेंट की। कुछ समय बाद उसको ग्राम मालाघाटन (परगना उदेही) की जागीर प्रदान की गई और सितम्बर २, १७५६ ई० को वहां गढ़ी निर्माण कराने व बस्ती बसाने की स्वीकृति दे दी गई। साथ ही क्षेत्रीय रैय्यत की सुरक्षा व खुशहाली का भी निर्देश दिया गया।[1]

चाचा सोभाराम की सहायता

बदन सिंह ने अपने पुत्र सोभाराम को हसतपुर गांव की जागीर प्रदान कर दी थी, किन्तु वह सपरिवार डीग तथा कुम्हेर में रहता था। परगना कुम्हेर का राजस्व प्रबन्ध सोभाराम के हाथों में और दुर्ग की रक्षा का भार व ड्योढियों की देखभाल सूरजमल के हाथों में थी। सोभाराम ने नमक का व्यापार करके पर्याप्त धन कमाया और राज्य की व्यापारिक मण्डियों पर उसकी धाक थी। स्वार्थी चाटुकार युवकों ने जवाहर सिंह को अपने पिता के विरुद्ध भड़काते हुए कहा— "आपके पिता आपके सुख-ऐश्वर्य तथा व्यक्तिवादी स्वतन्त्रता में बाधक हैं।" पिता-पुत्र में काफी वाद-विवाद भी हुआ। सूरजमल ने एक बार आवेश में आकर अपने पुत्र को फटकारा और कहा— "चले जाओ, अपना मुंख फिर मत दिखलाना।" क्रोधित जवाहर अपने पिता के पास से चला गया और आवश्यकता पड़ने पर उसने अपने चाचा सोभाराम से रुपया देने का आग्रह किया। ठाकुर सोभाराम ने जवाहर की विनय पर उसके जेब-खर्च के लिए सात लाख रुपया अवश्य दे दिया, किन्तु इससे दोनों भाई सूरजमल तथा सोभाराम में काफी कटुता बढ़ गई। सोभाराम ने जेब सर्च की बात को छुपाकर कहा—"मैंने जवाहर के पास अपने पुत्रों को भेजने के अलावा अन्य किसी प्रकार का सहयोग नहीं किया है। भाई का भाई की सहायता करना ही धर्म है। आगे आपकी जैसी भी आज्ञा होगी, पालन करुंगा।"[2]

आन्तरिक तनाव

मई, १७५८ ई० के प्रारम्भ में पिता-पुत्र में काफी तनाव बढ़ गया था। जवाहर की उपेक्षा करके सूरजमल ने अब अन्य पुत्रों मुख्यतः कुंवर नाहर सिंह को राजकाज की व्यवस्था में प्रतिनिधित्व करने का अवसर दिया। इस बार जवाहर ने अपने स्वार्थी युवकों के परामर्श पर अपने आपको डीग का स्वतन्त्र शासक घोषित करने का विचार किया और उसने बन्दूकची सवार व पैदलों की संख्या बढ़ाकर डीग नगर की प्राचीरों पर तोपखाना व्यवस्थित कर लिया। यह देखकर सूरजमल ने अपने पुत्र को समझाने के लिए अनेक समझदार व्यक्तियों को भेजा, किन्तु दुराग्रही

---

१ – ड्रा० ख० प०, बण्डल ५, लेख ८७०; बण्डल ७, लेख १४१६; द० कौ०, जि० ७, पृ० ८०८, ३२५।

२ – दीक्षित, पृ० ६८-६।

ने किसी की सलाह नहीं मानी।

ज्येष्ठ पुत्र का विद्रोह राज्य में भयंकर बारूद का काम करता। राव चूड़ामन तथा उसके पुत्र मोहकम की जिद्द तथा विवाद से बदन सिंह ने लाभ उठाया था। अस्तु, यह इतिहास की पुनर्वृति भी हो सकती थी। इसमें सूरज मल ने पारदर्शिता व समझदारी से काम लिया और पुनः एक बार जवाहर की युवक मण्डली को कमजोर करने के लिए प्रभावी कदम उठाये। इसी समय उसने राजा पुहुप सिंह के विरुद्ध अपनी सेनायें भेज दीं।

राजा पुहुप सिंह का दमन, अगस्त–सितम्बर, १७५८ ई०

राजा पुहुप सिंह (फूफ सिंह) के पास मुरसान की एक स्वतन्त्र जागीर, सेना तथा सुदृढ दुर्ग था। युवक राजा अति महत्वाकांक्षी सरदार था और इस बार उसने गृह कलह को उकसाने में जवाहर को अपना समर्थन दिया था। मई, १७५८ ई० में कृष्ण राव बल्लाल ने रघुनाथ राव को अपने पत्र में लिखा—

"सूरजमल दिल्ली से ८० किमी० दूर मेवात (मेरठ ?) प्रान्त में पहुंच गया है और अपने मुलक की व्यवस्था करने में व्यस्त है। उसके साथ चार–पांच सहस्र सेना है। दिल्ली में काफी अराजकता फैल रही है और वहां संदिग्ध स्थिति बनी हुई है। सूरजमल का पुत्र जवाहर सिंह उससे बिगड़ रहा है।" [1]

सूरजमल मेवात में पड़ाव डालकर अली गौहर, विट्ठल शिवदेव तथा इमाद की गतिविधियों को देख रहा था, तब जवाहर उससे बिगड़ रहा था। सम्भवतः पुहुप सिंह दोआब परगनों पर अधिकार करके स्वतन्त्र ठेनुआं राज्य की नींव डालने के लिए प्रयत्नशील था। अतः सूरजमल ने मराठा सरदारों के प्रस्थान के बाद मुरसान दुर्ग पर आक्रमण करने के लिए सेनायें भेजीं। डेढ़ माह तक मुरसान का घेरा रहा। संघर्ष के बाद पुहुप सिंह ने समर्पण कर दिया और मुरसान की गढ़ी को खाली करके सासनी चला गया। [2] इससे जवाहर का पक्ष निर्बल हो गया और

---

१ – पे० द०, खण्ड २७, लेख २२६।

२ – सरकार का मत है कि सूरजमल ने १७६१–६२ में मुरसान के स्वतन्त्र जाट शासक का दमन किया था। (मुगल, खंड २, पृ० ३००) जबकि बलदेव सिंह ने इस घटना का उल्लेख १७५८ ई० में किया है।

— देशराज का यह विचार पूर्णतः अपुष्ट है कि सूरजमल ने पुहुप सिंह की शक्ति को अनेक बार कुचला था। (पृ० ५६०) इसी प्रकार वाक्या राज, (खण्ड २, पृ० ६५) में उल्लेख मिलता है कि सूरजमल ने भूरेसिंह का दमन किया था। भूरेसिंह की मृत्यु १७५४ ई० में होने से यह कथन असत्य है।

ठेनुआं घराने ने अधीनस्थ के रूप में सेवा स्वीकार कर ली।

पीली पोखर युद्ध, अक्तूबर, १७५८ ई०

पीली पोखर युद्ध के बारे में एक मात्र फादर वेण्डल ने लिखा है कि "यद्यपि यह सत्य है कि जवाहर सिंह अपनी आंतरिक भावना से इस निन्दनोय कृत्य की की ओर अग्रसर हुआ, फिर भी उन सलाहकारों का भो कुछ दोष था, जो परम हितैषी बन कर उसको घेरे रहते थे। यह भी निश्चित बात है कि सूरजमल की उदासीनता ने पुत्र की भावनाओं को उभारा। अपने पिता की कृपणता के कारण पुत्र को अनेक अवसरों पर अपने साथियों से बिछुड़ना पड़ा और वह "जेब–खर्च" की कमी से हीनता की भावना से ग्रसित होने लगा था। इसके अलावा वे व्यक्ति भी दोषी हैं, जो राजकोष से उसको जेब–खर्च देने में शिथिलता करते थे। इन्हीं कारणों से वह अन्तिम संघर्ष के लिए विवश हो गया था।" [1]

जवाहर ने अपने पिता के पास अनेक अनुरोधात्मक पत्र भेजे, किन्तु उसने अपने पिता की नीति के सामने समर्पण नहीं किया। हंसिया अपने दत्तक पुत्र की वीरता तथा साहस पर मुग्ध थी और उसने अपने पति से उसके प्राणों की भीख मांगी। उसने नम्रतापूर्बक सैनिक कार्यवाही को भी स्थगित करने की प्रार्थना की, किन्तु राजद्रोही को दबाना आवश्यक था।

अस्तु, सूरजमल तथा बख्शी (चौधरी) बलराम नाहरवार ने डीग नगर–प्राचीर का घेरा डाल दिया। जवाहर स्वयं अपनी टुकड़ी के साथ अऊ द्वार के बाहर मैदान में निकल आया और उसने अपने पिता की सेना पर आक्रमण कर दिया। पीली पोखर मैदान में एक भयंकर युद्ध हुआ। जवाहर के कुछ सरदार रणक्षेत्र में खेत रहे और उसके अग्र पंक्ति के सैनिक मैदान छोड़कर भाग गये। जहां घमासान युद्ध चल रहा था, वहां जवाहर स्वयं घुस गया और उसने अनेक सैनिकों को धराशायी किया। उसके शरीर पर तलवार व बर्छा के तीन घाव तथा पैर में बन्दूक की गोली लगी और वह घायल होकर रणक्षेत्र में ही गिर पड़ा। इस हृदय विदारक घटना को देखकर सूरजमल के दिल में पुत्र–स्नेह जाग उठा और उसने अपने साहसी पुत्र को खोने की अपेक्षा डीग नगर का अधिकार छोड़ना उचित समझा। वह शीघ्र ही सैनिक दलों को चीरकर आगे बढ़ा और उसने घायल पुत्र को देखा। जवाहर ने अपना मुख ढक कर अपने पिता से कहा— "यह भी मैंने आपकी आज्ञानुसार ही किया है।" सूरजमल ने जवाहर को डीग दुर्ग में भेज दिया, जहां महलों में उसका उपचार किया गया। उसका जीवन अवश्य बच गया, किन्तु तीन जख्मों से उसकी

---

१ – वेण्डल, पृ० ७३; कानूनगो, पृ० १६४।

दांई भुजा कमजोर हो गई और कुछ दिन बाद उसमें लच पड़ गई। पैर में गोली लगने से वह सदैव के लिये लंगड़ा हो गया।[1]

इस प्रकार अक्तूबर, १७५८ के अन्त में जवाहर का आन्तरिक विद्रोह व गृह कलह समाप्त हो गया, परन्तु जवाहर घायल अवस्था में अलवर की ओर चला गया। सूरजमल ने राव हेमराज के माध्यम से जयपुर दरबार को लिखा कि जवाहर को समझा कर मेरे पास भेजने की व्यवस्था करें। २ नवम्बर को कछवाहा दरबार ने देवी सिंह खंगारोत को निर्देश दिया कि वह जवाहर को समझाये, ताकि वह स्वस्थ होकर अपने पिताजी के पास लौट जावे।[2] परन्तु इस प्रयास में सफलता नहीं मिल सकी।

अन्त में रानी हंसिया तथा सोभाराम के समझाने पर जवाहर ने अपना हठ छोड़ दिया। परन्तु आत्मीयता का अभाव जीवन भर बना रहा। अपने पिता के जीवन काल में वह जाट राजधानी में नहीं लौट सका और स्वयं अपने भाग्य निर्माण के प्रयासों में मेवात में इधर-उधर भटकता रहा।

१६ – जनकोजी सिंधिया का आगमन : सूरजमल को निमन्त्रण, अगस्त–नवम्बर, १७५८ ई०

जून में रघुनाथ राव व मल्हार राव ने पूर्वी राजस्थान से मालवा होकर दक्षिण की ओर प्रस्थान किया। इसी समय मई, १७५८ ई० में दत्ताजी सिंधिया पूना से उत्तर की ओर चल दिया था। जुलाई में रघुनाथ राव व दत्ताजी में उज्जैन में मुलाकात हुई और दोनों ने हिन्दुस्तान के प्रबन्ध के बारे में विचार विमर्ष किया। होल्कर की अदूरदर्शी नीतियों के कारण नवाब वजीर इमादुलमुल्क, नजीब खां, राजा सूरजमल व शुजाउद्दौला मराठा विरोधी नीति की ओर अग्रसर होने लगे थे और इमाद ने राजधानी पर एकाधिकार जमाने का प्रयास किया था। नजीब खां उसका दत्तक पुत्र बन गया था। इस भारी भूल से मराठों को दोआब में अति क्षति उठानी पड़ी थी।

---

१ – वेण्डल; कानूनगो, पृ० १६३–४।

— वेण्डल लिखता है कि बदन सिंह ने जवाहर को भूमिगत खजाने की सूची बनाकर दी थी। जब जवाहर के जख्म ला–इलाज लगने लगे, तब सूरजमल ने यह कागज का टुकड़ा उसके हवाले करने का अनुरोध किया। (पृ० ७३) वेण्डल के इस कथन को अधिकांश इतिहासकारों ने असत्य माना है और यह काल्पनिक विवरण है।

२ – ड्रा० ख०, जि० ६, लेख ११६८ (कार्तिक सुदि १ सं० १८१५)।

अली गौहर ने रुहेल खण्ड में संरक्षण प्राप्त करने के बाद हाफिज रहमत खां, डुण्डी खां आदि रुहेला सरदारों, राजा सूरजमल, माधौ सिंह तथा शुजा के पास अपनी सहायता तथा सम्राट को इमाद तथा मराठों के चंगुल से मुक्त कराने के लिए पत्र लिखे। किन्तु मराठों से सीधा संघर्ष छिड़ने के भय से इन सरदारों ने अली गौहर की योजना को स्वीकार नहीं किया।[1]

जनकोजी सिंधिया के जयपुर राज्य में प्रवेश[2] करने के बाद ३० सितम्बर को सवाई माधौ सिंह ने सूरजमल को दशहरा (१२ अक्तूबर) पर आमन्त्रित किया और उसने इस आमंत्रण को स्वीकार भी कर लिया था, किन्तु जवाहर के विद्रोह के कारण सूरजमल ने स्वयं जयपुर जाने का कार्यक्रम निरस्त करके अपने पुत्र कुंवर नवल सिंह को राव हेमराज कटारा के साथ नाना विषयों पर वार्ता करने डीग से जयपुर रवाना किया। उसके साथ में अनदराम, मामा दानीराम (थानेदार हरसौली) और उसका धाभाई देवी सिंह भी शामिल था। ३ नवम्बर को नवल सिंह ने माधौ सिंह से भेंट की और सभी स्थितियों व विचारों से माधौ सिंह को अवगत कराया। ४ नवम्बर को माधौ सिंह ने नवल सिंह को बिदा में पूर्ण साज सामान के साथ एक घोड़ा, सरपेच व सोने के कड़ों की जोड़ी प्रदान की और सूरजमल के लिए दशहरा का सिरोपाव भेजा।[3]

१३ दिसम्बर को माधौ सिंह ने दीवान गज सिंह चौहान के नाम और १८ दिसम्बर को सूरजमल व हेमराज के नाम पत्र भेजकर लिखा कि चौधरी कुशल सिंह, बाल किसन साहूकार को समाचारों से साथ भेजा जा रहा है और उन्होंने संयुक्त रूप से भावी योजना पर विचार किया। इसके बाद माधौ सिंह ने २१ दिसम्बर को भूप सिंह कल्याणोत (लूणहरा) व श्री किसन को समाचारों के साथ रवाना किया। इधर ६ जनवरी को सूरजमल का उत्तर लेकर सांडिया सवार जयपुर पहुँचा।[4] इस प्रकार मराठा विरोधी संघ व मराठा नीति पर विचार करने में तत्परता से कार्यक्रम बनाया गया।

---

१ – फ्रेंकलिन, पृ० ६।

२ – पे० द०, खंड २, लेख ६५–६६, १०१; खण्ड २७, लेख २३०, २३६; फलके, लेख १६६, २१२।

३ – ड्राफ्ट ख० प०, जि० ६, लेख ६६५, १२५७; द० कौ०, जि० ७, पृ० ४०३, ३०८, ३६७, ५८२, ५७०।

४ – ड्राफ्ट ख० प०, जि० ६, लेख, १२५७, ११६१, १२५८; द० कौ०, जि० ७, पृ० ५८५।

दत्ताजी सिंधिया व इमाद में समझौता

दिसम्बर २६, १७५८ ई० को दत्ताजी सिंधिया अपने भतीजे जनकोजी सिंधिया के साथ नजफगढ़ पहुँच गया था। उसके हिन्दुस्तान में आते ही मराठा नीति में परिवर्तन होने लगा। सिंधिया घराना स्पष्ट भाषी था। उनके स्वभाव में शत्रु तथा मित्र के साथ कृत्रिम वाणी तथा धोखा देने का अभाव था। वे यथा सम्भव पेशवा की आज्ञाओं का कठोरता के साथ पालन करना अपना धर्म मानते थे और विश्वासपात्र होकर कठिनाई से मुख मोड़ना भी पसन्द नहीं करते थे। दत्ताजी सिंधिया का स्वभाव कठोर था। उसमें अधीरता तथा जल्दबाजी थी और उसको मल्हार राव के दत्तक पुत्र नजीब खां को कुचलने का आदेश था। इस समय होलकर के प्रत्येक मित्र पर सन्देह किया जाने लगा था और यह अनुमान लगाया गया कि उसके प्रबन्ध की कमियों के कारण ही मराठों को खंडनी की रकम नहीं मिल पाती है।[1] फलतः दत्ताजी ने दिल्ली पहुँचने से पूर्व ही वजीर इमादुलमुल्क के पास पत्र भेजा कि पेशवा ने मल्हार राव के स्थान पर मुझको आगरा का राज्यपाल नियुक्त कर दिया है। अब स म्राज्य को मुझे खंडनी की रकम का भुगतान करना चाहिये। अन्त में दिल्ली स्थित मराठा सरदारों के हस्तक्षेप से जनवरी ३०, १७५९ ई० को उभय पक्षों में समझौता हो गया और १ फरवरी को दत्ताजी ने पंजाब की ओर प्रस्थान कर दिया।[2]

१७ – मराठा विरोधी संघ : सूरमल का सम्मान, फरवरी–अप्रेल, १७५९ ई०

राजस्थान में सभी राजपूत शासक मराठों की चौथ तथा खंडनी की मांग से व्याकुल थे और वहां सवाई माधो सिंह के नेतृत्व में बार-बार 'मराठा विरोधी संयुक्त रक्षा संघ' बन रहे थे। फरवरी में सिंधिया सरदार दिल्ली से पंजाब की ओर चले गये थे, तब राजपूत तथा अन्य शासक निश्चित थे। सूरजमल ने माधोसिंह के प्रस्तावों पर विचार करने के लिए जयपुर जाने का कार्यक्रम निर्धारित कर लिया था। तब महाराजा विजय सिंह राठौड़ ने माधो सिंह को अपने खरीता मे लिखा— "दखनी दिन प्रतिदिन जोर पकड़ते जा रहे हैं। इसका उपाय सोचना चाहिये।" १० फरवरी को माधो सिंह ने उसको लिखा— "जनकोजो ने भी लाहौर की ओर प्रस्थान कर दिया है। यह फुरसत का समय है। सूरजमल ने भी यहां आने की सूचना दी है।

---

१ – ता० आ० सानी, पृ० १६२–८; एनि० पत्रेंन, १६६, १६७; नूरुद्दीन, पृ० ३० अ; शेजवल्कर (हि०) पृ० ५७; सरकार (मुगल), खण्ड २, पृ० १३३।

२ – ता० आ० सानी, पृ० १६७ ब–१६८ अ।

हम सभी यहां मिल कर उपाय सोचेंगे। पीछे कठिनाई होगी।" [१]

वजीर इमादुलमुल्क भी सूरजमल तथा राजपूत नरेशों के निर्णय के प्रति उत्सुक था, किन्तु वह मराठों से संघर्ष की अपेक्षा कछवाहा व मराठों क बीच में सहयोगी समझौता कराना चाहता था। वह मराठों के साथ मिल कर नजीब खां व शुजा को दबाना चाहता था। ठीक इसी समय शाहजादा अली गौहर (शाह आलम सानी) शुजा को छोड़कर पटना की ओर बढ़ रहा था, तब नवाब वजीर को भारी चिन्ता हुई और उसके प्रस्ताव पर सम्राट ने शाहजादा हिदायत बख्श को पटना का राज्य-पाल (मार्च, १७५९ ई०) नियुक्त करके वहां जाने की आज्ञा प्रदान कर दी। इमाद की योजना थी कि शाहजादा सीधा आगरा जावे और वहां से राजा सूरजमल, जिसके पास अपार द्रव्य व बहुत बड़ी सेना थी, की सहायता लेकर पटना की ओर कूंच करे। इससे मार्च में इमाद ने दिल्ली से जाट वकील राजा मोहन सिंह सूर्यद्विज तथा नागरमल के वकील मिश्र सुजान को सूरजमल के पास शाहजादा हिदायत बख्श, कछवाहा-मराठा मित्रता तथा दोआब में नजीब खां के विरुद्ध उसका सहयोग आदि अनेक जटिल प्रश्नों पर बातचीत करने के लिए भरतपुर भेजा। उन दोनों ने राजा सूरजमल तथा राव रूपराम कटारा से बातचीत कीं। इस बार दो लाख रुपया की हुण्डी देने की शर्त पर सूरजमल को सिकन्दराबाद की सनद भेजने का प्रस्ताव स्वीकार कर लिया गया। सूरजमल को सिकन्दराबाद की व्यवस्था सौंप दी गई। किन्तु सूरजमल के जयपुर चले जाने के कारण वजीर हिदायत बख्श को आगरा भेजने में विफल रहा और १९ मार्च को शाहजादा का दिल्ली से सम्भावित प्रस्थान भी स्थगित हो गया। [२]

सूरजमल-माधौ सिंह मिलन; ब्रजेन्द्र बहादुर राजा का विरुद

सवाई माधौ सिंह ने सूरजमल को अपने साथ लिवाकर लाने के लिए भट राजा सदा शिव तथा भोपत राम चारण को जयपुर से डीग रवाना किया। इधर इमाद के साथ दोआब परगनों का समझौता करने के बाद मार्च के द्वितीय सप्ताह में सूरजमल ने जयपुर की ओर प्रस्थान कर दिया था। इस समय राजा तारा सिंह, राजा मोहन सिंह सूर्यद्विज, मिश्र सुजान, मीर इकराम, भवानी राम, खुस्याल (खुशाल) सिंह, हेमराज कटारा आदि प्रमुख वकील व राजनीतिज्ञ भी उसके साथ थे। भट राजा ने उनकी परगना बहात्री में अगवानी की। २४ मार्च को सभी जयपुर पहुँच

---

१ – ड्रा० ख०, जि० ६, लेख १०७।

२ – ता० आ० सानी, पृ० २०२ ब; राजवाडे, खंड ६, लेख ३९५ (१० मार्च, महादेव हिंगणे का पत्र); ड्रा० ख० प०, जि० ६, लेख ११२७।

गये और सूरजमल ने लूणकरण नाटानी के बाग में अपना डेरा डाला। सूरजमल–माधोसिंह की वार्ता के निष्कर्ष की दिल्ली में भारी उत्सुकता बनी हुई थी और इस वार्ता के दूरगामी परिणाम निकलने की सम्भावना व्यक्त की गई थी। इस बार सूरजमल जयपुर में २० दिन (२४ मार्च– १२ अप्रेल) तक रुका और माधो सिंह ने उसको **'ब्रजेन्द्र बहादुर राजा'** का विरुद प्रदान करके सम्मानित किया। दस्तूर कौमवार में इस भेट का विवरण [1] निम्न प्रकार मिलता है—

"मार्च २४, १७५९ ई० (चैत्र वदि १०, सं० १८१५), स्थान जयपुरः श्री जी ने जसवन्त सिंह राजावत, जोध सिंह नाथावत, सूरत राम स्योब्रह्मपोत, चांद सिंह कुम्भाणी, दलेल सिंह राजावत को सूरजमल की पेशवाई के लिए रवाना किया और स्वयं दरबार खास में आकर बिराजे। लूणकरण नाटानी के बाग से सूरजमल सवार होकर आया और फकीर के तकिया पर कछवाहा पंच सरदारों से गले मिला। फिर पंच सरदार आगे आगे चले और सूरजमल व भट राजा सदाशिव हाथी पर आसपास बैठे। उनके पीछे हेमराज कटारा खवासी में सवार हुआ। स्यौपोल होकर सभी राज चौक में हाथी से उतरे और ड्योढी खास मार्ग से अन्दर पहुँचे। सभा निवास की सीढ़ियों से चढ़कर चौक में खड़े होकर सूरजमल ने तस्लीमात की, तब श्री जी ने उसको ताजीम दी। फिर आगे बढ़कर तस्लीमात की और नौ मोहर नजर करके झुककर नमस्कार किया। श्री जी ने अपने हाथों से उठाकर नजर स्वीकार की और सूरजमल को चांदनी के अगले वांस के समीप अपनी बाईं ओर और भट राजा सदा शिव को दाईं ओर आसीन किया। फिर माधो सिंह ने सूरजमल को विरुद प्रदान करने की आज्ञा दी। तब राजा हरसाय ने सूरजमल को **'ब्रजेन्द्र बहादुर राजा सूरजमल'** का विरुद [2] प्रदान करने की घोषणा की। खरीता नजर किया और श्री जी ने जरी का खासगी सिरोपाव भेट किया। फिर माधो सिंह ने अपने हाथ से सूरजमल के खासगी चीरा बांधा और जरी का फरूखशाही सिरोपाव पहनाया। उसके खस व इत्र लगाया और बीड़ा प्रदान करके सम्मानित किया। तब उसको सभा भवन से बिदाई दी गई। २५ मार्च को उसकी महमानी की गई। २६ मार्च को सूरजमल माधो सिंह से बातचीत करने पहुँचा, तब माधो सिंह ने उसको मोती के दो नग भेंट किये।

"२७ मार्च को श्री जी सवार होकर राजचौक, हथरई के समीप से निकल कर सूरजमल से मिलने लूणकरण नाटानी के बाग में पधारे। सूरजमल ने बाग के

---

१ – द० कौ०, जि० ७, पृ० ५७०–८; ड्रा० ख० प०, जि० ६, लेख ११२७, (२१ मार्च); ता० आ० सानी, पृ० २०२ अ (सूरजमल का जयपुर पधारना)।

२ – ड्रा० खरीता, जि० ६, लेख, १२५९ (२४ मार्च)।

प्रवेश द्वार पर पैरों में झुक कर उनका अभिवादन किया व अगवानी की। फिर श्री जी अन्दर बाग में पधारे और मसनद पर बिराजे। सूरजमल ने मोहर व रुपया न्यौछावर किया और नजर की। चार घड़ी वहां रुक कर माधो सिंह सवार होकर महलों में लौट आया।"

१३ मार्च को सूरजमल तथा अन्यों को गणगौर के सिरोपाव प्रदान किये गये। ९ अप्रेल को भट राजा सदा शिव के माध्यम से बिदा में एक घोड़ा तथा २४ अन्य वस्तुयें प्रदान की गईं। १० अप्रेल को सूरजमल बिदा होने पहुँचा, तब उसको जडाऊ सरपेच तथा पन्द्रह सिरोगात्र और चौधरी कुशल सिंह व बाल किसन साहूकार के माध्यम से सूरजमल के सेवकों को चौदह सिरोपाव डेरों पर भेजे गये। ११ अप्रेल को एक चीता मय पिंजड़ा तथा १२ अप्रेल को राम प्रसाद नामक हाथी भेजकर सम्मानित किया गया।[1]

सूरजमल वास्तव में राज्य विस्तार की योजना में व्यस्त था और वह मराठों से संघर्ष नहीं करना चाहता था, किन्तु इमाद की अपेक्षा शुजा को वजीर पद प्रदान करने का इच्छुक था। अभिलेखों के अभाव में यह नहीं कहा जा सकता कि इस समय दोनों सरदारों ने क्या निर्णय लिये? फिर भी डा० सरकार का अनुमान है— "सम्भवतः दोनों ने मिल कर संयुक्त रक्षा संघ बनाया।"[2] परन्तु यह स्थिति अधिक समय तक नहीं रह सकी।

सूरजमल जब मार्ग में ही था, तभी माधो सिंह ने राव हेमराज के पुत्र हरसुख को जयपुर बुलाया। १३ अप्रेल को उसे रवाना किया गया। जबकि ५ अप्रेल को कछवाहा दरबार ने राजा हरी सिंह के पास चिम्ना देव सिंह को दीवान नंद लाल व राजा हरसाय के साथ ससैन्य रवाना करने के आदेश भेजे।[3]

१८ – दत्ताजी सिंधिया का शुकरताल अभियान मई–नवम्बर, १७५९ ई०

पेशवा आर्थिक संकट से घिर रहा था और उत्तर भारत से उसको आर्थिक लाभ नहीं मिल सका था। इससे पेशवा ने २३ फरवरी को रामाजी अनन्त के नाम अपने पत्र में लिखा— "वजीर (इमादुलमुल्क) के दिल में स्वामि भक्ति या कृतज्ञता नहीं है। यदि शुजाउद्दौला को वजीर पद दे दिया जावे, तो वह पचास लाख रुपया भुगतान करने को तैयार है। यदि मैं आपको इस परिवर्तन का आदेश भेजूं, तो

१ – द० को०, जि० ७, पृ० ५८१, ५६३, ५७८, ५६५, ५६६, ६०८, ५८५, ५८७।
२ – सरकार (मुगल), खंड २, पृ० १३०।
३ – भरतपुर–जयपुर खरीता, सं० १३/५६/५; ड्रा० ख० प०, जि० ६, लेख १२७१।

आप लाहौर से लौटने के बाद इस परिवर्तन को क्रियान्वित करने का प्रयास करना।" [1] इस प्रकार पेशवा ने दत्ताजी को यह अधिकार प्रदान कर दिया था कि यदि शुजा मराठों के दावों को स्वीकार कर ले और नकद रुपया देने को तैयार हो जावे, तो उसे इमाद के स्थान पर वजीर पद प्रदान कर दिया जावे। [2]

इसी समय सूरजमल ने इस प्रस्ताव पर अधिक जोर दिया कि केवल शुजाउद्दौला ही साम्राज्य की रक्षा करने में सक्षम है और इससे मराठा हित भी सुरक्षित रहेंगे। किन्तु मराठा दरबार में यह उलझन पैदा हो गई थी कि सूरजमल तथा शुजाउद्दौला दोनों सहयोगी मित्र हैं और दोनों के आपसी हितों में भी टकराव नहीं है। यदि दोनों राजनैतिक इकाईयां आपस में मिल गईं तो उत्तर भारत में मराठों को अपने स्थाई प्रभाव के प्रसार के लिए भारी मूल्य चुकाना होगा। इससे उन्होंने इमादुलमुल्क को हर सम्भव कीमत पर समर्थन प्रदान करना उचित समझा। [3] बाद में मराठा सरकार को इस प्रश्न पर पुनः विचार करना पड़ा और पेशवा इस परिवर्तन को तैयार हो गया।

इसी प्रकार २१ मार्च को पेशवा ने जनकोजी व दत्ताजी को नजीब खां के बारे में लिखा था— "वह मक्कार है और विश्वासघाती है। यदि उसको दिल्ली प्रवेश का अवसर दिया गया तो यह मानना होगा कि भारत में शाह दुर्रानी की चौकी स्थापित हो गई है .... उसको जीवन दान करना सर्प को दूध पिलाने जैसा है। अवसर मिलते ही आपको (दत्ताजी) उसकी शक्ति को कुचलना ही उचित होगा।" [4] मई में पंजाब व सरहिन्द की व्यवस्था करके दत्ताजी जब वापिस लौटे, तब उसने पेशवा के इन निर्देशों का कड़ाई से पालन किया। बाघपत में शिविर डाल कर १ जून को दत्ताजी ने अन्ताजी माणकेश्वर तथा अब्दुल अहद खां के माध्यम से वजीर इमादुलमुल्क पर आरोप लगा कर मांग की कि "साम्राज्य का शासन प्रबन्ध करने में वह अयोग्य है और उसके साथी घूंसखोर हैं। अतः वह अपना पद त्याग कर दिल्ली की व्यवस्था मराठों को सुपुर्द कर दे।" इस पर दिल्ली में समझौता वार्ता प्रारम्भ की गई। तब राजनैतिक स्थिति पर नियंत्रण करने के लिए सूरजमल ने राव रूपराम कटारा को जून के प्रथम सप्ताह में जनकोजी सिंधिया से वार्ता करने रवाना किया और सवाई माधोसिंह ने भी कछवाहा हित में बातचीत करने के लिए रूपराम को अधिकृत कर दिया था। इधर इमाद की ओर से राजा नागर मल

---

१ – शिवेशाही, खण्ड ३, लेख ६६, १०१, १०२।
२ – ऐति० पत्रेंन, लेख १६६, १६७; शेजवलकर, पृ० ५६।
३ – शेजवलकर, पृ० ५६।
४ – ऐति० पत्रेंन, लेख १६७; नजीबुद्दौला, पृ० ५४।

जनकोजी से शांति-समझौता वार्ता करने पहुँचा और सम्भवतः ३० जून को समझौता करके दिल्ली लौट आया। फिर इमाद ने मराठों के नाम इकरारनामा लिख कर दिया, तब दत्ताजी ने हिण्डन नदी पार की।[1]

अब दत्ताजी सिंधिया ने नजीब खां रुहेला से दोआब परगनों के स्थाई प्रबन्ध के बारे में बातचीत शुरु कीं। नजीब खां दोआब प्रान्त में मराठा परगनों को अपना समझता था। फिर भी दत्ताजी के साथ शर्तों पर वार्ता करने के लिए नजीब खां को मराठा शिविर में लाया गया। इस भेंट-वार्ता के बारे में भाऊ बखर का लेखक लिखता है कि जनकोजी, नारोशंकर, अन्ताजी तथा अन्य सरदार इस बार नजीब खां को बन्दी बनाना चाहते थे, परन्तु गोविन्द पन्त बुन्देला की सलाह से दत्ताजी ने उनको इस प्रकार की मुगलाई कावा (विश्वासघात पूर्ण गिरफ्तारी) से रोक दिया, क्योंकि दत्ताजी मुगलई मस्लत (हत्या) में विश्वास नहीं करता था। जबकि पेशवा ने २ मई को अपने पत्र में रामाजी अनन्त को लिखा— "नजीब खां विश्वासघाती तथा आधा दुर्रानी है।"[2] फलतः उभय पक्ष में वार्ता अवरुद्ध हो गई और नजीब खां सामली से सहारनपुर होकर मुजफ्फरनगर से २६ किमी० पूर्व गंगा नदी के पश्चिमी किनारे पर अपनी शुकरताल छावनी में चला गया। दत्ताजी ने भी जुलाई में शुकरताल से ४ किमी० दूर मीरानपुर में अपना शिविर लगाया और सारी बरसात इसी छावनी में निकाली।[3]

इसी समय शाह वली उल्लाह ने भयभीत त्रस्त तथा व्यग्र नजीब खां को सान्त्वना देते हुये उत्साही मार्ग दर्शन कराया और मराठों के विरुद्ध साहस तथा दृढ़ता के साथ नियमित मोर्चा लेने के लिए उत्साहित किया। उसने नजीब को अपने पत्र में लिखा— "दिल्ली के मुस्लिम नागरिकों की असहनीय लूट, बरबादी और कारुणिक यातनाओं से संतप्त आहों के कारण ही अल्लाह की इच्छित-भावना की सफलता में अधिक विलम्ब हुआ।" उसने एक बार पुनः संघर्ष पर जोर दिया और मुसलमानों की जीवन-रक्षा तथा उनकी सम्पदा की सुरक्षा की भी आशा व्यक्त की। उसने नजीब खां के कल्याण की कामना और विजय की अभिलाषा प्रगट करते हुए लिखा— "अनन्त के दरबार में मराठों का सर्वनाश हो चुका है और जाटों की बरबादी का प्रबन्ध हो रहा है। ज्योंही तत्वज्ञानी शेरों की दहाड़ होगी, मराठों की सत्ता का मिथ्या स्वप्न अनन्त में विलीन हो जावेगा।"[4]

---

१ – ड्रा० ख० प०, जि० ७, लेख १४५२ (२० जून); दे० क्रॉनी, पृ० १०६।
२ – ऐति० पत्रेंन, लेख १७१; शेजवलकर (हि०) पृ० ४१।
३ – ता० आलमगीर सानी, पृ० २१० अ; दे० क्रॉनी, पृ० १०६।
४ – मकतूबात, पत्र सं० ५, पृ० ६०।

सूफी दार्शनिक ने अपने एक अन्य पत्र में नजीब खां को विश्वास दिलाया कि "अविलम्ब ही उसको मराठों पर विजय मिलेगी और इसके लिए वह अल्लाह से प्रार्थना कर रहा है। इस समय देश में तीन (मराठा, जाट तथा सिख) शत्रु जातियां हैं। जब तक इनकी जड़ें खोखली नहीं होगीं, तब तक सम्राट, अमीर–उमराव तथा जनता को सुख शान्ति नहीं मिल सकेगी। अतः यह समय की मांग है कि मराठों को परास्त करने के बाद आपको जाटों के विरुद्ध और फिर सिखों से संघर्ष करना पड़ेगा। इस संघर्ष काल में आगे आपको यह निश्चित रूप से ध्यान रखना होगा कि मुसलमानों को नहीं लूटा जावे, न सताया जावे और न उनको यातनायें दी जावें। यदि आपने मेरे इस सुझाव को नहीं स्वीकारा, तो मुझे हार्दिक दुखः है कि कार्य–सिद्ध नहीं हो सकेगा।"[१]

इस प्रकार शाह वली उल्लाह एक मुस्लिम राष्ट्र, मुस्लिम समाज तथा सशक्त मुस्लिम राज्य की कल्पना को साकार रूप देने के लिए भारतीय शक्तियों के विरुद्ध प्रयत्नशील था। उसने भारतीय अफगानों के अन्य कुल, बलूची सरदार तथा मध्य दोआब में आबाद अन्य पठान सरदारों को एकता सूत्र में पिरोने के लिए, उन पर अपना प्रभाव जमाने के लिए ही मौलाना सैय्यद अहमद को भी प्रभावित करने का प्रयास किया।[२] वास्तव में उसने तत्वज्ञान, अन्ध-विश्वास का जाल फैलाकर नजीब खां को बुरी तरह जकड़ लिया और वह मराठों के विरुद्ध अधिक सक्रिय हो गया।

नजीब खां दत्ताजी को शुकरताल में व्यस्त रखकर परास्त व बरबाद करना चाहता था। उसने सवाई माधोसिंह, राजा सूरजमल, शुजाउद्दौला, अहमद खां बंगश, अपने रिश्तेदार हाफिज रहमत खां, सादुल्ला खां, डुण्डी खां पठान के पास अपनी सहायता की अपील के साथ दूत रवाना कर दिये थे। ३ सितम्बर को माधौसिंह ने भटजी राजा सदा शिव को मराठा विरोधी नीति व नजीब को सहायता देने की अपील पर विचार करने के लिए सूरजमल व हेमराज के पास रवाना किया।[३]

वह डीग में सूरजमल से छडी सवारी मिला और उसको पक्का करने की बातचीत कीं। इसी समय इमाद व राजा नागर मल की ओर से राजा मोहन सिंह

---

१ – मकतूबात, पत्र सं० ६, पृ० ६१–६२।

२ – उपरोक्त, रुहेलखण्ड के मौलाना सैय्यद अहमद के नाम पत्र, पत्र सं० १६ पृ० ७६।

३ – ड्रा० ख० प०, जि० ७. लेख १३०६।

सूर्यद्विज व मिश्र सुजान डीग पहुँचे और उन्होंने मराठों का साथ देने के प्रस्ताव पर विचार किया। २२ सितम्बर को दीवान नन्दलाल ने राजा नागर मल के साथ वजीर इमाद के यहां पहुँच कर बातचीत की। तब वजीर ने उसको सुझाव दिया कि माधौ सिंह अन्ताजी के सहयोग व प्रभाव से मराठों के साथ बातचीत करे और अपना एक प्रतिनिधि अन्ताजी के साथ पेशवा दरबार में रवाना कर दे। राजा नागर मल ने सूरजमल तथा माधौ सिंह से आपस में मिलकर बातचीत करने की सलाह दी, ताकि दखनियों के सहयोग से नजीब खां को दबाया जा सके।

२४ सितम्बर को सूरजमल ने नन्दलाल को लिखा— 'आपने नवाब वजीर से जो बातें तय की हैं, उसके अनुरूप उपाय किया जाना उचित होगा। फिर समय निकलने के बाद सभी कुछ व्यर्थ होगा।' सूरजमल वास्तव में सभी प्रस्तावों पर सहमत हो गया था और यह निर्णय लिया गया कि माधौ सिंह स्वयं ससैन्य दिल्ली की ओर प्रस्थान करके सूरजमल से बातचीत करे। इसी समय २७ सितम्बर को दीवान नन्दलाल ने भटराजा सदा शिव को लिखा कि अब शुजाउद्दौला ने भी सभी रुहेलों से मिलने के लिए शीघ्र ही जलालाबाद के घाट पर आने का वचन दिया है। डुण्डी खां का यह समाचार मेरे पास आया है और रुहेलों ने सूरजमल के पास भी शीघ्र ही आने के लिए पत्र लिखा है। अतः आप सूरजमल के पास जाकर तुरन्त ही विचार करना।[1]

सितम्बर व अक्टूबर में माधौ सिंह नजीब खां तथा शुजा के निकट सम्पर्क में था और उसने नजीब को अहमद शाह दुर्रानी को हिन्दुस्तान में मराठों के विरुद्ध आमंत्रित करने की सलाह[2] दी थी। इधर सूरजमल से वार्ता करके सूरतराम व भगवन्त सिंह भाट एक अक्टूबर को जयपुर पहुँचे और पीछे से १२ अक्टूबर को कुंवर नवल सिंह अपने धाभाई देवी सिंह, मधूबन दास धूसर, हरसुख के साथ जयपुर गया और वहां एक सप्ताह तक बातचीत चलती रहीं,[3] किन्तु ठोस निष्कर्ष नहीं निकल सका। इसी समय मराठा सदस्यों ने सूरजमल पर सहायता के लिए भारी दबाव डाला। सूरजमल नजीब की नीति व चरित्र को भली भांति समझता था। इससे उसने जनकोजी के पक्ष में नजीव कीं अपील को ठुकरा दिया, जबकि शुजाउद्दौला तथा अहमद खां बंगश नजीब की सहायता के लिए पहुँच चुके थे।

२१ अक्टूबर को गोविन्द पन्त बुन्देला ने नजीबाबाद पर आक्रमण करके

---

१ – ड्रा० ख० प०, जि० ७, लेख, १४१०, १४०६, १४५६।
२ – कपड़ द्वारा (अहमदशाह–माधौ सिंह)।
३ – द० कौ०, जि० ७, पृ० ५८४, ६००, ४०४, ५६४, ५८२, ६०६।

हाफिज रहमत खां आदि अफगानों को पीछे ढ़केल दिया।[1] अक्टूबर के अन्त में उमराव गिर तथा अनूपगिर गुंसाई की कमान में शुजा की सेनायें शुकरताल में पहुँच गईं और नवम्बर ३, १७५९ ई० के आसपास इस सेना ने चांदपुर के समीप गोविन्द पन्त को परास्त करके पीछे खदेड़ दिया।[2] इसी समय अहमद शाह दुर्रानी की सेनाओं ने लाहौर पर आक्रमण कर दिया था। यह देखकर दत्ताजी ने रुहेलों को परास्त करने के लिए नवीन भारतीय शक्तियों की तलाश शुरू की और उसने राजा सूरजमल से फौजी सहायता भेजने की याचना की। ८ नवम्बर को रूपराम कटारा के नेतृत्व में पांच सहस्र जाट सैनिकों ने शुकरताल अभियान में शामिल होकर भाग लिया।

इस समय मल्हार राव होलकर राजपूताना में मौजूद था और उसको बुलाने के लिए द्रुतगामी ऊंट (शुतुर सवार) रवाना किये गये। वजीर इमादुल्मुल्क के पास भी वकील भेजे गये। दत्ताजी ने उसको लिखा—"...आप किस गफलत की नींद में सो रहे हो।........मैं आपकी प्रार्थना पर यहां युद्ध में व्यस्त हूं और आप भागकर भरतपुर में शरण लेने की योजना बना रहे हो।" लेकिन इमाद स्वयं निश्चित समय तक शुकरताल नहीं पहुँच सका। ९ नवम्बर को दत्ताजी ने युद्ध सलाहकार परिषद की बैठक आयोजित की, जिसमें शिविर तथा सामान को २६ किमी० पीछे सुरक्षित भेजने और सेनानायकों को ससैन्य घेरे की अग्रिम पंक्ति में तैनात करने का निर्णय लिया गया। किन्तु ८ दिसम्बर को मराठों ने घेरा उठा लिया।[3]

१९ – शाह दुर्रानी को आमंत्रण तथा उसका सरहिंद में प्रवेश, १७५९ ई०

शाहजादा अली गौहर ने वजीर इमादुल्मुल्क के विरुद्ध भारतीय नवाबों तथा नरेशों से सहायता प्राप्त करने का हर-सम्भव प्रयास किया था। उसने दिल्ली की

---

१ – पे० द०, जि० २९ लेख ५६; ता० मुजफ्फरी, पृ० १७१–२; नूरुद्दीन, पृ० ३० अ-ब; ता० आलमगीर सानी, पृ० २०८, २१०–३; राजवाडे, जि० १, लेख १४२–६, शाकीर, पृ० ९६; शेजवलकर (हि०) पृ० ४७।

२ – राजवाडे, जि० १, लेख १४०–१४३; पे० द०, जि० ११, लेख १२६; ता० आलमगीर सानी, पृ० २१० ब; शाकीर, पृ० ९८; नजीबुद्दौला पृ० ५५–६, ता० मुजफ्फरी, पृ० १७१–३, खजानहे अमीराह, पृ० ८८–९; शुजाउद्दौला, जि० १, पृ० ७१–७३; हरीराम, पृ० ११६।

३ – ता० आ० सानी, पृ० २१२ अ; ता० मुज०, पृ० ११७ अ; इमाद, पृ० ९९; नजीबुद्दौला, पृ० ५६।

दुर्दशा, वजीर इमाद की तानाशाही का वर्णन दुर्रानी के पास लिख कर भेजा और उससे सहायता की याचना की। वह बार-बार दुर्रानी को हिन्दुस्तान में आने के लिए उत्साहित करता रहा। सम्राट आलमगीर सानी को इमाद की तानाशाही असह्य थी। वह विपक्षी सरदारों से भी बातचीत करने में असमर्थ था। उसने शाह दुर्रानी को अपने पत्र में लिखा— "इमादुलमुल्क मेरी हत्या का विचार कर रहा है। आपके यहां पधारने से ही इस क्रूर आततायी के हाथों से मेरे जीवन की रक्षा हो सकेगी, अन्यथा मेरे तथा मेरे पुत्रों की सुरक्षा की सम्भावना नहीं है।" [1]

नजीब ने "घेरा लम्बा करो व समय निकालो" नीति अपनाकर दत्ताजी को फंसा रखा था और उसने "धर्म तथा अफगान कबीलों की रक्षा" के नाम पर अफगान-रुहेला पठानों को संगठित कर लिया था। उसने इस्लाम की रक्षा तथा मूर्तिपूजकों के दमन के लिए व्यथा भरी कहानी के साथ शाह दुर्रानी के लिए हिन्दुस्तान में आने का निमन्त्रण दिया। शुकरताल घेरा में व्यस्त रहकर भी वह दुर्रानी के पास प्रतिमाह अपना सन्देश लेकर दूत भेजता रहा। सम्राट ने भी इमाद से परेशान होकर नजीब को सहयोग प्रदान किया। [2] यद्यपि शुजाउद्दौला शाह दुर्रानी के आमंत्रण का समाचार सुनकर नजीब खां की सहायता से मुक्त हो गया था और वह रुहेल खण्ड को छोड़कर अवध वापिस चला गया। किन्तु राजपूत नरेशों ने दुर्रानी को हिन्दुस्तान में बुलाने की पहल की और सवाई माधौ सिंह तथा महाराजा विजयसिंह राठौड़ ने उसके पास भारत पर आक्रमण करके मराठों से मुक्त कराने के लिए पत्र भेजे। [3] फलतः सम्राट, नजीब तथा राजपूत नरेशों के आमंत्रण पर दुर्रानी ने अक्तूबर २५, १७५९ ई० को सिन्ध नदी पार की। ८ नवम्बर को साबाजी शुकरताल आ गया। अब पंजाब में दुर्रानी का ध्वज पुनः फहराने लगा। [4] नवम्बर के

---

१ – तारीख-ये-बाद नादिरिया, पृ० १२४; हरीराम, पृ० १२३।

२ – ता० मुजफ्फरी, पृ० १७५; नजीबुद्दौला, पृ० ५५; खजानहे अमीराह, पृ० १०१; कानूनगो, पृ० १११; हरीराम, पृ० १२२।

३ – खजाने अमीराह, पृ० १०१; ता० मुजफ्फरी, पृ० १७५; इ० हि० कांग्रेस प्रो, १९४५, पृ० २५९; हरीराम, पृ० १२३; आमंत्रण-राजवाडे, खंड १, लेख १३८; पे० द०, खंड २, लेख ८४, खंड २१, लेख १७६; ता० हुसैन शाही, पृ० ३८; डाउ, हिस्ट्री ऑफ इन्डिया, खंड २, पृ० ३९२; गंडासिंह, पृ० २२५।

४ – ता० आलमगीर सानी, पृ० २११ ब, २१३ ब; दे० क्रॉनी; पे० द०, जि० २, लेख ११६; राजवाडे, जि० १, लेख १४२, १४६; खंड ६, लेख ३७८; कानूनगो, पृ० ११; पा० टि० मालिसन, हिस्ट्री ऑफ अफगानिस्तान, पृ० २८७; गंडासिंह पृ० २२६।

प्रथम सप्ताह में शाह दुर्रानी का दूत याकूब अली खां नजीब, सवाई माधोसिंह, राजा विजय सिंह राठौड़ आदि सरदारों के नाम शाह के पत्र लेकर दिल्ली पहुँचा। इन पत्रों में इन राजनैतिक इकाईयों से मराठों के विरुद्ध अपनी फौज तैयार करने का आग्रह किया गया था।[1]

अहमदशाह दुर्रानी के सरहिन्द प्रवेश (२७ नवम्बर) और साबाजी पटेल की पराजय का समाचार सुनकर वजीर इमादुलमुल्क उद्विग्न हो उठा। इसी समय उसने दुर्रानी तथा शुजाउद्दौला के नाम लिखे सम्राट के कुछ पत्र और उनको लाने ले जाने वाले हरकारों को पकड़ लिया। इससे उसकी क्रोधाग्नि भड़क उठी। २६ नवम्बर को वजीर सम्राट आलमगीर सानी को धोका देकर फीरोह कोहतिला ले गया, जहां सेनापति बालाबाश खां ने उसकी हत्या कर दी। दूसरे दिन (३० नवम्बर) इमाद ने काम बख्श के पौत्र मुहि-उल-मिल्लत को शाहजहां सानी की उपाधि से मुगल सम्राट घोषित किया और भूतपूर्व वजीर इन्तिजामुद्दौला तथा मिर्जा लुतफुल्ला बेग का भी बध करवा दिया। इसके बाद वह दत्ताजी की सहायता के लिए दिल्ली से निकला। किन्तु इस समय मराठों ने शुकरताल का घेरा उठा लिया था।[2]

२० – तरावड़ी युद्ध में मराठों की पराजय, २२ दिसम्बर १७५६ ई०

इस बार अहमदशाह दुर्रानी का विचार सरहिन्द से आगे कूंच करने का नहीं था, किन्तु सरहिन्द में उसको तीन दिन बाद (३ दिसम्बर) आलमगीर सानी की हत्या का समाचार मिला और उसने क्रोधित होकर बदमास अपराधी इमादुलमुल्क तथा मराठों को पराजित करने तथा इनसे हत्या का बदला लेने के लिए दिल्ली की ओर कूंच किया। यह देखकर दत्ताजी ने ८ दिसम्बर को शुकरताल का घेरा उठा लिया और मुजफ्फरनगर तथा बराह सैय्यदों के प्रदेश में होकर जाट-मराठा सेनायें यमुना तट पर पहुँच गईं। इस समय जनकोजी मराठा तोपखाना पंक्ति तथा इमाद की सेना के साथ यथा समय अग्र मोर्चों पर कुमुक भेजने के लिए दत्ताजी से ३२ किमी० पीछे था। उसके साथ गोविन्द पन्त बुन्देला (बल्लाल) भी उपस्थित था। रूपराम कटारा ने गोविन्द पन्त तथा जनकोजी आदि को सलाह दी कि यदि शाह

---

१ – पे० द०, जि० २, लेख १०६।

२ – ता० आलमगीर सानी, पृ० २१४ अ–२१५ अ; दे० क्रॉनी०, पृ० ११०; मुरसलात-ये-अहमदशाह, पत्र सं० १; मिसकिन, पृ० २००–२; ता० हुसैन-शाही, पृ० ४६; सियार खण्ड ३, पृ० ३७४–५; राजवाडे, जि० १ लेख १६५; पे० द०, खंड २, लेख ४६।

दुर्रानी को पीछे खदेड़ने में सफलता नहीं मिल सके तो मराठा तोपखाना, अलड़ाकू परिवार व भारी साज-सामान को गोविन्द पंत जाट सेनाओं के संरक्षण में दिल्ली होकर जाट राज्य में पीछे हटा ले। १८ दिसम्बर को दत्ताजी ने कुञ्जपुरा के दक्षिण में रामरा घाट पर यमुना नदी पार की और कुञ्जपुरा पहुँचकर अगले दो दिनों में अपनी योजना निश्चित कर ली। २२ दिसम्बर को तरावड़ी के मैदान में दुर्रानी के कोतल दलों से मराठों की दो घण्टे तक भयंकर मुठभेड़ हुई। यद्यपि इस युद्ध में मराठों के चार सौ सैनिक खेत रहे, किन्तु उन्होंने दुर्रानी को मैदान छोड़कर दोआब की ओर जाने के लिए बाध्य कर दिया और शाह दुर्रानी उसी रात्रि को यमुना नदी पार करके नजीब खां के पास चला गया।[1]

२१ – बरारी घाट युद्ध में दत्ताजी का प्राणोत्सर्ग

तरावड़ी युद्ध के बाद अफगान रूहेला आक्रमण से दिल्ली की रक्षा करने के लिए दत्ताजी ५ जनवरी को दिल्ली आ गया। राव रूपराम कटारा पांच सहस्र जाट सवारों सहित मराठा सरदारों की छावनी में उपस्थित था। उसने मराठा परिवारों को जाट राज्य की सीमाओं में रवाना करने का पुनः सत्परामर्श दिया, किन्तु दत्ताजी ने रूपराम तथा अपने दीवान अनन्त दाभोलकर के संरक्षण में ६ जनवरी को समुचित रक्षा प्रबन्ध के साथ मराठा छावनी का भारी साज-सामान, साल भर की लूट का माल, बाजार, अलड़ाकू दल, गर्भवती पत्नी भागीरथी बाई तथा मराठा परिवारों को रेवाड़ी की ओर रवाना कर दिया। इसी प्रकार ५ जनवरी को गोविन्द पन्त ने अपने सैनिकों तथा साज-सामान के साथ दिल्ली से जाट राज्य में प्रवेश किया और मथुरा के समीप यमुना पार करके उनको सकुशल चम्बल पार रवाना कर दिया।

पेशवा ने मल्हार राव को सिंधिया की सहायता के लिए उचित आदेश दिये थे और दत्ताजी ने भी उसको नई कुमुक के साथ आने का समाचार भेजा। परन्तु वह बरवाड़ा का घेरा डाल कर सवाई माधोसिंह से चौथ बसूल करने में व्यस्त था। फिर दत्ताजी ने मराठा तथा पांच सहस्र जाट सवारों के साथ दिल्ली के उत्तर में १५ किमी० यमुना के बरारी घाट पर मोर्चा लगाया। शाह दुर्रानी लूनी के समीप डेरा डाल चुका था। १० जनवरी को नजीब ने प्रातःकाल साबाजी पटेल पर एकाएक आक्रमण करके भयंकर युद्ध छेड़ दिया। दत्ताजी स्वयं अग्र पंक्ति में तैनात सैनिकों की सहायता के लिए आ गया। उसकी आंत (पसली) में अफगान जज्जैल की एक गोली आकर लगी, जिससे वह रणक्षेत्र में खेत रहा। मियां कुतुबशाह उसके सिर

---

१ – पे० द०, खंड २, लेख १०६, १११, ११२, ११७; खण्ड २१, लेख १७८; राजवाडे, जि० १ लेख १४७, १५०; ता० हुसैन शाही, पृ० ४६–५०; नजीबुद्दौला, पृ० ५६–५७; बिहारीलाल, पृ० ५; इ० हि० कांग्रेस प्रो०, १६४५, पृ० २६४; शेजवल्कर, पृ० ४६–५०; हरीराम, पृ० १२६।

को काटकर शाह दुर्रानी के पास ले गया और जाट सवार उसके रुण्ड को उठाकर ले आये। जनकोजी भी भुजा के उपरि भाग में गोली लगने से घायल हो गया और जाट सैनिक उसको भी घसीट कर रणभूमि से बाहर ले आये। इस युद्ध में दस सहस्र मराठा–जाट सैनिक काम आये। मराठों की कमर टूट गई और वे रणक्षेत्र छोड़कर भाग गये।

घायल जनकोजी को जाट–मराठा उठाकर द्रुतगति से रेवाड़ी की ओर ले गये। शिविर में भागीरथी बाई ने शांति तथा बुद्धिमता का परिचय दिया, किन्तु भयभीत मराठा छावनी छोड़कर भाग गये। रूपराम कटारा ने सुझाव दिया कि पीछा कर रहे दुर्रानी सैनिकों को भ्रम में डालने तथा उनको मार्गभ्रष्ट करने के लिए रामाजी पंत के साथ जनकोजी तथा महिलाओं को अव्यवस्थित मराठा शिविर से निकालकर गुप्त वेश में कुम्हेर की ओर भेजना उचित होगा। "कठिन काल में जाट विश्वासघात न कर बैठें" इस भय से जनकोजी की पत्नी काशीबाई ने इस सुझाव को न मानकर कोटपुतली की ओर प्रस्थान कर दिया, जहां १५ जनवरी को मल्हार राव इनकी रक्षार्थ आ गया था।[1] यह सिंधिया शक्ति की भयंकर पराजय थी।

---

१ – पे० द०, खण्ड २, लेख ११४, ११७; खंड २१, लेख १८१, १८२, १८५; खण्ड २७, लेख २४७; राजवाडे, खण्ड १, लेख १४७, १५३, १५६, १६५, खण्ड २, लेख १५४, खंड ३, लेख ५१६; ता० मुजफ्फरी, पृ० १७६–७, शाकीर, पृ० ६६; ता० हुसैन शाही, पृ० ५०–१; नजीबुद्दौला, पृ० ६७; सियार, खंड ३, पृ० ३८०; मिसकिन, पृ० २०२–३; ग्रांट डफ, भाग १, पृ० ६०४; नूरुद्दीन, पृ० ३० ब–३१ अ।

— शेजवल्कर का मत है कि दत्ताजी का सिर काटने की कहानी नाटकीय है। (पृ० ५४)।

अध्याय ८

दुर्रानी का द्वितीय आक्रमण : पानीपत संग्राम में तटस्थता, १७६०–६१ ई०

मराठों की पराजय पर हिन्दुस्तान में राजपूत नरेशों तथा दोआब के हिन्दुओं ने उल्लासपूर्ण विजयोत्सव मनाये। उन्होंने आततायी खूंख्वार अफगानों की भांति इस देश की सम्पदा तथा श्रम को बरबाद नहीं किया था। भारतीय ललनाओं के सतीत्व को नहीं लूटा और हिन्दू-मुसलमानों पर धार्मिक अत्याचार भी नहीं किये थे। फिर भी मराठों के चरित्र तथा आचरणों के प्रति उत्तर भारत के नागरिकों में सन्देह था। दक्षिण से उनका तूफान आंधी की भांति उठता था और लूटमार के बाद पानी की तरह बह जाता था। विशेषत: राजस्थान के शासकों ने अहमदशाह दुर्रानी की सफलता पर विशेष प्रसन्नता प्रगट की। ठीक इसी प्रकार ४३ वर्ष बाद (१८०३ ई०) लसबाड़ी युद्ध में जनरल लेक की सफलता पर राजपूत प्रसन्न हो उठे और राजपूत शासकों ने मराठा शक्ति के विरुद्ध ब्रिटिश ईस्ट इण्डिया कम्पनी से समझौता कर लिया था।

१ – राजा सूरज मल की नीति

जाट राजा सूरजमल मराठों के क्रूर हाथों से मुक्त नहीं हो सका। जाटों ने उनसे भयंकर युद्ध भी लड़ा और आर्थिक संधियां भी कीं, फिर भी सहधर्मी मराठों की पराजय से जाटों को कोई विशेष प्रसन्नता नहीं हो सकी। राजा सूरजमल ने एक पारदर्शी राजनयिक की भांति राजनैतिक परिणामों से लाभ उठाने का विचार किया। हिन्दुस्तान में "मराठा भाग्योदय काल" में यद्यपि जाटों ने सदैव "सन्देहास्पद तटस्थ नीति" को प्राथमिकता दी थी। दिल्ली प्रस्तावों की उपेक्षा के बाद भी जाट टुकड़ियों ने सिंधिया घराने के सहयोगी आमंत्रण को स्वीकार करके उनका साथ दिया। फिर भी सूरजमल ने हिन्दुस्तान की दलगत राजनीति में सक्रिय भाग

नहीं लिया। इसका मुख्य कारण सूरजमल का राष्ट्रहित में अपनी निजी व्यापक नीति थी। वह वास्तव में नवीन शक्ति सम्पन्न शासक तथा तानाशाह वजीर का विरोधी था। वह एक विदेशी आक्रान्ता के आगे आत्मसमर्पण करके कलंक का भागीदार नहीं बनना चाहता था। आखिर शाह दुर्रानी भी एक क्रूर आततायी लुटेरा था। वह भारतीय धन, सम्पत्ति तथा श्रम को लूटकर अपने देश को वापिस लौट जाता था। इसी से सूरजमल ने मराठा शक्ति के औचित्य, उनकी चौथ की मांग के साथ ही भारतीय शक्ति की स्थिरता को स्वीकार कर लिया था और एक "अति उदार राजनैतिक मार्ग" का पथ-प्रदर्शन किया था। इस सिद्धान्त के आधार पर ही विदेशी आक्रान्ताओं से हिन्दुस्तान की रक्षा के लिए भारतीय हिन्दू तथा मुसलमान एक झंडे के नीचे एकत्रित हो सकते थे और इससे राष्ट्रीय एकता तथा मित्रता की भावना सुदृढ़ हो सकती थी।

इस समय मुगल साम्राज्य का व्यवहारिक रूप में विघटन हो चुका था और सर्वत्र अराजकता, गड़बड़ फैल रही थी। साम्राज्य के भिन्न-भिन्न छोटे-बड़े अशक्त तथा बलशाली अमीर शक्ति तथा सम्पत्ति के लिए सामान्यतः आपस में कलहरत थे। साम्राज्य के संगठन, एकता तथा सिद्धान्तों की दृष्टि से विचार करने की ओर किसी ने भी ध्यान नहीं दिया था। पेशवा स्वयं हिन्दुस्तान (मुगल भारत या उत्तर भारत) की राजनैतिक परिस्थितियों से अपरिचित था और मराठों के लिए "भारतीय एकता तथा निष्ठा"[1] एक स्वप्न था। एक मात्र जाट शासक सूरजमल ने इस नीति की ओर ध्यान दिया और इस सिद्धान्त को साकार करने के लिए उसने भागीरथ प्रयास किया। सूरजमल सदा शिव राव भाऊ की भांति भावुक तथा अदूरदर्शी नहीं था। भाऊ केवल "हिन्दू स्वराज्य" की भावना को मराठा राज्य का प्रतीक मानता था। सूरजमल व्यवहारिक, विशिष्ट प्रतिभाशाली कुशल राजनयिक, जन-प्रिय शासक तथा जन-जन का नेता था और उसकी "पृथक्त्व तथा असहनशील हिन्दू स्वराज्य" के सिद्धान्त में आस्था नहीं थी। वह इन सिद्धान्तों की कमजोरी तथा दोषों को समझता था और भारतीय जन-जीवन पर इसके कुप्रभाव को भी भली भांति पहचानता था।

१८ वीं शताब्दी के मध्यकाल में इतना पारदर्शी, राजनैतिक औचित्य को परखने वाला कोई भी प्रतिभाशाली अमीर या शासक नहीं था। हिन्दुस्तान में नवोदित हिन्दू तथा मुस्लिम राज्यों के बीच में एकता की कड़ी केवल शाही सिंहासन ही एक आदर्श तथा व्यवहारिक चिह्न था, इससे वह मुगल तख्त की प्रतिष्ठा तथा मुगल साम्राज्य के महत्व को स्थायित्व प्रदान करना चाहता था। केन्द्रीय शासन

१– शेजवलकर, पृ० ७८।

तथा नवोदित राज्य या साहसिक सरदारों के बीच में एकता तथा सानिध्य स्थापित कराने में केवल जाट राज्य की शक्ति सक्षम थी। सूरजमल ने अपनी नैतिकता, उदारता, सूझबूझ तथा पारदर्शी सुझावों व सिद्धान्तों से अपने पड़ौसी राज्य जयपुर, फर्रुखाबाद, अवध, मराठा तथा केन्द्रीय मुगल शासन को एक कड़ी में जकड़ रखा था। वह इन पड़ौसी राज्यों की स्थिरता के लिए सदैव सहयोग व सहायता के लिए तत्पर रहा।

सूरजमल का सिद्धान्त मुगल व मुसलमानों के "मुस्लिम साम्राज्य," क्षत्रपति शिवाजी महान की "हिन्दू पद-पादशाही," और सदाशिव भाऊ के "हिन्दू स्वराज्य' से सर्वथा भिन्न था। मराठा तथा अफगान दोनों ही हिन्दुस्तान में अपने प्रभुत्व तथा प्रभाव के लिए संघर्षशील थे और मुगल साम्राज्य के शोषक थे। इसी से मराठों को नर्मदा अथवा चम्बल पार और दुर्रानी को सिन्धु नदी के तट पर रोकने के लिए सूरजमल मुगल सम्राट के नेतृत्व में विभिन्न छोटे-बड़े 'व्यवहारिक प्रजातान्त्रिक राज्यों का एक संघ" बनाना चाहता था। वह अंग्रेजों की भांति "फूट डालो, राज्य करो" की नीति की अपेक्षा "प्रजातांत्रिक या लोकतांत्रिक राज्यों का निर्माण तथा केन्द्रीय संघ शासन" की उदार नीति का समर्थक था। इस संघात्मक हिन्दुस्तान का अर्थ किसी विशेष राज्य के साथ उपकार या किसी शासक को पराधीन रखना नही था, बल्कि किसी "सामान्य भय" से राष्ट्र की सुरक्षा के लिए एक निश्चित तथा सर्व-मान्य सिद्धान्त को स्वीकार करने के बाद शाही निशान के नीचे समस्त राजनैतिक शक्तियों को लाकर खड़ा करना था। इस प्रकार राजा सूरजमल निःसन्देह "मुस्लिम-सिद्धान्त पर गठित मुगल साम्राज्य" को नवीन जीवन प्रदान करके "संघात्मक लोकतन्त्री" सिद्धान्त पर गठित करना चाहता था। केन्द्रीय सरकार सैनिक बल प्राप्त करके निरंकुश, तानाशाह या साम्राज्यवाद की स्थापना नहीं कर सके या सैनिक बल से नवाब तथा भारतीय नरेशों की मौलिक शक्ति, नागरिकों के मौलिक अधिकारों को नहीं कुचल सके, इसके लिए उसका स्पष्ट मत तथा सुझाव था कि राज्यों की सैनिक शक्ति को सुदृढ़ किया जावे और आवश्यकता आने पर संघ सरकार राज्य तथा प्रान्तों के शासकों से सैनिक प्राप्त करे।

इस उदार "एकता तथा निष्ठा" की नीति के आधार पर सम्राट केवल सम्मानीय साम्राज्य का शीर्षस्थ शासक होता। राज्य संचालन, नीति निर्धारण, प्रशासनिक व्यवस्था के अधिकार वजीर (प्रधान मन्त्री) को सौंप दिये जाते। संघ राज्य के सभी सरदार या शासक अपने प्रान्त या राज्यों के स्वाधीन शासक होते। वजीर तानाशाह होकर सम्राटों की हत्या, उनको बार-बार गद्दी से पदच्युत नहीं कर सके, इससे वजीर के हाथों में सैनिक शक्ति न रहकर राज्य इकाईयों के पास सुरक्षित रहती। इसी से "भारत-भारतीयों के लिए" सिद्धान्त भी सफल हो सकता

था। इसी भावना तथा दृष्टि से सूरजमल ने चतुर तथा सहनशील अवध के नवाब शुजाउद्दौला को वजीर पद पर नियुक्त करने का प्रस्ताव रखा था। वह संघ साम्राज्य का वैधानिक प्रधान मन्त्री होता। इस प्रकार जाट शासक सैनिक सत्ता का विकेन्द्री-करण करना चाहता था। किन्तु अपने व्यक्तिगत राजनैतिक स्वार्थ के कारण किसी ने भी इन सुझावों को स्वीकार नहीं किया।[1] इसी का परिणाम था भारत में अंग्रेजी राज्य की स्थापना !

२ – वजीर इमाद, अधिकारी तथा नागरिकों का शरण लेना

अहमदशाह दुर्रानी के पांचवें आक्रमण के समाचार मिलते ही राजधानी तथा आसपास के नागरिकों में भारी व्याकुलता व भय का भूचाल आ गया था और सम्पन्न राजधानी एक बार पुनः उजड़ने लगी थी। जिन नागरिकों को अपना जीवन, धन, मान-मर्यादा प्रिय थी, वे अपने परिवार व सम्पत्ति के साथ दक्षिण की ओर भागने लगे। जाट साम्राज्य के सम्पन्न नगर पुनः हिन्दू-मुस्लिम नागरिकों के लिए "पुनीत आतिथ्यालय" बन गये थे। मराठा सरदारों ने भी अपने परिवारों को निःसंकोच शरण लेने के लिए जाट राज्य में भेज दिया था। इस महान् विपत्ति के समय वजीर इमादुल्मुल्क ने भी उदार-स्वभाव शत्रु के संरक्षण तथा राज्य में अपने हरम को भेजकर अपने सम्मान व प्रतिष्ठा के बारे में शंका नहीं की। सूरज-मल ने भी सभी वर्ग-सम्प्रदाय के नागरिकों को अपने राज्य में शरण दी और प्रतिष्ठित परिवारों का उनके पद व प्रतिष्ठा के अनुरूप यथोचित सम्मान[2] करके सुरक्षा प्रदान की। सूरजमल अहमदशाह दुर्रानी की क्रूरता, हिंसा तथा प्रतिशोध की नीति से पूर्णतः परिचित था, फिर भी विचलित नहीं हुआ। उसने शीघ्र ही राजधानी तथा वहां के शेष नागरिकों की रक्षार्थ पांच सहस्र जाट सवार भेजकर वजीर इमादुलमुल्क को सन्तोष तथा धैर्य प्रदान किया और भगोड़ा नागरिकों को शरण तथा सुरक्षा प्रदान करके भारतीयत्व की उदार भावना का परिचय दिया।

दत्ताजी सिंधिया की मृत्यु तथा मराठों की पराजय का समाचार देश में दावानल की तरह फैल चुका था। स्वाधीन सत्ता का भूखा, महान पाखण्डी इमाद दिल्ली की रक्षा नहीं कर सका और उसने अपनी चल सम्पत्ति जाट राज्य की ओर रवाना कर दी थी। उसको पूर्ण विश्वास था कि खूंख्वार दुर्रानी के आतंक के

---

१ - पे० द०, जि० २, लेख ११८, खण्ड २१, लेख १८२, १८६; खण्ड २७, लेख २५१; राजवाडे, जि० १, लेख १६५-७०; दे० क्रॉनी; इमाद, पृ० ७३; वेण्डल, पृ० ५१; कानूनगो, पृ० ११६-७।

२ – इ० डा० (हरसुखराय), खण्ड ८, पृ० ३६२।

कारण इस समय उसको अन्यत्र शरण नहीं मिल सकेगी। अतः वह स्वयं सूरजमल के रनिवास–कुम्हेर के द्वारों पर शरणागत के वेश में आकर खड़ा हो गया। यह वही वजीर इमादुलमुल्क था, जिसने १७५४ ई० में जाट शासन के अस्तित्व को मिटाने का विफल प्रयास किया था और अब उसी फौलादी दुर्ग की दीवारों के सामने खड़ा होकर प्राण तथा सम्मान रक्षा की अभ्यर्थना कर रहा था। उसके आगमन की सूचना मिलते ही राजा सूरजमल ने दुर्ग–द्वार पर उसका प्रसन्नता के साथ पद व प्रतिष्ठा के अनुरूप अभिनन्दन किया। उसने अपनी सर्व श्रेष्ठ हवेली आमोद–प्रमोद की अमूल्य वस्तुओं से सजाकर वजीर तथा उसके परिवार को ठहरने के लिए खोल दी। सूरजमल ने वजीर तथा उसके परिवार की सुरक्षा का यथेष्ठ प्रबन्ध किया और सेवक के द्वार पर निरीक्षण के लिए पधारे स्वामी की भांति स्वागत–सत्कार के साथ सेवा की।[1] इसके शीघ्र बाद जाट सैनिक भी दिल्ली छोड़कर अपने राज्य की सीमाओं में लौट आये। कछवाहा वकील नंद लाल कामां आने की अपेक्षा अपने अंगरक्षकों के साथ जयपुर चला गया। जौहरी साह हीरानंद परसोत्तम दास को मराठा पठान युद्ध के परिणाम का समाचार मथुरा में ११ जनवरी को प्रातःकाल मिल गया था, इससे उसने १२५ साहूकारा गाड़ियों के साथ मथुरा से गोवर्द्धन होकर कुम्हेर में शरण ली। यहां पर उसको नंदलाल के पलायन तथा दुर्रानी फौजों का जाट व मेवात प्रान्त में प्रवेश करके लूटमार करने का समाचार मिला। फलतः वह २३ जनवरी को सभी भारकसों के साथ वैर पहुँच गया और वहां चार दिन विश्राम करने के बाद जाटों के संरक्षण में कछवाहा राज्य की सीमाओं में सकुशल पहुँचा।[2]

३ – दिल्ली का प्रबन्ध : सम्राट शाह आलम सानी की प्रार्थना, जनवरी, १७६० ई०

बरारी घाट विजय के बाद शाह दुर्रानी कुछ दिन लूनी में रुका। हिन्दुस्तान की राजधानी सम्राट तथा वजीर से खाली थी। शहर सूना था और शाही कोषागार रिक्त था। नजीब खां रुहेला ने शाह से हिन्दुस्तान में कुछ दिन रुकने की प्रार्थना की। शाह ने सुनसान नगर में न घुसकर १४ जनवरी को खिज्राबाद में पड़ाव डाला। डा० सरकार के शब्दों में— "नवीन सम्राट पूर्वाधिकारी सम्राटों से भी अधिक दुर्बल और नाममात्रेण बादशाह था।"

---

१ – सियार, खण्ड ३, पृ० ३७५–६; ता० मुजफ्फरी, पृ० १७७; इमाद पृ० ७३; वेण्डल, पृ० ५१; कानूनगो, पृ० ११४; सरकार (मुगल), खण्ड २, पृ० १५०; गण्डा सिंह, पृ० २३२।

२ – ड्राफ्ट ख० प०, जि० ७, लेख, १४०६।

३१ जनवरी को शाह दुर्रानी ने अपने वजीर के चचेरे भाई याकूब अली खां को दिल्ली का राज्यपाल नियुक्त किया और शहर में पुलिस नियन्त्रण पुनः स्थापित करने के लिए अपना ही कोतवाल नियुक्त करके राजधानी का प्रबन्ध सभांल लिया था।[1] इसी बीच में बिहार से प्रवासी सम्राट शाह आलम सानी (द्वितीय) का एक पत्र शाह दुर्रानी के पास पहुँचा, जिसमें उसने शाह से हिन्दुस्तान का ताज तथा सिंहासन प्रदान करने की प्रार्थना की थी। उसने लिखा— "अन्यथा इमादुल्मुल्क और जाट राजा सूरजमल मिलकर किसी को भी छायामात्र सम्राट बना लेंगे और पूर्वापेक्षा राजधानी तथा साम्राज्य को और भी अधिक बरबाद कर देंगे। दखनी भी अपनी शक्ति को सहस्र गुणा बढ़ा लेंगे और देश के नागरिकों की दशा को करुणापूर्ण बना देंगे।" उसने शाह से प्रार्थना की थी कि वह स्वयं आगरा की ओर प्रस्थान करे और खानखाना (मृतक) तथा नजीब खां को मेरे पास रवाना कर दे। इसके बाद हिन्दुस्तान के अमीर उसके दरबार में आकर उपस्थित हो जावेंगे। मालवा तथा गुजरात प्रान्त उसके अधिकार में आ जावेंगे। या तो मराठा समर्पण कर देंगे अथवा हम सभी मिलकर उनको बरबाद कर देंगे।

उसने जाट शासक सूरजमल के बारे में लिखा— "आपके सामने हिन्दुस्तान के नागरिक जाटों को देश का रक्षक बतलाते हैं। आखिर कब से इतने शक्तिशाली हो गये ? ताकि वह (सूरजमल) "रक्षक" मान लिया जावे। यह सब कुछ नागरमल का जाल (पेबन्द वस्ता-ये) है। साम्राज्य के दुर्भाग्यपूर्ण दिनों में इन लोगों ने बादशाह की गुजर-बसर के लिए सुरक्षित खालसा परगनों की आय का अपहरण किया है और शाही कोषागार को बरबाद किया है। (इस प्रकार) वह (सूरजमल) एक सरदार के पद पर पहुँच गया। चूहों को पकड़ने के लिए बिल्ली पाली गई और वह बिल्ली व्याघ्र बन गई। किन्तु अभी तक एक चूहा शेष है, जो व्याघ्र (बिल्ली) से अड़ रहा है। हम ज्यों ही आकर अपने देश के प्रशासन की ओर ध्यान देंगे। वह हमको भारी पेशकश (कर) अदा करेगा और अनाधिकृत लाखों की जमा वाले परगनों को छोड़कर हमारी सेवा में आकर उपस्थित हो जावेगा। उपेक्षा करने पर अपनी बरबादी का रास्ता नापेगा।"[2] शाह दुर्रानी ने शाह आलम सानी के इस पत्र की ओर विशेष ध्यान नहीं दिया, किन्तु उसने राजा सूरजमल को दण्ड देने का निर्णय अवश्य कर लिया था।

---

१ – दे० क्रॉनी०; मीराते आफताबनुमा, पृ० ३७०; सरकार)मुगल), खण्ड २, पृ० १५१, १६८।

२ – मुरासलात–ये–अहमदशाह दुर्रानी, पत्र सं० २१, (अहमदशाह दुर्रानी के नाम शाह आलम शानी का पत्र), गंडासिंह, पृ० २३२–३।

४ – शाह द्वारा सूरजमल से एक करोड़ खिराज की मांग

खिज्राबाद में छावनी (१४ जनवरी) डालने के बाद अहमदशाह दुर्रानी ने जाट राजा सूरजमल, माधोसिंह कछवाहा, विजयसिंह राठौड़ तथा नवाब शुजाउद्दौला के पास खिराज लेकर स्वयं उपस्थित होने और उसके निशान के नीचे एकत्रित होकर सेवा करने का फरमान लिखकर अपने विशेष दूतों के साथ रवाना किया। सूरजमल हिन्दुस्तान में मराठों का एक मात्र सहयोगी व रक्षक सरदार था। दुर्रानी ने उसको कड़े धमकी भरे कई पत्र लिखकर अपने वकील को उसके दरबार में रवाना किया। उसने सूरजमल को लिखा— "आप स्वयं खिराज की राशि के साथ आकर उपस्थित हों, ताकि आप और हम दोनों मिलकर मराठा सरदारों को उत्तर से निकाल कर दक्षिण की ओर रवाना कर सकें।" अन्य राजपूत नरेशों ने दुर्रानी के दूतों को खिराज अदा नहीं किया, परन्तु उन्होने स्पष्ट मना भी नहीं किया और वे टालमटोल करते रहे। सूरजमल पर राजद्रोह का आरोप लगाकर दुर्रानी ने उससे एक करोड़ खिराज भुगतान की मांग की।

इस समय सूरजमल भी अन्य शासकों की भांति टालमटोल उत्तर या आश्वासन देकर दुर्रानी को सन्तुष्ट कर सकता था। परन्तु उसने पड़ोसी शासकों की इस नीति तथा समर्पण की भावना को श्रेयस्कर नहीं समझा और उसने इस माँग पर अपने मन्त्री परिषद तथा सलाहकारों की सभा में बैठकर गम्भीरता से विचार किया। परिषद का विचार था— "पहले यह देखा जावे कि होल्कर व दुर्रानी आपस में क्या फैसला करते हैं ? फिर भी एक विदेशी आक्रान्ता को खिराज भुगतान करके भी राज्य को उसके क्रूर हाथों से नहीं बचाया जा सकेगा। इस विपुल धनराशि से अफगान शाह अपनी फौजी शक्ति को सुदृढ़ करेगा और वह हमको भयभीत समझ कर निहत्थे नागरिकों पर भीषण अत्याचार, नरसंहार तथा देश में लूंटमार करेगा। इसके बाद दुर्रानी की अन्य दुराग्रही मांग अतिथि वजीर इमादुल्मुल्क को वापिस सौंपने तथा मराठों का साथ न देने की होगी।" फलतः सूरजमल ने आक्रान्ता को खिराज भुगतान करके समर्पण की नीति को स्वीकार नहीं किया और इस द्रव्य से राज्य, अतिथि, प्रजा की रक्षा करने और युद्ध को रोकने के लिए व्यय करना उचित समझा। यह निर्णय जाट परिषद तथा शासक की दूरदर्शिता तथा कुशलता का प्रमाण था। उसने दुर्रानी के वकील को नम्रतापूर्वक उत्तर देते हुए लिखा— "मैं एक साधारण जमींदार हूं। यदि आपके सुरक्षा वचनों पर विश्वास हो सके, तो सभी शासक प्रसन्नतापूर्वक आपकी सेवा में उपस्थित हो सकते हैं। मैं भी उनका अनुशरण करुंगा। मैं दिल्ली की वैधानिक सरकार को निश्चित समय पर निश्चित पेशकश भुगतान करने के लिए सदैव तैयार हूँ। यदि आप पहले मराठों को दिल्ली से निकाल दें और स्वयं हिन्दुस्तान मे रुक कर राज सिंहासन ग्रहण कर लें, तो मैं

आपको अपना स्वामी स्वीकार करने को तैयार हूं। मराठा तथा अफगानों के निरन्तर आवागमन तथा लूटमार से यह प्रदेश बरबाद हो चुका है, इससे मेरे पास इस समय खिराज भुगतान के लिए पर्याप्त रुपया नहीं रहा है।" [1]

५ – डीग दुर्ग पर दुर्रानी का आक्रमण और मल्हार राव की सक्रियता, फरवरी १७६० ई०

अहमदशाह दुर्रानी का दूत डीग से निराश होकर वापिस चला गया। सूरजमल ने भी मराठा सरदारों से बातचीत की और दुर्रानी के सम्भावित आक्रमण से अपने सभी दुर्गों में पूर्ण तैयारी कर ली थी। सूरजमल तथा मन्त्री परिषद का पूर्ण विश्वास था कि वजीर इमादुलमुल्क ने उसके यहां शरण ले ली है। अतः उसके शत्रु तथा प्रतिद्वन्दी नजीबुद्दौला की प्रार्थना पर दुशाह दुर्रानी इस बार उसके राज्य के आन्तरिक दर्गों पर अवश्य आक्रमण करेगा। कुछ ही दिनों में दिल्ली का प्रबन्ध करके दुर्रानी ने अपने निकटतम प्रतिद्वन्दी को कुचलने के लिए तीन भिन्न मार्गों से अपनी सैनिक टुकड़ियां रवाना कीं। अलवर के मेवाती दुर्ग की ओर बढ़ने के विचार से कुछ पठान टुकड़ियों ने फिरोजपुर झिरका में पड़ाव डाला। एक तोप लवाण की ओर और एक टुकड़ी रेवाड़ी की ओर रवाना की गई। २७ जनवरी को दुर्रानी स्वयं अपनी अफगान सेना, नजीब खां के रुहेला दलों के साथ खिज्राबाद छावनी से रवाना हुआ और ४ फरवरी को मथुरा के उत्तर में ३२ किमी० शेरगढ़ में पड़ाव डाला। यहां से उसने राज्यपाल तथा जिलेदारों की नियुक्ति करके आगरा ? की ओर रवाना किया। फिर उसने ६ फरवरी को डीग दुर्ग की ओर कूंच किया और दूसरे दिन (७ फरवरी) प्रधान सेनापति जहांन खां के नेतृत्व में अफगान सेनाओं ने डीग दुर्ग का घेरा डाल दिया। मराठों की पराजय का समाचार मिलने से पूर्व ही कछवाहा दरबार ने कामां के किलेदार राजा हरी सिंह नरुका के लिए १२ जनवरी को ही सचेत कर दिया था कि पठान समीप आ चुका है, इससे किले की मरम्मत करा कर सुरक्षा व्यवस्था मजबूत कर ली जावे। सीमान्त दुर्ग की सुरक्षार्थं माधो सिंह अधिक फौज भेजने में असमर्थ था। इससे पठानों के डीग आने पर ११ फरवरी को उसने बांकावत व कल्याणोत ठाकुरों को शीघ्र ही अपनी टुकड़ी के साथ कामां [2] पहुँचने के निर्देश दिये।

---

१ – पे० द०, खंड २, लेख ११८, खंड २१, लेख १८६–१८७; राजवाडे, खंड १ लेख १६५–७०।

— वेण्डल, पृ० ५१; इमाद, पृ० ७३; दे० क्रॉनी०; कानूनगो, पृ० ११४; सरकार (मुगल), खंड २, पृ० १५२; शेजवलकर, पृ० ७२; हरीराम, पृ० १३८।

२ – ड्रा० ख० प०, जि० ७, लेख १३८१, १३८२, १४००।

खिज्राबाद से दुर्रानी के प्रस्थान करने से पूर्व ही सूरजमल ने अति साहस तथा उद्यम से विदेशी आक्रान्ता का सामना करने का भावात्मक प्रयास किया और उसने निर्णायक युद्ध की अपेक्षा जाट-मराठों की पुरानी छापामार युद्ध-शैली को अपनाया। १५ जनवरी को मल्हार राव होल्कर झिलारा से चलकर कोटपुतली पहुँच गया था और दत्ताजी के क्रिया कर्म संस्कार से निवृत्त होकर उसने २३ जनवरी को गोविन्द पन्त बुन्देला के संरक्षण में मराठा परिवार, बाजार तथा भारी सामान को करौली के मित्र राजा के राज्य में होकर ग्वालियर की ओर रवाना कर दिया था। २४ जनवरी को दीवान गंगाधर व सन्ताजी बावले ने दौलत राम को मिश्र श्री किसन के पास जयपुर भेजा और 'पठानों के साथ संघर्ष शुरू होने से पूर्व ही अच्छी फौज के साथ अति शीघ्र हो माधौ सिंह को अपने साथ लाने का आग्रह' [1] किया। इधर इसी बीच में मल्हार राव स्वयं रूपराम व जनकोजी सिंधिया सहित सूरजमल के पास वार्तालाप करने पहुंच गया। सूरजमल स्वयं शाह दुर्रानी को परास्त करके पीठ मोड़कर पीछे भागने के लिए बाध्य करना चाहता था। मल्हार राव के लिए हिन्दुस्तान में सक्रिय रहने के लिए जाट शासक का आश्रय आवश्यक था। उसने सूरजमल से "दुर्रानी के विरुद्ध एक अन्य सशक्त अभियान में सहायता देने की याचना" की। राजा सूरजमल होल्कर की रीति-नीति को भली प्रकार समझता था। उसका कोई निश्चित सिद्धान्त नहीं था। वह अवसरवादी था। इसीलिये सूरजमल ने उसको सामयिक सलाह दी— "जब तक दक्षिण से पर्याप्त सैनिक सहायता नहीं मिले, तब तक आपको छापामार युद्ध जारी रखना चाहिये।" मल्हार राव ने सूरजमल के सामने स्वयं इस युद्ध में शामिल होने का प्रस्ताव रखा। इस पर उसने कड़े रुख के साथ स्पष्ट कहा — "जहां तक मेरी स्थिति का प्रश्न है, मेरे पास जमकर निर्णायक युद्ध के लिए पर्याप्त सैनिक क्षमता का अभाव है। मैं छापामार झड़पों में भाग लेने के लिए अपने देश की सीमाओं से बाहर भी नहीं जा सकता। यदि इतने पर भी शाह ने मेरे ऊपर आक्रमण किया तो मैं अपने दुर्गों के भीतर ही रहकर यथा साध्य अपनी रक्षा करने का प्रयास करूंगा।" [2]

मल्हार राव छापामार युद्ध में सिद्धहस्त था। उसको तथा जनकोजी को पूर्ण विश्वास था कि वे दुर्रानी को मात देकर पीछे हटा सकते हैं। २४ जनवरी को वह दिल्ली की ओर बढ़कर कानोड़ पहुँचा और दिल्ली पर आक्रमण करने की अपेक्षा दुर्रानी के पृष्ठभाग में पहुँचकर लूटमार करने, उसकी योजना को विफल करने के

---

१ – ड्रा० ख० प०, जि० ७, लेख, १४१३।

२ – सियार, खण्ड ३, पृ० ३८०; ता० मुजफ्फरी, पृ० १७७; इ० डा० (तारीखे इब्राहीम), खंड ८, पृ० २७२; दे० क्रॉनी, पृ० ११२; मीराते अहमदी, पृ० ९०६।

लिए गुरिल्ला युद्ध की एक योजना तैयार कर ली। २५ जनवरी को रूपराम कटारा के लश्कर से सूरजमल के पास समाचार आया कि गनीमा ने आगे कूंच करके मार्ग बन्द कर दिया है और वह लूटमार करता चला आ रहा है। मराठों की सैनिक टुकड़ियां पठानों से काफी भयभीत थी और भयभीत होल्कर बीस सहस्र सेना के साथ डीग से ५६ किमी० दूर पहुँच गया था। बापू महादेव हिंगणे ने १ फरवरी को मराठा शिविर से अपने पत्र में इस सेना की घबड़ाहट के बारे में लिखा—"होल्कर के नेतृत्व में बीस सहस्र सेना है, किन्तु उसमें से केवल आठ-दस सहस्र ही अच्छे लड़ाकू सैनिक हैं, किन्तु वे सभी दुर्रानी के भय से भयभीत हैं और हिम्मतपस्त हैं। वे दुर्रानी के सामने जाने से कांपते हैं। पठान इनको थका-थका कर चम्बल के पार खदेड़ना चाहते हैं और ये घबड़ाहट में इधर उधर भाग रहे हैं।"[1] यहां से ३ फरवरी को मल्हार राव ने अपनी सेना के कुछ अलड़ाकू सवारों व परिवारों को चम्बल पार भेज दिया और बापूजो महादेव हिंगणे, नाना साहब, गणपत राव आदि मराठा सरदार डीग आ गये।

३ फरवरी को पठानों ने फिरोजपुर-झिरका में डेरा डाल दिया था, तब यह समाचार सुनकर मल्हार राव के डेरों में भारी खलबली मच गई; उसको बाध्य होकर ७ किमी० पीछे हटकर अपनी छावनी डालनी पडी (४ फरवरी)।[2] जब दुर्रानी की सेनाओं ने डीग दुर्ग का घेरा डाला, उसी समय मराठा सैनिकों ने मेवात में भयंकर लूटमार करके आतंक फैला दिया था। दुर्रानी डीग की अभेद्य प्राचीरों के आगे नहीं टिक सका और न वह जाट शासक पर ही कोई प्रभाव डालने में सफल रहा। अब उसने डीग पर सीधा आक्रमण करने की अपेक्षा घेरा डालकर इस छावनी को अपनी अग्र-सैनिक कार्यवाहियों का आधार बनाया। उसने शीघ्र ही दिल्ली के दक्षिण-पश्चिम तथा मेवात से मराठा टुकड़ियों को बाहर निकालने के लिए अब्दु-स्समद खां तथा नजीब के भाई सुल्तान खां की कमान में अपनी सेना का एक अंग रवाना किया। इस सेना के साथ नवाब मलिक जमानी (मुख्त्यार-ये-सल्तनत), अब्दुल अहद खां नायब भी शामिल था। द्रुतगति से कूंच करके इस टुकड़ी ने ११ फरवरी की रात्रि को आक्रमण करके मराठा टुकड़ी को पीछे खदेड़ दिया।[3]

इस समय मल्हार, जनकोजी, नारोशंकर आदि नारनौल में थे। नजीब खां, डुण्ड़ी खां के नेतृत्व में रुहेला सैनिकों की एक अन्य टुकड़ी ने नारनौल होकर मेवात

---

१ —ड्राफ्ट ख० प०, जि० ७, लेख १४०६; हिंगणें, भाग १, लेख ४२।

२ — ड्रा० ख० प०, जि० ७, लेख १४१७ (वछ गांव से राज सिंह का पत्र मिश्र श्री किसन के नाम, ५ फरवरी)।

३ – दे० क्रॉनी० पृ० ११३।

(प्रान्त अलवर) में प्रवेश किया, परन्तु मराठा सैनिक उनके आने का समाचार मिलते ही यहां से उत्तर की ओर भाग गये। इन विषम सैनिक परिस्थितियों में शाह दुर्रानी को बाध्य होकर १५ फरवरी को डीग दुर्ग का घेरा उठाने का निर्णय करना पड़ा। इसी बीच में १८ फरवरी को शाह तथा वजीर इमाद में भी आपसी शांति–समझौता हो गया और शाह ने उसको वजीर पद की खिलअत प्रदान कर दी और दूसरे दिन (१९ फरवरी) शाह स्वयं रेवाड़ी पहुँच गया। इस समय कुछ मराठा दल बसवा, महुआ, मण्डावर में मौजूद थे। इससे दुर्रानी सेनाओं ने जयपुर राज्य के दक्षिण–पूर्व में प्रवेश करके भारी लूटमार की। कटाके तथा खोवारी (कुके व खोबारी ?) के जमींदारों ने लूटमार न करने का आश्वासन मिलने पर दुर्रानी सेना को धन देकर अपने गांवों को बचा लिया। शाह दुर्रानी का विचार सवाई माधोसिंह के पास जाकर विचार–विमर्ष करने का था। कुछ मराठा सावंत सिंह कल्याणोत की गढ़ी उदरेणी व खेड़ली में मौजूद थे। इससे मार्ग में उसके सैनिकों ने महवा (महुआ), उदरेणी की रैय्यत को कत्ल करके गांव को बरबाद कर दिया था, किन्तु बसवा (बांदीकुई के उत्तर में १६ किमी०) परगना के जमींदारों ने अफगानों को भारी रकम देकर अपने गांवों को लूट से बचा लिया।[1] यहां पर दुर्रानी को समाचार मिला कि मराठा दल दिल्ली के पश्चिमी परगनों में लूटमार कर रहे हैं और उन्होंने कानोड़ से चौथ में दस सहस्र रुपया वसूल कर लिया है। इसी से बाध्य होकर दुर्रानी को मेवात मार्ग से पीछे की ओर हटना पड़ा और शीघ्र ही रेवाड़ी पहुँचा। यहाँ से उसने २२ फरवरी को अज्ञानवश दिल्ली की ओर १३ किमी० प्रस्थान किया, परन्तु मराठों के पलायन–वादी सवार उसके हाथ से निकल गये। २३ फरवरी को मल्हार राव रेवाड़ो से ६४ किमी० उत्तर तथा दिल्ली से २२ किमी० पश्चिम में बहादुर गढ़ में था। २४ फरवरी को मराठा टुकड़ियां कालिका देवी के पास दिखलाई दीं और २६–२७ फरवरी को मल्हार अपनी टुकड़ियों सहित यमुना नदी के पार दोआब में चला गया। शाह दुर्रानी भी उसका पीछा करता हुआ २७ फरवरी को दिल्ली के दक्षिण–पश्चिम में ३२ किमी० धनकोट, २९ को खिज्राबाद पहुँचा और दूसरे दिन जहान खां को दोआब की ओर रवाना कर दिया।[2] इस स्थिति को देखकर २६ फरवरी को माधो सिंह ने महाराजा सावंत सिंह को अपने खरीता में लिखा—"पठान भारी है।

---

१ – दे० क्रॉनी०; पे० द०, खंड २, लेख ११८; खरे, खण्ड १ लेख २१; शेजवल्कर, पृ० ६१; ड्रा० ख० प०, जि० ७, लेख १३८३।

२ – पे० द०, खण्ड २, लेख ११८, १२१, खण्ड २१, लेख १८२, १८६; खण्ड २७, लेख २५१; फलके, खंड १, लेख २२०; खरे, खंड १, लेख ३२–३४; हिंगणे, जि० २, लेख ४२; राजवाडे जि० १, लेख ६१२; दे० क्रॉनी० पृ० ११३-११४; काननगो, पृ० ११७; गंडासिंह, पृ० २३४; शेजवल्कर, पृ० ५८, ६०–६१।

दखनी इसके मुकाबिले नहीं हो सकते। वे आगे आगे चलते जा रहे हैं और पठान उनके पीछे पीछे दबाव देते जाते हैं। इससे अभी दोनों रकाबों में पैर रखना है। दखनी अभी हाल में चरखी, दादरी के समीप हैं और दोनों का बराबर कूंच होता जा रहा है।" १ इस प्रकार जाट-मराठा कज्जकाना अभियान के कारण दुर्रानी का डीग अभियान कौशल युद्ध मात्र ही सिद्ध हो सका और वह सूरजमल को सैनिक शक्ति से दबाने में विफल रहा।

६ – मल्हार राव की सिकन्दराबाद के निकट पराजय, ४ मार्च

मराठों की पलायनवादी टुकड़ियां जब मेवात में घूम रही थीं, तब जाट टुकड़ियों ने दोआब में प्रवेश किया और उन्होंने परगना कोइल से आगे बढ़कर शाही परगनों में लूटमार शुरु कर दी थी। इससे दुर्रानी को भय हो गया था कि कहीं जाट सैनिक पीछे से उसकी रसद-व्यवस्था को भंग नहीं कर दें, इससे उसको हताश होकर डीग का घेरा उठाना पडा। मल्हार राव ने २८ फरवरी को सम्पन्न तथा समृद्ध नगर सिकन्दराबाद को बुरी तरह लूटा। यद्यपि मल्हार को गुरिल्ला युद्ध नियमों के अनुसार लूट के बाद शीघ्र ही यह नगर छोड़ देना चाहिये था, किन्तु दोआब (अन्तर्वेद) के जाट सरदारों के माध्यम से उसको यहां समाचार मिला कि अफगानों के संरक्षण में नजीब की गंगा-पारी जागीरों से दस लाख रुपया का खजाना शाह की छावनी के लिए आ रहा है और इस समय यह काफिला अनूपशहर के आसपास चल रहा है। इस लालच में आकर वह उस खजाने पर झपटा। मल्हार का यह समाचार मिलते ही दुर्रानी ने बिना किसी व्यवधान के तोपखाना तथा शिविर सामग्री रहित पेंतीस सहस्र अफगान सवारों को जहांन खां व नजीब खां के नेतृत्व में दो भागों में विभक्त किया। राजा सूरजमल को दुर्रानी की इस योजना का शीघ्र ही पता लग गया और उसने उसी समय दीवान गंगाधर तांत्या को दुर्रानी के इस आकस्मिक आक्रमण की सूचना भेज दी। फलतः मराठों की पलायनवादी टुकड़ियां भी दो दलों में विभाजित हो गईं। कृष्णाजी शामराव लिखता है— "इसी समय एक दिन सूरजमल के शुतुर सवार ने जनकोजी को यह समाचार दिया कि दुर्रानी की सेना इधर आ रही है। अतः आप यह स्थान तत्क्षण छोड़ दें। मल्हार राव स्वयं घबड़ा गया और उसने रूपराम कटारा को बुलाकर जख्मी जनकोजी की रक्षा करने की प्रार्थना की। तब रूपराम ने कहा— "इनकी जान से पहिले हमारी जान है, चिन्ता न करें।" फलतः रूपराम कटारा, जनकोजी तथा उसके सैनिकों के साथ मथुरा-आगरा की ओर वापिस लौटने लगा। इस प्रकार मल्हार तथा जनकोजी की सेनायें आपस

---

१ — ड्राफ्ट खरीता, जि० ७, लेख १३६२।

में अलग-अलग हो गई थीं। मल्हार ने अपने दीवान को दुर्रानी की गति को रोकने का आदेश दिया। इसी बीच में अहमद शाह ने शाह पसन्द खां, कलन्दर खां तथा जहांन खां की कमान में पन्द्रह सहस्र सवारों की एक सुदृढ़ सेना मल्हार को बरबाद करने के लिए रवाना की। इस सेना ने २४ घंटा में ११२ किमी० का मार्ग तय करके दिल्ली में पड़ाव डाला और यहां से मध्य रात्रि के बाद यमुना नदी पार की। ४ मार्च को प्रातःकाल सूर्योदय से पूर्व ही अफगान सवार सिकन्दराबाद पहुंच गये और दीवान गंगाधर की चौकी पर आकस्मिक धावा बोल दिया। असावधान मराठा अफगानों का सामना करने में विफल रहे। घबड़ाहट में होल्कर को कुछ नहीं सूझा और वह अपने सामान व शिविर को लुटेरों के हाथ में छोड़कर बिना काठी के घोड़े की पीठ पर सवार होकर भाग निकला। तीन सौ अन्य मराठा सवारों ने भी उसका अनुसरण किया। तीन प्रमुख मराठा सरदार आनन्द राव जादव, शेंथ्याजी खराड़े, उनका पुत्र फकीरजी तथा अन्य बहुत से साधारण सैनिक झड़प में खेत रहे। अफ-गानों ने मराठा सिविर, उनके घरेलू सामान, साधन तथा घोड़ों पर अपना अधि-कार कर लिया। मल्हार राव स्वयं नंगे पैर बिना काठी तथा जीन के घोड़े पर सवार दिन रात भागता रहा। १२८ किमी० चलकर उसने यमुना पार की और आगरा में शरण ली। इसी समय उसके पीछे दीवान गंगाधर मथुरा पहुँच गया। जहांन खां ने उसका मथुरा के समीप यमुना पार तक पीछा किया और बाद में उसको हताश होकर जाटों के भय से पीछे लौटना पड़ा। इस प्रकार राजा सूरजमल की निश्चित सूचना ने जनकोजी तथा मल्हार को भयंकर विनाश से बचाकर मित्रता का परिचय दिया। लेकिन अब मराठों का कज्जकाना अभियान भी विफल हो गया। जब मल्हार राव भरतपुर से ४८ किमी० दूर आ गया, तब सूरजमल स्वयं उससे मिलने पहुँचा। इन कठिन परिस्थितियों में बाध्य होकर मराठा सरदारों को राजा सूरजमल के साथ अब तक सम्पन्न सभी समझौतों को निरस्त करके नवीन समझौता करना पड़ा। मल्हार राव ने इस समय बेल भंडार तथा गंगाजल हाथ में लेकर पारस्परिक मित्रता की शपथ ली और वचन दिया कि पूर्व में हमारे साथ जो-जो करार हुये हैं, उन पर वह स्वेच्छा से निर्णय करेगा। इसके बाद जाट शासक ने सम्मान सूचक पोशाक भेंट करके उससे बिदा ली और भरतपुर लौट आया। मल्हार कूंच करके बयाना के दक्षिण-पश्चिम में १८ किमी० दूर सूरौठ पहुँच गया।[१]

१ – पे० द० खण्ड २, लेख १०२, १२१, खण्ड २१, लेख १८७, १८८; राजवाडे, जि० १, लेख १८७, जि० ६ लेख ४०३; होल्कर कैफीयत, पृ० २३; भाऊ बखर, पृ० ७७–८१, ९८–१००; खरे, जि० १, लेख १७, २०; होल्कर शाही, जि० १, लेख १५२, ता मुजफ्फरी, पृ० १७८; दे० क्रॉनी० पृ० ११४; सियार, जि० ३, पृ० ३८१; नूरुद्दीन, पृ० ५७; इ० डा, खण्ड ८, पृ० २७२; ग्रांट डफ, खण्ड १, पृ० ६०४–५; शाकीर, पृ० १००; कानूनगो, पृ० ११६।

दुर्रानी के डीग आने पर सूरजमल ने राव हेमराज को माधौ सिंह के पास जाकर बातचीत करने का सुझाव दिया था और १४ फरवरी को कछवाहा दरबार ने उसको आने की स्वीकृति भी प्रदान कर दी थी, किन्तु अचानक अस्वस्थता के कारण फरवरी के तीसरे सप्ताह में उसका परलोकवास हो गया था। फलतः मार्च में सूरजमल ने अपने पुत्र कुंवर नाहर सिंह को जयपुर भेजने की इच्छा व्यक्त की। तब १ अप्रेल को माधौ सिंह ने उसको अविलम्ब ही आमंत्रित किया। इधर ११ अप्रेल को पंडित गोविन्द राव ने माधौ सिंह को आश्वस्त किया कि सूबेदार जो (मल्हार) आपसे किसी भी प्रकार अलग नहीं है। इस प्रकार सूरजमल तथा मराठा नियमित रूप से कछवाहों से सम्पर्क बनाये हुये थे। [1]

७ – दुर्रानी का रामगढ़ तथा दोआब के परगनों पर अधिकार, मार्च, १७६० ई०

दोआब में मराठों की पराजय तथा विनाश ने सूरजमल के लिए एक नवीन उलझन तथा समस्या पैदा कर दी थी। अफगान सैनिकों ने दोआब में जाट शासक के परगनों में प्रवेश करके लूटमार शुरू की। दुर्रानी स्वयं नारनौल से दिल्ली पहुँच गया और यहां से उसने ससैन्य दोआब की ओर प्रस्थान किया। इस समय दीवान गंगाधर फतेहाबाद में था। जब जहांन खां दीवान गंगाधर का पीछा करता हुआ मथुरा की ओर बढ़ा, तब दुर्रानी भी पीछे-पीछे चल दिया और ५ मार्च को वह जाट शासक के प्रमुख गढ़ रामगढ़ पहुँच गया। उसने २६ मार्च को रामगढ़ नगर को लूटकर बुरी तरह बरबाद कर दिया। सूरजमज ने रामगढ़ की मरम्मत पर काफी द्रव्य व्यय किया था और इसके चारों ओर खाई खोदकर सुदृढ़ कर लिया था। १७५५ ई० से इस दुर्ग का किलेदार तथा जिला प्रशासक बिजौली का जाट सरदार दुर्जनसिंह था। जाट शासक ने उसके पुत्रों सावंत सिंह तथा खुशहाल सिंह को एक लाख की जागीर प्रदान कर दी थी। १७५७ ई० में दुर्जन सिंह ने छर्रा तथा भामोरी से सरवानी पठानों को निकाल कर वहां गढ़ियों का निर्माण कराया और अपने आपको सशक्त कर लिया था। रामगढ़ का दुर्ग तोप, गोला-बारुद, अन्न भण्डार तथा अन्य साधनों से पूर्ण सुरक्षित था। इस दुर्ग में जाट लड़ाकू सैनिकों की कमी थी, फिर भी सूरजमल को आशा थी कि दुर्जनसिंह दुर्रानी आक्रमण से इसकी रक्षा कर सकेगा।

दुर्रानी के लुटेरा दलों ने परगना बुलन्दशहर में यमुना के पूर्वी तट पर तैनात

---

१ – ड्रा० ख० प०, जि०, ७, लेख १३६२ (२६ फरवरी), १४७४ (४ मार्च), १२९३ (१, अप्रेल), १४८१ (११ अप्रेल)।

समस्त जाट थानों को उखाड़ दिया और उपरि दोआब पर रुहेला दलों ने लूटमार करके अपना अधिकार कर लिया। इसी समय अफगानों ने दक्षिण में शिकोहाबाद तथा इटावा परगनों के मराठा थानों को भी घेर लिया था। रामगढ़ तथा डीग के बीच में ९८ किमी० की दूरी थी और इनके बीच में यमुना नदी एक रुकावट थी। अफगानों के प्रयास से रामगढ़ का जाट राजधानी से सम्बन्ध विच्छेद हो चुका था और दुर्जनसिंह को तात्कालिक फौजी मदद मिलना कठिन था, फिर भी उसने करीब पन्द्रह दिन तक दुर्रानी सेना का बहादुरी से सामना किया। समीपस्थ ठेनुआं सरदारों का उसको हार्दिक सहयोग नहीं मिल सका। इससे हताश होकर २६ अप्रेल को दुर्ग रक्षकों ने समर्पण कर दिया। दुर्जनसिंह रामगढ़ दुर्ग से सकुशल निकलने में सफल रहा। नजीब खां ने इस दुर्ग पर अधिकार कर लिया और इसका नाम "अलीगढ़" रखा।[१] फिर उसका जलेसर पर भी कब्जा हो गया। शाह दुर्रानी का विचार अपने देश को वापिस लौटने का था, किन्तु नजीब खां के आग्रह पर उसने हिन्दू शक्तियों को दबाने के लिए ग्रीष्मकाल में रामगढ़ में ही अपना डेरा डाल दिया। इसी समय समाचार आ रहे थे कि सदाशिव राव भाऊ विशाल सेना के साथ हिन्दुस्तान की ओर कूंच कर रहा है।[२]

८ – सूरजमल व मल्हार की दुर्रानी से समझौता–वार्ता, अप्रेल–मई, १७६० ई०

रामगढ़ दुर्ग तथा परगना जलेसर के आकस्मिक पतन से सूरजमल का उत्साह मन्द पड़ गया था। ३१ मार्च को फर्रुखाबाद का नवाब अहमद खां बंगश भी दुर्रानी की सेवा में आकर उपस्थित हो गया था। सवाई माधोसिंह का वकील राय हर प्रसाद उसकी छावनी में मौजूद था। मराठा सरदार भी उससे वार्ता करने को तैयार थे। गंगापारी सभी रुहेला तथा अफगानों के नजीब खां के साथ अच्छे सम्बन्ध नहीं थे। मुख्यतः हाफिज रहमत खां उसका विरोधी था और वह शाह दुर्रानी के हिन्दुस्तान से वापस लौट जाने के पक्ष में था। जाट राजा सूरजमल तथा मराठा सरदारों के प्रयास के बाद वह नजीब खां के विरुद्ध शांति–समझौता वार्ता कराने के लिए तैयार हो गया था। फलतः हाफिज रहमत खां के वकील, पुरुषोत्तम महादेव हिंगणे, गंगाधर पन्त, नवाब वजीर इमादुल्मुल्क ने डीग में एकत्रित होकर आपस में विचार विमर्श किया।

---

१ – ता० हुसैन शाही, पृ० ५२–३; इमाद, पृ० ७६–७७; नूरुद्दीन, पृ० ३२ ब; मिसकिन, पृ० २१०; दे० क्रॉनी; वेण्डल, पृ० ७६–८०; हरीराम, पृ० १३२।

२ – पे० द०, खण्ड २, लेख १२१; नूरुद्दीन, पृ० ३३ ब; मिसकिन, पृ० २१०; सरकार (मुगल), खण्ड २, पृ० १५४।

१२ मार्च को पुरुषोत्तम महादेव हिंगणे ने अपने पत्र में लिखा—"हाफिज रहमत खां हमारे सरदार से आकर मिलना चाहता है और उसका कहना है कि वह दुर्रानी को वापिस कर देगा। फिर वह नजीब खां की शक्ति का दमन करने के लिए अपनी सेना के साथ हमसे आकर मिलने को तैयार है। वह इस बात की प्रतिज्ञा करता है कि आगे फिर नजीब की सहायता नहीं करेगा। हमारे सरदार इस बात पर सहमत हो गये हैं कि वे उसके मार्ग में कभी विघ्न नहीं डालेंगे और उसके गंगापारी प्रदेश में प्रवेश करके आगे उपद्रव नहीं करेंगे और न अधिकार ही करने का प्रयास करेंगे। इस विषय में दोनों ओर से सपथ ले ली गई है।" दूसरी ओर दुर्रानी तथा मल्हार दोनों ही अपने कूटनयिक प्रयत्नों में सूरजमल को मध्यस्थ के रूप में प्रयुक्त कर रहे थे।[1] अतः यह निश्चित ही था कि सूरजमल के सतत् प्रयास तथा मध्यस्थता से मल्हार राव की शाह दुर्रानी पक्ष से शांति–समझौता वार्ता चल चुकी थी।

मल्हार राव ने जाट राज्य में आश्रय प्राप्त करके हाफिज रहमत खां के दूत को बातचीत के लिए बुलवाया और इस दूत ने मल्हार तथा दीवान गंगाधर तांत्या से बातचीत कीं। इस वार्ता में यह निश्चय किया गया कि हाफिज रहमत खां स्वयं आकर बातचीत करे। सूरजमल को यह विश्वास हो चुका था कि मल्हार राव की मित्रता के बाद भी शाह दुर्रानी हिन्दुस्तान से निकट भविष्य में वापिस नहीं लौटेगा। वजीर इमादुलमुल्क सेना, साधन तथा धनहीन था। तब सूरजमल ने उसको भी दुर्रानी से सीधी बातचीत करने के लिए मुक्त कर दिया था। उसने रुहेला सरदारों के पास अपना बकील भेजा, ताकि उनकी मध्यस्थता से शाह दुर्रानी के साथ समझौता हो सके। हाफिज रहमत खां ही एकमात्र प्रभावी रुहेला सरदार था, जिसके प्रयास से दोनों में बातचीत चल सकती थीं। रुहेलों ने इस प्रस्ताव को स्वीकार करके हाफिज रहमत खाँ को इमाद से वार्ता करने के लिए नियुक्त किया। सूरजमल ने समझौता वार्ता की शर्तें तय करने के लिए २६ अप्रेल को दुर्रानी की रामगढ़ छावनी में अपना दूत रवाना किया। इस समय दुर्रानी ने सूरजमल से पैंतीस लाख रुपया खिराज की मांग की।[2] साथ ही उसने वजीर इमादुलमुल्क से दो करोड़ रुपया भुगतान की मांग की। यद्यपि वजीर ने इस मांग को स्वीकार कर

१ – पे० द०, खण्ड २, लेख १२१, भाऊ बखर, पृ० ७७–८१, शेजवलकर, पृ० ६३, ७२।

२ – नूरुद्दीन, पृ० ५७; वेण्डल, पृ० ८०; इमाद, पृ० ७७; दे० क्रॉनी० ११६; ता० हुसैन शाही, पृ० ५२–३; सरकार (मुगल), खण्ड २, पृ० १८३; हरीराम, पृ० १३८।

लिया था, परन्तु उसने तीस लाख रुपया नकद भुगतान और शेष रकम के वदले में शाही परगने हस्तांतरित करने का प्रस्ताव रखा। इसी बीच में मल्हार पड़ गया और उसने इमाद को वजीर पद का आश्वासन दिया। इससे यह समझौता विफल हो गया और इमाद को सूरजमल के संरक्षण में रुकना पड़ा।[1]

अब दुर्रानी ने सूरजमल को मराठों की मित्रता से विमुख करने का विचार किया और इस कार्य के लिए उसने हाफिज रहमत खां की मध्यस्थता को स्वीकारा। उसने हाफिज को आपसी मित्रता का सन्देश लेकर जाट तथा मराठों से अलग-अलग वार्ता करने के लिए मथुरा भेजा।[2] १६ मई को रमजान का पवित्र महीना व्यतीत हो गया था। ईद मनाने के बाद हाफिज रहमत खां सूरजमल तथा मल्हार राव से शांति-समझौता वार्ता करने के लिए दुर्रानी की छावनी से मथुरा पहुँचा। सूरजमल, इमाद तथा दीवान गंगाधर यशवन्त तांत्या ने उससे मथुरा पहुँच कर मुलाकात की और फिर वे उसको भरतपुर ले आये जहां लगभग एक माह (२१ शव्वाल=१७ मई-८ जून) तक बातचीत चलती रहीं। इस समय भाऊ द्रुतगति से उत्तर की ओर बढ़ रहा था और उसने चम्बल नदी पार करके जाट राज्य में प्रवेश कर लिया था। फलतः मराठों के दुराग्रह तथा शाह दुर्रानी की क्षतिपूर्ति की महती मांग के कारण सूरजमल के साथ होने वाले समझौता का प्रयास ८ जून को विफल हो गया और २० जून को हाफिज रहमत खां निराश होकर अपने स्वामी के पास कोइल वापिस लौट गया।[3]

१७६० ई० का वर्ष हिन्दुस्तान में प्रमुख घटना प्रधान था। विदेशी आक्रान्ता शाह अफगान तथा मराठों ने राजनैतिक क्षितिज को युद्ध के काले भयंकर बादलों से घना कर दिया था। जाट शासक के लिये प्रथम छः महीने सर्वाधिक कष्टप्रद थे। वह स्वयं शाह दुर्रानी के साथ अन्तिम निर्णायक युद्ध में नहीं फंसना चाहता था। उसका विचार शाह को हिन्दुस्तान से खाली हाथ लौटने के लिये विवश करने का था। नजीब खां के आग्रह पर शाह दुर्रानी मुगल साम्राज्य के शव पर अफगान रुहेलों की शक्ति को पुनः जीवित करने के लिये युद्ध करना चाहता था और वह साम्राज्य के हित को बिन्दू बनाकर धर्म के नाम पर युद्ध की ज्वाला भड़का रहा

---

१ – फ्रेंकलिन, पृ० १६।

२ – दे० क्रॉनी० पृ० ११६; ता० हुसैन शाही, पृ० ५३; शाकिर, पृ० १००।

३ – पे० द०, जि० २, लेख १२४, १२७; राजवाडे, जि० १, लेख १८६, १९१-१९६, १९८-२००, २०४, २०९, २१२, २१५, २१७, जि० २, लेख ५०९; ता० हुसैन शाही, पृ० ५३; दे क्रॉनी, पृ० ११६ ११६; हयाते हाफिज, पृ० ८८-९; शाकिर, पृ० १००; कानूनगो, पृ० १२०; हरीराम, पृ० १३८, १५२।

था। पतनोन्मुख मुगल साम्राज्य के खण्डहरों पर दिल्ली में अफगान वंश की पुनर्स्थापना सम्पूर्ण भारतीय शक्तियों की आँखों में कांटे की तरह चुभने वाली थी। शुजा स्वयं हिन्दुस्तान में दुर्रानी शक्ति की स्थापना को स्वीकार नहीं कर सकता था। सूरजमल ने शुजा से इस समय तटस्थ रहने का अनुरोध किया था। किन्तु मराठों की भूल, एक देशीय संकुचित दृष्टिकोण ने उसको हाथों से निकाल दिया और वह १८ जुलाई को दुर्रानी की छावनी में पहुँच गया।[1]

६ – सदाशिव राव भाऊ का प्रस्थान

बाजीराव पेशवा को दत्ताजी की मृत्यु का समाचार फरवरी १५, १७६० ई० को अहमदनगर शिविर में मिला। उसने अंतरंग परिषद की सलाह पर अपने चचेरे भाई सदाशिव राव भाऊ को विशाल तथा समुचित युद्ध प्रसाधनों के साथ हिन्दुस्तान के अभियान का नेतृत्व सभांलने की आज्ञा प्रदान की। उस पर निश्चित अंकुश रखने के लिये पेशवा ने अपने प्रतिनिधि के रूप में अपने सत्तरह वर्षीय पुत्र विश्वास राव को प्रधान सेनापति का पद व अधिकार प्रदान किया। सुप्रसिद्ध मुस्लिम तोपची इब्राहीम खां गार्दी की कमान में दक्षिण भारत का सर्वश्रेष्ठ तोपखाना था, जिसमें ८१८४ छोटी–बड़ी, भारी व हल्की तोपें, फ्रांसीसी युद्ध नियमों में दक्ष आठ सहस्र तोपची, ८०० मन बारूद, १५० मन सीसा, ९९१५० बन्दूकों के लिये चकमक थीं।

हिन्दुस्तान विजय का पूर्ण साज–सामान तथा निराले ठाटबाट के साथ भाऊ के नेतृत्व में मराठा सेना ने कूंच किया। पेशवा ने भाऊ को मराठा कोषागार से एक करोड़ रुपया नकद बाईस सहस्र मराठा सैनिक (दस सहस्र खास पगा हुजरात तथा बारह सहस्र अधीनस्थ सेनापतियों की सेना) साथ में दिये। इनके अतिरिक्त तेईस सहस्र अस्थाई पलायनवादी लुटेरा सेवक, बारबरदार, हाली–मवाली दुकानदार साथ थे। सदाशिव राव भाऊ यद्यपि योग्य, अनुभवी, तथा साहसी सेनापति था। परन्तु उसका स्वभाव उग्र तथा उद्‌गिर विजयोन्माद के कारण अभिमानी था। उसको हिन्दुस्तान में प्रथम बार अनुभव प्राप्त करना था। रघुनाथ राव दादा तथा भाऊ के पारस्परिक विरोध ने मराठों की दुर्बलता में योग दिया और वे हिन्दुस्तान में

---

१ – राजवाडे, जि० १, लेख १९१, २०४, २१७ अ, २१९, २२२, २२६, २३३ २३६; ता० हुसैनशाही, पृ० ४२; ता० मुज्जफरी, पृ० १७९; काशीराज, पृ० ५, १० ११; पे० द०, खंड २१, लेख १८६; इमाद, पृ० ७५, ७९–८१; सरकार (मुगल), खण्ड २, पृ० १६४; गण्डासिंह, पृ० २४०–४१; हरीराम, पृ० १३५।

प्रचलित युद्ध शैली के अनुभवों से वंचित हो गये थे।[१]

मराठों का यह अभियान शिवाजी महान तथा पेशवा बाजीराव प्रथम की गुरिल्ला युद्ध शैली के विपरीत मुगल सम्राटों की भड़कीली तथा विशाल सैन्य प्रदर्शन युद्ध कला का अंग था। विशाल सेना तथा वैभव को देखकर ही बाजीराव द्वितीय ने भाऊ के प्रस्थान के साथ ही विजय-लाभ का विश्वास कर लिया था। उसने उनको बिदाई देते समय कहा—"आप अपने इस भतीजे को अपने साथ हिन्दुस्तान में ले जावें और अफगानों के शत्रु मुगल सम्राट तथा उसके पड़ौसी सरदारों को अपने पक्ष में मिलाने का प्रयत्न करना। मैं स्वयं निकट भविष्य में अन्य शक्ति-सम्पन्न प्रबल सेना के साथ आपके पीछे आ रहा हूँ। भवानी जी की कृपा से मैं कंधार को प्राणी शून्य कर दूंगा और पृथ्वी से अफगान वंश के अंकुर को भी नष्ट कर दूंगा। इसके बाद केवल शुजाउद्दौला तथा नवाब जाफर अलां खां (नवाब बंगाल, मीरजाफर) आदि एक-दो मुसलमान ही मेरे सामने युद्ध करने को शेष रहेंगे। यदि उन्होंने मेरे साथ तलवार अड़ाने का प्रयत्न किया तो उनका अस्तित्व ही समाप्त कर दूंगा और यदि उन्होंने आत्म-समर्पण कर दिया, तो वह परकेंच कबूतरों की भांति रहेंगे। फिर विश्वासराव को दिल्ली की गद्दी पर आसीन करके मैं तीर्थाटन को चला जाऊंगा।" पेशवा की यह गर्वोक्ति मराठा उत्कर्ष, दिग्विजय तथा मराठा राष्ट्र की भावी नीति को स्पष्ट करती है। परन्तु भाऊ की हठधर्मी ने इस पर तुषारापात कर दिया और मराठों के प्रतिवर्ष होने वाले आक्रमणों से हिन्दुस्तान के शासक तथा नागरिकों को कुछ वर्षों के लिए शांति मिल गई।[२]

मराठों की इस विशाल सेना ने २५ मार्च को सिंध खेड़ा से कूंच किया। और ३० मई को ग्वालियर में पड़ाव डाला। ग्वालियर से आगरा केवल ११२ किमी० था। यहां रुककर सदाशिव राव भाऊ ने आक्रमण की योजना तैयार की। उसने बरसाती नदियों को पार करने के लिए गोविन्द पंत बुन्देला को विशाल व भारी नावों का बेड़ा तैयार कराने का निर्देश दिया, किन्तु वर्षा से नदियों में भीषण बाढ़ आने लगी थी। प्राकृतिक प्रकोप, दलदल तथा मार्गों की रुकावट के कारण उसको अपनी योजना स्थगित करनी पड़ी। २ जून को ग्वालियर से रवाना होकर ४ जून को मराठा सेनापति ने कुवांरी नदी और मल्हार के मार्गदर्शन में ८ जून को

---

१ – पे० द०, खण्ड २, लेख १२२; खरे, जि० १, लेख १४; राजवाडे, जि० १, लेख १६७, १६८; ग्रांट डफ, खंड १, पृ० ६०६–७, ५८६; मैक्डोनलड, पृ० ४–५; सरकार (मुगल), खण्ड २, पृ० १६०–१६१।

२ – इमाद, पृ० ७७; आशीर्वादीलाल, मुगलकालीन भारत, पृ० ५१०; विद्यावाचस्पति पृ० १५६–६०।

धौलपुर के दक्षिण में १६ किमी० चम्बल नदी पार की। अब वह जाट राज्य की सीमाओं में था और यहां पर वह एक माह से अधिक १२ जुलाई तक पड़ा रहा।[1]

१० – मराठों की निराशायें

इस समय उत्तर भारत में राजा सूरजमल जाट, शुजाउद्दौला, अहमद खां बंगस, राजपूत और सिख ये पांच महान राजनैतिक शक्तियां थीं। फर्रुखाबाद का नवाब अहमद खां बंगश मराठों का सहयोगी मित्र था और सूरजमल की सत्सलाह से नवाब शुजाउद्दौला भी उनके प्रति सहानुभूति तथा मैत्री–भावना रखता था। सूरजमल इनसे मिलकर आसानी से समझौता करा सकता था। अहमद शाह दुर्रानी को हिन्दुस्तान में राजपूत शासकों तथा जमींदारों से मदद नहीं मिल सकी और अन्त में हताश होकर उसने "मुस्लिम धर्म तथा शासन" के नाम पर भारतीय मुस्लिम शक्तियों को संगठित किया। राजधानी में शाह वली उल्लाह भी मुसलमानों को संगठित कर रहा था और उसने भारत में "मुस्लिम धर्म, मुस्लिम समाज तथा सुदृढ़ मुस्लिम शासन" की स्थापना का प्रचार शुरू कर दिया था। राजधानी में नित्यशः नई–नई अफवाहें, निराशाजनक समाचार फैलते थे। मुख्यतः इनका सम्राट तथा मुगल अमीरों पर अधिक प्रभाव था। शाह वली उल्लाह ने अमीरों को आश्वस्त करने का जी तोड़ प्रयास किया। दिल्ली में खालसा व तन विभाग का दीवान मज्दुद्दौला (अब्दुल अहद खां या अब्दुल मजीद खां) प्रभावशाली सरदार था। शाह वली उल्लाह ने उसको लिखा — "वे कायर तथा लम्पट व्यक्तियों द्वारा फैलाई अफवाहों पर ध्यान नहीं दें। उनको जाट तथा मराठों के विनाश में विश्वासी होना चाहिये, क्योंकि यह बात फरिश्तों की दुनियां में तय हो चुकी है। यदि उस बदमाश (भाऊ), जो तैमूरी राजवंश की जड़ों को उखाड़ने के लिए कृत संकल्प है, के आगमन का समाचार सत्य है, तो मेरे पास इष्ट–फलदायक उपाय हैं।"[2]

इसी समय मराठा सरदारों ने सहधर्मी, सम्पन्न जागीरदारों को इस्लामी शासन के दासत्व से मुक्त कराने के लिए शाह दुर्रानी के विरुद्ध सहयोग देने की अपील की। भाऊ ने सवाई माधोसिंह, विजयसिंह राठौड़, कोटा–बूंदी के महाराव, महाराणा उदयपुर, बुन्देलखण्ड के राजपूत शासकों के पास अपने वकीलों के साथ पत्र भेजे और उनको "हिन्दू स्वराज्य" की स्थापना में सहयोग देने के लिए आम-

---

१ – राजवाडे, खण्ड १, लेख १९५–६, १९९, २०२; सरदेसाई, खण्ड २, पृ० ४१७, सरकार (मुगल), खण्ड २, पृ० १६२।

२ – सियासी मक्तूबात, पत्र संख्या २४, पृ० ८७।

न्त्रित किया। परन्तु मराठों की चौथ, खंडनी की मांग की स्पष्टता के कारण भाऊ के वकीलों को राजपूत दरबारों से सन्तोषजनक उत्तर नहीं मिल सका। राजपूत नरेशों ने कहा, "यदि वह दुर्रानी अथवा मुगल सत्ता को उखाड़ने में सफल हो गये, तब सर्वोच्च सत्ता मराठों में केन्द्रित हो जावेगी। मराठा शासन अधिक कष्टप्रद होगा। फिर उनके भाग्य का क्या होगा?" इस समय किसी भी वकील ने इन शासकों को मराठों की भावी नीति या सिद्धान्त की रूपरेखाओं से अवगत नहीं कराया और न सुरक्षा का आश्वासन ही दिया। दिल्ली के समीप सर्वाधिक साधन–सम्पन्न चतुर, कुशल, तथा योग्य जमींदार सूरजमल था, जिसको दोनों पक्षों ने अपनी ओर मिलाने का प्रयास किया। दुर्रानी ने अन्तिम समय तक उसको मराठों से पृथक् करने का प्रयास किया। किन्तु सूरजमल ने राष्ट्रीय हित तथा लोक–हित में दुर्रानी का पक्ष स्वीकार नहीं किया और भारतीय सहिष्णुता तथा साम्प्रदायिक मतभेदों के कारण अपनी स्वाधीनता को उनके हाथों में नहीं सौंपा। फिर भी उसने जनकोजी सिंधिया तथा मल्हार राव से सुरक्षा का आश्वासन न मिलने से पूर्व स्वयं भाऊ की छावनी में जाकर उपस्थित होना उचित नहीं समझा।[१]

मराठों का आश्वासन, जून, १७६० ई०

राजा सूरजमल हिन्दुओं में अति निपुण, योग्य व चतुर सरदार था। बाजी राव पेशवा की यह सामयिक नीति थी कि शाह दुर्रानी को पराजित करने के लिए जाट सूरजमल को किसी भी प्रकार मराठा पक्ष में रखा जावे। उसने सदाशिव राव भाऊ को यह सलाह दी थी कि वह सूरजमल से १७५४ ई० की बकाया क्षति–पूर्ति की शेष रकम के लिए अधिक जोर नहीं डाले।[२] फलतः भाऊ ने चम्बल नदी पार करने से पूर्व ही सूरजमल के नाम नम्रता प्रगट करते हुए एक पत्र लिखा, जिसमें "हिन्दू स्वराज्य तथा हिन्दू धर्म की रक्षा" के नाम पर हिन्दुस्थान में मराठा शिविर की सर्व प्रकार की व्यवस्था करने, एकता तथा मित्रता की प्रार्थना की। उसने अपने पत्र में लिखा "सभी भारतीय अफगान एक दिल हो गये हैं। उन्होंने अहमदशाह दुर्रानी को विलायत से बुलाकर उससे प्रार्थना की है और इच्छा प्रगट की है कि हिन्दुस्तान से हिन्दुओं की सत्ता को समाप्त कर दिया जावे। हमने भी इस मुकाबले के लिए हिम्मत करके कमर बांध ली है। इस अवसर पर यह आव-

---

१ – राजवाडे, जि० १ लेख १७४; पे० द०, खण्ड २६, लेख ४१; शिन्देशाही, जि० २ लेख १०; इमाद, पृ० १७६; इ० हि० का० प्रो, १९४५ ई०, पृ० २५८-५६, शेजवलकर, पृ० ७३; महाराजकुमार, पृ० ३८; कानूनगो, पृ० १२२–३।

२ – पे० द०, खण्ड २, लेख १२६, खण्ड २७, लेख २५५; पानीपत प्रकरण, पृ० १६०।

श्यक है कि आप अपनी भलाई चाहते हुए हमारे साथ में रहें। आपने हमारी मित्रता से हिन्दुस्थान में नाम कमाया है और आप मुत्सद्दियों की भीड़ में अकेले हैं। आपने नजीब खां से शत्रुता मोल लेकर पेशवा सरकार के अहद (संरक्षण) में यश व प्रतिष्ठा प्राप्त की है। अतः यह आपका उत्तरदायित्व है कि आप इस पत्र के मिलते ही शीघ्रातिशीघ्र हमारी छावनी में आकर उपस्थित हों और जो फौज घिरी हुई है, उसको अपने साथ में रखें।" [1]

भाऊ का वकील बाबूराव (नाना फड़नीस का चाचा) सूरजमल की छावनी में आया, जहां उसका हार्दिक स्वागत व सत्कार किया गया। इस समय मल्हार राव तथा जनकोजी सिंधिया अपनी मराठा टुकड़ियों के साथ जाट-मुल्क में आतिथ्य ग्रहण कर रहे थे और अहमदशाह दुर्रानी का वकील हाफिज रहमत खां मथुरा में रूककर शांति-समझौता वार्ता करने में व्यस्त था। मल्हार राव ने सूरजमल से भाऊ को सहयोग देने तथा उसकी छावनी में चलकर मिलने का आग्रह किया। यद्यपि सूरजमल ने उसके अनुरोध को स्वीकार कर लिया था, परन्तु इस समय सन्देह निवारणार्थ कतिपय सुरक्षा-व्यवस्थात्मक आश्वासन प्राप्त करने का सफल प्रयास किया। उसने भाऊ के वकील से मांग की—

(१) जाट-मुल्क की सीमाओं में किसी प्रकार के उपद्रव नहीं किये जावें और न गांवों को ही उजाड़ा जावे।

(२) उससे बकाया खंडनी या नजराना की मांग नहीं की जावे।

इन मांगों के बदले में उसने भाऊ के वकील को आश्वासन दिया, "वह दस सहस्र जाट हरावल फौज के साथ स्वेच्छानुसार अपने मुल्क में मराठों की सहायता करेगा और उनके परिवार तथा अलड़ाकू सैनिकों को अपने सुरक्षित दुर्गों में शरण देगा।" भाऊ ने सूरजमल की इन शर्तों को मानकर चम्बल नदी पार करने से पूर्व ही अपने सतर-अस्सो सहस्र सैनिकों को कठोर आदेश दिया कि जाट-मुल्क में किसी भी प्रकार की लूटमार नहीं की जावे और न ग्रामीणों को ही तंग किया जावे। [2] सूरजमल ने अपने राज्य में मराठा शिविर के लिए आवश्यक साज-सामान तथा परगनों से अन्न, घी, नमक का प्रबन्ध किया। भरतपुर, कुम्हेर तथा अन्य परगनों से सामान तथा खाद्यान्न सुरक्षित पहुँचाने और मार्गों की सुरक्षा के लिए

---

१ – इमाद, पृ० ७९।

२ – पे० द०, खंड २, लेख १२६, खण्ड २१ लेख १९०, खण्ड २७, लेख २५५; इमाद, पृ० १७८; सियार, जि० ३, पृ० ३८३; कानूनगो, पृ० १२२; सरदेसाई खण्ड २, पृ० ५४६।

झांसी राज्य के संस्थापक नारो शंकर को तैनात किया गया। धौलपुर के समीप पड़ाव डालकर मराठों ने मुचकुण्ड तथा अन्य तीर्थों में स्नान किया।[1] मराठा इतिहास में यह प्रथम अवसर था जबकि मराठा सरदारों ने बिना खंडनी की मांग के इस समय किसी भारतीय शासक से समझौता किया और जाट शासक ने भी दुर्रानी के प्रतिनिधि को मथुरा से लौटाकर "हिन्दू स्वराज्य तथा धर्मरक्षा" के नाम पर मराठों को सहयोग देने का निश्चय किया। किन्तु भाऊ की हठधर्मी तथा अज्ञानता के कारण यह समझौता अन्तिम समय तक स्थिर नहीं रह सका।

११ – सूरजमल तथा मराठा सरदारों का भाऊ से साक्षात्कार, जून, १७६० ई०

सदाशिव राव भाऊ को नदियों की भीषण बाढ़ के कारण एक माह से अधिक (८ जून–१३ जुलाई) चम्बल तथा ऊटगन (गम्भीर-ओड़ा पछाड़) नदी के बीच में रुकना पड़ा। यहां से आगरा केवल ३२ किमी० उत्तर में था, परन्तु ऊटंगन नदी ने बीच में उनके मार्ग को रोक लिया था। भरतपुर से रवाना होकर १५ जून को होल्कर का दीवान गंगाधर यशवन्त भाऊ की छावनी में जाकर उपस्थित हुआ और फिर १७ जून को मल्हार राव तथा जनकोजी ने भेंट की। ढ़ाई महिने के निरन्तर कूंच के बाद मराठा सैनिकों ने जाट देश में यथेष्ठ आराम किया और जाट शासक ने खाद्य–सामग्री का पूर्ण प्रबन्ध करके मराठों का स्वागत किया। अब भाऊ तथा मल्हार राव में आगामी कार्यक्रम पर विचार विमर्श शुरू हुआ और मल्हार ने सूरजमल के साथ मिलकर स्वयं युद्ध संचालन का मत प्रगट किया। सूरजमल के दिल में अभी तक शंका थी। वह वास्तव में धनहीन तथा शक्तिहीन अपने आश्रित वजीर इमादुल्मुल्क को वजारत का वचन दे चुका था और राष्ट्रहित में वह उसको अपने संरक्षण (न्यास) में रखना चाहता था। भाऊ स्वयं सूरजमल से मिलकर समझौता करना चाहता था। उसने चम्बल शिविर में अपना अन्तरंग नागरिक अधिकारी बलवन्त गणेश मेहेण्डेले को भेजा। सूरजमल ने उत्तर में भाऊ से निवेदन किया, "मराठों से उसकी समझौता-वार्ता सदैव मल्हारजी तथा पटेल (सिंधिया) की मध्यस्थता से सम्पन्न होती रही है। यदि इस समय वे स्वयं आकर उपस्थित हो सकें, तो वह आपकी छावनी में उपस्थित होकर सेवा करने को तैयार है।" यद्यपि सूरजमल का यह निवेदन नवयुवक भाऊ के लिए नीति संगत नहीं था, फिर भी उसने समय की गति के अनुरूप होल्कर तथा सिंधिया को सूरजमल के पास

---

१ – पे० द०, खण्ड २, लेख १२३, १२६; पुरन्दरे दफ्तर, खण्ड १, लेख ३८७; राजवाडे, खण्ड १, लेख १६६; शेजवलकर, पृ० ८०।

पहुँच कर मध्यस्थ व जामिन बनने का आदेश दिया। फलतः दोनों सरदार शीघ्र ही सूरजमल के पास कुम्हेर लौटे और मल्हार ने सूरजमल को विश्वास दिलाते हुये कहा — "आप मेरे भाई हैं। मैं सभी प्रकार से आपका ही हूं। ईश्वर साक्षी है, मैं मरूं या मारूं, आप जो कुछ कहेंगे, उसको पूरा करूंगा। आप चिन्ता न करें।" इस भांति मल्हार राव ने स्वयं दो दिन की वार्ता के बाद सशपथ आश्वासन देकर सूरजमल के सन्देह का निवारण किया तथा भाऊ की छावनी में चलकर मिलने का आग्रह किया। ३० जून को सूरजमल ने मल्हार राव तथा जनकोजी के साथ जाकर नवयुवक मराठा सेनापति से भेंट की। एक प्रतिभाशाली तथा सम्पन्न राजनीतिज्ञ का स्वागत करने के लिए सदाशिव राव भाऊ स्वयं अपने अन्य सरदारों के साथ छावनी से तीन किमी० आगे बढ़कर आया और उसने सम्मानपूर्वक स्वागत किया। छावनी में प्रवेश करने से पूर्व मल्हार राव व जनकोजी ने पुनः सशपथ सूरजमल को उसकी सुरक्षा का पक्का वचन दिया। तब छावनी में पहुँच कर दरबार में दोनों सरदारों ने उसका भाऊ से औपचारिक परिचय कराया और सूरजमल ने सौजन्यता प्रगट करते हुये भाऊ को परिधान तथा उपहार भेंट किये। फिर १ जुलाई को जाट शासक ने मल्हार राव की मध्यस्थता से मराठा सेनापति को हार्दिक सहयोग देने का विधिवत समझौता करके ८,००० जाट सैनिक मराठों के साथ तैनात किये।[1]

दोआब योजना की विफलता

भाऊ के साथ अपनी प्रथम भेंट में सूरजमल ने मराठा सलाहकार परिषद के सामने सुझाव रखते हुए कहा— "मराठा सेना का एक भाग पूर्व में दोआब प्रदेश और दूसरा लाहौर की ओर भेज दिया जावे, ताकि ये टुकड़ियां इन मुल्कों में शत्रु के प्रमुख रसद-मार्गों को रोक लें।" मराठा सलाहकारों ने सूरजमल के अफगान-रुहेला बन्धुत्व संघ के विरुद्ध इस खाद्यान्न-नाकाबन्दी सुझाव को स्वीकारा।[2] उन्होंने शाह दुर्रानी के परम शत्रु पंजाब के सिख सरदारों के साथ पत्र व्यवहार शुरू किया और उनको संगठित करने तथा शाह दुर्रानी के रसद-मार्गों को रोकने के प्रस्तावों के साथ अपने मराठा दूत रवाना किये। अप्रेल २८, १७६० ई० को मध्य

---

१ – पुरन्दरे दफ्तर, खण्ड १, लेख ३८७; राजवाडे, खण्ड १, लेख २१६, १२७ अ; पे० द०, खण्ड २, लेख ११६, १२१, १२२, १२७; भाऊ बखर, पृ० ६५; भाऊ साहिबांची कैफियत, पृ० ८; काशीराज, पृ० ६; सियार, खण्ड ३, पृ० ३८३; ता० मुजफ्फरी, पृ० १८०; इमाद, पृ० १७६; इ० डा० (तारीखे इब्राहीम), खण्ड ८, पृ० २७४; सरकार (मुगल), खण्ड २, पृ० १६४, १६६।

२ – इमाद, पृ० १७६।

मालवा में प्रवेश करने से पूर्व ही भाऊ ने शुजाउद्दौला को अपने पक्ष में मिलाने के लिए इटावा के कमाबिसदार गोविन्द पंत बुन्देला के नाम एक पत्र लिखा था। उसने अपने पत्र में शुजा को विश्वास दिलाया था कि विजय के बाद वे दोनों ही मिलकर मुगल साम्राज्य की प्रशासनिक व्यवस्था करेंगे।[1] भाऊ ने चम्बल नदी पार करते ही शाह आलम सानी (अली गौहर) को मुगल सम्राट तथा शुजा को वजीर पद प्रदान करने की मांग भी स्वीकार कर ली थी, परन्तु इसी बीच में जहांन खां तथा नजीब खां शुजा की बिठूर छावनी में उपस्थित हो चुके थे और २७ जून को भाऊ की छावनी में यह समाचार पहुँच चुका था कि नजीब व जहांन खां शुजाउद्दौला को अपने पक्ष में शामिल करने में सफल हो चुके हैं। फिर भी शुजा ने अब सन्देहास्पद स्थिति पैदा कर दी थी।[2] अभी तक यह स्पष्ट नहीं हो सका था कि शुजा दुर्रानी का सहयोग देगा या नहीं? सूरजमल पूर्णतः सजग व चौकन्ना था और वह स्वयं शुजा से सम्पर्क स्थापित करने में व्यस्त था। जुलाई के प्रारम्भ में शुजा की सन्देहास्पद स्थिति को समझ कर सूरजमल ने मराठों के लिए एक अन्य सुझाव दिया कि अवध प्रान्त के पूर्वी सीमान्त पर बनारस के राजा बलवन्त सिंह को इस बात के लिए राजी कर लिया जावे कि यदि शुजा शाह दुर्रानी के पक्ष को स्वीकार कर ले, तो वह उसके राज्य पर आक्रमण करके, दुर्रानी की छावनी में पहुँचने वाली रसद-सामग्री को मार्ग में लूट ले। दूसरी ओर इटावा से सूबेदार गोविन्द पंत मराठा टुकड़ियों सहित उपरि दोआब में प्रवेश करे। परन्तु सदाशिव राव भाऊ की अदूरदर्शिता के कारण यह योजना सफल नहीं हो सकी। अन्त में नारो शंकर तथा जनकोजी के दीवान रामजी अनन्त के प्रभावशाली कूटनयिक प्रयासों के बाद भी नवाब शुजाउद्दौला ४ जुलाई को अन्तिम रूप में शाह दुर्रानी के पक्ष में चला गया।[3]

१४ जुलाई को सदाशिव राव भाऊ मराठा छावनी के साथ आगरा पहुंचा, जहां सूरजमल के माध्यम से वजीर इमादुलमुल्क ने उससे भेट करके बातचीत की।

---

१ – राजवाडे, खण्ड १, लेख १८६, १९६, १९९; काशीराज, पृ० ५; इमाद, पृ० १७८–९; शुजाउद्दौला, खण्ड १, पृ० ७८–९।

२ – राजवाडे, खण्ड, १, लेख १९६, इमाद, पृ० १७९, शुजाउद्दौला, खण्ड १, पृ० ७९।

३ – राजवाडे, खण्ड १, लेख, १७९, १८७, १८९, १९१, २१५, २१६, २२०, २३६; पे० द०, खण्ड २, लेख १२७; इमाद, पृ० १७५, १७९–८१; ता० मुजफ्फरी, पृ० १७९; मुजमिल-उल-तवारीख बाद नादिरिया, पृ० १२७; ता० हुसैनशाही, पृ० ५३; पुरन्दरे दफ्तर, जि० १, लेख २०८; कानूनगो, पृ० १२८; सरकार (मुगल), खण्ड २, पृ० १६५, १८५–८७।

फिर भाऊ ने सिकन्दरा के उत्तर-पूर्व में गऊ घाट पर सूरजमल के साथ यमुना नदी के बेग तथा विशाल पाट का निरीक्षण किया। इस समय सूरजमल के पास आगरा में तीस सहस्र सैनिकों का जमाव था। भाऊ की प्रारम्भिक योजना यमुना नदी पार करके दोआब में एक शक्तिशाली सेना भेजने की थी। जुलाई के प्रारम्भ में दो सहस्र जाट सवारों ने सम्भवतः एक या दो नावों से यमुना नदी पार कर ली थी और उन्होंने आगरा से मथुरा तक नदी के पूर्वी किनारे पर अपनी चौकी तथा थाने पुनः स्थापित कर लिये थे। अब बाढ़ के कारण ये जाट सैनिक यमुना पारी इलाकों में ही रह गये और मथुरा में एकत्रित अन्य जाट सैनिक उनकी सहायता के लिए नहीं पहुँच सके। इस विषम स्थिति में एक भी मराठा सरदार जाटों का अनुसरण करके गोविन्द पंत की सहायता के लिए भी नहीं जा सका और न गोविन्द पंत ही अपने मराठा दलों के साथ उपरि दोआब की ओर बढ़ने में सफल रहा। फलतः भाऊ को अपनी दोआब योजना स्थगित करनी पड़ी।[1]

१२ – अभियान गोष्ठी में सूरजमल की पारदर्शी सलाह

अब तक सूरजमल तथा मराठा सरदारों का समय अति प्रेम व सोहार्द्र वातावरण में निकल चुका था, लेकिन दुर्रानी विरोधी अभियान पर विचार करते समय दोनों में अचानक शीतल विरोधाभास पैदा हो गया। सदाशिव राव भाऊ ने उद्गीर में विजय प्राप्त करके मराठा राष्ट्रमण्डल में ख्याति प्राप्त कर ली थी। इसी से इस बार रघुनाथ राव (दादा) की अपेक्षा हिन्दुस्थान में मराठा कीर्ति पुनः स्थापित करने के लिए भाऊ को उपयुक्त समझा गया था। भाऊ की उत्तर भारत में यह प्रथम अभियान यात्रा थी, इससे उसको देश की भौगोलिक स्थिति, क्षेत्रीय जलवायु, निवासी व उनके शिष्टाचार व व्यवहार, सरदारों की गरिमा, युद्ध नीति व शैली तथा राजनैतिक विषमताओं का ज्ञान नहीं था। मल्हार राव तथा सिंधिया का अधिकांश जीवन उत्तरभारत में ही निकला था और वे इस क्षेत्र की हर स्थिति को समझते थे। सूरजमल इस समय अति योग्य तथा निपुण हिन्दू सरदार था। वह मल्हार राव की युद्ध-कला तथा राजनीति को भली भांति समझता था। इसी से प्रायः दोनों ही अनुभवी सरदारों का एक ही मत था। नवयुवक भाऊ ने आगरा पहुँच कर भावी योजना निर्धारण के लिए सरदारों की एक गोष्ठी का आयोजन किया, जिसमें सूरजमल ने भी भाग लिया। इस अवसर पर सूरजमल ने विनम्र शब्दों में अपने विचार व्यक्त करते हुए कहा–

---

१ – राजवाडे, खण्ड १, लेख २१५–२१७, २२३; पुरन्दरे, खण्ड १, लेख ३८७; काशीराज, पृ० ९; भाऊ बखर, पृ० ९०।

"आप हिन्दुस्तान के स्वामी हैं। आपके पास सभी साधन उपलब्ध है और में एक साधारण जमींदार हूं। प्रत्येक व्यक्ति अपनी बुद्धि, शक्ति तथा सामर्थ्य के अनुसार योजना बनाकर काम करता है। फिर भी मैं अपने अनुभव तथा विचार अपनी तुच्छ बुद्धि के अनुसार आपकी सेवार्थ प्रस्तुत करता हूं। हमारी लड़ाई एक शक्तिशाली मुस्लिम जगत के शाह से है, जिसकी सभी मुस्लिम अमीर साथ दे रहे हैं। यद्यपि शाह हिंदुस्थान में एक मुसाफिर है, परन्तु उसके सभी सहयोगी इस देश के निवासी हैं और विशाल जागीरों के स्वामी हैं। यदि आप चतुर हैं, तो शत्रु आपसे अधिक चालाक तथा तीव्र है। यदि आपके घोड़े पवन से तेज दौड़ने वाले हैं, तो उसके घोड़े भी आपसे अधिक धावक हैं। निःसन्देह यह स्पष्ट है कि आप अत्यधिक सावधानी, चिन्तन तथा विचार के बाद इस युद्ध का संचालन करेंगे। यदि विजयी श्वास की वायु का झकोरा गाय की पूंछ (आपकी) की ओर होगा, तो विजय की गौरव गाथा सौभाग्य रूपी कलम से आपके देदीप्यमान ललाट पर लिखी जावेगी। फिर भी युद्ध घटना चक्र का खेल है। यह दो सरदारों का युद्ध है.... चतुराई इसी में है कि हम दीर्घ विश्वास तथा महान संघर्ष से दूर रहें। यह उचित ही होगा कि यदि आप अपने परिवार, अनावश्यक भारी साज–सामान, विशाल तोपखाना, जो इस युद्ध में अधिक उपयोगी नहीं होगा। आदि को चम्बल नदी के पार ग्वालियर या झांसी के सुरक्षित किलों में वापस भेज दें और स्वयं हल्के हथियारों से सुरक्षित योद्धा–दलों के साथ शत्रु का सिपाईयाना मुकाबिला करें। विजय लाभ के क्षणों में शत्रु मैदान छोड़कर भाग निकलेगा। हमारे हाथ में लूट का विशाल खजाना व सामान आ जावेगा। यदि दुर्भाग्य से हमको सफलता नहीं मिली, तो परिवार तथा भारी सामान न होने के कारण पीछे हटने तथा भागने में सुगमता रहेगी।

"यदि आप सामान तथा परिवारों को इतनी अधिक दूरी पर भेजना ठीक नहीं समझें या कष्टप्रद समझें, तो मैं थोड़ी सी समतल भूमि पर बने अपने छोटे से फौलादी चार किलों, जिन पर मेरा कब्जा है, में से किसी एक को आपकी इच्छानुसार खाली करने को तैयार हूं, जहां आप अपना सभी सामान, माल, जखीरा (खाद्यान्न) तथा परिवारों को सुरक्षित रख सकते हैं। मैं इनमें से किसी एक किले को आपके कर्मचारियों के हाथों सौंपने को तैयार हूं। इस किले को आप खाद्य–पदार्थों से भी सुरक्षित कर लें, ताकि निर्णायक युद्ध के बाद आपको किसी प्रकार का कष्ट नहीं उठाना पड़े और कठिन काल में महिलाओं के गौरव को अक्षुण्य रखने के लिए बन्धन मुक्त हो सकें। अन्न लाने के लिए सभी मार्गों को खुला रखा जावे, ताकि अन्नाभाव तथा चारे की कमी से सैनिक तथा जानवरों को भूखा नहीं मरना पड़े। मैं पीछे से अपनी रिसाला टुकड़ियों के साथ आपकी सहायता के लिए सदैव प्रस्तुत रहूंगा। मेरा देश शत्रु सेना की लूटमार से सुरक्षित है और यहां

से आपको समुचित मात्रा में खाद्यान्न–पदार्थ, दाना घास प्राप्त हो सकता है।"

"उचित यही रहेगा कि शक्ति सम्पन्न शाह तथा शासकों की भाँति 'जंगे सुल्तानी' (एक स्थान पर जमकर युद्ध करना) की अपेक्षा शत्रु के साथ दो–तीन माह तक (जाटों व मल्हार राव के नेतृत्व में) "जंगे कज्जकाना' (गनीमी कावा) की जावे। इस युद्ध में हमारी फौजों को इस क्षेत्र में अधिक कष्ट नहीं होगा। बरसात के कारण दोनों ओर की फौजें जमकर आक्रमण नहीं कर सकतीं। इस समय दुर्रानी हमसे अधिक सुरक्षित तथा उचित स्थान पर नहीं है और वह स्वयं हमारे विरुद्ध कूंच नहीं कर सकेगा। वह कज्जकाना युद्ध से परेशान हो जावेगा और निराश होकर अपने मुल्क को वापिस कूंच कर देगा। निरुत्साही रुहेला अफगान सरदार भी आपकी शक्ति के आगे आत्म समर्पण कर इधर–उधर बिखर जावेंगे और ईश्वर की दी हुई दौलत आपको मिल जावेगी।" [1]

सूरजमल की इस प्रस्तुत योजना तथा युद्ध–विधि की मल्हार राव तथा अन्य मराठा सलाहकारों ने अति सराहना की और उन्होंने समवेत स्वरों में 'उनकी भी यही राय है' कहा। "विशाल तोपखाना पंक्ति शाही सेनाओं के लिए उपयुक्त साधन है, जबकि मराठों की युद्ध शैली कज्जकाना (गुरिल्ला) ही रही है और इस ढंग से हमारे देश जाति तथा धर्म पर भी कलंक नहीं लगेगा। यदि हम इस तौर–तरीके से सफल नहीं हो सकें, तो पुनः आक्रमण करने से हमारी भी अपकीर्ति नहीं होगी। यदि शत्रु पर कपट नीति से विजय प्राप्त करने में सफलता नहीं मिल सके तो अपने आपको कठिन स्थिति तथा विनाश के चंगुल में फंसाने में भी चतुराई नहीं है।" [2]

समकालीन लेखक काशीराज पंडित के शब्दों में, "सूरजमल के विचार अति श्लाघनीय थे और जिस योजना को उसने प्रस्तुत किया था, उससे

---

१ – भाऊ बखर, पृ० ११४–११७; तारीखे–भाऊ–व–जनको, पृ० २८; इमाद, पृ० १७९–८०; काशीराज, ६,७ (बं०); इ० डा० (तारीखे इब्राहीम), खण्ड ८, पृ० २७५; कानूनगो, पृ० १२५–७; भाऊ बखर (दूसरी, सीतामऊ प्रति), पृ० ८–१०।

— बयाने बाकी का लेखक इस कथन से सहमत है। उसके अनुसार "सूरजमल की यह सलाह थी कि हिन्दुस्तान के सभी अमीर दुर्रानी के पक्ष में हैं। अतः उसकी सेना से जमकर युद्ध नहीं किया जावे। उसने यह भी राय दी थी कि वह अपना सामान आगरा में छोड़ दे।" पृ० २८९।

२ – इमाद, पृ० १८०–८१।

शत्रु अवश्य ही मैदान छोड़ देता, क्योंकि उसकी हिन्दुस्तान में कहीं भी जड़ नहीं थी। वास्तव में बरसात के बाद दुर्रानी हताश होकर अपने वतन की ओर चला जाता।"[1] भाऊ समय की चालाकियों से अनभिज्ञ था। वह घमण्ड की शराब में डूबा हुआ था और आसमान की कुटिल चालों को नहीं समझता था। अपनी सैनिक शक्ति, बहादुरी तथा योग्यता को देखकर भाऊ ने इस प्रकार के युद्ध को अपने अनुरूप नहीं समझा। जबकि उसके अधीनस्थ सरदारों ने अपने तरीकों से सैनिक यश तथा प्रतिष्ठा प्राप्त कर ली थी और केन्द्रीय सत्ता पर दृढ़तापूर्वक अधिकार कर लिया था।

आचार्य त्र्यबंकर शंकर शेजवल्कर के अनुसार, "यह प्रस्ताव राष्ट्र की प्रतिष्ठा तथा प्रधान सेनापति, उसके प्रधान सहायकों को लांछनों से बचाने का एक महती प्रयास था। इसमें सत्य का गूढ़ अंश था।"[2] परन्तु सदाशिव राव के समर्थकों ने इस सलाह को सन्देह की दृष्टि से आंका। अन्त में इन विचारों को वृद्ध होल्कर तथा निरुत्साही सरदारों की भावुकता और जाट शासक की अज्ञानता समझ कर टाल दिया। शेजवल्कर का यह विश्वास उचित प्रतीत नहीं होता कि सम्भवतः भाऊ ने पेशवा की पूर्ण सहमति प्राप्त करके पैदल सेना की युक्तियों पर आधारित युद्ध के नवीन ढंग का अनुसरण करने का निश्चय कर लिया था।[3] "पेशवा की पूर्ण सहमति" नहीं, बल्कि मराठा सलाहकार परिषद में एक दूसरे के प्रति डाह था। उनमें व्यक्तिगत, राजनैतिक तथा आर्थिक परिलाभों के लिए प्रतिद्वन्दिता थी। नाना फड़नीस ने भाऊ की इस नीति के बारे में अपने पत्र में लिखा— "मैं अभी तक एक अल्हड़ नवयुवक था। यद्यपि महाराज (भाऊ साहब) अन्य सभी अवसरों पर अति बुद्धिमानी से काम करते थे, परन्तु इस समय उन्होंने भी चतुराई खो दी। मेरे मामा बलवन्त राव मेहेन्डेले और नाना त्र्यम्बक सदाशिव पुरन्दरे भाऊ साहब के नागरिक सलाहकार थे। उनको भी इस समय अलग कर दिया गया और भवानीशंकर तथा शाह नवाज खां उनके अंतरंग सलाहकार बन गये। परिणामस्वरूप उन्होंने हमारी परम्परागत युद्ध शैली को छोड़कर शत्रु की युद्ध कला को अपनाया।"[4]

भाऊ ने इस गोष्ठी में कहा— "जब कभी हम या हमारे दूत इस मुल्क में आये, तब उन्होंने युद्ध का यह तरीका अपनाया होगा। सूरजमल एक जमींदार है। उसके विचार मेरे जैसे सक्षम व्यक्ति के लिए नहीं हैं। उसके समकक्ष तथा सदृश क्षमता वालों के लिए उचित हैं। गवांर तथा जमींदार विकसित वैज्ञानिक युद्ध-कला

---

१ – काशीराज पृ० ७–८।
२ – शेजवल्कर, पृ० ७१।
३ – उपरोक्त, पृ० ८२।
४ – मेकडॉनल्ड, नाना फड़नीस, पृ० १६८; हरीराम पृ० २१३।

से अनभिज्ञ हैं। हम इन सभी के सरदार हैं। कज्जकाना युद्ध करना, भागने की विधि अपनाकर अपने आपको भगोड़ा विख्यात करने से मेरा मुल्क व फौज मेरी नासमझी व पागलपन पर हँसेगी।" भाऊ की इस विचारधारा से सूरजमल का मराठा मित्रों के प्रति उत्साह कुछ ठंडा हो गया। केवल अन्य मराठा सरदारों के प्रयास से ही मतभेद दूर हो सका।

मल्हार राव रामचन्द्र सेनवी का शत्रु था। उसने भी इस योजना को व्यक्तिगत डाह के कारण सूरजमल व मल्हार को ओछा दिलवाला व नासमझ कहकर कल्पनातीत जाल बतलाया। इससे चतुर तथा अनुभवी सरदारों को आश्चर्य हुआ और उनकी अप्रत्यक्ष रूप से अवज्ञा हुई। इससे वास्तव में होल्कर जैसे अनुभवी सहायक का अपमान हुआ, जिससे उसका सेना तथा जनता में सम्मान गिर गया। वे आपस में यह कहते हुए बाहर निकले कि "भाऊ के उग्र स्वभाव तथा उतावली भावना के कारण उन पर अवश्य कोई भयंकर विपत्ति आने वाली है' और वे अपने सरदार की विचारधारा के प्रति अत्यधिक जागरुक होकर अन्दरुनी तौर से खिच गये। उनके माथे पर बल पड़ गये। वह आपस में आँख-निकाल-निकाल कर कहने लगे कि यह लड़का हमारी बात न समझकर घमण्ड में चूर हो गया है। अपनी करनी का फल स्वयं भोगेगा। इससे कुछ कहना या सफाई करना व्यर्थ है। इससे हमारी प्रतिष्ठा ही गिरती है। "अच्छा हो, एक बार यह ब्राह्मण रणक्षेत्र में पराजित होकर अपयश प्राप्त कर ले।" मल्हार ने क्रोधित होकर यहां तक कह डाला कि 'यदि पूना के दम्भी ब्राह्मणों को शत्रु ने नहीं कुचला तो ये उससे तथा मराठा जाति के अन्य सेनानायकों से अपने मैले वस्त्र धुलवायेंगे।"[1]

सूरजमल ने यह भली भांति भांप लिया था कि मराठा शक्ति शाह दुर्रानी को हिन्दुस्तान से नहीं खदेड़ सकेगी और उसने विनम्र सरदार के संरक्षण को त्यागकर वापस हटना उचित समझा। उसकी कल्पना व नीति का "भारत निर्माण तथा व्यवस्था" सम्भव नहीं थी। अतः मराठा सरदारों ने सदाशिव राव भाऊ को यह उचित सलाह दी "कि वह जाट शासक की उपस्थिति तथा उसके पारदर्शी विचारों से लाभ उठाये।" उन्होंने विजय लाभ तथा उत्साह प्राप्त करने के लिए उसकी आवश्यकता को महसूस किया। मल्हार तथा अन्य सरदारों ने सूरजमल को सलाह दी कि वह शीघ्रता न करके परिस्थितियों के अनुकूल चले और इस समय भाऊ के

---

१ – इमाद, पृ० १८०-१; काशीराज, पृ० ७-८; तारीखे जनको-ओ-भाऊ, पृ० २८; मेक्डॉनल्ड, पृ० ५; ग्रांट डफ, खण्ड १, पृ० ६०७; कीन, पृ० ३८; कानूनगो, पृ० १२७-८; हरीराम, पृ० १५३, २१३; सरकार (मुगल), खण्ड २, पृ० १७३।

सन्तोष के लिए शिविर में ही रुके। फलत: सूरजमल ने आगरा शिविर को छोड़कर भरतपुर लौटना उचित नहीं समझा। तब भाऊ ने अपने हाथ में यमुना जल लेकर सूरजमल के उचित परामर्श पर ध्यान देने का वचन दिया।[1]

१३– मथुरा शिविर में सूरजमल का उत्तर, १६ जुलाई

सदाशिव राव भाऊ ने आगरा से कूच करके १६ जुलाई को महान सांस्कृतिक नगरी मथुरा में पड़ाव डाला। सूरजमल भी उसके साथ मराठा छावनी में था। मथुरा नगर के मध्य में अब्दुल नबी खां की विशाल मस्जिद को देखकर भाऊ की क्रोधाग्नि भड़क उठी और उसने सूरजमल की ओर देखकर कहा— "अफसोस, आप हिन्दू होने का दावा करते हैं। अभी तक शहर के बीचों बीच मस्जिद खड़ी है।" सूरजमल ने नम्रतापूर्वक निवेदन किया, "अभी तक हिन्दुस्तान का शाही भाग्य एक वेश्या की भांति अस्थिर रहा है। रात्रि को वह किसी एक व्यक्ति के साथ थी और अन्य दिन उसने दूसरे का आलिंगन किया। यदि मुझको यह विश्वास हो जाता कि मैं उम्र भर इन परगनों का स्वामी रहूँगा, तब मैं इस मस्जिद को तोड़ डालता। आखिर इससे क्या लाभ होता ? आज मैं इस मस्जिद को तोड़ डालता और दूसरी बार मुसलमान आकर उन विशाल देवालयों को मिट्टी में मिला देते तथा इस एक के स्थान पर अन्य चार मस्जिद खड़ी कर देते। श्रीमन्त ! अब आप स्वयं इन जिलों में पधारे हैं और आपके हाथ में गतिविधियों का संचालन है। आप इस कार्य को पूरा कर सकते हैं।" यह सुनकर भाऊ ने कहा— "इन अफगानों को परास्त करने के बाद मैं मस्जिदों के खण्डहरों पर सर्वत्र मन्दिरों का निर्माण कराऊंगा।"[2] लेकिन भाऊ ने दिल्ली पर अधिकार करने के बाद १० अगस्त को यमुना नदी के निगम बोध घाट पर श्रावणी स्नान किया, उस समय उसका गुस्सा ठण्डा हो गया। उसने स्नान के बाद ब्राह्मणों को दान दिया और दिल्ली की शाही जामा मस्जिद के फकीरों को खैरात बांटकर हिन्दू–मुस्लिम एकता तथा धार्मिक सहिष्णुता की भावना प्रगट की।[3]

१४ – मराठों का दिल्ली पर अधिकार, जुलाई १७६० ई०

२१ जुलाई को भाऊ ने मथुरा से मल्हार राव होल्कर, जनकोजी सिंधिया,

---

१ – काशीराज, पृ० ८; कानूनगो, पृ० १२६।

२ – इमाद, पृ० ७८; दे० क्रॉनी०; कानूनगो, पृ० १२४–५।

३ – पे० द०, खण्ड २७, लेख २५७; दे० क्रॉनी; सरकार (मुगल), खण्ड २, पृ० १७८।

ग्रौर बलवन्त गणेश मेहेण्डेले के नेतृत्व में एक शक्तिशाली मराठा अग्रदल दिल्ली पर आक्रमण तथा अधिकार करने के लिए रवाना किया, जिसमें ब्रजेन्द्र बहादुर राजा सूरजमल भी आठ सहस्त्र सवारों के साथ शामिल था और वजीर इमादुलमुल्क हरावल का पथ-प्रदर्शक था। २२ जुलाई को प्रातःकाल कोतल दल ने नगर द्वारों पर आक्रमण किया, जिसका संचालन वजीर इमादुलमुल्क तथा सूरजमल के हाथों में था। शाह दुर्रानी द्वारा नियुक्त याकूब अली खां पर्याप्त युद्ध प्रसाधन, सामान तथा योग्य सैनिकों की कमी के कारण जाट-मराठों का प्रतिरोध करने में विफल रहा और वह दुर्ग के अन्दर चला गया। इमाद ने दिल्ली नगर में एक विजेता की भांति प्रवेश किया और अपनी हवेली पर रात्रि बिताई। मराठों ने नगर पर अधिकार कर लिया और दुर्ग प्राचीरों पर चढ़कर शाही महलों को लूटा। सरदेसाई के अनुसार— "मराठा सरदार तथा सैनिकों को नगर की लूट में इतना अधिक माल हाथ लगा कि कोई भी सरदार अथवा सैनिक गरीब नहीं रह सका।"[२] २९ जुलाई को भाऊ स्वयं दिल्ली पहुंचा और उसने कालिकाजी के समीप छावनी डाली। अब याकूब अली खां की खाद्य-सामग्री समाप्त हो चुकी थी और उसको अपने स्वामी से सहायता मिलने की आशा नहीं थी। अतः उसने सूरजमल व इमाद की मध्यस्थता में भाऊ से समझौता करके ३१ जुलाई को दुर्ग खाली कर दिया और दूसरे दिन (१ अगस्त) को मराठों ने शाही दुर्ग पर अधिकार कर लिया।[१]

१५ – शुजा के प्रस्ताव : सूरजमल का इमाद पक्ष

शाह दुर्रानी लगभग दो माह तक कोइल (रामगढ़-अलीगढ़) शिविर में रुका, लेकिन जुलाई में अधिक वर्षा होने के कारण वह रामगढ़ छावनी को छोड़कर अनूपशहर के निकट गंगा के पश्चिमी तट पर चला गया और वहां अफगानों ने अपनी छावनी डाली। समीपस्थ परगनों में खाद्यान्न तथा चारे की कमी को रोकने के लिए उसने अगस्त तथा सितम्बर–दो महिनों के लिए रुहेला सैनिकों को अपने गंगापारी घरों को वापिस चले जाने की आज्ञा दे दी। यद्यपि शाह दुर्रानी तथा नजीब खां के

---

१ – राजवाडे, जि० १, लेख २२२–४; चन्द्रचूड़ खण्ड, १, लेख ५१; भाऊ बखर, पृ० ९२; पे० द०, जि० ३७, लेख २५८; भाऊ साहेबांची कैफीयत, पृ० ८–९; दे० ऑनी; पृ० ११७–१८; नूरुद्दीन, पृ० ३३ अ-ब; सियार, जि० ३, पृ० ३८३; ता० मुजफ्फरी, पृ० १८०–८२; काशीराज, पृ० ६; मिसकिन, पृ० २२५; इमाद, पृ० १८१; खजाने अमीराह, पृ० १०४–६; ता० हुसैनशाही, पृ० ४४; इ० डा०, खण्ड ८, पृ० १४७; मीराते आफताबनुमा, पृ० ३७० कानूनगो, पृ० १२९; सरदेसाई, पानीपत प्रकरण, पृ० १६२; मैकडोनल्ड, पृ० ६; हरीराम, पृ० १५४; मीराते अहमदी, पृ० ६०७।

आकर्षक आश्वासनों के बाद अवध का नवाब शुजाउद्दौला "मुस्लिम भ्रातृत्व संघ" में शामिल हो गया था और वह १८ जुलाई को सात सहस्त्र चुनींदा सवार, स्वामि-भक्त गोसाईयों की सेना तथा तोपों के साथ दुर्रानी के पास अनूपशहर छावनी में पहुँच चुका था, परन्तु यहां आने के बाद उसको धनहरण की धमकी तथा अस्वस्थ जलवायु के कारण आत्मसन्तोष नहीं हो सका और वह नजीबुद्दौला के जाल से निकलने का प्रयास करने लगा।[1]

आगरा आने से पूर्व ही मराठों ने शुजा को "मुस्लिम भ्रातृत्व संघ" से और अहमद शाह दुर्रानी ने सूरजमल तथा इमाद को मराठों से अलग करने के अटूट प्रयास किये थे। इस कार्य के लिए दुर्रानी ने शुजा पर भारी दबाव डाला और इस ओर सतत् कूट-प्रयास किये गये। औरंगाबाद निवासी भवानी शंकर पंडित नवाब शुजाउद्दौला के दरबार में मराठा वकील था। २८ जुलाई को भाऊ ने कतिपय शर्तों के एक पत्र के साथ उसको गंगा नदी की पूर्वी तट छावनी में शुजा से वार्तालाप करने के लिए भेजा। इस पत्र के उत्तर में भाऊ से समझौता वार्ता करने के लिए शुजा ने अपनी छावनी से दिल्ली निवासी लाला सन्तराम के पुत्र राजा देवीदत्त को राव काशीराज पंडित के साथ भाऊ से वार्ता जारी रखने के लिए रवाना किया।[2] जुलाई के अन्त में ये वार्तायें प्रारम्भ की गईं और दो माहे तक नियमित चलती रहीं। नवाब शुजा का प्रस्ताव था कि नजीबुद्दौला की मध्यस्थता से पेशवा तथा दुर्रानी में एक स्थाई शांति-समझौता करा दिया जावे। समझौते की शर्तों के अनुसार—

(१) प्रवासी शाहआलम सानी को मुगल साम्राज्य का सम्राट मान लिया जावे और उसके बिहार प्रवासकाल में उसके ज्येष्ठ पुत्र जबानबख्त को दिल्ली सरकार का वली अहद (उत्तराधिकारी) नियुक्त किया जावे।

(२) नवाब शुजाउद्दौला को साम्राज्य का वजीर पद प्रदान कर दिया जावे।

(३) शाह दुर्रानी को पंजाब तथा सरहिन्द के प्रान्त स्थाई रूप से सौंप दिये जावें।

---

१ – राजवाडे, जि० १, लेख २४६, २४७, २३६, २३७ २४४; काशीराज, पृ० ९-११; ता० मुजफ्फरी, पृ० ५९५-६; दे० क्रॉनी०; पृ० ११७, सरकार(मुगल), खण्ड २, पृ० १८७-८९।

२ – काशीराज, पृ० १३; गाई, पृ० ८-९; सतारा, खंड २, लेख २९७; राजवाडे, खंड १, लेख २२२; इमाद, पृ० १८४-५; शेजवलकर, पृ० ९४; शुजाउद्दौला, खण्ड १, पृ० ८८।

(४) फिर मराठा हिन्दुस्तान (उत्तर भारत) से दक्षिण को तथा अहमदशाह दुर्रानी अपने देश को वापिस चले जावें।

भाऊ ने अपने शिविर में शुजाउद्दौला के इन प्रस्तावों को यथासाध्य राजा सूरजमल तथा वजीर इमादुल्मुल्क से गुप्त रखने का प्रयास किया, परन्तु ये प्रस्ताव तथा शिविर–वार्तायें दोनों से नहीं छिप सकीं। नजीब भाऊ तथा शुजा के बीच में चल रहीं वार्ताओं से विज्ञ था और उसने इन प्रस्तावों को विफल करने में यथासंभव अडंगेबाजी की।[1] वास्तव में नजीबुद्दौला यह स्वीकार नहीं कर सकता था कि युद्ध को टालने के लिए शुजाउद्दौला के प्रस्तावित शांति–समझौता प्रस्ताव किसी प्रकार सफल हो जावें, क्योंकि वह दृढ़ता के साथ जाट तथा मराठों के विनाश का इच्छुक था और शाह दुर्रानी ने उसकी सलाह को प्राथमिकता दी थी।[2]

ग्रांट डफ के अनुसार—"भाऊ दिल्ली की गद्दी पर पेशवा के उत्तराधिकारी विश्वास राव को पदासीन करना चाहता था।" परन्तु जाट तथा मराठा सरदारों ने शाह दुर्रानी के हिन्दुस्तान से वापिस लौटने तक इन विचारों को गुप्त रखने की कड़ाई के साथ प्रार्थना की थी।[3] समस्त मराठा सरदार तथा दिल्ली की रैय्यत को पूर्ण विश्वास था कि इमाद पुन: इस बार भी वजारत का कार्य भार संभालेगा। निःसन्देह दिल्ली पर अधिकार करने के बाद सूरजमल ने यह प्रस्ताव रखा था कि दिल्ली का प्रबन्ध इमादुल्मुल्क को सौंप दिया जावे, परन्तु भाऊ तथा उसके सलाहकारों का अनुमान था कि इमाद की आड़ में सूरजमल राजधानी की व्यवस्था पर अपना एकाधिकार करना चाहता है। इसी से उन्होंने एक अगस्त को इस प्रस्ताव को अस्वीकृत कर दिया था।[4]

आचार्य शेजवल्कर इस संदिग्ध विचार को स्वीकारते हुए आगे लिखते हैं, "लेकिन प्रवासी शाहआलम, शुजाउद्दौला, नजीब खां तथा अन्य प्रभावशाली मुस्लिम सरदार इमाद के विरुद्ध घृणास्पद हत्याओं के कारण प्रचार कर रहे थे। इस सम्भावित प्रचार को निरस्त करने के लिए ही भाऊ ने सूरजमल के प्रस्ताव को अस्वीकार कर दिया था।"[5] वास्तव में अप्रभावित मुसलमानों को आश्वस्त करने के लिए इमाद को वजीर पद प्रदान करने की तात्कालिक आवश्यकता थी। इसी से साम्प्रदायिक एकता तथा सद्भावना प्रबल होती। इमाद का संरक्षक

---

१ – काशीराज, पृ० १४–१५; दे० क्रॉनी०, पृ० ११८।

२ – नजीबुद्दौला, पृ० ६२।

३ – ग्रांट डफ, खंड १, पृ० ६०८।

४ – भाऊ साहेबांची कैफीयत, पृ० १०; दे० क्रॉनी, पृ० ११८।

५ – शेजवल्कर, पृ० ८२-८३।

बनकर सूरजमल का दिल्ली पर अधिकार करने का विचार नहीं था। वह वास्तव में मुगल साम्राज्य की प्रतिष्ठा तथा रक्षा को सर्वोपरि मानता था। भाऊ ने एक अगस्त को दिल्ली नगर तथा दुर्ग पर अधिकार करने के बाद पंडित नारो शंकर को राजे-बहादुर का विरुद प्रदान करके छः सहस्त्र सवार तथा पैदल सेना के साथ दिल्ली का किलेदार नियुक्त किया। अन्त में १२ अगस्त को उसे दिल्ली का सूबेदार नियुक्त करके वजारत के सभी अधिकार भी सौंप दिये थे।[१]

राव काशीराज पंडित के अनुसार भाऊ ने राजा देवीदत्त की स्वामिभक्ति तथा कूट-प्रबन्धों के प्रति अविश्वास प्रगट किया और उसने भवानी शंकर पंडित के हाथों एक पत्र भेजकर शुजा से आग्रह किया कि वह किसी अन्य अन्तरंग तथा विश्वासपात्र अधिकारी को वार्ता करने के लिए भेजने का कष्ट करे। यह स्मर्तव्य है कि इस समय राजा सूरजमल तथा मल्हार राव भी नवाब शुजाउद्दौला से सीधा सम्बन्ध स्थापित कर रहे थे और भावी नीति के विषय में उससे सलाह ले रहे थे। नवाब शुजाउद्दौला ने अपने प्रतिनिधि मुहम्मद याक़ूत खां को भाऊ के पास रवाना करके आग्रह किया था—"कि हिन्दुस्तान के सरदारों के नियमानुसार आपको युद्ध करना अभीष्ट नहीं है। आपको अपने सामर्थ्य के अनुसार कज्जकाना (गुरिल्ला) युद्ध करना चाहिये और अपने भारी (जंगी) तोपखाना तथा सामान को सुरक्षित स्थान पर भेज देना चाहिये।" इसी प्रकार शुजा ने दुर्रानी के वजीर शाह वली से परामर्श करने के बाद सूरजमल को अपने पत्र में सलाह दी—"आप एक जमींदार (राजा) हैं। इस आपत्ति में अपने आपको फंसाने की क्या आवश्यकता ? आपको जिस प्रकार भी सम्भव हो सके मराठा पक्ष को छोड़कर अपने मुल्क की ओर वापस लौट जाना चाहिये।" सम्भवतः वजीर शाह वली ने सूरजमल की इस तटस्थता को पुरस्कृत करने के लिए कोइल (रामगढ़), डिबाई तथा जलेसर परगना यथापूर्व सौंपने का भी वचन दिया था और सूरजमल ने शुजा की इस सलाह को मानने का आश्वासन देकर उसके वकील को बिदा कर दिया था।[२] इस प्रकार शाह दुर्रानी ने शुजाउद्दौला के माध्यम से एकमात्र हिन्दू शासक को भी मराठों से तोड़ने का प्रयास किया, जिसका भाऊ को आभास भी नहीं हो सका।

इमाद शुजा का परम शत्रु था और वह सूरजमल के आश्वासन पर ही मराठा शिविर में उपस्थित था। जब उसको शुजा के प्रस्तावों का पता चला, तब

---

१ – दे० क्रॉनो० पृ० ११८-११६, राजवाडे, खंड १, लेख २२२, २२४, २२७; पुरन्दरे भाग १, लेख ३८६; होल्कर कैफीयत, पृ० २५; भाऊ बखर, पृ० ९३; भाऊ साहेबांची कैफीयत, पृ० ६–१०; ग्रांट डफ, खंड १, पृ० ६०८।

२ – काशीराज पृ० १४–१५; गाई पृ० १०; शेजवलकर, पृ० ६५।

वह अत्यधिक क्रुद्ध हुआ। षड़यन्त्र तथा कपट योजना में इमाद अति चतुर था। होल्कर तथा सिन्धिया ने उसको आश्वासन दिया था कि वह राज श्री नाना साहब का आदेश प्राप्त करेंगे। परन्तु इमाद को वजारत देने के प्रस्ताव का कोई समुचित उत्तर नहीं मिल सका। इससे इमाद ने राजा सूरजमल को मारठों के विरुद्ध भड़काया।[१] भाऊ के निर्णय से राजा सूरजमल को भी गहरा आघात पहुँचा और मराठा सरदारों ने अब तक उसको जो आश्वासन दिये थे, उन पर तुषारापात हो चुका था। सूरजमल ने इस समय भाऊ से कड़ाई के साथ कहा—"यह निर्णय न्याय तथा अधिकारों की उपेक्षा है।" उसने इमाद को वजीर पद पर नियुक्त करने की पुनः प्रार्थना की। अपने आश्वासनों के आधार पर मल्हार राव तथा जनकोजी ने भी जाट शासक के प्रस्ताव का कड़ाई के साथ अनुमोदन किया। भाऊ यथार्थ स्थिति को समझने की अपेक्षा केवल सिद्धान्त तथा नीति की दुनिया में विचरण करता था। इसी से सूरजमल उस पर विश्वास नहीं करता था। हठी तथा चंचल स्वभाव भाऊ पर सूरजमल के इस गूढ़ प्रस्ताव का कोई भी प्रभाव नहीं पड़ सका। फलतः इन असन्तुष्ट सरदारों ने दृढ़तापूर्वक भाऊ से कहा—"हिन्दुस्तान में हमारी प्रतिष्ठा भंग हो चुकी है। इस कर्तव्यनिष्ठा से हमको क्या लाभ ?" अस्तु एक अगस्त को सूरजमल तथा इमाद मराठा छावनी से निकलकर अपने तुगलकाबाद डेरे पर वापस लौट आये।

इस समय जाट शासक ने अपने अंतरंग कूटनीतिज्ञ पुरोहित राव रूपराम कटारा से कहा, "भाऊ इमाद को वजारत देने का सामयिक तथा वैधानिक प्रस्ताव ठुकरा चुका है। अब यहां रुकना व्यर्थ है। हमारे ऊपर कोई भी आपत्ति आ सकती है। अतः चतुराई इसी में है कि हम आने वाले संकट से पूर्व ही बाहर निकल जावें।" काशीराज पंडित के शब्दों में—"सूरजमल मराठा छावनी को छोड़कर नहीं चला जावे, इस भय से भाऊ ने २ अगस्त को उसकी छावनी के पास अपनी एक सैनिक टुकड़ी तैनात कर दी थी। इससे सूरजमल अत्यधिक भयभीत हो गया था।" इस समय मल्हार तथा जनकोजी के डेरे भी जाट शासक के समीप थे और भाऊ की मराठा टुकड़ी तथा दोनों मराठा सरदारों के शिविरों को पार करके जाना कठिन था। इन दोनों मित्र सरदारों ने भी सूरजमल को रुकने की सलाह दी, किन्तु सूरजमल की भाऊ के प्रति भावना कलुषित हो चुकी थी।[२]

---

१ – भाऊ साहेबांची कैफीयत, पृ० ९; हरीराम, पृ० १५६।

२ – पे० द० खण्ड २१, लेख १९०; दे० क्रॉनी०; काशीराज, पृ० ८; कानूनगो, पृ० १२९–३०; सरकार (मुगल), खण्ड २, पृ० १७३।

१६ – मराठों की आर्थिक कठिनाईयां और सूरजमल का पलायन

सदाशिव राव भाऊ लगभग एक लाख सैनिकों के साथ दिल्ली तथा उसके आसपास दो महीने तक रुका। कुछ ही समय मे उसको भोजन, चारा तथा धन की कमी अनुभव होने लगी थी। प्रस्थान करते समय पेशवा से जो नकद रुपया मिला था, वह मार्ग में ही खर्च हो चुका था। हिन्दुस्तान के धूर्त मराठा कमाबिसदारों (कलेक्टरों) से उसको कुछ भी नहीं मिल सका। २६ जून को आगरा पहुँचने से पूर्व उसने पेशवा से आर्थिक सहायता करने की करुण प्रार्थना की थी। उसने लिखा—"मुझको कही से रुपया नहीं मिल रहा है। दोआब परगनों में गड़बड़ी चल रही है और अधीनस्थ सरदार टाल-मटोल कर रहे हैं। इसलिये न राजस्व ही मिल रहा है और न खंडनी की कुछ रकम। यदि दुर्रानी पर विजय प्राप्त करनी है, तो हमें तीस लाख सवारों की आवश्यकता है। सवारों को घोड़ा देने हैं। गत वर्ष मेरे सैनिकों को बिदाई की बख्शीश (पुरुस्कार) दी जानी थी, वह भी अभी तक नहीं दी गई है। जब मैं उनको खाने के लिए पेट भर भोजन नहीं दे सकता, तो में उनकी बकाया बिदाई, बख्शीश और नालबन्दी कैसे दे सकता हूं? दिल्ली के चारों ओर गड़बड़ चल रही है। यहां के सेठ-साहूकार भी इधर-उधर चले गये हैं। इससे यहां किसी से ऋण नहीं लिया जा सकता।" भाऊ ने पेशवा को इस प्रकार के कई पत्र लिखे थे, किन्तु पेशवा स्वयं ऋण भार से दबा हुआ था। दिल्ली कूंच से पूर्व ही भाऊ के सैनिकों का वेतन दो माह से अधिक चढ़ चुका था और सैनिक वेतन भुगतान के लिए पुकार रहे थे। साथ ही शाही राजधानी की विजय से भी उसको कोई द्रव्य नहीं मिल सका था। अब शाही परिवार का संरक्षक बनने के बाद उसका एक लाख का अतिरिक्त खर्च बढ़ चुका था।[1]

दिल्ली में दीवान-इ-आम की छत चांदी तथा हीरा जवाहरातों से अति आकर्षक बनी थी। इमाद ने दिल्ली से भागने से पूर्व ही आधी छत को उतरवा दिया था। एक अगस्त को दुर्ग में प्रवेश करने के बाद भाऊ ने इस छत को देखकर हृदय में विचार किया—"यह छत है। इसको तुड़वाकर अपने सैनिकों का वेतन चुकारा कर दूंगा और इसकी जगह मैं लकड़ी की दूसरी छत बनवा दूंगा।" इस प्रकार हठी भाऊ ने दिल में सकल्प करके सूरजमल होल्कर व सिंधिया को इस निश्चय के बारे मे अपने विचार व्यक्त करने के लिये बुलवाया। यद्यपि "सूरजमल

---

१ – पे० द०, खण्ड २, लेख १३०, १३१, खण्ड २१, लेख १६३, खण्ड २७, लेख २५५, २५७, २५८; सरकार (मुगल), खण्ड २, पृ० १७५।

स्वभावत: विद्रोही तथा जाट लुटेरा था। वह अन्यों की भांति अपने को स्वाधीन समझकर भी मुगल साम्राज्य तथा सम्राट के प्रति वफादार था।" वह यह समझता था कि दिल्लीश्वर के वैभव (शान शौकत) का यह अंतिम अवशेष है। इससे मराठों को कोई विशेष यश नहीं मिलेगा।

उसने मुगल सम्राटों के इस अतिम अवशेष को छोड़ देने के लिये भाऊ ने नम्रतापूर्वक कहा—"भाऊ साहब! शाही सिंहासन का यह महल सम्मान तथा प्रतिष्ठा का प्रतीक है। यहां तक कि नादिरशाह तथा दुर्रानी ने शाही महलों की अमूल्य वस्तुओं का अपहरण कर लिया था, लेकिन उन्होंने इस छत को नहीं तोड़ा। साम्राज्य के अमीर आज आपके सामने विनम्रता के साथ खड़े हैं। हम अपनी आंखों से इस विनाश को नहीं देख सकते। इससे हमको शाही भक्ति के प्रति द्वेषात्मक भावना के अतिरिक्त अन्य किसी प्रकार का यश नहीं मिलेगा। आप आज मेरी इस विनम्र प्रार्थना पर सहृदयता से पुनः विचार करें। यदि वास्तव में आपके पास धनाभाव है, तो आप केवल मुझे आज्ञा दे सकते हैं। मैं इस छत के एवज में आपको पांच लाख रुपया की व्यवस्था कर सकता हूं।"

भाऊ का विश्वास था कि सम्भवतः उसको अधिक धनराशि मिल सकती है। इसी से उसने सूरजमल की इस विनम्र प्रार्थना पर कोई ध्यान नहीं दिया। "आकर्षक व भव्य भवनों को नष्ट करने वाले हृदयहीन आदेशों के साथ ६ अगस्त को शेष छत भी उतार ली गई और उससे चांदी के नौ लाख रुपया ढ़ाले गये। इससे उसकी सेना, शाही परिवार तथा महल के सेवकों का एक माह निर्वाह चल सका।" इस अंतिम प्रस्ताव के अस्वीकार होने से सूरजमल को सर्वाधिक संताप हुआ और वह अपने क्रोध को नहीं दबा सका। उसने कहा—'भाऊ साहब! आपने मुगल सिंहासन की पवित्रता का उपहास किया है। इसको कोई भी मुगल सरदार बरदास्त नहीं कर सकता। मैं आपके सामने उपस्थित हूं और आप मेरे उपर द्वेषाग्नि वर्षा सकते हो। जब कभी मैंने किसी भी स्थिति पर विचार करने को आपसे प्रार्थना की, आपने उपेक्षापूर्वक उसका तिरस्कार किया। हमने आपको दिल से हिन्दू धर्म का रक्षक तथा पालक समझा और प्रत्येक कठिनाई में सहयोग देने का आश्वासन दिया। आपने भी अपने हाथ में यमुना जल लेकर जाट मराठा मित्रता की प्रतिज्ञा की थी, लेकिन वास्तव में आप हमको धोका देते रहे।"

निःसन्देह सूरजमल लड़खड़ाते मुगल साम्राज्य की रक्षा का हितैषी था। मुगल सम्राट के माध्यम से राजपूत, मुगल, रूहेला, पठान, जाट, सिख, गूजर आदि योद्धा जातियां एक सूत्र तथा एकता में आबद्ध होकर स्वदेश रक्षा की ठोस कड़ियां थीं और सभी मिलकर विदेशी आक्रान्ता का सामना करने में सक्षम थे। परन्तु इस समय सूरजमल को भारी निराशा हुई। भाऊ ने कहा—"क्या मैं आपकी शक्ति के

भरोसे पर ही दक्षिण से यहां आया हूं? मैं जो चाहूंगा, करूंगा। आप चाहें तो यहां रुक सकते हैं या अपने मुल्क में जा सकते हैं। दुर्रानी को परास्त करने के बाद मैं आपसे हिसाब-किताब का लेखाजोखा लूंगा।" भाऊ के इन कठोर शब्दों को सुनकर होल्कर तथा सिंधिया हताश शांत तथा व्यथित होकर बैठे रहे और उन्होंने भाऊ को कोई उत्तर नहीं दिया।[1]

आचार्य शेजवल्कर के अनुसार— "दीवान-इ-खास की छत को उतारना राजनैतिक दृष्टि से विनाशकारी था। नजीबुद्दौला के मुस्लिम साथियों ने इस कार्य को मुगल सिंहासन का अपमान मानकर विरोधी प्रचार किया और इससे आस-पास की मुस्लिम जनता मराठों के विरुद्ध भड़क उठी।"[2] सदाशिव राव भाऊ की हठ-वादिता से सूरजमल को अत्यधिक निराशा हो गई थी। उसने अपमान को सहन करके मंत्रणा सभा को त्याग दिया और एक अगस्त की रात्रि को अपने डेरों पर वापस लौट आया। उसको अब निश्चय हो गया था कि अज्ञानता के कारण मराठों का भविष्य उज्जवल नहीं रह सकेगा। यद्यपि उसकी छावनी दिल्ली से १९ किमी० तुगलकाबाद में थी, फिर भी उसके डेरे मराठों के बीच में थे और निःसन्देह वह मराठा बन्दी था।[3]

होल्कर तथा सिंधिया ने उसकी सुरक्षा, आत्म सम्मान का आश्वासन दिया था और उनके विश्वास तथा मैत्री-निष्ठा पर ही सूरजमल की जीवन सुरक्षा निर्भर थी। दोनों सरदारों ने आपस में बैठकर मन्त्रणा की। "उसके सम्मान का आश्वासन देकर हम जाट शासक को यहां लेकर आये हैं। भाऊ की योजना व नीति असहनीय है। भाऊ तथा बलवन्त राव ने सूरजमल को बन्दी बनाकर कारागार में डालने तथा उसकी छावनी को लूटने की गुप्त योजना बना ली है। सूरजमल को किसी भी भांति छावनी से सुरक्षित निकालना आवश्यक है, ताकि हम पर विश्वासघात या कर्त्तव्य-च्युत होने का कलंक नहीं लग सके। इस अपराध के बदले भाऊ साहब हमारे साथ जो भी करना चाहें, उसको हम भुगत लेंगे।" इस आपसी निर्णय के बाद उन्होंने २१ सितम्बर को सूरजमल के विदेश मन्त्री तथा राजनैतिक पुरोहित रूपराम कटारा को अपने डेरों पर बुलाकर सलाह दी, "आप किसी भी तरह इस स्थान से आज रात्रि को ही भाग निकलें। भाऊ की छावनी हमसे पर्याप्त दूरी पर है। उसको

---

१ – पे०, द०, खण्ड २७, लेख २५७; दे० क्रॉनी०, पृ० ११९; भाऊ बखर, पृ० ११४-७; सियार, जि० ३, पृ० ३८५-६; इ० डा० (तारीखे इब्राहीम), खंड ८, पृ० २७६; ग्रांट डफ, जि० १, पृ० ६०९; मैकडानल्ड, पृ० ७; कानूनगो, पृ० १३१-३; हरीराम, पृ० १५८, २०६।

२ – शेजवल्कर, पृ० ८८।

३ – काशीराज, पृ० ८।

इसका ग्राभास भी नहीं होने पावे ग्रौर ग्राप नि:शब्द यहां से कूंच कर दें। ग्रापके तथा हमारे बीच में सम्पन्न विश्वास वचनों का इस समय केवल यही योगदान है, ताकि ग्राप ग्रागे हमें कलंकित नहीं कर सकें।" यह वाक्य कह कर उन दोनों ने ग्रपने कान पकड़े ग्रौर शांति से झुक कर निश्चय कर लिया कि वह फिर कभी ग्रहंकारी तथा कर्त्तव्यच्युत भाऊ के पीछे इस ग्रापातकाल में ग्रपने सम्मान का बलिदान नहीं करेंगे।[1]

रूपराम ने वापिस लौटकर सूरजमल को भाऊ की गुप्त योजना का ब्यौरा बतलाया। इस समय वास्तव में सूरजमल की स्थिति ग्रति नाजुक थी। वह एक ग्रोर मराठा ग्रौर दूसरी ग्रोर दुर्रानी के बीच जाल में फंस रहा था। यह सुनकर वह स्तब्ध रह गया ग्रौर रूपराम से बोला, "यदि सौभाग्य से हम ग्राज रात्रि में यहां से निकलने में सफल हो गये, तो हम भाऊ के कट्टर शत्रु बन जावेंगे। यदि भाऊ ग्रहमदशाह दुर्रानी को परास्त करने में सफल हो गया, तो मेरा विनाश ग्रनिवार्य होगा। उसके ग्रंगुली उठाने पर मुझको कहीं भी शरण नहीं मिलेगी ग्रौर न कोई शासक मेरी प्राण-रक्षा का भार वहन करेगा। यदि मैं भविष्यत् त्रास से यहां रुकूंगा तो बन्दी बना लिया जाऊंगा। इस समय मेरे लिये दोनों ही मार्ग कठिनाई के सूचक हैं। ग्रतः ग्राप ही सोचिए, ग्रब मुझे क्या करना चाहिये?" यह सुनकर रूपराम ने निवेदन किया, "ग्राप यह जानते हैं कि किसी एक व्यक्ति के ग्रशुभ नक्षत्रों की ग्रन्य व्यक्ति की कुण्डली से संयुक्त मिलान करने के बाद बारह वर्ष के जीवन का ग्राश्वासन दिया जा सकता है। भाऊ तथा दुर्रानी दोनों ही समान शक्ति-सम्पन्न तथा निर्दयी शत्रु हैं। कौन कह सकता है कि दोनों में से किसकी विजय होगी? उस समय तक हम ग्रपने मुल्क में शांति से रह कर ग्रपनी शक्ति का विस्तार करेंगे। ग्रागे जो कुछ भी होगा, ईश्वर ग्रच्छा ही करेगा। ग्राप भविष्य की बात सोच कर ग्रपने ग्रापको क्यों संकट में डालना चाहते हैं? ग्रागे जो भी होगा, उसे भी देखेंगे। हमको ग्राज रात्रि में यहां से निकल कर चलना ग्रावश्यक है।" रूपराम के शांति तथा निश्चल परामर्श ने जाट राजा के जीवन में नवीन मार्ग-प्रशस्त किया ग्रौर वह भावी कठिनाइयों के प्रति सजग हो गया।

रात्रि में जाट छावनी में तुगलकाबाद शिविर को छोड़कर भागने की तैयारियां होनी लगीं। सूरजमल का निकटतम दुर्ग बल्लमगढ़ दिल्ली के दक्षिण में ६५ किमी० दूर था। सूरजमल ने शीघ्र ही भाऊ की छावनी के समीप ग्रपने डेरा ले जाने की घोषणा कर दी ग्रौर ग्रपने डेरा, सामान तथा छावनी के ग्रलडाकू सैनिकों को ग्रपने मुल्क की ग्रोर रवाना कर दिया। जब उसको समाचार मिल

---

१ – भाऊ बखर, पृ० ११६।

गया कि वे अपने मार्ग में ३२ किमी० आगे निकल चुके हैं और अभी तीन प्रहर रात्रि शेष है, उस समय वह स्वयं तथा इमादुलमुल्क ने अपने पांच सहस्त्र सैनिकों के साथ मराठा सरदारों की रोक-टोक की परवाह न करके समस्त साधन तथा सामान के साथ बल्लमगढ़ की ओर प्रस्थान कर दिया।[1]

मल्हारराव चतुर व चालाक सरदार था। वह अपने शिकारी कुत्तों के साथ खरगोश की तलाश में घूमने वाला था। एक ओर उसने सूरजमल को निकालकर अपने वचनों की रक्षा की, दूसरी ओर जब जाट सेनायें छावनी से १३ किमी० अधिक निकल चुकी थीं। तब उसने अपने दीवान गंगाधर को भाऊ के पास समाचार देने के लिए रवाना किया। गंगाधर ने भाऊ से निवेदन किया, "सूरजमल बिना सूचना दिए रात्रि को भाग गया। मल्हार तथा सिंधिया ने उसका पीछा करने के लिए अपनी सेनायें भेज दी हैं। आप भी अपनी सेनायें उसके विनाश के लिए रवाना करने की कृपा करें।" भाऊ ने इस समाचार पर अपनी हार्दिक व्यथा प्रगट नहीं की और तुरन्त कहा, "एक साधारण जमींदार से यही आशा थी। चलो, ठीक ही रहा। उसने हमको उस समय नहीं छोड़ा, जबकि हम उस पर विश्वास करके किसी सेवार्थ तैनात करते। विजय के बाद ही अब देखा जावेगा।"

२२ सितम्बर को प्रातःकाल सूरजमल शांतिपूर्वक सकुशल बल्लमगढ़ में पहुँच चुका था और उसके पीछे गये मराठा सवार कुछ बाजार को लूटकर वापस लौट आये। यह सुनकर भाऊ ने क्रोधित होकर अपने होंठ चबा लिये और उपस्थित सरदारों के बीच में चिल्ला कर कहने लगा,—"आगे ईश्वरेच्छा, यदि इस बार दुर्रानी मात खाकर वापस चला गया, तो इस जाट की क्या मजाल रहेगी? मै उस निर्बल मुल्क तथा उसके सरदार का अन्त कर दूँगा।" शेजवलकर के अनुसार "ऐसे गम्भीर समय पर सूरजमल के सहायता से हट जाने को भाऊ ने निश्चित रूप से अनुभव किया था। इसलिये उसे वापस लाने का प्रयास भी किया था। दूसरे दिन (२३ सितम्बर) भाऊ का दीवान महीपतराव, दीवान गंगाधर और सिंधिया का कारिंदा रामाजी अनन्त सूरजमल को शांत करने तथा वापस लौटाकर लाने के लिये भाऊ की छावनी से बल्लमगढ़ भी गये, किन्तु वास्तव में उनको सफलता नहीं मिल सकी।"[2]

---

१ – काशीराज पृ० १६; गाई, पृ० १०, भाऊ बखर, पृ० ११६; ता० मुजफ्फरी, पृ० १८४; इ० डा० (ता० इब्राहीम), खण्ड ८, पृ० २७८; कानूनगो, पृ० १३८।

२ – भाऊ बखर (वार्तालाप का विशद विवरण), पृ० ११८–२१; भाऊ साहेबांची कैफीयत, पृ० १०; राजवाडे, जि० १, लेख २२२; पे० द०, खण्ड २१, लेख ९०; *

१७ – मतभेद के कारणों पर एक दृष्टि

राजा सूरजमल और सदाशिव राव भाऊ के बीच विद्यमान आन्तरिक मतभेदों पर आधुनिक इतिहासकारों ने अपनी-अपनी दृष्टि से भिन्न मत व्यक्त किये हैं। मराठा इतिहासकार गोविन्द सखाराम सरदेसाई के अनुसार—"नवाब शुजाउद्दौला तथा अहमदशाह दुर्रानी का मिलन मराठा पक्ष के लिये अति घातक सिद्ध हुआ। अन्य हानि सूरजमल के एकाएक साथ छोड़कर दिल्ली से अपनी राजधानी भरतपुर को वापिस लौटने से उठानी पड़ी।" लेखक अपने मराठी ग्रन्थ के "पानीपत प्रकरण" में काशी राज पंडित के आधार पर लिखता है—

(१) सूरजमल ने भाऊ को मराठा परिवार, विशाल तोपखाना तथा अतिरिक्त सामान को चम्बल पार अथवा जाट मुल्क मथुरा में छोड़कर मराठों की नैसर्गिक कज्जकाना प्रणाली को अपनाने पर जोर दिया।

(२) सियार-उल-मुताखरीन के आधार पर लिखता है कि भाऊ ने अपने सैनिकों के वेतन चुकाने के लिये दीवान-इ-खास की चांदी की छत को तुड़वा दिया।

(३) मीर गाजीउद्दीन (इमादुलमुल्क) को दिल्ली साम्राज्य की वजारत पुनः प्रदान नहीं की।

(४) जाट राजा अपने राज्य के बाहर मराठा पक्ष में अपनी सेवायें प्रदान करने के लिये तैयार नहीं हुआ। उसका (सूरजमल) कहना था कि जो कुछ भी बन पड़ेगा, वह अपने ही देश में करेगा।

(५) दिल्ली पर अधिकार करने के बाद सूरजमल ने मांग प्रस्तुत की कि उसे दिल्ली का प्रबन्धक नियुक्त कर दिया जावे।

भाऊ साहब अन्तिम मांग को स्वीकारने में असमर्थ थे। मराठा इतिहासकार ने इस कारण पर अधिक जोर दिया है। वह लिखता है कि इसके अलावा "ऐतिहासिक तथ्यों की कसोटी पर सूरजमल के रुष्ट होने का अन्य कारण अरक्ष्य तथा कल्पित है।"[1] इसी प्रकार आचार्य शेजवलकर लिखता है—"दिल्ली पर शासन करने

---

* खण्ड २७, लेख २७८; काशीराज (गाई), पृ० ११०; तारीखे भाऊ-ओ-जनको, पृ० २८; ता० मुजफ्फरी, पृ० १८४, दे० क्रॉनी; इमाद, पृ० १८०; शेजवलकर, पृ० ६२; कानूनगो, पृ० १३३-६।

— वेण्डल (पृ० ८१), 'भाऊ ने सूरजमल का एक जमींदार कहकर अपमान किया था'।

१ – सरदेसाई, खण्ड २, पृ० ५४७; पानीपत प्रकरण, पृ० १६६।

की अपनी इच्छा की पूर्ति में स्वयं को असफल पाकर सूरजमल ने भाऊ की नीति पर क्रोध व्यक्त किया और चुपचाप भाऊ के शिविर से खिसक गया।"[१] इस तथ्य पर जोर डालना और सूरजमल की मांग के बारे में मत प्रकट करना मराठा राज्य के सेनापति भाऊ के हठ तथा दुराभिमान की रक्षा करना मात्र है, क्योंकि समकालीन, निकट समकालीन फारसी इतिहासकार सूरजमल की इस मांग का उल्लेख नहीं करते हैं।

सरदेसाई का प्रथम कारण निःसन्देह सत्य तथा परिपुष्ट है, परन्तु इसमें मराठा राज्य तथा मराठा नीति का हित समाहित था। दूसरे के बारे में सियार का लेखक लिखता है—"जाट शासक को इससे इतना अधिक धक्का लगा कि मराठों ने जनता द्वारा सम्मानित पवित्र स्थानों की ओर ध्यान नहीं दिया। उन्होंने पवित्र समाधि स्थानों को अपवित्र करके उनके सोने चांदी के बर्तनों का अपहरण किया। निजामुद्दीन औलिया के चैत्यालय को लूटा गया। मुहम्मद शाह का मकबरा भी उनकी लूट से नहीं बच सका और वे ठोस सोने की धूपदानी, दीवट तथा बर्तनों को उठाकर ले गये। इनको तोड़कर उन्होंने सिक्के ढ़ाले। अन्त में उन्होंने दीवान-इ-आम की चांदी की छत को तुड़वाकर सिक्का बनवाये। यह छत अति आकर्षक नक्कासी का नमूना थी। तीसरे मत के बारे में 'इमादउस्सआदत' का लेखक लिखता है कि भाऊ ने सूरजमल से दो करोड़ की मांग की थी और उसको सन्देहास्पद देखरेख में रखा। जाट राजा को मल्हार राव के अनुग्रह से मुक्ति मिली। इस प्रकार सरदेसाई तथा अन्य मराठा इतिहासकारों के बारे में कोई पुष्ट प्रमाण नहीं मिले हैं।[२] उनका मत भाऊ की रक्षा करने तक ही सीमित है। सूरजमल वास्तव में मुगल सम्मान तथा हित की स्थिरता, साम्प्रदायिक एकता तथा सद्‌भावना का आदर करता था।

डॉ० यदुनाथ सरकार का मत है—

(१) रामगढ़ तथा दोआब में जाट शासक का अधिकार मराठों की महत्वाकांक्षा में बाधक था। इसके ठीक दक्षिण की ओर मराठा सूबेदार (कमाबिसदार) गोविन्द पंत बुन्देला को योजना रामगढ़ दुर्ग पर अधिकार करके मराठा शासन में शामिल[३] करने की थी।

(२) ज्यों ही दुर्रानी का खटका समाप्त होता, त्यों ही दक्षिणियों का

---

१ – शेजवल्कर, पृ० ९२।

२ – सियार, जि० ३, पृ० ३८५–६; इमाद, पृ० १८१; कानूनगो, पृ० १३६।

३ – राजवाडे, जि० १, लेख, १८७।

टिड्डी दल पुरानी बकाया के लिए उस (सूरजमल) पर टूट पड़ता। फिर भी मराठा तथा दुर्रानी के बीच में सूरजमल को मराठा अच्छे लगते। परन्तु उसी दशा में जब वे "जीओ और जीने दो" की नीति का अनुसरण करते और उनमें बचन पालना की ईमानदारी तथा निष्ठा विद्यमान रहती।

(३) उसने (भाऊ) जाट राजा का अपमान किया तथा उसे इतना भयभीत कर दिया कि वह मेल की बात नहीं सोच सकता था।[१]

ग्रांट डफ के अनुसार "मराठा लेखों से यह स्पष्ट हो जाता है कि सूरजमल की घृणा का कारण भाऊ का असहनीय आचरण था।"[२] डा० हरीराम गुप्ता का मत है कि यद्यपि सूरजमल ने अफगान तथा रुहेलों की अपेक्षा मराठों को उचित समझा, परन्तु वह मराठों के सम्बन्धों से कभी भी प्रसन्न नही हो सकता था। वास्तव में वह होने वाले झगड़े (युद्ध) से अपने आपको दूर रखना चाहता था। उसको किसी भी पक्ष की पराजय से सन्तोष था। उसका दिल्ली में भाऊ के साथ आने का कारण इमाद की सहायता से शाही राजधानी के क्रिया-कलापों को क्रियान्वित करना था, परन्तु भाऊ ने इस सुझाव को नहीं स्वीकारा। फलतः वापस लौटने का अवसर देखने लगा और जब भाऊ ने शुजा के प्रस्तावों का पक्ष लिया तभी उसको मौका मिल गया।[३] मराठी लेखों के अनुसार शुजा ने मराठा तथा दुर्रानी के मध्य शांति समझौता कराने का प्रस्ताव[४] रखा था और उसके प्रस्तावानुसार मुगल सम्राट को सर्वोच्च मानकर उभय पक्ष अपने देश को लौट जाते।[५] अतः डा० हरीराम का यह कथन उचित प्रतीत नहीं होता है कि सूरजमल "शुजा के प्रस्तावों का पक्ष" लेने के कारण वापिस लौट गया। यदि शुजा के प्रस्तावों को स्वीकार कर लिया जाता, तो निःसन्देह शुजा साम्राज्य का वजीर पद धारण करता और सूरजमल अपने अभिन्न मित्र का विरोध नहीं करता, क्योंकि वह स्वयं भावी नीति के बारे में शुजा से परामर्श ले रहा था।

---

१ – सरकार (मुगल), खण्ड २, पृ० १७२।

२ – ग्रांट डफ, खण्ड १, पृ० ६०६; मैक्डानल्ड, पृ० ७।

३ – हरीराम पानीपत, पृ० १५६।

४ – पे० द०, जि० २१, लेख १६०; खण्ड २७, लेख २५८; राजवाडे, जि० १, लेख २३२।

५ – पुरन्दरे, जि० १, लेख ३८६; भाऊ बखर, पृ० ९३; शुजाउद्दौला, खण्ड १, पृ० ८८।

इसी प्रकार आचार्य शेजवल्कर लिखता है, "भाऊ का सूरजमल को अपमानित करने का इरादा नहीं था। न वह आश्वासनों द्वारा अपने पक्ष में रखने की ओर ही असावधान था। परन्तु ऐसा लगता है कि भाऊ को विश्वास था कि सूरजमल पूर्णतः अवसरवादी तथा स्वार्थी व्यक्ति है। प्रत्यक्ष में उसने भले ही विचार-मतभेदों के कारण जिद्द करके मराठा शिविर को छोड़ा हो, किन्तु वास्तव में उसने मराठा सैनिकों तथा पशुओं को भूख से त्रस्त दशा में भाऊ की ओर से संभावित धन की मांग तथा आग्रह से बचने के लिए छोड़ा था। सम्पूर्ण पानीपत अभियान के मध्य भाऊ ने जाट शासक के मराठों के प्रति विचारों पर कभी भी सन्देह नहीं किया था और न सूरजमल ने ही स्वयं उनके हित में कोई विरोधी कार्य किया। अतः भाऊ बखर में वर्णित सूरजमल का नाटकीय काण्ड पूर्णतः काल्पनिक और बाद का सूझबूझ है। हो सकता है कि दुर्रानी युद्ध योजना के विषय में उसका व्यवहारिक मनोमालिन्य रहा हो, किन्तु भाऊ से बिना आज्ञा लिये अचानक दिल्ली छोड़कर जाना उसकी निराशा के कारण हुआ होगा। इसमें सन्देह नहीं, वह चतुर और सावधान व्यक्ति था.......परन्तु वह व्यक्तिगत रूप में बड़ा ही स्वार्थी था और विनम्रता के आवरण में अपने स्वार्थों की सिद्धि करने के लिए सदा ही प्रयत्नशील रहता था। फिर भी उसने दुर्रानी तथा शुजा के प्रस्तावों को ठुकरा कर मराठों की अत्यधिक सहायता की और अपने मुल्क से उनके प्रसाधन, सामान व रकम को बिना किसी रुकावट तथा लूटमार के निकल कर जाने में सहायता की।"[1]

यह सर्वमान्य सत्य है कि सूरजमल ने महान् आपातकाल में मराठों का साथ दिया था और दिल्ली से वापस लौटने पर भी अपने सहधर्मियों की सेवा की थी। मराठा लेखों से स्पष्ट है कि मराठा छावनी को छोड़कर सूरजमल का वापस लौटना भाऊ की अदूरदर्शिता, अनुभवहीनता, दुराभिमान तथा मनमानी का परिणाम था। जाट शासक सूरजमल में सह-अस्तित्व की उदार भावना थी और वह हिन्दुस्तान में विदेशी आक्रान्ताओं को सीमा प्रान्त में रोकने के लिए शक्तिशाली भारतीय शक्तियों का एक संघ बनाना चाहता था। भाऊ ने मधांद होकर सम्राट तथा साम्राज्य के उत्तराधिकारियों का यथेष्ठ सम्मान नहीं किया था। उसमें साम्प्रदायिक एकता तथा धार्मिक सहिष्णुता का अभाव था। उसने यह सन्देहास्पद स्थिति पैदा कर दी थी कि वह भारत में मुगल सम्राट को प्रभुसत्ता प्राप्त करने में योग देगा या नहीं ? यदि उसने प्रथम दिन ही सम्राट के प्रति आस्था प्रकट कर दी होती, तो शायद सूरजमल को हतास नहीं होना पड़ता। इसी से उसकी भावना तथा राष्ट्रीय एकता के विचारों को टेस पहुँची और वह सन्देहास्पद स्थिति में ही सहधर्मी मराठा

---

१ – शेजवल्कर, पृ० ९२-३।

शिविर को छोड़ कर चला आया था तथा भाऊ को अपने ही सलाहकारों के मतभेद में उलझना पड़ा था।

१८ – दिल्ली प्रवास काल में मराठों की आर्थिक कठिनाईयां

दिल्ली में मराठा २२ जुलाई से ११ अगस्त तक रुके। १२ अगस्त को भाऊ ने राजे बहादुर नारो शंकर को दुर्ग तथा नगर का सम्पूर्ण भार सौंप दिया था और स्वयं अफगानों को यमुना पार रोकने के लिए दिल्ली के उत्तर में १० किमी. शालीमार (बादली के निकट) बाग में चला गया था, जहां वह १० अक्टूबर तक पड़ाव डाले पड़ा रहा। इससे रुहेला अफगानों के लिए बरारी घाट का रास्ता बन्द हो चुका था। इन अस्सी दिनों में धन तथा खाद्यान्न के अभाव में मराठों की कठिनाइयां अधिक उग्र हो गई थीं। बादली का इलाका अनुपजाऊ तथा सूखा था और जाट मित्रों के उपजाऊ मुल्क से काफी दूरी पर था। फलतः छावनी में खाद्यान्न तथा चारे की कमी होने लगी। बरसात के कारण मनुष्य तथा जानवरों की तन्दुरुस्ती पर बुरा प्रभाव पड़ा। "उसके तोपखाना, गोला-बारुद की गाड़ियों के बैल दुर्भिक्ष तथा बीमारी के कारण कमजोर होकर मरने लगे।" इसका सैनिकों पर भी प्रभाव पड़ा, क्योंकि यहां का जलवायु उनके प्रतिकूल था।[1] दिल्ली में भाऊ का सात लाख रुपया मासिक व्यय था और वहां से उसको आर्थिक लाभ भी नहीं हो सका था।

५ अगस्त के पत्र से दिल्ली में भाऊ छावनी की कठिनाईयों का पता चलता है। "इस समय हमारे पास केवल एक सप्ताह के लिए पगार (दैनिक मजदूरी) बांटने के लिए भी रुपया नहीं है। कहीं से ऋण नहीं मिल पाता। मेरे सिपाही व घोड़े उपवास कर रहे हैं।" इसी प्रकार भाऊ ने १६ सितम्बर को अपने पत्र में आर्थिक कठिनाईयों का ब्यौरा देते हुए लिखा, "हमारी सेना में बड़े-बड़े आदमियों को भी भोजन नहीं मिल रहा है। घोड़ा दाना खाना भूल से गये हैं। सैनिक बरबाद हो रहे हैं। इससे पूर्व किसी ने ऐसा कठिन साल नहीं देखा था।"[2] इन दिनों भाऊ दुर्रानी आपस में समझौता वार्ता करते रहे। दुर्रानी स्वयं युद्ध की अपेक्षा मराठों से सन्धि का इच्छुक था और वह केवल पंजाब तथा सरहिन्द प्रान्तों पर अपना अधिकार

---

१ – राजवाडे, जि० १, लेख २३१, २३७; पे० द०, खण्ड २, लेख १३०, १३१; सरकार (मुगल), खण्ड २, पृ० १७५, १७६; शेजवल्कर, पृ० ९८–९; हरीराम, पृ० १५७।

२ – पे० द०, खण्ड २७, लेख २५७, २५८; पुरन्दरे, भाग १, लेख ३८६।

चाहता था, परन्तु नजीबुद्दौला के भय तथा अज्ञानता ने इन प्रस्तावों को क्रियान्वित नहीं होने दिया।[1]

१९ – सूरजमल की तटस्थ नीति तथा मराठों के प्रति झुकाव

बाजीराब पेशवा भारत में "हिन्दू स्वराज्य" का स्वप्न देख रहा था, परन्तु दुर्रानी ने अपनी कुटिल तथा पारदर्शी चालों से पेशवा की नीति को विफल कर दिया था और भाऊ भी उसकी कूटनीति नहीं पहचान सका। हिन्दुस्तान में भाऊ को केवल महान दूरदर्शी, विवेकी तथा क्रियाशील राजनयिक सूरजमल का सहयोग मिला था और उसने अपना देश तथा सेनायें मराठों की सहायता के लिये समर्पित कर दी थीं। परन्तु भाऊ ने "मराठा परिषद में शामिल मराठा सरदारों में विद्यमान आपसी आन्तरिक कटुता के कारण" उसके अस्तित्व, साधन तथा विचारों का महत्व नहीं समझा। सूरजमल के बल्लमगढ़ आ जाने के बाद भाऊ को दो माह तक "महान आर्थिक संकट तथा दुर्भिक्ष का सामना करना पड़ा।" इस संकट काल में उसकी शक्ति तथा साधनों के महत्व को मराठा तथा दुर्रानी दोनों ने ही पहचाना और सितम्बर में दोनों ओर से जाट शक्ति को अपने पक्ष में रखने के लिये प्रयत्न किये गये। अब जाट शासक के सुसुप्त गृह-नक्षत्र पुनः जगमगाने लगे।

शाह दुर्रानी ने भारत प्रवासकाल में यह अनुभव कर लिया था कि जाटों के अजेय दुर्ग तथा जाट मुल्क पर अधिकार करने की अपेक्षा मराठों को परास्त करके दकन में खदेड़ना सरल है। मराठों के लिये जाट मुल्क से खाद्यान्न मिल सकता था और वे युद्ध की अपेक्षा दुर्भिक्ष की घेराबन्दी से परास्त हो सकते थे। अतः अहमद शाह नवाब शुजा की मध्यस्थता से यह प्रयास करता रहा कि आगे जाट शासक भी राजपूतों का अनुकरण करके तटस्थ रहने का प्रयास करें, ताकि मराठों को उसका राजनैतिक व आर्थिक सहयोग नहीं मिल सके। सितम्बर के अंतिम सप्ताह में दुर्रानी तथा शुजा दोनों ने बल्लमगढ़ दुर्ग में राजा सूरजमल के पास "राजा देवीदत्त, अली वेग जार्जी तथा अन्य सरदारों को खिलअत तथा तटस्थता प्रस्ताव के साथ भेजा। जाट शासक ने शाह दुर्रानी तथा शुजा-दोनों द्वारा भेजी गई खिलअत धारण कर ली और अनेक प्रकार की शपथ लेकर मराठों की सहायता न करने का आश्वासन दिया।"[2]

यह सूरजमल की सूक्ष्म विवेकता थी। वास्तव में उसका अंतःकरण भारतीय शक्तियों के साथ था और वह दुर्रानी की अपेक्षा मराठों को अधिक उचित समझता

---

१ – राजवाडे, खण्ड ६, लेख ४०४; सरदेसाई, खण्ड २, पृ० ५५२–३।

२ – दे० क्रॉनी० (२४ सितम्बर), पृ० ११९; काशीराज, पृ० १४–१५; कानूनगो पृ० १३९; शुजाउद्दौला, खण्ड १, पृ० १८८; हरी राम, पृ० १३८।

था। दुर्रानी व शुजा के दूतों का समाचार मिलने पर भाऊ को भारी चिन्ता हुई। उसने भी तत्क्षण एक हाथी तथा सिरोपाव के साथ अपना पत्र सूरजमल के पास भेजा। उसने अपने शत्रु शाह दुर्रानी का पक्ष ग्रहण न करने की अपील की और शत्रु पक्ष की ओर जाने वाले रसद मार्गों को अवरुद्ध करने को सलाह दी। इस प्रकार अक्तूबर के अन्त में उभय पक्षों में समझौता की बातचीत प्रारम्भ हुई और सूरजमल ने जवाहरसिंह के नेतृत्व में मराठों के साथ सैनिक दल रवाना करने का भी आश्वासन दिया।[1]

भाऊ ने दिल्ली के उत्तर में ९५ किमी० यमुना नदी के समीप कुंजपुरा के दुर्ग पर, जहां पर्याप्त खाद्यान्न संकलित था, अधिकार करने का निश्चय कर लिया था। इस दुर्ग का स्वामी नजीब खां का कृपा पात्र निजावत खां रुहेला था और रक्षा के लिये सरहिन्द का सूबेदार अब्दुस्समद खां मुहम्मदजई और मियां कुतुबशाह दस सहस्त्र सेना के साथ तैनात थे। भाऊ ने कुंजपुरा अभियान के बारे में सूरजमल से परामर्श किया, तब सूरजमल ने पुनः भाऊ को अपने सन्देश में कहा, "आप मुगल साम्राज्य का प्रबन्ध उसके उत्तराधिकारी के हाथों में सौंप दे। ताकि स्थिति में सुधार हो सके। अब तक आपने होल्कर, सिंधिया तथा मेरे सम्मान को जटिल कर दिया है। यदि आप अब भी हमारी विनम्र प्रार्थना पर विचार करें तो मैं अब भी अपने साधनों के साथ आपके साथ हूँ। मै खाद्यान्न, रसद आदि की प्रचुर मात्रा में व्यवस्था करूँगा। इस समय आप दिल्ली को छोड़कर आगे नहीं बढ़ें और यहीं रुक कर अपनी नीति तथा योजना को परिपक्व करें। कुंजपुरा के झगड़े में फंसना उचित प्रतीत नहीं होता।"[2] मराठा छावनी में पर्याप्त दुर्भिक्ष तथा अर्थाभाव ने भाऊ को कुंजपुरा के संचित कोष तथा रसद भण्डार पर अधिकार करने के लिये बाध्य कर दिया।[3] किन्तु उसने इस आकर्षण से जाट मुल्क तथा दिल्ली से दूर शत्रु के देश में फंसकर महानतम भूल की और उसका अंतिम विनाशकारी परिणाम समस्त मराठा राज्य को भुगतना पडा।

कुंजपुरा की ओर प्रस्थान करने से पूर्व नाना पुरन्दरे और अप्पाजी जादवराज ने १० अक्टूबर को सम्राट शाहजहां सानी को तख्त से उतार कर प्रवासी अलीगोहर को शाहआलम सानी के नाम से मुगल सम्राट घोषित कर दिया था। उसके नाम के सिक्के जारी किये और मुहर काम में आने लगी। उसके ज्येष्ठ पुत्र मिर्जा जवान बख्त को उसका राज प्रतिनिधि (वली अहद) बनाया और शुजा के

---

१ – राजवाडे, जि० १, लेख २५९; शेजवलकर; पृ० ९३, १०१।

२ – भाऊ बखर; कानूनगो, पृ० १३३।

३ – सरकार (मुगल), खण्ड २, पृ० १८०।

दुर्रानी पक्ष छोड़ देने की आशा से उसको दिल्ली का वजीर घोषित कर दिया।[1] इसी समय भाऊ ने नारो शंकर को दिल्ली का शासक व प्रबन्धक बनाया और उसकी कमान में राजधानी की रक्षा के लिये सात सहस्र मराठा सवार तैनात किये।[2] यह देखकर सूरजमल ने अपने राज्य में होकर जाने वाली मराठा रसद तथा खजाने को बे-रोकटोक जाने का स्पष्ट आश्वासन दिया, किन्तु कुंजपुरा अभियान में उसने सहयोग देने से मना कर दिया और १६ अक्टूबर की शाम को भाऊ अपनी सेनाओं के साथ कुंजपुरा पहुँच गया। १७ अक्टूबर को कुंजपुरा पर उसका अधिकार हो गया। मराठों को यहां तीन हजार ऊंट तथा घोड़ा, कितनी ही तोपें, विशाल शस्त्र भंडार, दो लाख मन गेहू और साढ़े छः लाख रुपया नकद हा लगा।[3] अब मराठा सेना दुर्रानी के व्यूह में बुरी तरह फंस चुकी थी और उसको कहीं से भी किसी भी प्रकार की सहायता मिलना कठिन था।

२०—पानीपत का विनाशकारी संग्राम, जनवरी १४, १७६१ ई०

अक्टूबर के प्रथम सप्ताह में अहमद शाह दुर्रानी ने दिल्ली के समीप शाहदरा में पड़ाव डाला, लेकिन बाढ़ के कारण वह यमुना नदी पार नहीं कर सका। कुंजपुरा पतन के समाचारों से उसको भारी दुःख हुआ। २० अक्टूबर को उसने उत्तर की ओर कूंच किया और २५ को गौरीपुर ग्राम के पास यमुना नदी पार करके २७ को सोनपत पहुँच गया। यमुना नदी पार करने का समाचार मिलने पर भाऊ भी २६ अक्टूबर को कुंजपुरा से पानीपत के मैदान में लौट आया और उसने दुर्रानी की सेना से ८ किमी० की दूरी पर अपनी छावनी डाली। अब दोनों ओर के कोतल दलों में मुठभेड़ शुरु हो गई और दोनों ने एक दूसरे की रसद-भंग करने का उपक्रम जारी रखा।[4]

---

१ – दे० ऑनी, पृ० १२०; राजवाडे, खण्ड १, लेख २५८, २५६; सियार, खण्ड ३, पृ० ६७, शाह आलमनामा (मुनालाल), पृ० ७४-५; सरकार (मुगल), खण्ड २ पृ० १८०।

२ – ऐति० पत्र व्यवहार, ६७; शेजवलकर, पृ० १४५।

३ – राजवाडे, जि० १, लेख २२५, २५८-६०, २६५, खण्ड ६, लेख ४०५; पे० द०, खण्ड २१, लेख १६८, १६२, १६३; दे० ऑनी; नूरुद्दीन, पृ० ३४-५; काशीराज, पृ० ११; इमाद, पृ० १८६; पुरन्दरे; भाग १, लेख ३६१; भाऊ बखर, पृ० ६३, ६७; खजानेह अमीराह, पृ० १०६; शाकिर; पृ० १०१।

४ – काशीराज, पृ० १४; राजवाडे, खण्ड १, लेख २६०-२६१; भाऊ बखर, पृ० ६६; पे० द०, खण्ड २१, लेख १६४; दे० ऑनी०; नुरुद्दीन, पृ० ३५-७, मुजमिल-उल-तवारीख बाद नादिरिया, पृ० १२६; इमाद, पृ० १८७-८; खजानहे अमीराह, पृ० १०६; सरकार (मुगल), खण्ड २, पृ० १८६-६१।

पानीपत (कुरुक्षेत्र) के विशाल वक्षस्थल पर भारत के भाग्य का युगों से निर्णय होता आ रहा है। सम्राट बाबर ने सुल्तान इब्राहीम लोदी को परास्त (१५२६ ई०) करके भारत में मुगल साम्राज्य की स्थापना की थी और नादिर शाह ने इसी मैदान में मुगलों की कमर तोड़ दी थी। मराठा राज्य तथा उसके सिद्धान्तों का अन्तिम निर्णय यहां पर होने वाला था। पानीपत के मैदान में दुर्रानी के पास पचास सहस्र अफगान सवार और चालीस सहस्र भारतीय सैनिक तथा तीस तोप थीं, जबकि भाऊ की कमान में पचपन सहस्र सवार, तीस सहस्र पैदल, दो सौ तोप तथा अनगिनती हथियार बन्द सिपाही थे। सिपाही दल लुटेरों का गिरोह था। इस प्रकार इस मैदान में तीन लाख से कम भीड़ जमा नहीं थी।

मराठा छावनी वास्तव में "हठयोगियों का आश्रय" था और यहां दोनों सेनायें दो महीने से अधिक अन्तिम निर्णायक युद्ध की अभिलाषा में पड़ी रहीं। शाह दुर्रानी ने अपने सैनिक दल भेज कर जाट राज्य की सीमाओं को बन्द कर दिया और मराठों को दिल्ली से आगे किसी भी तरह की मदद मिलना बन्द हो गया था। पटियाला राज्य के संस्थापक अलासिंह जाट सरदार की कृपा से मराठा छावनी में अन्न के कुछ काफिले आते रहे, परन्तु दुर्रानी ने यहां भी मराठों को भूखा मरने के लिये बाध्य कर दिया। मराठा छावनी में "मनुष्यों को खाने के लिये न अन्न था, जलाने को लकड़ियां और न घोड़ों के लिये घास थी। मृतकों की ल्हास तथा मृतक जानवरों को न जलाया जा सका और न दफनाया ही गया। इससे चारों ओर दुर्गन्ध फैलने लगी थी। चारों ओर विशाल भीड़ से गन्दगी बढ़ती जा रही थी। खाईयों के अन्दर सैनिकों को एक नरक का सा दृश्य दिखलाई दे रहा था।"[1]

१ नवम्बर को उभय पक्ष के गस्ती दलों में मुठभेड़ शुरू हुई और फिर १६, २२ नवम्बर, ७, १७ दिसम्बर को बड़ी-बड़ी झड़पें हुईं। जनवरी १३, १७६१ को मराठा सेना ने "भूख से मरने की अपेक्षा शत्रु से जमकर लड़ने के लिये भाऊ पर भारी दबाव डाला।" यह देखकर भाऊ ने अपने पानदान रखने वाले सेवक बलाराम भगोजी नायक को अपने पत्र के साथ शुजा के पास रवाना किया। जिसमें लिखा था—"प्याला लबालब भर चुका है, आगे नहीं रूक सकता। यदि कुछ हो सकता है, तो करो अथवा मुझे साफ उत्तर दो। इसके बाद लिखने या बात करने का कोई अवसर नहीं रहेगा।"[2]

जनवरी १४, १७६१ ई० को पानीपत का हृदय विदारक संग्राम हुआ,

---

१ – काशीराज (गाई), पृ० २१; राजवाडे, खण्ड ६, लेख ४०६।

२ – काशीराज (गाई), पृ० २०–२१; नजीबुद्दौला, पृ० ४६; खजानहे अमीराह, पृ० १०८; हरीराम, पृ० २०८।

जिसमें मराठों की विशाल सेना का नाश हो गया। सदाशिव राव भाऊ, पेशवा का पुत्र विश्वास राव, जसवन्तराव पंवार, तुकोजी सिंधिया आदि प्रमुख सरदार खेत रहे। मल्हार राव जनकोजी को युद्ध क्षेत्र में छोड़कर भाग निकला। मराठा राज्य के भावी उदीयमान नक्षत्र बालाजी जनार्दन भानु नाना फड़नीस तथा महादजी सिंधिया अवश्य बचे, परन्तु महादजी लंगड़ा हो गया। दूसरे दिन उसको राने खां नामक मुस्लिम भिश्ती रणक्षेत्र से उठाकर अपने साथ भरतपुर ले आया। संक्षेप में ७५ सहस्र मराठा इस रणक्षेत्र में हताहत हुए। "महाराष्ट्र में कोई भी ऐसा एक घर नहीं था, जिसमें किसी न किसी व्यक्ति के लिए शोक नहीं मनाया गया हो। अनेकों परिवार इस तरह के थे, जिनके स्वामी रणक्षेत्र में काम आये और अनेकों सरदारों की पीढ़ियां मौत के घाट उतार दी गई थीं।"[1]

२१ – मराठों का शरण स्थल जाट मुल्क, जनवरी–मार्च, १७६१ ई०

राजा सूरजमल को "मराठों के महान विनाश" का पूर्वाभास हो चुका था और वह सजग प्रहरी की भांति अपने देश की सीमाओं में चौकन्ना था। पानीपत का हृदय-विदारक समाचार दिल्ली में दूसरे ही दिन पहुँच गया था। वहां के राज्यपाल राजे बहादुर नारो शंकर ने मराठा टुकड़ियों के साथ दिल्ली से भागकर जाट शासक की सीमा में शरण ली। सूरजमल को मराठा विनाश का समाचार मथुरा में मिला। विजेता अहमद शाह दुर्रानी के भय की परवाह न करके उसने घोर विपत्ति के समय मराठा परिवार तथा अशक्त सैनिकों को अपने राज्य में शरण देकर मानवता, नैतिकता तथा उदारता का प रचय दिया। उसने मराठा राज्य के अवशिष्ट तथा उदीयमान नक्षत्रों को प्राणदान दिया और भारतीय मर्यादा तथा लौकिक परम्परा का पालन करके राष्ट्रीय ख्याति प्राप्त कर ली। यह मराठों के प्रति सच्ची हितकारी मित्रता तथा जाट वीरता थी।

पानीपत से बचकर घायल मराठा सरदार व सैनिक, आरक्षी सेवक, श्रमिक, मराठा परिवार भाग्य के सहारे भागकर दक्षिण-पश्चिम की ओर चल दिए। उनका मार्ग आधुनिक हरियाणा राज्य के हिसार, रोहतक, गुड़गावां जिलों में होकर था। क्षुधा-पीड़ित, निरन्तर कूंच से क्लान्त और भयभीत होकर मराठा टोलियाँ इन गांवों में पहुँचीं और उन्होंने भोजन तथा निवास की करुण प्रार्थना की। परन्तु मराठों की निरन्तर लूट से कुछ ग्रामीणों ने उनके अस्त्र-शस्त्र, घोड़ा तथा वस्त्र छीन लिये।

---

१ – काशीराज, पृ० २८, ३०–३१; तारीखे हुसैनशाही, पृ० ७३, मनाजिल; पृ० ८५–८।

जिन्होंने आत्मरक्षा का प्रयास किया, उनको बलूचियों ने मार डाला। मार्ग में बलूचियों ने अधिकांश लोगों के शाल तथा वस्त्र भी छीन लिये थे। पौष-माघ की कड़कड़ाती सर्दी में उनके शरीरों पर केवल लंगोटियां ही बच सकीं। अन्ताजी माणकेश्वर तथा बाजीहरि सूपेहर भी बचकर भाग निकले, परन्तु उनको भी दिल्ली के दक्षिण-पश्चिम में फर्रुखनगर के बलूची जमींदारों ने मूल्यवान वस्तु तथा वस्त्रों के लोभ से मार डाला।[१] इस प्रकार ३२० किमी० का मार्ग तय करके, कृष्णाजी शामराव के शब्दों में— "स्थान स्थान पर हजार हजार की टोलियों में नंगे-उघाड़े कंगाल, भूखे, वस्त्रहीन, शस्त्रहीन मराठों ने पाला-भाजी खाते जाट मुल्क में प्रवेश किया। यहां उनको भाऊ से बिगाड़ खाता हो जाने के बाद भी शरण तथा विश्राम मिला।"

जाट शासक ने अपने राज्य में समस्त किले, गढ़ियां, धर्मशालायें, तथा ग्राम्य चौपालें मराठा सैनिकों के विश्राम के लिए खोल दी थीं। इसी समय मानव धर्म की प्राण रक्षार्थं सूरजमल ने सम्पूर्ण राज्य के प्रत्येक गांव में सांडनी सवार भेज कर यह अधि–घोषणा करवा दी थी कि "किसी को भी न लूटा जावे, न मारा जावे। सभी अपनी शक्ति तथा सामर्थ्यानुसार अन्न-वस्त्र दान करके अतिथि की भांति मराठा परिवारों का प्रबन्ध करें।"[२] युद्ध के बाद आठ (छः) सहस्र मराठा सैनिक तथा चार सौ सेनानायकों ने नवाब शुजाउद्दौला की छावनी में शरण प्राप्त कर ली थी। यद्यपि उसने क्रूर अफगान सैनिकों से उनके प्राणों की रक्षा की, परन्तु वह उनको अपनी छावनी में अधिक समय तक नहीं रख सका और लगभग दो सहस्र मराठों को दो रुपया प्रति व्यक्ति मार्ग व्यय देकर उसने उदारतापूर्वक अपने एक शक्तिशाली सैनिक दल के संरक्षण में जाट राज्य के होड़ल तथा पलवल परगनों में सुरक्षित पहुँचा दिया था।[३] यहां उनको पर्याप्त राहत मिली।

जाट राज्य भरतपुर दो महिने (जनवरी-मार्च, १७६१ ई०) तक भगोड़े मराठा सैनिकों के लिए "सुखान्त आश्रय गृह" रहा, जहां त्रस्त, भूखे नंगे लगभग पचास सहस्र मराठा तथा उनके परिवारों ने रोटी, कपड़ा तथा प्राण रक्षा के लिए शरण ली थी। राज्य का प्रत्येक गांव, कस्बा तथा शहर का नागरिक इन आरक्षी तथा लड़ाकू सैनिकों की सेवा में व्यस्त रहा। रोगी तथा घायलों का कुशल चिकित्सक,

---

१ – राजवाडे, खण्ड ६, लेख ४०६; खरे, खण्ड १, लेख ७१, भाऊ गर्दी अगर, पृ० ३६; नूरुद्दीन, पृ० ५१ ब; काशीराज, पृ० ४०; शेजवलकर, पृ० १७०।

२ – भाऊ बखर, अनु० १४५, पृ० १६१।

३ –काशीराज, पृ० ४०; इमाद; पृ० ८२; शुजाउद्दौला खण्ड १, पृ० ६४; शेजवलकर, पृ० १७३।

हकीम तथा जर्राग्रों ने उपचार किया। उनको पहनने को वस्त्र तथा खाने को भोजन देकर बिदा किया। जाट शासक की अधि-घोषणा का व्यापक प्रभाव पड़ा और सभी सम्पन्न नागरिकों ने अपनी जुम्मेदारी निभाई। साहूकारों ने अपनी श्रद्धा के अनुसार एक-एक खण्डी उरद की दाल व आटा बांटा। कहीं कहीं दस-दस, ग्यारह-ग्यारह मुठ्ठी चना बांटा गया। कहीं कहीं मराठों को पैसा तथा भोजन मिला। इस प्रकार खाते-पीते मराठा सैनिक आगे बढ़ते गये।[1] "यदि इस समय सूरजमल के हृदय में अदूरदर्शी मराठा सेनापति सदाशिव राव भाऊ के प्रति ग्लानि होती, तो वह राजनैतिक तिरस्कार का बदला ले सकता था और एक भी मराठा सरदार या सैनिक नर्बदा पार करके पानीपत की दुःखद गाथा पेशवा को नहीं सुना सकता था।"[2]

समकालीन तथा निकट समकालीन फारसी इतिहासकारों[3] ने सूरजमल की इस महान उदारता, मानवता की मुक्त लेखनी से प्रशंषा की है। मराठा इतिहासकार भी जाट शासक की महानता व उदारता के ऋणी हैं। उनके अनुसार– "अनेक मराठा सैनिकों ने मथुरा के समीप जाट शासक की राजधानी में प्रवेश किया। सूरजमल भारतीय सनातन भावना से पल्लवित हो उठा और उसने अपनी सीमाओं पर मराठों की रक्षार्थ सैनिक चौकियां स्थापित कर दी थीं। उनको अन्न-वस्त्र देकर हर सम्भव सहायता प्रदान की गई। भक्त वत्सला रानी हंसिया ने ब्राह्मणों तथा मराठा महिलाओं के साथ विशेष उदारता का व्यवहार किया।" कृष्णाजी शामराज के शब्दों में—"ब्राह्मणों को अनेक दिन उपवास करना पड़ा। उनको अन्न के दर्शन नहीं हुए। पौष की कड़कड़ाती ठंड में उनके शरीर पर तन की रक्षा के लिए वस्त्र भी नहीं था। इस प्रकार दीन-हीनों ने पन्द्रह दिन में भरतपुर में प्रवेश किया। सूरजमल की धर्मपरायणा पत्नी ने भारी दान-पुण्य किया और स्थान-स्थान पर सवार भेजकर चालीस-पचास सहस्त्र मराठों को सादर आठ दिन का पेटिया (अन्न, दाल व घृत) बांटा। ब्राह्मणों को दूध, पेड़ा, मेवा आदि मिष्ठान खिलाकर सम्मानित किया। एक दिन भोजन कराकर प्रत्येक ब्राह्मण को पांच-पांच रुपया नकद, एक-एक धोती, कमरी, एक रजाई तथा एक सप्ताह के लिए मार्ग में खाने के लिए सीदा देकर शहर से आराम के साथ बिदा किया। साथ ही शहरों में उसने घोषणा करवा दी कि किसी भी बस्ती में इनको नहीं लूटा जावे। जिससे जितना बन पड़े, अन्न दान करे।"[4]

---

१ – भाऊ बखर, अनु० १४५; पृ० १६१।

२ – वेण्डल, पृ० ८१; कानूनगो, पृ० १४०; सरकार (मुगल), खण्ड २, पृ० २३८।

३ – इमाद, पृ० २०३; बयाने वाकई, पृ० २९३।

४ – भाऊ बखर, अनु० १४५, पृ० १६१।

इस प्रकार मराठों ने काठेड प्रदेश में अपनी महान विपत्ति को भुलाकर शांति की श्वांस ली।

पेशवा बाजीराव प्रथम का मुस्लिम उप-पत्नी मस्तानी से उत्पन्न पुत्र शमशेर बहादुर पानीपत के मैदान में काफी घायल हो गया था। वह घायल अवस्था में कुम्हेर पहुँच गया, जहां उसका यथोचित सम्मान तथा घावों का उपचार भी किया गया। बाद में उसको उपचार के लिए भरतपुर लाया गया। परन्तु उसके हृदय में पानीपत की गहरी टेस लगी थी और उसने भरतपुर में ही प्राण त्याग दिये।[1] जाट शासक ने राजसी क्रिया कर्म करके उसको आधुनिक चहार बाग (विक्टोरिया जनरल अस्पताल) की चार दीवारी में दफनाया और इसी स्थान पर उसकी स्मृति में एक मजार मस्जिद तथा कुआ का निर्माण कराया। इसी के सामने इसी समय नखास की पक्की सराय भी बनवाई गई।[2] यह स्मारक अभी तक "बांदा वाले नवाब साहब" के नाम से सुरक्षित है। इसी चहार बाग में नबाब इमादुलमुल्क के लिए महल बनवाया गया था, जिसमें इमाद व उसके परिवार ने अनेक वर्ष तक निवास किया। इसी हवेली के समीप नवाब गली अभी तक मौजूद है।

सदाशिव राव भाऊ की धर्म पत्नी पार्वती बाई चालाक घोड़ी की पीठ पर सवार होकर जानू भिन्ताडे के प्रयासों से पानीपत के मैदान से बचकर निकल आई और दिल्ली के दक्षिण में ४८ किमी० मल्हार राव तथा नाना पुरन्दरे के गिरोह में शामिल हो गई थी, परन्तु इस बार मल्हार राव ने उसको सुरक्षा प्रदान नहीं की।[3] अतः पार्वती बाई अन्य मराठा सरदारों के साथ बाध्य होकर मथुरा पहुँच गई। सूरजमल तथा रानी हंसिया ने रूपराम कटारा को उनकी अगवानी तथा अति आदर-सत्कार के साथ डीग में लिवाकर लाने के लिए मथुरा भेजा, जहां उसने पन्द्रह दिन रूककर दिवंगत पति की मातमी (शोक) रस्म की। राजा सूरजमल, उसकी पत्नी तथा अन्य सरदारों ने एकत्रित होकर भाऊ की मृत्यु पर सम्वेदना प्रगट

---

१ – इमाद, पृ० २०३; काशीराज (गाई), पृ० ३७; इ० डा० (तारीखे इब्राहीम), खण्ड ८, पृ० २८३; भाऊ बखर, पृ० १६१; वाक्या राज०, जि० २, पृ० ६६; पानीपत प्रकरण, पृ० २०५; कानूनगो, पृ० १४१।

– भाऊ गर्दी (पृ० ३६) का कथन है कि शमशेर बहादुर की मृत्यु फतेहपुर के समीप हो गई थी।

२ – इमाद, पृ० २०४।

३ – भाऊ बखर, अनु० १४५, पृ० १६१; नूरुद्दीन, पृ० ५२ ब; राजवाडे, जि० २, लेख ४०६; शेजवल्कर, पृ० १६६।

की।[१] उसकी भोजन व्यवस्था के लिए कुछ ब्राह्मण रसोईया तैनात कर दिये गये। उसको वस्त्र, बैठने के लिए पालकी और मार्ग व्यय के लिए जाट खजाने से एक लाख रुपया भेंट किया गया और उसको सकुशल ग्वालियर तक पहुँचाने के लिए अपने सैनिक भेजे। सूरजमल की पत्नियों ने मराठा ब्राह्मणों को पांच-पांच रुपया, अन्न व वस्त्र दान किया। नारो सखाराम के शब्दों में—"झाड़ी तथा पाले की पत्ती खा-खाकर मराठा सैनिक कुम्हेर पहुँचे। वहां जाट राजा सूरजमल ने प्रत्येक साधारण सिपाही को एक-एक सेर आटा तथा वस्त्र बांटकर सन्तुष्ट किया। उसने इतना दान-पुण्य किया कि उसके सदृश अन्य कोई धर्मात्मा नहीं था।" इस प्रकार जाट शासक ने मराठों की सेवा में दस लाख रुपया खर्च किया।[२]

सटबोजी जाधवराव भी कुम्हेर आ गया था। ६ फरवरी को उसने कुम्हेर से अपने पत्र में लिखा—"हमको बलूच प्रान्त में होकर भागना पड़ा। दो–दिन तक दिन–रात चलते रहे। मार्ग में ग्रामीणों ने उन पर आक्रमण करके लूट लिया। हमारे घोड़े छिन लिये गये। इससे हमको पैदल चलना पड़ा। हमारे अधिकांश सैनिकों को पैदल ही प्राण–रक्षा करनी पड़ी। उनके शरीर पर न वस्त्र थे और न पैरों में जूतियां। जाट राज्य में प्रवेश करके मैं डोली तथा गाड़ी मांगकर द्रुतगति से कुम्हेर पहुँच गया। इस समय सूरजमल भरतपुर में था। मैं उससे मिलने भरतपुर चल दिया। ठाकुर सूरजमल ने आगे बढ़कर भेंट की और हालचाल पूछे। फिर साथ–साथ कुम्हेर लौटे। हम सूरजमल के यहां १५–२० दिन रूके। उसने हमारी अति नम्रता से आवभगत की और हाथ जोड़कर सहृदयता से कहा—"मैं आपका सेवक हूँ। यह आपका ही घर है। यह आपका ही राज्य है।" इस प्रकार के बिरले ही मनुष्य होते हैं। उसने अपने विश्वासी सरदारों की कमान में लश्कर तैनात करके उनके साथ हमको १० मार्च को सकुशल ग्वालियर पहुंचा दिया।"[३]

नाना फड़नीस अपनी आत्म कथा में लिखता है— "तीन–चार ब्राह्मण और पांच–छः मराठों का एक दल सात दिन लगातार चलकर रेवाड़ी पहुँचा। यहां पर बांकीदास नामक व्यापारी ने हमारी मदद की .... मेरा विचार अब

---

१ – भाऊ गर्दी, पृ० ३६; इ० डा० (तारीखे इब्राहीम), खण्ड ८, पृ० २८३।

२ – भाऊ बखर, अनु० १४५, पृ० १६१; काशीराज, पृ० ३६–७; बयाने वाकई, पृ० २६३; पानीपत प्रकरण, १६३; हिंगणे, जि० १, लेख २०८, खण्ड २, लेख १०४; पे० द०, खण्ड २ लेख १४६, खण्ड २६, लेख १; इमाद पृ० २०४; इ० डा० खण्ड ८, पृ० २८३, कानूनगो, पृ० १४०; वेण्डल; वाकया राज०, भाग २, पृ० ६६।

३ – राजवाडे, खण्ड ६, लेख ४०६ (६ फरवरी), ४०६ (१० मार्च)।

डीग तथा भरतपुर की ओर जाने का था, परन्तु अपने साथ में मार्ग–दर्शक होना आवश्यक समझा गया। सौभाग्य से इस समय उस ओर एक बरात जा रही थी। मैं भी एक गाड़ी किराये पर लेकर उसके साथ चल दिया''''(जिगनी) में मेरी निजी पत्नी (यशोदा बाई) से भेंट हो गई और मेरे आनन्द का पारावार नहीं रहा। उसके लिए एक दूसरी गाड़ी किराये पर ली और फिर हम डीग की ओर चल दिये। यहां पर हमसे पूर्व ही पुरुषोत्तम महादेव हिंगणे पानीपत से आ चुका था और वह बनोली के एक गुमास्ता के मकान में रुक रहा था। बनोली के महाजन की डीग में एक कोठी थी। यहां पर मैं अपनी पत्नी के साथ एक माह रुका और अपनी माता का पता लगाने का प्रयास किया। '''' बाद में घोड़े तथा पालकी उपलब्ध करके मैं धौलपुर होकर ग्वालियर पहुँचा, जहां मैंने पार्वती बाई, नाना पुरन्दरे, मल्हार राव आदि से मुलाकात की।" [१]

रानो खां घायल महादजी सिंधिया को लेकर डीग पहुँचा, जहां उसका पर्याप्त उपचार किया गया, परन्तु वह अपने घावों के कारण लंगड़ा हो गया। इस प्रकार ग्वालियर पहुँचने पर मराठा सरदारों ने जाट शासक के सद्व्यवहार तथा सत्कर्तव्य के बारे में पेशवा को अपने पत्र में लिखा— "अब हम ग्वालियर में मल्हार राव के साथ रुक रहे हैं। भरतपुर में सूरजमल ने हमारी सुरक्षा तथा आराम की ओर पर्याप्त ध्यान दिया और हम वहां पन्द्रह–बीस दिन तक ठहरे। उसने हमारा अति आदर–सत्कार किया। सूरजमल के बारे में नाना फड़नीस ने एक अन्य पत्र में लिखा— "सूरजमल की इस व्यवहार कुशलता से पेशवा को अत्यधिक सन्तोष हुआ।" [२] राजा सूरजमल की इस महानता, उदारता, सहानुभूति को देखकर ही सैयिद गुलाम अली ने उसको "जाट अफलातून (जाट प्लेटो) शब्द [३] से सम्मानित किया था।

२२ – जाटों पर सूबेदार राजे बहादुर नारो शंकर की लूट का आरोप

सम्भवतः मुनालाल के आधार पर विलियम फ्रैंकलिन ने राजा सूरजमल पर सूबेदार नारो शंकर की लूट का आरोप लगाया है। उसके अनुसार— "शाह्-जहांनाबाद का मराठा सूबेदार नारो शंकर पानीपत युद्ध के दूसरे दिन (१५

---

१ – काशीराज, परिशिष्ट ब, पृ० ५९–६०।

२ – पुरन्दरे, खण्ड १, लेख ३०७,४१७; पानीपत प्रकरण, पृ० १९३; कानूनगो, पृ० १४२।

३ – इमाद पृ० २०३।

जनवरी) ही अपने सभी सामान तथा खजाने के साथ आगरा की ओर भाग निकला, क्योंकि इस समय उसके प्रशासन में लूटमार तथा उपद्रव हो चुके थे। कहा जाता है कि राजा सूरजमल के आदेश पर उसको मार्ग में ही रोक लिया गया और शाही खजाने को लूट लिया। इसके बाद उसको संकट तथा भय के साथ आगरा जाने के लिए मुक्त कर दिया।"[1] फ्रेंकलिन का यह उपाख्यान असत्य, आधारहीन तथा मिथ्या आक्षेप मात्र है। मराठा लेखों से यह स्पष्ट है कि सूरजमल ने मराठों की हर–सम्भव सहायता की थी और मधुर मित्रता का परिचय दिया था। मराठा अभिलेखों के आधार पर डा० सरकार लिखते हैं— "राजधानी में शाह दुर्रानी के आगमन की अफवाह से गत तीन माह से मौत का सन्नाटा था। भाऊ के विनाश का समाचार मिलते ही राजधानी में मुसलमानों की भीड़ जमा हो गई और निर्भय होकर लूटमार करने लगे। बेगम जीनत महल ने नारो शंकर की सहायता की। इससे वह अपनी सम्पत्ति तथा परिवार के साथ नगर से सुरक्षित निकल गया। केवल किलेदार हबस खां तथा उसके दुर्ग रक्षकों ने बलपूर्वक उससे कुछ छीन लिया। वह दिल्ली से इतनी शीघ्रता से निकला कि अपने साथ इधर उधर बिखरी वस्तुयें एकत्रित करके नहीं ले जा सका और ये शाही खजाने में जमा करा दी गईं।"[2]

मार्ग में मल्हार राव होल्कर उससे आकर मिल गया। इस प्रकार पांच सहस्र सैनिकों के साथ नारो शंकर ने जाट राज्य में होकर पलायन किया। नारो शंकर के साथ चल रहे एक मराठा ने अपने पत्र में स्पष्ट लिखा— "नारो शंकर तथा बालाजी पालंडी दिल्ली से दो से चार सहस्र सैनिकों के साथ पूर्व ही चल दिये थे। मार्ग में उनकी मल्हार राव से भेंट हुई, जिसके साथ में आठ–दस सहस्र सवार थे। मार्ग में सूरजमल ने हमारी सुरक्षा का अधिक ध्यान रखकर हमारे साथ उदारता का परिचय दिया।"[3] इस प्रकार विलियम फ्रेंकलिन के आरोपों को आधुनिक इतिहासकारों ने नहीं स्वीकारा है। मराठा लेखों में इस आरोप की पुष्टि के लिए अभी तक कोई मौलिक सामग्री भी नहीं मिल सकी है। इससे आरोप एकाकी तथा तथ्यहीन है।

२३ – दुर्रानी का दिल्ली प्रवेश तथा प्रशासनिक प्रबन्ध, जनवरी–मार्च, १७६१ ई०

पानीपत संग्राम के कुछ दिन बाद ही विजेता अहमदशाह दुर्रानी ने दिल्ली

---

१ – फ्रेंकलिन, शाहआलम, पृ० २५।

२ – पे० द०, खण्ड २, लेख १४२, खण्ड २१, लेख २०२; पुरन्दरे दफ्तर, खण्ड १, लेख ४१७; सरकार (मुगल), खण्ड २, पृ० २५३।

३ – पानीपत प्रकरण, पृ० १९३; कानूनगो, पृ० १४२–३।

की ओर प्रस्थान किया । सम्राट शाहआलम सानी की माता जीनत महल अपने ज्येष्ठ पौत्र वलीअहद मिर्जा जबान बख्त के साथ उसका स्वागत करने के लिए राजधानी से नरेला (उत्तर में २६ किमी०) तक पहुँची और उसने शाह को एक लाख रुपया तथा उसके वजीर शाह वली खां को पचास हजार रुपया भेंट किया। २६ जनवरी को शाह दुर्रानी ने बड़ी धूमधाम के साथ राजधानी में प्रवेश किया और सेना ने नगर में बुरी तरह लूटमार की। दिसम्बर, १७५९ ई० से प्रवासी सम्राट शाहआलम सानी का वकील मुनीरुद्दौला शाह दुर्रानी के साथ था और वह शाह आलम सानी को मुगल सम्राट घोषित कराने की प्रार्थना कर रहा था। अब शाह ने दिल्ली में शाह आलम सानी को सम्राट घोषित किया और उसकी अनुपस्थिति में उसके ज्येष्ठ पुत्र मिर्जा जबान बख्त को बली अहद (राज प्रतिनिधि) मानकर प्रशासन के सभी कार्य-कलाप तथा प्रबन्ध सौंप दिये। नजीबुद्दौला को अमीर-उल-उमरा और शाहजादा जवान बख्त का अतालीक (संरक्षक) नियुक्त किया गया। नबाब शुजाउद्दौला तथा इमादुलमुल्क को इस बार भी कोई पद या सम्मान नहीं मिल सका।[1]

२४ – दुर्रानी का सूरजमल के साथ शांति-समझौता विफल

सूरजमल ने मराठा सरदार तथा सैनिकों की जिस उदारता, सहृदयता से सेवा की थी, उससे शाह दुर्रानी को भारी आघात पहुँचा। उसने इस भारतीय नैतिकता को राजनैतिक स्तर पर अमैत्री सम्बन्ध मान लिया था। फरवरी में शाह दुर्रानी ने सूरजमल पर प्रदत्त आश्वासनों को तोड़ने का आरोप लगाया और जाट शासक पर आक्रमण करने का विचार किया। भारत विजेता के क्रोध को शांत करने के लिए ही सूरजमल ने समर्पण की शर्तों के साथ भरतपुर से भूतपूर्व शाही दीवान खालसा राजा नागरमल, राजा दलेल सिंह तथा मजलिस राय को शांति समझौता वार्ता करने के लिए दिल्ली रवाना किया। इसी बीच में दिल्ली में शाह के सैनिकों ने पिछले दो-तीन वर्ष के शेष वेतन के लिए हल्ला मचा दिया था और विद्रोह शुरू कर दिया था। इससे भारत विजेता की शांति भंग हो गई थी और उसने नजीबुद्दौला से मराठा मुक्ति का मूल्य चुकाने की मांग की। नजीब ने इस भार को अपने कन्धों से उतार कर राजा सूरजमल के कन्धों पर डालने का विफल प्रयास किया और २१ फरवरी को गोधूलि के समय जाट शासक के प्रतिनिधियों को शाह के दरबार में भेट-वार्ता के लिए प्रस्तुत किया, ताकि खिराज

---

१ – काशीराज, पृ० ५१; दे० क्रॉनी; मुनीरुद्दौला, पृ० १४-६; कीन, पृ० ६०; सियार, खण्ड ४, पृ० २७।

भुगतान की शर्त पर सूरजमल को क्षमा करना स्वीकार किया जा सके।[1] नूरुद्दीन के अनुसार— "नजीब ने शाह से आग्रह किया कि यदि आप मालवा की ओर कूंच कर दें तो वहां से प्रचुर खिराज वसूल किया जा सकता है। नजीब के माध्यम से जाट शासक भी पेशकश भुगतान करने और मराठों के विरुद्ध अपनी सैनिक टुकड़ियां भेजने के लिए तैयार हो गया था।[2]

अभी तक आलमगीर सानी का हत्यारा इमादुलमुल्क जाट शासक के संरक्षण में मथुरा में निवास कर रहा था। सूरजमल ने उसको संरक्षण प्रदान करके उसके परिवार को कांसा खर्च में जागीर प्रदान कर दी थी। इससे राजमाता जीनत महल सूरजमल से घृणा करती थी। वह यह बात भली भांति समझती थी कि जाट शासक बातचीत करके समय निकालने का प्रयास कर रहा है और वह आगे एक कौड़ी भी नहीं देगा। अतः उसने वजीर शाह वली खां को इस बात पर राजी कर लिया था कि वह जाट वकीलों के साथ शांति-समझौता न करके उनको वापिस लौटा देगा। इसी प्रकार नजीब ने भी शाह को सुझाव दिया कि सूरजमल पर आक्रमण करके उसे बलपूर्वक खिराज (कर) भुगतान के लिए विवश किया जावे। यद्यपि शाह स्वयं राजा सूरजमल, इमाद तथा मराठों के साथ मिलकर सरहिन्द तथा पंजाब का स्थाई विभाजन करना चाहता था, फिर भी उसने वजीर शाह वली खां के नेतृत्व में अपनी सेनाओं को जाट दुर्गों पर आक्रमण करने की आज्ञा दी। उसके साथ में राजमाता जीनत महल, वली अहद जबान बख्त तथा शाहजादा मिर्जा बाबा को आगरा की ओर कूंच करने का निर्देश दिया गया। निश्चित योजना के अनुसार पीछे से नजीब को रूहेलों के साथ भेजने का निश्चय किया गया। इसी समय शाह ने जयपुर के शासक सवाई माधो सिंह के पास फरमान भेजा कि वह स्वयं एक करोड़ रुपया पेशकश लेकर आगरा में ससैन्य आकर शाह वली खां से मिले। इस प्रकार सूरजमल पर फौजी दबाव डालकर धन प्राप्त करने के लिए वजीर ने ७ मार्च को दिल्ली से आगरा की ओर प्रस्थान किया।[3]

सूरजमल यह भली भांति समझता था कि शाह दुर्रानी भारत में अधिक दिन नहीं रुकेगा, क्योंकि उसके सैनिकों को अपने देश से निकले सौलह महीने हो चुके थे और वे अपने पहाड़ी घरों को शीघ्र ही वापिस लौटने के लिए हठ कर रहे थे। इस

---

१ – दे० कॉनी, पृ० १२२; नूरुद्दीन पृ० ५२ ब; पे० द०, खण्ड २१, लेख १०२, २१४; बयाने वाकई, पृ० १८४; पुरन्दरे, जि० १, लेख ४१७।

२ – नुरुद्दीन, पृ० ५२ ब।

३ – दे० कॉनी०, पृ० १२२; पे० द०, खण्ड २१, लेख १०२, २०२; मुरसालत, पत्र सं० २७।

बार दुर्रानी सैनिकों को पानीपत तथा दिल्ली में यथेष्ट लूट का माल भी नहीं मिल सका और जाट-मुल्क से भी पर्याप्त धन-दौलत मिलने की आशा नहीं थी। साथ ही नवाब शुजाउद्दौला के साथ विश्वासघात हुआ। उसको भारी निराशा हाथ लगी। दिल्ली प्रवासकाल में शाह के सुन्नी तथा नवाब के शिया सैनिकों में एक बार पुनः साम्प्रदायिक झगड़ा हो गया था। फलतः ७ मार्च को शुजा ने भी निराशा से अप्रसन्न होकर दिल्ली से अवध की ओर प्रस्थान कर दिया था।

दिल्ली से आगे बढ़ते ही वजीर शाह वली खां के सैनिकों को आँखों के सामने मार्च, १७५७ की महामारी का हृदय-विदारक दृश्य थिरकने लगा था। वे भारत के मैदानों में ग्रीष्म ऋतु नहीं काटना चाहते थे। इससे उन्होंने मथुरा की ओर कूच करने से मना कर दिया।[१] वजीर ने बारापूला छावनी से सूरजमल के पास शांति-समझौता वार्ता की शर्तें निश्चित करने के लिए दिल्ली स्थित मराठा प्रतिनिधि बापूजी महादेव हिंगणे को भरतपुर भेजा। उसकी मध्यस्थता में सूरजमल ने शाह से लुभावने कौल-करार किये।[२] अन्त में अपनी आन्तरिक स्थिति को देखकर शाह ने १३ मार्च को अफगानिस्तान लौटने का निश्चय कर लिया और बाध्य होकर अपने वजीर तथा सैनिकों के लिए दिल्ली बुलाकर २० मार्च को दिल्ली से प्रस्थान कर दिया। २७ मार्च को शाह अम्बाला पहुँच गया।[३] इस प्रकार दीर्घ कूटनीतिज्ञ वार्ता करके सूरजमल ने दुर्रानी के कोप से अपनी रक्षा करके चतुरता का परिचय दिया। मराठा लेखों से पता चलता है कि— "उसने शाह को सन्तुष्ट करने के लिए एक लाख रुपया नकद भुगतान किया और पांच लाख रुपया बाद में देने सम्बन्धी एक वचन-पत्र (अनुबन्ध) लिख दिया था।"[४] किन्तु शेष रकम का फिर कभी भुगतान नहीं किया। इस नवीन अनुबन्ध के कारण जाट शासक ने १७५७ ई० में दिये वचन के पांच लाख रुपया भुगतान को भी मूकभाव से निरस्त कर दिया[५] और जाट राज्य तथा जनता की रक्षा करके पारदर्शिता का परिचय दिया।

---

१ – नूरुद्दीन, पृ० ५३ अ।

२ – पे० द०, खण्ड २१, लेख २०२।

३ – दे० क्रॉनी, पृ० १२२–३; बेण्डल, पृ० ८३; इमाद, जि० २, पृ० १८६–८; मुरसलात-ए अहमदशाह दुर्रानी, संख्या २५–२७; इ० हि० कां० प्रो० (१९४५), पृ० २६६; पुरन्दरे जि० १, पृ० ४०२; कानूनगो, पृ० १४३; गण्डासिंह पृ० २६४; माडर्न रिव्यू, मई १९४६।

४ – मुरसलात-ए-अहमदशाह दुर्रानी, संख्या २५–२७; हिंगणे, जि० १, लेख २१७।

५ – कानूनगो, पृ० १४४।

अध्याय ९

विस्तारवादी नीति तथा नजीबुद्दौला से संघर्ष, १७६१–१७६३ ई०

पानीपत संग्राम के बाद हिन्दुस्तान (मुगल भारत) में शस्त्रों की होड़ प्रायः समाप्त हो चुकी थी और अग्रतः पांच–छः वर्ष के लिए विशाल युद्ध का प्रायः अन्त हो चुका था। बालाजी राव पेशवा की मृत्यु (जून २३, १७६१ ई०) के बाद उसके द्वितीय पुत्र माधव राव पेशवा ने उत्तराधिकार (२० जुलाई को) प्राप्त किया और सत्तरह वर्षीय नवयुवक पेशवा का अभिभावक (अतालीक) रघुनाथ राव (राघोवा) दादा नियुक्त किया गया। सिंधिया घराने की शक्ति का विनाश हो चुका था और पूना सरकार इस घराने के उत्तराधिकार के बारे में निर्णय नहीं ले पा रही थी। वृद्ध मल्हार राव होल्कर इन वर्षों में राजपूताना में सक्रिय रहा। पेशवा के सामने दक्षिण भारत की जटिल तथा विषम राजनैतिक तथा आर्थिक समस्यायें थीं। इस प्रकार मराठा शक्ति हिन्दुस्तान की सक्रिय राजनीति से दूर हो गई थी। अहमद शाह दुर्रानी अर्द्ध विजय कीर्ति के साथ अफगानिस्तान वापस लौट गया था और उसने पुनः भारत में प्रवेश करने का विचार छोड़ दिया था। वह मराठों के साथ मिलकर स्थाई शांति–समझौता करने के लिए प्रयत्नशील रहा। अब पंजाब तथा सरहिन्द में अनेक सिख मिसलें खड़ी हो गई थीं और कपूरथला राज्य का संस्थापक जस्सा सिंह आहलूवालिया अपने आपको सुलतान–उल्–कायम घोषित करके लाहौर पर अधिकार करने की चेष्टा करता रहा। अला सिंह जाट ने दुर्रानी को पांच लाख रुपया पेशकश का भुगतान किया था। शाह ने उसको पटियाला राज्य का फरमान प्रसारित करके वहां का प्रबन्धक स्वीकार कर लिया था। इस प्रकार सिखों की अनेक मिसलों ने संगठित होकर अफगानिस्तान तथा सरहिन्द के बीच में एक फौलादी सैनिक दीवार खड़ी कर ली थी।

मुगल सिंहासन नामधारी सम्राट का प्रतीक था। सत्ताधारी नजीबुद्दौला सिख, बलूच तथा रुहेला भूखण्ड पर स्वत्वाधिकार के लिए प्रयत्नशील था। निर्वासित

सम्राट शाह आलम सानी नवाब शुजाउद्दौला का पेंशन भोगी था और शुजा का विचार उसको अपने संरक्षण में रखकर बुन्देलखण्ड तथा बिहार प्रान्त पर अधिकार करने का था। बंगाल में नवाब मोर कासिम ईस्ट इण्डिया कम्पनी की सत्ता को उखाड़ने में प्रयत्नशील था। राजपूताना में केवल सवाई माधो सिंह सम्पन्न व दिलेर शासक था। जोधपुर नरेश विजय सिंह में राजनैतिक क्षितिज में चमकने की क्षमता नहीं थी और जयपुर–जोधपुर घरानों में आपसी वैमनस्यता थी। अफीम की पीनक ने अन्य राजपूत शासकों की वीरता, साहस तथा उद्यम को गति हीन कर दिया था और वे आगे फिर कभी देश को राजनीति में अग्रगामी नहीं हो सके।

१ – जाट संघ राज्य की विस्तारवादी योजना

दिल्ली के चारों ओर जाट ढ़ङ्ग व पालों का प्राधान्य था और ये जाट किसान श्रमिक वर्ग, जमींदार अति मजबूत तथा हल के धनी और आर्थिक दृष्टि से सम्पन्न व सबल थे। सूरजमल की कमान में सभी जमींदार व किसान संगठित हो चुके थे और उन्होंने "सुसुप्त मुगल राजनीति" का लाभ उठाकर "जाट संघ राज्य की दिग्विजय योजना" को सफल करके का प्रयास किया। सूरजमल का निम्न विचार था—

(१) पंजाब में रावी तट से यमुना नदी (सरहिन्द) पर्यन्त विशाल भूखण्ड में ज्ञाति कबीलों का एक ठोस संघ स्थापित किया जावे ताकि शाह दुर्रानी तथा रुहेला अफगान कबीलों के बीच में एक फौलादी दीवार खड़ी हो सके और आगे दोनों राजनैतिक इकाईयों का आपस में मिलन नहीं हो सके।

(२) मुगल सत्ता से नजीबुद्दौला को हटाकर इमादुलमुल्क को वजीर (प्रधान मन्त्री) पद प्रदान किया जावे। परन्तु इस कार्य सिद्धि के लिए वह राजधानी पर सीधा आक्रमण नहीं करना चाहता था। वह अपने विशाल सैनिक अभियानों तथा दिग्विजय योजना से राजधानी के अधिकारियों तथा नजीब को भयभीत करके आत्म समर्पण के लिए बाध्य करना[1] चाहता था। सूरजमल ने अपनी स्पष्ट कूटनीति तथा उदारता से "मुस्लिम संघ की भावात्मक एकता" पर भारी चोट की और उसने तुर्क तथा भारतीय अफगानों की शक्ति तथा ऐक्य में अलगाव पैदा कर दिया था। दिल्ली में नजीबुद्दौला को कुशल तुर्क सैनिक तथा सेनानायकों की लब्ध–प्रतिष्ठित सेवायें नहीं मिल सकीं

---

१ – कानूनगो, पृ० १४६–७।

ग्रौर उसको भारतीय राजनीति में केवल स्वजातीय कौमी सैनिक शक्ति पर निर्भर [1] रहना पड़ा। परन्तु घर में वे भी ग्रापस में व्यक्तिगत महत्वाकांक्षा के कारण एक नहीं रह सके।

पंजाब तथा यमुना नदी के पश्चिमी तटवर्ती जाट ग्राबादी के बीच में ग्रौर दिल्ली के ग्रासपास मेरठ, सहारनपुर ग्रादि पर रुहेला सरदार नजीब का ग्रधिकार था। रोहतक हरियाणा जाट बाहुल्य प्रदेश था, परन्तु वहां शक्ति सम्पन्न बलूची सरदारों की जागीरें व जमींदारियां थीं ग्रौर वहां के जाट विद्रोही, स्वावलम्बी व सम्पन्न होकर भी सैनिक दृष्टि से बलहीन थे। सूरजमल की नीति इस प्रदेश पर ग्रधिकार करने ग्रौर मेवात तथा हरियाणा प्रान्त को एक इकाई में संगठित करके पड़ौसी राज्य (बफर स्टेट) की भांति ग्रपने पुत्र जवाहर सिंह को जागीर में देने की थी। वह प्रधान जाट राज्य को ग्रपने द्वितीय पुत्र नाहर सिंह को प्रदान करना चाहता था। जवाहर सिंह में इस "बफर स्टेट" को सम्भालने की क्षमता थी ग्रौर इस प्रान्त की सहायता से पंजाब व सरहिन्द की कौमी सिख मिसलों से राजनैतिक सम्पर्क हो सकता था।

पंजाब से ग्रागे पश्चिम में सिन्ध नदी ने जाटों को दो भागों में विभक्त कर दिया था, फिर भी वे रक्त सामंजस्य, सांस्कृतिक तथा सामाजिक एकता से इस कौमी संघ में शामिल होने के लिए उत्सुक थे। इस प्रकार सूरजमल ने शाह ग्रफगान तथा रुहेलों के बीच में पंजाब के सिख सरदारों की सहायता से ग्रौर मेवात, ग्रहीरवाटी तथा हरियाणा में ग्रपने पुत्र जवाहर सिंह के नेतृत्व में फौलादी दीवार खड़ी करने का निश्चय कर लिया था। इसी प्रकार उसने मराठों को चम्बल नदी के पार ही रोकने के लिए गोहद के जाट राणा के साथ मिलकर एक शक्ति सम्पन्न संघ बनाने का सफल प्रयास किया। इस समय राजपूत भी सूरजमल की नीति तथा शक्ति की उपेक्षा नहीं कर सकते थे ग्रौर वे "मराठा निरोधक संघ" के लिए प्रयत्नशील थे। ग्रतः सूरजमल ने सवाई माधोसिंह, महाराजा विजयसिंह तथा रामसिंह को एक स्थान पर मिलकर समझौता वार्ता द्वारा कोई निश्चित समझौता करने [2] के लिए पत्र लिखे। इसके बाद इन तीनों शासकों ने पुष्कर में मुलाकात की ग्रौर मराठों को ग्रपने राज्यों से बाहर खदेड़ने के लिए एक समझौता [3] भी

---

१ – माधव जयति, पृ० ३ ग्र।

२ – हिंगरणे, भाग २, लेख ११८।

३ – पे० द०, खण्ड २१, लेख ५०, खण्ड २९, लेख २६; शिन्देशाही, भाग १, लेख ५४; सी० पी० सी०, खण्ड १, लेख २८२।

किया। इस प्रकार अपने राज्य को चारों ओर से सुरक्षित करके उसने शीघ्र ही विस्तारवादी नीति को साकार रूप दिया।

२ – मथुरा शांति सम्मेलन की विफलता, अप्रेल–मई, १७६१ ई०

शाह दुर्रानी को पानीपत संग्राम से आर्थिक, प्रादेशिक या राष्ट्र विजय जैसा कोई विशेष लाभ या मुस्लिम विजेता का यश नहीं मिल सका। वास्तव में इस संग्राम ने उसके आर्थिक ढांचे को झकझोर दिया था। अब उसकी अभिलाषा थी कि उसके प्रस्थान के बाद भारत की सभी उदीयमान तथा सबल जन–शक्तियां आपस में एक स्थाई एकता तथा शांति के लिए प्रयास करें। वह केवल यह चाहता था कि सतलज पार इलाके पर उसका स्वामित्व स्वीकार कर लिया जावे और शेष भारत से उसको प्रतिवर्ष चालीस[1] लाख रुपया पेशकश नियमित रूप से मिलता रहे। इस रकम की वसूली के लिए उसको भारत पर सैनिक दबाव भी नहीं डालना पड़े।

अफगान मराठा संघर्ष से बचकर सूरजमल ने अपने चातुर्य्य से अपने आपको सबल कर लिया था और राजनैतिक परिस्थितियों के परिपेक्ष्य में उसने यह दृढ़ आत्मिक निर्णय कर लिया था कि इमाद को अपने संरक्षण में रखकर दिल्ली की राजनीति तथा प्रशासन में स्थाई हस्तक्षेप रखा जावे और सम्राट के नाम पर रुहेला–बंगश द्वारा अधिकृत जाट राज्य के समीपस्थ शाही परगनों को उनसे छीनकर जाट राज्य में शामिल कर लिया जावे। वह स्वयं वजीर की पीठ पर छाया की तरह मंडराता रहे, ताकि उसकी सभी नीतियां तथा योजनायें अनुमोदित होकर स्वीकार कर ली जावे। दिल्ली प्रवासकाल में शाह दुर्रानी को यह भली भांति आभास हो चुका था कि नवाब शुजा तथा नजीब के प्रति दिल्ली के मुगल अमीरों का रुझान नहीं है और वे उनके साथ साम्राज्य की दृढ़ता, राजनैतिक तथा कौमी एकता के लिए सहयोग करने के लिए उत्सुक[2] नहीं हैं। अतः पानीपत से ११ किमी० दूर अपनी छावनी में उसने सूरजमल के प्रस्तावों पर विचार किया। इमाद के वकील राजा दिलेर सिंह ने इमाद को वजारत की खिलअत प्रदान करने के एवज में १८ लाख रुपया नजर करने का आग्रह किया, तब सूरजमल के प्रस्ताव तथा अपने

---

१ – दुर्रानी ने सूरजमल से ७० लाख, शुजा से ६० लाख और नजाब खां से ४० लाख, कुल मिलाकर दो करोड़ रुपया खिराज भुगतान की आशा की थी।
— सेलेक्ट कमेटी प्रोसी०, १६६१, जि० ८, पृ० ११७, ११८, १२७।

२ – नजीबुद्दौला, पृ० ६६।

वजीर शाह वली के परामर्श पर इमादुल्मुल्क को वजीर पद पर पुनः आसीन करने की अधि-घोषणा कर दी थी। उसने अपने पत्र में इमाद से दिल्ली आकर शासन की बागडोर सम्भालने और इमाद तथा नजीब दोनों को ही मित्र भाव से हिलमिल कर सहयोग के साथ प्रवासी सम्राट की सेवा करने का परामर्शक सन्देश भी दिया था। अतः सूरजमल व इमाद के आमंत्रण पर अप्रेल के प्रारम्भ में नजीब का वकील मेघराज कुम्हेर पहुँचा, जहां उन्होंने सम्राट शाह आलम सानी की सभी प्रकार से सेवा करने का आश्वासन दिया और दोनों पक्षों में आपसी समझौता के लिए राजा नागरमल की मध्यस्थता के प्रस्ताव को स्वीकार कर लिया गया। इसी समय आपसी एकता व सहयोग के लिए सभी राजनैतिक शक्तियों का मथुरा में एक सर्व दलीय सम्मेलन आमंत्रित किया गया।[1]

६ अप्रेल को राजा सूरजमल तथा वजीर इमादुल्मुल्क मथुरा पहुँच गये थे और उन्होंने मल्हार राव की ओर से दीवान गंगाधर तांत्या को ग्वालियर से मथुरा में शांति-वार्ता में भाग लेने के लिए आमन्त्रित किया।[2] शाह दुर्रानी के आदेश पर उसका भारत स्थित स्थाई प्रतिनिधि याकूब अली खां, राजा दिलेर सिंह के साथ ६ अप्रेल को इमाद के लिए शाही वजारत की खिलअत और रत्नजड़ित कलमदान व पत्र लेकर दिल्ली से मथुरा के लिए रवाना हो गया।[3] याकूब शाह का प्रति-निधि तथा सन्देश वाहक मात्र था। वह स्वयं अपनी जुम्मेदारी पर इमाद को किसी भी प्रकार का आश्वासन या सहयोग देने की स्थिति में नहीं था। अतः १० अप्रेल को उसने इमाद को वजारत की खिलअत तथा कलमदान सौंपने के बाद स्पष्ट कहा—'मैंने आपको वजारत की खिलअत सौंप दी है। अब आप स्वयं अपनी शक्ति के बल पर दिल्ली सरकार का मुखिया बन सकते हैं।"

११ अप्रेल को शाह के प्रतिनिधि को जाट शासक के दरबार में उपस्थित किया गया, जहां कुम्हेर से समसामुद्दौला भी आ गया था। उसने अब्दुल अहद खां का आगे बढ़ कर स्वागत किया और उसे सूरजमल को मुलाकात के लिए दरबार में लेकर[4] पहुँचा। राजा सूरजमल, इमाद तथा याकूब अली खां के अलावा दो सहस्र सवारों के साथ दीवान गंगाधर तांत्या और मराठा वकील बापूजी महादेव हिंगणे भी शांति समझौता प्रस्तावों पर विचार-विमर्श करने के लिए कुम्हेर शिविर में

---

१ – दे० क्रॉनी०; नूरुद्दीन, पृ० ५३ ब–५४ अ; हिंगणे, खण्ड १, लेख २०५; सरकार (मुगल), खण्ड २, पृ० २५४, २५६–७; मीराते०, पृ० १२०।

२ – हिंगणे, खण्ड १, लेख २०५ (६ अप्रेल)।

३ – दे० क्रॉनी०, पृ० १२३।

४ – उपरोक्त; सरकार (मुगल), खण्ड २, पृ० २५७।

उपस्थित थे। गंगापारी रुहेला, अहमद खां बंगश तथा नवाब शुजा के वकीलों ने भी मथुरा पहुँच कर इस सम्मेलन में भाग लिया। इस राजनैतिक सम्मेलन का उद्देश्य हिन्दुस्तान के विशाल साम्राज्य का आपसी विभाजन व बंदोबस्त करना था। प्रस्तावों के अनुसार पंजाब तथा सरहिन्द पर शाह दुर्रानी, उपरि दोआब पर रुहेला सरदारों, फर्रुखाबाद पर अहमद खां बंगश, अवध व इलाहाबाद प्रान्तों पर शुजा, दिल्ली तथा आगरा के आसपास केन्द्रीय मुगल सरकार का अधिकार स्वीकार करना था। इस सम्मेलन में मुगल सम्राट के नाम पर नजीब ने अपना अधिकार क्षेत्र दिल्ली के दक्षिण में १६० किमी० तक निश्चित करने का प्रस्ताव रखा था। इस प्रस्ताव की भावना से जाट प्रशासित जिला बल्लमगढ़, होडल, पलवल, मथुरा, रामगढ़, मेवात आदि भी राजधानी के अंग मान लिये गये थे। इसी प्रकार प्रस्तावित शर्तों के अन्तर्गत मराठा भी दिल्ली पर आक्रमण नहीं कर सकते थे और न साम्राज्य की दलगत या कौमी राजनीति में सक्रिय भाग ले सकते थे।

राजा सूरजमल तथा उसका आश्रित वजीर इमादुलमुल्क नजीब को साम्राज्य की शक्ति व पद से वंचित करना चाहता था। नजीब जब दिल्ली पहुँचा, तब सूरजमल ने वली अहद तथा नजीब से वार्ता करने के लिए अपने विदेश मन्त्री रूपराम कटारा को दिल्ली भेजा। उनका प्रस्ताव था कि दिल्ली के शाही सिंहासन पर अलीगौहर (शाह आलम सानी) की अपेक्षा अन्य किसी शाहजादा को आरूढ़ किया जावे।[1] किन्तु नजीब ने इसका स्पष्टतः विरोध किया और कोई शुभ या लाभकारी परिणाम नहीं निकल सका। इससे जाट तथा मराठा दोनों ने ही रुहेला व अफगानों के प्रस्तावों को नहीं स्वीकारा।

याकूब अली खां अफगान–मराठा सन्धि की प्रस्तावित शर्तों के साथ पूना भी जाना चाहता था, किन्तु इस समय बाजीराव पेशवा मरणासन्न था। इससे इमाद तथा दीवान गंगाधर ने उसको पेशवा दरबार में न जाने की सलाह दी। सूरजमल ने ४ मई को बलराम के नेतृत्व में आगरा की ओर अपनी सेनायें रवाना कर दी थीं और ७ मई को नजीब ने दिल्ली में प्रवेश करके अपना अधिकार कर लिया था। तब सूरजमल ने इमाद, गंगाधर, राव चिन्तो कृष्ण आदि के साथ अफगान–रुहेला सरदारों से व्यक्तिगत रूप में वार्ता करने के लिए २३ मई को यमुना नदी पार करके कोइल–जलेसर की ओर प्रस्थान किया और २६ मई को कोइल में पड़ाव डाला। सूरजमल के आमन्त्रण पर हाफिज रहमत खां, दुन्डी खां, सादुल्ला खां, अहमद खां बंगश भी उनसे बातचीत करने के लिए गंगापारी सौंरो घाट पर आ गये थे। इस सम्मेलन का मुख्य विषय नजीब को सत्ताहीन करके दिल्ली से हटाकर इमाद को पदासीन

---

१ – राजवाडे, खण्ड ६, लेख ४१४ (१२ मई); हिंगणे, खण्ड १, लेख २१३।

करने या इमाद व नजीब में इन शक्तियों की मध्यस्थता से आपस में समझौता कराने का था। सूरजमल ने इमाद को इन सरदारों से बातचीत करने के लिए मुक्त कर दिया था। अनेकों प्रस्तावों पर आपस में बातचीत की गई। हाफिज रहमत खां मराठा-अधिकृत शिकोहाबाद व सकीट (जिला एटा) पर अपना दखल रखना चाहता था।

इस व्यक्तिगत स्वार्थ के वशीभूत होकर रूहेला-अफगान सरदारों ने विरोधी होकर भी स्वजातीय भाई नजीब के विरुद्ध इमाद की सहायता न करने का निश्चय दोहराया। उपस्थित रूहेला-अफगानों के वकीलों ने आवेश में आकर कहा, "यदि आप चाहते हैं कि हम अपनी भूमि का अधिकार इसलिए छोड़ दें कि अन्त में जाट राजा को यह भूमि प्रदान कर दी जावे, तो हम उसे कदापि स्वीकार नहीं करेंगे।" इसका परिणाम यह निकला कि यह सम्मेलन पूर्णतः विफल रहा और किसी भी पक्ष ने एक भी शर्त को नहीं स्वीकारा।[1] राजा सूरजमल ने जब यह देखा कि नजीब ने दिल्ली पर अपना कब्जा कर लिया है और उसके विरुद्ध अन्य कोई भी राजनैतिक इकाई वजीर इमाद का सहयोग करने के लिए उत्सुक नहीं है, तब उसने मथुरा छावनी में लौटकर इमाद से स्पष्ट शब्दों में कहा— "वह आपकी खातिर अकेला नजीब से नहीं लड़ेगा।"[2] क्योंकि इस कार्य के लिए उसको दिल्ली पर आक्रमण करना पड़ता। इससे एक नवीन संघर्ष छिड़ने की सम्भावना थी और सूरजमल की दिग्विजय योजना सफलीभूत नहीं हो सकती थी। इस प्रकार शक्तिहीन व धनहीन इमाद अपने कूट प्रयत्नों में पूर्णतः विफल हो गया और उसने भरतपुर में अपने कुछ वर्ष व्यतीत किये।

३ – नजीब का दिल्ली पर अधिकार तथा संघर्ष टालना, मई-जून, १७६१ ई०

वजीर इमादुल्मुल्क जाट संरक्षण में रहकर जाटों की सैनिक शक्ति के बल पर दिल्ली पर अधिकार करने के हवाई किले बना रहा था, किन्तु उसको सूरजमल के प्रयासों के बाद भी हिन्दुस्तान की किसी भी राजनैतिक इकाई का हार्दिक समर्थन

---

१ – राजवाडे, खण्ड ६, लेख ४१४ (१२ मई), ३८२, ३८४, ४२३, ४२५; पे० द०, खण्ड २, लेख १०३, १४५, १४६, खण्ड २१, लेख २०२, खण्ड २७, लेख २७२, खण्ड ४०, लेख १४१, १४२, खण्ड २९, लेख ५, ९, १०; हिंगणे; खण्ड १, लेख २०५, २१३-२१६, २१८; नूरुद्दीन, पृ० ५४ अ-ब।

२ – नूरुद्दीन, पृ० ५४ ब-५५ ब, ६८ ब; दे० कॉनो. पृ० १२४; पे० द०, खण्ड २, लेख १४४; सरकार, खण्ड २, पृ० २५५, २५८।

नहीं मिल सका। सूरजमल की इस समय साम्राज्य के अन्यतम दुर्ग–आगरा पर आंखें लग रही थीं, इससे उसने नवीनतम संघर्ष में फंसना उचित नहीं समझा। नजीब अधिक चतुर निकला और उसने अपने असीम धैर्य, साहस तथा कूटनयिक जाल में इमाद को जकड़ कर यह मौका नहीं दिया कि वह वजारत की खिलअत धारण करके शीघ्र ही राजधानी तथा दुर्ग पर अधिकार कर ले। उसने मथुरा के दीर्घकालिक शांति सम्मेलन का लाभ उठाकर राजमाता जीनत महल को धमकी देकर अपनी ओर मोड़ लिया। फलतः वली अहद ने उसको दिल्ली में उपस्थित होने के लिए पत्र लिखा। नजीब के सलाहकारों ने उससे कहा— "शक्तिशाली राजा सूरजमल इमाद का मित्र है। अफगान सरदार वहां पहुँचकर उससे बातचीत कर रहे हैं। इससे आपको भलीभांति सोच विचार कर ही आगे कदम बढ़ाना चाहिये।" नजीब ने उनसे कहा— "मुझे विश्वास है कि रुहेला सरदार मेरे साथ आत्मघात नहीं करेंगे। यद्यपि सूरजमल शक्ति सम्पन्न सरदार है। वह पारदर्शी होकर स्वभावतः धैर्यवान है। जब मैं दिल्ली पहुँचकर वहां सत्ता हथिया लूंगा, तब वह मुझे निरस्त करने की भूल नहीं करेगा।''''यह विशुद्ध तथा असाधारण सौभाग्य है कि अभी तक इमाद दिल्ली की ओर नहीं बढ़ सका है।" [1]

६ मई को नजीब सोनपत से ईद की नमाज में शामिल होने के लिए दिल्ली आया। जब वह लूनी पहुँचा, उस समय वली अहद स्वयं उसको अपने ही औहूदे पर बिठलाकर ईदगाह ले गया। फिर उसको मीर बख्शी (प्रधान सेनापति), दिल्ली गिर्द का फौजदार तथा शाही प्रशासन का पूर्ण अधिकार प्राप्त मुख्त्यार पद प्रदान कर दिया गया। नजीब ने नगर की सुरक्षा व्यवस्था के लिए छः सहस्र रुहेला सैनिक, शाही दुर्ग में अपनी सेना तैनात की और समस्त शहर में अपने विश्वासपात्र कर–संग्राहक, अनाज की मंडी (मंडी–गल्ला) पर नियन्त्रण रखने के लिए अपने अफसर (दरोगा–इ–गंज) नियुक्त किये। [2] इस समाचार को सुनकर सूरजमल स्वभावतः शांत हो गया। दिल्ली आने पर जब नजीब को समाचार मिला कि सूरजमल आगरा दुर्ग पर अधिकार करने का विचार कर रहा है, तब उसने वली अहद के साथ आगरा दुर्ग पर अधिकार करने पर विचार किया।

९ मई को नजीब के आमन्त्रण पर मुसाबी खां, बहादुर खां बलूच क्रमशः दो–दो सहस्र सेना के साथ अपने सह-धर्मी पड़ोसी की सेवा में दिल्ली पहुँच गये। नजीब स्वयं दिल्ली दुर्ग से पटपरगंज में आ गया और उसने यहां अपनी सेना

---

१ – नुरुद्दीन, पृ० ५३ अ, ५४ ब; नजीबुद्दौला, पृ० ६७।

२ – दे० कॉनी०, पृ० १२३; पे० द०, खण्ड २, लेख १४४ (१५ मई); राजवाड़े, खण्ड ६, लेख ४१४ (१२ मई); नूरुद्दीन, पृ० ५५ ब– ५६ अ।

व्यवस्थित की, किन्तु वह आगरा की ओर कूंच करने के लिए प्रयासों के बाद भी पर्याप्त सैनिक एकत्रित करने में विफल रहा और अन्त में उसको अपर्याप्त सैनिक साधनों को देखकर राजा सूरजमल की शक्ति पर प्रहार करने का विचार त्यागना पड़ा। डा० सरकार के अनुसार— "नजीब ने इस समय जाटों की महान शक्ति से संघर्ष छेड़ने में बुद्धिमानी नहीं समझी, क्योंकि उसने दिल्ली के उत्तर तथा पश्चिम के प्रदेशों, उपरि दोआब तथा रुहेलखण्ड की ओर अपनी जागीरों में महत्वाकांक्षा सीमित कर दी थी। वह मध्य दोआब में मराठों के अधिकृत परगनों को भी लेना चाहता था।" [1] आगरा पतन (१२ जून) के समाचारों से नजीव काफी हताश हो गया था। तब शाह वली उल्लाह ने उसको हतप्रभ न होकर जाटों से पूर्व निश्चया-नुसार युद्ध की सलाह दी और निश्चित विजय का ढ़ाढ़स बढ़ाया। [2] फलतः उसने १४ जून की शाम को दिल्ली से बिदाई ली और वह सोनपत की ओर चला गया। [3]

४ – राजा सूरजमल का आगरा दुर्ग पर अधिकार, जून १२, १७६१ ई०

मथुरा सम्मेलन में व्यस्त रह कर भी सूरजमल ने मुगल साम्राज्य के महत्वपूर्ण सम्पन्न नगर तथा दुर्ग पर शीघ्र ही अपना अधिकार करने का विचार कर लिया था। वजीरों के दीर्घकालिक सत्ता संघर्ष मराठा, जाट तथा दुर्रानी की लूटमार (गर्दी), नरसंहार से मुगल राजधानी का ऐश्वर्य, शान शौकत तथा व्यापार पूर्णतः ठप्प हो चुका था। वहां के अधिकांश व्यापारी, सेठ–साहूकार, सर्राफ, सम्पन्न परिवार तथा नागरिकों ने आगरा नगर में आकर अपने सम्मान की रक्षा की थी। दिल्ली की आबादी उजड़ चुकी थी। इस प्रकार आगरा हिन्दुस्तान में सर्वाधिक अर्थ सम्पन्न जन–बाहुल्य तथा सर्वोत्तम व्यापारिक व औद्योगिक केन्द्र था। यद्यपि आलमगीर के गृह संघर्ष और उसके उत्तराधिकारियों के दिवालियापन के कारण अकबर महान् का संचित अपार भडार तथा कारखाने काफी नष्ट हो चुके थे और काफी दूरी तक फैले नगर का बाहरी भाग खण्डहर [4] हो चुका था, फिर भी आगरा दुर्ग में भूमिगत गुप्त खजाना, अमूल्य शाही वस्त्र, बर्तन, राजसी आभूषण तथा प्राचीन विशाल तथा

---

१ – नूरुद्दीन, ५५ ब–५६ अ, ९८ ब; दे० क्रॉनो०, पृ० १२४; सरकार (मुगल), खण्ड २, पृ० २५५, २५८।

२ – सियासी मकतूबात, पत्र संख्या ८, पृ० ६५–६।

३ – दे० क्रॉनो०, पृ० १२४।

४ – राने मैडक, पृ० ६६।

छोटी तोपें, गोला–बारूद का भंडार शेष था। [1] अभी तक इस शाही दुर्ग पर अधिकार करने का किसी भी अन्य शक्ति ने प्रयास नहीं किया था। चहार गुलजार–इ–शुजाई के लेखक हरिचरन के अनुसार इस दुर्ग का शाही किलेदार फाजिल खां था। विगत दो वर्षों से किलेदार तथा उसके सैनिकों को नियमित वेतन नहीं मिल रहा था और वे शाही भण्डारों के मूल्यवान बर्तन तथा आभूषणों को बेचकर अपने दिन काट रहे थे। इससे भूखों मरते शाही सैनिकों पर विजय प्राप्त करना अधिक कठिन नहीं था।

४ मई को राजा सूरजमल ने उत्तरी किनारे से यमुना नदी पार करने के बहाने से अपने दो सहस्र सवार तथा तीन सहस्र पैदल सेना आगरा की ओर रवाना कर दी थी। इस सेना ने आगरा के किलेदार से नदी पार करने के लिए नावों की मांग की। मांग को न मानने पर जाट सैनिकों ने आगरा शहर पर बिना किसी गतिरोध या रक्तपात के अपना अधिकार कर लिया। नगर में अपनी चौकी व थाने स्थापित करके दुर्ग मार्ग तथा दुर्ग द्वार पर किला खाली करने की मांग करके जमाव किया। जब जाट सैनिक दुर्ग में घुसने का प्रयास करने लगे, तब द्वार रक्षक सैनिकों को तलवारों से उनका सामना करना पड़ा। इस संघर्ष में दोनों ओर के दो सो आदमी काम आये या खेत रहे। इसी समय किलेदार ने दुर्ग द्वार बन्द करके संघर्ष की तैयारी की। आगरा अभियान का संचालन राजा बहादुर सिंह (बैर) के हाथों में था। जाट सैनिकों के पास अकबर के विशाल व दृढ़ दुर्ग को तोड़ने के लिए भारी तोपखाना, लम्बी मार करने वाली दुर्ग विध्वंसक तोपों का अभाव था। इससे उन्होंने जामा–मस्जिद पर मोर्चा कायम किया। दोनों ओर से तोप युद्ध छिड़ गया। हरिचरन के अनुसार— "किलेदार फाजिल खां ने शाही तोपें दागकर जाटों का प्रथम आक्रमण विफल कर दिया था। फिर भी जाट सैनिकों ने दुर्ग को चारों ओर से घेरकर कड़ाई के साथ घेरा डाल दिया था। दुर्ग में किलेदार के पास चार सो सैनिक मात्र थे और पर्याप्त युद्ध–साज सामान की कमी थी। फिर भी नवयुवक किलेदार ने सम्राट के बिना आदेश के दुर्ग को न सौंपने का निश्चय कर लिया था। उसने सैनिकों को आश्वस्त करने के लिए ईद के दिन अली गौहर (शाह आलम सानी) के नाम का खुत्बा पढ़ा।" [2]

जाटों ने दुर्ग प्राचीर की छाया में स्थित सैनिकों के बाहरी मकानों की लूट

---

१ – इर्विन (आर्मी), पृ० २९१।

२ – पे० द०, खण्ड २, लेख १४४ (१५ जून); हिंगणे दफ्तर, खण्ड १, लेख २०८ (४ मई), २१५।

कर तबाह कर दिया। दुर्ग रक्षकों की पत्नी तथा बच्चों को पकड़कर उन पर आत्म-समर्पण के लिए दबाव डाला गया। किलेदार नवयुवक था और वह डरपोक तथा अधीनस्थ सरदारों की दया का पात्र था। सूरजमल के सेनानायकों ने युद्ध तथा बरबादी की अपेक्षा किलेदार के सहायकों को धन का लालच देकर तोड़ लिया। फादर वेण्डल के अनुसार— "जाट सैनिक बीस दिन तक घेरा डालने के लिए मैदान में खाईयां खोदकर पड़े रहे। जाटों ने शहर में भी लूटमार की, परन्तु दुर्ग रक्षकों को विशेष हानि नहीं पहुँचा सके।" जाटों ने २२ मई को इस दुर्ग का मुस्तैदी के साथ घेरा डाला था। किलेदार को नजीब से किसी भी प्रकार की मदद नहीं मिल सकी। अन्त में १२ जून को उसने तथा उसके सहायकों ने एक लाख रुपया नकद और पांच गांव की जागीर प्रदान करने के आश्वासन पर दुर्ग का समर्पण कर दिया। आदेश मिलते ही पहरेदारों ने जाटों के प्रवेश के लिए दुर्ग के फाटक खोल दिये। सैनिकों ने दुर्ग में प्रवेश करके लूटमार की। आगरा नगर व दुर्ग की लूट से जाटों को पचास लाख रुपया, शताब्दियों से सञ्चित मुगल साम्राज्य के सर्वश्रेष्ठ शस्त्रागार, गोला-बारूद के भण्डार, लम्बी व छोटी तोपें, शाही वस्त्र तथा आभूषण हाथ लगे, जिनको जाट सैनिकों ने भरतपुर तथा डीग के दुर्गों में भेज दिया। राजा सूरजमल ने आगरा की किलेदारी का प्रबन्ध बख्शी मोहनराम के परिवार को सौंपा और नगर व्यवस्था के लिए फौजदार की नियुक्ति की। कहा जाता है कि बाद में सूरजमल ने विपुल धनराशि का गलत हिसाब प्रस्तुत करने का आरोप लगाकर शाही किलेदार फाजिल खां को बन्दी बनाकर डीग के कारागार में डाल दिया।[1] इस प्रकार मुगल सम्राट तथा सूबेदारों ने जिस दुर्ग में रहकर एक शताब्दी तक काठेड़ तथा ब्रज के जमींदारों, श्रमिकों के स्वाधीनता आन्दोलन पर विपुल प्रहार किये थे, उसी दुर्ग पर जाटों का ध्वज फहराने लगा था। बाद में सूरजमल ने इस उपेक्षित दुर्ग की मरम्मत[2] कराकर इसे सुदृढ़ कर लिया था।

---

१ – पे० द०, खण्ड २९, लेख १०; दे० क्रॉनी०, पृ० १२४; वेण्डल, पृ० ८६; वाक्या राज, जि० २, पृ० ७४, ६६; कानूनगो, पृ० १४३, ३४७; सरकार (मुगल), खण्ड २, पृ० २५८, २६८–६६।

— हरिचरन (पृ० ४५४ ब) के अनुसार "सूरजमल की मृत्यु के बाद जवाहर सिंह ने आगरा दुर्ग का घेरा डाला। उसने मूसा बेग किलेदार को गिरफ्तार कर लिया और शाही किलेदार फाजिल खां को तीन सौ रुपया मासिक पेन्शन कर दी।" जवाहर सिंह ने मुसावी खां को फर्रुखनगर अभियान में बन्दी बनाया था। आगरा दुर्ग अभियान सूरजमल से सम्बन्धित है।

२ – राने मेडक, पृ० ६६।

राजा बहादुर सिंह (वैर) ने आगरा दुर्ग से सम्राट जहांगीर के लिए निर्मित संगमरमर का बहुमूल्य हिंडोला (झूला) "विजय चिह्न" के रूप में प्राप्त करके वैर के सफेद महल बाग में लगवाया। यह झूला अति आकर्षक है, जिस पर कुशल कारीगरों ने अति उत्तम नक्काशी, पच्चीकारी तथा बेलबूटा बनाये हैं और इसमें अमूल्य रत्न जड़े थे। अब इनके स्थानों पर रंग भर दिये गये हैं। बाद में इस झूला को डीग लेजा कर गोपाल भवन के सामने लगा दिया गया था।[1] जहां अभी तक यह उद्यान भवनों की शोभा बढ़ा रहा है। इसी समय काला तथा हल्के सफेद व गुलाबी रंग के संगमरमर (संगमूसा) के दो तख्ता प्राप्त किये गये। ये भी अभी तक "गोपाल भवन" में सुरक्षित हैं।

५ – सूरजमल का दिग्विजय अभियान– भदावर व दोआब प्रान्तों पर अधिकार

सूरजमल ने नजीबुद्दौला की "चारित्रिक कमजोरी, मानसिक अशांति, सैनिक निर्बलता"[2] का लाभ उठाकर क्लान्त सरदारों की अव्यवस्थित फौजी ताकत को चुनौती दी और उसने काठेड़, ब्रज, दोआब तथा हरियाणा की जनता में एक नवीन उत्साह, आत्म-विश्वास तथा साहसिक नव-चेतना का संचार किया। आगरा पतन का समाचार सुनकर नजीब दिल्ली से सोनपत की ओर चला गया था, जहां उसने बुआना, भिवानी के कस्बों में निर्दयी लूट तथा नर संहार किया। फिर यह नजीबाबाद पहुँच गया। अब जाटों ने उत्साहित होकर पूर्व में उपरि व मध्य दोआब में रुहेला तथा मराठा अधिकृत परगनों, उत्तर-पश्चिम में अहीरवाटी, गुड़गांवा, रोहतक, हरियाणा में आबाद बलूची दुर्गों पर पूर्ण विजय की योजना क्रियान्वित की। उसने दोआब के विद्रोही राजपूतों की शक्ति को कुचलने के लिए अपने पुत्र नाहर सिंह की कमान में जाट राज्य के सेनापति बलराम नाहरवार, रिसाला सरदार मोहनराम, राजा बहादुर सिंह (वैर) तथा अन्यान्य जमींदारों को जाट रिसालों के साथ रवाना किया और इन रिसालों ने तीन शाखाओं में विभक्त होकर दोआब तथा आगरा के दक्षिणी भूभाग में प्रवेश किया। अब तक सूरजमल ने चम्बल तथा यमुना नदी के मध्य भाग में आबाद राजपूत, गूजर तथा ठाकुरों पर अधिक दबाव नहीं डाला था। इधर बुन्देलखण्ड के मराठा सरदारों का भी दबाव रहता था। अब जाट सेना की एक टुकड़ी ने आगरा के पश्चिम में आबाद, फरह, किरावली, फतहपुर-सीकरी और इसके दक्षिण में खेरागढ़, कोलारी, तांतपुर,

---

१ – देवनिश, गार्डन पैलेसेस् ऑफ़ डीग; टुकमैन, गजे० ऑफ ईस्टर्न राजपूताना।
२ – सियार, खण्ड ४, पृ० २८।

बसेड़ी बाड़ी तथा धौलपुर परगनों पर अधिकार कर लिया। इधर जाट शासक ने चम्बल नदी को अपने राज्य की दक्षिणी सीमा निर्धारित किया। इसके पार ग्वालियर पर मराठा सरदारों का अधिकार था।

इसी प्रकार एक अन्य टुकड़ी ने आगरा के दक्षिण-पूर्व में फिरोजाबाद के दक्षिण में यमुना तथा उटंगन नदी के मध्य भाग में प्रवेश करके बटेश्वर तथा मध्यवर्ती भाग पर अधिकार कर लिया, जबकि धौलपुर पहुँची जाट टुकड़ी ने धौलपुर के पूर्व में उटंगन तथा चम्बल नदी के मध्य में आबाद राजाखेड़ा पर अधिकार कर लिया। राजाखेड़ा तथा पिनाहट कस्बों तथा आसपास के इलाकों में सिकडवाड़ (सिकरवार) राजपूतो की आबादी थी और यह सिकरवाड़[1] कहलाता था। सिकड़वाड़ राजपूत तथा गूजरों ने अब समर्पण कर दिया। इससे जाटों का गोहद (पिनाहट के दक्षिण में ५३ किमी०) के जाट राणाओं से सीधा सम्पर्क हो गया था। इधर जाटों के परामर्श पर जमींदारों तथा शासकों ने मराठों को चौथ तथा पेशकश देना बन्द कर दिया। इस प्रकार गोहद ने "सह राज्य" का दर्जा[2] प्राप्त कर लिया। इसी समय सूरजमल ने खैरागढ़, बाड़ी, धौलपुर, सिरमथुरा, राजाखेड़ा, पिनाहट का शाही व मराठा प्रदेश अपने पुत्र नाहर सिह के लिए "कांसा जागीर" में प्रदान किया और क्षेत्रीय सुरक्षा व्यवस्था का भार भी उसको सौंपा गया।

सिकडवाड़ के पूर्व में भदावर प्रदेश था, जहां भदौरिया राजपूतों का शासन था। प्राय: इन पर मराठों का प्रभाव रहा और समय समय पर भदौरिया शासक उनको चौथ देते थे। जाटों ने पिनाहट तथा इटावा के मध्य भाग में आबाद मराठा थाना बाह तथा अन्य समीपस्थ इलाकों पर अधिकार करके अटेर के राजा बख्तसिंह[3] और भिण्ड के राजा हिम्मतसिंह भदौरिया को जाट अधीनता स्वीकार करने के लिए बाध्य कर दिया। भदावर प्रान्त के पूर्व में इटावा और उत्तर में शिकोहाबाद मराठा कमाविसदारों के अधिकार में थे। पानीपत अभियान काल में कालपी के कमाविसदार गोविन्द पन्त बुन्देला (बल्लाल) का दिसम्बर १७, १७६० ई० को देहान्त हो चुका था और उसके पुत्र बालाजी गोविन्द तथा गंगाधर गोविन्द मराठा विनाश के बाद निचले दोआब प्रान्त की व्यवस्था सम्भालने में अशक्त थे। प्रारम्भ में जाट सेनाओं ने मराठा थानों की ओर ध्यान नहीं दिया, किन्तु हाफिज रहमत खां और डुण्डी खां ने रुहेला सैनिकों के साथ मराठों के इन परगनों व थानों पर आक्रमण कर दिया

---

१ – ग्वालियर के पूर्वोत्तर कोने में और धौलपुर के पूर्व में सिकरवार राजपूतों की अनेक गढ़ियां थीं और ये मराठों के करद जमींदार थे।

२ – पे० द०, जि० २७, लेख २७२, २७३।

३ – बनेड़ा अभिलेख, पृ० ६६।

था। हाफिज रहमत खां ने फर्रुखाबाद के पश्चिम में ४० किमी० भोगांव और इसके पश्चिम में मैनपुरी, इटावा (मैनपुरी के दक्षिण में ५१ किमी०) तथा अन्य पड़ोसी परगनों पर, डुण्डी खां रुहेला ने शिकोहाबाद (इटावा के उत्तर-पश्चिम में ५२ किमी०) और अहमद खां बंगश ने सिकन्दरा से अकबरपुर पर्यन्त मराठा थानों पर अधिकार कर लिया था।[1] बालाजी गोविन्द खेर अन्तर्वेद से भागकर जालौन चला गया। जाट सेनायें रुहेला-अफगानों के इस अधिकार को स्वीकार नहीं कर सकती थीं। अतः जाटों ने मराठा अधिकृत जाट बाहुल्य क्षेत्रों में प्रवेश किया और शिकोहाबाद, इटावा,[2] फफूंद, मैनपुरी, भोगांव पर अधिकार करके रूहेलों को काली नदी के पार ढ़केल दिया।

जाटों की दूसरी टुकड़ी ने मथुरा, नौंहझील, खैर मार्ग से रामगढ़ की ओर कूंच किया। १७६० ई० में शाह दुर्रानी ने जाट प्रशासित जिला रामगढ़, बुलन्दशहर तथा इनके कई एक परगनों पर अपना दखल जमा लिया था और इनकी व्यवस्था रूहेलों के लिए स्वभावतः सौंप दी थी। अपने अस्तित्व के लिए पुहुप सिंह ने इस क्षेत्र में दुर्रानी की काफी मदद की थी। पानीपत संग्राम के बाद दोआब में मराठा अधिकृत परगनों में वहां के जमींदार, जागीरदार तथा रैय्यत ने विद्रोह कर दिया था और उन्होंने मराठा थाने, चौकी तथा कमाविसदारों को मारकर भगा दिया था। जाट सेनाओं ने इस विद्रोही संघर्ष का लाभ उठाया और दुर्ग अलीगढ़, जिला बुलन्द शहर से रूहेलों को निकालकर आगे कदम बढ़ाया। उन्होंने इस ओर अलीगढ़ के दक्षिण पूर्व व जलेसर के उत्तर-पूर्व में काली (कालिन्द्री) नदी पार करके सिकन्दरा राऊ, कासगंज तथा गंगा नदी के पश्चिमी तट पर सौरों पर्यन्त, अन्य जाट टुकड़ी ने अलीगढ़ के उत्तर पूर्व में २६ किमी० परगना आंतरोली पर अधिकार करके गंगा नदी के पश्चिमी तट को जाट राज्य की सीमा निर्धारित किया।

तीसरी टुकड़ी ने बुलन्दशहर पर अधिकार करने के बाद उसके पूर्व में अनूपशहर की ओर कूंच किया और यहां से रूहेला-प्रबन्धकों को गंगापारी इलाकों में ढ़केल दिया। फिर बुलन्दशहर के उत्तर-पूर्व में गंगा के किनारे-किनारे चलकर सियाना, गढ़ मुक्तेश्वर तथा हापुड़ परगनों पर पूर्ण नियन्त्रण कर लिया। इस प्रकार उपरि दोआब में दिल्ली दरवाजे से दक्षिण में चम्बल तट और पूर्व में गढ़ मुक्तेश्वर से सौरों घाट और इसके नीचे एटा में काली नदी के पश्चिमी तट, यमुना नदी के पश्चिमी भूभाग में दिल्ली से ३२ किमी० दूर सराय ख्वाजा बसन्ता (अक्टूबर, १७६१ ई०) से दक्षिण में चम्बल नदी पर्यन्त जाट राज्य की पताकायें फहराने

---

१ – आशोब, जि० २, पृ० ५६; खैरुद्दीन, पृ० १६१।

२ – इम्पी० गजे०, जि० १२, पृ० ३६।

मर्गी।[1]

मेवात, अहीर वाटी तथा बलूच बस्तियों पर आक्रमण

दिल्ली के उत्तर तथा पश्चिमोत्तर में आबाद आधुनिक करनाल, रोहतक तथा जिला गुड़गांवा में सम्राट मुहम्मदशाह के शासनकाल में बलूची अफगान सैनिकों की अनेक बस्तियां आबाद थीं। इस काल में कामगार खां बलूच ने सगौत्री परिवारों को संगठित करके कौमी सरदारी प्राप्त कर ली थी। वह जातीय गुणों से सम्पन्न, योग्य, साहसी और बलूची सैनिकों व उनके परिवार का भाग्य निर्माता सरदार था। उसके नेतृत्व (१७४८–६०) में बलूची सैनिकों ने अपनी वीरता का परिचय देकर शाही जमादारों में विशिष्ट स्थान प्राप्त कर लिया था। सम्राट मुहम्मदशाह ने अपने शासन के अन्तिम वर्षों में कामगार खां को फर्रुखनगर[2] का शाही फौजदार नियुक्त किया। परगना फर्रुखनगर तथा आसपास का भूखण्ड जीवन-पर्यन्त उसकी जागीर में रहा। कामगार खां की कमान में चार पांच सहस्र बलूची सवार व पैदल सैनिक रहते थे, जिनकी कमान उसके भाई और उसकी मृत्यु के बाद उसके पुत्र हसन अली खां, असदुल्ला खां, औलिया खां बलूच, बहादुर खां बलूच आदि के हाथों में रही।[3] शाहजादा अलीगोहर (शाह आलम सानी) के दीवान शाकिर अली के शब्दों में—"सम्राट अहमद शाह के शासन काल में दिल्ली के समीपवर्ती शाही परगनों, खालसा भूमि तथा शाही जेब-खर्च की जागीरों पर भाग्य-निर्माता उत्साही सैनिक तथा उनके सरदारों ने अधिकार कर लिया था और सम्पूर्ण प्रान्त छोटे छोटे कौमी सरदारों का राज्य बन गया था।"[4]

रेवाड़ी के राव बहादुर गूजरमल की हत्या (१७५० ई०) के बाद उसके पुत्र भवानी सिंह में प्रशासनिक योग्यता का अभाव था। वह चतुर तथा उत्साही सैनिक नहीं था। रेवाड़ी की विशाल जागीर पर घासेड़ा (परगना सोहना) के राव बहादुरसिंह बड़गूजर और कामगार खां बलूच ने अधिकार कर लिया था और १७५३ ई० के अन्त में सवाई माधोसिंह ने नारनौल तथा आसपास के परगनों पर

---

१ – कानूनगो, पृ० १४६; सरकार (मुगल), खण्ड २, पृ० ३००।
— उत्तरप्रदेश में जाटों के विस्तार के अध्ययन के लिए द्रष्टव्य—डा० देशराज कृत "जाट इतिहास"।

२ – गुड़गांवा के उत्तर-पश्चिम में २२ किलो०; आधुनिक जिला गुड़गांवा की एक तहसील; फर्रुखनगर की स्थापना १७३२ ई० में हुई थी।

३ – सियार, खण्ड ४, पृ० २६; सरकार (मुगल), खण्ड २, पृ० २५, २६०।

४ – शाकिर, तज्किरा, पृ० ३४।

अपना कब्जा कर लिया था।[1] सैय्यद गुलाम हुसैन खां के अनुसार कामगार खां ने पानीपत तथा समीपवर्ती अन्य परगनों में वहां के विद्रोही किसानों को कुचलने में अनेक बार सफलता प्राप्त की थी और अपनी सैनिक प्रतिभा से वह शाही मन्त्रियों के सम्पर्क में आ गया था। उसने दिल्ली गिर्द के परगनों की फौजदारी उपार्जित करके आधुनिक हिसार, रोहतक, गुड़गांवा, जींद व पटियाला के कुछ भू भाग का अपहरण करके बहुत सा शाही प्रदेश दबा लिया था। इन बलूची सरदारों का सामना करने की आसपास के किसी भी सरदार में क्षमता नहीं थी। कामगार खां ने अधिकृत शाही परगनों की सुरक्षा–व्यवस्था का भी प्रबन्ध किया और अपने भतीजे हसनअली खां को झज्झर, असदुल्ला खां को रेवाड़ी के पूर्व में २९ किमी० तोरू, औलिया खां को सहारनपुर जिले के निजामगढ दादरी का प्रबन्ध सौंप दिया था।

बहादर खां बलूच ने दिल्ली के पश्चिम में ३२ किमी० बहादुरगढ़ नामक गढ़ी का निर्माण कराया। कामगार खां की जमींदारी के अधिकांश ग्राम कच्ची गढ़ियों से पूर्णतः सुरक्षित थे।[2] इन बलूची बस्तियों के दक्षिण में गूजर तथा अहीरों की गढ़ियां आबाद थीं और यह क्षेत्र अहीरवाड़ा कहलाता था। १७५५ ई० के प्रारम्भ में वजीर इमादुलमुल्क ने कामगार खां बलूच को सोनपत, हिसार, पानीपत तथा नारनौल की फौजदारी से पृथक कर दिया था।[3] किन्तु ३ मई को कामगार खां ने अपने दो सहस्र बलूची सैनिकों के साथ पानीपत में इमादुलमुल्क का साथ देकर स्वामि भक्ति का परिचय दिया और वजीर अब भाड़े के बलूची सैनिकों की शक्ति पर आश्रित हो गया था।[4] उसी की अनुकम्पा से मराठों ने उनके विरुद्ध फौजी कार्यवाही नहीं की।

तारीखे आलमगीर सानी से पता चलता है कि रेवाड़ी (अहीरवाटी) और उसके उत्तर में बलूच बस्तियां शाहजादा अलीगौहर तथा अन्य शाहजादों के जेब–खर्च की जागीर थीं। किन्तु इमाद का निश्चित मत था कि यदि अलीगौहर अपनी जागीरों से भू–राजस्व का संकलन करने में सफल हो गया, तो वह शक्तिशाली हो जायेगा। इससे उसने अलीगौहर की विफलता के लिए बलूची जमींदारों को भू-राजस्व भुगतान

---

१ – ता० अहमदशाही, पृ० २८, ४७ अ, ५२ ब, ६१ अ-ब।
सूदन, पृ० १०६–४५२।

२ – सियार, खण्ड ४, पृ० २६; रोहतक जिला गजेटियर, १८८३ ई०, पृ० १८-१९।

३ – ता० आलमगीर सानी, पृ० ४२ ब, ४३ ब–४५ अ।

४ – ता० आलमगीर, पृ० ४८ ब–५१ अ; बे० कॉनो०; शाकिर, पृ० ७९; सियार, खण्ड ३, पृ० ३४२; ता० मुजफ्फरी, पृ० १०९–११०।

न करने का परामर्श दिया था।[१] सितम्बर, १७५७ई० में रघुनाथराव ने कामगार खां तथा उसके पुत्र मुसाबी खां से जिला रोहतक के अनाधिकृत हिस्से की चौथ मांगी, किन्तु उसने कलियाना के खजांची सीताराम की विधवा सतभामा के माध्यम से कुछ रकम जमा करके अनाधिकृत गावों का पट्टा अपने नाम करवा लिया। अहमद शाह दुर्रानी के आक्रमणों मे बलूचियों ने अपने सहधर्मी नजीबखां का साथ दिया। कामगार खां की मृत्यु (१७६० ई०) के बाद उसके पुत्र मुसाबी खां ने उत्तराधिकार प्राप्त किया, किन्तु वह अति साहसी, चतुर तथा कुशल प्रबन्धक नहीं था। उसके चचेरे भाई-भतीजों ने उसका विरोध किया।[२] इससे उसने शीघ्र ही मीरबख्शी नजीबुद्दौला का संरक्षण प्राप्त कर लिया।

सूरजमल ने मेवात में सरकार तिजारा के अनेक परगनों पर अपना कब्जा कर लिया था और तिजारा के दक्षिण-पश्चिम में १८ किमी० किशनगढ़ जाटों का प्रमुख तथा महत्वपूर्ण दुर्ग था। इस जिले में फीरोजपुर झिरका, तिजारा, कोटकासिम (तिजारा के उत्तर में १८ किमी० (बाबल) कोटकासिम के उत्तर-पश्चिम में १३ किमी० (मुण्डावर) किशनगढ़ के पूर्व में १३ किमी० (बहरोड़) मुण्डावर के पूर्व में २७ किमी० (नीमराना) मुण्डावर के उत्तर-पश्चिम में २२ किमी०) आदि मेवाती परगना शामिल थे। मेवात के उत्तर में अहीरवाटी के गुर्जर पटेल, अहीर तथा राजपूत जाटों के अनुपालक थे। जाटों ने दिल्ली के समीप सराय बसन्त तथा सम्भल में अपनी सीमान्त चौकियां स्थापित कर ली थीं। इस प्रकार दिल्ली से २० किमी० दूर तक जाटों का अमल व दखल हो चुका था। मराठा लेखों से स्पष्ट है कि जुलाई, १७५७ ई० में रेवाड़ी के आसपास तक जाटों का नियन्त्रण था। केवल कुछ गांव कामगार खां और कलियाना की विधवा सतभामा के कारिन्दा सीताराम के अधिकार में थे।[३] बलूची सरदारों के क्रमिक विस्तार तथा मौजों पर अधिकार करने की नीति के कारण रेवाड़ी के राव भवानी सिंह के पास केवल तेईस गांवों की जागीर शेष रह गई थी।[४]

बलूची सरदारों की गढ़ियों में जाट राज्य में डाका डालने वाले मेवाती दस्यु शरण ले रहे थे, उनको पकड़कर राज्य में शांति व्यवस्था कायम करना आवश्यक

---

१ – ता०आ०सा०, पृ० १०८–११६ ब, १२५–१२६, १४३ अ–१४५ ब; दे०क्रॉनो०; इमाद, पृ० ३०।

२ – सियार, खण्ड ४, पृ० ३०; सरकार (मुगल), खण्ड २, पृ० १०३।

३ – पे० द०, खण्ड ३७, लेख १९३, १९७।

४ – आभीर कुल दीपिका, पृ० १२३; रा० हि० रि० ज०, खण्ड २, सं० १, पृ० २३-४।

था। सूरजमल की नीति को क्रियान्वित करने के लिए जवाहर सिंह ने मेवात के मेहर, चौधरी, गूजर व ग्रहीर जमींदारों का पूर्ण सहयोग प्राप्त कर लिया था और जन सहयोग से कुंवर जवाहर सिंह की कमान में जाट सैनिकों ने ग्रहीरवाटी में प्रवेश करके रेवाड़ी (कोटकासिम के उत्तर-पश्चिम में २० किमी०) पर ग्रधिकार कर लिया। रेवाड़ी के उत्तर में झज्झर का बलूची दुर्ग था। कामगार खां का भतीजा हसन ग्रली खां झज्झर परगना का जमींदार था। जवाहर सिंह ने रेवाड़ी शिविर से उत्तर की ग्रोर प्रस्थान किया ग्रौर ग्रनेक कच्ची गढ़ियों पर कब्जा करते हुए झज्झर पर ग्राक्रमण कर दिया। साधारण संघर्ष के बाद जाटों ने इस गढ़ी पर ग्रपना ग्रधिकार कर लिया। फिर उन्होंने झज्झर के पश्चिम में चरखी, दादरी पर भी ग्रपना कब्जा कर लिया। जवाहर सिंह ने झज्झर विजय की स्मृति में यहां पर एक महादेव जी का मन्दिर [1] बनवाया। इसी समय एक ग्रन्य सैनिक टुकड़ी ने रेवाड़ी के उत्तर-पूर्व की ग्रोर कूंच किया ग्रौर ग्रनेक गढ़ियों पर कब्जा करके पटौडी (रेवाड़ी के उत्तर-पूर्व में १६ किमी०) पर ग्रधिकार कर लिया। यहां पर जवाहर सिंह ने शीघ्र ही एक नवीन गढ़ी का निर्माण [2] कराया। इसी समय एक ग्रन्य जाट सेना ने पलवल की ग्रोर से ग्रौर दूसरी ने घासेड़ा से कूंच किया ग्रौर सर्वप्रथम सोहना [3] पर ग्रधिकार करके दिल्ली के दक्षिण-पश्चिम में २४ किमो० तथा गढ़ी हरसारू के उत्तर-पूर्व में १० किमी० गुड़गांवा पर ग्राक्रमण किया ग्रौर उस पर ग्रधिकार करने में सफलता प्राप्त की।

गढ़ी हरसारु पर ग्राक्रमण

फर्रुखनगर के दक्षिण में १३ किमी० हरसारू की एक पक्की गढ़ी थी, जहां से मेवाती दस्यु मेवात में लूटमार तथा डाकेजनी करते थे। इन डाकूग्रों को मुसावी खां का संरक्षण प्राप्त था। जब जवाहर को इन दस्युग्रों की लूटमार का समाचार मिलता था, तब वह उनके खोजों का पता लगाकर पकड़ लेता था ग्रौर निर्दयता से उनको ग्रग्नि में झोंककर मार डालता था। जवाहर की इस निर्दयता का शिकार होने पर भी मेवाती दस्युग्रों ने डाकेजनी का व्यापार बन्द नहीं किया ग्रौर वे भागकर बलूच गढ़ियों में शरण लेते थे। [4] गढ़ी हरसारु इन लुटेरों का प्रमुख शरण-स्थल था। ग्रतः जवाहर सिंह ने गढ़ी हरसारु का घेरा डाल दिया। उसके फाटकों को

---

१ – वाक्या राज०, जि० २, पृ० ६७।

२ – उपरोक्त।

३ – घासेड़ा के पूर्व में १३ किमी०, पलवल के उत्तर-पश्चिम में २० किमी०, तोरु के उत्तर-पूर्व में ११ किमी०, गुड़गांवा के दक्षिण में २४ किमी०।

४ – नूरुद्दीन, पृ० ६१ ग्र; पे० द० खण्ड २, लेख १४४।

तोड़ने के लिए उसने अपने हाथियों को भेजा, किन्तु फाटकों में लगी नुकीली कीलों के कारण हाथियों को सफलता नहीं मिल सकी। कहा जाता है कि जाट सरदार सीताराम कोटवन अपने कुल्हाड़ी दल के साथ फाटकों की ओर दौड़ा और इस दल ने फाटक को तोड़ डाला। इस प्रकार सितम्बर, १७६१ ई० के अन्त तक उत्तर-पश्चिम में चरखी, दादरी, झज्झर, गढ़ी हरसारु से लेकर दक्षिण में काठेड़ (लक्ष्मणगढ़) तथा नरुखण्ड के सीमान्त तक जाट राज्य की पताकायें फहराने लगीं और अब जाट राज्य की वार्षिक जमा एक करोड़ से अधिक [1] थी।

६ – शांति–समझौता का प्रयास, अक्तूबर, १७६१ ई०

जाट सैनिकों ने बिना किसी अड़चन व रुकावट के दिग्विजय अभियान में सफलता प्राप्त कर ली थी। इससे मीर बख्शी नजीबुद्दौला के हौसले पस्त हो गये और वह मानसिक रूप से अति खिन्न व परेशान दिखलाई देने लगा था। उसने शाह वली उल्लाह से इस बारे में परामर्श किया। उसने अपने पत्र में नजीब को जाटों के विरुद्ध युद्ध के लिए प्रोत्साहित करते लिखा— "यह सत्यतः अनुभूति है कि इस फकीर ने अर्न्तदृष्टि से जाटों की पराजय का भान किया है, जिस प्रकार मराठों का पतन देख चुका है। उसने स्वप्न में यह भी देखा है कि मुसलमानों ने जाट अधिकृत सीमा तथा उनके किलों पर अधिकार कर लिया है। इससे मेरी धारणा है कि रुहेला जाट किलों पर अधिकार कर लेंगे। वास्तव में यह अल्ला के दरबार में पहिले से ही तय हो चुका है। इसमें इस फकीर को लेश मात्र भी सन्देह नहीं है।" उसने अपने पत्र में नजीब से यह जानने का प्रयास किया कि वह किस दिन व किस समय जाटों के विरुद्ध अभियान छेड़ेगा, ताकि वह उसकी विजय की मंगल-कामना कर सके। साथ ही उसने नजीब को चेतावनी भी दी कि— "संघर्ष के दौरान उतराव चढ़ाव अभियान के सहगामी होते हैं। उसकी अन्तिम विजय निश्चित है। उसको हिन्दू अनुचरों की बात नहीं सुननी चाहिये, क्योंकि जाटों के पतन में उनकी अभि-रूचि नहीं होगी और अभियान काल में वे संकट पैदा करेंगे।" [2] नजीब ने सूफी दार्शनिक के इस युद्ध प्रस्ताव तथा साम्प्रदायिक पृथक्त्व की भावना को नहीं स्वीकारा और अपने अनुजीवी-बलूचियों की सूरजमल के कोप से रक्षा करने के लिए शांति-समझौता का विफल प्रयास किया।

१० सितम्बर को वह अपनी जागीर नजीबाबाद से दिल्ली वापिस लौटा

---

१ – वेण्डल, पृ० ८५-६; वाक्या राज०, जि० २, पृ० ६६, कानूनगो, पृ० १४८; सरकार (मुगल), खण्ड २, पृ० ३००, ३०२।

२ – सियासी मकतूबात।

और १२ सितम्बर को उसने राजधानी में वली अहद से भेंट की। इसी दिन शाम को उसने राजा नागरमल को खिलअत प्रदान की।[2] फिर राजा नागरमल, याकूब अली खां, अब्दुल अहद खां आदि ने एक स्थान पर बैठकर जाटों की इस विस्तारवादी नीति और नवीन शाही परगनों पर उनके अधिकार के औचित्य पर विचार किया और दो बार नजीब से मिलकर बातचीत कीं। अन्त में काफी विचार विमर्श के बाद यह निर्णय लिया गया कि राजा नागरमल को सूरजमल से शांति-समझौता वार्ता करने के लिए भेजा जावे, ताकि सूरजमल नजीब दोनों आपस में मिलकर कोई निश्चित समाधान निकाल सकें। इसके बाद नजीब स्वयं बलूची सरदारों की सहायतार्थ गोहाना (परगना हरियाणा) चला गया।

नजीब ने दिल्ली से अपने वकील राजा दिलेर सिंह को जाट विदेश मंत्री रूपराम कटारा व राजा मोहनसिंह से बातचीत करने के लिए रवाना किया और ७ अक्तूबर को सभी मिलकर सूरजमल के पास दनकौर दुर्ग में पहुँचे, जहां पांच दिन तक आपस में बातचीत चलती रहीं। काफी विचार-विमर्ष के बाद यह स्वीकार किया गया कि अभी हाल में जाट शासक ने पटौंडी, झज्झर, गढ़ी हरसारु आदि जिन बलूची परगनों पर दखल कर लिया है, वे यथावत उसी के प्रशासन में शामिल मान लिये जावेंगे इनके एवज में सूरजमल सम्राट को प्रतिवर्ष खिराज देता रहेगा। इस भुगतान के लिए राजा नागरमल जामिन रहेगा। इसके बाद १५ अक्तूबर को राजा दिलेर सिंह दिल्ली वापिस लौटा और दूसरे दिन (१६ अक्तूबर) उसने नजीबुद्दौला से बातचीत कीं। शांति-समझौता की शर्त स्वीकार होने पर सूरज-नजीब की आपसी मित्रता तथा मुलाकात कराने का निश्चय किया गया। इसके बाद राजा चेतराम तथा दिलेर सिंह सूरज-नजीब की आपसी मुलाकात का प्रबन्ध कराने के लिए कुम्हेर की ओर रवाना हो गये। उनके साथ में कुरान की वह प्रति भी थी, जिसको हाथ में लेकर नजीब ने सूरजमल के प्रति मित्रता की शपथ ग्रहण की थी। यहा पर चार दिन तक पुनः विचार-विमर्ष चलता रहा।

इसी बीच में १९ अक्तूबर को अहमद शाह दुर्रानी का एक दूत काबुल से दिल्ली आया। शाह दुर्रानी ने अपने पत्र में नजीब से मांग की थी कि जिन भारतीय शासकों ने रकम देने का आश्वासन दिया था, उसको पूरा किया जावे और यह भी बतलाया जावे कि सम्राट शाह आलम सानी के प्रति किन किन शासकों ने निष्ठा व भक्ति प्रदर्शित की है? दुर्रानी राजदूत ने यह भी बतलाया कि शाह दुर्रानी स्वयं ससैन्य हिन्दुस्तान की ओर कूंच करने वाला है। फलतः २४ अक्तूबर को राजा नागरमल स्वयं शाह दुर्रानी को कर भुगतान की व्यवस्था के लिए सूरजमल

२ - दे० कानी०, पृ० १२४।

के पास कुम्हेर पहुँचा और उसनें जाट–शासक से अनुरोध किया कि वह शांति समझौता–वार्ता को पूरा करने के लिए दिल्ली के समीप नजीब खां से व्यक्तिगत मुलाकात करे। इसके बाद नजीबुद्दौला सूरजमल के पुत्र को अपने साथ लेकर निर्वासित सम्राट शाह आलम सानी को दिल्ली लिवाकर लाने के लिए प्रस्थान करेगा। इस कार्य में अन्य सभी शासक भी सहयोग प्रदान करेंगे।

२७ अक्तूबर को दीपोत्सव का महान् सांस्कृतिक पर्व था और राजा सूरजमल दीपोत्सव मनाने के लिए कुम्हेर से गोवर्धन जा रहा था। नजीब के दूत तथा वकील उसके साथ बातचीत करने के लिए गोवर्धन भी गये और उन्होंने अन्त में मिलकर दिल्ली के समीप दनकौर में सूरज–नजीब दोनों सरदारों की भेंट वार्ता कराने की व्यवस्था की। इस समय सवाई माधो सिंह सम्राट शाह आलम सानी से पत्र व्यवहार कर रहा था और वह मराठों के विरुद्ध अभियान छेड़ने के लिए सभी शक्तियों की अनुकम्पा वरण करना चाहता था। सम्राट ने उसकी अर्जियों का उत्साहवर्धक उत्तर दिया था, किन्तु वह उनसे सन्तुष्ट नहीं हो सका था। इससे उसने मालवा में मराठों के विरुद्ध नजीब से सहयोग प्राप्त करने का विचार किया और उसके पास अपनी अर्जी भेजी। नवम्बर २, १७६१ ई० को नजीब ने 'दोनों के आपसी मित्र व शत्रु एक दूसरे के मित्र व शत्रु मानकर कार्यवाही करने का वचन' देकर समझौता कर लिया था। इधर चार दिन के बाद राजा सूरजमल दनकौर पहुँचा। दनकौर घाट के समीप नदी के उभय–पाटों पर दोनों ओर के सैनिक आकर खड़े हो गये। नजीबुद्दौला ने अपने सैनिकों को नदी तट पर ही छोड़ दिया और वह स्वयं कुछ सेवकों सहित नौका में सवार होकर सूरजमल से मिलने आया। सूरजमल ने अति शुद्ध हृदय से मुलाकात करके विचार विमर्श किया। व्यक्तिगत वार्ता के बाद सद्भावी वातावरण अवश्य बन गया था किन्तु प्रवासी सम्राट को दिल्ली लाने की कोई निश्चित योजना स्वीकार नहीं हो सकी।[1]

७ – दुर्रानी का पंजाब सरहिन्द अभियान तथा विफलता, १७६२ ई०

१७६१ ई० के अन्त में उत्तर भारत, मालवा तथा बुन्देलखण्ड में नियुक्त सभी प्रधान मराठा प्रबन्धक दक्षिण चले गये थे। इस समय सम्राट शाह आलम सानी तथा नवाब शुजाउद्दौला बुन्देलखण्ड में मराठों के विरुद्ध संघर्ष रत थे। शुजा ने कालपी (दिसम्बर, ११, १७६१ ई०), ग्वालियर, मोंठ तथा झांसी (१ फरवरी) के

१ – पे० द०, जि० २१, लेख ८९, ९०, ९९, खण्ड २९, लेख २३–२४; नूरुद्दीन, पृ० ५६ ब; दे० क्रॉनी०, पृ० १२५; वेण्डल, पृ० ८३–८८; सरकार (मुगल), खण्ड २, पृ० २६१, ३००–१; इण्डियन हिस्ट्री रेकार्डस् कमीशन, खण्ड २९, पृ० ८१; कपड़ द्वारा, सं० ७७८।

दुर्गों पर अपना अधिकार कर लिया था। यहां से उसने हिन्दूपत बुन्देला के विरुद्ध प्रस्थान किया। तब १४ फरवरी को सम्राट ने नवाब शुजाउद्दौला को वजीर पद की खिलग्रत प्रदान करके उसको अपना वजीर बनाया। इस प्रकार शुजा स्वयं बुन्देलखण्ड में उलझ रहा था।[1]

फरवरी, १७६२ ई० के प्रारम्भ में ग्रहमद शाह दुर्रानी छठवीं बार जब हिन्दुस्तान की ओर बढ़ रहा था, तब राजा सूरजमल स्वयं आगरा दुर्ग में पहुँचा और उसने सभी शाही चिह्नों को हटवाकर समस्त दुर्ग को दूध व यमुना जल से धुलवाया। शास्त्रोक्त विधि से भव्य हवन व यज्ञ करके उसे पवित्र किया और जहां कभी मुगल सम्राट बैठ कर दरबार किया करता था, वहां उसने भव्य दरबार का आयोजन किया। किले में बादशाह के बैठने का संगमरमर का सिंहासन था। उस पर अन्य कोई नहीं बैठ सकता था। जवाहर सिंह ने धमाके के साथ उसके दो टुकड़े कर दिये, ताकि फिर कभी कोई उस पर आसीन नहीं हो सके। सूरजमल ने इस समय दुर्रानी से संघर्ष की सम्भावना से अपने अन्य दुर्गों के साथ ही आगरा दुर्ग व शहर का पक्का बन्दोबस्त किया और जवाहर सिंह को ससैन्य मथुरा की व्यवस्था के लिए रवाना कर दिया था।[2]

इस वर्ष शाह दुर्रानी ने हिन्दुस्तान में प्रवेश करके दिल्ली की ओर बढ़ने का विचार त्याग दिया था और सम्पूर्ण वर्ष वह पंजाब तथा सरहिन्द में सिख मिसलों से ही उलझता रहा। इससे इस वर्ष हिन्दुस्तान के प्राय: सभी प्रमुख नवाब, सरदार व हिन्दू शासक शान्त रहे। सूरजमल ने भी दिग्विजय अभियान स्थगित रखा और वह अन्यों की भांति पर्दे के पीछे समझौता राजनीति में व्यस्त रहा। शाह का मात्र यह इरादा था कि पंजाब के सभी मामलों का और दिल्ली सरकार के प्रश्न का कोई स्थाई हल निकल सके। साथ ही हिन्दुस्तान में स्थाई शांति के लिए पेशवा के साथ भी समझौता करने का इच्छुक था। इस कार्य हेतु उसने फरवरी, १७६२ ई० के प्रारम्भ में दिल्ली से नजीब तथा मराठा प्रतिनिधियों को सरहिन्द में आमन्त्रित किया। इसी समय उसने सम्राट शाह आलम सानी, शुजाउद्दौला, सूरजमल, माधोसिंह आदि के नाम भी शांति वार्ता में भाग लेने के लिए पत्र लिखे। फरवरी में नजीब स्वयं अविलम्ब ही सरहिन्द पहुँच गया और बातचीत करने के बाद १५ अप्रेल

---

१ – पे० द०, खण्ड २७, लेख २७२, खण्ड २६, लेख ११, २२, २३, २४, ४५ ५२; हिंगणे, खण्ड २, लेख ४६; राजवाडे, जि० ६, लेख ४६५; गुलाम अली, जि० २, पृ० ११२–४; मुनालाल, पृ० २८–३३; इमाद, पृ० ८६।

२ – हिंगणे, खण्ड २, लेख ४६ (१३ फरवरी); राजवाडे, खण्ड ६, लेख ४६५; होल्कर शाही, भाग १, लेख १४६।

को दिल्ली वापिस लौट आया। तब मराठा प्रतिनिधि गोविन्द सामराज, चिन्तो पंत बापूजी महादेव हिंगणे जाट शासक के पास कुम्हेर पहुँचे और वहां एक माह तक सभी में विचार विमर्ष होता रहा। फिर बापूजी तथा बाद में महादेव हिंगणे सरहिन्द पहुँचे, किन्तु समझौता वार्ता में आशातीत प्रगति नहीं हो सकी।[1]

फरवरी में माधौसिंह ने सूरजमल के पास सात खास पोशाकों का सिरोपाव भेजकर दुर्रानी के बिन्दुओं पर बातचीत की। फिर विजय सिंह राठौड़ से मिलकर इन बिन्दुओं पर विचार किया। मराठा विरोधी संगठन के प्रश्न पर विजय सिंह ने स्पष्ट कहा कि यदि सूरजमल व गंगापारी रुहेला-पठान मराठों के विरुद्ध तैयार हो सकें, तब वह भी इस संगठन में शामिल हो सकेगा। तब माधौसिंह ने मिर्जा लुतफुल्लाह बेग को सूरजमल के पास आपसी मुलाकात के लिए आमन्त्रित करने लिए भेजा। सूरजमल ने आमन्त्रण को स्वीकार अवश्य कर लिया किन्तु अपना रुख स्पष्ट करते हुये साफ कह दिया कि "वह उनके साथ ही रहेगा; जहां तक दखनियों का प्रश्न है, वह उनसे दिल खोलकर बिगाड़ नहीं चाहेगा।" फिर माधौ सिंह ने अहमद खां बंगश को पत्र लिखे और फिर सभी सन्देशों के साथ लुतफुल्लाह बेग को शुजाउद्दौला के पास भेजकर आशा व्यक्त की कि यदि सभी एक स्थान पर एकत्रित होकर सूरजमल पर दबाव डालें, तब ही वह पक्की बातें कर सकेगा।[2] लेकिन शुजा से इस समय कोई भी समुचित उत्तर नहीं मिल सका।

जून में माधौ सिंह ने नारनौल के समीप नजीब से भेंट की और यह निश्चय किया गया कि अभी सभी शासकों को वार्ताओं से कोई निश्चित परिणाम नहीं निकल सका है। इससे वर्षा काल के बाद पुनः वार्ताएं प्रारम्भ की जावें। दुर्रानी को एक करोड़ रुपया खिराज भुगतान के विन्दु पर दिल्ली में जाट वकीलों सहित अन्य सभी शासकों के वकीलों ने मिलकर विचार किया। किन्तु रुपयों के भुगतान का विश्वास किस प्रकार किया जावे और प्रतिभू कौन बने? इस जटिलता को सुलझाने के लिए सभी मिल कर जाट शासक के पास जाना चाहते थे। अन्त में यह निर्णय किया गया कि रुपया एकत्रित होने के बाद ही शाह के समक्ष उपस्थित होना उचित रहेगा। इसी समय शुजाउद्दौला के वकील रजा कुली खां, मेघराज तथा याकूब अली खां के वकील आत्माराम को शाह के समक्ष भेजने का निश्चय किया गया।[3]

---

१ – राजवाडे, जि० ६, लेख, ३८२, ३८४, ४२३, ४२५; हिंगणे, खण्ड २, लेख ४६; होल्कर शाही, भाग १, लेख १४६, १६८ (२८ जून), नूरुद्दीन, पृ० ५७ ब; दे० क्रॉनी०, पृ० १२६।

२ – दस्तूर कौमवार, जि० ७, पृ० ५७६, दफ्तरी रिकार्ड, विजय सिंह–माधौसिंह, अप्रेल २४, १७६२ ई०); आमेर रेकार्ड, जुलाई ६, १७६२ ई०।

३ – हिंगणे, खंड १, लेख २१७।

सूरजमल वास्तव में न तो दुर्रानी को खिराज की रकम देना चाहता था और न वह शाह आलम सानी को ही दिल्ली लाकर सिंहासन पर आसीन कराने में सहयोगी बनना चाहता था। इसपे जाट वकील उसके रुख को स्पष्ट किये बगैर ही सभी संगोष्ठियों में भाग लेते रहे।

सितम्बर में यह सम्भावना जोर पकड़ चुकी थी कि निर्वासित सम्राट शाह आलम सानी को शुजाउद्दौला के चंगुल से निकाल कर दिल्ली लाने के प्रश्न पर शाह दुर्रानी व नजीब, सूरजमल व इमाद के साथ मिलकर कोई स्थाई समझौता कर लेंगे।[1] शाह ने दिल्ली से नजीब, याकूब अली तथा मराठा वकील बापूजी हिंगणे, शाह आलम के दरबार से नवाब मुनीरुद्दौला, आगा रजा तथा अब्दुल अहद खां को लाहौर आमन्त्रित किया। सभी भारतीय शासकों के साथ सम्पन्न वार्ताओं के निष्कर्ष के बाद अक्तूबर के प्रारम्भ में ये सभी लाहौर की ओर रवाना हुये। तब २३ अक्तूबर को सूरजमल की ओर से राव रूपराम कटारा तथा अपने धाभाई देबी सिंह के साथ कुंवर नवल सिंह कछवाहा दरबार में विचार विमर्ष करने पहुँचा। १७ नवम्बर को नवल सिंह तथा १ दिसम्बर को रूपराम कटारा बातचीत करके लौट आये। दुर्रानी दरबार की वार्ताओं में कोई स्थाई मार्ग नहीं निकल सका। फिर भी शाह ने सभी शासकों से शाह आलम को सम्राट स्वीकार करने और आपस में मिल कर उसे दिल्ली लाकर सिंहासन पर आरुढ़ करने के लिए कहा और आगा रजा के हाथों शुजाउद्दौला के लिए वजारत की खिलअत भेजी। १२ दिसम्बर को शाह ने लाहौर से अफगानिस्तान की ओर कूंच कर दिया और १८ जनवरी को भारतीय प्रतिनिधि मण्डल दिल्ली वापिस लौट आया। इससे फरवरी में नजीब सम्राट से मिलने के लिए सिकन्दरा छावनी में पहुँच गया।[2]

अहमद खां बंगश की सहायता, फरवरी–मई, १७६३ ई०

नवाब शुजाउद्दौला को वजारत की खिलअत प्रदान करने से जाट शासक को भारी क्षोभ हुआ और उसने राव रूपराम कटारा को माधो सिंह से सलाह करने के लिए भेजा, जहां से उसे जनवरी ३१, १७६३ ई० को बिदा किया गया। वजीर पद की खिलअत धारण करने के बाद नवाब वजीर शुजाउद्दौला ने सम्राट को राजधानी तक लिवा कर ले जाने के लिए सभी भारतीय शक्तियों को आमन्त्रित किया और फरवरी में वह स्वयं ससैन्य सम्राट के साथ सिकन्दरा (कालपी के उत्तर-पश्चिम में ६० किमी०) तक आ गया था। उसके आमन्त्रण पर हाफिज रहमत

---

१ – एलिस का पत्र, अक्तूबर, १७६२ ई०; शुजाउद्दौला, खण्ड १, पृ० १३४।

२ – दे० क्रॉनी; नूरुद्दीन, पृ० ५७ ब; राजवाडे, जि० ६, लेख ३८२, ३८४; सियार, खण्ड ३, पृ० ७४।

खां, डुण्डी खां तथा अन्य गंगापारी रुहेला अपनी टुकडियों सहित सम्राट को दिल्ली लाने के लिए सिकन्दरा छावनी के समीप पहुंच गये थे। तभी सूरजमल ने भी इमादुलमुल्क के साथ कृपाराम पिरोहित के नेतृत्व में २००० सवार सिकन्दरा रवाना कर दिये थे। शुजाउद्दौला वास्तव में मार्ग चलते अहमद खां बंगश पर आक्रमण करना चाहता था। उसकी सेना ने बंगश प्रदेश में लूटमार भी शुरू कर दी थी। शुजा के शिया सिपाहियों और नजीब के सुन्नी अफगानों में साम्प्रदायिक झगड़ा हो गया था। जिसमें अफगानों का एक पीरजादा भी मारा गया था। इससे अहमद खां बंगश युद्ध के लिए तैयार हो गया और इमाद के सुझाव पर जाट सैनिक उसकी सहायता के लिए खड़े हो गये। तब नजीब की मध्यस्थता से शुजा को बंगश के साथ समझौता करना पड़ा, किन्तु इस विरोधात्मक स्थिति में सम्राट दिल्ली नहीं लौट सका। अफगानों व रुहेलों ने उसका साथ देने से मना कर दिया। यहां पर नजीब को काफी तेज बुखार आ गया था। इससे १६ मई को उसने सम्राट से बिदाई ली और वह नजीबाबाद लौट गया,[1] जहां वह आगामी सात माह तक रुका रहा। इमाद तथा कृपाराम भी अन्य रुहेलों के साथ अपने वतन की ओर चल दिये।

८ – नरूका कछवाहों का विस्तार तथा जाट शासन में शरण लेना

१३ वीं शताब्दी में कछवाहा (कुशवाहा) राजपूतों ने वर्तमान अलवर जिले के दक्षिणी तथा पश्चिमी भूखण्ड में प्रवेश किया था और यहां पर ये सन्ततियां राजावत, शेखावत तथा नरूका तीन खांपों में विभक्त होकर फैल गई थीं। वर्तमान तहसील थानागाजी में राजावत, तहसील बानसूर में शेखावत खांप का बाहुल्य था, जबकि अलवर के दक्षिण-पूर्व में ३२ किमी० लक्ष्मण गढ़ तथा राजगढ़ के पूर्वी भाग में नरुकों के गांव व जागीरें थीं और उनके बाहुल्य के कारण ही यह भूखण्ड 'नरुखण्ड' कहलाता था।[2] आमेर के राजा उदयकरण कछवाहा (१३६६-८८ ई०) के प्रपौत्र राव नरूजी (१५ वीं शताब्दी) के (१) लाला (२) दासा (३) तेजा (४) छीतर और (५) जेता नामक पांच पुत्र थे। नरुजी के नाम पर उनकी सन्ततियां नरुका और क्रमशः लाला व दासा के वंशज लालावत तथा दासावत नरुका कहलाने लगे। लालावत नरुकों ने नरुखण्ड की जागीर तथा दासावतों ने उनियारा, लावा, जावली (जिला अलवर), बरोली, पृथ्वीपुरा, दूलहपुरा गढ़ी आदि तथा जेता के वंशजों ने गोविन्दगढ़ में पीपलखेड़ा, छीतर के वंशजों ने नेताल, केकड़ी

---

१ – नूरुद्दीन, पृ० ५८ अ०; दे० फ्रॉंनी, पृ० १२८; इमाद, जि० २, पृ० ८७-६१; मुनालाल, पृ० ५४-६०; गुलाम अली, जि० २, पृ० १४५-१६७।

२ – वीर विनोद, पृ० १३७३।

आदि गांवों की जागीर प्राप्त कर ली थी। इस प्रकार इस क्षेत्र के प्रत्येक गांव में नरुका कछवाहों ने अधिकांश जमींदारियां प्राप्त कर ली थीं। राव लाला नरुका की चौथी पीढ़ी [1] में ठाकुर कल्याण सिंह ने जन्म लिया था। यह अति वीर, साहसी था प्रतापी नरुका सरदार था। १६५० ई० में मिर्जा राजा जयसिंह ने उसको अपने पुत्र कीरत सिंह के । कामां, खोहरी तथा मेवात (मावास या मवासात) [2] के भीषण क्रान्तिकारी ां दोलन (विद्रोह) को दबाने के लिए तैनात किया था। राव कल्याण सिंह ने नरुका, राजावत तथा अन्य राजपूतों की फ़ौज के साथ अराजक मेवाती, सिनसिनवार जाट, गूजरों की गढ़ियों पर भयंकर आक्रमण किये और उनको भारी श्रम, कठिन परिश्रम से दबाने में सफलता प्राप्त कर ली थी। सम्राट शाहजहां के आदेश पर मिर्जा राजा जयसिंह ने इन परगनों में नरुका तथा अन्य राजपूत परिवारों को लाकर बसा दया था।[3]

सितम्बर २५, १६५१ ई० को मिर्जा राजा जयसिंह ने कल्याण सिंह नरुका को चौरासी घोड़ों की 'सवार सेवा' के लिए माचेड़ी, [4] राजगढ़ तथा आधा राजपुर नामक ढाई गांव की जागीर प्रदान कर दी थी। इस प्रकार कल्याण सिंह ने जागीर प्राप्त करके यहां लालावत नरुका खांप परिवारों को लाकर बसाया। [5] इसके बंशजों ने कामां, खोहरी, खोहरा, पाड़ा, पलवा, पाई, माचेड़ी तथा बीजवाड़ (बीजगढ़) आदि गांवों में भौमिया पटेलाई (जमींदारी) प्राप्त कर ली थी। राव कल्याण सिंह

---

१ – वंशावली के लिए द्रष्टव्य, पाउलेट, वीर विनोद, प्रताप रासो पृ० ४–५।

२ – प्रताप रासो में मेवात के लिए 'मावास' शब्द का प्रयोग मिलता है (पृ० ५) जियाउद्दीन बरनी कृत 'तारीखे फीरोजशाही' में भी मेवात के लिए 'मवास या मवासात' शब्द का प्रयोग मिलता है। क्षेत्रीय भाषा में बीहड़ जंगल तथा पहाड़ी स्थान को 'मवासा या मावास' कहते हैं।

३ – द्रष्टव्य लेखक कृत 'जाटों का नवीन इतिहास'।

४ – अलवर के दक्षिण में ३५ किमी० और राजगढ़ के पूर्व में ५ किमी० पहाड़ियों के बीच में आबाद एक कस्बा। पहाड़ों पर एक मध्यकालीन महल और उसके नीचे कुआ, बावड़ी आदि अभी तक मौजूद हैं। इसी मावेड़ी को मत्स्यपुरी माना जाता है। ६ वीं-१० वीं शताब्दी में यहां गुर्जर–प्रतिहारों का शासन था और अकबर के शासन काल तक यह वंश आबाद रहा (आर्के० सर्वे. खंड ६, पृ० ७७–८४)।

५ – पाऊलेट, पृ० १४; प्रतापरासो, पृ० ६; वीर विनोद, पृ० १३७५–७६, १३६५।

— डा० नागौरी (पृ २०) का कथन है कि 'रामसिंह ने दिसम्बर २५, १६७१ ई० को जागीर प्रदान की थी।' वास्तव में इस समय इन जागीरों का पुनः पट्टा किया गया था।

की चौथी पीढ़ी में राव मोहब्बत सिंह ने जन्म लिया। इसने १७३५ ई० में माचेड़ी जागीर का उत्तराधिकार प्राप्त कर लिया और यह "माचेड़ी वाला नरुका सरदार" कहलाता था। इसके अनुज जालिम सिंह ने बीजवाड़ की जागीर प्राप्त कर ली थी। राव मोहब्बत सिंह धर्मानुरागी, तपस्वी, महाप्रतापी वीर योद्धा सरदार था।[1] प्रायः सवाई माधोसिंह की सेवा में जयपुर रहता था। १७५७ ई० में इसने बरवाड़ा (चौथ का बरवाड़ा) युद्ध[2] में शेखावतों के साथ मिलकर रघुनाथ राव तथा उसके मराठा सैनिकों का डटकर मुकाबिला किया था। जयपुर राज्य में इस समय नाथावत, राजावत, शेखावत तथा नरुका—ये चार खांप अधिक साहसी, वीर योद्धा थीं और सवाई माधोसिंह के दरबार में प्रायः इनका राजनैतिक प्रभाव व प्रभुत्व था। राव मोहब्बत सिंह ने मराठों का कड़ा प्रतिरोध करते हुए बरवाड़ा युद्ध में वीरगति (मई, १७५७ ई०) प्राप्त की।

राव मोहब्बत सिंह का वीर, साहसी, प्रतापी व नीतिज्ञ पुत्र प्रताप सिंह था, जिसने अपने साहस, चतुरता, निपुणता तथा भुजबल से दिसम्बर २५, १७७५ ई० को अलवर के स्वतन्त्र राज्य की स्थापना की थी। प्रताप सिंह का जन्म जून १, १७४० ई० को हुआ था। माचेड़ी तथा राजगढ़ बीहड़ जंगल तथा उपत्काओं की भूमि हैं। यहाँ के जंगलों में शिकार खेलकर उसने निर्भीकता व वीरता प्राप्त कर ली थी। ९ मई, १७५७ ई० को सवाई माधो सिंह ने पिता की मातमी का सिरोपाव भेजा। सत्तरह वर्षीय नवयुवक प्रतापसिंह ने ढ़ाई गांव की चाकरी जागीर तथा सवाई माधोसिंह के दरबार में "राव" की उपाधि प्राप्त करके सरदारी प्राप्त कर ली थी और वह प्रायः जयपुर दरबार में रहकर सैनिक सेवा करता था।[3]

सवाई माधो सिंह तथा राव प्रताप सिंह में कटुता

जयपुर राज्य में राव प्रताप सिंह की कमान में नरुका खांप अति शक्तिशाली थी। अन्य कछवाहा खांप तथा राजस्थान के अन्य राजपूत सरदार अफीम की पीनक में पड़े रहते थे और उनकी यह पीनक कभी-कभी रणभूमि में उनके पाशविक

---

१ – प्रताप रासो, पृ० ८, ९; वीर विनोद, पृ० १३७५।

२ – सवाई माधोपुर के उत्तर-पश्चिम में २६ किमी०।

— बरवाड़ा युद्ध– राजवाडे, जि० १, लेख ५२, ६३, ६७, ७१; पे० द०, खण्ड २७, लेख १५५, खण्ड २१, लेख १२०, १२१; वीर विनोद, पृ० १३७६; वाक्या राज०, भाग २, पृ० ३३१।

३ – प्रताप रासो, पृ० ७; वीर विनोद, पृ० १३७५; वाक्या राज० भाग २, पृ० ३३१; द० को०, जि० ११, पृ० १५८।

अन्धावेश से भंग हुआ करती थी। प्रताप सिंह नरुका धूर्त राजनयिक तथा चतुर सेनानायक था। उसके स्वभाव में विनम्रता तथा वाणी में कोमलता थी। उसमें जागरुकता, मिलनसारी, कठिन प्रश्नों को हल करने की पटुता थी।[1] उसका अवसरवादी सिद्धान्त था और दिल में भारी महत्वाकांक्षा थी। नवयुवक ने अपनी वीरता, श्रमशीलता, निपुणता, दक्षता, योग्यता तथा चातुर्य्य से सवाई माधोसिंह का ध्यान अपनी ओर खींचकर कछवाहा दरबार में विशिष्ट स्थान तथा यथेष्ट सम्मान प्राप्त कर लिया था और प्रायः वह सवाई माधोसिंह के साथ शिकार तथा साहसिक यात्राओं में रहता था। नवम्बर २१, १७५९ ई० को वह बख्शी गुरु सहाय की कमान से माधो सिंह की चाकरी में पहुँचा तब उसको राजा हर सहाय की मारफत सिरोपाव प्रदान करके सम्मानित किया गया था।[2] उसने अनेक बार अपने युद्ध-कौशल, अदम्य उत्साह व साहस से माधोसिंह का सानिध्य प्राप्त कर लिया था और सवाई माधोसिंह उसके गुणों की अत्यधिक प्रशंसा करता था। इससे कछवाहा राज्य के अन्य तीन प्रमुख घटक उससे आन्तरिक द्वेष करने लगे थे।

पानीपत संग्राम में मराठा विनाश का समाचार मिलने पर दोआब तथा बुन्देलखण्ड के शासकों तथा जमींदारों की भांति राजस्थान के शासकों तथा जागीरदारों ने अपने राज्यों में बड़ी-बड़ी खुशियां मनाई थीं। यह समाचार लेकर जब हरकारा जयपुर पहुँचा, तब उसको इनाम और सम्वाद प्रेषक को एक "पालकी" पुरुस्कार में दी गई थी।[3] अब सवाई माधोसिंह ने मराठा निरोधक एक ठोस संघ बनाने का पुनः विफल प्रयास किया और अपने राज्य से मराठा थानों को उठाने के लिए कदम उठाया। उणियारा के रावराजा सरदार सिंह नरुका ने १७५९ ई० के अन्त में मल्हार राव होल्कर का संरक्षण प्राप्त कर लिया था।[4] किन्तु अब उसको मराठों की सैनिक सहायता नहीं मिल सकती थी। इससे मई, १७६१ ई० में सवाई माधोसिंह ने विश्वासघात का बदला लेने तथा उणियारा पर अधिकार करने के लिए अपने मन्त्री राजसिंह चौहान (घुड़चढ़ा) की कमान में चार सहस्र तथा नन्दलाल दीवान की कमान में पांच सहस्र सेना रवाना कर दी थी। इस सेना ने उणियारा जागीर में प्रवेश करके भारी लूटमार तथा बरबादी की, फिर भी सरदार सिंह ने समर्पण नही किया। दो महीने तक उणियारा का घेरा रहा। माधोसिंह

१ – सरकार (मुगल), खण्ड ३, पृ० २०२।

२ – द० कौ०, जि० ११, पृ० १५९।

३ – बनेड़ा अभिलेख संग्रह, पृ० ९-१०।

४ – पे० द०, खण्ड २, लेख ११३, ११५, ११७, खण्ड २१, लेख १७७; राजवाडे, खण्ड १, लेख १५०।

स्वयं अपनी राजधानी से निकला और १४ मई को रतलाम में अपनी शादी कराने के बाद उणियारा की ओर लौटा। उसके बख्शी हर सहाय खत्री ने उणियारा का घेरा डाला। अन्त में नवयुवक राव प्रताप सिंह को हरावल की कमान सम्भालने के लिए तैनात किया गया। इस बारे में प्रसिद्ध है कि "नरुका कूं नरुका मारे या मारे करतार।" प्रताप सिंह ने इस कठिन परिस्थिति में अपनी निजी सेना तथा कछवाहा राज्य की सेना के साथ आक्रमण किया। उसके कूटनयिक तथा सैनिक प्रयासों से राव सरदार सिंह को समर्पण करके समझौता करना पड़ा। इस संघर्ष में इक्कीस वर्षीय प्रतापसिंह ने अपार कीर्ति उपार्जित कर ली थी। फिर वह सवाई माधौसिंह के पास रणथम्भौर पहुँच गया। [1]

आगे राव प्रतापसिंह ने कोटा राज्य की कई जागीरों पर अधिकार करने में सफलता प्राप्त की। कछवाहों के इस अभियान को विफल करने के लिए नवम्बर, १७६१ ई० में मल्हार राव होल्कर ने इन्दौर से छः सहस्र मराठा सैनिकों के साथ कोटा राज्य में प्रवेश किया। कोटा राज्य के दीवान अखैराम पंचोली, बीस वर्षीय नवयुबक जालिम सिंह हाड़ा तथा रावराजा के सोतेले भाई ने ढ़ाई हजार सैनिकों के साथ उससे मुलाकात की। इसके बाद मराठा-हाड़ौती सेनाओं ने मिलकर मांगरोल व भटवाड़ा [2] के बीच में पड़ाव डाला। नवम्बर २८, १७६१ ई० को कछवाहा तथा शत्रु पक्ष में सूर्यास्त के तीन घंटे बाद तक तोप युद्ध चलता रहा। दूसरे दिन नौ घंटा तक भयंकर युद्ध चला, जिसमें सालिग राम शाह मैदान में खेत रहा। कछवाहा मैदान छोड़कर भाग निकले। [3] भटवाड़ा युद्ध में राव प्रताप सिंह नरुका भी अपनी निजी सेना के साथ शामिल था और उसने रणक्षेत्र में वीरता तथा साहसपूर्वक युद्ध लड़ा था। [4] सम्भवतः राव प्रताप सिंह ने प्रथम आक्रमण में हाड़ौती सेना पर आक्रमण किया था, जिसमें कोटा के सात सौ सैनिक मैदान में खेत रहे।

कहा जाता है कि चौमू के ठाकुर जोधसिंह नाथावत तथा राव प्रताप सिंह

---

१ – प्रताप रासो, पृ० ७–८; मथुरालाल शर्मा (जयपुर), पृ० ८०; नरेन्द्र सिंह (ईश्वरीसिंह चरित्र), पृ० १०६।

२ – मांगरोल, कोटा के उत्तर-पूर्व में ५६ किमी० बनास नदी के पूर्वी किनारे पर; भटवाड़ा, मांगरोल से ६ किमी० दक्षिण में नदी के पश्चिमी तट पर।

३ – पे० द०, खण्ड २, लेख ५, ६, खण्ड २१, लेख ९२–९४, खण्ड २९, लेख २७; शिन्देशाही, खण्ड २, लेख ६५; टॉड (कोटा); मथुरालाल शर्मा (जयपुर), पृ० १८१; सरकार (मुगल), खण्ड २, पृ० ३४५; स्याह वकाया, नवम्बर ३०, तथा दिसम्बर २, १७६१ ई० (रा०रा०अ०)।

४ – प्रतापरासो, पृ० ८।

की कछवाहा दरबार में दाहिनी ओर प्रथम गद्दी थी। नरुका सरदारों की केवल एक ही गद्दी थी, जिस पर समय-समय पर दोनों सरदार आकर बैठते थे। इसी से दरबार में एक बार केवल एक ही सरदार को आमंत्रित किया जाता था। जोधसिंह नाथावत प्रताप सिंह से उम्र तथा अनुभव में वरिष्ठ था और दरबार में उसका दबदबा अधिक था। एक बार भूल से दोनों सरदारों को दरबार में आमन्त्रित कर लिया गया। राव प्रताप सिंह दरबार में पहले पहुँचा और बाद में ठाकुर जोधसिंह ने प्रवेश किया। राव प्रताप सिंह को अपनी मसनद पर बैठा देखकर उसे क्रोध आ गया और वह उसका हाथ पकड़कर मसनद से उठाकर स्वयं वहां बैठ गया। इससे प्रताप सिंह ने उसको मारने के लिए दरबार में ही कटार निकाल ली थी। यह देखकर ठाकुर जधसिंह ने सवाई माधोसिंह को उसके विरुद्ध भड़काना शुरु कर दिया और उसको मारने का षड़यन्त्र रच डाला।

ठाकुर जोधसिंह की मृत्यु के बाद उसके पुत्र रतन सिंह ने भी प्रताप सिंह से बदला लेने का निश्चय कर लिया था और दोनों ही दाहिनी प्रथम कुर्सी के दावेदार थे। प्रताप सिंह ने दरबार में इस बैठक का दावा प्रस्तुत किया और सवाई माधोसिंह ने स्पष्ट शब्दों में कहा कि इस बैठक के दो दावेदार नहीं हो सकते। इससे प्रतापसिंह ने क्रोधित होकर रतनसिंह नाथावत को दबाने की चेष्टा की। फलतः नरुका खांप विरोधी घटक ने प्रताप के विरुद्ध आन्तरिक षड़यन्त्र रच डाला। उन्होंने राजज्योतिषी आदि लोगों से माधोसिंह से कहलवाया कि उसकी आँखों में राज-चिह्न दिखलाई देता है और वह राजगद्दी पर अधिकार करना चाहता है। इससे माधोसिंह उसके प्रति शंका करने लगा। सम्भवतः यह सामान्य विश्वास पैदा हो चुका था कि सवाई माधोसिंह नवयुवक प्रताप की जान का प्यासा है और प्रताप भी यह समझने लगा था कि उसकी वीरता के लिए जयपुर राज्य में अधिक स्थान नहीं है और यहां उसके महत्वाकांक्षी भविष्य का प्रकाश नहीं हो सकेगा।[1] कहा जाता है कि एक बार शिकार में सवाई माधोसिंह की ओर से किसी ने उस पर गोली भी चलाई थी, जो प्रताप सिंह शरीर से रगड़ती हुई निकल गई, जिससे नाराजगी का भेद खुल गया।[2] प्रताप रासो के लेखक ने इस घटना का उल्लेख नहीं किया

---

१ – वाक्या राज०, जि० २, पृ० ३३२; वीर विनोद, पृ० १३७६; ठाकुर नरेन्द्रसिंह; मथुरालाल शर्मा (जयपुर), पृ० १८६; प्रताप रासो, पृ० ८।

— १७५९ ई० में लाखेरी युद्ध में जोधसिंह की मृत्यु हो चुकी थी और मल्हार राव ने रतन सिंह को बरवाड़ा दुर्ग से बाहर निकाल कर अधिकार कर लिया था।

२ – वाक्या राज०, भाग २, पृ० ३३२; वीर विनोद, पृ० १३७६; मथुरालाल शर्मा (जयपुर), पृ० १८६; प्रताप रासो (पृ० ३२) के अनुसार— "सवाई पृथ्वी सिंह*

है। नाराज होकर सवाई माधोसिंह ने प्रताप सिंह पर दरबार में उपस्थित होने पर पाबन्दी लगा दी और राजगढ़ की जागीर भी खालसा कर ली थी। इससे प्रतापसिंह अपने आश्रयदाता के दरबार को छोड़कर राजगढ़ चला आया। उसके साथ उसका मन्त्री (कारिन्दा) छाजूराम हल्दिया तथा उसका परिवार, निजी नरुका सैनिक व सेवक थे। राजगढ़ पहुँच कर प्रताप सिंह ने एक खांप पंचायत में सवाई माधो सिंह की अप्रसन्नता का वृतान्त बतलाया। इसको सुनकर सभी ने कहा "कल्याण वंश माधो सिंह से द्रोह नहीं कर सकेगा" उन्होंने प्रताप सिंह को देश त्याग कर अन्यत्र रहने की सलाह दी।[1]

राजा सूरजमल के दरबार में शरण लेना

राव प्रताप सिंह ने अपने भाई-बन्धुओं की सलाह मानकर अपने रनिवास को रथ में सवार किया और निजी सेवक, मन्त्री छाजूराम हल्दिया परिवार तथा सैनिकों के साथ राजगढ़ से प्रस्थान किया और प्रथम दिन पहाड़ के समीप आधुनिक खेड़ा के हनुमानजी के समीप अपना प्रथम पड़ाव डाला। यहां उसने दरबार करके भाई बन्धु, भतीजों से अपने साथ चलने का आग्रह किया। फलतः खोहरा, पलवा, ईडर, बीजगढ़, पाई आदि में आबाद सभी भाई भतीजे उसके साथ चल दिये। यहां से प्रस्थान करके फिर उसने जावली में डेरा डाला। जावली के ठाकुर गर्जसिंह नरुका ने उसका स्वागत-सत्कार किया और उसने सधैर्य प्रताप से पूछा कि— "आप अपने देश को छोड़ कर कहां जा रहे हो?" प्रताप सिंह ने कहा— "सवाई माधो-सिंह मेरे से नाराज हो गये हैं। अतः जहां भी अन्न जल होगा, वहीं चले जावेंगे।" इस पर ठाकुर गर्जसिंह ने उसको सुझाव दिया—"आप दो-चार दिन यहीं पर विश्राम करें। यह गांव भी आपका ही है। मैं प्रातःकाल सवाई माधोसिंह के पास समझौता कराने के लिए जाऊंगा। यदि राजा आपको अपनी जागीर में रख लेगा, तो सभी रहेंगे। अन्यथा हम भी आपके साथ ही चल देंगे।" यह सुनकर राव प्रताप सिंह ने कहा— "आप यहीं पर निवास करें। समय आने पर मैं (नरुका) भी जयपुर की सेवा में उपस्थित हो जाऊंगा।" इसके बाद प्रताप ने सदल जावली से प्रस्थान किया और दो स्थानों पर रुककर डीग (दीघ) के निकट डेरा डाला। यहां से उसने अपने मन्त्री छाजूराम हल्दिया को राजा सूरजमल के पास राजधानी डीग में भेजा।

सूरजमल ने उससे पूछा, "महाराजा माधोसिंह ने राव प्रताप सिंह को किस काम से भेजा है?" छाजूराम ने निवेदन किया— "राव माधोसिंह की नाराजगी के

ॐ के शासन काल में राव प्रताप सिंह पर गोली चलाई गई थी। दस्तूर कोमवार (जि० ११, पृ० १५६) से भी प्रताप रासो की पुष्टि होती है।

१ – प्रताप रासो, पृ० ६।

कारण आमेर राज्य को छोड़कर इधर आये हैं। यदि आप उनको अपने यहां आश्रय प्रदान कर देंगे, तो वे आपके राज्य में ही रुक जावेंगे। अन्यथा वे दिल्ली की ओर जाकर कहीं शरण लेंगे।" यह सुनकर सूरजमल अपने सुभटों के साथ राव प्रताप के डेरों पर गया और कहा— "आमेर तथा इस राज्य में कोई भी अन्तर नहीं है। आप यहीं रुक कर सेवा करें।" इसके बाद ब्रजराज सूरजमल डीग लौट आया। फिर प्रताप सिंह ने इन्द्रपुरी सदृश, सेना–सुभट समाज से सुरक्षित जाट राजधानी डीग में प्रवेश करके सूरजमल से भेंट की।[1] सूरजमल ने उसका 'मनुहार' करके सत्कार किया। उसको घोड़ा तथा भाई–भतीजों आदि प्रमुख सरदारों को सिरोपा प्रदान किये। दैनिक व्यय के लिए खजाने से भारी रकम दी और रनिवास, भाई–बन्धु तथा नरुका फौज को रहने के लिए अति सम्पन्न व समृद्ध डहरा गांव जागीर में प्रदान किया। इस प्रकार राव प्रताप सिंह ने सूरजमल के यहां शरण लेकर जाट राज्य की सेवा की और नरुका फौज के साथ कई युद्धों में भाग लिया।[2]

६ – जवाहर सिंह का तोरु पर सफल आक्रमण, १७६३ ई०

रेवाड़ी के पूर्व में ३६ किमी० तथा घासेड़ा के उत्तर–पश्चिम में १५ किमी० तोरु का दुर्ग था, जहां असदुल्ला खां बलूच की जमींदारी थी। इस दुर्ग में मेवाती डाकुओं का सरदार सानुल्बा शरण लेता था। सानुल्बा अपने दस सवार डाकुओं के एक गिरोह के साथ डीग दुर्ग के समीप तथा होड़ल–बरसाना के बीच में कोकलबन की पहाड़ियों में छिपकर एक–दो दिन के अन्तर से छापा मारा करता था और कारवां लूटा करता था। उसके अत्याचारों से भयभीत आसपास के ग्रामीण–जन कुछ नहीं कर सकते थे, क्योंकि असदुल्ला खां लूट में हिस्सा लेकर दस्यु दल की

---

१ – प्रताप रासो, पृ० ६–१४।

– मुंसिफ ज्वाला सहाय (वाक्या राज०, खण्ड २, पृ० ३३२) का मत है कि— राव प्रताप सिंह जवाहर सिंह के दरबार में आकर उपस्थित हुआ था और उसने रहने के लिए डहरा गांव की जागीर प्रदान की थी। डा० मथुरा लाल शर्मा (पृ० १८६) इसी का अनुसरण करते हैं। इसी प्रकार डा० नागौरी (पृ० २७) ने भी इस कथन की पुष्टि की है। किन्तु यह कथन पूर्णतः असत्य है।

– कविराजा श्यामलदास (वीर विनोद, पृ० १३७६) का कथन है कि प्रताप सिंह माचेड़ी से राजा सूरजमल के पास पहुंचा और वहां उसकी सेवा में रहा। जाचीक जीवण का वृतान्त निकट समकालीन है और वीर विनोद के कथन से मेल खाता है।

२ – प्रताप रासो, पृ० १४।

रक्षा किया करता था। इस प्रकार बलूच सरदार की अनुकम्पा से सानुल्बा की कमान में दस्यु दल ने जाट राज्य में आतंक फैला रखा था। जवाहर सिंह ने अपने पिता को लिखा— "जब तक तोरु दुर्ग तथा उसके सरदार पर आक्रमण नहीं किया जावेगा, तब तक दस्यु दल का पतन नहीं हो सकेगा।" इससे सर्व प्रथम सूरजमल तथा जवाहर सिंह ने असदुल्ला खां के पास सन्देश भेजा कि वह दस्युओं को अपने दुर्ग में शरण देकर रक्षा करना बन्द कर दे। परन्तु बलूची सरदार ने अपने आर्थिक लाभकारी उपजीवों का साथ छोड़ने से मना कर दिया।[1]

सम्राट के दिल्ली न आने की विफलता से लाभ उठा कर जवाहर सिंह ने शीघ्र ही तोरु पर चढ़ाई कर दी, जहां मुसाबी खां अपने कुछ सैनिकों के साथ मदद के लिए पहुँच गया था। सम्भवतः इस समय मुसाबी खां तथा बहादुर खां में आपसी मतभेद तथा राजनैतिक प्रतिस्पर्धा विद्यमान थी। बहादुर खां का भाई ताज मोहम्मद खां स्वयं अपने लिए एक स्वतन्त्र जागीर उपार्जित करने का प्रयत्न कर रहा था। यह सम्भव हो सकता है कि ताज मोहम्मद खां ने अपने व्यक्तिगत लाभ के लिए मुसाबी खां के विरुद्ध जाट सरदार से समझौता कर लिया था और उसने ही जवाहर सिंह को सानुल्बा दस्यु की गतिविधियों की सूचना दी थी। जवाहर सिंह ने इसका लाभ उठाया। शाह वली–उल्ला को बलूचों की यह स्थिति असह्य थी और वह बलूचों में व्याप्त आपसी मतभेदों से संतुष्ट नही था। उसने अपने एक पत्र में ताज मोहम्मद खां पर एकता का भारी दबाव डाला और लिखा— "स्वकुलीन बन्धुओं के साथ मिल-बैठ कर उसे अपने मतभेद भुला देने चाहिये।" उसने जाटों के विरुद्ध मुसाबी खां तथा अन्य प्रतिष्ठित जमींदारों के साथ मित्रता करने और जाट विरोधी अभियान में शामिल होने की भी सलाह दी थी।[2]

शाह वली उल्लाह के प्रयासों का अभीष्ट फल निकला और ताज मोहम्मद मुसाबी खां की सहायता के लिए पहुँच गया। फलतः जवाहर सिंह व ताज मोहम्मद खां में एक युद्ध हुआ, जिसमें दोनों ओर के बीस व्यक्ति खेत रहे। बलूची पराजित हो गये और ताज मोहम्मद के साथ कुछ ही व्यक्ति शेष रहे। जयसिंह राव नामक एक खत्री, जो नजीब का सहयोगी था, खेत रहा। ताज मोहम्मद ने जब अपनी पराजय की स्थिति देखी, तब वह अपने घोड़े से उतरा और उसने जमीन पर फतीहा पढ़ा। फिर वह घोड़े पर सवार हुआ और जाटों पर आक्रमण कर दिया। जाट सैनिक इस आक्रमण का सामना करने में विफल रहे और वे पीछे हटकर

---

१ – नूरुद्दीन, पृ० ६० अ–६२ अ; नजीबुद्दौला, पृ० ६६।

२ – शाह वली उल्लाह का पत्र ताज मोहम्मद के नाम, मकतूबात, पत्र सं० २३, पृ० ८५–६।

जवाहर के पास लौट आये। इससे जवाहर काफी नाराज हो गया। उसे हताश होकर पीछे हटना पड़ा। परन्तु इस पराजय से उसका हौसला अधिक बढ़ गया और उसने पूर्ण उत्साह के साथ दूसरी बार दुर्ग पर आक्रमण किया। अन्त में तोरु दुर्ग पर जाट राज्य का ध्वज फहराने लगा।[1]

१० – फर्रुखनगर अभियान- अक्तूबर–दिसम्बर, १७६३ ई०

मुसाबी खां बलूच ने अपने दुर्ग फर्रुखनगर को रसद व शस्त्रों से सुरक्षित कर लिया था। उसने सानुल्बा खां की अनैतिक, अव्यवहारिक लूट के लिए उसका पक्ष लेकर राजा सूरजमल का खुला विरोध किया और गढ़ी हरसारु, तोरु आदि बलूची दुर्गों के रक्षा–प्रयत्नों में अपने भाईयों को सैनिक सहायता दी थी। जवाहर सिंह तोरु अभियान के बाद अपने पिता के पास लौट आया और उसने शिकायत के रूप में कहा — "जब तक मैं बलूचियों का दमन नहीं कर लूंगा, तब तक मुझे शांति नहीं मिलेगी।" वर्षा ऋतु के बाद क्रोधित होकर जवाहर सिंह ने फर्रुखनगर की ओर प्रस्थान किया और मार्ग में पड़ने वाली बलूची गढ़ियों को एक–एक करके नष्ट कर दिया, ताकि मुसाबी खां को अन्य ग्रामीण जनों तथा आश्रित उपजीविय का सहयोग नहीं मिल सके। नजीबुद्दौला सिकन्दरा छावनी से बीमारी की हालत में नजीबाबाद चला गया था, जहां उसको स्वास्थ्य लाभ के लिए कई माह तक रुकना पड़ा। बलूची सरदारों पर जाट शासक के आक्रमणों का समाचार मिलने पर उसने सूरजमल को अपने एक पत्र में लिखा— "हम दोनों के बीच में शांति–समझौता के साथ मित्रता है। बलूची सरदार, जिनके पास न अधिक साधन है और न उनमें आपका मुकाबिला करने की ही क्षमता है, वास्तव में मेरे संरक्षण में हैं। आप उनको जान–बूझकर निर्वासित कर रहे हैं। यह मित्रता का खुला विरोध है।" इस पर सूरजमल ने उत्तर में लिखा— "परिस्थितियां मेरी शक्ति के बाहर हैं। मेरा पुत्र इस कार्य के लिए कृत–संकल्पित है। बलूच मार्गों में डाका डालने वाले दस्युओं को शरण दे रहे हैं, इससे उनको दण्ड मिलना ही चाहिये।"[2]

अक्तूबर में जवाहर सिंह ने फर्रुखनगर की ओर कूंच किया और वहां के गांवों में लूटमार की। किन्तु जब बलूची बाहर निकल कर आये, तब वह संघर्ष को टाल कर अपने देश में लौट आया। आवश्यकता के क्षणों में ठाकुर अजीत सिंह कछवाहा संरक्षण को त्याग कर राज सेवा में लौट आया था और जाट शासक ने सहृदयता से उसको फौजी टुकड़ियों की व्यवस्था संभाल दी थी। बलूची सरदारों के

---

१ – नरुद्दीन, पृ० ६१ ब, ६२ अ; सरकार (मुगल), खण्ड २, पृ० ३०२।

२ – नूरुद्दीन, पृ० ६२ ब; वेण्डल, पृ० ८८।

दमन पर नजीब के हस्तक्षेप पर सूरजमल ने अपने भतीजे बहादुर सिंह (वैर) तथा अपने साले बख्शी बलराम नाहरबार को दशहरा की रस्मि राम करने जयपुर भेजा। जहां उनकी मिजवानी की व्यवस्था की गई और २८ अक्तूबर (कार्तिक वदि ६) को दोनों के लिए सरपेच व सिरोपाव प्रदान करके विदा किया गया।[1] सम्भवतः इस समय माधो सिंह ने बलूची सरदारों व नजीब के मामले में हस्तक्षेप न करने का आश्वासन प्रदान कर दिया था। तब जवाहर ने लौटकर गढ़ी का घेरा डाल दिया। दो महीने तक मुसाबी खां जवाहर सिंह का सामना करता रहा। बहादुर खां ने उसको हर सम्भव सहायता तथा कुमुक भेजकर सहायता की। यह देखकर विशाल तोपखाना पंक्ति तथा सेनाओं के साथ सूरजमल ने स्वयं फर्रुखनगर की ओर प्रस्थान किया और जाट तोपचियों ने अति सावधानी व कड़ाई से घेरा डाला। इसी बीच में मुसाबी खां ने नजीब से तत्काल सहायता करने की प्रार्थना की।

नजीब ने सूरजमल को पुनः लिखा— "श्रीमन्त, आप एक चतुर बुजुर्ग व्यक्ति हैं और अपने अनुबन्ध की पालना में दृढ़ हैं। अब क्या हुआ, जो आप मेरी तथा मेरे उपजीवियों की सीमा में पहुँच गये हैं। वहां आप सैनिक बल से रैय्यत को लूट रहे हैं। परेशान कर रहे हैं।" सूरजमल ने उत्तर में लिखा—"जवाहर सिंह की इच्छा है कि मुसाबी खां की सीमाओं में फर्रुखनगर के आस-पास चौकियां स्थापित कर दी जावें। आप उसको कहीं अन्यत्र रहने का सुझाव दें, अन्यथा उसको जीवन, सम्मान व सम्पदा से हाथ धोना पड़ेगा।" इसके साथ ही सूरजमल ने स्वयं फर्रुखनगर की ओर कूंच कर दिया। यह देखकर बलूची सरदार ने नजीब को शीघ्र ही अपनी सहायता के लिए आने के लिए पत्र लिखा, किन्तु जब तक यह पत्र नजीबाबाद पहुँचता, उससे पूर्व ही सूरजमल फर्रुखनगर पहुँच गया था और वहां उसने खाईयां खोद ली थीं।[2] यद्यपि नजीब खां बीमार था और इस घटना से उसको काफी धक्का लगा। दिल्ली गिर्द (चारों ओर) तथा दिल्ली नगर में नजीब का राजनैतिक प्रभुत्व तथा व्यक्तित्व का विकास बलूचों की सहायता पर निर्भर था। वह अपने आश्रितों के दमन को सहन नहीं कर सकता था। इससे उसने अपने उपजीवियों की सहायता के लिए दिल्ली पहुंचने का निश्चय कर लिया था। इसमें एक माह का समय निकल गया। अब फर्रुखनगर का पतन सन्निकट था। भयभीत होकर दुर्ग से सेना भाग गई थी। ताज मुहम्मद खां भी कोई सहायता नहीं कर सका। किले में कुल सात सौ सैनिक रह गये थे, जबकि सूरजमल की कमान में बीस

---

१ – ब० कौ०, जि० ७, पृ० ४८०–२।
२ – नूरुद्दीन, पृ० ६३ अ–ब।

सहस्र सवार, अनगिनती पैदल और आवश्यक तोपखाना था। तोपों ने दुर्ग-दीवार तोड़ डाली थी। इससे मुसाबी खां हतोत्साहित हो गया।[1]

मुसाबी खां को कड़े घेरे के कारण बाहर से किसी भी प्रकार की राहत व कुमुक नहीं मिल सकी और वह रसद की कमी के कारण काफी परेशान हो गया था। निराश होकर उसने आत्म-समर्पण करने का विचार किया और उसने सूरजमल को अपने पत्र में लिखा— "......... आप (सूरजमल) पवित्र गंगाजली अपने हाथ में लेकर शपथ ग्रहण करें कि आत्म समर्पण के बाद उसको सकुशल गढ़ी के बाहर निकल कर गन्तव्य स्थान की ओर चला जाने देंगे। उस स्थिति में मैं समर्पण करने को तैयार हूं।" जाट शासक ने मुसाबी खां की इस शर्त को स्वीकार नहीं किया। इस समय बलूच-सरदार कपट योजना में भी व्यस्त था और वह नजीब से सम्पर्क स्थापित कर रहा था। यह देखकर अन्त में सूरजमल ने मुसाबी खां की प्रार्थना को स्वीकार कर लिया और प्राण-रक्षा का वचन देकर उसको अपने शिविर में समझौता-वार्ता के लिए आमंत्रित किया। मुसाबी खां अपने साठ भाई-बन्धुओं, जिनमें उसके चचाजाद चौदह भाई भी शामिल थे, के साथ किले से बाहर निकला और सूरजमल से भेंट की। सूरजमल ने उसका हार्दिक सम्मान किया और चलते समय कहा कि उसके ठहरने की व्यवस्था एक शामियाने में कर दी गई है। जब वह उस शामियाने में पहुँच गया, तब जाट शासक ने उसके चारों ओर पहरा बिठला दिया। उसके परिवार को गाड़ियों में बिठला कर इसी शामियाने में लाया गया और सभी को एक स्थान पर एकत्रित कर लिया गया। १२ दिसम्बर को जवाहर सिंह ने स्वयं खाली दुर्ग में प्रवेश किया और वहां उपलब्ध खजाना व सामान को जब्त कर लिया। इस प्रकार गढ़ी, सभी शस्त्रास्त्र तथा भंडारों पर जाटों का अधिकार हो गया। दूसरे दिन (१३ दिसम्बर) मुसाबी खां को उसके भाई-बन्धु तथा परिवार के साथ रथ व बहलियों में सवार किया गया और उनको राजनैतिक बन्दी बनाकर डीग दुर्ग में भेज दिया गया। इस घटना के दो चार दिन बाद ही नजीब दिल्ली पहुँच गया था। इससे सूरजमल ने फर्रुखनगर से दिल्ली की ओर कूंच कर दिया।[2]

---

१ – नूरुद्दीन, पृ० ६३ब–६४ अ।

२ – नूरुद्दीन, पृ० ६४ अ, ब; वेण्डल, पृ० ८८–९; इमाद, खण्ड २, पृ० १९४; दे० क्रॉनी०, पृ० १२८; हिंगणे, खण्ड २, लेख ६३; नजीबुद्दौला, पृ० ६८–९, पृ० १४८; सरकार (मुगल), खण्ड २, पृ० २६३, ३०३; मुन्शी बिहारी लाल ने (पृ० ८) इस युद्ध का उल्लेख नहीं किया है।

११ – नवाब मीरकासिम का जाटों से सहायता प्राप्त करने का विचार

१७६३ ई० के प्रारम्भ में सम्राट तथा नवाब वजीर शुजाउद्दौला राजधानी दिल्ली की ओर प्रस्थान करने और अहमद खां बंगश को उसके प्रान्त से पृथक करने के प्रयत्नों में व्यस्त थे, तभी बंगाल के नवाब मीर कासिम अली खां तथा फोर्ट विलियम के बीच में संघर्ष छिड़ गया था। मीर कासिम अली ने बंगाल प्रान्त की व्यवस्था के लिए कर्तव्य-पालना का भरसक प्रयास किया, किन्तु उसको ब्रिटिश ईस्ट इण्डिया कम्पनी के व्यापारिक, आर्थिक तथा राजनैतिक लालच का शिकार बनना पड़ा। फोर्ट विलियम की अंग्रेजी सेनाओं ने नवाब को कटवा, घेरिया तथा उदेनाला युद्धों में परास्त करके इलाहाबाद की पूर्वी सीमाओं की ओर उसके माल व असबाब, परिवार व बची खुची सेना के साथ खदेड़ दिया था। इस कठिन परिस्थिति में, डॉ० नन्दलाल चटर्जी का मत है कि– "मीर कासिम ने अंग्रेजों के विरुद्ध जाट, रुहेला, मराठा तथा शुजा से सहायता प्राप्त करने का विचार किया।"[1] डा० चटर्जी का मुख्य आधार शाकिरउद्दौला का वह पत्र है जिसमें उसने शाही दरबार से एक पत्र लिख कर सम्भावना व्यक्त की थी कि मीर कासिम जाट तथा रुहेलों की सहायता के लिए जाना चाहता है।[2] लेकिन हिन्दुस्तान की राजनैतिक स्थितियों का सम्यक अध्ययन से विद्वान लेखक के कथन में अधिक सत्यता का आभास नहीं होता है। सूरजमल वास्तव में अपनी दिग्विजय योजना में व्यस्त था और उसका कार्यक्षेत्र दिल्ली के आसपास तक सीमित था। वह अपने पड़ौसी नवाब वजीर शुजा के बिना-परामर्श के क्षेत्रीय सीमाओं से बाहर अपनी सेनायें भेजने का इच्छुक नहीं था। फिर भी यह स्पष्ट आभास होता है कि राजा सूरजमल की कमान में वास्तव में जाट जन-शक्ति एक भारतीय राजनैतिक शक्ति के रूप में संगठित हो चुकी थी और आपत्काल में दूरस्थ प्रान्तों के शासक भी जाटों की सैनिक सहायता, नैतिक व हार्दिक सहानुभूति के इच्छुक थे।

१२ – बहादुरगढ़ पर अधिकार, दिसम्बर, १७६३ ई०

फौजदार कामगार खां बलूच की सैनिक कमान में अति साहसी अधिकारी बहादुर खां बलूच था, जिसको कामगार खां ने सहारनपुर की फौजदारी का प्रबन्ध

---

१ – डॉ० नन्दलाल चटर्जी, मीर कासिम, नवाब आफ बंगाल, पृ० २५४–५: जीन लॉ, पृ० ३१२–३।

२ – सी० पी० सी०, खण्ड १, पत्र संख्या २०२३।

सौंप दिया था। सफदरजंग गृह युद्ध में मीर बख्शी इमाद की अपील पर वह जून, १८ १७५३ ई० को एक सहस्र सवार व पैदलों की एक सेना के साथ सहारनपुर से दिल्ली पहुंचा। ११ जुलाई को उसने नजीब खां के साथ मिलकर सम्राट अहमदशाह से खुले मैदान में स्वयं उपस्थित होकर सूरज–सफदर के विरुद्ध युद्ध संचालन का आग्रह किया। उसने इस युद्ध में मीर–बख्शी इमाद की सेवा करके विशिष्ट अनुकम्पा प्राप्त कर ली थी और उसको माही–ओ–मरातिब (मछली का निशान) से सम्मानित किया गया था।[1] इससे बहादुर खां के स्वतन्त्र व्यक्तित्व का विकास आ और उसने २६ नवम्बर को रुहेलों के साथ मिलकर शाहदरा तथा पटपर गंज की लूट में शामिल होकर पर्याप्त धन संग्रह कर लिया था।[2] इसके बाद उसने दिल्ली के पश्चिम में ३२ किमी० एक स्थान पर अपने नाम पर "बहादुरपुर" नामक गढ़ी का निर्माण कराकर नवीन बलूची कस्बा आबाद किया। यहां उसने निवास के लिए एक हवेली तथा कचहरी भी बनवाई। कुछ वर्षों के बाद यह कस्बा बहादुरगढ़ कहलाने लगा। उसने दो सहस्र बलूची सैनिकों के साथ वजीर इमाद की सेवा करके सेनानायक का पद प्राप्त कर लिया। इमाद ने उसको "सैनिक व्यय" के लिए बहादुरगढ़ का ताल्लुका प्रदान करके स्वतन्त्र ताल्लुकेदार बना दिया था।[3] पानीपत संग्राम के बाद बहादुर खां के सिपाही तथा रैय्यत ने मराठा सरदार तथा सैनिकों के साथ अति निर्दयता का व्यवहार किया और उनको लूट लिया था।[4] फिर उसने स्वभावतः सहधर्मी नजीब का संरक्षण प्राप्त कर लिया और दिल्ली के दक्षिणी–पश्चिमी अभियानों में नजीब की हरसम्भव सहायता की थी।[5] अब जाट अभियानों ने उसको बाध्य कर दिया कि वह अपने बचाव के लिए नजीब की सैनिक सहायता प्राप्त करे।

फरुंखनगर अभियान में बहादुर खां ने मुसावी खां को नैतिक व सैनिक समर्थन दिया था और उसने मुसावी खां की रक्षा के लिए नजीब से सैनिक सहायता भेजने की करुण प्रार्थना की थी। अति विचलित होकर वह स्वयं नजीब के पास पहुंचा, किन्तु नजीब के दिल्ली आने से दो दिन पूर्व ही फरुंखनगर का पतन हो चुका

---

१ – ता० अहमदशाही, पृ० ५६ ब, ६४, ७१; सियार, खण्ड ४, पृ० २६, (इसी समय उसको ७०० सवार का मनसब भी प्रदान किया गया था)।

२ – ता० अहमदशाही, पृ० ८८ अ।

३ – सियार, खण्ड, ४, पृ० २१; रोहतक जिला गजे०, १८८३ ई०, पृ० १८–६; सरकार (मुगल), खण्ड २, पृ० २५।

४ – राजवाडे, जि० ६, लेख ४०६।

५ – नूरुद्दीन; पृ० ५६; पे० द०, जि० २, लेख १४४।

था। उसने मुसाबी खां तथा उसके परिवार को जाटों की कैद से मुक्त कराने के लिए नजीब पर कड़ाई के साथ दबाव डाला, परन्तु वह (नजीब) क्या कर सकता था? वह बहादुर खां को आश्वासन ही देता रहा। नजीब ने वास्तव में दिल्ली में सैनिक तैयारियां करने का बहाना करके देरी कर ली थी। इस स्थिति को देखकर फर्रुखनगर विजय के बाद जवाहर सिंह ने बहादुरगढ़ की ओर प्रस्थान किया। इससे भयभीत होकर बहादुर खां अपने सैनिक तथा परिवार के साथ दिल्ली भाग गया। जवाहर सिंह ने इस प्रान्त में बलूचियों की अन्तिम गढ़ी पर अधिकार करके बलूचियों की शक्ति को पूर्णतः कुचल दिया था।[1]

१३ – गिर्द फौजदारी की मांग, दिसम्बर १७६३ ई०

दोआब प्रान्त में कुंवर नाहर सिंह तथा बख्शी बलराम नाहरवार की कमान में तैनात जाट सेनाओं ने पूर्ण सफलता प्राप्त कर ली थी और क्षेत्रीय मराठा चौकी तथा थानों पर अधिकार कर लिया था। पश्चिम में बलूची सरदारों का पूर्णतः पतन हो चुका था। १४ दिसम्बर को बीमार होने पर भी नजीबुद्दौला ने अपने पुत्र तथा साथियों सहित दिल्ली में प्रवेश[2] किया। नायब सेनापति बहादुर खां ने अपने संरक्षक नजीब पर दिल्ली पहुंचकर दबाव डाला कि वह मुसाबी खां को जाट बन्दीगृह से मुक्त कराने का प्रयास करे। नजीब वीमार होने पर भी सूरजमल के सैनिक अभियानों के प्रति अति सजग व जागरूक था। वह अपने संरक्षक अहमद शाह दुर्रानी के हिन्दुस्तान में आने से पूर्व जाटों के साथ शक्ति परीक्षण करने को तैयार नहीं था। वह अपनी मानसिक तथा शारीरिक दुर्बलता को छुपाने[3] के लिए ही "रुको, देखो" की नीति अपना रहा था। सूरजमल ने नजीब की इस दुर्बलता से राजनैतिक विजय लाभ उठाने का निश्चय कर लिया था और वह उसको दिल्ली से बाहर निकालने के लिए तैयार था। नजीब असहाय था और उसने फर्रुखनगर के पतन के बाद हार्दिक विरोध प्रगट करते हुए अपने वकील राजा दलेल सिंह को सूरजमल के पास भेजकर[4] अपने पत्र में लिखा— "आप एक कुशल सेनापति हैं और आपके मेरे बीच में निष्कपट मित्रता रही है। ये बलूची मेरे आश्रय में थे। इस बारे में मेरी भावनाओं की उपेक्षा करके आपने इनके साथ कठोर व्यवहार किया है। क्या आपकी

---

१ – बयाने वाकई, पृ० ३०२; दे० क्रॉनी०; नूरुद्दीन, पृ० ६४५; वेण्डल; कानूनगो, पृ० १४९।

२ – दे० क्रॉनी०, पृ० १२८।

३ – सियार, खण्ड ४, पृ० २८।

४ – हिंगणे, खण्ड २, लेख ५३, (१२ दिसम्बर)।

यही उदारता व सहृदयता है ? फिर भी अब तक जो कुछ गुजरा, गुजर चुका। जिस गढ़ी पर आपने कब्जा कर लिया है, उसे अपने ही अमल में रखें। किन्तु यह उचित नहीं है कि आप मुसाबी खां को उसके स्त्री-बच्चों सहित बन्दी बनाकर अपने दुर्ग में रखें। वह मेरा सहयोगी तथा मित्र है। मेरी खातिर ही आप उसको मुक्त करके मित्रता का परिचय दें।"

सूरजमल एक चतुर पारदर्शी राजनयिक था। उसने नजीब को उत्तर में लिखा— "हम दोनों के बीच में पारस्परिक मित्रता तथा सहयोग का अनुबन्ध है। बलूची सरदार मेरे शत्रु हैं। फिर आप मेरे शत्रुओं के विरुद्ध हस्तक्षेप करने का प्रयास कैसे कर रहे हैं ? यह कहां तक न्यायसंगत है कि आप इस मामले में पक्षधर होकर मेरे शत्रु को मुक्त कराने पर जोर दे रहे हैं। जब मैं फर्रुखनगर का घेरा डाल रहा था, उस समय आपने उनकी सहायता के लिए नजीबाबाद से दिल्ली की ओर कूंच करके मित्रता की भावना तथा समझौता को तोड़ने का प्रयास किया है। इस बात को सभी लोग भांप गये हैं कि आपने मुझ पर सेना के साथ चढ़ाई करने के लिए ही कूंच किया है। यदि मैं आपके दिल्ली आने से पूर्व मुसाबी खां को पराजित करके दुर्ग पर अधिकार करने में विफल रहता तो आप उससे मिलकर मेरे विरुद्ध उसकी सहायता अवश्य करते। इस प्रकार आपने मेरे से पूर्व ही निष्ठा भाव तथा वचन भंग करके मित्रता व समझौता को तोड़ दिया है। अब आप मुझसे उदारता तथा भलाई की बात नहीं सोचें।" इसके बाद भी नजीब ने नम्रता प्रगट की और यह प्रयास भी किया कि सूरजमल के साथ उसका संघर्ष टलता रहे। उसने अब मुसाबी खां के मामले में हस्तक्षेप करना ठीक नहीं समझा, ताकि आपसी मतभेद उग्र नहीं हो सकें।[1]

सूरजमल इस समय महान शक्तिशाली तथा साधन-सम्पन्न भारतीय सरदार था। उसकी सेनायें पूर्णतः व्यवस्थित व अनुशासित थीं। मराठा युद्ध के बाद अभी तक नजीबुद्दौला अपनी जागीरों का प्रबन्ध व्यवस्थित नहीं कर सका था। अनेक महीनों से भयानक रोग से ग्रस्त था और उसका खजाना भी खाली था। वह कपट वार्ता करके शुकरताल अभियान की भांति समय खींचना चाहता था। अब्दुल करीम काश्मीरी के अनुसार— "यह स्थिति देखकर सूरजमल ने नजीबुद्दौला के पास प्रस्ताव भेजा कि आप उपरि दोआब के सभी परगने तथा राजधानी को खाली करके मुझको सौंप दें। नजीब ने दबाव में आकर सिकन्दराबाद तथा दोआब के अन्य परगने सौंपने का प्रस्ताव रखा, जिससे सूरजमल असन्तुष्ट हो गया।"[2]

---

१ – नूरुद्दीन, पृ० ६४ ब–६५ ब।
२ – बयाने वाकई पृ० ३०२; कानूनगो, पृ० १५०।

अन्य समकालीन इतिहासकारों का कथन है कि राजा सूरजमल ने दिल्ली "गिर्द (दिल्ली के चारों ओर लगे परगने) फौजदारी" की मांग की थी।[1] निःसन्देह भयभीत नजीब ने सूरजमल से शांति–समझौता करने का प्रयास किया था और उसने अभी हाल में जाटों द्वारा विजित सिकन्दराबाद तथा बलूची परगने व अन्य परिलाभों के स्वामित्व को स्वीकार कर लिया था, किन्तु सूरजमल उसकी इस स्वीकारोक्ति से संतुष्ट नहीं था। "गिर्द फौजदारी" की हठपूर्ण मांग जाटों के लिए अधिक महत्वपूर्ण थी। नजीब के इस मांग को स्वीकारने का अर्थ "दिल्ली का जाट शक्ति के समक्ष आत्म-समर्पण" था। सूरजमल ने इस समय दिल्ली को तीन ओर से घेर रखा था और उसका दिल्ली के निकट तक अधिकार क्षेत्र बढ़ चुका था। नजीब ने प्रारम्भ में इस प्रस्ताव को गम्भीर कह कर टालने का प्रयास किया और उसने विचार करने के लिए कुछ समय मांगा, किन्तु सूरजमल उसको अधिक समय देने को तैयार नहीं था। उसने अविलम्ब ही दोआब अभियान में व्यस्त सेनाओं को दिल्ली की ओर कूंच करने का आदेश भी भेज दिया था।

याकूब अली के विफल प्रयास, १६–२३ दिसम्बर

लोक दिखावा को नजीब जाटों से व्यक्तिगत तथा राजनैतिक सम्बन्ध विच्छेद नहीं करना चाहता था। वह अपनी सफलता के लिए "रुको, देखो" की कपट नीति अपना रहा था। जाट शासक अत्यधिक क्रुद्ध था और उसने भारतीय राजनीति से रुहेला कांटों को उखाड़ फेंकने का निश्चय कर लिया था। इससे नजीब ने १६ दिसम्बर को वजीर शाह वली के भ्राता व दुर्रानी के भारत स्थित प्रतिनिधि याकूब अली खां को अपना मध्यस्थ बनाकर सूरजमल के पास समझौता–वार्ता करने के लिए दिल्ली दुर्ग से रवाना किया। उसके साथ में अपने निजी सेवक शेख करीमुल्ला खां, राजा दिलेर सिंह खत्री को विशिष्ट दूत के रूप में भेजा गया। इस समय तक सूरजमल दिल्ली के समीप २६ किमी० दूर पहुँच चुका था और उसने कालिका पहाड़ी पर डेरा डाल दिया था। याकूब अपने साथ सुनहले व गुलाबी रग के मुल–तानी छींट के दो थान भेंट करने के लिए भी लाया था। इनको स्वीकार करके जाट शासक ने उसी समय अपने लिए जामा बनवाने का आदेश दिया। राजा सूरजमल तथा याकूब अली खां काफी समय तक इन आकर्षक वस्त्रों के बारे में बातचीत करते रहे। हृदयग्राही विशद वार्ता से नजीब के दूत तथा शिष्टमण्डल के अन्य सदस्य ऊब गये थे। अब याकूब अली खां ने रुहेला सरदार के समझौता

---

१ – सियार, खण्ड ४, पृ० ३०; ता० शाह आलम सानी, पृ० १६६; नूरुद्दीन, पृ० ६५ अ; वेण्डल, पृ० ८६; नजीबुद्दौला, पृ० ६६; पे० द०, खण्ड २१, लेख ६०, खण्ड ४०, लेख २३; कानूनगो, पृ० १५०।

प्रस्ताव की चर्चा करना उचित नहीं समझा। उसने दूसरे दिन बातचीत करने का विचार किया।

उसने सूरजमल से चलने की आज्ञा मांगते हुए कहा — "ठाकुर साहब ! आप इतनी जल्दी में कोई निर्णय नहीं लें। मैं कल फिर आपकी सेवा में उपस्थित हूंगा।" सूरजमल ने यह सुनकर जाटों के अक्खड़ स्वभाव से कहा— 'नजीब ने मेरी आशा के प्रतिकूल कार्य किया है। अब आपसी तोर से दिलों की सफाई असम्भव है। वह अपने कौमी दलों के घमण्ड में चूर होकर ही आया है। इसमे एक बार उसकी शक्ति को आंकना आवश्यक है। कल मैं कूंच करके यमुना नदी पार करुंगा और गाजी-उद्दीन नगर को जलाकर बरबाद करुंगा। फिर हिण्डन नदी पर शिविर डालूंगा। समाचार मिला है कि उसकी सहायता के लिए रुहेला गंगा तट तक पहुँच चुके हैं। पहले मैं उनकी शक्ति से निपटूंगा। फिर जो भी कुछ होगा, देखा जावेगा। यदि आप इस बारे में आगे वार्ता करना चाहते हैं तो आप मुझसे मिलने का प्रयास नहीं करें।"[1] सूरजमल के इस निर्णय को सुनकर याकूब अली खां हताश हो गया और वह राजधानी में वापिस लौट आया। उसने नजीब के सामने भेंट का विवरण प्रस्तुत किया। इसे सुनकर नजीब ने कहा— "यदि ऐसा ही है तो हम अविश्वासी से अवश्य युद्ध करेंगे और यदि खुदा का शुकर होगा तो अब उसका अवश्य वध करेंगे।"[2]

मीर गुलाम हुसैन का मत है कि वास्तव में सूरजमल ने भेंट को रुचि-पूर्वक स्वीकारा, परन्तु समझौता-वार्ता विफल रही। वह लिखता है— "याकूब अली खां ने जिस दिन राजा सूरजमल से भेंट की, उसी दिन उसको वापिस लौटने का निर्णय मिल चुका था। उससे यह स्पष्ट रूप से कह दिया गया था कि यदि वह केवल "गिर्द सूबेदारी" की मांग को स्थगित करके समझौता वार्ता करना चाहता है तो यह उचित ही होगा कि वह फिर मिलने का कष्ट नहीं करे।"[3] देहली क्रॉनीकल का लेखक इस भेंट-वार्ता के विवरण के बारे में मौन है। निःसन्देह राजा सूरजमल की मांग उचित थी, परन्तु नजीब के प्रति उसका स्वभाव उपेक्षात्मक, अहंकारी तथा हठपूर्ण था। फादर वेण्डल का विश्वास है कि "लेकिन सूरजमल ने युद्ध की मांग की थी"[4] इस प्रकार उभय पक्षों में तनाव पैदा हो गया, जिसका निर्णीत परिणाम अति दुःखद था।

---

१ – नूरुद्दीन, पृ० ६५ ब-६६ अ।

२ – बयाने वाकई, पृ० १६६; दे० क्रॉनी०, पृ० १२८; सियार, खण्ड ४, पृ० ३०-३१; वाक्या राज० खण्ड २, पृ० ६७; कीन, पृ० ८४-५; कानूनगो, पृ० १५१।

३ – सियार, खण्ड ४, पृ० ३१।

४ – वेण्डल, पृ० ८६।

समकालीन फारसी इतिहासकारों के विवरणों से स्पष्ट हो जाता है कि नजीबुद्दौला का विचार जाट सीमाओं पर आक्रमण करने का था। उसने "दिल्ली नगर की रक्षार्थ" अपने दो पुत्र अफजल खां तथा जाविद खां और सुप्रसिद्ध रुहेला बलूची सरदारों की कमान में दस–बारह सहस्र सवार व पैदल सैनिक एकत्रित कर लिये थे और इसी कौमी सेना का भरोसा करके उसने जाट शासक की न्यायसंगत मांग को नहीं माना। "युद्ध अनिवार्य" मानकर ही नजीब स्वयं अपनी सेना को व्यवस्थित करने के लिए दिल्ली नगर से बाहर निकला और २४ दिसम्बर को यमुना नदी पार करके अपने मोर्चा लगा लिये थे।

सूरजमल के रक्षात्मक तथा आक्रमणात्मक प्रबन्ध

सूरजमल नजीब के युद्ध–प्रबन्धों से पूर्णतः सावधान था। अफजल खां, सुल्तान खां, सादत खां आदि रुहेलों की कमान में आई रुहेला सेना ने उसको चौकन्ना कर दिया था। सूरजमल ने दस सहस्र जाट सैनिकों के साथ अपने ज्येष्ट पुत्र जवाहर सिंह को फरुंखनगर तथा समीपस्थ दुर्गों की रक्षार्थ व प्रबन्ध के लिए तैनात किया। साथ ही उसने समीपस्थ शाही इलाकों पर भी विजय प्राप्त करने का निर्देश दिया। इसी समय उसने अपने द्वितीय पुत्र नाहर सिंह तथा अन्य जाट सरदारों को दोआब से दिल्ली आने का आदेश भेजा। अब उसने भारी साज सामान, अनावश्यक तम्बू–डेरों को अपने राज्य की सीमाओं की ओर रवाना कर दिया था। छावनी में एक पालकी भी शेष नहीं रही। मात्र घोड़ा–घोड़ी तथा युद्ध का सामान रह गया था।

याकूब अली खां के रवाना होते ही सूरजमल ने मंसाराम, चौधरी काशीराम होड़लिया तथा उसके पुत्रों, चौधरी जीवाराम कंथारी व चौधरी राम किसन, प्रधान-मन्त्री बलराम नाहरवार, बख्शी मोहनराम बरसानिया, ठाकुर मेद सिंह (बछामदी), ठाकुर भवानी सिंह (सिनसिनी), ठाकुर दलेल सिंह (प्रस्तावन), ठाकुर वीर नारायण (बांसी), राजा बहादुर सिंह (वैर), ठाकुर अजीत सिंह, किसन सिंह, पुहुप सिंह (पथैना), राजा अमर सिंह, राव प्रताप सिंह नरुका[१] तथा अन्य मुस्लिम व मेवाती सरदारों की कमान में दस सहस्र[२] सेना के साथ शीघ्र ही कालिका पहाड़ी मार्ग से दिल्ली की ओर प्रस्थान किया। इसको सुनकर नजीब खां ससैन्य जाट शिविर से ७ किमी० दूर खिज्राबाद में आ धमका। जाट रिसालों ने यमुना नदी पार की ओर

---

१ – प्रताप रासो (पृ० १५) के अनुसार सूरजमल ने यमुना तट पर पड़ाव डाला।

२ – बिहारी लाल का विचार है कि सूरजमल ने तीस सहस्र सेना के साथ दिल्ली की ओर प्रस्थान किया था। अन्य इतिहासकार इस संख्या की पुष्टि नहीं करते हैं।

दिल्ली के पूर्व में २३ किमी० हिण्डन नदी के पश्चिमी तट पर छावनी डाली। यह देखकर नजीब खिन्नता से खिज्राबाद से दिल्ली वापिस लौट गया। जाट सेना की एक टुकड़ी ने हिण्डन नदी पार कर ली और गाजियाबाद पहुँचकर आसपास के समस्त गांवों में भारी लूटमार की और इनको आग लगाकर बरबाद कर दिया। केवल गाजियाबाद का किला जाट बरबादी से बच गया। फिर ये जाट टुकड़ियां दिल्ली के दक्षिण में वापिस लौट आईं।[1]

अशुभ भविष्यवाणी तथा अपसगुन

कहा जाता है कि इन्हीं दिनों राजा सूरजमल की दाईं हथेली में एक काली छिलौरी हो गई थी। सगुनियों ने इसके अशुभ परिणाम बतलाये। इसी प्रकार मुहुर्त शोधकों ने, उसको इस समय दिल्ली पर आक्रमण न करने की सलाह दी थी। उन्होंने इस यात्रा को अलाभकारी तथा मृत्युवासी बतलाया। फिर भी सूरजमल अपनी चुनौती तथा बात पर अड़ गया और भविष्यवक्ताओं की सलाह को न मानकर "दारिद्रो अरु सूरमा जब चालै तब सिद्ध" कहकर उसने अपने जीवन में भारी भूल की और जाट राज्य के लिए एक महान संकट पैदा कर दिया। एक अन्य लोक कथा के अनुसार— एक दिन जब वह (सूरजमल) अपने सलाहकारों के साथ बैठकर "गिर्द फौजदारी की मांग तथा आक्रमण" के विषय में बातचीत कर रहा था, तभी एक अति उग्र कवि ने सभा में प्रवेश किया। उसका समुचित सम्मान किया गया। सूरजमल ने जब कविराज से कविता सुनाने का आग्रह किया, तब उसने छन्द के अन्तिम पाद में "परे रहैं खेत बिच खोपरिन के खपरा" का उच्चारण करके सभी को आश्चर्य चकित कर दिया। सूरजमल ने चारण से इसके बारे में पूछा, क्या कविवर, अब की बार यही होगा ? कवि ने नम्रता के साथ कहा— "श्री महाराज, इस समय वाणी (सरस्वती) ऐसा ही कह रही है।" "ठीक है, यों ही सही," सूरजमल ने कहा। सूरजमल के दिल में यह पदांश चुभ गया और उसने इसको कई बार गुनगुनाया।[2]

युद्ध की अन्तिम चुनौती, २४ दिसम्बर

२४ दिसम्बर को अन्तिम बार नजीबुद्दौला ने पुनः अपने निजी सेवक करीमुल्ला खां को सागरमल खत्री के साथ सूरजमल के डेरों पर अपना सन्देश लेकर भेजा। "आपने अब तक जो कुछ किया, उचित ही किया और जो कुछ करना चाहते

---

१ – बयाने वाकई, पृ० ३०२; दे० क्रॉनो; पे० द, खण्ड २१, लेख १०, खण्ड २१, लेख २३; नूरुद्दीन पृ० ६६ अ; वेण्डल, पृ० ८१।
२ – क्षेत्रीय लोक वार्ताएं; दीक्षित, पृ० ६५–६।

है, वह भी ठीक ही कर रहे हैं। मैं भली भांति समझता हूँ कि आप मुझसे हर प्रकार से श्रेष्ठ हैं। आपके पास श्रेष्ठतम बन्दूकची सवार हैं। अच्छे सुदृढ़ व सम्पन्न दुर्ग हैं। इन दिनों हिन्दुस्तान में अन्य कोई राजा आपसे अधिक इतना शक्तिशाली व सम्पन्न नहीं है। आपके पास भारी खजाना तथा सम्पन्न राज्य है। इससे यह उचित नहीं होगा कि मैं आपसे युद्ध करूं। फिर आप जान बूझकर हंगामा कर रहे हैं। अब आप लूटमार को रोककर अपने वतन को लौट जावें। आपने जो कुछ सोचा था, वह पूरा हो चुका है। इसके अलावा आपने मेरे कुछ गांवों को भी बरबाद कर दिया है। जो कुछ हुआ, ठीक है। अब आपसे वापिस लौटने का आग्रह करता हूँ।"

रात्रि को दोनों दूत नजीब के पास लौट गये और उन्होंने सूरजमल का उत्तर प्रस्तुत किया। "आप नवाब जी से कह दें कि कल प्रातः वह रणक्षेत्र में आकर मेरा मुकाबला करें। मैंने इतनी दूर से आने का श्रम किया है, लेकिन आप १६ किमी० बाहर नहीं आ सकते। यदि आप प्रातःकाल युद्ध करने के लिए नहीं निकलेंगे, तो मैं स्वयं आक्रमण करूँगा। इसलिए जो कुछ भाग्य में लिखा होगा, उसके लिए आप उत्तरदायी होंगे।" [1] इसके बाद मंत्रणा-परिषद में करीमुल्ला खां ने— "धैर्य तथा आश्वासन" देकर सूरजमल को सन्तुष्ट करने की सम्भावना का खुलकर विरोध किया। सैय्यद गुलाम हुसैन के शब्दों में— "उसने (करीमुल्ला) बीच में विघ्न डालते हुए कहा – सरकार यदि आपके दिल में इज्जत (सम्मान) की चिनगारियां कुछ भी शेष हैं, तो आपको शीघ्र ही युद्ध करना चाहिये। इस समय न अन्य कोई उपाय है और न अन्य कोई मध्यस्थ जो सम्मानजनक मार्ग निकाल सके। शिष्टमण्डल व इस सभा का युद्ध ही मात्र परिणाम है।" [2] नजीब ने उसकी ओर मुड़कर कहा— "ठीक है, मुझे भी इसी में आस्था है।" यह कहने के बाद ही उसने अपने पुत्र अफजल खां, सुल्तान खां और जाबित खां को बुलवाया और उनको दूसरे दिन राजघाट से यमुना नदी पार करने के लिए तैयार रहने का आदेश दिया। साथ ही उसने सादत खां, सैय्यद खां, मान खां, महमूद खां बंगश, जो उस समय अन्य सरदारों के साथ वहां मौजूद थे, आदि अन्य सभी सरदारों को अपने पुत्र व भाई-बन्धुओं के साथ इस युद्ध में शामिल होने का आग्रह किया। उसने कहा— "आप सभी अपनी सैनिक टुकड़ियों के साथ कल प्रातःकाल नदी पार करके इस घमण्डी नास्तिक से युद्ध छेड़ दें।" तभी नकीब को बुलाकर सैनिकों को युद्ध के लिये एकत्रित होने का आदेश दिया। [3] आदेश मिलते ही उन्होंने आक्रमण करने की हर-सम्भव

---

१ – नूरुद्दीन, पृ० ६६ अ–६७ ब।
२ – सियार, खण्ड ४, पृ० ३१; वाक्या राज०, खण्ड २, पृ० ६७।
३ – उपरोक्त; नूरुद्दीन, पृ० ६७ ब।

तैयारियां प्रारम्भ कर दीं।

१४ – अन्तिम युद्ध में राजा सूरजमल का देहावसान, दिसम्बर २५, १७६३ ई०

निर्देश मिलते ही कुंवर नाहर सिंह कुछ सहस्र सवारों के साथ दोआब प्रान्त से दिल्ली अभियान में आकर शामिल हो गया था। २४ दिसम्बर को जाट सैनिकों ने हल्के युद्ध प्रसाधनों के साथ यमुना नदी पार कर ली और गाजियाबाद से कुछ किमी० दूरी पर दक्षिण की ओर, सम्भवतः शाहदरा के मैदान में छावनी डाली। रविवार, २५ दिसम्बर को सूर्योदय से दो घन्टा पूर्व नजीबुद्दौला स्वयं घोड़े पर सवार होकर अपने दस सहस्र सैनिकों के साथ यमुना पार करके हिंडन नदी पर पहुँच गया। जाट सैनिक काफी आगे बढ़ चुके थे और उन्होंने हिण्डन नदी के पार अपनी खन्दकें भी खोद ली थीं। नजीब की प्रगति में शाहदरा गंज बाधक था, जिस पर उसने अधिकार कर लिया था और अग्र पंक्तियों को सामान भेजने के लिए सुरक्षित कर लिया था। अब उसने हिण्डन नदी के पश्चिमी तट की ओर शाहदरा के मैदान में अपनी सैनिक पंक्तियां व्यवस्थित कर लीं।[1] डा० सरकार का मत है कि "नजीबुद्दौला ने युद्ध क्षेत्र से सूरजपुर (सिकन्दराबाद) के पश्चिम में २४ किमी० की ओर कूंच किया।" उभय पक्ष की दोनों सेनायें एक दूसरे के आमने-सामने आकर जम गईं।

सैय्यद गुलाम हुसैन के अनुसार— "अपनी सेनाओं को व्यवस्थित करने के बाद नजीबुद्दौला ने अपने पुत्र अफजल खां, जो हरावल (अग्र पंक्ति) का संचालन कर रहा था, को आक्रमण करने का आदेश दिया और उसकी पहल से सीधी झड़पें प्रारम्भ हो गई।" सम्भवतः दिल्ली के दक्षिण-पूर्व में १६ किमी० सराय बदर के पूर्व तथा भागेल के उत्तर में उभय पक्षों में कुछ समय तक भयंकर मुठभेड़ हुई, जिसमें दोनों ओर से आक्रमण-प्रत्याक्रमण होते रहे।[2] मध्याह्न तीन बजे तक दोनों ओर से तोपों की गोलाबारी चलती रही। दोपहर के बाद सूरजमल ने अपने अधिकांश सैनिकों, तोपखाना पंक्ति तथा हाथियों को रुहेलों पर आक्रमण करने के लिए व्यवस्थित किया। उसने मंसाराम को हरावल की कमान सौंपी और अपने दक्ष व प्रशिक्षित सवारों को हरावल से दूर शत्रु पर आक्रमण करने के लिए खड़ा कर दिया, ताकि वे शत्रु के

---

*—प्रताप रासो (पृ० १५) के अनुसार नजीब खां ने धर्म के नाम पर युद्ध करने की पहल की।

१ – शाकिर, पृ० १०५; दे० क्रॉनी०, पृ० १२६; कानूनगो, पृ० १५१।

२ – सरकार (मुगल), खण्ड २, पृ० ३०४; सियार, खण्ड ४, पृ० ३२।

कमजोर स्थान पर आक्रमण करने के लिए सुरक्षित रह सकें। इसके बाद वह थोड़ी सी सेना के साथ अपनी सैनिक पंक्तियों से दूर हटकर नजीब के पृष्ठ भाग पर आक्रमण करने को बढ़ा। मंसाराम ने अफजल खां की अग्र पंक्ति पर भीषण आक्रमण किया। मुगलिया सवार, सैय्यद मुहम्मद खां बलूच, जेता गूजर का पुत्र गुलाब सिंह, अफजल खां (नजीब का भाई), उस्मान खां आदि ने जम कर संघर्ष किया। गोली लगने से उस्मान खां खेत रहा और जाटों ने उनको पीठ मोड़ कर भागने के लिए बाध्य कर दिया। इस युद्ध में राव प्रताप सिंह नरुका ने अपनी वीरता का परिचय दिया। उभय पक्ष के लगभग एक सहस्र सैनिक खेत रहे या घायल हो गये और अन्त में रुहेला-बलूच सैनिक मैदान छोड़कर भाग निकले।[1]

जब युद्ध अपनी चरम सीमा पर था और अफजल खां के मध्य भाग पर मंसाराम ने भयंकर धावा किया, उस समय राजा सूरजमल अपने तीस अंगरक्षकों के साथ घोड़े पर सवार एक झाड़ी के समीप खड़े होकर युद्ध देख रहे थे। उनकी कमर में तमंचा और मेवाती सैनिकों की भांति हाथ में एक छोटा भाला था। आधुनिक इतिहासकार कर्नल जेम्स टॉड, ग्राउज तथा भरतपुर राज्य के इतिहासकारों का मत है कि वास्तव में इस समय राजा सूरजमल का युद्ध की ओर ध्यान नहीं था। वह शाहदरा के शाही आखेट-उद्यान में शिकार खेलने में मस्त था। इसी समय झाड़ियों में घात लगाकर बैठे नजीब के दो रुहेला दलों ने उन पर आक्रमण कर दिया। रुहेला सवारों के भीषण धावे से सूरजमल मैदान में ही खेत रहा।[2] इस दुःखद घटना के बारे में फादर वेण्डल लिखता है— "सूरजमल का पुत्र तथा उत्तराधिकारी नाहर सिंह कुछ सहस्र सवारों के साथ द्रुतगति से दिल्ली की ओर बढ़ रहा था। एक दिन सूरजमल को समाचार मिला कि शत्रु का एक विशाल सैनिक दल नाहर सिंह पर आक्रमण करने के लिए बढ़ रहा है। दुर्भाग्य से जब राजा सूरजमल हिण्डन नदी के एक नाले को पार कर रहा था, तभी आक्रमण के लिए झाड़ी में तैनात रुहेला बन्दूकचियों ने अचानक उसको दो ओर से घेर लिया। इन सैनिकों ने जाट अंगरक्षकों पर घातक हमला किया। फलतः जाट सैनिक इधर-उधर तितर-बितर हो गये। वे मैदान में ही खेत रहे या बुरी तरह घायल हो गये और अन्त में राजा सूरजमल भी खेत रहा।"[3]

---

१ – नूरुद्दीन, पृ० ६८; दे० कॉनी; पृ० ११९।
— डॉ० कानूनगो (१५०) के अनुसार सूरजमल के साथ छः सहस्र सैनिक थे और नूरुद्दीन (पृ० ६८ अ) के अनुसार पाँच सहस्र सैनिक थे।
२ – टॉड, खण्ड २, पृ० ३००; ग्राउज, पृ० २४; दीक्षित, पृ० ६७।
३ – वेण्डल, पृ० ६०; कानूनगो, पृ० १५४।

मीर गुलाम हुसैन का विवरण अति रोचक व विस्तृत है। वह लिखता है—"अपनी सैनाओं को व्यवस्थित करने के बाद सूरजमल अपने कुछ साथियों के साथ, जिनमें यह्या खां का पुत्र मीर मुंशी (मुख्य सचिव) कलीमुल्ला खां भी शामिल था, दोनों सेनाओं के बीच में होकर निकला। वह रणक्षेत्र की व्यवस्था के निरीक्षण के लिए इधर-उधर स्वच्छंदतापूर्वक घूम रहा था। अचानक कुछ निर्णय लेने के लिए एक स्थान पर रुका। इसी बीच में मंसाराम जाट की अग्र पंक्ति से पराजित होकर अफजल खां के सैनिक दल एक के बाद एक इधर होकर भागने लगे। यह देखकर गोल खास के सैनिकों ने उनसे निवेदन भी किया कि गिने चुने रक्षकों सहित शत्रु के इतने अधिक समीप खड़ा होना खतरे से खाली नहीं है। मीर मुंशी कलीमुल्ला खां तथा मिर्जा सैफुल्ला खां ने उनसे वापिस हटने का कई बार आग्रह भी किया, किन्तु वह शत्रु की गतिविधि का निरीक्षण करने में इतने अधिक दत्त-चित्त थे कि उन्होंने उनके आग्रह पर ध्यान नहीं दिया। उन्होंने पुनः आग्रह किया और सवार होने के लिए एक घोड़ा भी भेजा। सूरजमल घोड़े पर सवार भी हो गया, फिर भी एकाग्र-चित्त होकर उसी स्थान पर खड़ा रहा।

इसी समय सैय्यद मोहम्मद खां बलूच, जिसको सैय्यद खां या सैय्यदू भी कहा करते थे, अपने तीस–पैंतीस सवारों के साथ उनके समीप से भाग रहा था। इनमें से किसी एक सवार ने मुड़कर सूरजमल को पहचान लिया और वह सैय्यद (सेडू) के पास दौड़कर गया और चिल्लाकर कहने लगा— "अरे, कुछ आदमियों के साथ वहां जो व्यक्ति खड़ा है, वह सूरजमल के अलावा अन्य कोई नहीं है। मैं उसको अच्छी तरह पहचानता हूँ। क्या हमको इससे अच्छा अवसर मिल सकेगा हमको कुछ करना चाहिये। हमको आगे उसको देखने का मौका नहीं मिल सकेगा।" इन शब्दों को सुनकर सैय्यद स्वयं अपने सवारों के साथ पीछे की ओर मुड़ा और जाट अंगरक्षकों पर एकाएक आक्रमण कर दिया। रुहेलों ने मिर्जा सैफुल्ला, राजा अमर सिंह तथा अन्य दो–तीन अंगरक्षकों को तलवार के घाट उतार दिया। अन्य सवार घायल होकर अपने प्राण बचाकर मुख्य सेना की ओर भाग गये। सैय्यद प्रतिशोध की भावना से अपने घोड़े से उतरा और उसने सूरजमल के पेट पर अपना खंजर दो-तीन बार फेंककर मारा। इसके बाद अन्य दो तीन सवारों ने उसके ऊपर तलवारों से वार किया। जाट शासक की दाईं भुजा कटकर गिर गई और अन्त में वह धराशायी हो गया। उसके शरीर के टुकड़े–टुकड़े कर दिये गये। सैय्यद का एक सैनिक सूरजमल की कटी भुजा को अपने भाले की नोंक में पताका की भांति उठाकर नजीबुद्दौला के पास ले गया।"[1]

---

१ – सियार, खण्ड ४, पृ० ३२।

—हरसुखराय (इ० डा०, खण्ड ८, पृ० ३६३) का कथन है— "दुर्भाग्यवस वह*

इस युद्ध के बारे में सैय्यद नूरुद्दीन लिखता है— "वह (सूरजमल) अनेक घावों से लोहू-लुहान होकर घोड़े से नीचे गिर पड़ा। उसके कुछ अंगरक्षक तथा पीरजादा शेख अहमद (फतहपुर), जो उसका अति विश्वास पात्र सेवक था, काम आया। अन्य साधारण सवार भी खेत रहे। बाकी घटनास्थल से भाग निकले। उनका पीछा करने के लिए मुगलिया दल उधर चल दिये, किन्तु अनेकों जाट सैनिक अपने घोड़ों से उतरकर झाऊ की झाड़ियों में जा छिपे। युद्ध के समय सैय्यद मोहम्मद खां बलूच, जिसे सैयदू (सेद्दू) कहते थे, भागकर इन दलों में शामिल हो गया था। करम खां रज्जर के एक रुहेला साथी ने कहा— "अरे, सैय्यद मोहम्मद खां कहां भाग रहे हो? सूरजमल यहां जमीन पर पड़ा है। मैं उसे पहचानता हूं।" सैयदू घोड़े से उतर पड़ा। सूरजमल ने बलूच जाति को अति अपमानित किया था और वे बदला लेने के लिए उतारु थे। इससे उसने कमरबन्धा से खजर निकाला और सूरजमल के पेट में दो-तीन बार घोंपा। दो तीन बारगीरों ने अपनी तलवारों से अनेक बार वार किया। फिर सैयदू ने उसके "सिर को उड़ाने" का आदेश दिया। तब पांच-छः आदमियों ने तलवारों से सिर पर वार किये। इससे उसके सिर की कुट्टी हो गई। इसमें एक तलवार भी टूट गई थी। इसके बाद सैयदू वहां से लौट आया। मुगलिया दलों के हाथ अनेक घोड़ा लगे।" [१] इसी प्रकार नवाब समसामुद्दौला का मत है— "खान के एक जमादार ने उसको पहचान लिया और स्वजातीय एक सौ सवारों के साथ उस पर झपटा और मार कर भूमि पर लिटा दिया।" [२]

राजा सूरजमल के गोलोकवास का समाचार चारों ओर बिजली की भांति फैल गया था, फिर भी जाट शिविर में अनुशासन भंग नहीं हो सका। उसके शरीर का कोई भी अंग जाट सरदारों के हाथ नहीं लग सका। सैयदू स्वयं अपने सैनिकों सहित शिविर में लौटा और वह सूरजमल के प्राणान्त की शेखी बघारने लगा।

ॐ अपनी एक तोप-पंक्ति की जांच करने के लिए मुख्य वाहिनी से काफी दूर निकल गया था।

—जाचीक जीवण (पृ० १५) के अनुसार— जब सूरजमल शत्रु सेना से घिर गया, तब उसने कहा— "अरे, इसी समय फौज में जाकर राव प्रताप सिंह नरुका को खबर कर दो।" किन्तु वहां कौन किसकी सुनने वाला था और कौन वली राव प्रताप सिंह को जाकर समाचार देने वाला था। सूरजमल के आदेश पर जाट अंगरक्षक शत्रु पर टूट पड़े और सभी खेत रहे। अन्त में सूरजमल भी रणक्षेत्र में गिरकर स्वर्गलोकवासी हो गया।

१— नूरुद्दीन, पृ० ६८ ब-६९ ब।

२— म० उल उमरा, खण्ड १, पृ० १३०।

परन्तु जाट सेनायें यथावत रणक्षेत्र में जम रही थीं और हाथी पर निरन्तर निशान फहरा रहा था। धौंसा बज रहा था। इससे किसी ने भी उसकी घोषणा पर विश्वास नहीं किया। इसी प्रकार जाट शिविर में भी किसी ने इस समाचार पर विश्वास नहीं किया। वहां यह समाचार जोर पकड़ रहा था कि सूरजमल (राजा) को शत्रु के अचानक आक्रमण से बचाने के लिए जसवत रेवारी ने अपने सिर पर राजसी कलंगी धारण करके अपने प्राणों की आहुति दे दी है और महाराजा को कोई भी चोट नहीं आई है।[१] इसी प्रकार नजीब ने सैयदू से कहा— "सूरजमल का प्राणान्त इतना सरल काम नहीं है, किन्तु पृष्ठ भाग से जिस सेना ने आक्रमण किया था, वह पराजित होकर अवश्य भाग गई है और उसका सरदार खेत रहा होगा। यदि सूरजमल वास्तव में खेत रहा होता, तो बीस सहस्र सेना मैदान में नहीं जमती। उनके सरदार सवार होकर लड़ रहे हैं और अपनी स्थिति सुदृढ़ बना रखी है।"[२] जाट सैनिक अपने सेनानायकों की कमान में पूर्ण उत्साह व उमंग के साथ अपने-अपने स्थान पर जमें रहे और किसी ने भी अफवाह पर ध्यान नहीं दिया। जाट सेना के अनुशासन के बारे में मीर ग़ुलाम हुसैन लिखता है— "जाट सेना का अनुशासन श्लाघनीय था। सूरजमल की मृत्यु का समाचार मिलने पर भी जाट सैनिक विचलित नहीं हो सके। वे सभी अपने मोर्चों पर दृढता से जमे रहे, मानों अभी तक कुछ भी नहीं हुआ था। नजीब की सेना के सामने मोर्चे पर तैनात सैनिक गोलियां चला रहे थे और उनके हाथी पर अभी तक झण्डा सीधा फहरा रहा था। रणवाद्य व नक्कारे बज रहे थे। रुहेला सैनिक भावी संकट की आशंका से भयभीत होकर भाग निकले और अपने शिविरों में जाकर छिप गये थे।"[३]

सूर्यास्त से तीन घंटा बाद दोनों ओर के सैनिक मैदान से हटकर अपने-अपने शिविरों में वापिस पहुँच गये। नजीब अपनी सेना की व्यवस्था के लिए सारी रात मैदान में ही जमा रहा और उसने वहां अपना डेरा ड़ाल दिया था। मध्य रात्रि में जाट सैनिकों ने अपना शिविर शांति व व्यवस्था के साथ उठा लिया। प्रधान सेनापति बलराम नाहरवार ने कुंवर नाहर सिंह सहित एक विजेता की भांति द्रुतगति से शाहदरा रणक्षेत्र को छोड़कर जाट राजधानी-डीग की ओर कूंच कर दिया। इसी समय कुछ सैनिक जवाहर सिंह के पास फर्रुखनगर की ओर चले गये और अन्यों ने नाहर सिंह के साथ राजधानी डीग में २७ दिसम्बर को प्रवेश किया। दूसरे दिन

---

१ – मीरासियों के लोकगीत "अरे कोई म्हारो ऊंट चरावत जसवत रेवारी" तथा लोक कथायें।

२ – नूरुद्दीन, पृ० ६९ ब-७० अ।

३ – सियार, खण्ड ४, पृ० ३२।

(२६ दिसम्बर) प्रातःकाल नजीबुद्दौला के हरकारों ने समाचार दिया कि ४८ किमी० तक जाट सेना का कोई भी चिह्न दिखलाई नहीं देता है। इस प्रकार जाट सेनापति ने अपने सैनिकों व साज-सामान को अपनी चतुराई से विनाश से बचा लिया। अब नजीब को भी विश्वास हो गया था और वह मैदान से हटकर राजधानी में वापिस आ गया।[1]

यथार्थ स्थिति की जांच तथा दिवंगत सूरजमल का पार्थिव शरीर

समकालीन इति-वृतों से स्पष्ट है कि जाट सम्राट सूरजमल के शरीर का एक अंग भी जाटों के हाथ नहीं लगा था। देहली क्रॉनीकल के अनुसार-"सैय्यद मोहम्मद खां बलूच सूरजमल की एक भुजा और सिर काटकर अपने साथ ले गया था और दो दिन तक अपने पास छिपाकर रखा। इसके बाद उसने इनको नवाब नजीबुद्दौला के सामने प्रस्तुत किया। तब सभी को पूर्णतः विश्वास हो गया कि सूरजमल वास्तव में मारा गया है।"[2] सैय्यद गुलाम हुसैन का मत है—"सैयदू का एक सवार सूरजमल की भुजा को ले गया और उसने नजीब के सामने भुजा प्रस्तुत की। नजीब अगले दो दिन तक यह विश्वास नहीं कर सका कि भुजा सूरजमल की ही है।"[3] इस घटना के बारे में सैय्यद नूरुद्दीन लिखता है— "जाट सेना के अचानक पलायन की सूचना मिलने पर नजीब ने सैय्यद मोहम्मद खां को बुलाकर पूछा कि उसने सूरजमल के शरीर को कहां छोड़ दिया था? उसने उसकी कुछ पहचान भी लाने को कहा। सैयदू ने सूरजमल की एक भुजा काट ली थी और वह उसे ले गया था।

नजीब ने सागरमल खत्री और करीमुल्ला को बुला कर पूछा कि बातचीत के समय उसने कौन से वस्त्र पहिन रखे थे। करीमुल्ला ने कहा— "उसने पीली छींट का अंगरखा पहन रखा" था। सैयदू जब भुजा लेकर लौटा तब उसके हाथ पर वही छींट बतलाई गई। सागरमल ने कहा— "ठाकुर साहब की भुजा में विगत तीन वर्ष से छिलौरी हो गई थी और वह अभी भी है। मेरे सामने भुजा लाई जावे।" जब भुजा उसके सामने लाई गई, तब वह चिह्न उसमें मौजूद था, साथ ही छींट की आस्तीन भी। अब दिन का एक पहर शेष था।"[4] अतः स्पष्टतः सूरजमल ने २५

---

१ – वेण्डल, पृ० ८६-६०; दे० क्रॉनी०, पृ० १२६; बयाने वाकई, पृ० ३०५; नूरुद्दीन, पृ० ७० अ; चहार, पृ० ४५३; इमाद, पृ० १६४-२०५; मुनालाल, पृ० ७८-८५; कानूनगो, पृ० १५२-३; सरकार (मुगल), खण्ड २, पृ० ३०४-५।

२ – दे० क्रॉनी०, पृ० १२६।

३ – सियार, खण्ड ४, पृ० १२६।

४ – नूरुद्दीन, पृ० ७० अ-ब; दे० क्रॉनी०।

दिसम्बर को स्वर्गलोकवास प्राप्त किया। सियार-उल-मुताखरीन का लेखक भी इसी तथ्य को दोहराता है, उसके अनुसार सूरजमल की भुजा में बंधे ताबीज तथा मुलतानी छींट की आस्तीन को पहचान कर ही जाट शासक की मृत्यु को स्वीकार कर लिया गया था।[1] युद्ध के तीसरे दिन (२७ दिसम्बर) नजीब ने दिल्ली से अपने देश की ओर कूंच कर दिया और सिकन्दराबाद के पश्चिम में २४ किमी० सूरजपुर पहुँच कर डेरा डाला।[2]

एक मात्र देहली क्रॉनीकल का मत है कि सैय्यद मोहम्मद खां सूरजमल के सिर को अपने साथ ले गया था और दो दिन तक उसने अपने पास रखा। किन्तु अन्य लेखकों का विवरण अधिक उपयुक्त है। रुहेला सवार सूरजमल के धड़ को मैदान में ही छोड़कर भाग गये थे। अतः यह निश्चित ही है कि जाट मन्त्री या सेनापतियों ने उसके पार्थिव शरीर की अवश्य खोज कराई होंगी, परन्तु घोर परिश्रम के बाद भी वे सफल नहीं हो सके और न दूसरे दिन ही नजीब को इसका पता चल सका। अतः यह सम्भव हो सकता है कि रुहेला सवारों ने उसके धड़ को भी तिल-तिल कर दिया था या भय के कारण किसी सैनिक ने उसको नदी में ले जाकर बहा दिया था। इस बारे में समकालीन कवि जुलकरन[3] का विवरण उचित ही है। वह लिखता है—

रंग राच्यो रणभूमि झूमि झूमि लड़्यो सूजा,
संग को सगोती लोग पीछे कों हटि गयो।
कहे "जुलकरन" अनल सो तातो भयो,
रातो भयो रूप छवि छोभ में पटि गयो।
टारे से टर्यो न ऐसो धरती समान रुप्यो,
तन टूक टूक तरवारन कटि गयो।
बेध रविमंडल को छेदि गयो परलोक,
सुरलोक बारेन को फाटक फटि गयो॥

सम्वेदना तथा संस्कार

रविवार, दिसम्बर २५, १७६३ ई०/पौष वदी ५, वि० सं०, १८२०/१९ जमादि दोयम ११७७ हि० को सूर्यास्त से कुछ समय पूर्व (लगभग ५ बजे) शाहदरा के मैदान में जाट सम्राट सूरजमल ने वीरगति प्राप्त की। उसकी मृत्यु पर उसके आश्रित जन, जाट राज्य के कवियों, विद्वानों ने कारुणिक सम्वेदना प्रगट की थी।

---

१ – सियार, खण्ड ४, पृ० १२६।

२ – दे० क्रॉनी०।

३ – कवि कुसुमांजलि, पृ० ३५।

जाट राज्य में इस समाचार से सर्वत्र मूर्च्छा छा गई। मीर बख्शी नजीबुद्दौला को भी भारी आश्चर्य व सन्ताप हुआ। उसने अपने पत्र में सम्वेदना प्रगट करते हुए लिखा— "ईश्वर (खुदा) साक्षी है, ये घटना ईश्वरेच्छा से घटी और दुःखद घटना भाग्य की विडम्बना मात्र थी। महाराजा सूरजमल एक महान व्यक्ति थे।" [1] सियार-उल-मुताखरीन का लेखक सैय्यद गुलाम हुसैन खां लिखता है— "यह मृत्यु एक विशेष महत्वपूर्ण घटना है। अब तक यह देखा गया था कि सूरजमल सभी युद्ध-क्षेत्रों में अपनी सेना को अनावश्यक खतरे में नहीं डालता था। वह स्वयं किसी सुरक्षित स्थान पर रहकर ही अपने सैनिकों के पास सन्देश भेजता था। उसका कहना था — "**युद्ध साहस या अग्र मोर्चे पर बढ़कर जीतने की चीज नहीं है, बल्कि विजय कूटनैतिक प्रयास व जन-समर्थन से मिलती है।**" इस समय दुर्भाग्य ही था कि वह अपनी नीति तथा विश्वास को भूल गया और उस असुरक्षित स्थान पर अकेला ही खड़ा रह गया था, जहां उसका प्राणान्त हुआ। उसकी मृत्यु नजीब के उत्कर्ष की विजय थी, जिस पर किसी को भी विश्वास नहीं था।" [2]

कुंवर नाहर सिंह तथा प्रधान सेनापति बलराम नाहरवार की कमान में जाट सेनायें घटना के ३० घण्टा बाद २७ दिसम्बर को डीग पहुँच गईं और फिर नाहर सिंह कुम्हेर चला गया, जहां सूरजमल के अन्य पुत्र, बन्धु-बान्धव अपनी जागीरों से आ गये थे। जवाहर सिंह स्वयं ३६ घन्टे के बाद २६ दिसम्बर की रात्रि को डीग पहुँचा और ३० दिसम्बर को सामाजिक परम्परा के अनुसार मातमपुरसी के बाद जाट साम्राज्य की गद्दी प्राप्त की। [3] फिर दो दिन तक दिवंगत राजा के अंतिम संस्कार के बारे में विचार-विमर्ष होता रहा। कहा जाता है कि इसी समय राज खजांची ने कोषागार से सूरजमल का एक दांत सौंप [4] दिया था। उसी दांत का गोवरधन में कुसुम सरोवर नामक स्थान पर अन्तिम संस्कार किया गया। जवाहर सिंह ने इसी स्थान पर अति भव्य, शालीन, कलात्मक छतरी का निर्माण कराया। यह स्मृति अद्यतः जाट स्थापत्य कला की अनुपम देन है।

१५ – राजा सूरजमल का व्यक्तित्व तथा मूल्यांकन

जाट जाति के क्रमिक राजनैतिक इकाई के विकास तथा ऐतिहासिक संदर्भों के अध्ययन से स्पष्ट है कि हिन्दुस्तान में सहस्रों वर्षों के बाद १८ वीं शताब्दी के

---

१ – नजीबुद्दौला, पृ० ६९–७०।

२ – सियार, खण्ड ४, पृ० ३३।

३ – नूरुद्दीन, पृ० ७१ अ–७२ अ; वेण्डल, पृ० ६५; कानूनगो, पृ० १७२।

४ – दीक्षित, पृ० ६७।

पूर्वार्द्ध में जाट समाज में एक दिव्य प्रतिभा के रूप में सूरजमल ने जन्म लिया था, जिसने अपने अटूट आत्म-विश्वास, पराक्रम, दूरदर्शिता व नीति-निपुणता से समग्र जाट जाति को भारतीय इतिहास में एक राजनैतिक इकाई के रूप में नव-जीवन प्रदान किया और स्वयं ने अपनी असाधारण प्रतिभा, बुद्धि-कौशल से इतिहास में अपना महानतम स्थान बना लिया था। सूरजमल के जन्म तथा सत्कार्यों से अनेक शताब्दियों के बाद हरियाणा ब्रजमंडल तथा अन्तर्वेद (दोआब) की विलुप्त भारतीय सभ्यता तथा संस्कृति का पुनः विकास हुआ। वह अति प्रतापी, कुशल कूटनीतिज्ञ, अति उदार, चरित्रवान, रचनात्मक प्रतिभा-सम्पन्न शासक था, जिसकी सु-स्मृति समस्त जाट-क्षत्रिय समाज में अभी तक विद्यमान है। फ्रेंच जॉन गोटलिइब कोहन के अनुसार— "सूरजमल एक शासक के सभी गुणों से समलंकृत था।"[1] वास्तव में "वह जाट जाति के नेत्रों का तारा और देदीप्यमान ज्योति नक्षत्र था।"[2] अपनी कल्पना का जाट राज्य स्थापित करने से पूर्व ही उसने पचपन वर्ष की आयु में गौरव व गरिमा के सर्वोच्च शिखर पर पहुँचकर रणक्षेत्र में परम वीर सुगति प्राप्त की थी। उसकी असामयिक मृत्यु के बाद जाट समाज में आगे अन्य कोई प्रतिभावान्, सद्चरित्र जाट उत्तराधिकारी, जाट सरदार या लोकप्रिय नेता पैदा नहीं हो सका, जिसने उसके अपूर्ण राजनैतिक प्रयत्न, नीति तथा स्वप्नों को साकार रूप देने में सफलता प्राप्त की हो। सूरजमल ने लगभग तीस वर्ष तक जाट साम्राज्य का विस्तार तथा संघात्मक संगठन किया था और अन्तिम आठ वर्ष (१७५६-६३ ई०) तक सफल जाट राजा या लोकप्रिय नेता के रूप में जाट राज्य का उपभोग किया था।

सूरजमल अति प्रभावी, भारी-भरकम सुडौल आकृति का व्यक्ति था। राजत्व उसके अंग-प्रत्यंग में आभासित होता था। मात्र आकृति को देखकर प्रत्येक व्यक्ति उसको राजा समझ सकता था। कद ठिगना, शरीर गठीला, कन्धा चौडे और भुजायें विशाल व मांसल थीं। वृद्धाकाल में सु-गठित शरीर भारीपन की ओर झुकता चला गया था। रंग साफ होने पर भी अंग सांवला था। नेत्रों से तेज चमकता था। चेहरा पर मृदुलता, सरलता व सरसता, व्यवहार में उदार-कुशलता थी और अति साधारण रहन-सहन आवास प्रवास था।[3] उसकी भौंहे काली, पलकें भारी, नासिका छिद्र फैले हुए थे। गलमुच्छ थीं और चौड़े माथे पर कृष्णानन्दी तिलक अति सुशोभित होता था।" अपने लघुभ्राता राजा प्रताप सिंह की दरबारी शान-शौकत, वैभव, तड़क-भड़क, विलासिता को छोड़कर वह स्वयं एक साधारण जमीदार की

---

१ – जॉन कोहन, पृ० २० अ।

२ – सियार, खण्ड ४, पृ० २७।

३ – माधव विनोद, छंद ११; वेण्डल, पृ० ५१; कानूनगो, पृ० ६४; सरकार (मुगल), खण्ड २, पृ० ३०५।

भांति सामान्य अंगरखा (जामा) पहनता[1] था, जिसकी तनियां बांधी जाती थीं। सिर पर पगड़ी बांधता था। उसमें एक शासक की भांति सिरपेच या सोने की कलंगी, मोती–जवाहरातों की लड़ी लटकती थीं। गले में अति कीमती कंठा और हीरा-जवाहरात की लड़ियां रहती थीं। पैरों में जूतियां पहनता था। कमर में कमरपट्टा बांधता था, जिसमें कटार व तलवार लटकती थी।[2]

वह प्रचलित शासकीय भाषा अरबी–फारसी या उर्दू की अपेक्षा केवल अपनी मातृ-भाषा काठेड़ी या ब्रज बोली[3] में बातचीत करने में चतुर था। साधारण साक्षर होने पर भी अनुभवी विद्वानों के सत्संग या सानिध्य से उत्कृष्ट वैदिक विधि-विधान, रीति-नीतियों का ज्ञाता था। सूक्ष्म पर्यवेक्षक, निश्चल भावी तथा चतुर राजनयिक था। ये सभी ईश्वर प्रदत्त वरदान थे। आध्यात्मक, दर्शन, काव्य इतिहास तथा प्रचलित नीति शास्त्र तथा सभी कलाओं के ज्ञाता तथा कलावन्तों के संसर्ग में रहकर उसने विशद अनुभव व ज्ञान प्राप्त कर लिया था। उसकी स्मरण शक्ति व जिज्ञासा अलौकिक थी और राजनैतिक विचारधारा स्पष्ट थी। समकालीन लेखकों ने आपको "पंडित चारु विवेक", "चौदह विद्या निधान, धर्म–कर्म प्रवीण" माना है।[4] निसन्देह उसकी अभिव्यक्ति में प्रवाह व चातुर्य्य था और वह जाट जाति का अफलातून[5] या प्लेटो[6] तथा सरताज[7] था।

अपने काल में राजा सूरजमल अति चतुर राजनयिक, दूरदर्शी, प्रबल पराक्रमी, उत्कट वीर, गुणी, शिष्ट, सभ्य, शरणागत वत्सल, लोक व्यवहार कुशल, धर्मज्ञ, शिल्प व स्थापत्य कला पारखी, विद्यानुरागी तथा ललित कला, काव्य कला मर्मज्ञ तथा प्रेरक था। आकर्षक व्यक्तित्व, उन्नत स्वाभिमान, मानवता, सद्चरित्रता तथा उदार श्रेष्टता को आंक कर ही १८ वीं शताब्दी के प्रत्येक दरबारी इतिहासकार तथा साहित्यकार ने आपके प्रति सहज सम्पन्न भाव प्रगट किया है। सैय्यद गुलाम हुसैन खां के शब्दों में— "उदात्त चातुर्य्य, दूरदर्शिता, योग्यता, तहजीब, दीवानी व आन्तरिक गृह प्रवन्ध पटुता, दिग्विजय (मुल्कगीरी) तथा प्रशासनिक प्रबन्ध (निजाम) के सर्वोत्कृष्ट ज्ञान में उसके पूर्व या समकाल में अन्य कोई हिन्दू राजा उसके समान

---

१ – इमाद, पृ० ५५।

२ – कुसुम सरोबर के भित्ति चित्र तथा अन्य दरबारी चित्र।

३ – इमाद, पृ० ५५।

४ – सोमनाथ, माधव विनोद, पृ० ६; अखैराम, सिंहासन बत्तीसी।

५ – इमाद, पृ० ५५; (अफलातून = यूनानी चिकित्सा का संस्थापक)।

६ – कानूनगो, पृ० ६५।

७ – सूदन।

नहीं था।" [1] इसी प्रकार मीर गुलाम अली के अनुसार— "अपने मुल्क (देश) की प्रशासनिक व्यवस्था (निजामी, दीवानी, राजस्व) प्रबन्ध में तत्कालीन हिन्दुस्थान के कुलीन पुरुषों में आसफजहां निजाम-उल-मुल्क से भी अधिक योग्य था। हिन्दुस्तान के राजा, जो सहस्त्रों वर्षों से अमीर (रईस) कहलाते थे, उसकी क्षमता के नहीं थे।"[2] सूरजमल ने अपनी सूझबूझ, शूरवीरता, यशस्विता तथा राजनयिकता से समस्त देश में अपनी धाक जमा दी थी। फ्रेंच लेखक फादर वेण्डल ने लिखा है— "वह (सूरजमल) अपने जन्म संस्कारों से अधिक चतुर, सफल राजनयिक, शूरवीर, एवं प्रतिभाशाली राजा था। विदेशी आक्रामक उससे भयभीत थे और पड़ोसी शत्रु भी उसकी कूटनीति के सामने झुक जाते थे। अन्यान्य पड़ोसी नवाब और हिन्दू जमींदार उसकी प्रशंसा करते थे और उसके साथ ही उसकी अपार सैनिक सत्ता से भयभीत रहते थे।" [3] एक समकालीन मुस्लिम यात्री ने उसको "हिन्दुस्तान का अन्तिम हिन्दू सम्राट" लिखा है।

इस प्रकार के लोकप्रिय जीवन्त वीर की असामयिक मृत्यु के बाद अनेक कवियों ने भाववेगाकुल काव्यात्मक श्रद्धाञ्जलियां अर्पित की थीं। वास्तव में इन लेखकों का मानस स्वतः फूट पड़ा था। १८ वीं शताब्दी के मध्यकाल में सूरजमल का साम्राज्य की दलगत राजनीति तथा प्रशासन में अति महत्वपूर्ण हस्तक्षेप था। सैनिक निपुणता, कुशाग्रता, नेतृत्व सम्पन्नता के कारण ही उसमें राजनैतिक कार्यों की कुशलता, राजनैतिक तथा आर्थिक संधियां एवं शांति-समझौतों में भारतीय समाज तथा जाट राज्य को हितकारी उपलब्धियां प्रदान कराने की क्षमता थी। सभी युद्ध-क्षेत्रों में धैर्य, निपुणता से सैन्य संचालन करके विजय प्राप्त करने की दूरदृष्टि, चातुर्य्य तथा नेतृत्व सम्पन्नता श्लाघनीय थी। सूरजमल ने "लूट तथा एकता" के आधारभूत सिद्धान्त तथा लोक प्रचलित परम्परा पर विकसित "कौमी पंचायत" या अल्प जन शासित डूंग व पाल इकाईयों को अपने राज्य में मिलाकर विशाल सम्पन्न जाट राज्य की स्थापना की थी और महान यश, सम्मान तथा कीर्ति-प्राप्त कर ली थी। उसने समाज को स्थाई शांति व सुरक्षा प्रदान की थी।

सूरजमल का जीवन एक आदर्श था। सर्वोच्च सत्ता सम्पन्न तथा यश सम्पन्न होने पर भी वह अपने आपको "एक सामान्य जमींदार या किसान" मानता था और कहलाने में गौरव अनुभव करता था। उसमें अपने पिता तथा वृद्धजनों के प्रति अटूट प्रेम, श्रद्धा तथा पितृ भक्ति थी। जीवन पर्यन्त आज्ञाकारिता तथा कर्तव्य-

---

१ – सियार, खंड ४, पृ० २८।

२ – इमाद, पृ० ५५।

३ – वेण्डल, पृ० ५१; कानूनगो, पृ० १५३; सरकार (मुगल), खण्ड २, पृ० ३०६।

परायणता का परिचय देकर अपने परिवार के अन्य भाई-बन्धुओं का असीम प्रेम, ममत्व उपार्जित करने में सफलता [१] प्राप्त कर ली थी। सूरजमल ने अपने पिता की भांति अनुरक्त होकर अपने रनिवास में अगणित रानियों का वरण नहीं किया था, फिर भी उसमें अपनी पत्नियों के प्रति संयत अनुराग था और प्रायः इनमें से कई एक राजनैतिक, सामाजिक तथा धार्मिक कार्यों में हाथ बटाती थीं। पूर्ण सहयोग देती थीं। कुम्हेर घेरा (१७५४ ई०) के समय रानी हंसिया ने अपनी सूजबूझ तथा राजनैतिक कुशलता का सफल परिचय दिया था [२] और उसके सतत् प्रयत्नों नीति निपुणता, आत्म-विश्वास से ही सूरजमल मराठों के साथ समझौता करने में सफल रहा था। आन्तरिक गृह-संघर्ष को टालने में और पानीपत संग्राम के बाद रानी हंसिया ने मराठों की सेवा करके सहृदयता व मानवता का परिचय दिया था।

सूरजमल में सादगी, अनुराग, मित्र स्नेह तथा मित्र भक्ति विद्यमान थी। अपार सम्पत्ति तथा प्रशिक्षित सैन्य बल का स्वामी होने पर भी वह सवाई जयसिंह के दशहरा दरबार में उपस्थित रहता था। उसने एक सम्मानीय राव या जागीरदार की भांति कछवाहा शासकों के प्रति उदार निष्ठा भाव प्रगट करके राज्य की पश्चिमी सीमाओं को संघर्ष से सुरक्षित कर लिया था। सम्भवतः अलवर विजय के बाद उसको सवाई माधो सिंह से कुछ सन्देह होने लगा था। सवाई माधो सिंह तथा शाह दुर्रानी के बीच चले गुप्त पत्र-व्यवहार का सूरजमल को पूर्ण आभास था और शाह दुर्रानी जाट शक्ति तथा सत्ता को निर्बल करने के लिए कछवाहों को अपना हथियार बनाना चाहता था। इसी लिए सतर्क जाट शासक ने कछवाहों के प्रति उपेक्षा प्रदर्शित करने का प्रयास किया था। [३]

उसकी चमकीली आंखों में किसी का चेहरा देखकर लक्षण निरुपण की विलक्षण क्षमता थी और व्यक्ति के मानवीय गुणों की परख करने की चतुराई थी। वह वीरों, नीति-निपुणों, गुणिगों का अति सम्मान करता था। स्वजातीय सद्भाव साहस, दृढ़ आत्मविश्वास तथा कड़वाहट को आत्मसात करने की क्षमता के कारण ही उसने अपने जीवन में कभी पराभव या पराजय [४] स्वीकार नहीं की थी। गोहद के जाट राणा, भदौरिया राजपूत शासक, कछवाहा, राठौड़, अवध तथा फर्रुखाबाद के नवाब तथा वजीर इमादुलमुल्क के साथ मित्रता निभाने में सफलता प्राप्त की थी।

---

१ – सोमनाथ, सूदन तथा अखैराम साहित्य।

२ – भाऊ बखर, सं० ६, पृ० ५।

३ – वेण्डल; सरकार (मुगल), खण्ड २, ३०६।

४ – इमाद, पृ० ५५।

कौमी मजलिस, बन्धु-बान्धवों, कुटुम्बियों के प्रति सौहार्द प्रेम भाव रखा और संरक्षण की भावना को उदारता के साथ निभाया। वजीर इमादुल्मुल्क जाट जन शक्ति व जाट सत्ता का परम शत्रु था, फिर भी संकट के समय अभीत होकर उसने जाट शासक के दरबार में शरण ली थी और सूरजमल ने उसको संरक्षण प्रदान करके उसकी तथा उसके परिवार की जीवन रक्षा की थी। "शत्रुता की भावना" को त्याग कर पदच्युत शाही वजीर का उसके पद तथा सम्मान के अनुरूप आदर-सत्कार किया था और अति बलशाली अहमदशाह दुर्रानी तथा नजीबुद्दौला से रक्षा करके उसको अपने राज्य में उसके अनुरूप निवास तथा कांसा जागीर व अन्य सुख-सुविधायें प्रदान कर दी थीं।

सवाई माधोसिंह से भयभीत माचेड़ी के राव प्रताप सिंह नरूका को भी सहज भाव से संरक्षण प्रदान किया और उसको कांसा खर्च में डहरा नामक गांव जागीर में दिया। उसने दुर्रानी के भय से भाग कर आये वरिष्ठतम शाही अधिकारियों को अपने राज्य में शरण दी और उनको शाह दुर्रानी को सौंपने से मना कर दिया था। उससे सदाशिव राव भाऊ के समान हठ, मन्द बुद्धिमत्ता या अदूरदर्शिता नहीं थी। पानीपत संग्राम के बाद विपन्न, त्रस्त, भगोड़ा मराठा सरदार तथा सैनिकों की भारी सेवा कीं थी और उनके पद व प्रतिष्ठा के अनुरूप सत्कार करके भारतीय भावना उजागर की थी। "महान संघर्ष और घोर विपत्ति तथा विषम परिस्थितियों में उसमें राजनैतिक प्रबन्ध पटुता, मार्ग अनुसंधान की प्रतिभा तथा चातुर्य्य कला थी। इस काल में नजीबुद्दौला के अलावा अन्य किसी भारतीय शासक में इतनी पटुता नहीं थी।" [1] व्यवहारिकता में नजीबुद्दौला ने अहमदशाह दुर्रानी की फौजी सहायता से देश का विनाश किया और सूफी सन्त शाह वली उल्लाह की प्रेरणा से कट्टर मुस्लिमवाद का सहारा लिया था। सूरजमल नजीब की समता से कहीं अधिक योग्य उदार व नीत्ति निपुण था। "मुगल साम्राज्य का पतन होने पर भी उसने अपने आपको महान बना लिया था। हिन्दुस्तान में अन्य कोई शासक इतना भाग्यशाली नहीं था।" [2]

सूरजमल की मानवता तथा नैतिकता में पूर्ण आस्था थी। उसने कौमी गुणों से अधिक अपने व्यक्तिगत जीवन में नैतिकता को उच्च माना था। उसकी न्यायिक कीर्ति, सुख-समृद्धि, सह अस्तित्व और धर्म निरपेक्षता की भावना, प्रशासनिक चतुराई, प्रजाहित की दक्षता तथा प्रबन्ध पटुता ने सभी जाति, प्रजाति, वर्ण, वर्ग, सम्प्रदाय के सेठ साहूकार, सर्राफ–व्यापारी, दूरस्थ मजदूर, कारीगरों को अपने

---

१ – नजीबुद्दौला, पृ० ५६।

२ – सरकार (मुगल), खंड २, पृ० ३०६।

राज्य में आकर बसने के लिए आकृष्ट कर लिया था। हिन्दुस्तान में ह्रासोन्मुख मुगल तथा राजपूत राजधानियों में केवल जोर जबरदस्त जाट राज्य ही शेष था, जहां जो धर्म, न्याय, शांति-सुरक्षा व व्यवस्था प्रतिष्ठापित थो।[1] इस आकर्षण से ही जाट नगर अति शीघ्र ही आबाद हो गये थे और इन नगरों में सम्पन्नता, और समृद्धि विलास करने लगी थी। उसके लोक-व्यवहार में संयम था और जीवन में आराम या विलासिता का अभाव था। बचपन से ही साहसिक कार्यों के प्रति मोह के कारण कठिन से कठिन समय तथा भयंकर प्रसंगों में उसने धैर्य को नहीं छोड़ा। वह जीवन-पर्यन्त खतरों से खेलता रहा और राजनैतिक भविष्य को सदैव दाव पर लगाता रहा।

सूरजमल के व्यक्तिगत जीवन में आलस्य तथा अकर्मण्यता का अभाव था। उसने फौजी संगठन तथा अनुशासन में कुशलता व कठोरता दिखलाई। वह स्वयं सधे सवारों के साथ नियमित कवायद-परेड करता था और सैनिकों को अनुशासन में रहने की शिक्षा–दीक्षा देता था।[2] रणक्षेत्र में युद्ध संचालन, सामान्य अवसरों पर मल्ल–युद्ध तथा शिकार[3] खेलने का अति शौकीन था। उसकी निजी कमान में स्वामिभक्त, धर्म तथा राष्ट्र निष्ठ, अति पराक्रमी सरदार व सवार थे और उन्होंने सदैव सूरजमल का साथ दिया था। सैय्यद गुलाम हुसैन खां के शब्दों में— "उसकी अनुशासित व संगठित सेना थी। महान आपत्ति और शत्रुओं के आक्रमणों से अपनी सेना, जमींदार तथा प्रजा की रक्षा करने की सहज साहसिक योग्यता थी। शाही वजीर या मीर बख्शी, मराठा तथा दुर्रानी ने विशाल सेना के साथ जब भी उसके देश पर आक्रमण किया तब वह फौजी संघर्ष को टालने के लिए ही अपनी सेना, सरदार तथा प्रजा के साथ अपने सुरक्षित दुर्गों में चला गया था। उसने आक्रान्ताओं से यथासंभव राज्य तथा प्रजा की रक्षा की और फौजी दबाब में आकर शत्रु को कभी युद्ध-क्षति की राशि का भुगतान भी नहीं किया था। उसमें सैनिक उत्साह था। उसने वजीर सफदर जंग के साथ मिलकर रुहेला पठानों के साथ संघर्ष किया था। उनको एक-एक करके या मित्र-संघ के रूप में पराजित किया था और प्रत्येक रणक्षेत्र में विजेता कहलाने में सफल रहा।"[4]

उसने राज्य–रक्षा के विशेष प्रयत्न किये थे और सीमान्त प्रदेशों में नवीन गढ़ियां तथा दुर्गों की मरम्मत कराकर चौकी व थाने स्थापित कर लिये थे। उसके

---

१ – कानूनगो, पृ० ६०।
२ – सियार, खण्ड ४, पृ० २८।
३ – सोमनाथ; सुजन साहित्य।
४ – सियार, खड ४, पृ० २८।

राज्य में बिना पूर्व अनुमति के कोई भी सेनानायक अपने सैनिक दस्तों के साथ प्रवेश नहीं कर सकता था। सीमान्त चौकियों पर पूर्ण सतर्कता बरती जाती थी। जीन लॉ के संस्मरणों से स्पष्ट हो जाता है कि मार्च, १७५८ ई० में फ्रेंच सेनानायक जीन लॉ ने जाट सीमाओं में होकर दिल्ली की ओर प्रस्थान किया था। जब उसने परगना अतरोली में प्रवेश किया, तब रामगढ़ अतरोली के किलेदार राव दुर्जन सिंह ने २२ मार्च को उसके जाट राज्य में प्रवेश पर आपत्ति की और जब तक उसको नियमित प्रवेश की आज्ञा नहीं मिलती, रुकने का आग्रह किया। किन्तु अनुशासित तथा नवीनतम युद्ध-कला में निपुण सैनिकों के घमण्ड में चूर होकर फ्रेंच सेनानायक ने प्रातःकाल कूंच करके काली नदी पर डेरा डाल दिया। एक हरकारा ने उसको जाट शासक के निर्देश पर पुनः चेतावनी दी और २४ मार्च को राव दुर्जन-सिंह ने उसको पुनः सूचित किया कि उसने राज्य की सीमाओं में बिना नियमित सुरक्षा शुल्क भुगतान के प्रवेश किया है। अतः जाट दरबार ने उसको बन्दी बना लेने का आदेश दिया है। इसके साथ ही समीपस्थ इलाके के जाट सैनिकों ने उसको गिरफ्तार करने के लिए सैनिक बल का प्रयोग किया और उस पर तोपें चलाकर हमला कर दिया। जाट अश्वारोहियों ने उसकी छावनी को घेर लिया। दिन भर दोनों में संघर्ष चला। यद्यपि जाट सवार फ्रेंच जनरल को बन्दी बनाने में विफल रहे, किन्तु उसे राज्य की सीमाओं से खदेड़ने में सफलता प्राप्त कर ली।[1]

जीन लॉ को दिल्ली में अपने भाग्य निर्माण का उपयुक्त अवसर नहीं मिल सका, इससे उसको जाट राज्य में होकर पुनः वापस लौटना पड़ा। इस बार उसने अपनी सुरक्षा के लिए मराठा टुकड़ी का सहयोग प्राप्त कर लिया था और वह जाट राज्य की सीमाओं से बिना किसी गतिरोध के निकल गया। फिर भी मार्ग में कुछ लुटेरों ने उसकी छावनी को अवश्य लूट लिया था। राजा सूरजमल ने इस बार उसके पास पत्र भेजकर लिखा कि राव दुर्जन सिंह ने उसके साथ जो अभद्रता की थी, उसके लिए उसने क्षोभ प्रगट किया और उसको इसका दण्ड भी दिया गया है।[2] जीन लॉ के इन संस्मरणों के आधार पर डा० गौरी शंकर वशिष्ठ ने यह सम्भावना व्यक्त की है कि सूरजमल जीन लॉ की सेवायें प्राप्त करके अपनी सेनाओं को यूरोपियन युद्ध-कला तथा सैनिक अनुशासन की नवीनतम विकसित रीति पर संगठित करना चाहता था।[3] किन्तु अन्य लेखकों के विवरणों से स्पष्ट है कि

---

१ – जीन लॉ, पृ० ३१२-३, ३२१-३२२;

२ – जीन लॉ, पृ० ३४७।

३ – रिलेशन्स बिटवीन दॉ ईस्ट इंडिया कंपनी एण्ड भरतपुर, १७६१-१८२५, पृ० ५३।

सूरजमल की सेना में कोई भी विदेशी नहीं था[1] और न सूरजमल विदेशियों को अपनी सेना में भरती करके देशस्थ सैनिकों की प्रतिभा को कुंठित ही करना चाहता था। अतः डा० वशिष्ठ की सम्भावना अधिक उपयुक्त नहीं है।

सूरजमल की नीति निपुणता की नव्य विकसित सामाजिक व्यवस्था पर गहरी छाप थी। मुगलिया सभ्यता व संस्कृति का अल्हड़ जाट किसानों पर शनैः शनैः गहरा प्रभाव पड़ा था। मुख्यतः दुर्रानी के भय से भयभीत दिल्ली के अमीरों, सुसंस्कृत नागरिकों और धनी-मानी लोगों ने काठेड़ राज्य में शरण लेकर इस जनपद के जमींदारों व जाट समाज व संस्कृति, रहन सहन, खानपान, पहनाव, दरबारी तौर तरीकों को अति प्रभावित किया था।

प्रत्यक्ष अनुभवों के आधार पर वेण्डल का कथन है— "निःसन्देह सूरजमल अपने आपको अति भाग्यशाली समझता था कि उसने सुसंस्कृत वजीर, शाही अमीरों व सभासदों को अपने यहां आश्रय दिया, इससे अल्हड़ किसान समाज में क्रान्तिकारी सामाजिक परिवर्तन आने लगा था। अब जाट किसान व जमींदार यह अनुभव करने लगे थे कि एक सम्पन्न किसान और मुगल राजधानी के शिष्टजनों, सुसंस्कृत निवासियों के रहन-सहन, बोलचाल, चाल-ढ़ाल, खानपान में अति असमानता है। इससे उनके रूढ़िवादी व्यवहार, अक्खड़पन में भारी परिवर्तन दिखलाई देने लगा था। वे यह अनुभव करने लगे थे कि पैसों को केवल स्वादिष्ट व पौष्टिक भोजन पर व्यय करने या अतिरिक्त द्रव्य को जमीन में गाड़ने की अपेक्षा उसका अन्य तरीकों से भी उपभोग किया जा सकता है। इससे पूर्व जोर-तलब जाटों को आगरा व दिल्ली नगरों की संस्कृति व सभ्यता का ज्ञान अवश्य था और उन्होंने इन नगरों के अमीरों के षड़यन्त्रों, मक्कारी, कूट–भाषा व कुटिल राजनीति को भली भांति समझ लिया था जिनमें प्रतिस्पर्धा भी थी, किन्तु वजीर व अन्य जनों के जाट राज्य में आ जाने से डीग, कुम्हेर, भरतपुर के दुर्गों में दिल्ली की राजनीति, सुख-समृद्धि, सम्पन्नता निवास व विलास करने लगी थी और जाट समाज की संस्कृति व सभ्यता में परिवर्तन आने लगा था। मैं स्वयं उन शरणागतों के बीच में जाट दुर्ग में मौजूद था और मैंने स्वयं यह देखा कि इन व्यक्तियों के सम्पर्क से काठेड़ जनपद की रीति-रिवाजों, रहन-सहन, खानपान, पहनाव, बोली, भाषा तथा, भवन निर्माण शैली में भारी परिवर्तन आ गया था।"

सूरजमल राजपूत तथा मुगल दरबारों की शिष्टता, शालीनता, चमक–दमक तथा व्यवहारिकता से पूर्णतः परिचित था। उसने अपने दरबार में सुयोग्य हिन्दू–

---

१ – वेण्डल, पृ० ६५।

मुस्लिमों को सम्मानित किया था। आचार्य शिवराम को उनके काव्य "नवत्रा भक्ति राग रस सार" पर छत्तीस सहस्र मुद्रायें प्रदान [1] की थीं। अन्य साहित्यसेवी आचार्य सोमनाथ, सूदन, अखैराम, मुहम्मद बख्श "आसोब", सैय्यद नूरुद्दीन हसन आदि ने उसके दरबार में रहकर काफी सेवायें की थीं और पर्याप्त "धन व धरती" प्राप्त की थी। उसमें एक राज्य तथा जन–सभा के परामर्श पर काम करने वाले राष्ट्र प्रतीक प्रधान की भावना थी और जाट राज सत्ता राष्ट्रीय भावना की प्रतीक थी। उसका एकाधिकार या एकतन्त्री शासन प्रणाली से इतर लोक-तन्त्रात्मक संघ शासन की नीति में अधिक विश्वास था, परन्तु पड़ौसी शासकों की धर्म–मदान्धता, व्यक्तिगत स्वार्थ के कारण संघ शासन का प्रस्ताव विफल रहा। उसने सामाजिक एकता, आर्थिक विकास, औद्योगिक व सांस्कृतिक प्रगति में अति रुचि ली थी। उसके संरक्षण में अनेक हिन्दू धार्मिक, वैदिक तथा दार्शनिक ग्रन्थ, पौराणिक आख्यान, नाटक या ख्यालों का सरस व सरल ब्रजभाषा में अनुवाद किया गया था। इससे ब्रजभाषा साहित्य में अति वृद्धि हुई थी।

वह स्वयं वैष्णव धर्म का कट्टर अनुयायी, पालक व समर्थक था और श्री हरिदेव जी उसके निजी इष्ट देव थे। राष्ट्र ध्वज तथा राज–मुद्रा में "श्री हरिदेव जी" अंक विद्यमान था। प्रत्येक युद्ध से पूर्व व बाद में, प्रतिवर्ष कार्तिक अमावस्या तथा अन्य हिन्दू त्यौहारों पर वह सदैव श्री गोवर्धन की नियमित पूजा करता था। उसने ब्रज के पुनीत तीर्थ मथुरा, वृन्दावन, गोकुल, गोवर्धन, नन्दगांव, बरसाना आदि में नवीन निर्माण–कार्य तथा पुनरोद्धार कराकर भारतीय संस्कृति को संरक्षण प्रदान किया था। पुनश्चः राजधर्म अति उदार तथा शासन में धर्म-निरपेक्षता, धार्मिक सहअस्तित्व व्याप्त था। राज सेवाओं में जातिगत, सम्प्रदायगत भेदभाव नहीं था और अनेक लोग उसके विश्वासपात्र सेवक थे। इस प्रकार वह अन्य भारतीय हिन्दू-मुस्लिम शासकों से अधिक उदार था। उसने पेशवा की मुस्लिम पत्नी के उदर से उत्पन्न पुत्र की स्मृति में मजार, मस्जिद, कुआ तथा सराय का निर्माण कराकर धार्मिक उदारता प्रगट की थी।

प्राचीन भारतीय नरेशों की भांति दरिद्री तथा अपाहिजों के प्रति अति सहृदय, दान–पुण्य करने में उतना ही उदार जितना अपव्यय को रोकने में दक्ष व उत्सुक, विरोधियों की उत्तेजनात्मक प्रवृतियों को सहज स्वभाव से सहन करके रण-भूमि या कूटनीति के अखाड़े में अन्य भारतीय शक्तियों से अधिक गूढ़ तथा विवेक–शील था। षड़यन्त्र या कूट प्रबन्धों में धोखेबाज मुगल तथा चालाक मराठा-दोनों

---

१ – शिवराम, नवत्रा भक्ति राग रस सार।

ही राजनैतिक शक्तियों ने उससे पराजय स्वीकार कर ली थी। वास्तव में वह उस अप्रमत्त चिड़िया की भांति था, जो अपने घोंसला के लिए सहयोगियों के घोंसलों से तिनका बीनकर उड़ जाती थी, लेकिन कभी उनके जाल में नहीं फंसती थी।[1] वह सम्राट औरंगजेब की भांति छल-कपट से भी काम निकालता था। जाट साम्राज्य के विकास तथा विस्तार, न्याय की प्रतिष्ठापना, जन-हित की रक्षा में उसकी निपुणता ही नहीं चालाकी तथा सिद्धान्तहीनता भी थी। आगरा तथा फर्रुखनगर के किलों पर अधिकार करने में उसने "वचन देकर" भी उनका पालन नहीं किया था। वह आन्तरिक व्यवस्था में अति कठोर था और अपने राज्य में किसी विद्रोह, गृह-संघर्ष को स्वीकार नहीं कर सकता था। उसने अपने सहोदर भ्राता राजा प्रताप सिंह के विरोध को नहीं स्वीकारा और अपने ज्येष्ठ पुत्र जवाहर सिंह के विद्रोह को शक्ति से कुचल दिया था। इसी प्रकार ठेनुआं सरदारों के विद्रोह तथा विरोधी कार्यवाहियों का दमन किया और बाद में उनको हाथरस, मुरसान तथा समीपस्थ परगनों की प्रशासनिक व्यवस्था भी सौंप दी थी। उसने साथ ही भदौरिया, सिकरवार, पौरच राजपूतों की शक्ति का भी दमन किया और उनको अधीनस्थ जमींदार की भांति जाट दरबार के निर्देशों को स्वीकार करने के लिए बाध्य कर दिया था।

नियमित युद्धों तथा कूटनयिक समझौतों में व्यस्त रहने पर भी सूरजमल ने राज्य के प्रबन्ध में सम्यक् सफल रुचि ली थी। उसने एक साधारण, अविकसित जमींदारी को अति लाभकारी राज्य के रूप में गठित किया था और मुगलकालीन परगनों (मुहाल) के क्षेत्रफल में पर्याप्त अदला-बदली करके उनको भू-राजस्व प्रबन्ध की दृष्टि से पुनर्गठित किया था। फादर वेण्डल के अनुसार— "उसने राजस्व वृद्धि के बाद भी अपने व्यय को सीमित कर लिया था और कुछ वर्षों के बाद वह अपनी आय का आधा भाग बचत खाते में रखने लगा था।" फौजी प्रतिष्ठान, नवीन सुदृढ़ दुर्ग, भव्य राज-महल, डीग के विख्यात जल महल तथा उद्यानों के निर्माण पर सूरजमल ने अपार द्रव्य व्यय करने के बाद भी अपनी राजधानी के कोषागार में प्रतिवर्ष अपार धन-संग्रह कर लिया था। प्रारम्भ में जाट जमींदार लूट के लिए विख्यात थे, लेकिन सूरजमल की मृत्यु के समय वे सर्वाधिक शक्तिशाली व अर्थ सम्पन्न थे और उन्होंने भारत में कीर्ति पताका फहराकर राष्ट्रीय ख्याति प्राप्त की थी। सैय्यद गुलाम हुसैन खां के शब्दों में— "परन्तु वह (सूरजमल) अपने देश की सीमाओं के विस्तार के लिए अति लालची था और उसने सदैव अपने पड़ौसियों की

---

१ – सियार, खण्ड ४, पृ० २८।

भूमियों पर शक्ति से कब्जा किया था।"[1] यथार्थ रूप में पड़ौसी जमींदार मुगल शासकों के प्रति उत्तरदायी थे, लेकिन साम्राज्य की कमजोरी का लाभ उठाकर वे स्वतन्त्र या अर्द्ध-स्वतन्त्र हो गये थे और उन्होंने शाही जागीर तथा परगनों पर कब्जा कर लिया था।

सूरजमल ने पड़ौसी जमींदारों तथा सरदारों को उनकी वतन जागीरों से बेदखल करके बाहर नहीं निकाला, केवल अपना स्वामित्व स्वीकार करने तथा जाट शासन को नियमित भू-राजस्व कर भुगतान करने के लिए बाध्य कर दिया था। इस प्रकार यह सूरजमल का चारित्रिक दोष नहीं था। इसी संदर्भ में फादर वेण्डल ने भी उसके चरित्र में "कृपणता" का दोष देखा था। उसने लिखा— "अभ्युदय के शिखर पर पहुँचने पर भी जाट शासक ने अपने राज्य में लुटेरा समूह को सेवा में रख लिया था और वह उनके लूट के माल से हिस्सा लेता था। अपने व्यय में कंजूसी दिखलाता था। उसके कुटुम्ब को निर्धनता में दिन काटने पड़ते थे और सेना का बहुत सा वेतन चढ़ा था।"[2] फादर वेण्डल यह भूल गया था कि सूरजमल एक जमींदार का पुत्र था और उसने जमींदार से राजा का विरुद धारण किया था। राज्य की स्थिरता तथा सुदृढ़ता के लिए एक स्थाई-कोष के सिद्धान्त की पालना अति आवश्यक थी। इस युग में फौजों को वेतन देर से भुगतान करने का एक साधारण नियम था। दिग्विजय की सफलता के लिए उपद्रवी तथा लुटेरा या हुल्लड़-बाज सैनिकों को संरक्षण प्रदान करना आवश्यक था और इस युग का यह फौजी सिद्धान्त था। अतः सूरजमल इसका अपवाद मात्र नहीं था।

जाटों की कूटनैतिक सफलता में राव हेमराज व राव रूपराम कटारा के महत्व को भूलना एक भारी अक्षम्य अपराध होगा। वह एक महान मंत्रदाता था। उसकी कुशाग्रता, देशप्रेम, कूट प्रयासों का ही परिणाम एक नवीन राष्ट्र के उद्भव का कारण था।

सूरजमल अति लोकप्रिय शासक तथा जन-नेता था। आर्थिक शोषण व उत्पीड़न, लूट व युद्ध, अन्याय व गरीबी के विरुद्ध "कौमी मजलिस" ने रैय्यत में जिस राष्ट्रीय चेतना शक्ति, मातृ प्रेम की भावना पैदा की थी, सूरजमल ने उस चेतना तथा भावना को एक स्थाई ऐक्य शक्ति में स्थिर कर दिया था। उसने जनता की भावना को जीत लिया था और उसमें नई आशा, जोश, आत्म-विश्वास, राष्ट्रीयता तथा मातृभक्ति की भावना उभर कर आई थी। राज्य की समस्त जनता और राज्य

---

१ – सियार, खण्ड ४, पृ० २८।

२ – वेण्डल; सरकार, खण्ड २, पृ० ३०७।

के बाहर पड़ौसी उसका सम्मान करते थे। उसके जीवनकाल में ही जाटों की कीर्ति सर्वोच्च शिखर [1] तक पहुँच चुकी थी। विदेशी राष्ट्र भी जाट शक्ति के उत्कर्ष से भयभीत थे।

सूरजमल निःसन्देह भारतीय राजनैतिक क्षितिज का देदीप्यमान नक्षत्र था। सम्राट अकबर के शासनकाल में महाराणा प्रताप, शाहजहां काल में महाराजा जसवन्त सिंह राठौड़, औरंगजेब शासन में छत्रपति शिवाजी और १८ वीं शताब्दी के प्रथम पूर्वार्द्ध में छत्रसाल बुन्देला, सवाई जयसिंह, महाराजा अजीत सिंह राठौड़ को भारतीय इतिहास में जो सम्मान व महत्व प्राप्त हो चुका था, वही इस शताब्दी के मध्यकाल में जाट राजा सूरजमल को प्राप्त था। सूरजमल ने अत्याचारों के विरुद्ध कृपाण चमकाकर एक स्वाधीन जन-सत्तात्मक कृषक प्रधान काठेड़ साम्राज्य की स्थापना की थी और एक शताब्दी तक समग्र भारत में जाटों का राजनैतिक प्रभाव रहा। सूरजमल एक आदर्श व्यक्तित्व, अनुकरणीय शासक तथा अद्वितीय कृषक प्रधान राष्ट्र निर्माता था और उसके सद्गुणों के कारण ही भारत के महान राजनैतिक पुरुषों में उसकी गणना की जाती है।

---

१ – सरकार (मुगल), खण्ड २, पृ० ३०७।

संकेताक्षर एवं ग्रन्थ तालिका

अनु० = अनुवादक | ले० = लेखक
अंग्रे० = अंग्रेजी अनुवाद | सम्पा० = सम्पादक
प्रका० = प्रकाशन | संस्क० = संस्करण

(१) मौलिक अभिलेख

(अ) श्री नटनागर शोध संस्थान, सीतामऊ संग्रह

१–अखबारात (१७०७–२१ ई०) सीतामऊ संग्रह का वर्गीकरण—

(१) सरकार संग्रह
(२) अतिरिक्त फारसी अभिलेख
(३) विविध लेख संग्रह
(४) सम्राट मुहम्मद शाह शासन कालीन अखबारात, जि० ७
(५) सम्राट फर्रूखसियर कालीन अखबारात

२–वकाये सरकार अजमेर व रणथम्भोर (इनायत उल्ला अहकाम), ले० इनायतउल्ला (मीर बख्शी तथा अखबार नवीस)

प्रतिलिपि—(१) सीतामऊ तथा
(२) हिस्ट्री शोध विभाग लाईब्रेरी, अलीगढ़, सं० १५–१६

३–अखबारात दरबार-इ-मुअल्ला १७०७–२२ ई०, मूल अभि०, रा० रा० अभि० बीकानेर; (देखिये, क्रम सख्या १ (१)।

(आ) राजस्थान राज्य अभिलेखागार, बीकानेर (जयपुर अभिलेख) संग्रह

१–अर्जदाश्त (फा० तथा राज०) — ए डेस्क्रिप्टिव लिस्ट ऑफ अर्जदाश्त

२–आमेर रिकार्ड — विविध कागजात संग्रह

३–अठसता — परगना अकबराबाद, मथुरा, सहार, भुसावर, बयाना, कठूमर, सोंखर–सोंखरी, कामां, खोह, खोहरी, पहाड़ी आदि आदि

४–कागजात — (१) दफ्तर सनद नवीस
(२) मुतफर्रिक अहलकारान
(३) मुतफर्रिक महाराजगान

५–खरीता — (१) इन्दौर — जयपुर खरीता
(२) जयपुर–जोधपुर खरीता।

(३) ड्राफ्ट खरीता व परवाना
(४) भरतपुर–जयपुर खरीता
(५) जोधपुर खरीता बही, सं० २ (१७८९-९२), जोधपुर रेकार्ड

६–खतूत — (१) खतूत अहलकारान (ए डेस्क्रिप्टिव लिस्ट, राजस्थानी खतूत)
(२) खतूत महाराजगान

७–फरमान — ए डेस्क्रिप्टिव लिस्ट ऑफ फरमानस, मँसूर्स एण्ड निशानस (१६२३–१७६२ ई०), प्रकाशित १९६२ ई०

८–वकील रिपोर्टर्स — ए डेस्क्रिप्टिव लिस्ट ऑफ दॉ वकील रिपोर्टर्स
(१) (फा०) भाग प्रथम, १९६७ ई०, भाग द्वितीय प्रका० १९७२ ई०
(२) (राजस्थानी), मुद्रण, १९७४ ई०

९–वाक्या रेकार्ड्स

१०–डिग्गी संग्रह — डिग्गी घराने से प्राप्त कागजात

११–दस्तूर कौमवार — जिल्द १, २, ७, ९, १०, ११, १६ तथा २३

१२–स्याहा हजूर तथा स्याहा वकाया

१३–हस्ब-उल्-हुक्म

(इ) जयपुर राजघराना (निजी रेकर्ड्स)

१–कपड़ द्वारा रेकर्ड्स, सिटी पैलेस जयपुर

(ई) राष्ट्रीय अभिलेखागार, नई दिल्ली

१–फारिन पॉलिटिकल प्रोसीडिंग्स, १८११ ई०

२–सेलेक्ट कमेटी प्रोसीडिंग्स, जि० ७ (१७६०–६२)

३–(सी०पी०सी), कलेण्डर ऑफ परशियन कारस्पोंडेंस, प्रथम खण्ड (१७५९–६७ ई०), मुद्रण, १९११ ई०

४–फारिन पॉलिटकल लेटर्स टू दॉ कोर्ट आफ डाईरेक्टर्स एण्ड फ्रॉम दॉ कोर्ट (१८००–१८२६ ई०)

(उ) गवर्मेन्ट सेन्ट्रल प्रेस, बम्बई

१–पारसनिस फारसी लेख संग्रह, भारत इतिहास संशोधक मण्डल, पुणें (न्यूज लैटर्स ऑफ दॉ मुगल कोर्ट : रेन ऑफ अहमद शाह, १७५१-५२ ई०) सम्पा० बी० डी० वर्मा, मु० १९४९ ई०

(उ) लेखक संग्रह

१–कागजात	(१) जाट शासकों तथा दरबार द्वारा प्रसारित शुक्का खास, सनद, परवाना, अर्जदाश्त, छूट चिट्ठी, उदक-पत्रक, कबूलियात आदि
	(२) बल्लभगढ़ जागीर
	(३) खान पान बरसानिया घराना
	(४) मुकदमा मंदिर श्री लश्करी, वैर
२–पोथी	(पा० लि०) पोथी तीर्थ पुरोहिताई दीवान राव हेमराज व राव रूपराम कटारा, बरसाना (१६७१–१७७७ ई०) मूल प्रति
३–पोथी जागा	खेड़िया, जगनेर, नदवई, हिण्डौन के जागाओं की पोथियों की सूचनायें

१ (ख) अप्रकाशित फारसी ग्रन्थ

१–अखबार-इ-मुहब्बत	ले० नवाब मुहब्बत खान
२–अखबार-उल्-जमाल	ले० राजी मुहम्मद, मौलाना आजाद लाइब्रेरी, अलीगढ़
३–अब्दुल कादिर	तारीख-इ-इमाद-उल्-मुल्क (जुलाई १७५४–जून १७५८), ले० अब्दुल कादिर उपनाम गुलाम कादिर खां
४–अली इब्राहीम खां	तारीख-इ-जनको-ओ-भाऊ, हि० १२०१ (१७८७ ई०)
५–अहकाम	अहकाम-इ-आलमगीरी, ले० इनायत उल्ला खां काश्मीरी, देखिये क्रम सं० अ (२)
६–अहवाल	अहवाल-इ-सलातीन-इ-मुखतरीन-इ-हिन्द (सीतामऊ प्रति)
७–अजाइब	अजाइब-उल्-आफाक, ले० अज्ञात (राजा छबीला-राम नागर, राजा गिरधर बहादुर तथा भवानी राम के नाम लिखे पत्रों तथा उनके उत्तरों का संग्रह), सीतामऊ प्रति
८–आनन्दराम	तज्किरा-ये-आनन्दराम, ले० आनन्दराम 'मुखलिस' (सीतामऊ प्रति)

९—आशोब : तारीख-इ-शहादत-इ-फर्रुखसियर-व-जलूस-इ-मुहम्मद शाही, ले० मिर्जा मुहम्मद बख्श 'आशोब' सरकार प्रति (डा० यदुनाथ सरकार द्वारा 'मुगल साम्राज्य का पतन' में प्रयुक्त)

१०—ईसर दास : फतूहात-इ-आलमगीरी, ले० ईसर दास नागर (सीतामऊ प्रति)

११—कमवर : तज्किरातुस्सलातीन-इ-चगताई व तारीख-इ-चगताई, ले० मुहम्मद हादी कमवर खां, खण्ड २ (सीतामऊ प्रति)

१२—कामराज : इबरतनामा, ले० कामराज इब्न नैन सिंह (सीतामऊ प्रति)

१३—कासिम : इबरतनामा, ले मुहम्मद कासिम लाहोरी (सीतामऊ प्रति)

१४—कुदरत : जाम-इ-जहाँननुमा, हि० सन् ११९१-९९ (१७७७-८५), ले० कुदरतउल्ला सिद्दकी, डॉ० गण्डा सिंह द्वारा अहमद शाह दुर्रानी में प्रयुक्त

१५—खिजर सिबानहे खिजरी, ले० मुहम्मद उमर इब्न खिजर खां, प्रथम भाग

१६—खुशहाल : तारीख-इ-नादिर-उल्-जमानी, ले० खुशहाल चन्द (अ० मु० वि०, अलीगढ़ प्रति)

१७—चहार : चहार गुलजार-इ-शुजाई, ले० हरिचरन दास, हि० सन् १२०१ (१७५७ ई०), अंग्रे० अनु०, (१) मुन्शी सदासुख लाल (अंशतः), (२) इलिएट तथा डासन, जि० ८ (अंशतः)

१८—जौहर : जौहर-इ-समसम, ले. मुहम्मद मुहसिन सिद्दिकी

१९—तज्किरा : तज्किरा-ए-इमाद-उल्-मुल्क, ले० अज्ञात

२०—तहमास्प नामा : ले० तहमास्प खां (हि० सन् ११९३–१७७९ ई०) (सर हेनरी इलियट तथा डा० यदुनाथ सरकार आदि ने तहमास्प खां का उपनाम 'मिसकिन' माना है)

२१—तारीख-इ-अली : ले० शेख मुहम्मद सालेह कुदरत (दिसम्बर, १७८५ ई०) बाँकीपुर प्रति

२२–तारीख-इ-ग्रहमदशाही : ले० ग्रज्ञात (हि० ११६७/१७५३ ई०), अंग्रे० ग्रनु०, डा० यदुनाथ सरकार (सीतामऊ संग्रह)

२३–तारीख-इ-ग्रालम-गीर सानी : ले० ग्रज्ञात (हि० ११७४/१७६० ई०), अंग्रे० ग्रनु०, डा० यदुनाथ सरकार, (सीतामऊ संग्रह)

२४–तारीख-इ-इमाद-उल-मुल्क : ले० नजिमुद्दीन इसरत स्यालकोटी (१७३४–५८ ई०)

२५–तारीख-इ-खानजादा हैदराबाद प्रति

२६–तारीख-इ-दर-हालात-इ-ग्रहमद शाह दुर्रानी-दर-हिन्दुस्तान ले० ग्रज्ञात (१८४२ ई०), (पानीपत संग्राम)

२७–तारीख-इ-मुहम्मद शाही ले० ग्रज्ञात (ग्र०मु०वि०, ग्रलीगढ़ प्रति)

२८–तारीख-इ-हुसैन शाही ग्रथवा तारीख-इ-ग्रहमदशाही ग्रथवा तारीख-इ-ग्रहमद शाह दुर्रानी, ले० इमामुद्दीन ग्रल हुसैनी (१७९८ ई०)

२९–देहली क्रॉनीकल : वाका-इ-शाह ग्रालम सानी, ले० ग्रज्ञात (१७३८–१७९८ ई०), अंग्रे० ग्रनु०, डा० यदुनाथ सरकार, सीतामऊ संग्रह

३०–नामहे मुजफ्फरी : ले० ग्रज्ञात, (ग्र० मु० वि०, ग्रलीगढ़ प्रति)

३१–फरहतुन नाजरिन : ले० मुहम्मद ग्रसलाम (हि० सन् ११८४/१७७०-१ ई०), सम्राट मुहम्मद शाह के छठवें शासन काल तक

३२–बयान-इ-वाकी : (१७३९–१७८५ ई०), ले० ख्वाजा ग्रब्दुल करीम खां काश्मीरी इब्न ग्रकीबत महमूद काश्मीरी (ग्र० मु० वि०, ग्रलीगढ़ प्रति)

३३–बहादुर शाहनामा ले० नियामत खान ग्रली (सीतामऊ प्रति)

३४–मिर्जा मोहम्मद : इबरतनामा (१७१३–१९ ई०) (सीतामऊ प्रति)

३५–मीराते ग्राफताबनुमा ले० ग्रब्दुर्रहमान उर्फ शाह नवाज खां हाशिमी (हि० सन् १२१७/१८०२ ई०) (सीतामऊ प्रति)

३६–यह्या खां : तज्किरात-उल्-मुल्क (ग्रलीगढ़ प्रति)

३७–रुस्तम ग्रली खां : तारीख-इ-हिन्दी (सीतामऊ प्रति) अंशतः ग्रनु०, इ० डॉ०, खण्ड ग्राठ

३८–लाहौरी : बादशाह नामा, खण्ड प्रथम, ले० मुल्ला ग्रब्दुल हामिद लाहौरी

३९–सियासी मकतूबात : ले० शाह वली उल्लाह देहलवी (राजनैतिक पत्रों का संग्रह); उर्दू अनु० एवं सम्पा०, खलीक अहमद निजामी, अलीगढ़, १९५० ई०

४०–शाकिर : तारीख-इ-शाकिर खानी (तज्किरा-ए-शाकिर खां), ले० नवाब शेख शाकिर खां (सीतामऊ प्रति)

४१–शाहनामा-ए-अहमदिया डॉ० गंडासिंह द्वारा प्रयुक्त

४२–हरसुख राय : मजमा-उल् अखबार (इ० डा०, खण्ड ८)

१ (ग) अप्रकाशित उर्दू ग्रन्थ

१–बलदेब सिंह सूर्यद्विज : तवारीख भरतपुर (१८५५–६ ई०) लेखक प्रति

(२) फारसी के प्रकाशित तथा अनुवादित ग्रन्थ

१–अलबदायूंनी : मुन्तख्बुत तवारीख, ले० अब्दुल कादिर अल-बदायूंनी, अंग्रे० अनु०, लोबी तथा रैंकिग, प्रका०, एशियाटिक सोसायटी, बंगाल, कलकत्ता

२–आइने अकबरी : ले० शेख अबुल फजल अल्लामी, खण्ड द्वितीय, अनु०, जेरेट, सम्पा० डा० यदुनाथ सरकार, प्रका०, ए० सो० बंगाल

३–इमाद-उस्-सआदत : (फा०), ले०, सैय्यद गुलाम अली खां, खण्ड १व२, मुद्र०, नवल किशोर प्रेस, लखनऊ

४–काशीराज : अहबाल-इ-जंग-इ-भाऊ व अहमद शाह अब्दाली, ले०, काशीराज शिवदास पण्डित

: अंग्रे० अनु०, जेम्स ब्राउन, प्रका०, एशियाटिक रिसर्जेज, खण्ड ३, १७९९ ई०

एन एकाउन्ट ऑफ दॉ लास्ट बेटल ऑफ पानीपत, सम्पा० एच० जी० रॉलिनसन, बम्बई यूनिवर्सिटी, बम्बई, १९२६

पुनर्प्रकाशन, अनु०, बी०एम०गाई, बम्बई

अंग्रे० अनु०, डा० यदुनाथ सरकार, (इण्डियन हिस्टोरिकल क्वाटरली, खण्ड १० तथा ११, जून १९३४ तथा १९३५)

५–खजानेह अमीराह ले० मीर गुलाम अली खां आजाद बिलग्रामी, अनु०, अब्दुल कादिर (माडर्न रिव्यू, १९२९ ई०)

६–खाफी खां मुन्तखबुललुबाब ले० मुहम्मद हासिम खाफी खां, प्रका० बिब० इण्डिका, कलकत्ता, खण्ड २ तथा इ० डा०, जि० ८

७–खैरुद्दीन : इबरतनामा, ले० मुहम्मद खैरुद्दीन इलाहाबादी, अंग्रे० अनु०, डॉ० यदुनाथ सरकार, सम्पा० जोशी तथा खोब्रेकर, महाराष्ट्र अभिलेखागार, बम्बई, १९६६ ई०

८–गुलाम अली खां : शाह आलम नामा, प्रथम खण्ड, प्रका० रॉ०ए०सो०, बंगाल, १९१२–१४ ई०

९–गुलिस्तानी : मुजमिल-उत-तवारीख-बाद नादिरिया, १७८३ ई०, ले० अब्दुल हसन इब्न मुहम्मद अमीन गुलिस्तानी, सम्पा० ओस्कर मन लीडन, १८९६ ई०

१०–गुलिस्तां : लाइफ ऑफ हाफिज उल-मुल्क-हाफिज रहमत खां, ले० मुस्तजीब खां बहादुर एनटाईटल्ड गुलिस्ताने रहमत; अंशतः अंग्रे० अनु०, सर चार्ल्स इलियट, संस्क०, १८३१ ई०

११–गोटलिइब (जॉन कोहन) पर्शियन हिस्ट्री ऑफ दी जाट्स, ले०, फ्रेंच गोटलिइब जॉन कोहन; अंग्रे० अनु०, डा० यदुनाथ सरकार, बंगाल : पास्ट एण्ड प्रेजेन्ट, १९५५–१९५६ ई०

१२–तबकाते अकबरी : ले० निजामुद्दीन अहमद, अंग्रे० अनु० ब्रजेन्द्रनाथ दे प्रका०, ए० सो० बंगाल

१३–तबकाते नासिरी : ले० निजामुद्दीन अहमद, अंग्रे०, अनु०, एच० जी० रावेर्टी, संस्क० १८६४ ई०

१४–ताजुल मआसिर : ले० सद्रुद्दीन मुहम्मद बिन हसन निजामी

१५–तारीख-इ-इब्राहीम : ले० इब्राहीम खां (इ० डा० खण्ड ८)

१६–तारीख-इ-इरादत खां : ले० इरादत खां, अंग्रे० अनु०, जोनाथन, १७८६ ई०

१७–तारीख-इ-मुजफ्फरी : ले० मुहम्मद अली खां अंसारी (१७४८–१७६१ ई०) अनु०, डा० यदुनाथ सरकार (अंशतः) तथा इ० डा० खण्ड ८ (अंशतः)

१८–नजीबुद्दौला : (१) अहवाल–इ–नजीबुद्दौला (हिज लाइफ एण्ड टाईम्स), ले० सैय्यद नूरुद्दीन हसन खां, अंग्रे० अनु०, वीरेन्द्र वर्मा, सम्पा० शेख अब्दुर्रशीद, अलीगढ़, १९५२ ई०

(२) अंग्रे० अनु०, डा० यदुनाथ सरकार 'इस्लामिक कल्चर, अंक, जुलाई व अक्तू०, १९३३ तथा अप्रेल १९३४ ई०

(३) (उर्दू अनु०,) सर गुजश्त–इ–नजीब–उद्–दौला, अनु०, अब्दुल समद खां, अलीगढ़, १९२४ ई०

१९–फरिश्ता : तारीख-इ-फरिश्ता, ले० मुहम्मद कासिम हिन्दूबेग फरिश्ता, खण्ड १ व २, अंग्रे० अनु०, ले० क० जॉन ब्रिग्ज (हस्ट्री ऑफ दि राइज ऑफ दि मुहम्मडन पावर इन इण्डिया टिल १६१२ ई०) संस्क० १९०८ ई०

२०–बरनी : तारीखे फीरोजशाही, ले० जियाउद्दीन बरनी, : प्रका०, मु० वि० वि०, अलीगढ़।

२१–बाल मुकुन्द नामा : ले० मेहता बाल मुकुन्द, अंग्रे० अनु०, डा० सतीश चन्द्र, दिल्ली १९७२ ई०

२२–बिहारी लाल : अहवाले नजीबुद्दौला व अली मुहम्मद खां व डुण्डी खां, ले० बिहारीलाल इब्न बद्रीदास, अंग्रे० अनु०, डा० सरकार, 'इस्लामिक कल्चर' अक्तू० १९३१ ई०

२३–म० उल उमरा : (१) मुआसिरुल उमरा, ले० शाह नवाज खां समसामुद्दौला, जि० १–३, अंग्रे० अनु०, ए० सो० बंगाल

(२) मुगल दरबार (हि० अनु०); जि० १–५, ना० प्र० सभा, वाराणसी

२४–मीराते अहमदी : ले० अली मुहम्मद खां, सम्पा० सैय्यद नवाब अली, बडोदरा, १९२७ ई०

२५–मआसिर-इ-आलमगीरी ले०, मुहम्मद साफी मुस्तइद खां, अंग्रे० अनु०, डॉ० यदुनाथ सरकार, ए० सो० बंगाल, १८७०–३ ई० (अंशतः), हि० अनु०, मुंशी देवी प्रसाद, 'औरंगजेब नामा' खण्ड–१–३, १९०९ ई०

२६–मुर्तजा अली खां : मुनीर-उद्-दौला, बम्बई, १९४७ ई०

२७–मुनालाल : शाह आलम नामा (हि० ११८४–९६), अंग्रे० अनु०, डा० सरकार, सम्पा०. बी० जी० खोब्रेकर, म० अभि०, १९७० ई०

२८–सामीन : (१) (फा०) हालात-इ-अमदान-इ-अहमद शाह दुर्रानी-दर-हिन्दुस्तान

(२) अहमद शाह अब्दाली एण्ड हिज इण्डियन वजीर इमाद-उल्-मुल्क (एन एकाउन्ट ऑफ

गुलाम हुसैन सामिन), इण्डियन एण्टीक्वेग्ररी खण्ड ३, ६ मार्च, १९०७ ई०, पृ० १०–१८, ४३-५१, ५५–७०, ग्रनु०, सर विलियम इर्विन

२९–सियारूल मुताखरीन : (१) ले० सैयद गुलाम हुसैन खां तबतबाई (१७०६–८० ई०), प्रका०, न० कि० प्रेस, लखनऊ, १८९७ ई०

(२) ग्रंग्रे० ग्रनु०, खण्ड १–४, हाजी मुस्तफा, संशो० संस्क०, जॉन ब्रिग्ज, प्रका०, ग्रार० कैम्ब्रे एण्ड कम्पनी, १९२६ ई०

३०–शिवदास लखनवी : शाहनामा मुनव्वर-इ-कलाम, ग्रंग्रे० ग्रनु०, डा० सैय्यद हसन ग्रसकरी, प्रका०, जानकी प्रकाशन, पटना, १९८० ई०

३१–हदीकत : हदीकत-उल-ग्रकालीम, ले० मुर्तजा हुसैन खां बिलग्रामी, मुद्र०, न० कि० प्रेस, १८७९ ई०

(३) उर्दू के प्रकाशित ग्रन्थ

१–वाक्या राजपूताना : ले० मुंसिफ ज्वाला सहाय, खण्ड २, प्रका० १८७८ ई०

२–हयाते हाफिज रहमत खां ले० सैय्यद ग्रलताफ ग्रली, बदायूं, १९३३ ई०

(४) फ्रेंच भाषा के ग्रन्थ

१–मनूची, निकोलाई : स्टोरिया दो मोगोर (खण्ड २), ग्रंग्रे० ग्रनु०, विलियम इर्विन, मुद्र० १९०७–८ ई०

२–जीन लॉ : 'मीमोग्रारी सुर ग्राई' एम्पायर मोगोल, सम्पा०, ग्रलफ्रेड मार्टिन्यू, संस्क० १९१३ ई०

३–थिफेन थेलर : ग्रनु० बरनोली

४–राने मैडक (राने मादे) : मेमायर्स ग्राफ ली नवाब रेने मैडक (मादे), (ग्रंशतः) ग्रंग्रे० ग्रनु०, डा० यदुनाथ सरकार, (बंगाल: पास्ट एण्ड प्रेजेन्ट), जि० ५२, जुलाई–दिसम्बर, १९३६ तथा जि० ५३, ग्रप्रेल–जून, १९३७ ई०

५–मोडव : मेमायर्स ग्राफ काम्पते द माडिव, (ग्रंशतः) ग्रंग्रे० ग्रनु०, डा० सरकार (बंगाल : पास्ट एन्ड प्रेजेन्ट, जि० ५१, १९३६ ई०)

९–वेण्डल : 'मम्बार डी० आई' ओरिजीन दे जाट्स दा इन्दोस्तान, ले० फादर फ्रांसिस जेवियर वेण्डल, (अंशतः) अनु०, डा० यदुनाथ सरकार (एन एकाउन्ट आफ दा जाट्स किंग्डम) (सीतामऊ प्रति)

(५) मराठी अभिलेख

(१) इतिहास संग्रह : सम्पा० दत्तात्रय बलवन्त पारसनिस, तीन खण्ड, निर्णय सागर प्रेस, बम्बई

२–एठले दफ्तर : (पा० लि०) वि० एठले द्वारा संकलित (सीतामऊ संग्रह)

३–ऐति पत्रें : ऐतिहासिक पत्रेंन यादि वगैरा लेख (द्वितीय संस्क०), एम० काले तथा बी० एम० वाकासकर के सहयोग से गोविन्द सखाराम सरदेसाई द्वारा सम्पादित, प्रका० चित्रशाला प्रेस पुर्णे।

४-ऐति० पत्र व्यवहार : ऐतिहासिक पत्र व्यवहार, सम्पा० सरदेसाई, कुलकर्णी व काले, प्रका० समर्थ भारत छापाखाना, पुर्णे, १९३३ ई०

५–ऐति० लेख : ऐतिहासिक लेख संग्रह, प्रथम भाग, सम्पादक वासुदेव वामन शास्त्री खरे, भाऊ नाना प्रेस, कुरुन्दवाड, १८९७ ई०

६–गुलगुले द० : (पा० लि०) गुलगुले दफ्तर, प्रथम जिल्द (सीतामऊ संग्रह)

७–चन्द्रचूड़ : चन्द्रचूड़ दफ्तर संग्रह (गंगोबा तात्याची कारकीर्द) कला प्रथम, सम्पा० दत्तात्रेय विष्णु आप्टे, प्रका० ग्वालियर सरकार, १९३४ ई०

८–पारसनिस : दिल्ली येथिल मराठांच्या, राजकरनें, सम्पा० डी० बी० पारसनिस, जिल्द एक व दो

ब्रह्मेन्द्र स्वामी धवड़शीकर यांचा पत्र व्यवहार, सम्पा० डी० बी० पारसनिस, बम्बई, १९०३ ई०

: सिलेक्शन्स फ्राम सतारा राजाज् एण्ड दा पेशवाज डायरीज, जि० १–३, सम्पा० वाड तथा डी०बी० पारसनिस, १९०७ ई०

९–पुरन्दरे : पुरन्दरे दफ्तर, सम्पा० वी० के० खरे खण्ड (प्रथम) कृष्णाजी वासुदेव पुरन्दरे (खण्ड १ व ३), भा० इ० स० मण्डल, पुर्णे

१०– पूना पारसनिस : परशियन रेकार्डस ऑफ मराठा हिस्ट्री, प्रथम भाग (देहली अफेयर्स, १७६१–८८ ई०), न्यूज लेटर्स फ्राम पूना पारसनिस कलेक्शन्स, सम्पा० पी० एम० जोशी, अंग्रे० अनु० डा० यदुनाथ सरकार, प्रका० बम्बई सरकार, १९५३ ई०

११–पे० द० : सिलेक्शन्स फ्रॉम पेशवा दफ्तर (पेशवा दफ्तर संग्रह, जिल्द (२, ६, १०, १२, १३, १४, १५ २०–२४, २७, २६, ३०, ३७ तथा ४०, सम्पा० गोविन्द सखाराम सरदेसाई, प्रका० बम्बई सरकार

: (न्यू सिरीज) सिलेक्शन्स फ्रॉम पेशवा दफ्तर, खण्ड १ व ३, सम्पा० डा० पी० एम० जोशी, गर्व०, सेन्ट्रल प्रेस बम्बई

१२–भाऊ कैफि० : भाऊ साहेबांची कैफियत, सम्पा० काशिराज नारायण साने, १८८७ ई०

१३–भाऊ बखर : भाऊ साहेबांची बखर, ले० कृष्णाजी शामराव (१७५४-६१ ई०) सम्पा काशिराज नारायण साने, पाचवां संस्क०, १९३२ ई०

१४–भाऊ गर्दी : (पा० लि०) भाऊ गर्दी अगर (भाऊ साहेबांची दुसरी बखर), ले० नारो सखाराम, संकलनकर्ता, वि० एठले०, १९०५ ई० (सीतामऊ प्रति)

१५–मराठी रियासत : जि० २ (१७०७–४० ई०), जि० ३ (१७४०–६० ई०) तथा जि० ४, पानीपत प्रकरण, ले० गो० स० सरदेसाई

१६–राजवाड़े : मराठांच्या इतिहासाचीं साधनें, जि, १, ३ तथा ६, सम्पा० विश्वनाथ काशीनाथ राजवाड़े, शक सं० १८१८–१८२७ ई०

१७–साहू यांची रोजनिशी

१८–शिंदेशाही : शिंदेशाही इतिहासाचीं साधनें (गुलगुले दफ्तर, कोटा), भाग प्रथम (१७५१–६० ई०), सम्पा० आनन्द राव भाऊ फालके, १९२९ ई०

१९–हिंगणे : हिंगणे दफ्तर (दिल्ली स्थित मराठा दूतों के अभिलेखों का संग्रह), खण्ड १ (१९४५ ई०), खण्ड २ (१९४७ई०), सम्पा० गणेश हरी खरे, खण्ड ६,

सम्पा० डी०बी० पारसनिस, प्रका० भा०इ० सं० मंडल, पुणें।

२०–होल्कर : होल्करशाहींच्या इतिहासाचीं साधनें, सम्पा० वा० वा० ठाकुर (प्रथम भाग, १६९३–१७९७ ई०), प्रका० भा०इ०सं० मण्डल, पुणें

२१–होल्करांची कैंफियत : सम्पा० ग्र० ना० भागवत, द्वितीय संस्करण

(६) संस्कृत तथा राजस्थानी अभिलेख

१–काव्यमाला : प्राचीन लेखमाला संग्रह (संस्कृत)

२–बनेड़ा अभि० : बनेड़ा संग्रहालय के अभिलेख (१७५८-१७७० ई०), सम्पा० डॉ० कृष्ण स्वरूप गुप्ता तथा डा० लक्ष्मण प्रसाद माथुर, प्रका० साहित्य संस्थान, राजस्थान विद्यापीठ, उदयपुर, १९६७ ई०

(७) हिन्दी व राजस्थानी के अप्रकाशित ग्रन्थ

१–अखैराम : (काव्य), सिंहासन बतीसी

२–ख्यात : जोधपुर राज्य की ख्यात, खण्ड २ व ३, महामहोपाध्याय गौरीशंकर हीराचन्द ओझा संग्रह (सीतामऊ प्रति)

३–गिरवर विलास : (काव्य), (सुजान सम्वत्), ले० कवि उदैराम

४–पथैना रासो : (ऐति० काव्य), ले० चतुरा राई (लेखक संग्रह)

५–सोभनाथ : (१) (ऐति० काव्य) माधव जयति, ले० कवि सोभनाथ

(२) (काव्य), नवल रस चन्द्रोदय, (अगस्त १७७१)

६–सोमनाथ : आचार्य सोमनाथ चतुर्वेदी

(१) रस पीयूस निधि (मई, १७३७ ई०), नवाबोल्लास, माधव विनोद (अक्तू० १७५२), रामचरित रत्नाकर (किष्किन्धा काण्ड), शशिनाथ विनोद (दिसम्बर, १७५६ ई०), सुजान विलास

(२) सोमनाथ ग्रन्थावली, खण्ड १ व २, प्रका० ना० प्र० स०, वाराणसी

७–शिवराम : (काव्य) नवधा भक्ति रस सार

(८) हिन्दी व राजस्थानी के सहायक ग्रन्थ

१–अवध : अवध के दो नवाब, ले० डा० आशीर्वाद लाल श्रीवास्तव, संस्क०, १९५२ ई०

२–आभीर कुल दीपिका : ले० कृष्णानन्द

३–ओझा : (१) बीकानेर राज्य का इतिहास, (प्रथम खण्ड), ले० महामहोपाध्याय गौरीशंकर हीराचन्द ओझा, संस्क०, १९३९ ई०

(२) जोधपुर राज्य का इतिहास; (२ रा खण्ड) संस्क० १९४१ ई०

(३) ओझा निबन्ध संग्रह, भाग १, ३ तथा ४, मुद्र० १९५४ ई०

४–ईश्वर विलास : (संस्कृत, पद्य), ईश्वर विलास महाकाव्यम्, ले० कवि कलानिधि देवर्षि श्रीकृष्ण भट्ट, प्रका० रा० प्रा० वि० प्रति०, जोधपुर

(काव्य) पद्य मुक्तावली, ले० श्री कृष्ण भट्ट, प्रका०, रा० पुरा० मंदिर, जयपुर, १९५८ ई०

५–कवि कुसुमाञ्जलि : स्वर्ण जयन्ती ग्रन्थ, खण्ड २, प्रका०, श्री हि०सा० स०, भरतपुर

६–गहलोत : राजपूताना का इतिहास (खण्ड प्रथम), ले० जगदीश सिंह गहलोत

७–चौबे राधा रमण : भरतपुर राज्य का संक्षिप्त इतिहास

८–टॉड, कर्नल जेम्स : टॉड कृत राजस्थान, भाग १ खण्ड १, (राजपूत कुलों का इतिहास), मंगल प्रकाशन, जयपुर

९–दीक्षित : ब्रजेन्द्र वंश भास्कर, ले० पं० गोकुल चन्द्र दीक्षित, प्रका० श्री हिन्दू संरक्षणी सभा, आगरा, वि० सं० १९८३

१०–देशराज (ठाकुर) : जाट इतिहास, १९३४ ई०

११–नरेन्द्र सिंह (ठाकुर) : महाराजा श्री सवाई ईश्वरी सिंह का जीवन चरित्र, वि० सं०, १९७४

१२–नागोरी : अलवर राज्य का इतिहास, ले० डा० एस० आर० नागोरी, प्रका० १९८२

प्रताप रासो : (काव्य), ले० कवि जाचीक जीवण, प्रका० रा० प्रा० वि० प्रति, जोधपुर, १९६५ ई०

१४–भटनागर : सवाई जयसिंह, ले० डा० बीरेन्द्र स्वरुप भटनागर प्रका० रा० हि० ग्रन्थ अका०, जयपुर,

१५–भार्गव : राजस्थान का मध्यकालीन इतिहास, ले०, डा० विश्वेश्वर स्वरूप भार्गव, मुद्र० १९६६ (द्रष्टव्य— लेखक कृत जाट मुगल संघर्ष)

१६–मथुरा लाल शर्मा (डा०) कोटा राज्य का इतिहास, खण्ड १ व २

१७–महाराजकुमार : (१) ब्रज का इतिहास, खण्ड प्रथम (मुगल कालीन ब्रज प्रदेश, १६२६–१७१८ ई०) ले० महाराजकुमार डा० रघुवीर सिंह, प्रका० अ० भा० सा० मंडल, मथुरा

(२) पूर्व आधुनिक राजस्थान

१८–मीतल : ब्रज का सांस्कृतिक इतिहास, ले०, प्रभूदयाल मीतल, १९६६ ई०

१९–मोतीलाल गुप्ता (डा०): मत्स्य प्रदेश की हिन्दी साहित्य को देन, प्रका० रा० प्रा० वि० प्रति०, जोधपुर

२०–यदुवंश : ले० ठाकुर गंगासिंह, प्रथम भाग (१६३७–१७६८ ई०) मुद्र० १९६७ ई०

२१–रेऊ : मारवाड का इतिहास, खण्ड १–२, ले० पं० विश्वेश्वर नाथ रेऊ, १९३८ ई०

२२–लेखक : (१) जाटों का नवीन इतिहास (१६३८–१७२२ ई.), मंगल प्रकाशन, जयपुर, मुद्र० १९७७ ई०

(२) जाट मुगल संघर्ष [(देखिये क्रम सं० ८ (१५)]

(३) युगयुगीन बयाना (पाण्डुलिपि)

(४) बदन सिंह दि फाउण्डर आफ दि भरतपुर स्टेट, प्रका०, रा० हि० रि० ज०, वर्ष २, अंक २, अप्रेल–जून, १९६७ ई०

(५) कविवर अखैराम और उनकी काव्य साधना, समिति वाणी, वर्ष १, अंक ३–४

(६) राजा सूरजमल— एक विवेचन, सूरजमल स्मारिका, भरतपुर

(७) भरतपुर की स्थापना व नामकरण, रा० हि० कां० प्रो०, खण्ड ६, १६७३ ई०

(८) जाट राज्य के दो स्तम्भ—
(१) विदेश मंत्री रूपराम कटारा
(२) फौजदार मोहनराम बरसानिया, रा० हि० कां० प्रो० खण्ड ८, १६७५ ई०

(६) जाट राज्य संरक्षिका रानी किशोरी, रा० हि० रि० ज० वर्ष ११, अंक ३, १६७४ ई०

(१०) (पा० लि०) पृथ्वींद्र सवाई जवाहर सिंह और उत्तराधिकारी (१७६३–७६ ई०)

२३–वंशभास्कर : ले० सूर्य्यमल मिश्रण, जि० १–४, प्रका० राम श्याम प्रेस, जोधपुर

२४–वीर विनोद : ले० महामहोपाध्याय कविराजा श्यामलदास

२५–सरकार (मुगल) : मुगल साम्राज्य का पतन, प्रथम खण्ड (१७३६–१७५४ ई०), द्वितीय खण्ड (१७५४–१७७१ ई०), ले०, डा० यदुनाथ सरकार, हिन्दी अनु०, डा० मथुरा लाल शर्मा

२६–सरदेसाई : मराठों का नवीन इतिहास, द्वितीय खण्ड (मराठा सत्ता का प्रसारण, १७०७–७२), ले०, गोविन्द सखाराम सरदेसाई, १६६१ ई०

२७–सूदन : (ऐति० काव्य), सुजान चरित, प्रका०, ना० प्र० स०, वाराणसी

२८–शेजबल्कर : पानीपत १७६१, ले० आचार्य त्र्यबंकर शंकर शेजबल्कर, हि० अनु०, १६६६ ई०

(६) अंग्रेजी के सहायक ग्रंथ

१–अब्दुल रशीद : नजीबुद्दौला, अलीगढ़, १६५२ ई०

२–अस्करी : डुर्रानी राजपूत निगोशियशन्ज, १७५६–६१, ले० खान साहब सैय्यद हसन अस्करी, प्रो० इ० हि० कां०, १६४५ ई०

३–आशीर्वादी लाल (डा०) : (१) शुजाउद्दौला, प्रथम खण्ड (१७५४–१७६५ ई०), संस्क० १६६१
(२) स्टेडीज इन इण्डियन हिस्ट्री, संस्क० १६७४

४–इलफिंस्टन : दी हिस्ट्री ऑफ इण्डिया, ले० माउन्ट स्टुअर्ट इलफिंस्टन, संस्क०, १८५७ ई०

५–इ० डा० : हिस्ट्री ऑफ इण्डिया एज टोल्ड बाई इट्स ऑन हिस्टोरियंज, खण्ड ७ व ८, अंग्रे० अनु० व सम्पा० हेनरी एम० इलियट तथा जॉन डासन, संस्क० १८६७–८, हि० अनु०, डा० मथुरालाल शर्मा (भारत का इतिहास) खण्ड ७ (१९७२ ई०) तथा खण्ड ८ (१९७३ ई०)

६–इरफान दॉ अग्रेरियन सिस्टम ऑफ मुगल इण्डिया (१५५६–१७०७ ई०), ले० डॉ इरफान हबीब, १९६३ ई०

७–इर्विन : (१) (मुगल), लेटर मुगल्स, खण्ड १ व २, ले० सर विलियन इर्विन, संस्क०, १९२२ ई०

(२) (आर्मी), दि आर्मी ऑफ दी इण्डियन मुगल्स, १९६२ ई०

: (३) बंगस नवाबस् ऑफ फर्रुखाबाद, ज० ए० सो० बं०, खण्ड ४७–४८, १८७८–७९ ई०

८–कानूनगो : (१) हिस्ट्री ग्राफ दि जाट्स, खण्ड प्रथम, ले० डा० कॉलिका रंजन कानूनगो, १९२५ ई०

(२) हिस्टोरिकल एसेज, १९३० ई०

(३) (टंकण), हिस्ट्री ऑफ दि बेरोनियल हाउस ऑफ डिग्गी

९–कीन : दॉ फॉल ऑफ दि मुगल एम्पायर, ले० हेनरी कीन, संस्क०, १८५७ ई०

१०–कुंज बिहारी : दॉ इवोल्यूशन ऑफ एडमिन्स्ट्रेशन ऑफ दॉ फोमंर भरतपुर स्टेट, ले० डॉ० कुंज विहारी लाल गुप्ता

११–कैम्ब्रिज हिस्ट्री : कैम्ब्रिज हिस्ट्री ऑफ इण्डिया, सम्पा० एच० डाडवेल, खण्ड ४, संस्क०, १९३७ ई०

१२–खेडकर : दि डिवीजन हेरीटेज ऑफ दॉ यादवाजे

१३–गण्डासिंह (डॉ) : अहमद शाह दुर्रानी, १९५९ ई०

१४–ग्राउज : मथुरा : ए डिस्ट्रिक्ट मेमॉयर, ले० एफ० एम० ग्राउज, संस्क०, १८८० ई०

१५–गौरी शंकर : (टंकण), रिलेसंस बिटविन दॉ ईस्ट इण्डिया कम्पनी एण्ड भरतपुर, १७६१–१८२५ ई०, ले० डॉ० गौरी शंकर वशिष्ठ, आ० वि० वि० आगरा

१६–चटर्जी : मीर कासिम–नवाब ऑफ बंगाल, ले० डॉ० नन्दलाल चटर्जी, मुद्र० १६३५ ई०

१७–चीफ्स : चीफ्स एण्ड लीडिंग फैमिलीज इन राजपूताना, संस्क०, १६१६ ई०

१८–जहीरुद्दीन : (१) दॉ रेन ऑफ मुहम्मदशाह (१७१६–४८ ई०), मुद्रण १६७७ ई०

(२) ए मुगल स्टेटस्‌मेन ऑफ दॉ एटीन्थ सेंच्यूरी-खानदौरान, मीर बख्शी ऑफ मुहम्मद शाह १७१८–३६ ई०

१६–ज्वाला सहाय : हिस्ट्री ऑफ भरतपुर, १६१२ ई०)

२०–टॉड : एनल्स एण्ड एण्टीक्यूटीज ऑफ राजस्थान, खण्ड २, ले० कर्नल जेम्स टॉड

२१–टिक्कीवाल : जयपुर एण्ड दॉ लेटर मुगलस्, ले० डा० हरीश चन्द टिक्कीवाल, १६७४ ई०

२२–डफ : ए हिस्ट्री ऑफ मराठाज्, ले० जेम्स ग्रांट डफ खण्ड २, संस्क०, १६१८

२३–डाउ, ए० : ए हिस्ड्री ऑफ हिन्दोस्तान (ट्रांस्लेटेड फ्रॉम परशियन), १८६२ ई०

२४–दिघे : पेशवा बाजीराव फर्स्ट एण्ड मराठा एक्सपेंशन, ले० डॉ बी० जी० दिघे, १६४८ ई०

२५–द्विवेदी : (टंकण), दि रोल ऑफ दॉ जाट्स इन दॉ हिस्ट्री आफ मुगल एम्पायर, ले० डा० गिरीश चन्द द्विवेदी, आ० वि० वि०, आगरा

२६–नटवरसिंह (कुंवर) : महाराजा सूरजमल (१७०७–१७६३ ई०), संस्क० १६८१ ई०

२७–नरेन्द्र सिंह (ठाकुर) : थर्टी डिसाइसिव बैटिल्स

२८–फ्रीडम मूव० : हिस्ट्री ऑफ फ्रीडम मूवमेन्ट, खण्ड प्रथम (१७०७–१८३१ ई०), प्रका० पाकिस्तान हिस्टोरिकल सोसाइटी, १६५७ ई०

२६–फ्रेंकलिन : दॉ हिस्ट्री आफ दा रेन आफ शाहआलम, ले० विलियम फ्रेंकलिन, पाणिनी आफिस, इलाहबाद, १६३४ ई०

३०–फ्रेजर जेम्स : दाँ हिस्ट्री ग्रॉफ नादिरशाह, लण्डन, १९४२ ई०

३१–बर्वे : लाईफ ग्राफ सूबेदार मल्हार राव होल्कर, ले० मुकुन्द वामनराव बर्वे, इन्दौर, १९३० ई०

३२–भटनागर : लाइफ एण्ड टाइम्स ग्राफ सवाई जयसिंह (१६८८–४३ ई०) ले० वीरेन्द्र स्वरुप भटनागर, १९७४ ई०

३३–भार्गव : दि राइज ग्राफ दि कछवाहाज इन ढूंढाड, ले० डा० विश्वेश्वर स्वरुप भार्गव, १९७९ ई०

३४–मथुरालाल (डॉ) हिस्ट्री ग्रॉफ दा जयपुर स्टेट, १९६६ ई०

३५–माधवराव : पेशवा माधवराव फर्स्ट, ले० ग्रनिल चन्द बनर्जी, १९४३ ई०

३६–मेकडानेल्ड : मेमायर्स, एन ग्राटोबाईग्राफिकल ग्रर्ली लाइफ ग्राफ लेट फडनवीस (नाना फडनवीस यांची बखर), ग्रनु० लै० क० जॉन ब्रिग्ज, सम्पा, कप्तान मेकडानेल्ड,

३७–मोरलैण्ड : दि एग्रेरियन सिस्टम ग्रॉफ मुस्लिम इण्डिया, ले० डब्ल्यू० एच० मोरलैंड, १९२९ ई०

३८–यूसुफ हुसैन खां (डा०) : निजाम–उल्–मुल्क ग्रासफजहां फर्स्ट, १९३६ ई०

३९–राम पाण्डे (डा०) : भरतपुर ग्रप टू १८२६

४०–लोकहर्ट एल० : नादिरशाह, १९३८ ई०

४१–सतीश चन्द्र (डा०) : पार्टीज एण्ड पोलिटिक्स एट दा मुगल कोर्ट (१७०७–४० ई०) ग्रलीगढ़, १९५१ ई०

४२–सरकार : मुगल एडमिन्स्ट्रेशन, ले० डा० यदुनाथ सरकार संस्क, १९६३ ई०

४३–सिद्दिकी, जमाल मुहम्मद ग्रलीगढ़ डिस्ट्रिक्ट : ए हिस्टोरिकल सर्वे, प्रका०, मुंशीराम मनोहर लाल, १९८१ ई०

४४–सिद्दिकी, नोमन ग्रहमद लैण्ड रेवन्यू एड्मिनिस्ट्रेशन ग्रण्डर दि मुगलस् (१७००–१७५० ई०)

४५–हरीराम गुप्ता (डॉ०) (१) मराठाज एण्ड पानीपत, मुद्र० १९६१ ई०
(२) हिस्ट्री ग्राफ सिक्ख

४६–हिस्ट्री ग्राफ खानपान होल्डर्स, प्रका० भरतपुर स्टेट

४७–हेमचन्द्र राय : फ्लोवर्स ग्रॉफ हिन्दू शिवलरी, १९३२ ई०

(१०) गजेटियर

१–इम्पीरियल गजेटियर ऑफ इण्डिया, खण्ड, १, ३, ७, ८, १२ तथा १५, ले० डब्ल्यू० डब्ल्यू० हण्टर, १८८५ ई०

२–इम्पीरियल गजेटियर ऑफ इण्डिया, प्रविन्शियल सिरीज, राजपूताना, खण्ड प्रथम, सम्पा०, अर्सकिन, संस्क०, १६०६ ई०

३–एटकिंसन, गजेटियर ऑफ नोर्थ वेस्टर्न प्राविन्सेज ऑफ इण्डिया, खण्ड ३ तथा गजे० ऑफ फर्रुखाबाद डिस्ट्रिक्ट, १८८० ई०

४–गजेटियर ऑफ दि अलवर स्टेट, मेजर पी० डब्ल्यू० पाउलेट

५–डिस्ट्रिक्ट गजेटियर्स ऑफ यूनाइटेड प्राविन्सेज ऑफ आगरा एण्ड अवध खण्ड २, ६, ८ (१६०५, १६०६), सम्पा०, एच० आर० नोबल

६–ईस्ट इण्डिया गजेटियर, खण्ड प्रथम, वाल्टर, हेमिल्टन, १६२८ ई०

७–गजेटियर ऑफ ईस्टर्न राजपूताना, ले० मेजर एच० ई० ड्रेक ब्रोकमन, १६०५ ई०

८–ए गजेटियर ऑफ भरतपुर स्टेट, ले० सी० के० एम० वाल्टर, आगरा, १८६८ ई०

६–गजेटियर ऑफ राजपूताना, खण्ड प्रथम, १८७६ ई०, खण्ड ३, १८८० ई०

१०–डिस्ट्रिक्ट गजेटियर ऑफ गुड़गांवा, रोहतक, देहली, मुजफ्फरनगर (१६२० ई०)

(११) जरनल व रिपोर्ट्स

१–इण्डियन कल्चर पत्रिका

२–इण्डियन हिस्टोरिकल, क्वाटरलि जरनल

३–इर्रिगेसन रिकार्ड ऑफ भरतपुर स्टेट : बंध एण्ड चैनल्ज (१८६६–१६२५) ले० एफ० शैली, १६२६ ई०

४– एनल्स ऑफ दाँ भंडारकर ऑरंटियल रिसर्च इन्स्टीट्यूट, पुणे

५–ओडायर, एम० एफ०, असैसमेन्ट रिपोर्ट ऑफ सेन्ट्रल, सदर्न तथा फाइनल ऑफ भरतपुर स्टेट, १६००–१ ई०

६–जरनल ऑफ दि एसियाटिक सोसाइटी ऑफ बंगाल, खण्ड ४

७–जरनल ऑफ दि राजस्थान इन्स्टीट्यूट ऑफ हिस्टोरिकल रिसर्च, जयपुर।

८–बंगाल : पास्ट एण्ड प्रेजेन्ट

९–माडर्न रिव्यू, कलकत्ता

१०–इस्लामिक कल्चर, अप्रेल १९३२, जुलाई–अक्तूबर १९३३, अप्रेल १९३४।

११–मुस्लिम रिव्यू

१२–भारत इतिहास संशोधक मण्डल त्रैमासिक, खण्ड ३, १९२४

१३–नागरी प्रचारणी पत्रिका

१४–जाट जगत, मासिक, अंक १४, अगस्त १९४२ ई०

१५–मरुभारती, शोध पत्रिका

१६–मधुमती

१७–भारत वीर, भरतपुर राज्य की पत्रिका

१८–प्रोसीडिंग्ज्–(१) इण्डियन हिस्ट्री कांग्रेस

(२) इण्डियन हिस्टोरिकल रेकार्डस कमीशन

(३) राजस्थान हिस्ट्री कांग्रेस

१९–वाजिब–उल–अर्ज : भरतपुर राज्य के ग्रामों की मिसिल हकीयत हदबस्त, तहसील रेकार्डस्

२०–रजिस्टर : पुण्य, माफी मन्दिरान, सदावर्त विभाग, भरतपुर स्टेट

२१–पञ्चांग : इण्डियन अॅफिमेरीज, खण्ड ६ (१५००–१७९९ ई०), ले० स्वामी कन्नू पिल्लई, मद्रास, १९२२ ई०

————